社 会 学 译 丛

婚姻家庭社会学

MARRIAGES & FAMILIES:
Changes, Choices, and Constraints, 8e

第8版

Nijole V. Benokraitis

［美］尼霍尔·本诺克拉蒂斯 ◎ 著

—————— 严念慈 ◎ 译 ——————

中国人民大学出版社
·北京·

献给我的丈夫维塔利斯

序 言

欢迎大家阅读《婚姻家庭社会学（第8版）》！与过去的版本一样，本书的一个基本前提就是提供某些有助于我们更好地了解我们生于斯、长于斯的家庭的相关信息。然而，家庭的意义已超出了我们个人的经验。我们的婚姻和家庭不仅影响着那些较大的社会结构，如经济、政治、教育、宗教、医疗体制和军事组织，同时也为它们所影响。

学术性、综合性和可读性

此新版本包括来自近1 600本（篇）新书、学术文章和报告中的信息。它向学生们提供的最新资料以及对家庭行为方面所出现的一些问题的研究不仅能增强学生"对知识的积累与共享"（正如我的一位本科社会学教授曾说的那样），而且有助于学生们在日常生活中做出更好的决定。

《婚姻家庭社会学（第8版）》为学生们综合性地介绍了21世纪的家庭所面临的许多问题。本书虽然是从社会学的视角进行撰写的，但是也包含了其他许多学科，如历史学、经济学、社会工作、心理学、法学、生物学、医学和人类学的资料。这些资料还包括家庭研究、女性研究和男女同性恋研究，同时也包括从定量和定性两方面进行的研究。本书还通过临床、案例和观察研究的方式，对美国国内具有代表性的数据和纵贯数据进行了补充说明。

可读性仍然是这本教科书最吸引人的特点之一。本书成功的一个主要原因是它通过让学生们觉得有趣的方式去讨论相关理论和新近研究。正如我的一个学生曾经说过的那样："这是第一本我觉得非常有意思的教科书，虽然我仍然在读第一页，但是我不会像读别的书那样去计算我究竟要读多少页才算完事。"

此外，教师评审们一致认为本书的撰写"很清晰"和"非常优秀"。例如，一位评审认为："那些有趣的逸闻和引用不仅有助于保持学生们的兴趣，同时也提供了正在讨论的一些专题的实际例子。"

当代家庭主题的连续性

《婚姻家庭社会学（第8版）》在几个重要的方面仍然与其他教材有所区别。它几乎全面覆盖了该领域，让教师们能够选择最符合他们需要的章节。它通过实际的例子和应用来平衡理论和实证的讨论。

本书强调了在当代社会和家庭方面的重要变化。它揭示了适合家庭成员的选择以及那些经常限制他们的选择的约束因素。它也考察了美国家庭的多样性，通过运用跨文化和多元文化资料去鼓励学生思索21世纪的家庭所面临的许多关键性问题。

更多变化

那些影响今天家庭结构和运行的变化体现在每一章的每一页。此外，几个章节聚焦了美国社会的一些重大变革。例如，第14章讨论了美国的快速老龄化如何影响成年子女、孙辈甚至重孙辈，家庭成员作为照料者的角色，一般的家庭关系，以及在年轻人与老年人之间的资源分配。

更多选择

在个人层面上，今天的家庭成员比过去有更多的选择。人们在推迟结婚、同居或作为单亲父母去抚养孩子方面感到更自由。因此，家庭形式发生了很大的变化，变化范围包括从两地分居型的通勤婚姻到几代人生活在同一屋檐下的家庭。

随着生殖技术的日益完善，许多不孕不育夫妻甚至绝经女性现在都能拥有孩子。相比过去，随着越来越多的人对民事结合和同性婚姻的接受，许多机构、大专院校、企业和州政府现在会给同性伴侣们提供更多的健康福利、退休福利和其他福利。

虽然技术上的进步——比如互联网、智能手机和短信——使我们的隐私减少，但是它将许多家庭成员联系在了一起。人们既能够以相对低廉的价格快速地与他人联系，也可以从许多来源收集到关于他们家谱的信息。此外，有时候人们还可以通过在线约会服务找到一个伴侣。

更多约束

虽然今天家庭成员的选择比过去更加多样化，但是我们也面临着更多宏观层面的约束。政府政策和法律部门通过税法、福利改革，甚至是对家庭的定义，对大多数家庭产生了重要的影响。因为法律、公共政策和宗教团体影响着我们的日常生活，所以我花了较大的篇幅去讨论那些限制我们个人选择的制度性约束。

美国的跨文化和多元文化多样性

当代美国的婚姻与家庭在结构、动力和文化传承方面有很大的差异。因此，有关性别角色、社会阶层、种族、族裔、年龄和性取向的讨论都被整合到了全书中。为了进一步增强学生对当今家庭日趋多样化的理解，我的书中也包括了一系列聚焦于美国多元文化、种族及族裔的家庭的特点。这些材料将鼓励学生们去思索家庭可能采取的多种形式以及家庭成员互动的不同方式。

关于作者

尼霍尔·本诺克拉蒂斯，美国巴尔的摩大学社会学荣誉退休教授，教授"婚姻家庭社会学"课程已经将近 25 年。本诺克拉蒂斯教授在波士顿的伊马纽学院获得了社会学和英语学士学位，在伊利诺伊大学厄巴纳－香槟分校（UIUC）获得了社会学硕士学位，在得克萨斯大学奥斯汀分校获得了社会学博士学位。

作为应用社会学的有力支持者，本诺克拉蒂斯教授要求她的学生通过访谈、直接观察和其他一些亲自动手的学习方式去增强他们的知识。她还招募她的学生从事一些社区服务活动，例如辅导和指导城市高中学生、就某些社会问题写信给政府官员和那些决策制定者、为非营利组织提供志愿研究服务。登录 www.allmysoc.com 网站可以搜索到更多关于本诺克拉蒂斯教授的背景资料和她所出版的书籍以及所从事的专业活动。本诺克拉蒂斯教授与她的丈夫——维塔利斯·本诺克拉蒂斯博士有两个业已成年的孩子：格玛和安德留斯。

作者期待关于《婚姻家庭社会学（第 8 版）》的意见和建议，可以通过电子邮件 nbenokraitis@ubalt.edu 联系她，她必然会答复。

目 录

第1章

变迁中的家庭　1

第2章

研究家庭　22

第3章

社会化与性别角色　44

第4章

爱情与爱情关系　68

第5章

性欲与生命历程中的性表达　93

第6章

选择他人：约会和择偶　123

第7章

单身、同居、民事结合与其他选择　150

第8章

亲密关系中的婚姻与沟通　173

第 9 章

做或不做父母：更多选择，更多约束　198

第 10 章

抚养孩子：承诺和陷阱　224

第 11 章

经济与家庭生活 250

第 12 章

家庭暴力与其他家庭健康问题 275

第 13 章

分居、离婚、再婚与再婚家庭 303

第 14 章

晚年生活中的家庭　331

第**1**章
变迁中的家庭

学习目标

当阅读和学习本章后，你将能够：

1.1 解释传统和现代的家庭定义有何不同。

1.2 描述全球相似的五种家庭功能和两种婚姻规则。

1.3 描述全球不同的五种家庭方式。

1.4 描述关于家庭的五种谬论，区分功能性和功能失调谬论。

1.5 介绍关于家庭变迁的三种视角。

1.6 解释美国家庭在人口特征和种族多样性方面的变化。

1.7 解释宏观层面的约束力量如何影响家庭在微观层面的选择。

1.8 解释为何多元化、跨文化和全球化视角在理解家庭方面非常重要。

- 传统家庭（在这种家庭中，丈夫负责赚钱养家，妻子是全职家庭主妇）在全美家庭中的占比从1970年的40%下降到2010年的20%。
- 年龄从30岁到44岁，从未有过婚史的美国单身者的人数已经超过1 400万，他们占该年龄组所有人口的24%。
- 美国自有记录以来最高初婚年龄中位数是：男性28.7岁，女性26.5岁。
- 平均而言，以离婚而告终的初婚大约持续8年。
- 与父母双亲生活在一起的18岁以下未成年人所占百分比从1980年的77%下降到2012年的64%。
- 儿童占全部人口的24%，低于1964年占36%的人口峰值。

资料来源：Kreider and Elliott, 2009；Kreider and Ellis, 2011；Tavernise, 2011；Federal Interagency Forum on Child and Family Statistics, 2012；U.S.Census Bureau, 2012, U.S.Census Bureau, Current Population Survey,2012；Annual Social and Economic Supplement, 2012；U.S.Census Bureau News, 2012.

与前几代人相比，今天的家庭树看上去更像是一片纠缠的森林。例如，一位61岁的杂志编辑罗伯有6个孩子，他们的年龄从12岁到33岁不等：其中2个孩子由一个与他长期同居但未结婚的女人所生，2个孩子由他捐赠了精子的一对女同性恋夫妻所生，剩下的2个孩子是他的现任妻子带来的继女（Holson, 2011：A1）。如果罗伯再婚，或者他的任何一个孩子结婚、离婚、再婚和有亲生或收养的子女的话，他的家庭树将变得更为"纠结"。

这个例子表明，当代家庭的安排正在发生变化。在本章和其他章节的内容中，大家将看到个人的选择确实改变了某些家庭结构，但是这些变化中的许多应该归功于更大的社会变革。在继续讲述之前，我们先通过一个"对于当代美国家庭，你究竟了解多少？"的小测试来看一下你对美国家庭了解多少。

问问你自己

对于当代美国家庭，你究竟了解多少？

真 假

☐☐ 1. 在过去的20年中，青少年非婚生育率已增加。

☐☐ 2. 同居（共同生活）增加了拥有一段幸福和持久婚姻的机会。

☐☐ 3. 单身者比已婚者有更好的性生活。

☐☐ 4. 女性受教育程度越高，其结婚的可能性就越低。

☐☐ 5. 人们结婚是因为他们彼此相爱。

真 假

☐☐ 6. 在过去的几十年中，离婚率上升。

☐☐ 7. 拥有孩子提升了婚姻满意度。

☐☐ 8. 已婚夫妻比未婚夫妻有更健康的婴儿。

☐☐ 9. 一般来说，孩子在双亲再婚家庭中成长比在单亲家庭中好。

☐☐ 10. 相比过去，今天跨越几代人的家庭关系更为少见。

（这个测试的答案在第4页。）

一、什么是家庭？

虽然似乎看起来没有什么必要去定义一个我们熟悉的术语，比如家庭，但对不同的人群而言，它的含义并不相同，并且它的含义还可能随着时间的推移而发生变化。这个定义也具有非常重要的政治和经济后果，它往往决定着家庭成员的权利和义务。

例如，在社会保障法中，只有雇员的配偶、赡养的父母和子女才可以申请福利。许多雇主提供的医疗保险只覆盖配偶、法定子女，既不包括那些没有结婚却有长期稳定关系的异性或同性成年伴侣，也不包括非婚生子女。只有社会服务机构和法院批准了家庭的收养申请，一个孩子才能成为其收养家庭的合法成员。而且，当亲人过世后，谁来继承遗产，是定义家庭所涉及的纠纷方面最具有争议性的话题。因此，对家庭的定义，可以通过扩大或限制人们的选择来影响他们的生活。

（一）家庭的传统定义

传统上，家庭被定义为由两个或两个以上的人基于婚姻、血缘或收养关系而形成的一个基本单位。家庭中的人共同生活，形成一个经济单位，并且生育和抚养子女。例如，美国人口普查局将家庭定义为两个或两个以上的人基于生育、婚姻或收养关系而共同生活在一起（Lofquist et al., 2012）。

许多社会科学家对诸如此类的传统定义发起了挑战，因为它们排除了一些不在传统定义范围内，但也被认为属于家庭的群体。社会科学家们不禁问道：没有孩子的夫妻属于家庭吗？同居伴侣呢？寄养父母以及他们照顾的儿童呢？共同生活的老年兄弟姐妹呢？有或没有孩子的男同性恋或女同性恋伴侣呢？祖父母（或外祖父母）与他们抚养的孙子女（或外孙子女）呢？一个女性（或男性）以及她（他）的狗呢？

（二）家庭的当前定义

我们认为，**家庭**是由两个或两个以上的人所组成的亲密群体，他们（1）以一种确定关系共同生活，（2）照顾彼此和孩子，（3）分享活动和亲密情感关系。虽然有些人可能并不同意这个定义，因为它没有明确包括婚姻、生育、养育孩子，但对于各种家庭形式而言，它比传统定义更具包容性。

家庭的定义变得更加复杂和富有争议性。随着生殖技术的进步，一个婴儿能有几个"父母"：一个卵子捐赠者、一个精子捐赠者、一个怀着孩子的女性和一对打算抚养孩子的夫妻。如果这还不够令人困惑的话，亲生父亲或母亲可能在孩子实际被怀上时已死去，因为精子和卵子能够被冷冻和储存（见第9章）。

一个家庭的定义还可能包括**拟亲属（干亲）**，即那些被认可为家庭一分子的非亲属，因为他们同真正的家庭成员有着牢固的关系，并能提供重要的服务与照顾。这些情感关系可能比靠血缘或婚姻建立起来的关系更为强大和持久（Dilworth Anderson et al., 1993）。40多岁的非裔美国人詹姆斯是我以前的一个学生，他至今仍然非常怀念迈克——一个曾在他家生活的寄宿者，这就是一个拟亲属关系的很好例子：

> 迈克是一位年长的绅士，从我的童年到青少年时代，他都一直陪伴着我。他就像我的祖父一样待我。他教我骑自行车、钓鱼，还总给我讲故事。直到他过世，他与我和我的家庭都非常亲密。当我们一家人聚在一起的时候，还经常谈论迈克，因为他就像我们的家人一样，我们仍然深深地怀念他。（作者的档案）

4

联系起来

- 问问你的三个朋友对家庭的定义。他们的定义是否与你的相同？

- 根据我的一个学生的说法："我并没有将我的亲生家庭视为'我的家庭'，因为我的父母虐待成性而且并不爱我。"我们能否基于情感上而非生理上的联系而去选择我们想要的家庭成员？

- 在最近一项调查（Powell et al., 2010）中，30%的受访者认为宠物是家庭的一部分，而非同性伴侣。你是同意还是不同意？

关于拟亲属最近的一个变化包括单身母亲们——她们中的许多人是受过高等教育的未婚女性——彼此陪伴和相互帮助照料孩子。例如，她们轮流看护彼此的孩子（包括带领孩子参加周六上午的体操课和短暂的暑假旅行）、互相帮助度过危机（比如家庭中有成员过世），以及当对从孩子开口说话较晚到参加一个专业会议并提交论文等事情需要一些意见和建议时，她们都会给对方打电话寻求帮助（Bazelon，2009）。

二、家庭如何相似？

家庭制度在所有社会中都以某种形式存在着。在世界范围内，家庭的某些功能是相似的，比如鼓励婚姻和尽量保证孩子选择"正确的"伙伴。

（一）家庭的功能

虽然美国的家庭与其他国家的家庭差别很大，但是它们都必须实现至少五种功能才能保证一个社会的运行（Parsons and Bales，1955）。当你读到本节时，思考一下你自己的家庭是如何实现这些功能的。

1. 性行为　关于谁可以进行、和谁进行性行为，以及在什么环境下才能进行性行为，每个社会都有**规范**或由文化定义的行为规则。美国制定了针对与未成年人发生性行为的法律，但世界上的其他一些社会却允许与 8 岁小女孩的婚姻。

纵观人类历史，规范性行为最古老的规则之一就是**乱伦禁忌**，即禁止亲密的血缘亲属之间性交的文化规范和法律，比如禁止兄妹（姐弟）间、父女间、叔叔侄女（舅舅外甥女）间或祖父母与孙子女间发生两性关系。近亲间的性关系会使遗传性疾病和畸形的发生率增加约3%（Bennet et al.，2002）。乱伦禁忌主要是基于社会结构而建立起来的，能以多种方式保护家庭（Ellis，1963）：

- 乱伦禁忌最大限度地减少了那些可能会威胁家庭的生存和平稳运行的嫉妒和破坏性的性竞争。例如，如果是性伴侣的家庭成员彼此失去了兴趣，他们可能就不会发生性行为。

答案："对于当代美国家庭，你究竟了解多少？"

所有问题的答案都是"假"。

1. 在过去的 20 年间，尤其是在 21 世纪初，青少年非婚生育率已经下降了（见第 8 章、第 9 章）。

2. 正在同居并计划*很快结婚*的伴侣婚后会有很大的概率生活在一起。然而在大多数情况下，同居会减少结婚的可能性（见第 7 章）。

3. 相对于单身者而言，已婚者会有更多、更好的性生活，并且无论是从生理上还是从心理上都更能享受性（见第 5 章）。

4. 相对于那些未有大学教育背景的同龄人，接受过大学教育的女性虽然倾向于推迟结婚，但更有可能结婚（见第 7 章、第 8 章）。

5. 爱情并非结婚的主要原因，更谈不上是唯一的原因。其他原因还包括社会期望、经济不安全感和对孤独的恐惧（见第 4 章、第 8 章和第 14 章）。

6. 自 20 世纪 80 年代初开始，离婚率一直在下降（见第 13 章）。

7. 第一个孩子的到来通常会让母亲与父亲分开。一般来说，养育孩子会降低伴侣双方的婚姻满意度（见第 9 章和第 10 章）。

8. 在婴儿的健康方面，社会阶层是比婚姻状况更重要的影响因素。低收入母亲相对于高收入母亲而言，生下健康婴儿的可能性更小，而无论她们结婚与否（见第 9 章至第 12 章）。

9. 虽然再婚家庭的收入水平通常要高于单亲家庭，但是再婚家庭也有它自己的问题，包括孩子与新父母的冲突（见第 13 章）。

10. 跨越几代人的家庭关系现在比过去更常见和更重要。人们的寿命更长，并且更了解他们的亲属；年迈的父母和祖父母经常会提供经济支持以及对孩子的照顾；并且在离婚或再婚后，许多亲属也能保持彼此的联系（见第 10 章、第 13 章和第 14章）。

- 因为乱伦禁忌确保了性行为只会在家庭外部发生，所以在面临危险或战争时，更广泛的人群可以团结起来进行合作（例如狩猎）。
- 通过控制母亲的性行为，乱伦禁忌消除了对母亲后代的合法性以及子女的财产权、所有权或继承权的怀疑。

虽然大多数社会科学家相信乱伦禁忌是普遍的，但是也有例外。印加帝国、夏威夷、古波斯以及埃及托勒密王朝的统治者们都曾实行过乱伦，但这在平民中是被禁止的。一些人类学家推测，富裕的埃及家庭实行同辈兄弟姐妹间结婚是为了防止失去或分割他们的土地。如果一个姐姐（或妹妹）嫁给了她的弟弟（或兄长），那么即使在离婚或死亡的情况下，财产仍然可以保留在家庭中（Parker，1996）。

2. 生育与社会化　生育是家庭的一项基本功能，因为它补充了一个国家的人口。当有些已婚夫妻选择不生孩子时，其他一些夫妻却竭尽所能地想通过生殖技术怀上孩子（见第9章）。一旦夫妻成为父母，家庭就踏上了社会化之旅，这是家庭另一个重要的功能。

通过**社会化**，孩子获得了语言，吸收了累积的知识、态度、信仰和他们文化的价值观，并习得了他们所需的能在社会中有效发挥作用的社会和人际交往技能。某些社会化是无意识的并且可能是意外的（见第3章），但大多数社会化是有意识且深思熟虑的，比如在一个特定的宗教背景中抚养孩子。

我们通过**角色**，即依附于社会中的某个特定地位或位置的义务和期望进行社会化。家庭是一个重要的角色教学机构，因为其描绘了母亲与父亲间、兄弟姐妹间、父母与子女间和其他亲属间以及非家庭成员间的关系。由于家庭结构的变迁，与我们角色相关的一些权利和责任并不总是清晰的。例如，当父母经历离婚或再婚时，某些新的角色期望有可能是模糊甚至矛盾的（见第13章）。

3. 经济安全　家庭也是一个提供财政安全和稳定的重要经济单位。家庭提供衣食住行和其他确保家庭生存的一切物质资源。特别是在2007年年末开始的经济衰退期间，许多家庭的成员依靠向他们的亲属借贷来偿还信用债务或租金；在被裁员后找工作时，请他们的亲属帮忙照顾孩子；依靠他们的亲属而有地方居住，比如在其丧失房屋赎回权后，还能与父母或祖父母居住在一起（见第10章、第11章和第14章）。

有6岁以下孩子的母亲的劳动参与率从1975年的39%上升到了2011年的64%（*Women in the Labor Force...*，2013）。母亲待在家中抚养孩子，是一种大多数家庭今天根本无法负担的奢侈方式。因为高失业率、微薄的薪水和不稳定的职业，不管其愿意与否，许多母亲必须出去工作（见第3章和第11章）。

4. 情感支持　家庭的第四个功能是给它的成员提供情感支持。美国社会学家查尔斯·霍顿·库利（Charles Horton Cooley，1909/1983）提出了**初级群体**的概念，即指具有亲密、持久和面对面互动特征的小群体。家庭是一个关键的初级群体，因为它提供了使其成员快乐、健康和具有安全感所需的养育、爱和情感寄托。虽然我们的密友通常也是我们初级群体的成员，但是他们可以来去自由。相比之下，我们的家庭通常总是我们生命中最坚定和持久的精神支柱。

社会学家们后来又引入了**次级群体**的概念，即指成员临时聚集起来，为了完成共同的任务或活动所形成的具有正规、短期关系的社会群体。次级群体的成员，比如同事，彼此的感情联系很少，当完成某个特定目标后，他们通常会离开群体。例如，当你参与这门课程时，你与你的大多数同学以及导师就组成了一个次级群体。你们聚集在一起是为了实现研究婚姻与家庭这个学术目标。一旦这门课程结束，你们中的大多数人就可能永远不会再见到彼此。

你也可以与其他次级群体中的人，比如其他专业的同学来讨论这门课程。他们也许会很有礼貌地倾听，但通常并不会真正地关心你对某班或某教授的感觉如何。相比之下，初级群体比如你的家人和密友总会安慰你：当你的车抛锚时，他们会开车送你去上课或上班；他们会在你考试期间帮你洗衣服；当在一门课程中你没有得到你应得的"A"或在工作中你没有获得升职时，他们也会给你慰藉。

我使用了一个简单的实例来区分我的初级群体和次级群体：我会毫不犹豫地打电话让我的一个初级群体的成员在凌晨三点去机场接我，因为我知道他（她）是乐意（或至少愿意）这样做的。相比之下，我从不会给一个次级群体中的人打电话让他（她）凌晨三点去机场接我，比如与我没有任何感情纽带的其他教员。

5. 社会阶层定位　**社会阶层**是指有着相似社会地位或身份的一群人，而社会地位或身份建立在财富、教育、权力、声望和其他有价值的资源的基础上。同一社会阶层的人往往有着相似的态度、价值观和业余爱好。虽然我们继承了基于我们父母的社会阶层的社会地位，但我们可以在成年后提升或降低我们的社会等级，这取决于我们自己的动机、工作的努力程度、人脉，甚至是在一定的时间、一定的地点所获得的那份运气（见第 10 章和第 11 章）。

社会阶层影响着家庭生活的许多方面。在人们何时结婚、他们有多少个孩子、父母如何对孩子进行社会化，甚至伴侣彼此如何相处等方面，都存在着阶层差异。例如，中产阶层的夫妻比他们工薪阶层的同龄人更有可能分担家务和孩子抚养责任。并且正如大家将在后面章节所见的，那些处于社会经济阶梯底层的家庭相对于他们中产阶层的同龄人，在青少年未婚生育、高中辍学、街头犯罪、忽视他们的子女和因家庭暴力而被捕等方面都面临更大的风险（见第 8 章、第 10 章和第 12 章）。

7 （二）婚姻

婚姻，是一种通行于世界，为社会所认可的人们期望其稳定和持久的配偶关系。虽然各国在结婚对象和结婚年龄上的具体规范和法律规定各不相同，但任何地方的婚姻都是标志着成年及其相关责任的一种重要仪式，特别是对家庭的供养而言。美国法律所认可的婚姻有仪式性和非仪式性两种。*仪式性*婚姻是指一对夫妻必须遵守州或其他司法机关所规定的程序，比如申请结婚许可证，在申请结婚许可证后等待一定的时间，以及由官方授权结婚。

有些州也承认**普通法婚姻（习惯法婚姻）**，这是人们通过同居而建立的一种*非仪式性*关系。一般来说，普通法婚姻有三种要求：（1）同居一段时间（在任何州都没有确定具体时长）；（2）将自己作为已婚夫妻的一方（比如使用相同的姓氏、称呼对方为"我的丈夫"或"我的妻子"，以及填写共同纳税申报表）；（3）可以合法结婚。普通法婚姻在 10 个州和哥伦比亚特区是合法的。其他 7 个州只有在特定条件下才认可普通法婚姻，比如那些在某个特定日期之前所形成的婚姻（National Conference of State Legislatures，2013）。

这两种类型的婚姻，都要求结婚双方必须符合最低年龄要求，并且他们不能**重婚**，即当第一段婚姻仍然是合法的时，他们不能与第二个人结婚。当普通法婚姻破裂时，会出现大量法律问题，比如子女的继承权和父母在支付子女抚养费方面的责任。此外，普通法婚姻的权利和收益通常只在承认其合法的州才被认可。仪式性婚姻却能提供更多的好处，比如社会认可以及面向配偶的健康保险福利。

（三）内婚制与外婚制

所有的社会都有关于"正确的"婚姻伴侣的正式或非正式规定。**内婚制**（经常与*"同质婚配"*互换使用）是一种要求只能与自己族群内部的人通婚的文化实践。这类族群包括那些宗教信仰相似（如天主教徒间的通婚）、种族或民族相似（如拉美裔间的通婚）、社会阶层相似（如富人间的通婚）或年龄相似（如年轻人间的通婚）的群体。在许多社会中，表亲通婚不仅很常见，而且令人渴望（见《为何在伊拉克表亲通婚盛行？》一文）。

外婚制（经常与*"异质婚配"*互换使用）是一种要求只能与自己族群外部的人通婚的文化实践，比如不能与自己的亲属结婚。例如，在美国，有 25 个州禁止近亲结婚（National Conference of State Legislatures，2013），但人们即使违反了也很少被起诉。即使没有这样的法律，文化传统和实践以及社会压力，通常也会支配我们对婚姻伴侣的选择。

跨文化和多元文化家庭 | 为何在伊拉克表亲通婚盛行?

根据我的某些学生的说法，"竟然想和表亲结婚，真是恶心"。话说回来，为何在中东、非洲和亚洲的某些地区，同族通婚如此盛行？例如，在伊拉克、巴基斯坦和尼日利亚的所有婚姻中，有一半发生在一代或二代表（堂）兄妹之间。

这种婚姻形式在某些社会中不仅是合法的，而且是首选的。这些社会中的家庭都是围绕着具有血缘关系的宗族组织起来的。每一个宗族都是一个能提供服务和社会援助——就像美国人通常所接受的来自国家、州和地方政府提供的服务及援助——的"政府的缩影"。最大和最统一的宗族有着最大的权力和资源。它们进而会对其家庭成员进行社会化，教育其成员不要信任政府——因为政府往往是腐败的——而应该依靠亲属、宗族或部落。

伊拉克（如同在许多其他国家中）的表亲通婚能极大增强宗族内部的凝聚力和忠诚度。例如，如果一个男人或女人与另一个宗族的人结婚，那么他或她将消耗原有宗族的资源，尤其是财产，并威胁着原有宗族的统一性。此外，表亲通婚使他们与他们的宗族紧密相连，因为他们的姻亲并非陌生人，而是对他们最了解并极力支持这桩婚姻的叔父（舅舅）和姑母（姨母）。

资料来源：Bobroff-Hajal，2006，and Michels，2008.

思考题

- 伊拉克的同族通婚和表亲通婚有哪些功能？
- 加拿大和欧洲允许第一代表（堂）兄妹间通婚。美国是否也应该这样？

三、世界各地的家庭有何不同？

世界范围内的家庭存在着相当大的差异。让我们从家庭结构开始谈起。

（一）家庭结构

大多数人出生在亲生家庭，或称原生家庭中。如果一个人被一个家庭收养或抚养，那么这个家庭就是他（她）的**生长家庭**。当为结婚或同居而离开亲生家庭或生长家庭时，个人就组成了**生育家庭**，即个人通过结婚和生育或收养孩子所形成的家庭。不过，这个术语可能有些过时，因为在某几种类型的家庭——比如不生孩子的家庭或男（女）同性恋家庭——中，生育并不起核心作用。每一种类型的家庭都是一个更大的**亲属体系**，即一种由血缘、婚姻或收养关系所联结的网络的一部分。

近一个世纪以来，美国的家庭结构都是稳定的。例如，在1880—1970年，约85%的孩子生活在双亲家庭中。然后，在接下来的30年中，离婚和单亲家庭的数量猛增。到2012年，几乎每4个孩子当中就有一个孩子生活在仅有母亲的家庭中（见图1-1）。

（二）核心家庭和扩大家庭

西方社会倾向于由一对已婚夫妻和他们亲生或收养的孩子所组成的**核心家庭**结构。但是在世界上的许多地方，最常见的家庭形式是**扩大家庭**，即由父母和孩子以及其他亲属，如叔伯姑姨、甥侄和（外）祖父母所组成的家庭。

随着工业社会中单亲家庭数量的增长，扩大家庭变得更为常见。对单亲父母而言，扩大家庭帮助其做家务和照料孩子，使其出去工作变得更容易。许多美国人认为，虽然核心家庭是最常见的安排，但这种家庭形式已式微（见数据摘要）。

（三）居住模式

家庭随着人们的居住地不同也有所差异。在**从夫居模式**中，新婚夫妻与丈夫的家庭一起居住。在**从妻居模式**中，新婚夫妻与妻子的家庭居住在一起。而在**新居模式**中，新婚夫妻则建立了他们自己的住所。

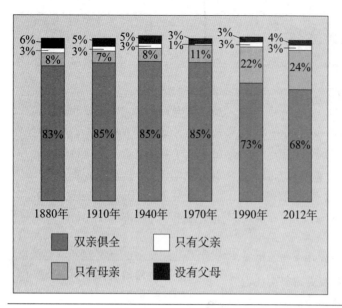

图 1-1　美国儿童生活的家庭（1880—2012）

注：由于四舍五入的原因，有些列的总和不到 100%。

资料来源：Based on Fields, 2001, Figure 7; U.S. Census Bureau, Current Population Survey, 2012 Annual Social and Economic Supplement, 2012, Table C3; U.S. Census Bureau, 2012.

9　　　环顾世界，最常见的居住模式就是从夫居。在工业化社会比如美国，已婚夫妻最典型的居住模式是新居（既不住男方家也不住女方家）。然而，自 20 世纪 90 年代初以来，年轻人婚后与妻子或丈夫任意一方的父母住在一起的趋势——或者是与妻子或丈夫任意一方的祖父母住在一起的趋势——有所上升。他们中至少有一半是因为买不起中等价位的房子，而其他人则是因为从事着低收入工作、在离婚后抚养子女，或只是为了享受多代家庭所带来的好处（见第 10 章和第 14 章）。

（四）权威和权力

居住模式往往能反映出谁在家庭中具有权威。在**母系家庭系统**中，最年长的女性（通常是祖母和母亲）控制着文化、政治和经济资源，因此她们有权力统治男性。美国某些印第安部落也有母系传统，并且在一些非洲国家，最年长的女性有着相当大的权威和影响力。不过，对于大多数国家而言，母系社会已经非常罕见了。

在世界范围内，更为典型的模式是**父系家庭系统**，由最年长的男性（祖父、父亲和叔伯）控

制着文化、政治和经济资源，因此他们有权力统治女性。在某些父系社会，女性无论在家庭内外都鲜有权利；她们可能不被允许出去工作或上大学。在其他一些父系社会，女性也许在家里有相当大的决策权，但鲜有法定权利，比如离婚或竞选政治职务的权利（见第 3 章）。

在**平等家庭系统**中，伴侣双方平等地享有权力和权威。虽然许多美国人认为他们的家庭是平等的，但美国家庭其实更倾向于父权制。例如，职业女性肩负的做家务和照顾孩子的工作量几乎是男性的两倍，而且她们比男性更有可能去照料年迈的家庭成员（见第 8 章和第 14 章）。

（五）专偶婚和多偶婚

在**专偶婚（一夫一妻制）**下，一个人只与另一个人结婚。正如在美国，即使离婚率和再婚率都很高，人们仍奉行的是**连续性的一夫一妻制**。也就是说，他们虽然结过几次婚，但每次只和一个人——离婚、再婚、再离婚等也同样。

多偶婚（一夫多妻或一妻多夫制）是指，一名男性或女性有两个或两个以上的配偶。它又被细分为一夫多妻制——一名男性娶了两个或两个以上的妻子，以及一妻多夫制——一名女性有两个或两个以上的丈夫。全世界有将近 1 000 种文化允许某种形式的多偶婚，无论是正式的还是非正式的（Epstein，2008）。

尽管罕见，但一妻多夫制确实存在。例如，在非洲坦桑尼亚西部的皮姆布韦（Pimbwe）人中，由于女性的缺乏和单靠一名男性难以支撑起家庭，当地一些女性有几个丈夫（Borgerhoff Mulder，2009）。虽然一妻多夫制在印度非常罕见，但是在一些偏远的地区还是零星地出现过。在这些地区，一名女性往往有几个丈夫，而且这几个丈夫通常是兄弟。这一古老的习俗有几个重要的功能：如果由不止一个丈夫来提供食物，那么即使家庭遭遇恶劣的环境也更有可能存活下来；如果一个丈夫亡故，那么其他丈夫也可以照顾妻子；一妻多夫制是节育的一种形式，因为女性的生育年限有限，而男性生育受年龄的限制较少（Polgreen，2010）。

与一妻多夫制相比，一夫多妻制在许多社会　10

中更为常见，特别是在非洲、美国南部和中东的一些地区。根据伊斯兰教的《古兰经》，1名穆斯林男子被允许同时娶4名妻子（Coll，2008；McGirk，2011）。虽然大家并不清楚多配偶制在全球所占的比重是多少，但是一夫多妻的现象在许多国家和地区，比如利比亚、南非和沙特阿拉伯呈增长趋势（Brulliard，2009；Al-Jassem，2011；Nossiter，2011）。

虽然西方和其他多数工业化社会禁止多偶婚，但此现象在美国、加拿大和欧洲少数实行一夫多妻制的孤立的群体中仍然存在。摩门教已经于1890年取缔了多偶婚，并把那些遵从这种信仰的教徒驱逐出了教会。不过，据估计，在美国得克萨斯州、亚利桑那州、犹他州和加拿大仍有约30万家庭为摩门教基要派的男性教徒所领导。这是一个在一个多世纪之前就已脱离主流摩门教的奉行多偶婚的教派。从这个群体中逃脱的妻子们报告了在60多岁男人和那些曾遭受过性虐待和乱伦的10岁女孩之间所发生的强迫婚姻（Janofsky，2003；Madigan，2003）。

在2011年，得克萨斯州摩门教基要派领袖沃伦·杰夫斯由于性侵两名分别为12岁和15岁，被他宣称为自己的"新娘"的女孩而被判处终身监禁。当时，杰夫斯已经有78名妻子，且其中的24名女孩的年龄还未满17岁。虽然他声称一夫多妻制是一种获得神的接纳的手段，但检察官向陪审团出示了杰夫斯私人日记中的一页，在上面他写道："如果世人都知道我在做什么，那么他们肯定会把我吊死在最高的那棵树上。"该教派的其他7个男性教徒也因为性侵和重婚的罪名，被判处了6～75年的监禁（Forsyth，2011）。

有些美国人担心核心家庭正变得越来越少。然而，许多社会科学家们则认为那些将核心家庭视为唯一正常家庭或家庭的天然类型的观点忽略了许多其他的家庭形式。例如，一位研究者确认了23种家庭结构类型，其中一些家庭结构类型中只包括朋友或集体宿舍成员（Wu，1996）。家庭结构不仅跨越文化与时间，在特定的文化或历史时期内部也不尽相同。

联系起来

你们甚至可能不记得20世纪90年代播出的一些电视节目。有些比如《拖家带口》（Married...with Children）、《家居装饰》（Home Improvement）、《欢乐一家亲》（Frasier）和《天才老爹》（The Bill Cosby Show）现在仍在多个电视台播出。其他一些电视剧，比如《好汉两个半》（Two and a Half Men）、《俏妈新上路》（The New Adventures of Old Christine）和《摩登家庭》（Modern Family）都显示了多种多样的家庭结构。

- 有多少电视剧——在过去或现在——是大多数美国家庭的代表？或者是你自己家庭的代表？
- 你认为那些有关一夫多妻制的电视"真人秀"节目，比如《大爱》（Big Love）和《我的妻子们是好姐妹》（Sister Wives），为何如此大受欢迎？

四、关于家庭的一些谬论 11

虽然美国和世界上其他国家的家庭各不相同，但我们有时会被理想化的"美好"家庭形象困扰。虽然有些谬论比其他的更有害，但让我们先看看关于家庭的五种常见的谬论。

（一）有关昔日的谬论

我们经常听说在昔日的黄金岁月中，社会问题更少，人们更幸福，家庭也更强大。由于电影和电视的广泛影响，我们中的许多人对昔日的生活抱有浪漫主义的观念。

这些有关家庭的高度不切实际的影像会出现在一些电视节目中，比如在20世纪50年代和60年代早期播出的《老爸最了解》（Father Knows Best）、《反斗小宝贝》（Leave It to Beaver）、《帕曲吉一家》（The Partridge Family）、《脱线家族》（The Brady Bunch），在20世纪70年代上映的代表强大、贫穷但很有爱的乡村家庭的电视节目，比如《华生一家》（The Waltons）、《草原上的小木屋》（Little House on the Prairie），以及在20世纪90年代末播放的《女医生》（Dr. Quinn,Medicine Woman）。其他流行的电视节目，比如《天才老爹》（The Bill Cosby Show）和《人人都爱雷蒙德》（Everybody Loves Raymond）也极具吸引力，因为它们幽默地唤起了人们对幸福家庭的无限遐想——在这样的家庭中，成员能够解决他们的所有冲突和问题，并快乐地生活在一起。

许多历史学家认为，这样的黄金岁月从未存在过。我们将其浪漫化只因我们对过去知之甚少。甚至在 19 世纪，很多家庭就经历过非婚生育、家庭暴力和被父母或配偶遗弃（Demos，1986；Coontz，1992）。

正如《拓荒女儿日记》（Diary of a Pioneer Daughter）所描述的那样，在昔日的"黄金岁月"里，家庭生活其实充满着剥夺、孤独和危险。家庭成员不仅非常辛苦地工作，还经常被意外和疾病击垮。在 20 世纪 40 年代中期以前，非常短的预期寿命意味着父母的亡故往往会导致子女被安置到扩大家庭、寄养家庭或孤儿院（Walsh，1993）。因此，过去的儿童没有在核心家庭中长大的概率比现在要大得多。

那些有怀旧情结的人没有意识到这样几个事实。例如，青少年怀孕率在 20 世纪 50 年代要比今天高，尽管当时少女母亲结婚的比例较高（许多人出于"奉子成婚"）。直到 20 世纪 70 年代，也很少有关于儿童虐待、乱伦、家庭暴力、婚姻不幸、性骚扰或离婚的谈论或记载。许多家庭生活在沉默的痛苦和安静的绝望中，因为这些问题在很大程度上是被无视的。此外，今天的父母会比在昔日"黄金岁月"中的父母花更多的时间陪伴孩子（见第 10 章）。

（二）有关什么是自然的谬论

许多人对有关家庭中什么是自然的或不自然的有着鲜明的见解。虽然保持单身在今天比在过去更容易被接受，但仍存在一种挥之不去的怀疑，即认为一个从未结婚的人有问题（见第 7 章）。并且我们有时还对那些没有孩子的婚姻或

约束　拓荒女儿日记

许多学者指出边疆生活根本毫无浪漫可言。疟疾和霍乱到处肆虐。因为黑暗、温暖、潮湿，以及有着敞开的门窗，拓荒者的小屋成为蚊子的温床。女性和孩子被描述为，当做家务时，"他们的双手和胳膊在空中挥舞"，驱赶着攻击他们的蚊子（Faragher，1986：90）。

丽贝卡·布莱恩·布恩是传奇拓荒者丹尼尔·布恩的妻子。当丹尼尔·布恩去树林打猎或外出经商时，她要忍受几个月，有时甚至是几年的孤独。除了做家务外，她还要砍木头、种田、收割庄稼，以及在小屋附近打猎。虽然丽贝卡是一个坚强机智的女性，但她告诉牧师"她心里时

常感到悲痛和恐惧"（Peavy and Smith，1994：14）。

历史学家乔安娜·斯特拉顿（Joanna Stratton，1981）查阅了大量于 1854—1890 年间生活在堪萨斯草原上的拓荒女性的信件、日记和其他文献。其中，一个 15 岁的女孩在日记中生动地描述了一个事件。她的邻居约翰逊先生修建了一座草皮屋，但两年后他就去了最近的小镇找工作。约翰逊太太非常想念她在东部的家，害怕变得孤单，并且病得很严重："夜晚她非常恐惧，因为狼群会在门上、草皮上、窗户上乱抓，所以我母亲和我就开始陪她熬夜。"在约翰逊太太过世后不久，狼群变得更加大胆："一匹狼的脑袋夹

在门槛之间，当它试图摆脱时，母亲用斧头砍中了它的头部，杀死了它。我用枪击中了一匹从窗户进来的狼……我们连续 5 个晚上都在与这些狼搏斗……"在约翰逊太太的葬礼结束后，约翰逊先生卖了房子，他被狼咬得很惨，然后离开了。

思考题

- 对拓荒生涯的历史描述与我们曾在电视节目，如《华生一家》和《草原上的小木屋》中所看到的那些有区别吗？
- 如果我们有时光机，你愿意穿越到拓荒者所生活的昔日"黄金岁月"中去吗？

未婚的承诺关系有疑虑。例如，我们经常听说，"想要结婚生子是自然而然的"或"同性恋是违反人性的"。其他一些从所谓的纯真年代遗留下来的观念也宣称家庭生活是自然的，并且女性是天生的母亲（见第3章）。

持这类观点的问题在于如果母性是天然的，那么为何还有如此多的女性选择不生孩子或虐待她们自己的孩子？如果同性恋是不自然的，那么我们如何解释它从古至今存在？如果结婚或组建家庭是自然的，那么为何还有数以百万计的男性会抛弃他们的孩子或他们怀孕的另一半？

（三）有关自给自足家庭的谬论

我们最珍视的价值观当中就有个人成就、自力更生和自给自足。许多畅销的自助书籍的主题比如育儿、事业与婚姻成功兼顾和性关系很棒等也反映出我们的信念，即我们应该不断提升自己，以及我们能够靠自己出人头地。

虽然我们在自己的个人生活中有许多选择，但鲜有家庭——无论过去还是现在——完全能够自给自足。我们大多数人时不时需要某种帮助。由于失业、经济低迷和衰退，自1970年以来，贫困率已经增长，并且许多贫困的工薪阶层来自双亲家庭（DeNavas-Walt et al., 2012）。这些家庭时常需要援助来维持生存。

中产阶层家庭也不是自给自足的。例如，在20世纪50年代和60年代，许多中产阶层家庭的繁荣并非出于家庭储蓄或个人企业，而是联邦住房贷款、接受公立高等教育的机会更多以及有公共融资的道路连接郊区住宅与城区工作单位的结果（Coontz, 1992）。

当前，那些已经到达退休年龄的人无论贫困与否，都有资格享受医疗保险和社会保障，而且政府还为中等收入家庭和富裕家庭提供了大量的减税措施（见第11章和第14章）。即使你的家庭属于中产阶层，你或其他家庭成员在被解雇后也能获得失业救济金。州优等奖学金资助来自中产阶层和富裕家庭学生大学费用的可能性大于资助来自贫困家庭的学生（Baum and Payea, 2011; Kantrowitz, 2011）。并且不管一个人身处哪个社会阶层，联邦政府每年都花费数十亿美元，用于从幼儿园到高中（K-12）的公立教育、公共广播、地方海滩和娱乐中心、农业补贴、清洁的饮用水、高速公路和许多其他的使人们的生活变得更舒适的项目和计划（Grunwald, 2012）。

（四）有关家庭作为爱之避难所的谬论

一位社会学家曾形容家庭是"一个无情世界的避风港"（Lasch, 1977: 8）。也就是说，家庭提供了爱、养育和情感支持。但是，家庭也可能是社会上在生理和心理方面最残酷的环境之一。不仅数量惊人的儿童遭受着来自家庭成员的生理和性虐待，而且对亲密伴侣的暴力也是广泛存在的（见第12章）。

许多父母在平衡工作需要和家庭责任时会经受压力。此外，美国的失业率从2006年的4%增长到2012年的近10%（见第11章）。一个失业者对其能否为家庭提供支持的潜在焦虑不仅势必消极地影响家庭的活力，而且挑战了家庭总是一个爱之避难所的假设。

此外，家庭成员对他们所遇到的日常压力的看法往往是不现实的。例如，如果人们期望家庭互动总是愉悦的，那么即使出现常规问题，紧张情绪也会激增。尤其是对那些有健康或经济问题的家人而言，家庭可能是有爱的，但并非总是无情世界的避风港。

（五）有关完美婚姻与完美家庭的谬论

人们往往会经历婚姻期望与现实之间的冲突。例如，一位女性将婚姻比作乘飞机去佛罗里达州休闲度假，却降落到了瑞士的阿尔卑斯山。那儿没有游泳和阳光，只有下雪和寒冷："这是一个充满惊喜的地狱，当你走下婚姻的飞机时会发现，所有一切都远不同于你当初设想的。"（Lederer and Jackson, 1968: 39）

在1968年提出的上述观点至今仍有意义（见第8章）。即使伴侣同居过并相信彼此非常了解，他们中的许多人也可能在婚后发现自己身处

14 阿尔卑斯山而非佛罗里达州。大量的婚姻解体是因为伴侣们执着于关于婚姻生活的谬论。在完美的婚礼后，完美的夫妻必须是彼此的一切：出色的供养者、完美的性伴侣、最好的朋友、富有同情心的知己、励志的同伴和精神上的灵魂伴侣（Rubin，1985）。这样的期望现实吗？

那些关于完美家庭的谬论就像关于完美婚姻的谬论一样普遍存在。按照历史学家约翰·吉利斯（John Gillis，1996，2004）的说法，我们都有两个家庭：一个是我们与*其*一起生活的家庭（这是家庭真实的样子），而另一个是我们*想依靠*的家庭（这是我们希望家庭成为的样子）。吉利斯认为至少从中世纪晚期开始，人们就一直在想象和重新想象家庭，因为我们出生和结婚的家庭很少能满足大多数人追求延续性、归属感、统一性和根基感的需要。

这些和其他一些谬论都可能会引发不满和冲突。我们可能会浪费大量时间和精力去寻找那些只存在于童话故事和电视情景喜剧中的家庭关系，而非享受我们真实的家庭。虽然大多数关于家庭的谬论是功能失调的，但也有一些可能是功能性的。

（六）为何有些谬论是功能失调的？

当谬论有破坏家庭的负面后果（尽管常常是意料之外的）时，它们就是*功能失调*的。完美家庭的谬论可能会使我们感到痛苦。我们如果没有达到一些理想化的想象，就会觉得*自己*有问题。我们可能会给自己的孩子施加压力，让他们变成*我们*想要的样子，或是花费一生的时间等待我们的父母或姻亲来接受我们，而非接受我们目前的家庭。由于家庭成员不符合谬论中的那种理想化的样子，我们还可能会变得爱挑剔或在感情上对家庭成员有所保留。

谬论也可能将我们的注意力从那些会导致家庭危机的广泛的社会问题上转移开。如果人们把他们所感知到的想象与现实之间的差距归咎于自己，那么他们可能无法认识到在个人层面造成困难的外部力量，比如社会政策。例如，如果我们相信只有坏的、生病的或适应不良的人才会打自己的孩子，那么我们将只会在个人层面寻求解决方案，比如咨询、支持小组和治疗。不过，大家在后面的章节中将会看到，大量的家庭危机其实源自诸如种族歧视、贪婪的企业高管、经济衰退和失业等大范围的社会问题。

（七）为何有些谬论是功能性的？

并非所有的谬论都是有害的。有些谬论是*功能性*的，因为它们将人们聚在一起并促进了社会团结（Guest，1988）。例如，如果谬论能给予我们提升婚姻与家庭生活的希望，那么即使出现问题，我们也不会放弃。在此意义上，谬论可以帮助我们在危机期间保持情感平衡。谬论还可以帮助我们从内疚或羞愧中解脱出来。例如，对于离婚而言，"我们不再相爱"是比"我犯了一个愚蠢的错误"或"我嫁给了一个酒鬼"更有面子的解释。

有些谬论可能既是功能性的，又是功能失调的。在制定社会政策方面（比如子女抚养费的立法），家庭衰落的观念一直是功能性的，其目的是避免来自离婚家庭的孩子陷入贫困。但是如果人们变得不切实际地忙于寻找自我满足和幸福，那么这一谬论也是功能失调的。

联系起来

- 那些关于家庭的媒体影像会影响到你的感知吗？例如，当你观看某些电视节目时，你对自己的家庭是感到失望还是满意？
- 你相信任何（或所有）你所读过的关于婚姻与家庭的谬论吗？如果是，那么这些观念在你的生活中是如何发挥功能性或功能失调的作用的？

五、家庭变迁的三种视角

我们已经定义了家庭、调查了家庭的相似与不同，并考虑了关于家庭生活现有的某些谬论。现在让我们看看关于美国家庭如何变迁的三种观点。

几项全国性调查显示，美国人非常重视家庭价值观。例如：

- 在高中毕业生当中，80% 的女生和 72% 的男生认为有一个好的婚姻与家庭生活对他们而言是"极其重要的"（Wilcox and Marquandt，2011）。
- 大约 74% 的大学一年级学生（女生和男生都有）认为供养一个家庭在他们的生活中是"很重要"的（Pryor et al., 2010）。
- 每 10 个美国人中就有将近 7 个人对婚姻与家庭的未来持乐观态度（Morin，2011）。

尽管有如此乐观的发现，但还有许多美国人相信家庭正在分崩离析。一些记者和学者们将"消失"的家庭、"糟糕"的婚姻和"可怕"的离婚数据作为家庭正在解体的确切迹象。另一些人则辩称这种说法是毫无根据的。

谁是正确的呢？这里有三种思想流派。第一种认为家庭日趋衰微，第二种辩称家庭只是在变迁，而非衰微，而第三种观点（比较少的人秉持）则认为家庭比昔日更富有弹性（见 Benokraitis，2000 对于这些观点的讨论）。

（一）家庭日趋衰微

100 多年前，《波士顿评论》发出了一个可怕的警告："家庭，就其古老的意义来说，正从我们的土地上消失，不仅我们的机构受到威胁，而且我们社会的存在本身也受到威胁。"（引自 Rosen，1982：299）在 20 世纪 20 年代后期，一位著名的社会科学家 E. R. 格罗夫斯（E.R. Groves，1928）警告说，婚姻正处于一个"极度崩溃"的状态。他所谓的"婚姻危机"和对高离婚率的某些解释对于现在而言，并不令人惊讶：自我放纵、只关注自我而不关注他人、财务紧张和性格不合。那些认为家庭正陷入困境的人则引用某些原因，比如个人的不负责任、对家庭的最低承诺和只是单纯的自私等来附和格罗夫斯。

许多保守派政治家和具有影响力的学者们认为，家庭不断恶化是因为大多数人把自己的需求置于家庭责任之上。这一学派声称许多成年人不愿意把精力和财务资源投资到他们孩子身上，或当他们遇到问题时很快就会放弃自己的婚姻

（Popenoe，1996；Wilson，2002）。

"家庭日趋衰微"流派的一些追随者认为婚姻应该是为了孩子们而非只为成年人而存在。仅仅告诉孩子们"我们爱他们"是不够的。这个论点认为我们应该通过维持稳定的婚姻来投资于孩子，而非浪费我们的钱在离婚产业包括请律师、治疗师和鉴定专家上（Whitehead，1996）。

那些赞同"家庭日趋衰微"观点的人发现了一系列指标。例如，最近的数据大多显示：结婚的人更少了、离异或保持独身的人更多了、婚外同居或独居的人更多了、非婚出生的孩子更多了、单亲家庭的数量激增、已婚女性生育孩子的数量更少了，并且现在许多父母和他们的孩子共度的时间比在 20 世纪 60 年代时更少（Pew Research Center，2010；Wilcox and Marquardt，2011；Jacobsen et al., 2012）。

（二）家庭只是在变迁，而非衰微

另外一些人认为，我们正经历的变迁反映了长期的趋势。例如，自 1970 年以来，越来越多的女性进入劳动力市场，但母亲在外工作并非新现象。在殖民时代，母亲们出售乳制品和编制产品；在 19 世纪末 20 世纪初，她们接收寄宿者；在第二次世界大战期间，她们还从事工业工作。

许多分析人士也认为家庭问题一直存在。例如，在 20 世纪 30 年代发表的有关家庭方面的研究中，包括了诸如离婚、遗弃，以及由纷争、少年犯罪和抑郁导致的家庭危机等问题（Broderick，1988）。

同样，单亲家庭也一直都存在。虽然自 1980 年以来，单亲家庭的比例翻了一番，但是该比例在 1900—1950 年就增加了两倍（Stannard，1979）。离婚也不是一个新现象。在第 18 世纪，它变得更为常见。在当时其他的变化中，父母对已婚成年子女的控制力已经减弱，既因为父母很少有土地或其他财产可以让子女继承，也因为浪漫爱情的重要性增加（Cott，1976）。

美国人如何看待过去的半个世纪以来美国家庭结构所展现的这种巨大变迁？他们的反应是复杂的：31% 的人认为这些变迁通常对社会有益；32% 的人觉得这些变迁通常对社会有害；另外

37%的人虽然宽容，但持怀疑态度，尤其是对于越来越多的带着年幼子女却在外工作的母亲，以及越来越多的抚养孩子的男同性恋和女同性恋伴侣（Morin，2011）。

许多研究者认为，很少有实证证据表明家庭变迁是家庭衰微的同义词。相反，数据支持了两种观点——家庭正陷入困境的观点，以及尽管家庭在性别角色、离婚率和婚姻替代品比如同居等方面正在发生变化，但大多数家庭仍富有弹性的观点（Amato，2004）。

（三）家庭比昔日更富有弹性

根据第三种流派的观点，家庭比过去更富有弹性、更有爱和更强大。想想殖民时代女性和儿童的待遇：他们如果违背了严格的男性权威，就通常会受到非常严厉的惩罚。而且，与我们对昔日美好时光的一些感伤观念相反，只有少数白人中产阶层家庭享受着既温和又优雅的生活：

对于19世纪每个在家庭圈子里保护其爱人和孩子的中产阶层家庭而言……在那种中产阶层的家中，会有一个爱尔兰或德国女孩擦洗地板、一个威尔士男孩采煤以保持家庭烤好的食物的热度、一个黑人女孩洗着一家人的衣服、一个黑人母亲和孩子摘棉花为家庭成员制作衣服，还有一个犹太或意大利女孩在血汗工厂里制作"淑女"礼服或是家庭会购买的人造花卉。（Coontz，1992：11-12）

那些赞成"家庭更富有弹性"观点的人认为，家庭生活的变迁增强了包括婚姻关系在内的家庭关系。在过去，由于强有力的社会规范和法定离婚的障碍，许多人只好留在不幸的婚姻中。相比之下，在今天，成年人可以更容易地离婚、建立一段新的关系，并在一个更幸福的家庭中抚养孩子（Hull et al.，2010）。

联系起来

- 关于家庭的三种观点中哪一种最接近你自己的看法？原因何在？
- 你认为婚姻正变得过时吗？为何会以及为何不会？

正如大家在后面的章节中将看到的，最幸福的家庭是那些成年人（无论婚否、有无孩子）分担家庭和工作责任的家庭。特别是在有在职母亲的家庭中，在分担家务和照顾孩子方面有更多的平等，可以提升丈夫和妻子双方的婚姻满意度。

一些社会科学家也认为，尽管有无数的问题，但由于多代关系的增加，今天的家庭仍比过去更为幸福。许多人有祖父母，感到与祖父母非常亲近，并且经常得到来自这些家庭成员的情感和经济上的支持。最近由于老年人群体的增长，已经产生了四代同堂的家庭。由于要照顾他们80～100岁的父母，更多60岁以上的成年人可能感到压力过大。此外，更多的子辈和孙辈在享受他们老年亲属的帮助的过程中长大（见第14章）。

这三种流派中的每一种都为自己的论点提供了论据。那么，我们可以相信哪一派的观点？家庭是弱的还是强的？以上问题的答案在很大程度上取决于我们如何定义、测量和解释家庭的弱点与长处——这是我们将在第2章中解决的问题。无论好坏，家庭会继续变迁。

六、美国家庭如何变迁？

本书的每一章都显示了家庭如何变迁。人口变化、家庭在种族或族裔组成上的变化，在家庭变迁中都扮演着某种角色。

（一）人口变化

两种人口变化对家庭产生了特别深远的影响。第一，美国的出生率已经下降。自18世纪末以来，大多数美国女性生育的孩子越来越少、让孩子们之间的关系越来越亲密，并且在较早的年龄就完成了养育孩子的任务。第二，女性生育的平均年龄从19世纪中叶的17岁上升到2011年的近37岁（U.S. Census Bureau，2012）。

这两种变化意味着大部分美国人目前在较早的年龄经历着"空巢"综合征——成年子女从家庭离开——以及较早进入祖父母时期和长期丧偶时期。此外，由于美国人的寿命变长，许多成年人必须同时照顾孩子和年迈的父母（见第9章、第10章和第14章）。其他的变化包括出现了更多的非婚生育女性、更多的独居者、更多的在职母亲和更多的老年人（见图1-2）。现在我们将简略了解一下这些变化，在后面的章节中，我们将更仔细地考察它们。

1. 家庭和非家庭的变化　美国人口普查局将住户（household）分为家庭和非家庭。一个*家庭住户*是由两个或两个以上基于婚姻、血缘或收养关系的人组成的。一个*非家庭住户*则包括独居者或与非亲属（如室友、寄宿者或同居伴侣）生活在一起的人。在2010年，34%的住户是非家庭住户，该比例较1970年的19%有大幅增长（Fields，2004；Lofquist et al.，2012）。

有18岁以下（未成年）子女的已婚夫妻家庭所占比例从1970年的40%下降至2010年的20%。在同一时期，生活在单亲家庭中的18岁以下子女的百分比增加了1倍以上（Lofquist et al.，2012）。单亲家庭增加的主要原因是未婚女性生育率的激增［见图1-2（a）］。

2. 单身和同居伴侣　单身人群成为增长最快的群体之一有三个原因。首先，许多年轻人正推迟结婚年龄。其次，在年龄序列的另一端（老龄人口），由于人们的寿命更长，相比过去，他们更有可能比伴侣活得久。最后，那些离婚或寡居的老年女性的再婚率比老年男性低得多，这增

加了她们晚年时期的单身人数（见第13章和第14章）。此外，单身者现在比过去更有可能独自生活［见图1-2（b）］，因为他们有足够的收入，并享受自己的个人隐私空间（见第7章和第14章）。自1970年以来，同居伴侣的比例也不断攀升。由于目前社会对未婚同居伴侣有更大的接受度，因此这一数字将很可能持续增长（见第6章和第7章）。

3. 离婚和再婚　虽然自20世纪80年代末期以来，离婚率已经下降，但每两个初次婚姻中就约有一个被预计以离婚告终。青少年婚姻与那些"奉子成婚"的婚姻特别容易解体（见第13章）。再婚家庭也比过去更常见。约12%的美国人目前正处于他们的第二次、第三次或第四次婚姻。1/3的美国人目前是继父母、继子女、继兄弟姐妹或者再婚家庭中的其他成员。我们将在第8章和第13章中审视结婚、离婚和再婚。

4. 单亲家庭　在越来越多的人选择单身到三十多岁的同时，因为离婚率很高，生活在单亲家庭中的孩子的数量也在不断增加（见数据摘要）。在所有单亲家庭中，有87%是母亲－孩子家庭（U.S.Census Bureau，2012）。在后面的几个章节中，我们将更为详尽地了解单亲家庭。

5. 在职母亲　自20世纪80年代以来，母亲在劳动力市场中的高度参与一直是美国家庭最引人注目的变化之一。有18岁以下子女的双职

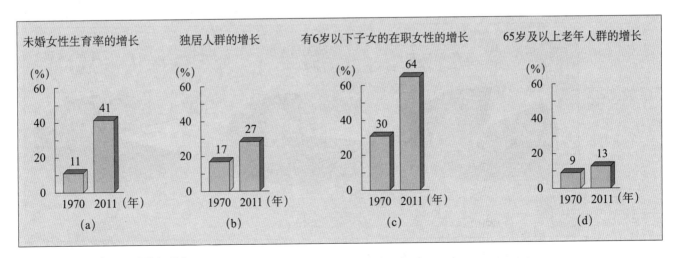

图1-2　美国家庭——从前与现在
资料来源：Based on data in Fields, 2004；Purcell and Whiteman, 2006；Hamilton et al., 2012；"Unmarried and single..." 2012；"Older Americans..." 2013.

工已婚夫妻的比例从 1976 年的 31% 激增到 2010 年的 54%（U.S.Census Bureau，2002，2012）。

19 　　在有 6 岁以下子女的已婚女性中，每 10 个中就有 6 个以上在劳动力市场就业 [见图 1-2（c）]。这意味着现在许多夫妻在抚养年幼的子女时，同时承担着家庭和事业的责任。在第 11 章中，我们将审视在职母亲和双职工夫妻的特点和局限。

　　6. 老年人 当前美国人的寿命比以往任何时候都长。自 1970 年以来，65 岁及以上老年人口数量增长了 4%，虽然该比例看起来似乎很小 [见图 1-2（d）]，但该群体的人口数量却从 1970 年的 1 900 万增长到 2011 年的近 4 100 万（"Older Americans Month: May 2013"，2013）。虽然许多孩子喜欢与祖父母生活在一起直到成年，但人口老龄化也会给家庭照料和国家卫生保健费用施加相当大的压力（见第 14 章）。

（二）种族或族裔多样性

你怎么称呼一个会说三种语言的人？多语种。
你怎么称呼一个会说两种语言的人？双语的。
你怎么称呼一个会说一种语言的人？美国人。

　　正如该笑话所暗示的，许多人对美国的刻板印象（和嘲笑）是，美国是一个单一语言和单一文化的社会。但事实上，它是全世界最具多元文化的国家：多样性正蓬勃发展、多族裔群体能说多种语言，以及在外国出生的人口和家庭遍布所有的州。

　　1. 族裔多样性蓬勃发展 美国的非本国出生人口有近 4 000 万，占美国总人口的近 13%，该比例较 1990 年的 8% 有所上升。美国的多元文化包括了在超过 3.09 亿居民中的约 150 个不同族裔或种族群体。到 2025 年，预计仅 58% 的美国人口为白人——该比例较 1950 年的 86% 有所下降（见图 1-3）。到 2050 年——差不多减少了一代人——白人可能只占总人口的一半，因为拉美裔和亚裔人口预计将为现有规模的 3 倍（Grieco et al.，2012）。

　　不管前面关于美国人只说一种语言的笑话怎样，事实上美国居民所说的语言大约有 336 种。与大约 10% 的本地人口相比，约 85% 的非本国出生人口在家会说某种其他语言而非英语（Grieco et al.，2012；U.S.Census Bureau，2012）。 20

　　多种族（混血）人口也在不断增长。那些认为自己属于两种或两种以上种族的美国人数量预计将增长 1 倍以上——从 2010 年的将近 600 万增长到 2050 年的 1 600 多万（分别占总人口的 2% 和近 4%）（U.S.Census Bureau News，2008；Passel et al.，2011）。

　　2. 种族或族裔家庭的住处 种族或族裔家庭

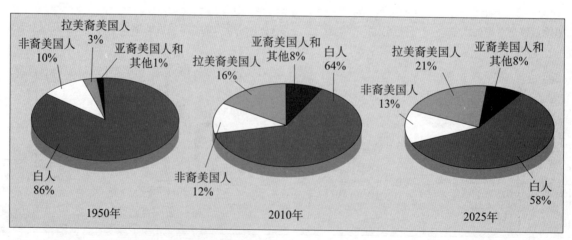

图 1-3　美国人口中的种族或族裔组成（1950—2025）
注："其他"包括美洲印第安人 / 阿拉斯加土著、夏威夷土著和太平洋岛民、其他种族，以及那些认为自己属于两种或两种以上种族的人。

虽遍布美国所有州，但往往集中于某些地区。这样的集中通常反映了就业机会和那些有助于新来者找到住房和工作的移民社区的建立。然而，在某些情况下，过去联邦政府鼓励某些社区接收来自东南亚的难民，强迫许多美洲印第安人居住在保留地，以及实施各种限制某些亚洲人群进入特定地理区域的排斥性移民法律（例如，见Kivisto and Ng，2004）。

七、美国家庭为何变迁？

家庭变迁反映了人们的选择（比如决定晚婚或晚育）以及限制人们选择的约束因素（如失业或家庭政策）。为了解人们的选择，社会科学家们通常依赖**微观层面的视角**，关注人们在特定环境中的社会互动模式。为了解限制人们选择的约束因素，他们使用**宏观层面的视角**，侧重于描述整个社会特征的大规模的模式和过程。这两种视角和它们相互关联的方式对于了解家庭至关重要。

（一）微观层面对家庭的影响

想象下面的场景：两个学生在大学里相遇、相爱，毕业后结婚。他们找到高薪的工作，住在一个豪华的公寓里，开着宝马车，并在夏威夷度假。然后妻子意外怀孕，他们有了孩子。于是为了照顾孩子，妻子辞去了工作。之后因为丈夫失业，妻子只好去做兼职工作。由于丈夫努力找工作受挫变得沮丧甚至抑郁，妻子难以平衡所扮演的母亲、妻子和员工等多重角色。随着伴侣间的压力和争吵不断增加，婚姻也就最终结束了。

当我问我的学生这对夫妻出了什么问题时，大多数人从微观层面批评这对夫妻："他们本应该存些钱。""他们不需要宝马车。""难道他们没听说过避孕药吗？"等等。几乎所有的学生都将离婚归咎于这对夫妻，因为他们觉得这对夫妻不切实际、不成熟或做出了很多错误的决定。

因为我们所做的是个人选择，所以有大量微观层面的解释，但它们应该被正确认识。许多婚姻与家庭方面的教科书和流行的心理学书籍强调个人选择的重要性，但忽略了宏观层面的变量。微观分析是有局限性的，因为它们无法解释那些家庭鲜能控制的事情。对于这些更广泛的分析，我们必须转向宏观解释。

（二）宏观层面对家庭的影响

那对离婚的夫妻做了一些不明智的个人决定，比如不存钱、可能没有使用有效的或根本不使用避孕用具。然而，最终夫妻关系的恶化则是出于诸如失业以及无法获得廉价而高质的日托服务等宏观层面的因素。诸如经济、技术、流行文化、社会运动和家庭政策等约束因素限制了我们的选择，并需要宏观层面的解释。

1. 经济　由工业革命和城市化所引发的广泛变化，对家庭产生了重大影响。到18世纪晚期，工厂取代了雇用大量女性和儿童的地方工业。随着家庭变得越来越无法自给自足和它们的成员更多地外出工作，父母对其子女的控制力已不断减弱。

在20世纪80年代和90年代，许多美国企业开始将工厂转移到发展中国家。随着时间的推移，这些举动导致了数以百万计的美国工人被裁员。由于美国经济的变化，低收入的服务业工作取代了高薪的制造业工作。在收入序列的另一端，高收入工作至少需要大学学历，因此许多人为寻求这些工作，往往会推迟结婚和生育（见第7章和第9章）。开始于2007年年末的金融危机导致了高失业率、工时减少、失去健康福利和财务紧张，所有这些对美国和全球的家庭都产生了破坏性影响（见第11章）。

2. 技术　医疗和其他与健康相关的技术的发展已经降低了婴儿的死亡率，更有效地延长了人类寿命。但是，由于许多美国人现在能活到80多岁甚至更大年龄，因此他们会有陷入贫困的风险；他们需要昂贵的医疗服务，这些可能不会为医疗保险或私人保险计划所覆盖；或者他们只是由于寿命太长，退休存款不够用。中年人——有时也被称为*三明治一代*——必须应对抚养他们自己的子女和照顾他们年迈父母的双重负担（见第

10 章和第 14 章）。

在近年来的技术创新中，互联网和在线互动对许多家庭产生了广泛影响。一个例子是*社交媒体*——网站，它们不仅提供了信息，而且促进了社会互动。社交媒体包括脸谱网（Facebook）、领英（linkedIn）和推特（Twitter）等社交网站，第二人生等游戏网站，YouTube 等视频网站，以及博客（在一系列的帖子中提供评论、日记条目、信息文章等的网站）。

一些人认为电子邮件、短信和社交网站是侵入性的，因为它们用肤浅却耗时的在线互动取代了亲密的个人关系。批评者认为这些技术使我们能够过滤和最大限度地减少人类接触（Turkle，2011）。据一个技术顾问所说："当人们花在面对面接触上的时间越来越少时，社会关系将不能改善。"另一个人说："随着脸谱网、YouTube 等的到来，我们实际上不必接触，便可以将我们生活的各方面与特定的朋友和家庭分享，并告诉他们我们是怎么做的。"（Anderson and Rainie，2011：11，16）

其他人认为数字技术正在侵占家庭时间。例如，一些孩子抱怨他们很少能得到父母的全部关注，因为父母中的一方经常沉浸在收发电子邮件、短信或上网中，甚至当他们推秋千、开车或吃晚饭时也这样（Young，2011）。事实上，某些父母确实将更多的注意力放在了技术而非孩子身上。

一些评论家预测技术将会把家庭分开。然而，64% 的成年人认为 21 世纪的通信技术使家人相比其成长时期更为亲近，因为父母能与那些已经离开家的成年子女保持联系（Smith，2011）。手机增加了父母之间的互动频率，尤其是如果父母是双职工的话——手机可以被用来协调时间安排和保持彼此间以及与他们孩子的一整天的联系。同时，许多父母声称通过与孩子玩家庭视频游戏，他们花了更多的时间来陪伴孩子。至于那些去读大学的年轻人，他们的父母说通过收发电子邮件和短信，家庭成员之间的互动比过去更为频繁（Kennedy et al.，2008）。

其他的好处是，电子邮件和互联网鼓励了父母、子女和亲属之间的长途通话，否则由于日程繁忙，这些都不可能发生。那些分布在美国东西海岸的家庭成员们通过在网站上交换照片、组织线上家庭聚会、追查远亲、追溯祖先的根源，以及为家庭成员获得在线健康资讯等，可以变得在联系上更为紧密（Hampton et al.，2011；Fox and Brenner，2012；Gibbs，2012）。

另外，对于 80 多岁和 90 多岁的人来说，使用电子邮件和互联网使得他们变得"更好"而不是更老。一位老爷爷说："我的天啊，我从来都没觉得自己有这么年轻。我坐在这些年轻人身边——他们正在上网，我也正在上网。我正在和我的孙女通话，她到欧洲去了！"（White，2008：10B）

3. 流行文化 流行文化是指在日常生活中被某个人群广泛共享的信仰、实践、活动和产品。流行文化包括电视、互联网、流行音乐、杂志、广播、广告、体育、爱好、潮流、时尚和电影——它是我们有关家庭生活的信息*以及错误信息*的主要来源之一。电视在传播事实和虚假消息方面特别有影响力，因为在美国人 65 年的寿命中，平均有 9 年的时间被花在电视机前面（Statistic Brain，2012）。

虽然人们并非总是相信他们在电视或网络上所阅读或看到的一切，但流行文化塑造了我们的态度和行为。例如，我的许多声称自己"从未注意过任何广告"的学生却穿戴名牌服饰如百威帽、耐克鞋和老海军 T 恤来上课。

4. 社会运动 这些年来，许多社会运动已经改变了家庭生活。20 世纪 60 年代的*民权运动*对大多数美国家庭产生了重大影响。因为平权法案的出现，许多少数族裔成员能够利用那些能提高家庭社会经济地位的教育和经济机会。少数族裔申请者能够获得小额商业贷款，少数族裔雇员也能有机会晋升到高级岗位。

妇女运动——自 19 世纪后期开始，特别是在 20 世纪 70 年代——改变了许多妇女的角色，因此，家庭生活也随之改变。由于女性在法律、教育和就业上获得了更多的权利，许多人在经济上对男性的依赖变得越来越少，并开始质疑关于性别角色的传统假设。

开始于 20 世纪 70 年代的*同性恋权益运动*挑战了某些领域比如住房、收养和就业等方面的歧

23

视性法律。许多公司现在会给它们的男同性恋或女同性恋员工的伴侣提供一些福利；许多收养机构会帮助那些想成为父母的女同性恋或男同性恋者；大量市、州承认同性结合；并且有些州开始允许同性婚姻合法化（见第6章至第10章）。

那些对高离婚率和同居现象增多感到震惊的人们正在参加一场蓬勃发展的*婚姻运动*。除其他方面外，婚姻运动寻求废除无过错离婚法，并希望减少联邦和州为未婚低收入母亲所生子女提供的福利。它还致力于促进年轻人节欲、游说鼓励结婚的资助计划和倡导女性扮演家庭主妇角色。

此外，婚姻运动还鼓励支持者游说立法者通过要求夫妻接受婚前咨询课程和婚姻技能项目的州法律（Wood et al.，2012）。不过，正如《**山姆大叔应该做媒人吗？**》一文所显示的那样，并非所有人都对这样的提议感兴趣。

5. 家庭政策 家庭政策是指政府为提高家庭幸福感所采取的措施。一些政策直接针对家庭的形成和发展过程（例如收养、结婚、离婚、家庭暴力和福利改革）。另一些则是对家庭生活有间接影响的政策（如医疗、住房、贫困和药物滥用）（Bogenschneider and Corbett，2010）。

问问你自己

山姆大叔应该做媒人吗？

在2003年，美国国会通过了一项法案，在5年内拨款15亿美元促进婚姻成为福利改革的一部分。这笔钱被用于各种支持婚姻的举措，包括以下内容（Brotherson and Duncan，2004）：

- 鼓励个案社会工作者去建议怀孕女性嫁给孩子的生父。
- 降低非婚生育率。
- 在高中讲授婚姻价值观。
- 为穷人提供离婚咨询。
- 赞助可能产生更多婚姻的项目。

一场声势浩大的婚姻运动热情地支持这种倡议。这场运动中的一些成员通过指出各州因高离婚率和青少年非婚生子女而付出的经济成本——从福利到子女抚养费的执行——来证明支持婚姻举措的合理性。其他人，比如保守的宗教团体则认为，政府应该通过一些政策去支持和加强婚姻和家庭，因为"婚姻和家庭是上帝规定的制度"（Wilcox，2002）。

奥巴马政府给全国性媒体宣传活动资助了500万美元，以向18~30岁的人宣扬结婚的好处。该活动包括在脸谱网（Facebook）和聚友网（Myspace）上刊登广告、在YouTube上发布视频、在电台脱口秀节目中插播广告、在杂志和公共交通工具上放置广告，以及建立了一个新的网站：TwoOfUs.org（Jayson，2009）。

有人批评这种主张婚姻的倡议。一些学者指出，许多男性由于收入太低而不能带领家庭摆脱贫困（Ooms et al.，2004）。另一些学者则指责向低收入女性（非高收入的未婚母亲）提倡婚姻会使她们蒙受耻辱，并强迫她们留在受虐待或不幸福的关系中。还有些学者认为这些计划责备的是个人，并试图改变他们的态度和行为而非解决宏观层面的问题，比如失业、低工资、低质量的K-12公立学校（Randles，2009）。此外，大多数支持婚姻的计划并不起作用：它们在改善夫妻关系、提升结婚率和降低非婚生育率等方面收效甚微甚至没有效果（Wood et al.，2012）。

一些"父亲项目"的负责人也反对促进婚姻立法。他们认为，婚姻不是权宜之计，因为许多贫困男性有大量问题。正如丹佛青年父亲计划的负责人罗伯特·布雷迪所言："如果是他们自己的女儿试图嫁给这些家伙，那么我想知道这些保守派们是否还会如此热衷于促进婚姻。"（Starr，2001：68）

思考题

- 使用纳税人的钱去促进婚姻，政府是在干涉人们的私事，还是在做对人们有好处的事？
- 你认为许多人贫穷是因为他们没有结婚吗？他们没有结婚是因为他们贫穷吗？还是其他原因？

家庭不仅仅是被动地接受政策的变化。相反，父母和家庭成员在主要的社会政策变化上扮演着关键性的角色，比如那些涉及残疾儿童的教育、儿童色情文学、离婚后对子女的共同监护、老年人享有有尊严地死亡的权利和更好的护理设施等的政策（见第5章、第10章、第13章和第14章）。

八、家庭研究的多元化、跨文化和全球化视角

为何本教科书包括了美国内部（美洲印第安人、非裔美国人、亚裔美国人、中东裔美国人和拉美裔美国人）的亚文化和其他国家的文化资料？第一，除非你的家庭树中的成员是百分之百的美洲印第安人，否则你的祖先就是来到这个国家的奴隶或移民。他们的文化信仰和习俗塑造了当今的家庭。今天的美国人口是一个由许多文化、宗教、族裔、种族和社会经济群体所形成的联合体。因此，通过一个传统的中产阶层白人的范例不足以理解我们的婚姻和家庭。

我们采用多元化和跨文化研究方法的第二个原因是今天的世界是一个国际性区域，家庭面临的变化不仅是全国性的，也是全球性的，包括了超越国家、区域甚至大陆边界的社会力量（Karraker，2008：2，5）。互联网显然已经改变了我们的沟通过程，有效地缩小了现代世界，并连接了各大洲的人们。作为全球社区的成员，我们需要熟悉其他文化中的家庭惯例和风俗习惯。

对北亚利桑那大学学生所做的一项研究表明，那些参与过留学项目的学生把自己的经历描述为"在了解其他文化时大开眼界"。例如，一个曾去意大利留学一年的大三学生的经历如下：

在她去的第一个晚上，当坐下来与她的寄宿家庭一起共进晚餐时，她想喝点水，这在美国是一个很普通的要求。然而，从一个75岁的意大利老人那里得到的反应出乎她的意料。他说："酒是用来喝的，水是用来洗东西的。"说着，他就她来国外生活和学习表达了欢迎。（Van Hoof and Verbeeten，2005：42）

本教科书中强调跨文化的第三个原因是美国企业已经认识到了解其他社会的重要性。自20世纪80年代末以来，越来越多的公司要求员工在出国前掌握关于其他文化的一些课程，并希望员工精通更多的语言而不仅是英语（Berdan，2012）。例如，我的一个学生在一家财富500强公司谋到了一个职位，她相信她与那些非常强的竞争对手相比的一个优势就是她学习过葡萄牙语，并掌握了葡萄牙和巴西文化的某些知识。

第四，对其他国家习俗的了解挑战了我们认为美国家庭是正常的这一观念。根据社会学家马克·哈特（Mark Hutter，1998：12）的看法：

美国人因为缺乏对其他文化的了解和对其他文化的无知而臭名昭著。这是由他们轻信美国在所有方面都具有优越性的种族中心主义信仰造成的，这不仅使他们不知道别人是如何生活和思考的，而且使他们对自己的生活形成了一个扭曲的印象。

哈特的观点——和本教科书中其他的观点——正是，了解其他国家的文化有助于我们了解自己。

第五，全球的家庭都在发生变化。如果不执着于对其他国家的刻板印象，那么跨文化的知识和信息"可能导向理解而非冲突"（Adams，2004：1076）。

本章小结

虽然家庭结构已经发生变化，但所有类型的家庭仍然都寻求关心、支持、安慰和持久的关系。没有什么天生就优于其他类型的家庭形式。相反，人们建立家庭的目的就是满足他们对爱与安全的需求。

在家庭结构方面大大扩展的*选择*意味着家庭的传统定义不再反映任何一个特定群体的利益。这样的流动性也产生了新的问题。例如，当父母双方都在职时，谁能提供足够的儿童护理？并且在不牺牲对其他家庭成员应尽的义务的前提下，追求个人幸福可能吗？

我们的选择往往受到某些*约束*因素的限制，尤其是在宏观层面，比如经济和政府政策。为了应对这些变化、选择和约束，我们需要关于家庭的尽可能多的信息。在下一章，我们将会看到社会科学家们在家庭领域如何开展研究，收集那些可以使我们追踪本章和其他章节中所描述的趋势的数据，并让我们做出明智的决策。

26 复习与思考

1.1 解释传统和现代的家庭定义有何不同。

1. 家庭的传统定义在近几十年为何被挑战？
2. 传统的和现代的家庭定义有何不同？
3. 什么是拟亲属？他们服务于什么目的？

1.2 描述全球相似的五种家庭功能和两种婚姻规则。

4. 为何五种家庭功能对于一个社会的生存而言是必需的？
5. 内婚制与外婚制有何不同？

1.3 描述全球不同的五种家庭方式。

6. 从全球范围看，哪些家庭特征比其他的更为常见？
7. 在美国家庭中，哪些家庭特征已经开始变化？

1.4 描述关于家庭的五种谬论，区分功能性和功能失调谬论。

8. 五种谬论为何存在？它们服务于什么目的？
9. 功能性和功能失调谬论是如何发生作用的？

1.5 介绍关于家庭变迁的三种视角。

10. 一般来说，这三种视角有何不同？
11. 这三种视角采用什么样的证据来支持它们的立场？

1.6 解释美国家庭在人口特征和种族多样性方面的变化。

12. 自20世纪70年代以来，美国家庭人口是如何变化的？
13. 美国在种族或族裔上是如何越来越多元化的？

1.7 解释宏观层面的约束力量如何影响家庭在微观层面的选择。

14. 微观层面与宏观层面的视角间有什么区别？
15. 宏观层面的哪些变化已经影响到美国家庭？是如何影响的？

1.8 解释为何多元化、跨文化和全球化视角在理解家庭方面非常重要。

16. 采用一种跨文化的视角理解家庭的几个原因是什么？

第2章
研究家庭

学习目标

当阅读和学习本章后，你将能够：

2.1 描述理论和研究有助于人们更好地做出家庭决策的三种方式。

2.2 描述八种主要的家庭理论视角，并识别出其中哪些是宏观层面的，哪些是微观层面的，以及总结每一种理论视角的优点和局限。

2.3 描述研究者用来研究家庭的七种方法，并总结每一种方法的优点和局限。

2.4 描述研究者必须遵守的伦理标准，以及解释研究者遇到的政治、宗教和社区约束。

- 邮寄人口普查问卷的回答率在 1970 年是 78%，在 1980 年是 75%，在 1990 年是 65%，在 2000 年和 2010 年都是 74%。
- 每个受访者的全国民意调查费用为 30 ~ 50 美元，或者说，对每 1 000 人的电话调查费用为 3 万 ~ 5 万美元。
- 典型电话调查的回应率从 1997 年的 36% 下降到 2012 年的 9%。

- 在美国成年人当中，59% 的人会在线寻找有关健康的信息。
- 追溯我们遗传起源的 DNA 检测发现，至少 4% 的美国人不知道他们的父亲并非他们生物学上的父亲。
- 几乎一半美国人（其中大多数是女性）在他们的生活中买过至少 1 本自助书籍。因此，这类书籍的销售额从 1998 年的 5.81 亿美元增长到 2003 年的大约 90 亿美元，并在 2012 年达到大约 120 亿美元。

资料来源：Edmonston, 1999；Marketdata Enterprises, 2004；Carpenter, 2008；Zarembo, 2009；"2010 Census Mail Participation Rate Map", 2010；Fox, 2011；Pew Research Center for the People&the Press, 2012；Tulumello, 2012.

当我母亲过世时，在将该信息提交给马里兰州的生命统计部门之前，殡仪馆的负责人曾两次确认这一信息。尽管我两次提供了相同的准确数据，但死亡证明上仍有三处错误：我的母亲是在 87 岁而非 88 岁时去世的；她受过 10 年教育，而非 8 年；烟草并非导致她死亡的原因，因为我们家里没有一个人吸烟。

当看到这样的错误时，我不禁皱起了眉头。我认为这是个很好的例子，这也是许多人——包括学生——经常不信任统计数据的原因。"统计意味着你永远不必说你确定，"有人讽刺道，"世界上有三种谎言：谎言、彻头彻尾的谎言，以及统计数据。"

数据收集并不完美。即便如此，它仍是比个人意见、实验中的趣闻轶事或其他认识世界的非科学方式要好得多的关于家庭和其他主题的信息来源。本章将帮助你评估我们每天遇到的大量信息。让我们用为何对家庭理论和研究的基本了解是非常重要的这个问题来开始本章的讲授。

一、在我们的日常生活中，为何理论和研究很重要？

*理论*和*研究*这两个词往往是可怕的。当统计数据与我们的信仰不同时，我们中的许多人往往不信任统计数据。例如，许多美国人相信传统的智慧，即如果孩子们在那种每天晚上全家都聚集在餐桌边共进晚餐的家庭中长大，他们会变得更好。但是，最近的研究表明，共进晚餐并不会对儿童的学习或行为后果产生任何影响（Miller et al., 2012）。

*理论*和*研究*之所以重要，有现实的原因：（1）未知的事物会伤害我们；（2）理论和研究有助于我们了解我们自己和我们的家庭；（3）理论和研究提高了我们在自己的家庭中进行批判性思考以及做出明智决定的能力。

（一）未知的事物会伤害我们

许多美国人，尤其是女性，依靠脱口秀节目来获取某些主题的信息。仅在 2009 年，奥普拉·温弗瑞就特别邀请并称赞了这样的一些嘉宾，他们宣称孩子是因在婴儿时期接种了麻疹、腮腺炎、风疹疫苗而患上自闭症的，占卜牌能帮助人们诊断疾病，人们可用意念赶走癌症，等等（Kosova and Wingert, 2009）——然而这些说法都是错误的。

这些错误信息是很危险的。因为对"麻风腮疫苗会导致自闭症"的恐慌，约 30% 的美国父母对他们的孩子接种疫苗感到犹豫（Kennedy et al., 2011）。部分因为这样的恐惧，到 2011 年年中，美国经历了自 1996 年以来麻疹病例最大幅度的增加。每1 000个患麻疹的儿童中，就有1~2个死亡（McCauley and Chenowith，2011；也见Gibson，2012"名人的伪科学"中其他最近的例子）。

许多网站是由那些对家庭问题知之甚少的人来维护的。有些网站向消费者收取高达5 000美元的"注册再婚家庭顾问费"，即使在美国没有这样的认证要求。另一些网站对于教授如何开展婚姻工作坊的8小时录音就收费500美元（Siwolop，2002）。毋庸置疑，没有人可以在仅听了几小时的录音后就成为开展这种工作坊的行家。

在其他情况下，我们可能将钱浪费在了那些对我们的健康和长寿收效甚微的药物上。例如，医学界很久以前就指出，在那些食用脂质鱼类如鲑鱼和沙丁鱼较多的社会中，心脏病发病率较低。在美国，鱼油补充剂的销售额从2001年的1亿美元飙升至2011年的11亿美元（Weise，2012）。然而，医学研究者后来检验了20例精心设计的临床研究案例，并得出结论：服用鱼油补充剂并不能减少死亡、与心脏相关的死亡、心脏病发作概率或中风的发生率（Rizos et al.，2012）。食用健康食品而非吃药，有助于预防心脏疾病。

（二）理论和研究有助于我们了解我们自己和我们的家庭

理论和研究阐明了我们家庭生活的许多方面。例如，打屁股可以纠正一个孩子的不良行为吗？假设一个两岁大的孩子在家庭烧烤时大发脾气。一个成年人评论："那个孩子需要被结结实实地在屁股上打一下。"另一个人立即表示反对："所有的孩子都会经历这一阶段。不用管他。"谁是对的呢？事实上，实证研究表明，无论是对一个问题置之不理还是施加体罚，都不能制止不良行为（见第10章）。

再看另一个例子。许多美国人，尤其是营养学家和父母，将孩子的肥胖症归咎于食品工业，因为学校自动售货机中售卖的都是那种糖和脂肪含量很高的食品和饮料（Layton and Eggen，2011）。但是，有几项国际研究已经证明：孩子的体重增加并不是因为在学校购买了软饮料、糖

果和其他一些垃圾食品。相反，父母在家中以及在儿童开始上学之前的几年里，建立孩子正确的饮食习惯和食物偏好才是最重要的（An and Sturm，2012；Van Hook and Altman，2012）。

（三）理论和研究有助于我们做出明智的决定 [30]

如今很少有报纸、新闻杂志或网络文章不涉及统计数据，这些数据会影响我们生活的某些方面。对于我们的遗传基因、生活方式或环境污染将导致我们早死的概率比预期大这样的话，我们已经听得麻木了。我们被淹没在那些强调锻炼、减肥、降低胆固醇水平和不吸烟的重要性的信息中。

有些信息是正确的，但大多是有失偏颇、不准确的或是由那些无证、自称为"专家"的人所制造的。他们激起公众焦虑，然后售卖包括他们自己出的书和咨询服务在内的解决方案。正如《自助书籍：读者应该小心》一文中所显示的，保护我们不受错误和误导性信息干扰的最好方式之一就是有知情权。

上家庭课程的学生有时会觉得他们与自己的导师好像在不同的星球上。例如，在某个学期刚开始时，我就听到我的学生抱怨："我上这门课是为了了解将来我结婚后如何避免离婚。谁有空关心离婚统计！"

事实上，通过学习一些有关研究的知识，你 [31] 将能够在找到合适的伴侣、避免离婚等方面做出更明智的决定。此外，了解一些社会科学家们如何研究家庭的知识将增强你在做决定之前进行批判性思考的能力。例如，我们经常听说对失去至爱的人进行悲伤辅导是必不可少的。然而，每10个美国人中就有4个没有接受过这样的辅导，但他们的情况也会好转。悲伤是正常的，人们往往可以通过自己的努力来调整好自己，而辅导有时候反而会延长那种抑郁和焦虑的感觉（Stroebe et al.，2000）。

本章不会使你变成一个理论家或研究者，但当你身边充斥着那些流行的废话时，它将有助于你问一些正确的问题。让我们从那些最有影响力的指导社会科学研究的婚姻和家庭理论开始吧！

就在本杰明·斯伯克博士94岁去世的前夕，他终于同与自己疏远已久的儿子们和解了，他从前因为太注重事业而没有花大量时间和他的家人在一起（Maier，1998）。然而，斯伯克是美国最受尊敬的家庭专家之一，他在育儿方面的书籍是50多年来最畅销的。几个世纪以来，人们已经转向自助资料去解决他们的个人问题。

虽然自我提升能增强我们的应对能力，减少压力，使生活更美好，但建议的质量如何呢？例如，最近的一项研究评估了从业人员向他们的客户推荐的63本最畅销的再婚家庭自助书籍。研究者发现，其中仅有13本是比较高质量且基于实证而非意见性的。可以提出解决关键问题，比如再婚家庭所涉及的法律问题以及保护儿童免受继父母或父母冲突伤害的方法的书籍甚至更少（Coleman and Nickleberry，2009）。

许多自助书籍和流行杂志上的文章基于个人意见和轶事而非学术研究。因此，这些资料会产生五个问题：

1. 它们会威胁到关系。许多自助书籍鼓励读者对配偶或孩子提出新的要求。这种片面的建议会增加家庭可能无法处理的冲突。

2. 它们会让人感觉更糟。自助书籍所提供的大量鼓励个人积极改变的建议（如"我能成功"）会使人产生不切实际的希望；自我肯定和自我赞美（如"我是一个可爱的人"）会使人逃避面对自己的缺点（Ehrenreich，2009；Wood et al.，2009）。

3. 它们经常加强性别刻板印象。在异性关系上最畅销的自助书籍大多倾向于夸大女性与男性之间的差异，并得出与研究发现正好相反的结论（Kratchick et al.，2005；Signorella and Cooper，2011）。

4. 它们将复杂的问题过于简单化。许多受欢迎的作家掩盖了复杂的家庭关系。一些"专家"声称性交频率降低会导致抑郁。然而事实上，许多因素可能会导致抑郁，而性并非首要因素（见第5章和第8章）。

5. 它们概括的是有限的调查结果。一位作者在采访了150位老年女性名人后，就为所有老年女性提供建议。一位评论家指出，实事求是地说，这些经历是属于某个特定群体的人的，"她们有钱、有空余时间沉溺于老年

危机"和整形手术。即使老年女性想那么做，其中的大多数人也无法承担整形手术和其他需要重复实施（如肉毒杆菌注射或化学换肤术）的手术的高昂费用（Reynolds，2007）。

思考题

当你读自助文章和书籍时，用下列问题问问你自己：

- 作者是引用了研究的资料还是仅仅引用了传闻轶事的材料？如果作者引用的是他（她）自己的资料，那么资料是属于学术性的参考文献还是仅仅是个人故事？根据一位研究者的看法，"最近一百年的科学研究证明传闻轶事证据没有什么科学价值"（Parker，2003：B20）。
- 作者描述的只是少数家庭（特别是那些有问题的家庭），其"调查结果"可以推广到所有家庭吗？
- 作者的一些话是否听上去使人感觉生活非常简单（比如遵循七个步骤就可以使家庭幸福）？家庭互动和家庭行为远比扔点原料到锅中搅拌一下复杂得多。

二、关于家庭的理论视角

有人曾经说："当没有孩子时，我曾经有6个关于养育孩子的理论。但是，现在我有了6个孩子，没有任何理论。"这句俏皮话暗示着理论与实践之间没有任何关系。然而，正如大家在第1章中所了解的，关于家庭的理论经常会转化为影响我们所有人的政策和法律。

思想必带来结果。例如，那些认为家庭正在瓦解的人可能会提出微观层面的解决方案，如取消提供给未婚母亲的公共援助。相反，那些认为家庭正在变化的人则可能提出宏观层面的救济方案，比如给女孩和年轻女性提供更好的教育和就业机会，因为这两者都会减少早期性行为和怀孕的可能性（见第9章）。

当人们努力了解家庭时，他们就发展出了理论。**理论**是一套解释某种现象为何出现的陈述。理论驱动研究，帮助我们分析我们的研究结果，并在理想的情况下，为家庭问题提供解决方案。

一位家庭社会学家将理论与"盲人摸象"这个寓言故事进行了类比。这六个盲人因摸的是大象的不同部位而得出了关于大象究竟像什么的不同结论。那个摸到大象侧面的人将大象比作一面巨大的、不能移动的墙；那个摸到大象鼻子的人认为大象就像一根能够移动大物体的绳子。同样，不同的理论解释的是大象——在本章中就是家庭——的不同方面（Burr, 1995）。

学术界大约有十几种有影响力的家庭理论。让我们审视其中八种最有名的：有两种属于宏观层面的理论，有三种既是微观层面也是宏观层面的理论，剩下三种则是侧重于面对面互动和个人动态的微观层面的理论（见图2-1）。

家庭研究者通常使用不止一个理论框架，因

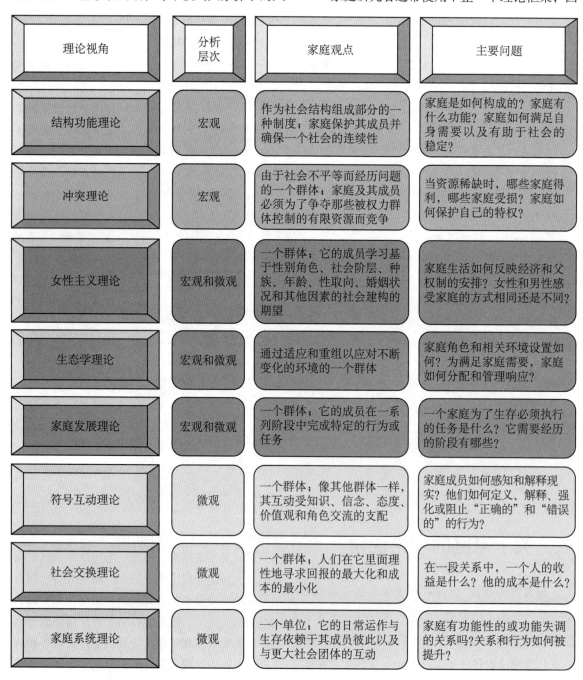

理论视角	分析层次	家庭观点	主要问题
结构功能理论	宏观	作为社会结构组成部分的一种制度；家庭保护其成员并确保一个社会的连续性	家庭是如何构成的？家庭有什么功能？家庭如何满足自身需要以及有助于社会的稳定？
冲突理论	宏观	由于社会不平等而经历问题的一个群体；家庭及其成员必须为了争夺那些被权力群体控制的有限资源而竞争	当资源稀缺时，哪些家庭得利，哪些家庭受损？家庭如何保护自己的特权？
女性主义理论	宏观和微观	一个群体；它的成员学习基于性别角色、社会阶层、种族、年龄、性取向、婚姻状况和其他因素的社会建构的期望	家庭生活如何反映经济和父权制的安排？女性和男性感受家庭的方式相同还是不同？
生态学理论	宏观和微观	通过适应和重组以应对不断变化的环境的一个群体	家庭角色和相关环境设置如何？为满足家庭需要，家庭如何分配和管理响应？
家庭发展理论	宏观和微观	一个群体；它的成员在一系列阶段中完成特定的行为或任务	一个家庭为了生存必须执行的任务是什么？它需要经历的阶段有哪些？
符号互动理论	微观	一个群体；像其他群体一样，其互动受知识、信念、态度、价值观和角色交流的支配	家庭成员如何感知和解释现实？他们如何定义、解释、强化或阻止"正确的"和"错误的"的行为？
社会交换理论	微观	一个群体；人们在它里面理性地寻求回报的最大化和成本的最小化	在一段关系中，一个人的收益是什么？他的成本是什么？
家庭系统理论	微观	一个单位；它的日常运作与生存依赖于其成员彼此以及与更大社会团体的互动	家庭有功能性的或功能失调的关系吗？关系和行为如何被提升？

图2-1　关于家庭的主要的理论视角

为每种视角回答的都是特定的问题。由于现实是复杂的，"共存性理论集中在现实生活的每个不同方面"（Winton，1995：2）。为了解得更清楚，让我们分别看待每一种视角（许多社会科学家经常互换使用这几个术语：*理论、理论视角、理论框架*）。

（一）结构功能理论

结构功能理论（经常被简称为功能主义）考察的是一个社会相互依存的部分如何共同努力，以确保其生存。当功能派学者研究家庭时，他们看到的是家庭如何（例如，通过生育和社会化）有助于一个社会的稳定、家庭成员之间以及家庭与其他制度（如教育和宗教）之间的关系。例

32 如，按照功能学派的观点，当配偶分别扮演两种不同且特殊的角色——工具性和表达性的角色时，成人的家庭任务才能最好地完成（Parsons and Bales，1955）。

1. 家庭角色　丈夫或父亲——"家里的顶梁柱"扮演的是**工具性角色**：为家庭提供食物和住所，并辛苦工作、坚强、富有竞争力。妻子或母亲扮演的是"主妇"这种**表达性角色**：提供情感支持，维系家庭，以及支持丈夫或父亲的事业。这些家庭角色所描述的是被社会科学家们称为**"传统家庭"**的特点，这种家庭形式是许多保守团体想要保留的（见第1章）。

这些和其他家庭角色都是*功能性的*，因为它们创建和维护秩序、稳定及和谐。它们还提供物质上的庇护和情感上的支持，以确保家庭的健康和生存。干扰这些任务完成的任何事情都被视为*功能失调的*，因为它们危及家庭的平稳运行。例

33 如，一个家庭成员的虐待行为是功能失调的，因为那些负面的生理和情感后果会威胁家庭的连续性。

2. 家庭功能　在家庭和其他机构中，一般有两种类型的功能。**显功能**是那些有意图和容易被识别的目的和活动，它们是显而易见的。**潜功能**则是那些意想不到和未被识别的目的和活动，它们不能立即明显地被识别。我们来说说婚礼。婚礼仪式首要的显功能是宣告一个新的家庭单位的形成以及性交的合法化（见第1章）。它的潜功能包括向曾经或可能的恋人传递放手的信息，用

收到的结婚礼物来给夫妻配置家居用品，以及向包括姻亲或再婚家庭在内的成员重新定义家庭界限。

3. 制度联系　功能派学者也注意到家庭情感受与之相关的其他制度如法律、政治和经济制度影响。例如，政治家们（其中许多人是律师和商人）在制定某些政策，比如决定一段婚姻是否合法、谁能领养一个孩子和哪些家庭成员能领取社会保障金等方面发挥着主要作用（见第1章）。

4. 批判性评价　结构功能理论是一种在20世纪五六十年代居主导地位的视角，但后来因其强调秩序和稳定而忽视社会的变迁而被攻击过于保守。例如，这种视角仍然将离婚视为功能失调的和家庭解体的信号，而非积极变化（比如一个人结束了一段不开心的关系）的象征。

一些批评家们也认为功能派学者不应该假定只要家庭的某些方面是功能性的，它们就应该被保持（Ingoldsby et al.，2004）。例如，对男性角色是工具性的和女性角色是表达性的期望会给两性——包括那些失业父亲和在职母亲——增加负担。

结构功能理论在宏观层面上理解家庭是有用的，但它并不能说明家庭日常是如何互动的。它也没有考虑到，分歧并不一定是功能失调的，而是家庭生活的一个正常组成部分。尤其是女性主义学者，他们批评结构功能理论是通过一个中产阶层白人男性的视角来狭隘地看待家庭。

（二）冲突理论

另一个宏观层面的理论——冲突理论有着悠久的历史（Adams and Sydie，2001）。当非裔美国人和女权主义者开始挑战在婚姻与家庭领域占主导地位的结构功能理论时，冲突理论才在20世纪60年代末期的美国社会流行起来。

冲突理论探讨的是群体如何产生分歧、为权力而斗争，以及争夺稀缺资源（比如财富和权力）。相对于结构功能理论而言，冲突理论将冲突及其在传统角色方面所导致的变化视为自然的、不可避免的，甚至是可取的，因为许多变化改善了人们的生活。特别是冲突理论在识别家庭内部和家庭之间的一些不平等以及促进非压抑的

结构和价值观方面很有用。

1. 社会阶层和权力 对冲突论者而言，家庭延续着社会分层。那些高收入人群有可以传递给下一代的包括财富在内的最大的资本份额。这样的继承减少了所有家庭都有平等机会或相等权力去竞争一些资源（比如教育、像样的住宅和医疗）的可能性。

与功能派学者不同，冲突论者不将社会视为合作和稳定的，而将社会视为一个普遍不平等的系统。有产者与无产者之间存在持续性的紧张，而后者主要是儿童、女性、少数族裔和穷人。基于冲突理论的大量研究集中在当权者——通常为富有的中年白种男性——如何在美国社会控制政治与经济决策。

2. 家庭问题 冲突论者认为，许多家庭困难源于广泛的社会问题而非个人缺陷。例如，美国经济的变化导致了制造业的衰弱和许多高薪蓝领工人的失业。这对许多家庭产生了深远的影响，导致一些人呈螺旋状向下流动。美国的失业率在2005年和2010年间翻了一番，而纳税人仍然在为那些被美国政府帮助的企业的管理不善和贪婪买单（见第11章）。种族歧视也对许多家庭产生了负面影响，常常阻碍它们获得医疗服务、接受教育和顺利就业。

3. 批判性评价 一些社会科学家们批评冲突理论为强调冲突和胁迫而以秩序和稳定为代价。根据批评者的观点，冲突理论提出了人性是自私的消极观点，而忽视了爱和自我牺牲的重要性，而后者正是许多家庭关系的特征。有些批评者也认为，相比其他方法，冲突理论并不是太有用，因为它强调的是制度约束而非在日常家庭生活中的个人选择。

另一种批评是说冲突论者没有在家庭如何改善方面提出建议。有些家庭理论专注于提出解决方案。相反，冲突理论经常强调竞争、权力、控制和类似的问题（Ingoldsby et al.，2004）。

（三）女性主义理论

女性主义理论是研究社会中的女性和男性在社会、经济和政治方面的不平等的一种理论。有许多类型的女性主义理论，侧重点各有不同（例如，见 Lindsey，2005；Lorber，2005；Andersen and Witham，2011）。不管类型有多少种，女性主义家庭理论一般都从微观和宏观两个层面去研究性别不平等、家庭多样性和社会变迁。

1. 性别不平等 一位逝世于1983年的英国记者和小说家丽贝卡·韦斯特曾经说："我自己一直无法弄清楚女性主义究竟是什么；我只知道每当我表达自己不愿忍受的情绪时，人们就称我为女性主义者。"认为两性应该有平等的政治、教育、经济和其他权利的任何人——男性或女性、异性恋者或同性恋者、年轻人或老年人——都是女性主义者，即使他（她）拒绝被贴上这个标签。

对于女性主义家庭学者（男性或女性）来说，一个核心问题是性别不平等（无论是在家还是在单位），以及性别不平等如何与种族、族裔和社会阶层交织在一起。例如，最贫穷的老年人最有可能是少数族裔女性，而且老年人的照顾者——也大多是女性——为了方便照料，通常必须辞职或仅能做兼职（见第14章）。

2. 家庭多样性 女性主义家庭学者，相比其他任何群体，在扩展我们的家庭观方面都发挥着更为重要的作用。对于他们而言，将家庭限定为传统核心家庭的定义排除了许多其他家庭形式，比如长期同居伴侣、单亲父母及其子女、共同生活的多代家庭、同性恋家庭、再婚家庭和虚拟亲属（见第1章）。

3. 强调社会变革 自20世纪80年代初以来，女性主义学者对家庭理论和社会变迁的贡献体现在以下几个方面：

- 他们已经开始通过立法去解决家庭暴力和给予那些殴打儿童和女性的男性更严厉的惩罚。
- 他们支持夫妻之间以及未婚伴侣之间更大程度的平等，并推动立法，给在职女性与男性提供父母休假权（见第3章和第11章）。
- 他们重新将大部分研究放在如父亲参与、责任以及培养对孩子和家庭产生深远影响的家庭成员上（见第10章）。

4. 批判性评价 一种批评是说女性主义学者主要关注影响女性而非男性的问题，而且对其他形式的压迫，比如年龄、残疾、宗教不宽容等并没有给予足够的重视（Ingoldsby et al., 2004）。在种族方面，有相当多的更为现代的女性主义学术成果所关注的是白人和非裔美国人家庭，而非其他尤其是美洲印第安人家庭和中东家庭。

第二种批评意见是女性主义者通过强调多样性而忽视了那些使家庭的相似性多于差异性的共性（Baca Zinn, 2000）。一个与此相关的问题是某些女性主义学者有一种倾向，就是将全职家庭主妇都作为受害者而忽视了她们对这种角色的个人选择。因此，有些人认为女性主义学者正"处于拒绝倾听多样性的女性呼声的危险中"（Johnson and Lloyd, 2004: 160）。

一些评论家，包括一些女性主义者，也质疑女性主义学者是否已经迷失了方向。例如，一些人主张女性主义学术研究不应该把重点放在个人问题比如更多的性自由上，而应该强调更广泛的社会问题，特别是收入不平等（Rowe-Finkbeiner, 2004; Chesler, 2006）。

（四）生态学理论

生态学理论研究的是一个家庭如何影响环境以及为它的环境所影响。生态学理论的主要倡导者尤里·布朗芬布伦纳（Urie Bronfenbrenner, 1979, 1986）提出，四个连锁系统塑造了我们的发展和行为。

1. 连锁系统　这些系统涵盖了很多方面（见图2-2），从最直接的设置（比如家庭和同辈群体）到更远的不直接涉及孩子的环境（比如技术变革和思想信仰）。这四个系统如下：

（1）*微观系统*是由相互关联的行为、角色和影响孩子日常生活的关系（如父母对孩子的如厕训练）组成的。

（2）*中观系统*是由不同设置（例如，家庭、幼儿园或学校）之间的关系组成的。父母与教师和宗教团体互动；孩子与同龄人交往；而医疗服务提供者与父母和孩子互动。

（3）*外部系统*由那些个人没有直接经历但能影响他（她）的发展（如父母

的就业）的设置或事件组成。

（4）*宏观系统*是更广泛的社会和文化，包括所有的其他系统。

这四个嵌入式系统或环境中的任何一个，都可以帮助或阻碍孩子的发展和家庭的运转。研究者使用生态学理论去了解家庭相关问题比如青少年和婚姻幸福、成功的社区预防吸毒计划以及初为父母的压力（Bogenschneider, 1996; Marin and Brown, 2008; Cox et al., 2011; Helms et al., 2011）。

2. 批判性评价　生态学理论在解释家庭的动态性以及提出应对方案去解决如青少年暴力等问题上是有用的，但批评者注意到了它的几个局限性。生态学理论试图将成长解释为环境变化的结果，但对老化等解体现象的解释明显缺乏。它并非总能很明显地反映出环境究竟怎样以及何时对个人和家庭产生影响。此外，它也不清楚四个系统之间的相互作用如何影响非传统家庭，如再婚家庭、同性恋家庭和生活在同一屋檐下的代际家

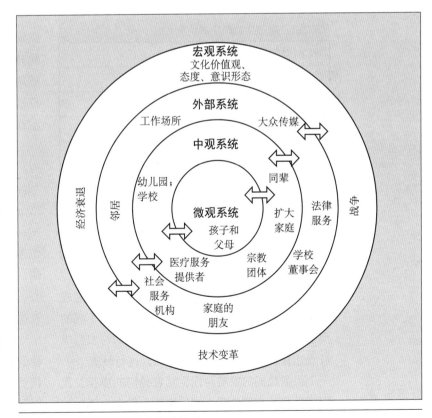

图2-2　一个家庭发展的生态学模型
资料来源：Based on Bronfenbrenner, 1979.

庭。生态学理论主要描述的是核心、异性恋和白人家庭，而有些评论家却想知道非传统家庭是如何适应环境的（White and Klein，2002；Telleen et al.，2003；Schweiger and O'Brien，2005）。

（五）家庭发展理论

家庭发展理论探讨的是家庭所经历的生命周期的变化。这是唯一一种出于家庭特定利益的理论视角，并且仍然只关注家庭（比如它并不关注恋爱的情侣间的关系）。

1. 经典家庭生命周期　家庭发展理论经历了几十年的发展（见 White and Klein，2002，对这种演变的描述）。在某些实务工作者中仍然流行的最早的类型之一是伊夫林·杜瓦尔（Evelyn Duvall，1957）提出的家庭生命周期模型。

家庭生命周期包括家庭经过一系列的阶段和事件所产生的转变。根据这一经典模型和其他与之类似的模型的观点，家庭生命周期开始于婚姻，并经历养育子女、孩子们离开家庭、退休和配偶双方或一方过世（见表2-1）。

表2-1　家庭生命周期的经典写照	
阶段1	新婚夫妻（没有孩子）
阶段2	最大的孩子的年龄小于30个月
阶段3	最大的孩子的年龄为2.5～6岁
阶段4	最大的孩子的年龄为6～13岁
阶段5	最大的孩子的年龄为13～20岁
阶段6	直到最年幼的孩子离开家庭后，该时期结束
阶段7	从空巢到退休
阶段8	从退休到配偶中的一方或双方过世

37

2. 发展任务随时间推移而变化　随着人们在家庭生命周期的不同阶段取得进展，他们就完成了**发展任务**。也就是说，他们学会了满足不同的角色期望，承担不同的角色责任，比如对家庭成员表达喜爱与支持，与家庭外的人进行社交。

根据我们的发展阶段，随着我们的成长，我们将学会互动和处理不同的挑战。例如，年幼的孩子必须面对嘲笑，年龄在6～10岁的孩子必须应付越来越糟糕的成绩和在学校受到的欺凌，

更大的孩子会面临使用毒品的压力，16～22岁的年轻人报告说他们最大的困难是在工作和学业上都有麻烦。对于成年人而言，压力的最大来源是家庭冲突。而对于许多老年人来说，最大的问题包括身体活力下降、依赖照料者照顾以及支付处方费用和其他生活费用（Ellis et al.，2001）。

3. 发展任务是多方面的　发展阶段和任务在不同类型的家庭比如单亲家庭、无子女家庭、再婚家庭和隔代家庭中各有差异。老龄化社会中的家庭所面临的复杂情况和问题是多代同堂。例如，如果一对夫妻离婚，那么前任配偶并非唯一必须学习与自己的子女相关的新发展任务的人。如果父母再婚，那么祖父母也可能不得不与他们的孙辈、前女婿或前媳妇以及继孙辈建立不同的关系（见第13章和第14章）。

38

也就是说，对于贫困家庭和中产阶层家庭而言，家庭生命历程可能会有很大的不同。正如**《亲属脚本：确保家庭度过时艰》**一文所示，贫困家庭必须特别富有创造性和灵活性，以保持其成员在整个生命历程中都团聚在一起。

4. 批判性评价　虽然大部分家庭发展研究是微观层面的，但也有一些学者通过跨文化和历史的角度去研究家庭模式（Thornton，2001）。这种角度对于从事家庭咨询的治疗师和实务工作者特别有用，因为这些家庭正在经历诸如持久的争吵或性不忠等问题。

批评者指出了一些局限性。第一，一些人认为，家庭生命周期的各阶段是人为设定的，因为"生命过程并非总是那么整齐划一地进行区分的"（Winton，1995：39）。

第二，尽管家庭发展理论最近的研究工作是关于亲属脚本（kinscripts）和扩大家庭的，但大多数家庭发展理论仅局限于研究核心、异性恋和传统家庭。例如，同性恋家庭通常被排除在家庭生命历程分析之外（Laird，1993）。

第三，家庭发展理论主要是描述性而非解释性的（Ingoldsby et al.，2004）。例如，这种理论虽然探讨了发展任务如何随时间的变化而变化，但既没有揭示为何某些家庭成员在学习必要的跨越整个生命历程的发展技能方面比其他人更成功，也没有解释为何中产阶层白人核心家庭在父

家庭生命周期模式因需求、资源、性别角色、种族和族裔、社会阶层等方面不同而有显著差异。对于低收入的非裔美国家庭的一项研究已经成为经典，社会学家琳达·伯顿和卡罗尔·斯塔克（Carol Stack，1993）提出了"亲属脚本"的概念来解释许多多代同堂家庭的生命历程。亲属脚本的产生是为了应对极端的经济需求以及家庭成员对确保后代生存所做的强烈承诺，并需要亲属工作（kin-work）、亲属时间（kin-time）和亲属关系（kin-scription）。

"亲属工作"是家庭随时间推移而共同分担的集体劳动。它包括在分娩过程中提供帮助、子女或家属的代际关怀以及对其他亲属的支持。

"亲属时间"是指在诸如结婚、生子及添孙等转变时期，家庭成员对自己何时以及以何种顺序提供帮助的共同理解。例如，一位在职的单亲母亲可能会依靠兄弟姐妹、父母或祖父母接孩子放学或为孩子提供课后辅导。

"亲属关系"是指将亲属工作分配给特定家庭成员（通常是女

性）的过程。女性经常发现很难拒绝亲属的要求，因为不同于男性，她们被期望将家庭凝聚在一起，而且一般的观念也认为女性比男性更善于养育。

思考题

- 亲属脚本是如何挑战那种流行的观点，即贫困家庭是寻求施舍而非依靠它们自己来确保家庭生存的？
- 亲属脚本是否可以被用来描述你的家庭？为什么？

母教养方式上会有相当大的不同（见第 10 章）。

第四，某些批评者质疑为何家庭发展理论往往刻意掩盖兄弟姐妹关系，而兄弟姐妹关系是我们在整个生命历程中所拥有的最重要的情感资源，特别是在父母中的最后一位过世之后（McGoldrick et al.，1993）。因此，某些人下结论说，家庭发展理论仍然"仅涉及大象相当小的一个部分"（Burr，1995：81）。

（六）符号互动理论

符号互动理论（有时也称互动论）是一种探讨个人日常行为的微观理论（Goffman，1959）。符号互动理论研究我们的想法、信念和态度如何塑造我们的日常生活，包括我们的家庭。对于一个符号互动论者而言，一位父亲与女儿的击球练习并不是简单的击球训练，而是一种传达如"我喜欢与你共度时光"或"女孩可以成为很好的棒球选手"的信息的行为。

1. 符号 符号互动理论着眼于主观意义和人际意义，以及我们如何用符号——代表某些事物的文字、手势或图片来传达这些意义。如果我们想要有效地互动，那么我们的符号必须有共享的

含义或约定的定义。这种共享的含义包括戴订婚和结婚戒指、遵循古老的家族传统、庆祝重要的事件比如生日和周年纪念日。

2. 重要他人 最重要的共享含义之一就是*情境定义*，或是我们感知现实并对其做出反应的方式。例如，如果伴侣对约会、爱情、沟通和性的含义有不同的认知，他们的关系就往往会破裂。正如我的一个学生所说的那样："我们分手是因为戴夫想要的是性，而我想要的却是亲密和交谈。"我们常常通过与**重要他人**的互动来了解我们的情境定义。而重要他人即我们初级群体中的一分子——如父母、密友、亲属和教师——他们在我们社会化的过程中扮演着重要角色（见第 1 章和第 3 章）。

3. 家庭角色 根据符号互动理论，每个家庭成员都扮演着多个角色。例如，一名男性，也许是丈夫、父亲、祖父、兄弟、儿子、叔叔等。角色是相关或互补的，因为它们与其他角色相关联——母亲有孩子、丈夫有妻子、阿姨有侄女和侄子。角色也带来了相互的权利和责任。例如，父母既必须照顾他们的孩子，也期望孩子顺从。孩子既有权获得安全和喂养，也被期望成为有礼

貌的人以及完成被分配的任务。

角色需要在家庭内外产生不同的行为，并且当与其他角色扮演者互动时，人们需要修改与调整他们的角色。例如，你与妈妈、奶奶和尼德叔叔的互动方式可能和你与你的兄弟、姐妹的完全不同。并且，当你与他人的父母、一位教授或雇主交谈时，你的互动方式也可能不同。

4. 批判性评价 符号互动理论最常见的批评之一就是它忽视了宏观层面影响家庭关系的因素。例如，生活在贫困中的家庭，特别是单亲母亲极有可能被污名化，而且必须经常在那些不安全的社区抚养她们的孩子。这种约束增加了压力、无助感和家庭冲突——所有的这些都会使积极的日常生活偏离轨道（Dodson and Luttrell，2011）。

第二个相关的批评是符号互动理论有时会产生人们对日常选择的过于乐观和不切实际的看法。我们大多数人在日常生活中几乎没有选择的灵活性，因为根深蒂固的社会安排和实践都是有利于那些当权者的。例如，当企业向海外转移就业岗位或削减退休员工养老金时，人们通常感到无能为力。

第三个批评是符号互动理论往往忽视行为的非理性和无意识方面（LaRossa and Reitzes，1993）。就是说，人们并非总是如同符号互动理论假设的那样深思熟虑地行事。例如，我们经常意气用事或出口伤人，而没有考虑到我们这种行为的后果。

（七）社会交换理论

社会交换理论的基本前提是人们寻求通过与他人的互动来获得最大的回报和付出最小的成本（Homans，1974；Blau，1986）。因此，只要收益多于损失或双方收益大致相当，大多数人就会继续某种关系。

1. 我们交换什么？ 我们给自己的关系带来了各种各样的资源——某些有形、某些无形——比如能量、金钱、物质产品、地位、智力、控制、美貌、青春、才能、名望或情感。人们为了追求更多、更好或他人所拥有的不同资源而"交换"这些资源。并且只要成本相当或比收益低，这种交换就似乎是公平或平衡的（见第 6 章、第

8 章和第 12 章）。

从社会交换理论来看，一方面，当一段婚姻的成本超过回报时，配偶就会分居或离婚。另一方面，许多人仍愿留在不幸的婚姻或关系中是因为收益与成本似乎是相当的："它还是好过独身"、"我不想伤害孩子"或"它可能会更糟糕"。

2. 我们的交换是有意识的吗？ 成本－收益决定，既可能是有意识的，也可能是无意识的。例如，一些对再婚家庭的研究显示，即使配偶不幸福，他们有时也仍然会选择在一起，因为相比经历一个（或另一个）离婚问题，继续在一起似乎更容易。因此，家庭成员也许会适应现状而非有意识地去寻求一段更有利或回报更多的关系（见第 13 章）。

3. 批判性评价 一些批评者认为交换论者过于重视理性行为。人们并非总是计算每一种决定的潜在成本和收益。在很多情况下，我们的有些行为是冲动的，有些人比其他人的自我意识更强，并且我们很少能凭借个人的力量、技能、资源或社会地位去做出我们想要的决定（例如，Miller，2005；Zafirovski，2005）。

社会交换理论对于行为受直接成本或收益驱动的解释也是有局限的。在许多少数族裔中，家庭责任优先于个人权利。传统亚洲文化强调孝顺的责任，它需要孩子，尤其是男孩，为他们的父母和兄弟姐妹的幸福做出牺牲（Hurh，1998；Do，1999）。同样，许多中东家庭教育孩子重视家庭和睦而非"我的利益在第一位"。

（八）家庭系统理论

家庭系统理论将家庭作为解决问题、做出决定和达到集体目标的一种功能单位来看待。其重点并非单个家庭成员，而是家庭成员如何在家庭系统内部互动、家庭成员如何沟通、家庭模式如何演变、个性如何影响家庭成员等（Rosenblatt，1994；Day，1995）。

1. 是什么把家庭聚在一起？ 家庭系统分析者们感兴趣的是那些将家庭聚合在一起的内隐或外显的规则。一个关键的概念是平衡。也就是说，家庭某个部分或外部环境的变化促使家庭在运转过程中进行调整以恢复为过去的运转方式——去重获平衡。在压力大的时候，如生病、失业或爱

人过世时，家庭成员必须做出改变、努力适应，以便家庭能够继续下去（Broderick，1993）。

2. 批判性评价 一些批评者认为家庭系统理论虽然制造了大量的术语，但很少洞察到家庭究竟是如何运转的。而且，由于该理论起源于对临床中的功能失调家庭的研究，因此有些人质疑该理论能否被应用于健康家庭。最后，大量研究成果是基于个案研究的，不能推论到更大的群体，所以结论是有局限的（Holman and Burr，1980；Nye and Berardo，1981；Day，1995）。

（九）综合性理论视角

虽然我们已经分别学习了八种主要的家庭理论，但是研究者与实务工作者经常同时采用几种理论去解释数据或选择干预策略。例如，一位咨询师可能会利用社会交换理论、符号互动理论、家庭发展理论和家庭系统理论去揭示夫妻关系中所存在的问题。

从事治疗儿童注意缺陷多动障碍（ADHD，即多动症）工作的治疗师们通常整合生态学理论和家庭系统理论来评估和发展干预措施（Bernier and Segal，1994）。临床医生并非只是简单地关注孩子或家庭，他们通常是在孩子所处的自然环境中去观察他或她的，包括观察孩子的教师，并对孩子的祖父母进行有关（多动症）的教育。因此，研究者和实务工作者经常依靠几种理论去解释或回应家庭相关问题。

三、家庭研究方法

为何我们被某些人而非另一些人吸引？为何许多年轻人选择推迟结婚？为了回答有关家庭的这些和其他问题，社会科学家们通常使用七种主要的研究方法：调查、临床研究、实地研究、对现有数据的二次分析、内容分析、实验和评估研

联系起来

- 回到表 2-1。该模型能说明你的家庭定位吗？你的家庭生育状况怎样？如果不能说明，那么你所经历的家庭阶段有怎样的不同？

- 为何你的家庭会如此行事？哪个理论或哪些理论对你回答这个问题似乎最有用？原因何在？

究（见表 2-2 对于这些研究方法的综述）。

家庭研究者也依靠定性和定量方法。在**定性研究**中，研究者考察和解释的是非数值型材料。定性数据包括语言或书面叙述、书信、日记、照片和其他图像如在线广告（见 Gilgun，2012 对于定性家庭研究历史的说明）。在**定量研究**中，研究者强调的是对关于人们的反应或具体特点的数值进行分析。定量数据如关于种族和族裔、家庭规模和初婚年龄的数据。人口普查局的数据可能是关于家庭相关特性的定量信息的最全面来源。

没有任何一种研究方法是在本质上优于或劣 *42*

41

表 2-2　在家庭研究中常用的七种研究方法

方法	优点	局限
调查	部分调查方式操作起来相当便宜和简单；访谈有很高的回答率；结果通常能被推广到整个人群	邮寄问卷的回复率可能很低；受访者可能自我选择；访谈通常是昂贵的
临床研究	能帮助那些正经历家庭问题的人们；能为理论发展提供见解	通常非常耗时和昂贵；结果不能推广
实地研究	富于灵活性；能更深入地了解家庭行为；可以是昂贵或便宜的，这取决于项目的范围和位置	很难量化，难以保持观察者与参与者的界限；观察者也许会带有个人偏见或判断；结果不能推广
对现有数据的二次分析	通常是容易进行、方便和价格低廉的；经常是纵贯和历史的研究	信息也许是不全的；有些文件可能无法识别；时间久了，有些数据无法被收集
内容分析	通常价格低廉；能记录错误；不显眼；即使时间久了也能进行比较	可能是劳动密集型的工作；编码经常是主观的（或许是歪曲的）；也许会反映出社会阶层偏见
实验	试图证明因果；通常价格低廉；有众多可用的参与者；能被复制	受试者无法代表更为广大的人群；需设置人工实验室；结果不能推广
评估研究	通常价格低廉和用途广泛；具有在现实生活中应用的价值	研究质量各不相同；社会背景也许会影响研究者和结果

于其他方法的；选择采用哪种方法取决于研究者的目的。比如说，如果你想要获得那些正在照料孩子的祖父母们的深入信息，那么你可能会采用定性研究方法。如果你想调查这些年来那些照料孩子的祖父母们的数量是否有所增长，那么你也许会使用定量研究方法。或者，如果你对这两个问题都很感兴趣，那么这两种方法你可能都会使用。

（一）调查

研究者们通过问卷或者访谈的**调查**方式去系统性地向应答者搜集资料。在数据收集开始之前，研究者必须首先确定调查总体和样本。

1. 总体和样本 总体指的是研究者想要了解的被明确界定的人（或物）的群体。然而，从总体获取相关信息却可能存在一些问题。如总体可能会太大，导致进行研究的花销过大、耗时过长。在其他课题——例如调查吸毒青少年——中我们甚至不可能确定我们想要研究的总体。

所以，研究者们往往会选取一个**样本**，也就是他们想要研究的总体中的具有代表性的一组人（或物）。在一个**概率样本**中，每个人（或物）都有相同的概率被选中，因为挑选是随机的。"*随机数字拨号*"包含挑选区号和改变其后的四位随机数字。在一个叫"*计算机辅助电话访问*"（CATI）的程序中，访问者用一台电脑挑选随机电话号码，对电话那头的应答者念出问题，然后把答案输入提前编码的位置。因为选择是随机的，所以结果能够被推广至为样本所反映的总体。

在一个**非概率样本**中，研究者基本不会去找一个总体的有代表性的"横截面"。相反，研究者会选用其他标准，如方便性或参与者的可得性。这样得出的结果并不能被推广到任何一个群体，因为这些人（或物）没有经过随机选择；也就是说，总体中的人（或物）没有同等的机会被选来参与研究。

43 电视台、杂志和娱乐节目经常会提供一个免费电话号码或一个网址，并鼓励观众就一件事或者一个人去"投票"（正如在名为《美国偶像》的热门电视选秀节目中所发生的）。据一名观察员所说，这种网络民意调查"有利于制造一些笑料"，但有些更像是"一系列最新的伪装成公众观点的垃圾指标，因为这些参与者并不能代表所有人"（Witt，1998：23）。

但若是有数以百万计的人投票会怎样呢？难道如此人的数目还不能反映大多数人的想法吗？回答是不能。因为这些受访者是被选择的，得到的结果也是民意调查专家从极其庞大的人数中得到的"垃圾"。自20世纪90年代中期开始，在线调查（包括民意调查）的数量激增，但这些结果有效吗？在《在线调查有多好呢？》一文中，我们探讨了一些有关这种数据收集方法的优点和缺陷。

2. 问卷调查和访问 研究者会使用调查问卷、面对面访问或电话访问，或者综合使用这些方法来收集调查数据。调查问卷可以邮寄、在访问中使用或由大群受访者自我填答。学生课程评价就是这种自填式问卷的好例子。电话访问很流行，因为这是一种便宜的数据收集方式。例如，计算机辅助电话访问采用概率抽样，然后提供给受访者一组连续的问题。

3. 优点 调查——无论是通过电话访问还是通过自填式问卷——有很多优势。它通常价格低廉、易于操作，并且有快速的运行速度。当确定了自己的回答将被匿名或保密时，受访者一般会愿意回答敏感的话题，例如收入、性行为和吸毒。

随着"机器式民意调查"的创新，整个访问 44 将由一套设计好的录音程序来完成，包括翻译受访者的口头答案，记录它们，以及决定如何将访问进行下去。这项措施性价比较高，因为它剔除了雇用访问员的成本，但受访者可能会更不情愿去回答那些敏感的问题（Babbie，2013）。

面对面的访问有很高的回答率（高达99%）。访问员还能够记录下受访者的肢体语言、面部表情以及声音语调，这些通常对理解他们的口头回答很有用处。当受访者不理解问题的意思或者不情愿回答时，访问员能够澄清、探究或者避免受访者偏题。一个机敏的访问员还能够通过观察受访者的住处和周边环境，来搜集诸如社会阶层这样的变量信息。

4. 局限 使用邮寄问卷的方式进行调查的主

两类电子调查正变得越来越流行。第一类是通过电子邮件、作为消息的正文或作为附件发送的调查,第二类是更为常见的被公布在网站上的调查。这些在线调查有多科学呢?调查者能从结果中得出准确的结论吗?

在线调查有很多好处。首先,最重要的是它成本低、效益高,而且能够代表广大普通民众。其次,因为受访者能够选择何时接受调查和用多长时间去回答每个问题,所以他们更有可能提供经过思考的答案。最后,网上调查为受访者提供了包括视频在内的可视材料来让他们观看并帮助他们回答(Helm,2008;Keeter 2009,2010)。

在线调查也有缺陷。第一,如果受访者(即使人数很多)没有被随机地挑选,并且不能代表一个群体,那么调查结果将不能被推广。

第二,一个相关的缺陷是调查公司通常会将礼物、证书或现金作为参与者的报酬,这就意味着如此激励会产生一些自我选择而非随机的群体。

第三,互联网的使用情况会因社会阶层和年龄等因素的不同而产生很大的变化。例如,家庭的收入和个人的教育水平越高,成为网络使用者(网民)的可能性就越大。并且,在年龄为65岁及以上的人群中,仅有52%的人会使用互联网(Zickuhr and Madden,2012)。这意味着调查结果将会被歪曲,因为受访者不包括老年人或那些来自较低社会经济阶层的人。

第四,市场调查尤为具有欺骗性。例如,一项调查的"使用条款"可能告诉受访者,如果他们接受了一张可用于购物的10美元优惠券,调查公司就有权利将他们的任何信息(包括信用卡或借记卡号)售卖给另外一个公司,或自动将其登记到一个至少花费15美元/月的会员册上。然而在通常情况下,受访者并不会阅读那些授权市场营销人员这样去做的小字条款(Dang,2008)。

思考题

● 你是否曾参与过某种在线调查?为何参与或为何不参与?

● 迄今为止,美国还没有建立针对在线调查的联邦指导准则。是否应该有这样的指导准则?或者,受访者是否应该在负责任地阅读了那些小字条款后再决定是否参与调查?

要局限之一是回答率极低,通常只有大约10%。如果问题是不清楚的、难理解的,或者被认为是冒犯的,那么受访者很可能会扔掉问卷或对并不了解的问题胡乱做出回答(Babbie,2013)。在2010年人口普查期间,人口普查局为了鼓励民众寄回问卷,仅仅用了一个很简短的表格和类似于"十个问题十分钟"的口号。

电话访问也同样存在回答率低的问题。因为很多人开始对市场调查感到腻烦,他们会通过来电显示和语音信箱来避免接听陌生来电。手机使用率的增加,使电话访问遇到了更多的问题(Thee,2007)。由于手机用户相对于总体人群来说更为年轻,所以随机样本获得的难度增大。此外,因为许多人在公共场合使用手机,所以他们不太可能回答涉及敏感话题的问题(Christian et al.,2010)。

调查也会因人们跳过或对那些觉得反感的问题不说实话而遇到困难。所以,研究结果也许会因为研究者不得不取消某个诸如收入这样的关键变量而变得无效或不完整。

另一个与之相关的问题是*社会期望偏差*——受访者会产生给出他们认为"应该"给的答案或能使他们给别人留下好印象的答案的趋势(Cooperman,2010)。例如,那些说自己会在指定的选举中投票的美国民众总是比实际投票的人数多。受访者也会低估一些被视为负面的行为(比如酗酒、服用违禁药品、拥有众多性伴侣),却过分关注宗教仪式、观看晚间新闻、便后洗手(Prior,2009;Radwin,2009;Zezima,2010)。

调查的发起人也会存在问题。例如,在2005年情人节的前几周,颇具威望的哈里斯民意调查报告宣称有37%的美国人说龙虾晚餐是最浪漫的晚餐。结果证实这项调查的赞助商就是红龙虾连锁餐厅(Moore,2005)。

不像问卷调查或者电话访问，面对面的访谈十分昂贵。它也可能非常危险。比如在 2010 年人口普查中，很多对经济和政府失望的美国民众，把他们的怒火发泄到了调查员身上。数百名调查员被枪击中，被棒球棍打中，被吐口水，还遭到猎枪、咆哮着的公牛、铁镐、弓弩和锤子的袭击（Morello，2010）。

因为调查是你最常见的研究方法，所以做一个知情的消费者很重要。例如《**我能相信这个调查吗？**》一文所反映的，你不能轻易地假设一个调查是准确的或它能代表一个更大的人群。

（二）临床研究

临床研究是对那些寻求心理健康专家和其他社会科学家帮助的个人或小群体的研究。许多临床研究者专注于对家庭矛盾和对诸如婚内强奸和乱伦所造成的创伤的干预。他们也努力改变负面互动（如敌对沟通模式），以及导致饮食失调、吸毒和其他问题的家庭环境。

临床研究通常依赖于个案研究——一种被社会工作者、心理学家、临床社会学家和婚姻咨询专家广泛使用的传统方法。个案研究提供了深入的信息和对家庭生活的详细、生动的描述（见 LaRossa，1984 "生命历程"一章中关于个案研究的好例子）。虽然临床工作者是在一对一的基础上与家庭或个人开展工作的，但他们也使用其他的研究方法如实验和直接观察（我们将很快探讨）。

1. 优点　个案研究通常与有利于个体和家庭的长期咨询联系在一起。有用的干预策略可以相

当快地被传播给数以千计的其他从业者。临床医生可能也会提供能丰富理论的诸如符号互动论或家庭系统理论等有关家庭动力学的见解。然后研究者可以将这些见解纳入更大或更具代表性的采用调查或其他研究方法的研究中。

2. 局限　临床研究和个案研究通常耗时多且成本高。临床医生通常只能看到有严重问题的人或那些主观上愿意以及经济上能够负担得起自己寻求帮助的费用的人。因此，研究结果并不能代表那些处于一般状况甚至陷入困境的家庭。

另一个问题是临床研究是主观的，而且很少问"证据在哪儿"。例如，如果某个病人抱怨他的母亲很可怕，临床医生可能会设法让病人更好地应对，而非与病人的母亲见面或与病人家庭的其他成员交谈。因此，一些批评家认为，主观的临床意见经常与经验证据的结论相反（Begley，2009；Wright，2009）。举例来说，低自尊会导致攻击性、吸毒和低成就，这不是真的。父母在孩子生命早期如何对待孩子并不能决定孩子后来在智力和情感上是否成功。受虐待的儿童也不见得必然会成为具有虐待倾向的父母，并导致虐待的循环（见第 10 章和第 12 章）。

（三）实地研究

实地研究，是指研究者通过系统地观察处于自然环境中的人来收集数据。实地研究通常是高度结构化的，并常常涉及一些精心设计的项目，其中数据会被记录、被描述，有时还会转化为定量的总结。这种研究考察复杂的沟通模式、测量

应用你所学的内容　我能相信这个调查吗？

调查经常被用于收集民意，并在电视台和报纸上进行报道。问一些关于调查的基本问题将帮助你评估它的可信度：

● 谁赞助了这个调查？是政府机关、非营利党派组织、企业还是正在游说变革的某个团体？

● 调查的目的是什么？是为了提供客观信息，为了推销某个观念或某个政治候选人，还是为了通过炒作

获得关注？

● 如何获取样本？是随机，还是一个 SLOP——一种"自我选择的民意调查"（Tanur，1994）？

● 问题措辞如何？是清楚、客观，还是具诱导性或偏见？如果调查问题没有被提出，那么原因何在？

● 研究者如何报道他们的发现？他们是否客观，或他们是否做出了价值判断？

特定行为的频率（如点头或发表霸道的言论的次数）、注意特定行为的持续时间（如眼神交流的时长）（Stillars，1991）。因此，对普通大众或无经验的研究者而言，实地研究比看上去要更复杂和更精确。

1. 两种类型的观察 实地研究包括几种类型的观察。在参与观察中，研究者自然地与他们所研究的人群互动，但并不暴露他们作为研究者的身份（见《我的同学是一位卧底教授吗？》一文）。

在非参与观察中，研究者置身于情景之外研究某些现象。例如，儿童心理学家、临床医生和社会学家经常通过单面镜来研究教室里的小学生。

某些实地研究是短期的（如在数周或数月的时间内，观察父母在杂货店内是否会管教并如何管教他们任性的孩子）。另一些实地研究——民族学的实地研究，需要花相当长的时间。例如，素德·文卡特斯（Sudhir Venkatesh，2008），一个芝加哥大学的毕业生，花了六年多的时间去研究一个在芝加哥市区勒索商贩的团伙"黑王"的文化和成员。研究者有时也将参与观察和非参与观察两种方式结合起来使用（Anderson，1999）。

2. 优点 实地研究比其他的研究方法更灵活。例如，在开始收集数据后，研究者可以决定去访谈（而不仅仅是观察）关键人物。最重要的

是，因为实地研究很少破坏自然情景，被研究者不会因研究者在场而受到影响。例如，社会学家菲利普·戴维斯（Phillip Davis，1996）和他的一些研究助理一直在观察在公共场所如室内购物广场、动物园、游乐场、跳蚤市场、城市街道、快速公交站、公共汽车站和玩具商店中，成年人对孩子的语言攻击和体罚。

3. 局限 如果一个研究者需要复杂的记录设备、必须远行或经常出远门，或在一个不同的社会或社区内居住很长一段时间，那么观察的花费可能会比较昂贵。那些研究异域文化的研究者通常必须学习一门新的语言，这是一项耗时的工作。

一个实地研究者在收集数据时可能会遇到其他障碍。例如，无家可归者和受虐女性的庇护所通常对研究者侵犯入住者的隐私抱有警惕之心——这是可以理解的。即使研究者有机会访问这样一个群体，在收集和解释数据时保持客观性通常也十分困难，因为研究主题可能会导致诸如焦虑、对作恶者的愤怒、对受访者的同情等强烈的情绪反应。

另一个问题是研究者可能会缺乏认识和纠正他们的自我偏见的能力。因为观察是个人和主观的，在收集和解释数据时，保持客观性是很难的（Venkatesh，2008）。

问问你自己

我的同学是一位卧底教授吗？

在某一学年中，北亚利桑那大学的一位人类学教授凯西·斯莫（Cathy Small），伪装成了她所任教大学的一名全日制在校大学生。在学校批准了这个项目之后，斯莫支付了学费，每学期注册了五门课程，并且搬进了宿舍。她没有告诉她的所有同学自己是一名教授，而只向少数几个与她发展为密友关系的学生透露了她的身份。

斯莫发现很多在校生看重未来的职业甚于其课业，很多在校生只学习他们认为会出现在考试中的内容，作弊很常见，许多住校生会将大量时间用于社交、喝酒和派对而非准备他们的课业。她下结论说作为21世纪的大学生，他们的压力比她想象中更大。

斯莫的书，在用丽贝嘉·纳珊（Rebekah Nathan，

2005）的笔名出版后，收到了来自家长以及那些对学生生活，尤其是对既注重乐趣又重视学业成就的学生文化的众多压力有着全面了解的高校管理人员的积极评价。不过除此之外，教师和研究者们批评了斯莫的秘密研究是不诚实和不道德的（Farrell and Hoover，2005）。

思考题

- 实地研究者经常会秘密地去观察他们的研究对象。然而，为何有人批评斯莫这种参与观察者的角色是不诚实和不道德的？
- 你认为假扮学生一年与假扮学生许多年相似吗？

（四）对现有数据的二次分析

家庭研究者也特别依赖**二次分析**——一种对已被其他人收集的资料进行检验的方法。这些资料可能包括历史资料（如法院诉讼）、个人文件（如书信和日记）、公共记录（如有关出生、婚姻和死亡的国家档案）和官方统计数据（如图 2-3 中的由人口普查局调查产生的数据）。

在过去的 20 年中，大型数据集的可用性迅速提高，其使用量也急剧增长。家庭研究领域

图 2-3 中的问卷内容如下：

→ 注：请回答问题 5（关于西班牙裔）和问题 6（关于种族）。对于这次人口普查，西班牙裔不单算为一个种族。

5. 你是西班牙裔、拉美裔或西班牙血统吗？
   □不，不是西班牙裔、拉美裔或西班牙血统
   □是，墨西哥裔，墨西哥裔美国人，奇卡诺人
   □是，波多黎各裔
   □是，古巴裔
   □是，其他的西班牙裔、拉美裔或西班牙血统——请将来源填写在下面，例如阿根廷裔、哥伦比亚裔、多米尼加裔、尼加拉瓜裔、萨尔瓦多裔、西班牙裔等。☞

6. 你的种族是什么？
   □白人
   □非裔美国人或黑人
   □美洲印第安人或阿拉斯加土著——请将姓名或主族名填写在下面。☞

   □印度裔　　　　□日裔　　　　□夏威夷土著
   □华裔　　　　　□朝鲜裔　　　□关岛人或查莫罗人
   □菲律宾裔　　　□越南裔　　　□萨摩亚裔
   □其他亚裔人——请将种族填写在下面，例如苗裔、老挝裔、泰国裔、巴基斯坦裔、柬埔寨裔等。☞

   □其他太平洋岛民——请将种族填写在下面，例如斐济裔、汤加裔等。☞

   □其他种族——请将种族填写在下面。☞

图 2-3 2010 年人口普查中关于西班牙裔和种族问题的内容（复制）
资料来源：U.S. Census Bureau, 2010 Census Questionnaire.

的主要期刊《婚姻与家庭》杂志反映出对二次数据源的日益依赖。2003 年，发表在该杂志上的 75% 的研究成果使用了二次分析，相比之下，1983 年此比例仅为 33%（Hofferth，2005）。

本书中的许多统计资料来自二次分析。来源包括美国人口普查局和其他政府机构、著名的非营利组织、大学研究中心（见 Greenstein，2006 对家庭研究中的二次分析主要来源的综述）。

1. 优点 二次分析通常不受限、方便而廉价。人口普查局的诸如就业、家庭收入和医疗保险等资料在公共图书馆、大学图书馆以及互联网上都是现成的。

二手数据往往是纵贯（在两个或多个时间点收集）而非横剖（在一个时间点收集）的，它们提供了让研究者考察随时间推移的趋势（如初婚年龄）的附加优势。越来越多的纵贯研究和横剖研究成果的出版，给读者们提供了丰富多彩的饼图和其他容易理解的图形；出版物也包括 PPT 演示文稿。

二次分析的另一个优点是数据的质量高。全国知名的调查机构拥有充足的资金和训练有素的人员来解决任何数据收集问题。因为样本是全国人口的代表，所以研究者在推广调查结果方面更为自信。

2. 局限 二次分析有几个缺点。第一，数据可能提供不了研究者所需的信息。例如，在 2000 年，为了将越来越多的新移民和混血美国人包括进去，美国人口普查局改变了计算种族和族裔的方式。这样做虽然提高了衡量种族和族裔多样性的准确性，却创造了 63 类可能的种族－族裔组合。因此，在这一项上，今天的数据资料与 2000 年之前的数据资料所代表的不同，使得在种族和族裔方面进行跨时间比较出现了问题（Saulny，2011）。

第二，访问历史资料也许很困难，因为文档可能是脆弱的，只保存在国内少数几个图书馆或被作为私人收藏的一部分。确定历史资料的准确性和真实性也是有困难的。

第三，数据可能并不包括研究者正在寻找的特定信息。例如，如果你想调查那些分居但并未离婚的夫妻的某些特点，那么你会发现这样的国

家数据很少。因此，你不得不依靠小型和非代表性的样本研究或自己收集这些数据。

（五）内容分析

内容分析是一种系统地调查某种交流形式的数据收集方法。这是一种并不显眼的方法，研究者可以将其应用于几乎所有形式的书面或口头沟通：演讲、电视节目、报纸文章、广告、办公电子邮件、歌曲、日记、建议栏、诗歌或脸谱网的聊天……这里仅列举了其中一小部分。

研究者开发了用于编码材料的分类，按照频率、强度或其他特性对数据的内容进行排序和分析，并得出结论。有一年，学习我的婚姻家庭社会学课程的学生做了一个关于在线出生公告的内容分析。（他们的发现之一就是女孩出生的公告用词通常是消极的，而男孩的则是积极的。）

家庭研究者和其他社会科学家已经使用内容分析来调查许多主题。以下数例都是关于女性和男性在电子游戏和音乐视频中的形象、流行的育儿杂志中的育儿建议的变化，以及年鉴照片中的性别和种族差异的（Martins, et al., 2009; Rutherford, 2009; Clarke, 2010; Downs and Smith, 2010; Zhang et al., 2010; Wallis, 2011; Wondergem and Friedlmeier, 2012）。

1. 优点　内容分析的第一个主要优点是与其他研究方法，特别是实地研究相比，它通常价格低廉且更省时。例如，如果你想调查以老年为目标群体的电视广告内容，那么你无需特殊设备、旅行预算或研究人员。

内容分析的第二个优点是，研究者可以通过重新编码很容易地纠正编码错误。调查却不能如此。如果你邮寄出了一份设计糟糕的调查问卷，那么一切都来不及更改了。

内容分析的第三个优点是，其并不显眼。因为研究者不与人类对象打交道，所以他们既无须获得做研究的许可，也不必担心影响受访者的态度或行为。

内容分析的第四个优点是，研究者可随时间的推移获得特定数据。在一项研究中，研究者分析了1990—2005年间在美国和加拿大的101部最卖座的 G 级电影（即家庭电影）中的性别形象（Smith et al., 2010）。而通过大多数其他的数据收集方法分析这种超过15年的材料将是非常困难的。

2. 局限　内容分析可能是劳动密集型的，特别是如果一项计划非常宏大的话。例如，对卖座电影的研究可能需要花费几年时间去对主要角色的言谈举止进行编码。一个相关的缺点是编码可能是主观的。虽然在一个项目中有多个研究者可以增加编码的客观性，但许多内容分析仍由一个研究者开展。

此外，内容分析往往反映了社会阶层的偏见。因为大多数的书、文章、演讲、电影等都是由那些处于社会经济水平上层的人制造出来的，所以内容分析很少会捕捉工薪阶层和穷人的行为或态度。即使可供使用的文件资料是由那些下层阶级的个人或团体创造出的，我们也很难确定编码是否包含了研究者的社会阶层偏见。

（六）实验

不像调查、实地研究、二次分析和内容分析，实验是一种精心控制的人工情景，允许研究者操纵变量和测量影响。研究者测试一个预测或*假设*，说明一个指定的变量影响了另一个（如"看一部关于种族歧视的电影会减少偏见"）。*自变量*（"看一部关于种族歧视的电影"）被预测将对*因变量*产生影响（"减少偏见"）。

在*实验组*中，受试者被置于自变量（"看一部关于种族歧视的电影"）中。而在*控制组*（对照组）中，受试者不需要这样做。实验前，研究者使用前测在两组受试者中测量因变量（"偏见"）。在实验组中，当受试者被置于自变量（"看一部关于种族歧视的电影"）后，研究者使用后测再次测量两组。如果研究者发现在对因变量的测量得分上产生差异，她（他）就可以假定自变量对因变量产生了因果效应。

使用实验法的家庭研究非常罕见，因为"儿童或成人不能被随机分配给不同的家庭类型、不同的伴侣、不同的收入群体"（Hofferth, 2005: 903-904）。相比之下，医学研究者通常可以在许多变量之间寻找因果关系，如饮食与血压之间的关系，或压力与身体上的疾病之间的关系。然而，实验设计对研究与家庭相关的问题比如愤怒管理研讨会的成效、伴侣间的互动技巧，以及支持小组在处理子女死亡或离婚问题上的效用还是有所帮助的（例如，见 Ebling and Levenson，2003，and Fetsch et al.，2008）。

1. 优点 控制（实验室）实验的第一个优点是因果变量的分离。例如，如果那些在性教育课上收获了知识的学生显示出对滥交态度的变化（持否定态度），那么一所学校可能会决定为所有的学生提供性教育课。

实验的第二个优点是它的成本低。它通常无须购买专用设备，且大多数参与者对报酬的期望很低或根本不需要报酬。并且实验往往比其他研究方法（如实地研究）耗时要少。

实验的第三个优点是可以使用不同的参与者重复多次。这样的重复增强了研究者在研究结果的效度（或曰精确性）和信度（或曰一致性）上的信心。

2. 局限 实验的一个缺点是它对学生志愿者或有偿受试者存在依赖性。为了成绩的一部分，学生往往觉得有义务参加实验，或他们也许不敢不服从正在进行该研究的教师。参与者可能还会给出他们认为研究者期待的答案。对有偿受试者而言，那些繁忙、不需要另付现金报酬、已经搬家或正在生病的受试者也许不能充分参与进来或可能退出研究。

第二个且相关的缺点是，实验研究的结果不能被推广到更大的人群，因为它们来自小的或自选的样本。例如，参与实验的大学生并不一定能代表其他大学生，更别说代表那些没有在上大学的人。

实验的另一个局限是：实验，尤其是那些在实验室里进行的实验，都是人为的。人们*知道*他们正在被观察，所以可能与他们在自然情境下表现得非常不同。

最后，即使研究者发现变量间存在关联（如看一部关于种族歧视的电影会减少偏见），也并不意味着前者会"导致"后者。例如，控制组（对照组）在后测中的反应可能是受其他因素影响，比如参与者为了给出社会所赞许的反应或他正在上一门能改变他的某些偏见的种族－族裔课程。

（七）评估研究

评估研究（又被称为方案评估）是确定某种社会干预是否已经产生预期结果的过程（Babbie，2013）。在家庭研究中，社会干预是用来预防和改变诸如青少年怀孕、犯罪、药物滥用、人际暴力和失业之类负面结果的典型的计划和策略。评估研究不是一种特定研究方法，它依赖于前面所描述的所有标准的研究方法。

像临床研究一样，评估研究也已被广泛应用。它为某个机构或组织评估社会项目和比较某个项目的成果与目标（Weiss，1998）。管理者可以使用调查结果去改进方案或启动一项例如课外计划的新服务。

1. 优点 评估研究是很有价值的，原因如下：首先，自20世纪80年代初以来，地方和州政府一直削减预算，社会服务机构经常依靠评估研究去简化它们的程序，并用尽可能低的花费去实现最好的结果，因为它们必须少花钱多办事（Kettner et al.，1999）。

其次，评估研究具有多种功能，因为它包括定性和定量的方法。它能涉及几乎所有的主题，比如司机教育计划、"就说不"（Just Say No）校园禁欲计划、职业培训计划和婚前咨询等，不胜枚举。例如，如果研究者能使用二次分析而非收集新数据，那么研究成本可能很低。

最后，评估研究可以解决许多家庭和社区面临的现实生活问题。由于许多国家和地方的资源正在萎缩，因此当项目主任或机构负责人在决定计划的保留、改进或抛弃时，评估研究的价值是不可估量的（Peterson et al.，1994）。

2. 局限 由于设计不当，许多评估研究会有缺陷或不足。许多评估研究仅涉及影响行为的干预策略和结果的众多因素中的一个或几个。例如，青少年服用违禁药物不仅是因为个人高风险的决定，而且与多个相互关联的生态环境如同伴、学校政策和文化价值观有关（见书本第29页的图2-2和相关讨论）。其他的缺点包括：使用非概率样本而不是可以推广的结论；没有包括重要的变量，比如个人的性别，因为有些干预对女性比对男性的效果更好；没有测量长期影响（Jakubowski et al.，2004；Bandy，2012；Bell et al.，2012）。

由于政治、既得利益和利益冲突，社会背景也会影响评估研究。如果有研究表明该计划并不能帮助最需要的群体、管理者正在浪费钱，或个案工作者正在犯严重的错误，那么机构负责人可能会忽略这些消极的结果。资助评估研究的群体可能也会对研究者施加压力，使其只呈现积极的结果。此外，如果结果违背了根深蒂固的信念、挑战了政客们的得意之作、与官方观点相冲突，那么它们也不会受到好评（Reardon-Anderson et al.，2005；Olson，2010；Babbie，2013）。

看看于1983年被引进的抵制毒品滥用教育（DARE）项目。DARE依赖于受过当地警察部门训练的志愿者来向小学生强调毒品使用的危险。但是，当社会科学家们在1994年、1998年和1999年评估DARE项目的成效时，他们的结论是，那些完成了DARE课程的学生与没有完成DARE课程的学生在毒品使用方面没有显著差异。当DARE项目资金受到威胁时，其发起人攻击评估研究的结果是"巫术科学"（Miller，2001）。从那时起，与DARE项目开展合作的学术研究者修订了课程，但迄今为止没有做任何评估。

研究者在设计他们的研究时，不得不权衡每种研究方法的利弊，并且经常使用组合策略来实现他们的研究目标。尽管研究者承诺其客观性，但伦理争论和政治分歧仍然会影响很多家庭研究。

四、伦理、政治和家庭研究

今天的研究者采用了比过去更为严格的指导原则。在进行研究时，家庭研究者（或其他社会科学家们）遇到了哪些伦理和政治困境？

（一）伦理研究

由于如此多的研究依赖于人类对象，因此联邦政府、大学伦理审查委员会（IRBs），以及许多专业组织制定了伦理准则去保护研究的参与者。在其他专业机构中，全国家庭关系委员会和美国社会学协会已经颁布了伦理准则以指导研究

联系起来

- 如果你从互联网上获取信息，那么你如何确定该信息是准确的？
- 假设你所在学院的院长让你评估你们的课程。你将分析哪些变量？原因何在？你认为你的社会背景会影响你报告或忽略某些调查结果吗？为何会或为何不会？

者。表2-3总结了这些准则的关键要素。无论学科或所使用的研究方法如何，所有的伦理标准都至少包含三个黄金准则：

第一，不造成参与者的生理、心理或情感伤害。

第二，研究者必须获得参与者在某项研究中的*知情同意*。它包括参与者应该知道这项研究是关于什么的，以及该结论将如何被使用。如果这样做不会伤害参与者，如果该研究已经被大学伦理审查委员会批准，如果研究者在研究末期会向参与者解释其研究目的，那么研究者可以使用欺骗的手法（比如不暴露他们是研究者的身份）（American Sociological Association，1999：14）。

第三，研究者必须始终保护参与者的秘密，即使参与者已违反他们之间的规定。

科学的不诚实 大部分违反伦理的行为并非有意，而是出于他们对统计程序的无知、简单的算数错误或监管不力。然而，某些学科与其他学科相比更容易受到科学失信的影响，尤其是对那些受到相当多科学不端指控的医学研究者而言。他们有以下涉嫌违反伦理的行为：改变研究结果去取悦那些赞助研究的公司（通常是烟草或制药公司）；向支持特定药物的健康从业者进行

表2-3 家庭研究的某些基本伦理准则

- 必须获得所有参与者的同意，并且研究者必须得到引用参与者的回答的许可，尤其是涉及敏感问题的研究。
- 不要选择那些出于个人私利而加入的参与者或研究助理。
- 无论是在生理上还是在心理上都不要伤害、侮辱、虐待或胁迫参与者。这包括扣留可能有益于参与者的药物或其他服务或计划。
- 尊重所有参与者的隐私、匿名性和保密性。
- 使用最高的方法标准并且尽可能精确。
- 在已出版和未出版的报告中描述研究的局限和缺点。
- 澄清那些资助研究的发起人。

演讲以获取公司的报酬，即使这种药物并不会减少健康问题；允许制药商给医学研究者代笔在权威医学期刊上发表文章（甚至编写教科书）；伪造数据（Blumenstyk，2009；Johnson，2010；Basken，2011；Ornstein and Weber，2011；Project on Government Oversight，2010；Shamoo and Bricker，2011）。

在社会科学包括家庭研究中，某些研究方法比其他的更容易违反伦理。调查、二次分析和内容分析不会受到太大影响，因为研究者通常不直接与研究对象互动、影响研究对象的行为，或与研究对象产生感情纠葛。相比之下，实验和实地研究更易产生伦理问题（见书本第 37 页的《我的同学是一位卧底教授吗？》）。

当学者们使用社交网络和其他在线环境做研究时，他们也面临着新的伦理问题。大学伦理审查委员会对网络研究的审查缺乏经验，并且有时无意中会批准可能违反伦理准则的社会科学研究。

违反伦理准则会影响所有的家庭。例如，尽管全国精神疾病联盟有无数的贡献，但在精神障碍的患病率方面——有基于方法论的研究缺陷——它声称一半的美国人在他们人生的某个阶段曾患有精神障碍，尤其是抑郁症。事实上，科学研究表明，大约 75% 的抑郁症状是正常的和暂时的（如担心即将到来的考试或因家庭成员或朋友的死亡而悲痛不已）。然而，如果心理-健康组织能够使政客们确信精神疾病是普遍的，他们就能得到更多的资助用于心理健康服务，包括

对正常的和暂时的抑郁症的服务。并且制药公司也渴望售卖昂贵的抗抑郁药品。结果，很多团体就通过将正常的抑郁症标记为"一个不得了的问题"来获利（Horwitz and Wakefield，2006：23；也见第 10 章）。

（二）政治、宗教和社区压力

已故参议员威廉·普罗克斯迈尔（William Proxmire）之所以如此出名（有些人认为是臭名昭著），是因为他给被他嘲笑是浪费纳税人的钱的社会研究项目颁发了"金羊毛"奖。他的某些例子包括压力研究以及人们坠入爱河的原因研究。当研究聚焦于敏感的社会、道德或政治事件时，在某些政治、宗教和社区团体眼里，社会科学研究的合法性变得特别值得怀疑。

最有争议的研究话题之一就是人类性行为。阿尔弗雷德·金赛（Alfred Kinsey）和他的同事在 20 世纪 40 年代末期和 50 年代初期进行了第一次大范围的关于性行为的研究。虽然该研究在某些方法上有缺陷，如只使用志愿者，但许多社会科学家赞扬金赛的研究是随后几十年内推动人类性行为科学研究的一个重大的跳板（见第 5 章）。

对青少年性行为的研究是有价值的，因为它能为公共卫生机构和学校宣传预防性传播疾病（如艾滋病）与避孕提供信息。然而，许多地方司法机关拒绝让社会科学家们研究青少年的性行为。一些父母认为这种研究侵犯了学生的隐私，而且使某个学区看上去很糟糕（例如，如果某个研究报告了高吸毒率或性行为）。一些宗教团体、学校管理者和政客也反对进行对青少年性行为的研究，因为他们认为这个研究会破坏传统的家庭价值观或让越轨行为看起来很正常（Carey，2004；Kempner et al.，2005）。

在一些极端的案例中，从事那些政客不赞同的研究可能会危及学者当前和未来的工作。例如，在一所较大的研究性大学任职的一位终身教授被反对他进行禁欲教育研究的共和党州长解雇了（Bailey et al.，2002）。几个立法委员盘问和威胁要解雇一所重点州立大学的社会学和教育学院的教员，因为他们教授性课程，并列出如口交和男性卖淫等主题作为他们的研究兴趣（Stombler，2009）。

联系起来

● 如果一些研究者违反伦理准则，可为他们的机构带来更多的金钱，特别是拨款提供的资金可被用于减少班级规模、支付急需的计算机实验室费用以及增加图书馆工作人员与学生服务，那么是否可以被接受？

● 在一些网站（比如 www.ratemyprofessors.com）上，学生可对任何他们想要评论的老师发表意见。学生应该表明自己的身份而非匿名地提交评论吗？这些评论是否代表了该门课程的所有学生的意见？教师应该建立类似的公共网站，并让学生实名来评价他们吗？

本章小结

就像家庭本身，婚姻与家庭的研究反映出理论在演变过程中的变化以及由研究设计缺陷所导致的局限。家庭研究已经有了很大进步，并且对研究者而言，在可用的方法上也有了更多的选择。与此同时，"婚姻与家庭研究者有充分的理由在他们知晓或未知的事情上都保持谦逊"（Miller，1986：110）。

复习与思考

2.1 描述理论和研究有助于人们更好地做出家庭决策的三种方式。

1. 为何有关家庭问题的误传会变得危险？危险之处在哪儿？
2. 理论与研究之间有什么关系，尤其是对家庭而言？

2.2 描述八种主要的家庭理论视角，并识别出其中哪些是宏观层面的，哪些是微观层面的，以及总结每一种理论视角的优点和局限。

3. 具体来说，八种理论在认识和解释家庭上有何不同？
4. 宏观层面和微观层面视角之间的区别是什么？在认识家庭上，是否一种比另一种更有用？
5. 每一种理论视角的优点和局限是什么？
6. 研究者和从业者为何同时使用几种理论视角去解释数据或选择干预策略？

2.3 描述研究者用来研究家庭的七种方法，并总结每一种方法的优点和局限。

7. 定性研究与定量研究之间有何区别？是否其中的一种比另一种更好？
8. 具体说明七种研究方法有何不同。
9. 陈述每种研究方法的两种优点和两种局限。
10. 研究者如何知道使用哪种研究方法？

2.4 描述研究者必须遵守的伦理标准，以及解释研究者遇到的政治、宗教和社区约束。

11. 为何遵守伦理研究规范很重要？
12. 为何研究者在某些学科中更容易违反伦理准则？
13. 哪些与家庭相关的主题会遭到来自某些宗教团体、父母、学校管理者以及政客的最大抵制？原因何在？

第3章
社会化与性别角色

学习目标

当阅读和学习本章后，你将能够：

3.1 定义和阐释以下概念：性、性别、性别认同、性别角色，以及性别刻板印象。

3.2 描述先天－后天之争，并举例说明每一种视角。

3.3 比较解释性别角色为何不同的五种理论。

3.4 描述并阐释性别角色习得的四种来源。

3.5 解释性别意识形态是如何影响传统和非传统的性别角色的。

3.6 描述和解释性别角色在成年期是如何发生改变的。

3.7 比较跨文化中的性别不平等。

数据摘要

- 世界上有将近 7.94 亿人（占世界人口的 11%）是文盲；其中 2/3 的人口是女性。

- 在 135 个国家的具有**最高级别政治地位的女性数量排名**中，美国仅排第 55 名，远低于发展中国家诸如尼加拉瓜（第 5 名）、孟加拉国（第 8 名）、菲律宾（第 14 名）和古巴（第 19 名）的排名。

- **男性人口数未到美国成年人口（年龄在 18 岁及以上）总数的 50%**，但他们占财富 500 强和财富 1 000 强 CEO 人数的 96%，占好莱坞导演人数的 93%，占维基百科投稿者人数的 87%，占摇滚名人堂成员人数的 86%，占（每个）有影响力的全国报纸专栏文章的作者和财富 100 强公司的高级管理人员人数的 85%，占全国最大的律师事务所合伙人人数的 84%，占美国国会代表人数的 82%，占大学校长人数的 74%，占州和联邦法官人数的 73%，以及占美国最高法院法官人数的 67%。

- 如果有选择，49% 的美国女性**更愿意做全职妈妈**而非工作，**而更愿意做全职爸爸**而非工作的男性比例为 24%。

- 在美国成年人中，25% 的人认为**最满意的婚姻生活**是仅靠男性养家，而 71% 的人则认为最满意的婚姻生活是配偶双方都有工作，只有 4% 的人表示不确定。

资料来源：Kohut et al., 2010; Carmon, 2011; Cohen, 2011; *CIA World Factbook*, 2012; Cook and Kim, 2012; Hausmann et al., 2012; Refki et al., 2012; Saad, 2012; U.S.Census Bureau, 2012; Catalyst, 2013; Center for American Women and Politics, 2013.

你知道如果有东方三贤母而非东方三贤士会发生什么事情吗？她们可能会问路、准时赶到、帮助接生圣婴耶稣、打扫马厩、做一砂锅菜、带些实用的礼物，地球将获得安宁。这个笑话是否对女性和男性都存在成见？或者你是否认为这个笑话还是有点儿道理的？

大家在第一章中所看到的家庭的一个主要功能——社会化，可以帮助我们确立社会身份、教会我们角色扮演和塑造我们的行为。在本章中，我们会在社会化语境中研究性别角色：我们如何学习性别角色以及性别角色如何影响我们的日常生活和家庭关系。不过，首先完成"对于美国的女性和男性，你究竟了解多少？"的小测试，看看你对女性和男性的了解有多少。

问问你自己

对于美国的女性和男性，你究竟了解多少？

对 错

- □ □ 1. 女性是弱者。
- □ □ 2. 保持她们娘家姓氏的已婚女性的百分比自 20 世纪 90 年代中期起开始增多。
- □ □ 3. 美国人更愿为男老板而非女老板工作。
- □ □ 4. 女性比男性说话多。
- □ □ 5. 女性患抑郁症的风险高于男性。
- □ □ 6. 女性比男性更有可能透露自己的信息。
- □ □ 7. 男性比女性更经常微笑。

对 错

- □ □ 8. 女性和男性都不在乎婴儿是男是女（"只要他／她是健康的"）。
- □ □ 9. 绝大多数女性对于管理她们的财务是自信的。
- □ □ 10. 与女性相比，心脏病发作对男性而言更容易致命。

（这个测试的答案在第 50 页。）

一、两性异同在哪里

许多美国人，主要受大众媒体和自助书籍作家的影响（见第 2 章），从而认为男性与女性大不相同。大家将在本章后面看到，人们往往将男性描述为好斗、勇敢和有野心的；而相比之下，他们将女性视为感性、健谈、有耐心和亲切的。

这些特质很好地描述了你、你的家人和朋友吗？也许没有。你的妈妈可能是有进取心，甚至是有野心的，而你的爸爸则可能是易于动情和喋喋不休的。或者你的父母双方都是有上进心、感性或健谈的，这取决于具体情况。并且父母一方或双方还可能会随时间流逝发生变化。

许多人经常将*性*与*性别*这两个术语互换使用，但它们的含义其实并不相同。**性**是一个生物名称，而**性别**是一种教我们扮演男性或女性角色的文化产物（Muehlenhard and Peterson, 2011）。

1. **性**　**性**是指我们与生俱来的生物学特性——我们染色体、解剖学、激素方面的属性以及其他物理和生理属性。这样的生物学特性决定了我们是拥有男性生殖器还是女性生殖器，我们是否会来月经，我们将有多少体毛和它们将在何处生长，我们是否可以生育子女，等等。虽然性*影响*着我们的行为（如剃胡须和戴胸罩），但它并不能决定我们如何思考、感觉和行动。我们通过我们的性学会女性化或男性化，性别是一个比性更复杂的概念。

2. **性别**　**性别**指的是描述女性和男性特征的习得性态度和行为。性别基于社会和文化期望而非生理特征。因此，虽然大多数人*出生时*不是女性就是男性，但我们学会了将传统的行为模式与每种性别联系起来。例如，在 11 岁左右，微笑行为出现了显著的性别差异，这种差异在青春期会得到强化，并持续到中年。女孩和女人比男孩和男人笑得更夸张、更频繁，并能在更多的情境下微笑。这种性别差异——至少在美国文化中——表明，我们从小就知道即使是一些面部表情比如微笑，也被认为是更适合女性（Wondergem and Friedlmeier, 2012）。

3. **性别认同**　人们从小就开始发展**性别认同**——一种将自己视为男性或女性的观念。例如，许多墨西哥女童而非男童有耳洞，美国的男童和女童初学走路时，发型和服饰就有所不同。性别认同通常对应于一个人的生理性别，它在童年早期便被习得并在人的一生中总是保持相对固定。

性别认同的出现是因为大多数人将与他们生理性别相关的许多文化意义进行内化，并规范自己的行为以符合某种对女性和男性的文化期望。我们的性别认同成为我们自我概念的一部分，但人们在性别认同对自己的重要性程度的认知上有所差异（Witt and Wood, 2010）。例如，那些认为自己有男子气概的男性可能是消极被动的，而那些视自己有女人味的女性也可能是积极进取的。

无论性、性别和性别认同怎样，两性都会体验诸如愤怒、快乐和悲伤等同样深刻的情绪。不同之处在于女性和男性如何表达他们的情绪。例如，男人更可能默默承受痛苦，而女人则更倾向于公开地表现她们的情绪（Simon and Nath, 2004）。这些差异的产生在很大程度上是由于性别角色。

4. **性别角色**　家庭的功能之一就是教会它的成员适当的**性别角色**——社会期望男性和女性具备的特质、态度、情感和行为。因此，我们通过与家庭成员和更大的社会的互动学会怎样做一个男人或女人。

社会科学家们经常把我们的角色描述成*性别化的*，因为男女的性别不同，他们对待和评价男女的方式也不同：

> 就男女因社会期望不同而在着装、谈吐或行动方面的差异而言，他们的行为是性别化的。就一个组织在假定男女能力的基础上安排某些工作给女性、安排其他工作给男性而言，该组织是性别化的。就教授们因某学生是男性或女性而对他们进行区别对待而言，他们的互动也是性别化的。（Howard and Hollander, 1997: 11）

由于性别角色是后天习得而非先天的，我们可以改变它。现在，许多女性追求硕士学历、为家庭的财务做出贡献，而许多男性则参与到养育孩子中，并且比过去做更多的家务。

5. 性别刻板印象 在大多数情况下，美国社会仍具有相当僵化的性别角色和广泛的**性别刻板印象**，即基于人们的生理性别的有关他们如何看待事物、行动、思考和感觉的社会期望。我们倾向于刻板化地将女性特征与软弱联系起来，而将男性特征与坚强联系起来。例如，思考一下，我们有多么频繁地对女性和男性的相同行为进行不同的描述：

- 他很坚定；她很顽固。
- 他很注意细节；她很挑剔。
- 他很诚实；她很固执己见。
- 他总能提出好的观点；她一直"发牢骚"。
- 他深谙世故；她是个"情场老手"。

刻板印象看似无害，但它们可能有些负面后果。一项对 624 封大学教员工作推荐信的研究发现，女性和男性，无论其资历如何，经常被描述得迥异。女性候选人通常被描述为"令人愉快的"、"热情的"和"善良的"，男性候选人则通常被认为是"果断的"、"自信的"和"雄心勃勃的"。虽然令人愉快和果断自信是大多数工作需要的特质，但是拥有女性化特质——对于男女两性来说——会减少候选人被录用的机会（Madera et al.，2009）。

二、先天-后天之争

大多数生物学家将女性和男性的行为差异归因于天生的生物特性。相反，包括社会学家在内的许多社会科学家则强调了社会化和理解人类发展的文化的重要性。这种观点间的差异被称为先天-后天之争（见表 3-1）。

表 3-1 先天-后天之争

先天	后天
人类发展是……	人类发展是……
天生的	习得的
生物的、生理的	心理的、社会的、文化的
在很大程度上由遗传决定	在很大程度上由环境决定
相当固定的	非常多变的

（一）先天更重要？

那些认为是先天（生物）特性塑造了行为的学者列举出了三种证据：男性和女性间的发育和健康差异、性激素的影响以及某些失败的变性案例。

1. 发育和健康差异 男孩成熟得更慢、生病更频繁、不太可能掌握那些在学校里有一个成功开端所必需的自控和精细运动技能。就大多数主要的学习和发展障碍来说，男孩也比女孩面临更大的风险——男孩罹患自闭症、注意缺陷障碍和阅读障碍的概率是女孩的 4 倍。不过，女孩患抑郁症、焦虑症和饮食失调的概率至少是男孩的两倍（Eliot，2012）。

在成年人当中，女性的嗅觉和味觉比男性的更敏锐，并且女性的听力也比男性的更好、更持久。然而，女性患糖尿病的风险更高。某些状况（如偏头痛和乳腺癌）在女性中更常见，而另一些状况（如血友病和皮肤癌）则在男性中更常见（McDonald，1999；Kreeger，2002a，2002b）。

2. 性激素的影响 虽然科学家们并不清楚男性和女性之间有这些健康差异的原因，但他们认为激素提供了部分答案。所有男性和女性共享三种**性激素**，它们是由内分泌腺分泌到血液中的化学物质：*雌激素*（在女性中占主导地位，由卵巢产生）、*黄体酮*（妊娠期水平最高，也由卵巢分泌），以及*睾酮*（在男性中占主导地位，由睾丸产生）。以上三种激素在青春期前的两性体内存在的量都很微小。

青春期后，体内激素水平的不同会使男女两性产生不同的生理变化。例如，睾酮，这种在男性体内占主导地位的性激素，能强壮体格但会威胁心脏。它会触发堵塞血管的低密度脂蛋白的产生。因此，男性患冠状动脉粥样硬化性心脏病的风险是（绝经前）女性的两倍。在女性体内占主导地位的性激素，特别是雌激素，能使血管更富有弹性和使身体增强免疫力，从而使女性更易抵抗感染。不过，体内雌激素过多或过少都可能带来负面影响，如增加患心脏病和乳腺癌的概率（Wizemann and Pardue，2001）。

3. 失败的变性案例 一些科学家指出，失败的变性案例是支持先天胜于后天论调的另一个例子。一位非常受人尊敬的心理学家约翰·莫尼

（John Money）在 20 世纪 60 年代初期，发表和出版了大量文章和著作。在他的文章和著作中，他认为性别认同在出生时并不牢固，在其发展过程中，文化和养育与激素对其有同样的决定作用（Money and Ehrhardt, 1972）。

有几位科学家已经对这种结论提出了质疑。正如**"戴维/布伦达案"**中所显示的那样，莫尼最著名的变性术实验并不支持他的观点，即出生时生物特性为男性的婴儿能成功地被当作女性来抚养。

（二）后天更重要？

大多数社会科学家认为后天比先天更重要，因为社会化和文化能塑造人类行为。他们经常使用三种类型的数据来支持其论点：跨文化的性别角色变化、男性暴力的跨文化差异和成功的变性案例。

1. 跨文化的性别角色变化 在一个经典的研究中，人类学家玛格丽特·米德（Margaret Mead, 1935）在新几内亚观察研究了距离很近的三个部落，发现了性别角色的三种组合。在阿拉佩什，男性和女性共同养育他们的孩子。男人们是合作的、敏感的，他们之间很少发生争斗。但蒙杜古马部落则刚好相反。男性和女性都富有竞争性和攻击性。父母不仅没有表现出多少温柔，还经常使用体罚来管教孩子。德昌布利部落中的性别角色则与西方的性别角色相反。女性

选择　戴维/布伦达案

1963 年，一对双胞胎男孩正被实施包皮环切术。其中一个叫戴维的婴儿的阴茎被意外烧掉。在约翰·莫尼的鼓励下，父母同意戴维变性，并将其作为"布伦达"来抚养。"布伦达"的睾丸被切除，日后的手术将会构造一个阴道。莫尼的报告称这对双胞胎正成长为快乐、适应性强的孩子，这开创了为 1.5 万名生殖器同样受伤的新生儿实施标准治疗的变性手术的先例（Colapinto, 1997, 2001）。

在 20 世纪 90 年代中期，一位生物学家和一位精神病学家对布伦达的成长进行了追踪，并得出结论说变性手术并不成功。几乎从一开始，布伦达就拒绝被作为女孩对待。在布伦达还在蹒跚学步时，当她妈妈给她穿上有皱褶花边的衣服时，她总试图把它们扯掉。她喜欢和男孩子一起玩，并且喜欢男孩的典型玩具比如玩具枪。社区里的人都说："她看起来像个男孩，说话也像个男孩。"布伦达没有朋友，没有人愿意和她一起玩："我每天都被捉弄，我每天都被人取笑，我每天都被威胁。"（Diamond and Sigmundson, 1997: 300）

当布伦达长到 14 岁的时候，她进行了反抗并停止了作为女孩的生活：她拒绝穿裙子、站着撒尿、拒绝接受阴道手术，并决定要么自杀，要么就像男孩那样生活。当她父亲最后告诉她有关她的出生和性别变化的真实故事时，布伦达回忆说："我突然明白了一切。事情第一次有了意义，我明白了自己是谁。"（Diamond and Sigmundson, 1997: 300）

布伦达在 14 岁时做了乳房切除术（乳腺切除手术），并经历了几次重建阴茎的手术。现在他叫戴维。25 岁时，他结婚了，并养育着妻子的三个孩子。在他 38 岁的时候，他自杀了。某些研究人员将他的自杀行为归咎于他在童年时期所受的肉体和精神的折磨"让他余生不得安宁"（Colapinto,

2004）。

约翰斯·霍普金斯大学的几位科学家追踪了 14 名在婴儿时期做了变性手术并被当作女孩抚养的男孩。这些婴儿都患有一种罕见的疾病（这种疾病每 40 万新生儿中就会产生 1 例）：尽管他们的睾丸依然存在，但阴茎很小或没有阴茎。其中 5 个以女性身份生活的男孩过得很幸福。其他人则以男性身份生活或重新做了变性手术、取了男孩的名字、穿着男性化的衣服（Reiner and Gearhart, 2004）。

思考题

● 关于孩子是否做变性手术，如果你必须做出一个决定，那么你将会如何选择？

● 有些已经被手术变性为女孩的男孩生活得很幸福，科学家们就能因此得出在塑造性别认同方面后天比先天更重要的结论吗？

是经济支柱。男性照看孩子，坐着闲聊，为了部落庆典花大量时间打扮自己。米德的结论是长期被接受的男性特质（如好斗）或女性特质（如养育）是被文化——而非生物性——决定的。

2. **男性暴力的跨文化差异** 如果男性天生好斗，那么他们应该在所有社会中都同样暴力。但事实并非如此。曾遭受过男性伴侣身体暴力的女性比例在不同国家间差异很大：在巴基斯坦为90%，在秘鲁为61%，在美国为36%，在日本为13%（Chelala，2002；World Health Organization，2005；Black et al.，2011；TrustLaw，2011）。所有大屠杀的凶手（在一次冲突中杀害了大量人的人）都是男性，但在美国境内发生的大多数大屠杀的凶手通常是白人男性（Christakis，2012；Farhi，2012）。这种差异反映了文化规律和实践以及其他环境因素（后天）而非生物学或遗传学（先天）的重要作用（Chesney-Lind and Paske，2004）。

某些社会对女性行为比对男性行为施加更多的控制。例如，在一些中东国家，如果女性（而非男性）出现婚前或婚外性行为使家庭蒙羞，她们就会被杀害（见第5章和第12章）。正如《男性暴力：对女性而言世界上最糟糕的国家》一文所说的那样，男性可以通过暴力控制女性，因为文化和宗教价值观、习俗和法律把女性归为二等公民。

但这并不意味着*所有*男性都好斗以及*所有*女性都是非暴力的。例如，在美国因暴力犯罪而被捕的人（包括杀人犯）中，女性占18%（Federal Bureau of Investigation，2011）。

3. **成功的变性案例** 大家先前看到有些科学家引用**戴维/布伦达案**作为在性别角色和性别认同上生物学印记起着关键作用的证据。而其他人则坚称对双性人所实施的成功变性手术证实了文化强有力的作用。双性人（过去曾被称作*雌雄同体者*）是那些生来就同时带有（体内和/或体外）男性和女性生殖器官的人。双性婴儿的父母通常

跨文化和多元文化家庭　男性暴力：对女性而言世界上最糟糕的国家

女性占据世界人口的一半，做着世界上2/3的工作，赚得世界上1/10的收入，拥有世界上1%的财富。在世界上某些父权制最严重的国家，女性鲜有合法权利，她们的行动受到严格限制，并且普遍遭受暴力。

- **阿富汗**：如果男性家庭成员和亲属不能偿还债务，年轻女孩就会被送人或被绑架，最后沦为性奴或陷入强迫婚姻；87%的女性曾经历过身体虐待、心理虐待、性虐待或强迫婚姻；92%的阿富汗女性认为，丈夫打他的妻子是合情合理的，例如，在她和丈夫发生争执、拒绝丈夫的性需要，或烧焦食物的时候。

- **刚果民主共和国**：每天有超过1 150位女性，每年至少有42万

女性被强奸（其中60%是被丈夫或者伴侣强奸的，40%是被官员或者叛军士兵强奸的）；35%的女性曾经历亲密伴侣的性暴力。

- **巴基斯坦**：约91%的女性在她们的一生中曾经历过家庭暴力；每年有超过1 000名女孩成为"荣誉杀害"的受害者。荣誉杀害是指谋杀一名家庭成员，并且通常是那些被认为行为使家庭蒙羞，比如有婚前或婚外性行为，或穿了不合适衣服的女性成员被男性成员杀害。

- **印度**：超过一亿的女孩和妇女是性交易的受害者；自2000年起，有5 000万女孩"失踪"是由溺杀女婴（杀害女婴）和堕胎（选择性别的流产）所致。每年多达10万名女性由于嫁妆

（结婚时由妻子带给她丈夫的钱和物品）纠纷而被杀害。

- **索马里**：激进组织和政府士兵都曾强奸或轮奸过成千上万的女孩和妇女；98%的女孩必须忍受割礼，她们的年龄大多为4～11岁（见第5章）。

- **埃及**：约23%的女性在18岁后曾经历过父母的体罚或暴力；33%的女性曾经历过家庭暴力；80%的女性曾遭受过性骚扰；96%的女孩已经被实施了割礼。

资料来源：Martin, 2010; Yount and Li, 2010; Clark, 2011; Clifton, 2012; Gettleman, 2011; Peterman et al., 2011; TrustLaw, 2011; Central Statistics Organization and UNICEF, 2012; Peter, 2012; Rubin, 2012; Harris, 2013.

会为婴儿选择一种性别并且采用外科手术和激素疗法去改变其不明确的生殖器官。父母会按已选择的性别角色养育孩子：名字是男性化的还是女性化的，着装是有男子气概的还是偏女孩子气的，孩子还会被教导采取符合自己性别的行为方式。这些变性手术大部分很成功，表明了在塑造孩子的性别认同方面，社会化因素可能比生物因素更重要。此外，成千上万经历过变性手术的美国人称他们生活得很幸福而且从不后悔进行过变性手术（Vitello，2006）。

（三）关于先天–后天之争我们可以得出什么结论？

越来越多的社会学家——那些呼吁建立一门"以遗传为基础的社会学"的人——认为先天或后天之争在理解社会化的过程和结果中正逐渐过时（Ledger，2009）。他们认为忽视遗传的作用会导致对行为的不完全理解，因为基因塑造了我们的生命并且有助于解释一个家庭和其他群体之间为何有着如此大的差异。

人们至少有 52 种特征——比如好斗、领导特质和认知能力——是部分遗传的（Freese，2008）。我们的社会环境可以增强或抑制这些遗传特征。例如，如果父母抑制暴饮暴食而鼓励进行体育运动，那么具有肥胖遗传倾向的儿童并不一定会超重（Martin，2008）。

那些研究遗传（先天）和环境（后天）间关系的社会科学家，包括社会学家，认为结合这两方面的研究会增强我们对社会因素如何影响遗传倾向的理解（Schnittker，2008；D'Onofrio and Lahey，2010；Shanahan et al.，2010）。有关两性间差异的研究综述表明了女性和男性在许多特征（包括认知能力、语言和非语言沟通能力、领导特质和自尊）上相似性多于差异性（Hyde，2005，2006）。那么，为何性别角色会不同？

答案："对于美国的女性和男性，你究竟了解多少？"

1. **错。** 婴儿死亡率因种族和族裔而异，但男婴的死亡率比女婴高 18%。并且平均而言，美国女性的寿命约比男性长 5 年。

2. **错。** 保持她们娘家姓氏的已婚女性比例从 1975 年的 2% 增至 20 世纪 90 年代中期的 20%。而目前，仅有约 6% 的女性婚后仍保留她们娘家的姓氏。

3. **对。** 约 46% 的人没有偏好，但在剩下的人中，有 32% 的人表示他们愿意为男老板工作，而有 22% 的人表示他们愿意为女老板工作。这种偏好自 1941 年以来一直未有大的改变。

4. **错。** 在大多数情况下，男性往往比女性说话更多。

5. **对。** 女性患抑郁症的概率是男性的两到三倍。女性的社会角色影响她们的幸福感，这反过来又会影响大脑的功能。此外，女性大脑中能产生良好感觉的血清素更少。

6. **错。** 男女双方都是通过透露个人信息而进行自我披露的，但与女性这样做比与男性这样做更舒服。

7. **错。** 女性比男性更可能微笑，这是因为他们被期待做"情感工作。"当人们有分歧时，微笑是恢复和谐和减少紧张的一种方式。

8. **错。** 在最近的一次盖洛普民意测验中，40% 的男性（相比 28% 的女性）表示，如果他们只能有一个孩子，他们更倾向于选择男孩。

9. **对。** 女性和男性消费水平相近，信用债务大致相同，并且对自己的财务状况同样了解。与男性相比，女性通常会对股票做出更精明的决策，因为她们很少愿意进行有风险的投资。然而与 44% 的女性相比，58% 的男性认为他们对自己的金钱和投资很自信。

10. **错。** 相比男性，心脏病发作对女性而言更可能致命。相比男性，患有心脏病的女性被正确诊断、及时治疗以及接受心脏康复治疗的可能性都更小。

资料来源：Sugg, 2000; Vaccarino et al., 2002; Vakili et al., 2002; LaFrance et al., 2003; Goldin and Shim, 2004; Gooding and Kreider, 2010; Seligson, 2010; National Center for Health Statistics, 2011; Newport, 2011; Wood, 2011; Kenrick, 2013.

三、为何性别角色会不同？

一个常见的误解是到 4 岁左右，我们的性别角色就定型了。事实上，性别角色在我们整个生命历程中都会变化。关于这些变化的解释有很多，下面让我们看看最常见的五种理论：生物社会学、社会学习理论、认知发展理论、符号互动理论和女性主义理论（表 3-2 对这些理论进行了总结）。

（一）生物社会学

生物社会学是一门研究生物学如何影响社会行为的学科。例如，生物社会学家认为进化和遗传因素（先天）可以很好地解释为何男性通常比女性更好斗。男性为了确保其后代的繁衍，必须战胜他们的竞争对手。而竞争又包含了侵略、暴力、武器、恶语相向："在动物世界，无论是人还是其他动物，竞争都非常激烈。男性或雄性往往通过威胁、恐吓，并在必要时相互争斗来赢得女性或雌性的青睐。"（Barash，2002：B8）

生物社会学的解释是有争议的，因为实际上每种行为都会受到环境、社会化和文化的影响。正如大家先前所见，男性的攻击和暴力行为在不同的社会中有相当大的差异。并且，当文化群体被敌人入侵或攻击时，女性也会变得和男性一样骁勇善战。

（二）社会学习理论

社会学习理论假定人们是通过社会互动来习得态度、信仰和行为的。学习是强化、模仿和榜样示范的结果（Bandura and Walters，1963；Lynn，1969）。

当我们因特定的性别角色行为而受到直接或间接的奖励或惩罚时，*强化*就产生了。例如，一个用妈妈的化妆品化妆的小女孩，可能会被夸可爱，但如果是她哥哥化妆，则会被训斥（"男孩子不能化妆"）。孩子们通过间接的强化也能习得性别角色。例如，若一个小男孩的男性朋友因爱哭而被惩罚，他就会知道"男孩子不能哭"。

另一种让孩子们学会像男孩或女孩那样行事的方式就是*观察*和*模仿*。即使在孩子们并没有因"像男孩那样行事"或"像女孩那样行事"而直接受到奖励或惩罚时，他们也可通过观察在家中谁做了些什么而习得关于性别的意识。一位总忙于工作而很少在家的父亲会传达这样的一种信息，即男人就应该去赚钱养家。一位总抱怨自己体重超标或容颜衰老的母亲会传递出这样的信息，即女人就应该保持苗条的身材和年轻的容貌。

由于在情感上父母对于他们的孩子非常重要，因此他们通常是孩子最强有力的**行为榜样**，即那些我们钦佩并会效仿其行为的人。正如大家稍后将见到的，其他行为榜样还包括兄弟姐妹、老师、朋友，甚至是名人。虽然社会学习理论有助于我们理解为何我们表现出某种行为，但该理论主要侧重于早期社会化而非整个生命历程。因此，它无法解释性别角色为何在成年或晚年时期会发生改变。它也无法解释为何强化和榜样示范只对某些孩子奏效却对其他孩子并不起作用，特别是那些在同一家庭中成长的孩子甚至是同卵双胞胎。

（三）认知发展理论

不同于社会学习理论，**认知发展理论**认为儿童是通过思考、推理和解释环境中的信息来获得关于女性或男性的价值观念的。根据这一理论，儿童在习得合适的性别态度和行为时会经历一系列发展阶段。

表 3-2	性别角色的理论解释
视角	**性别角色的观点**
生物社会学	进化和遗传因素（先天）决定性别角色
社会学习理论	性别角色社会化可以是直接的（奖励或惩罚行为和角色塑造）或间接的（模仿和榜样示范）
认知发展理论	孩子们经过一系列发展阶段后，就会习得合适的性别态度和行为
符号互动理论	性别角色是通过日常互动形成的社会结构，并因他人的期望而随情境变化
女性主义理论	性别角色因社会化、父权制和性别脚本而异

到 3 岁或 4 岁时，一个女孩就知道她是个女孩，并且喜欢"女孩的东西"而非"男孩的东西"，这仅仅是因为她喜欢熟悉的或与她相似的东西。到 5 岁时，大多数孩子会预料到同龄人会反对玩异性玩具，因此他们会避免玩这些玩具。在获得关于男性或女性的价值观之后，儿童往往会认同与他们性别相同的人（Kohlberg，1969；Maccoby，1990；Bussey and Bandura，1992）。

儿童会利用一些线索来评估他人的行为，以便能融入他们的社交世界，这些线索就是：如果是符合其性别的行为，就判断为"好"；如果不符合，就判断为"坏"。这种性别类型标准在青春期变得更僵化，因为年轻人希望符合同龄人的性别刻板印象；但在成年后变得更灵活，因为同龄人的影响力已变弱。不过，一般而言，已经将性别类型标准内化的人也倾向于期待别人做出刻板行为（Hudak，1993；Renn and Calvert，1993）。

认知发展理论对研究成熟与习得性别角色之间的关系提供了有效见解，但对儿童中个体差异的研究很少（例如，为何在同一家庭中，一个女儿是个假小子，而另一个女儿却很女性化）。（我们将在第 10 章深入地研究一个极具影响力的认知发展理论。）认知发展理论的另一个局限是其把性别学习夸大为儿童自己的事情。相反，根据符号互动论者的看法，如何学习性别角色是由我们的文化背景决定的。

（四）符号互动理论

对于符号互动论者（也简称为互动论者）而言，性别角色是那些出现在社会情境中为社会所*建构的类别*（见第 2 章）。我们总是有意识或无意识地"做着与性别角色一致的事情，"让自己的行为符合他人的性别角色期待。例如，在同事当中，人们更容易打断女性而非男性的话，因为男性通常被认为比女性更有权威（Robey et al.，1998；Wood，2011）。

在被社会学家欧文·戈夫曼（Erving Goffman，1959，1969）称为*印象管理*的某个过程中，我们总会提供信息和线索给其他人，去呈现自己讨人喜欢的一面，而对自己缺乏吸引力的一面则进行隐藏或轻描淡写。根据戈夫曼的观点，我们所有

人几乎每天都通过控制我们想展现的影像来进行印象管理。

想想我们对外表的痴迷。在 2012 年，美国有超过 1 010 万人进行过整形手术，这个数据自 1997 年以来增长了 250%。最受女性欢迎的外科手术是隆胸；超过 2% 的整容者是 18 岁及以下和 65 岁及以上的女性。男性在整形手术受众中所占比例仅为 10%，但人数的增长比例自 1997 年以来已经超过 106%。最受男性欢迎的外科手术是抽脂和塑鼻，而且 64% 的男性整容者年龄在 35 岁到 64 岁之间（American Society for Aesthetic Plastic Surgery，2012；Morgan，2012）。男性会染头发，进行头发移植和面部拉皮，并且像女性一样，他们也会使用抗衰老产品，希望显得更年轻一些。

符号互动理论在解释性别和性别角色如何塑造我们的日常生活方面非常有价值。它的一个局限就是互动论者相信人们有更多的自由意志，但事实并非如此。例如，对两性而言，社会经济基础较低的群体和老年人进行印象管理更困难，因为这两类群体在购买物资和服务来提升他们的形象方面的资源更少（Powers，2004）。此外，互动论者倾向于淡化或忽略影响我们性别角色的宏观层面和结构性因素。例如，当上百万的美国人因为经济萧条而失业时，性别角色会变得不可预知并极具压力（尤其是当伴侣中的一方或双方不再能够支撑一个家庭时）。

（五）女性主义理论

像互动论者那样，许多女性主义学者将性别视为一个被社会建构、被仔细和反复教化的角色。因此，一个人的**性别脚本**——社会因为你的性别而期待你如何去表现——变成"被视为自身不可或缺的一个组成部分是如此自然"（Fox and Murry，2001：382）。

久而久之，性别脚本会导致重男轻女。甚至在女性研究课程中，许多女大学生喜欢把注意力集中在男性的经历和观点上，会担心班上的男性可能感到不舒服，有时甚至在这些课程中表现出对男性教师的偏爱（Sharp et al.，2008）。

对大多数女性主义学者而言，担任要职的女

性数量比男性少得多（见数据摘要）是源于**性别歧视**（性别歧视即歧视某种性别的态度或行为，通常针对女性，基于假定的异性优势而产生）。依据女性主义学者的观点，如果人们改变他们关于传统角色的个人态度，那么这种行为将影响整个社会。除了强调性别脚本和性别歧视外，女性主义学者还表明性别角色不仅对家庭有强大影响，而且与其他机构相互关联。例如，家庭中的性别角色出于经济、政府，包括我们自身的原因，通常是不平等的。男性通常没有带薪育儿假，在相似的工作上支付给女性的薪酬也比男性的要少（Ferree，2010；也见第 11 章）。

女性主义理论提供了对性别角色的深刻分析，但由于其观点太过狭隘而受到批评。例如，上层阶级的女性比下层阶级的男性有更高的地位和更多的特权，她们很少被限于扮演传统的性别角色，因为她们可以雇用低收入女性来做女佣、厨师和保姆。某些男性也指责女性主义学者无法解决诸如性别角色如何伤害男性（"一个真正的男人通常是坚忍的、不动感情的"），以及性别刻板印象（"所有的男人都是懒汉"或"男人总是只想要性"）等问题（Frantz and Brand，2012）。有人可能还会质问：性别脚本是否正如许多女性主义学者所宣称的那样都是僵化的，随时间的推移也不会发生太多改变？

¹²⁴

四、我们如何学习性别角色？

我们从不同的途径来学习性别角色。最重要的社会化代理人是父母、兄弟姐妹、同辈群体、教师和流行文化。

（一）父母

兄弟姐妹、阿姨、叔叔、祖父母和其他家庭成员都是我们社会化进程中的重要行为榜样（见第 5 章、第 10 章和第 14 章）。而父母通常是孩子最初和最具影响力的社会化代理人，他们通常从婴儿一出生就开始有区别地对待男婴和女婴。他们会更温柔地对待女孩，更多地拥抱她们。

联系起来

- 通过你的亲身经历，你认为女性和男性是相似的，还是不同的？原因何在？
- 想想你是如何被养育的。在教育你像男性或像女性一样行事的过程中，谁扮演了主要角色？当你打破这些规则时，会发生什么事情？

父亲更可能用追逐打闹的游戏方式与男孩玩耍（Parke，1996）。父母还通过几个重要方式（包括说话、设定期望和为各种活动提供机会）对男孩和女孩进行区别对待，以塑造孩子的性别角色。

1. 说话　在孩子很小的时候，父母通常会对不同性别的孩子采用不同的交流方式。甚至当婴儿只有 6 ~ 14 个月大时，相比儿子，母亲通常对女儿说更多的话，并更频繁地安慰和拥抱女儿。母亲会给儿子更多空间，让他们用自己的方式去探索环境，这样可以培养和强化他们的独立意识。因此，甚至婴儿在开始说话前的几个月，就已经收到了与他们被期望行为有关的性别信息（Clearfield and Nelson，2006）。

当孩子处于学步期时，父母如何与孩子交谈通常取决于社会环境。当父母对孩子进行身体照料时，他们往往态度坚决（"吃掉你的豌豆"）。当玩耍时，父亲比母亲更有可能给出礼貌性命令（"请不要敲打那里！"）而非请求（"你能停止敲打那里吗？"），并且更有可能忽视孩子的要求（"想烤面包，不要卡车"）。这种父母差异传递了某种信息，即男性比女性有更多权威，女性比男性要求更少、顺从更多（Lindsey et al.，2010）。到孩子们开始上学时，许多男孩就会使用威胁性、命令性和强势性语言（"如果你再那样做，我就揍你"）。相反，许多女孩寻求的则是一致与合作（"我也可以玩吗？"）（Shapiro，1990）。

2. 设定期望　父母的期望也常常是按性别分 ¹²⁵ 类的。人们接受哭泣是小孩子的正常情绪，但随着孩子长大，这个反应会发生改变。在孩子 13 岁左右，当男孩哭泣时，父母是不认可的。父母鼓励男孩子控制他们的情绪出于几种原因，比如避免被嘲笑和显得懦弱，尤其是男孩出门在外时。相反，当女孩哭泣时，她们会被安慰，由此导致大多数社会里的女孩和女人通常比同龄男性哭的次数更多（Jellesma and Vingerhoets，2012）。

就全美范围而言，10～17岁的男孩比女孩做家务的时间要少30%，而玩的时间是女孩的两倍多。此外，男孩比同龄女孩通过做家务获得零用钱的概率高15%（Swanbrow，2007）。父母通常把照顾孩子和打扫的工作分配给女儿，把家庭维修工作分配给儿子。女孩们在童年和青春期被赋予职责的年龄也要比男孩早得多（Leaper，2002）。正如大家即将见到的，这些带有性别刻板印象的责任为成年时期的角色差异奠定了基础。

母亲有时会批评她们的孩子——特别是她们的女儿——在小学阶段的体重和外表。并且在整个青春期，父亲对女儿外表的评论多于对儿子的（Schwartz et al.，1999；Smolak et al.，1999）。这些与性别类型有关的期望可能会导致女孩的负面身体认知与饮食失调（见第12章）。

带有性别偏见的期望还会影响学业表现。例如，早在小学四年级，不管成绩单上的分数如何，许多母亲和父亲认为男孩比女孩在数学方面更有天赋，认为数学对男孩比对女孩更重要，希望男孩在数学上获得更好的成绩，并鼓励男孩去从事那些需要数学技能的职业。这种性别刻板印象会影响孩子的自我概念，进而影响他们随后的数学成绩和职业选择（Gunderson et al.，2012）。

3. 提供机会 当我们讨论此章时，我的一个学生说了下面这段话：

有些家长通过强迫他们的儿子参加一些体育运动来实现自己的梦想。虽然我不同意这种做法，但我希望我［九岁］的儿子可以成为一个"真正的男子汉"。他是学校篮球队里表现最差的球员，他想上舞蹈（包括芭蕾舞）课。我向他保证这永远不会发生。我打算给他报名参加足球队，看他能否做得更好一些。（作者的档案）

这位母亲是在压抑她儿子的舞蹈天分吗？我们永远不知道答案，因为她像许多家长一样，希望她的儿子完成那些符合社会认可的性别角色行为。

在孩子的童年和青春期，父母为他们提供了许多为文化所界定的适合孩子性别的活动和机会。父母可能希望他们的儿子和女儿成功，但性别类型的社会化——无论是有意还是无意——可能会破坏父母的良苦用心。

（二）游戏与同辈群体

游戏在儿童的成长中很重要，因为它可以提供快乐，建立友谊，锻炼沟通、情感和社会技能。同辈群体在我们的社会化中也很重要。一个**同辈群体**是由那些年龄相似、社会地位相近、兴趣相投的人组成的。我们所有人都是同辈群体中的成员，但只有在大约二十岁前，同辈群体才特别有影响力。在大约二十岁以后，在我们的日常生活中，同事、配偶、子女和密友通常比同辈群体更重要。游戏与同辈群体是社会化的重要来源，但它们也可能鼓励带性别刻板印象的态度和行为。

1. 游戏 从很小的时候起，游戏一般就是按性别分类的。学龄前儿童在独自玩耍时，女孩喜欢的是女性化的活动（比如玩洋娃娃），而男孩更愿意玩球类和运输类玩具。然而，当女孩和男孩处于男女混合游戏小组时，她们可能对"男性化"和"女性化"的玩具都喜欢玩。于是，性别类型化的游戏模式就被打破了，这促进了更大范围的活动（Goble et al.，2012）。

在2010年和2011年，最畅销的女孩玩具是洋娃娃、动物玩具（例如朱朱宠物，即电子仓鼠球），以及烹饪组合玩具。最畅销的男孩玩具则是电子游戏、玩具车（例如踏板车）、"爆破"枪、乐高以及变形金刚模型（Rattray，2010；Rowland，2011）。女孩的商品目录里充斥着化妆品、玩偶和配饰、美术工艺品套装，以及家居和炊具用品。相反，男孩的商品目录主要包括运动装备、建筑模型玩具、工作台、建筑设备和玩具枪。一些家庭学者提议孩子们的玩具应该在性别上更中性化，以减少性别刻板印象（见《**孩子们的玩具应该更中性化吗？**》一文）。

芭比娃娃是20世纪最畅销的玩具（Towner，2009），并且现在仍是一些年轻女孩的至爱。许多批评者认为，芭比娃娃玩具的问题在于它们将一些不切实际的身体特征完美化了，比如丰胸、细腰和瘦臀（见表3-3）。这造成的后果之一就是很多女孩和女人试图通过节食（可能导致饮食失调）和整容来达到这些虚构的期望（见第12章）。

表3-3 真实的女性和芭比娃娃

	一般女性	芭比娃娃
身高	1.6 米	1.8 米
体重	66 千克	46 千克
衣服尺码	11 ~ 14	4
胸围	91 ~ 94 厘米 *	99 厘米
腰围	74 ~ 79 厘米	48 厘米
臀围	102 ~ 107 厘米	84 厘米

* 没有乳房植入物。此外，与芭比娃娃的 FF 罩杯相比，一般女性只有 B 罩杯。

资料来源：Anorexia Nercosa and Related Eating Disorders,Inc., 2006.

男性玩偶（但它们被称为"动作人偶"）这些年来变得肌肉越来越发达。例如，美国大兵（GI Joes）玩偶的肱二头肌是正常人的两倍大，并且也比任何一个知名健美运动员的都大。一些研究者认为，这些动作人偶（和漫画英雄）让男孩们陷入产生"芭比综合征"——对他们身体不切实际的期望的风险中，导致越来越多男性越来越沉迷于锻炼和服用某些诸如合成类固醇的危险药物（Field et al., 2005）。

2. 兄弟姐妹及同辈 当哥哥姐姐鼓励他们的弟弟妹妹在学校里好好表现，并与那些容易惹麻烦的朋友保持距离时，他们就会成为弟弟妹妹的正面榜样。但是，哥哥姐姐也可能向弟弟妹妹灌输这样一些观念，如在很小的年纪就有性经历、抽烟、喝酒、吸大麻等并不是什么"大不了的事情"（Altonji et al., 2010；McHale et al., 2012）。

选择　孩子们的玩具应该更中性化吗？

与美国纽约 F.A.O. 施瓦茨玩具店同样著名的英国伦敦汉姆利玩具店，最近取消了用粉色划分"女孩"区域和用蓝色划分"男孩"区域的标记。它现在采用的是中性的红白色标记。例如，现在商店里没有专门用于摆放芭比娃娃或动作人偶的楼层，各种玩具是按类型（如软玩具）和兴趣（如户外型）来摆放的（Orenstein, 2011）。

在瑞典，高级玩具（TopToy）集团，也是美国品牌"R"（玩具反斗城）的授权产商，为2012年圣诞季出版了一本"不分性别"的商品目录。例如，"在一些页面上，女孩们挥舞着玩具枪，而男孩们则使用着电吹风，抱着洋娃娃"（Morin, 2012: D12）。

美国却反其道而行之。一项对美国迪士尼商店（英语）网站的研究分析了 527 种玩具，得出

了玩具在几个方面被高度性别化的结论。首先，在占比为 61% 的"男孩玩具"中，几乎所有的玩具都是动作玩具、小玩具车、武器和建筑玩具；而占比为 22% 的"女孩玩具"基本都与洋娃娃或与美容、化妆品、珠宝和家务劳动相关。仅有 17% 的玩具（比如毛绒动物玩具和乐器）是中性的。其次，玩具的颜色也明显不同。"男孩玩具"的颜色通常很醒目（红色、黑色、棕色）；而"女孩玩具"的颜色总是粉红色或淡紫色的。研究者们注意到，如果可以玩更多类型的玩具，那么男孩和女孩都将"发展出更为广泛的技能"（Auster and Mansbach, 2012: 386）。

2011 年，91% 的乐高玩具套装是被男孩购买的。2012 年，乐高推出了"朋友"系列玩具，这是那些即使"最女孩气的女孩"

也能接受的建造玩具。乐高官网（friends.lego.com）上公布了 9 种鼓励小女孩用乐高积木去建造的玩具套装，如美容院、户外面包店、快艇、马厩和兔窝。所有这些玩具套装都是浅色的，通常是粉红色、淡紫色和浅绿色的。尽管没有统计数据，但据一个公司经理所说，自从乐高"朋友"系列玩具发售以来，使用乐高积木玩建造游戏的女孩是过去的三倍多（LEGO Friends, 2012；Kapp, 2013）。

思考题

- 你认为玩具应该更加中性化吗？
- 你认为玩具会对孩子的未来成人角色（如父母、雇主和雇员的角色）有任何影响吗？

同辈影响通常会随孩子年龄的增长而增强。尤其是在青少年早期，朋友经常会以强化孩子自我形象的方式来强化理想的行为或技能（"哇，你的数学真棒！"）。因为同辈可以成为正面榜样，孩子通过观察他们的同辈而获得大量的信息和知识。甚至在上学的第一天，孩子就通过模仿他们的同辈学会了排队、在课堂上举手、当老师讲话的时候保持安静。在有女同性恋、男同性恋或双性恋的朋友的青少年或年轻人当中，异性恋者更容易接受一个人的同性恋取向并向家人透露（Shilo and Savaya，2011）。

然而，并非所有同辈影响都是积极的。在七至十二年级的孩子当中，有参与性行为、逃学以及抽烟和吸食大麻等行为的好友会提高孩子模仿此类行为的可能性（Card and Giuliano，2011）。在青少年和大学生当中，有体质差和肥胖的朋友会增加孩子养成或保持不健康饮食习惯以及产生健康问题的可能性（Carrell et al.，2010；Salvy et al.，2012）。

在美国社会，许多青少年想变得更受欢迎。感觉不受欢迎对十几岁的女孩来说尤其有害。例如，在12~19岁的女孩当中，那些认为自己不受欢迎的女孩的体重会比那些认为自己受欢迎的女孩每年增加更多（McNeeley and Crosnoe，2008）。体重增加的原因尚不清楚，但少男少女们的自我评估经常与他们同龄的其他人对他们的评估存在差异。例如，在中学生之中，大约有75%的认为自己并不受欢迎的人却被他们的同龄人视为受欢迎的人（McElhaney et al.，2008）。从符号互动论的视角来看，很多青春期前和青春期的孩子经历了不必要的痛苦，因为他们如何看待自己与他们的同辈如何看待他们之间存在脱节。

（三）教师与学校

性别强烈影响着学生和教师的经历。然而，教师和学校往往无意中传播和强化了从幼儿园到大学都跟随男孩女孩们的被性别化的态度和做法。

1. **小学和中学教育** 当孩子长到4岁或5岁时，学校就占据了他们生活中越来越大的部分。由于许多父母需要工作，因此学校不得不把更多

的时间和资源投入某些主题——比如性教育和预防药物滥用——这曾是家庭独有的责任（见第5章）。在许多方面，学校在孩子社会化的过程中扮演着越来越重要的角色。教师们是最重要的社会化代理人之一。从幼儿园到高中，教师们在课堂上扮演了许多角色——导师、行为榜样、评估者、道德引导和纪律执行者等，不胜枚举。

在上幼儿园时，男孩和女孩在阅读和数学测验上的表现相似。然而，到三年级时，平均而言，男孩在数学和科学评估测验上的分数要高于女孩，而在阅读测验上的分数要低于女孩。这些差距在整个高中阶段不断扩大（Dee，2006）。

教师们对这些科目的态度会影响到他们的教学技巧、他们如何教授这些内容，并且最终会影响到他们的学生对于这些科目的态度。在将近300万名美国小学和初中教师中，男性仅占18%，到高中时这一比例增长到42%（Women in the Labor Force，2013）。相比欧洲和其他地区的教师，许多美国教师在他们所讲授的学科上既没有证书也没有大学学位。例如，在美国仅有8%的四年级数学老师主修或辅修过数学，而相比之下，新加坡的这一比例达到48%（Crowe，2010）。

关于女孩的数学和科学能力的消极刻板印象还可能显著降低女孩的测验分数，并降低她们的热情。当中小学教师告诉女孩和男孩们，他们在数学和科学上具有同等能力时，"学业表现上的差异就基本消失了"（Hill et al.，2010：2）。因此，认为有性别差异的观念事实上会*制造*差异。

2. **高等教育** 自1981年以来，就读大学的女性已多于男性，而且女性——跨越所有种族/族裔群体——现在获得副学士、学士和硕士学位的比例都比男性更高（Aud et al.，2012）。一个主要的性别差距体现在，科学、技术、工程和数学（STEM）高薪领域的女性代表人数不足。在小学、初中和高中，女孩和男孩参与数学和科学课程的人数大致相等，并且在高中毕业后，他们计划在大学里继续学习STEM类专业的人数也大致相当。然而，几年过后，在几乎每一个STEM类领域，男性人数都远多于女性，并且在某些领域——比如物理学、工程学和计算机科学——女

128

性仅仅获得了 20% 的学士学位。她们的人数在研究生阶段会进一步下降，并且在工作场所中亦是如此（Hill et al., 2010；Beede et al., 2011）。

为何女性人数会逐步减少？在大学里，女同学最初和男同学一样对 STEM 类的专业非常执着，并能取得更好的成绩，但她们对核心课程的满意度低于男生，而且更容易怀疑自己在男性主导的学科中取得成功的能力。因此，女性的专业自信心下降，并且她们会转专业（Cech et al., 2011；Shapiro and Williams, 2012）。从 STEM 类的专业退出也与鲜有女教师作为榜样有一定关系，而且许多女性和男性科学教授有"女生从辅导中受益较少，因为她们的能力不如男生"的观念（Hunt, 2010；Moss-Racusin et al., 2012；Williams and Ceci, 2012）。

129 （四）流行文化与大众媒介

那些媒体虚构的和不切实际的形象对我们日常的性别认同产生了恶劣影响。几个来自广告、报纸杂志、电视和音乐视频的例子阐释了大众媒介如何强化了我们从童年期到成年期的性别刻板印象。

1. 广告 在平面媒体中，年轻人在青少年杂志上看到的啤酒广告和烈性酒广告比在成人杂志上看到的分别多 45% 和 27%（Strasburger et al., 2006；Jernigan, 2010）。11 ~ 14 岁的女孩每天会在互联网、广告牌和杂志上看到大约 500 则广告，而这些广告上的模特绝大多数"经过整形、装饰和化妆，从而看起来很完美"（Bennett, 2009：43）。许多女孩和年轻女性认为她们必须变得更漂亮、更瘦、近乎完美，才能得到她们父母和男朋友的喜爱（Schwyzer, 2011）。

这些广告对女孩和妇女们的自我形象有什么影响？有约 43% 的 6 ~ 9 岁的女孩使用过口红或唇彩，38% 的 6 ~ 9 岁女孩使用过美发产品，12% 的 6 ~ 9 岁女孩使用过其他化妆品。8 ~ 12 岁的女孩每月花在美容产品上的费用超过 4 000 万美元，80% 的 10 岁女孩一直在节食，并且 80% 的 13 ~ 18 岁女孩把购物列为她们最喜爱的消遣活动（Bennett, 2009；Hanes, 2011；Seltzer, 2012）。

许多女性，特别是白种女性，对自己的身材不满意。最近 77 项研究女性媒体形象的分析表明，媒体对超瘦型女演员和模特的过分渲染与许多女性对自己身材的不满意以及采取不健康的饮食行为如过度节食的可能性之间有很强的联系（Grabe et al., 2008）。

男性健康和健身杂志广告的男模特通常历经数月进行包括饥饿和脱水在内的极度锻炼，以紧实皮肤并使他们的肌肉更突出。这些杂志还使用照相技巧、打光技巧和 P 图技术以突出一个超阳刚的理想化形象，但事实上，这种形象是不可能达到的（Christina, 2011；Ricciardelli et al., 2010）。

2. 电子化媒体 由于 iPads、智能手机、YouTube 和社交网站如脸谱网的兴起，年轻人基本上离不开电子媒体所覆盖的范围。这些科技会如何影响社会化和性别角色呢？

美国儿科学会（The American Academy of Pediatrics, 2001：424）建议父母避免让 2 岁以下的婴幼儿完全接触电视。该学会也劝告父母应该将小学生每天看电视的时间限制在 2 小时以内，以鼓励孩子们更多参与那些"可以促进大脑正常发育"的互动活动，比如一起说话、游戏、唱歌和阅读。但是，仍有 68% 的 2 岁以下的孩子每天都看 2 ~ 3 小时电视；其中 20% 的孩子的卧室里就有电视机，1/3 的 3 ~ 6 岁的孩子也是如此；一般的美国小孩，特别是黑人家庭中的孩子，每天都有 4 小时处在电视节目的环境中，这会降低亲子互动的质量以及儿童的认知能力，比如影响孩子专心做家庭作业等（Garrison and Christakis, 2005；Wandewater et al., 2007；Lapierre et al., 2012）。

130 普通的美国年轻人现在几乎把所有清醒的时间——除了在校时间外——全放在了使用智能手机、电脑、电视或其他电子设备上。在 2009 年，那些 8 ~ 18 岁的年轻人每天要花 7.5 小时在某些类型的电子媒介上，这比大部分全职工作的成年人在电子媒介上所花的时间更多。一般而言，花更多时间在电子媒介上的年轻人的成绩和个人满意度都较低（见表 3-4）。这些调查结果对处于各年龄段、各种族 / 族裔、父母处于各个社会阶层以及单亲或双亲家庭的男孩和女孩们都适用（Rideout et al., 2010）。

联系起来

- 父母、老师和同辈对你的性别角色观念的影响有多大?
- 为减少广告对儿童的影响,很多欧洲国家已经禁止在儿童电视节目中播放广告。美国也应该这样做吗?

表 3-4 电子媒介是如何影响孩子的?			
在所有 8 ~ 18 岁的孩子中,承认自己使用电子媒介的孩子所占的百分比			
	重度使用者 (多于 16 小时/天)	中度使用者 (3 ~ 16 小时/天)	轻度使用者 (少于 3 小时/天)
得到好成绩 (A 和 B)	51%	65%	66%
得到平均/差的成绩 (C 或更低)	47%	31%	23%
今年在学校过得开心	72%	81%	82%
经常觉得无聊	60%	53%	48%
经常惹麻烦	33%	21%	16%
经常感到悲伤或不快乐	32%	23%	22%

资料来源:Rideout et al.,2010:4.

也有越来越多的共识认为暴力电子游戏会让暴力看起来很正常。玩暴力电子游戏如《侠盗飞车4》《校园杀手》和《战神4》等,无论是在实验室场景还是在真实生活中,都会增加一个人好斗的想法、感觉和行为。暴力电子游戏还加剧了男性对女性的攻击行为,因为许多暴力行为是指向女性的(Anderson et al.,2003;Carnagey and Anderson,2005)。不过,暴力电子游戏对人们产生不同影响的原因尚不清楚。例如,虽然很多年轻男性喜欢玩这种视频游戏,但他们并没有比那些非暴力视频游戏的热衷者更好斗、更有恶意、更具有破坏性(Kutner and Olson,2008)。

五、性别意识形态与传统性别角色

根据我的一个男学生的观点:"当一位女性试图去占据家庭的主导地位时,将会导致家庭失序和失去稳定。"这个评论引发了非常热烈的课堂讨论,但这种传统的性别角色观点相当普遍。

性别意识形态(又称*性别角色意识形态*)是指关于女性和男性在社会中所扮演的合适的角色、所掌握的权力和所承担的责任的态度。*性别意识平等主义者*推崇女性和男性共同扮演维持家庭生计和培育子女的家庭角色。相比之下,*传统的性别意识形态*则强调男性和女性各自的工具性和表达性家庭角色。

(一)工具性和表达性角色

大家将回想起功能主义者所提出的某种家庭模式,在该模式中,男性扮演工具性角色,而女性则扮演表达性角色。虽然一些批评者认为这些对传统性别角色的描述已经过时(见第2章),但它们仍现实地存在于美国和世界各地的许多家庭中。

1. 工具性角色 就传统而言,*工具性角色的扮演者*(丈夫和父亲)必须是"真正的男人"。一个"真正的男人"是一个生产者、一个保护者和一个赚钱养家的人。生育孩子证明了他的生殖能力,而且生儿子对延续他家族的姓氏尤为重要。保护者角色能确保他家人的人身安全,而作为养家糊口的人,他的首要工作就是提供财务保障。

2. 表达性角色 就传统而言,*表达性角色的扮演者*(妻子和母亲)提供了维系家庭单位所需的情感支持、养育,以及对她丈夫/父亲的支持。她们应该是热情、敏感且富有同情心的。例如,表达性角色的扮演者会鼓励她的儿子去尝试加入少年棒球联队,并随时准备安慰在工作中失意的丈夫。

女性的表达性角色之一就是亲属关系维持者,这是一种经常由母亲传递给女儿的角色。亲属关系维持者会花很多时间与亲属保持联系,给朋友和家人发电子邮件,组织家庭聚会或在节假日、生日和周年纪念日等特殊的日子举行聚会(Chesley and Fox,2012)。

(二)传统性别角色的收益与成本

传统性别角色既有收益又要付出成本或代价(见表3-5)。它既可能是被有意识地选择的,也可以是习惯、习俗或社会化的结果。还要记住，传统的关系因性别意识形态和实际行为不同而存在差异。例如，那些有传统性别观念（"女性的位置在家庭中"）的男性，倘若他们没有大学文凭并且只能从事低收入的工作，那么他们更倾向于选择有工作的女性为妻（Glauber and Gozjolko，2011）。

1. 收益 传统性别角色具有稳定、持续和可预测的特点。因为每个人都知道社会期望是什么，权利与责任的划分也很清楚。丈夫和妻子没有必要去争论由谁来做那些事情：如果房子打扫得干净，她就是一位"称职的妻子"；如果足额支付了家用，他就是一位"合格的丈夫"。只要两人都能达到对他们的角色期望，他们就可以放心地认为他们在经济、情感和性方面都能满足对方的需求。

有些妻子仍固守传统夫妻关系，因为她们不必在外工作或对家庭经济决策负责。一位随和的妻子可以通过丈夫的成就享受权力和声望。一位好母亲不仅可以管好自己的孩子，还会为引导和丰富孩子的生活而自豪（Harris，1994）。

当一个传统的丈夫抱怨他传统的妻子花销太大时，妻子不动声色地给丈夫做了一则"招聘"广告。在广告中，妻子明确提出了如下一些基本要求：

全天工作、24 小时待命、一周工作七天、购物、做饭、打扫、洗衣服、照顾孩子、给狗狗喂食和清理、修剪草坪、铲雪、付账单和应付各种差事。学会精打细算、做永远的朋友和伴侣、总是充满耐心、从不抱怨。（《招聘广告证明……》，1997）

这则广告很好地阐释了男性如何从传统婚姻中受益，特别是在妻子没有催促丈夫去分担家务的情况下。女性则受益于她们避免了许多事情相互牵扯的压力——比如兼顾工作和家庭。这些明确规定的职责可以减少伴侣双方的压力。

2. 成本 传统的性别角色也有缺点。当传统家庭试图稳定甚至提高其生活水平时，家庭唯一的经济支柱会承受许多压力："当母亲辞掉工作在家照顾婴儿时，父亲必须肩负起难以承受的压力来供养更多的家属。"（Alton，2001：20）

有时那些貌似冷漠的男人沉默寡言，是因为他总在担心家庭的经济状况。由于许多男性是从工作和家庭经济支柱的角色中获得自尊的，因此他们一旦失去工作，就会严重抑郁、寻求酒精慰藉、深受挫折而陷入暴力甚至自杀（Scelfo，2007；Dokoupil，2009）。

在最危险的男性主导的工作（如伐木工、消防员、士兵）中，男性极有可能受伤，92% 的男性甚至可能遭受到致命的职业伤害。男性的预期寿命也低于女性。虽然有许多原因可以解释男性为何寿命更短，但有一种可能性就是传统男人的"吃苦耐劳"以及不到万不得已绝对不会去看医生（Frantz and Brand，2012）。

在女性当中，一个传统的妻子几乎不能指望自己从那些让人筋疲力尽、单调乏味、没完没了的家务当中解脱出来。这种困难可能就是家庭主妇比其他职业女性更容易吐槽她们所经历的负面

表 3-5　传统性别角色的一些收益和成本

对男性而言		对女性而言	
收益	成本	收益	成本
作为家庭供养者，有一个积极的自我形象	失业时身份丧失	不必工作家庭兼顾	一旦分居或离婚，失去经济保障
由于妻子照顾孩子和家庭，在追求事业发展时鲜有婚姻压力	鲜有时间与妻儿在一起	有时间专注于夫妻关系	因为丈夫工作时间太长或长期出差在外，经常一个人在家
在家务或照顾孩子方面不必做太多，即使做，也只是做一点	妻子可能会感到不受重视或负担过重	有大量时间与孩子在一起	当孩子离家后产生无用感
有一个没有因兼顾工作和照顾家庭而感到有压力的性伴侣	妻子被认为应该随时有空与丈夫发生性行为	照顾丈夫和孩子，并享受他们的成就	若孩子不成功，就会感到失败，或若遭受丈夫虐待，就会产生孤立与无助感

情绪，如悲伤、愤怒和抑郁的原因（见表3-6）。家庭年收入低于3.6万美元的家庭主妇的幸福感最低（Mendes et al., 2012）。这说明社会阶层与女性传统角色和幸福感有着密切联系。

那么如果一位全职妈妈不开心，她有什么选择？传统的价值观比如被照护、依赖和顺从都会阻碍一些女性从虐待关系中脱离出来。假如她已经离开职场许多年，离婚后她的情况可能会更糟。或者，一位将经济大权全部交给丈夫的女性在丈夫去世后可能会发现，他根本没做什么财产规划，而且他们的财务状况一团糟（见第12章和第14章）。

处于这种妻子不工作的传统婚姻中的男性也会对女性工作产生负面影响。例如，在最近几项研究中，研究者发现，与处于平等主义婚姻中的男性相比，处于传统婚姻中的男性不喜欢女性出现在职场、不信任女性领导者、对女性人数较多的职业有负面看法，并且总是反对有资历的女性在职业上的晋升。这些男性认为女性应该专注于辅佐她们的丈夫取得事业成功而非把重点放在自己身上（Desai et al., 2012）。

表3-6　按母亲身份和就业状况分列的女性负面情绪

	全职妈妈	职业女性（有子女在家）	职业女性（无子女在家）
忧虑	41%	34%	31%
悲伤	26%	16%	16%
压力	50%	48%	45%
生气	19%	14%	12%
抑郁	28%	17%	17%

注：这项全国性研究基于年龄为18～64岁的女性。在该表中，"职业女性（有子女在家）"和"职业女性（无子女在家）"都从事全职或兼职工作。后三列所代表的是本研究中所有女性的百分比，并非全国女性都包括在内。因此，第二列中的41%应该被解释为"所有经历过忧虑的女性中有41%的人是全职妈妈"。

资料来源：Mendes et al., 2012.

3. 传统的性别角色为何持续存在？　首先，对于某些家庭而言，传统的性别角色是有回报的，特别是当一对夫妻做出了令彼此都满意的安排去分担家庭生计和家庭照顾的责任时。无论这些原因是基于宗教信仰、文化价值观还是社会化，传统的性别角色都可以提供一种满足家庭需要的成就感。

其次，传统的性别角色对企业来说是有利可图的。女性在家所做的那些无报酬的工作（比如做家务、照看孩子和提供情感支持）意味着公司不必为压力重重的男性员工支付托儿服务费用或咨询费用。许多男性为了保住他们的工作而加班，且没有额外的酬劳（见第11章）。如此一来，公司就提高了利润。

最后，传统的性别角色维护了男性特权和权力。如果女性被认为没有领导才能，那么男性就可以支配政治和法律体系。他们还可以制定法律和政策以维护他们的既得利益，而不会受到对现状不满的女性的挑战。

六、成年期的性别角色

根据主流媒体的报道，女性正史无前例地主宰着社会，男性则处于"危机状态"，并且有人甚至预测现在是"男人的末日"（Rosin，2010）。这些报道的作者担心女性的受教育程度正在超越男性，女性逐渐成为家庭的经济支柱，并且女性在家务和孩子照料方面比男性做得更少（Mukhopadhyay，2011；Schwyzer，2011）。

另一些人则认为**性别分层**——由于性别差异，人们在获得财富、权力、地位、机会和其他有价值的资源时出现不平等——仍普遍存在。在后面的章节中，我们将更深入地考察一些这样的分层现象。现在，让我们简要看看在家庭生活、职场、政治、教育、宗教和语言中存在的性别不平等。

（一）性别与家庭生活

如果可以自由选择，51%的美国女性和76%的美国男性宁愿外出工作而非待在家中照看孩子和照顾家庭（Saad，2012）。然而，鲜有成年人可以自由选择，就业也很少能减轻女性的家务负担。

1. 儿童照料和家务　女性有时会抱怨男性的家庭参与微乎其微：

当我丈夫说他将"帮"我整理好我们的床时，我总觉得好笑。我猜他说"帮"，是因为他觉得整理床铺是我的责任，而非他的，尽管我俩都睡在上面。当我修剪草坪时，他也认为这是小事一桩。但是当他偶尔帮我整理床铺或洗碗时，他就期望我能给他一连串的谢谢和拥抱。（作者的档案）

特别是已为人母的职场女性，经常会发牢骚说她们什么都需要做——在外工作、抚养孩子以及做所有的家务。她们说得对吗？

在2012年，据报道，男性平均每天做2小时家务，而女性平均每天做2.6小时家务。女性平均每天要花1.1小时照顾6岁以下的小孩，而男性花26分钟。自2003年以来，无论是母亲还是父亲在照料孩子和做家务方面所花的时间都已减少，并且他们更多地选择分担家务劳动。尽管如此，女性在照料孩子和家务方面所花的时间仍比男性多33%～55%（U.S. Bureau of Labor Statistics News 2005；U.S. Bureau of Labor Statistics,American Time Use Survey，2013）。

虽然女性仍旧承担了更多的家务劳动和照料孩子的工作，但情况自1965年以来出现了一个转变。正如图3-1所示，家里有未满18岁子女

的父亲增加了他们花在照料孩子和做家务上的时间，减少了从事有偿工作的时间。母亲花在做家务上的时间自1965年以来已经减少，但她们从事有偿工作和照料孩子的时间却增加了（Parker and Wang，2013）。

那些共同分担某些家务的职业女性及其丈夫称他们有更频繁的性生活（Gager and Yabiku，2010）。男性更多地参与家务劳动可以减少女性的压力、促进关系、提升满意度和加强亲密感。例如，据一位丈夫所说，如果他想确保度过一个浪漫的夜晚，那么与其给他的妻子买花，还不如选择用真空吸尘器把家里打扫干净（Shellenbarger，2009）。

在最近的一次全国性调查中，57%的女性表示她们更经常从伴侣或配偶那里寻求帮助。然而，42%的女性却说她们不信任其伴侣或配偶能达到她们的清洁标准（Byron，2012）。因此，许多女性可能会增加自己的家务劳动工作量，因为她们在家务劳动上评判自己伴侣或配偶的标准过于严苛。

2. 家庭-工作冲突 在有未满18岁子女的双职工家庭中，56%的母亲和50%的父亲称兼顾工作和家庭很困难；40%的母亲和34%的父

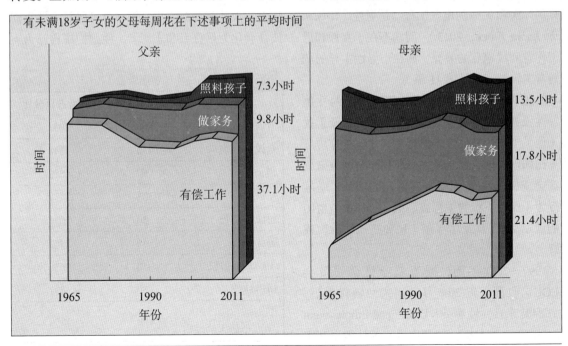

图3-1 母亲和父亲角色的改变（1965—2011）
资料来源：DeSilver，2013.

亲"总是"感觉很匆忙。父亲（46%）比母亲（23%）更担心没有足够的时间陪孩子。父亲的担忧并不令人意外，因为与母亲每周花接近 14 小时来照料孩子相比，父亲每周平均只花 7 小时左右（Parker and Wang，2013；Aumann et al.，2011）。

（二）性别与职场

职场上的平等状况虽已改善良多，但我们仍然有很长的路要走。在美国（不像很多欧洲国家），普通的男性雇员仍然不能灵活选择工作时间，他们也没有陪产假或为处理家务而延长休假的选择，并且女性若想追求自己的事业，往往不得不推迟或放弃生育孩子。我们在第 11 章中将以一定的篇幅考察家庭和工作的角色。在此，我们仅简要地了解一下性别隔离的工作和性骚扰。

1. 性别隔离的工作 大量的美国职业几乎完全为单一的女性或男性所占据。例如，在所有注册护士、儿童保育工作者、秘书、牙科保健员以及幼儿园和学前班的老师中，92% ～ 98% 的人是女性。在所有飞行员、机械工、水管工和装载机操作员中，96% ～ 99% 的人是男性。虽然女性在那些要求至少有大学学历的高薪专业化职业中的人数已有所增加，但仍有 76% 的建筑师、78% 的牙医和 92% 的电气工程师是男性（*Women in the Labor Force*，2013）。问题不在于女性和男性工作空间或地点的差异，而在于男性主导的职业通常工资较高（见第 11 章）。

2. 性骚扰 性骚扰是指任何不想要的性挑逗、性服务的请求或使某人感到不舒服以及干扰她（他）工作的其他性本能行为。它包括*言语行为*（比如以雇佣、晋升或终身职位作为回报来要求约会或提供性服务，以及强奸的威胁）、*非言语行为*（比如不雅的手势或海报、照片或色情图片的展示），以及*身体接触*（比如挤压、触摸或强奸）。

1997—2011 年间，同等就业机会委员会（EEOC）收到了近 20.6 万宗正式性骚扰投诉，其中 84% 来自女性雇员（U.S. Equal Employment Opportunity，2011b）。律师们说，统计数据其实有可能更高，但现在许多公司把新进员工必须同意仲裁投诉（包括性骚扰）作为聘用的一个条件（Green，2011）。

近 2/3 的美国人认为性骚扰在美国是一个非常严重的问题。大约 25% 的女性在工作中遭遇过性骚扰。然而，其中仅有 40% 的女性报告了这件事，其他人则没有，因为她们认为这样做没有任何好处或她们害怕被解雇或降职（Clement，2011）。

（三）性别与政治

在 1872 年，平等权利党的维多利亚·伍德赫尔成为首位女性总统候选人。自那以后，有 36 位女性进入了全国最高权力机关，但从未有人打破美国总统职位由男性主导的玻璃天花板。

不像其他一些国家（包括英国、德国、印度、以色列、巴基斯坦、阿根廷、智利和菲律宾），美国从未有女性担任过总统甚至副总统。在美国国会中，82% 的成员是男性。在其他几个重要的选举职位（如州长、市长或州议员）中，仅为数不多的几个决策者是女性（见表 3-7），且该数字自 20 世纪 90 年代初以来没有发生太大变化（U.S. Census Bureau，2013）。

自 1984 年以来，美国女性投票率已经高于男性（U.S.Census Bureau，2012）。但是，为何女性从政的人数却如此之少？第一，可能是女性长期被社会化为培育者和志愿者，使她们视自己为支

表 3-7 选举职位中的美国女性（2013）

职位	公职人员总数	女性所占百分比
参议员	100	20%
众议院代表	435	18%
州长	50	5%
州议员	7 383	24%
司法部部长	50	16%
国务卿	50	24%
州财政部部长	50	16%
州审计长	50	8%
市长（100 个最大的城市）	100	12%

资料来源：基于美国妇女与政治中心（American Women and Politics）2013 年的数据材料。

持者而非实干者。因此，她们可能会花大量时间去为某个候选人拉选票而非自己去竞选公职。

第二，女性比男性受到去竞选公职的鼓励（比如来自某个政党或其领导人的鼓励）的可能性更小。因此，即使女性成功的概率是男性的两倍，她们也认为自己没有资格去竞选公职。相比之下，虽然在同等条件下男性成功的概率只有女性的2/3，但他们都认为自己有资格或非常有资格去竞选公职（Lawless and Fox，2005）。

第三，在男性和女性当中都有种挥之不去的性别歧视，那就是"从布道坛走向总统"（通过演讲来获取选民支持）的男性是更好的领导者（Tucker，2007：A9）。在2008年美国总统竞选期间，普遍存在的性别歧视在有关政治候选人的媒体报道中特别明显。相比男性，女性政治竞选人得到的媒体报道相当少，即使有，也更多的是带有贬低或蔑视意味的言论（Zurbriggen and Sherman，2010）。

对于女性主义学者而言，决策机构中女性的参与程度较低会导致男性控制女性健康的许多方面，包括生育权。在1970年和2012年这两年内，国会在决定是否通过有关女性避孕的立法之前，召集了全部是男性的专家小组。此外，共和党总统候选人支持了各州将节育定为刑事犯罪的权力，州长们已经签署了将生命定义为在受孕前就开始了的法律，并减少了对贫困和无保险女性的堕胎资助（Bolton，2012；也见第5章对于这些和其他与性相关的问题的深入讨论）。

（四）性别与教育

在K-12（学前班至12年级）的公立学校中，随着职级和工资的增加，女性教师的数量开始减少。在所有专职教师中，担任小学教师的人员中有85%是女性；在高中该数字下降至58%。担任校长的女性比例从小学的59%下降至高中的29%（Aud et al.，2012）。

由于在所有种族和族裔中，女性都比男性更有可能完成大学学业，一些观察家称这种现象为"高等教育的女性化"（McCormack，2011；Pollard，2011）。如图3-2所示，高中毕业生中女性和男性的数量几乎相同。获得副学士、学士和硕士学位的女性人数已超过男性，但女性获得专业学位和博士学位的比例却大幅下降。这些数据与"高等教育的女性化"的描述有些矛盾。

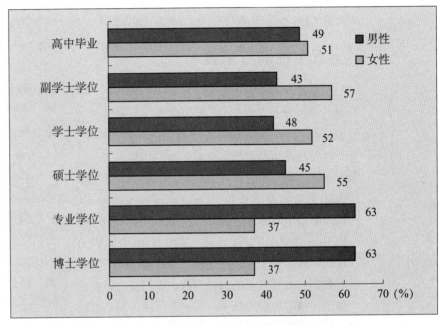

图3-2　美国受教育程度（25岁及以上，按性别分列，2012）

资料来源：U.S.Census Bureau, Current Population Survey, 2012 Annual Social and Economic Supplement, 2012 Table 2, http://www.censue.gov/hhes/socdemo/education/data/cps/2012/tables.html（accessed July 1,2013）.

大家先前所见的在学术性专业方面存在很大的性别差异是由于许多女性避免或退出了STEM领域。即使女性在这些男性主导的学科领域获得了博士学位，与男性相比，他们被聘用的可能性也更低（Milan，2012）。并且，即使被聘用，女性比她们的男性同行获得升职的可能性也更低。自1982年以来，所有博士学位获得者当中有1/3是女性，但随着学术职级的提升，女性教员的数量却在不断减少（见表3-8）。高等教育管理中也存在性别差距。例如，虽然女性高校校长的比例在2006—2011年间有所增加，但女性在该群体中的所占比例仍然仅有26%（Cook and Kim，2012）。

表 3-8　随着职级上升，女性教员的数量	
职级	女性教员数量所占百分比（%）
教授	28
副教授	41
助理教授	48
讲师	55

注：在2009年的近72.9万名全职女性教员中，43%是女性。

资料来源：Snyder and Dillow，2012，Table 264.

（五）性别与宗教

宗教在许多方面塑造了性别和家庭角色。十诫教导子女要孝顺父母，教导已婚夫妻要彼此忠诚。在145个国家的所有年龄和信仰的团体中，女性往往比男性更信奉宗教，她们相信上帝、进行祈祷、参加服务，并表示宗教在她们的生活中占据非常重要的地位（Pew Forum on Religion & Public Life，2008；Deaton，2009；Kosmin and Keysar，2009；Taylor et al.，2009）。一个原因可能是，社会期望女性更虔诚、精神更高尚，尤其对她们作为养育者的身份而言，她们要把宗教价值观传播给她们的孩子。另一个原因可能是男性一般更多参与到那些需要很多时间和精力的公共生活领域（如就业、政治）中去。

虽然女性比男性更具宗教信仰，但她们通常没有领导地位。在2009年，获得神学学位的人当中33%是女性，与1970年的仅占2%相比，人数确实已出现了大幅增长。但是，女性神职人员仍然仅占全国神职人员总数的13%，而且仅有3%的女性神职人员领导着大型（人数超过350人）集会（Winseman，2004；U.S.Census

139

联系起来

- 有些人认为工具性角色和表达性角色已不复存在。另一些人则辩称这两种角色仍然非常活跃。想想你们的父母、你们的配偶或亲密伴侣，或你们的朋友。他们的行为是否反映了工具性角色和表达性角色？你的行为呢？
- 看看你们的家庭、职场或阶层。你们注意到女性与男性互动方式的差异了吗？

Bureau，2012）。即使在奉行自由主义的新教教会中，女性神职人员往往也被安排到某些次要职位，如专门负责音乐、青年或圣经研究等（Banerjee，2006；Bartlett，2007）。

（六）性别与语言

女性和男性在互动中的相似之处多于不同之处。一项对美国和墨西哥的大学生的日常对话的研究发现，女性和男性每天所说的单词量是相同的——约1.6万个。对那些自20世纪60年代以来发表的研究进行分析，得出的结论是，男性一般比女性更健谈，但男性的谈吐取决于环境。在决策过程中，男性比女性更健谈，但当谈论自己或与孩子互动时，女性通常比男性更健谈（Leaper and Ayres，2007；Mehl et al.，2007）。

其他研究支持了这些调查结果，即我们的文化规范和性别角色期望塑造了两性的沟通模式。一般而言，女性在社交时更愿意谈论自己的感受，而男性在社交时则更愿意主导和掌控，尤其是在职场。因为女性倾向于使用沟通来发展和保持关系，*谈话——一种培养亲密关系与相互理解的方式——本身往往就是目的*。女性经常会问一些问题，以寻求对感情和感知的更好理解（"你认为这是故意的吗？""你很高兴事情发生了？"）。女性也比男性更可能做会话的"维护工作"，比如提出鼓励对话的问题（"告诉我会议上发生了什么事"）（Lakoff，1990；Robey et al.，1998）。

相比女性，男性往往通过讲话反映*会话的主导地位*，比如说得更频繁、持续时间更长。男性也会通过打断他人的话、重新诠释发言者的意思或改变话题来显示其优势。他们习惯用武断，甚至经常是专制的方式来表达自己的意见（"那种方法没用"）。相较女性，男性的语言通常更有力、更直接、更权威而很少试探（Tannen，1990；Mulac，1998；也见第8章）。

七、跨文化中的性别不平等

140

据世界经济论坛（一个独立的非营利性国际

组织）报道，"世界上没有哪个国家已经达到了性别平等"（Hausmann et al.，2012：33），但全球范围内各地区之间的性别平等程度有相当大的差异。这种跨文化的差异显示出性别角色是被习得而非与生俱来的。

一项对全球不同地区的22个国家的研究发现，其中13个国家的至少90%的受访者认为女性和男性应该拥有平等的权利（Kohut et al.，2010）。然而全球性别差距指数（GGGI）显示，态度和行为的差异很大。

（一）全球性别差距指数

要比较世界各地的两性平等状况并不容易。尽管如此，我们还是用全球性别差距指数测量了135个国家和地区的女性地位和生活质量，这些国家代表了90%以上的世界人口。该指数基于四个基本类别的关键指标：经济机会与参与、教育成就、政治赋权（具有最高政治地位的女性和男性），以及健康与生存（Hausmann et al.，2012）。

该指数不是衡量一个国家发展或财富的整体尺度；准确地说，它用一个指标衡量了男女之间的相对平等。例如，沙特阿拉伯作为世界上最富有的国家之一，拥有一些世界上受教育程度最高的女性（包括STEM学院和高级学位），但在女性经济和政治参与方面，它的排名接近最低或垫底（Charles，2011；Hausmann et al.，2012；Rashad，2012）。

（二）全球总体性别不平等

2012年，在使用全球性别差距指数进行调查的135个国家和地区中，冰岛、挪威、芬兰、瑞典和新西兰在经济机会与参与、教育成就、政治赋权和健康与生存方面

性别平等程度最高。美国仅排在第22位，落后于某些贫穷的国家，比如古巴、莱索托、尼加拉瓜和菲律宾。性别差距最大的是中东、北非和撒哈拉以南非洲。2012年，在性别平等方面排名垫底的五个国家分别是乍得、巴基斯坦、沙特阿拉伯、叙利亚和也门。在所有的国家和地区中，性别不平等最明显地体现在经济机会与参与以及政治赋权方面（Hausmann et al.，2012）。表3-9显示了在这两个方面，全球性别差距指数分数最高和最低的一些国家。

（三）经济机会与参与

女性的经济机会与参与取决于一种文化的态度、价值观、习俗和法律。就态度而言，在女性与男性是否应该拥有同等权利（包括经济机会与参与）方面，性别差距最大的国家是埃及、尼日利亚、肯尼亚、印度尼西亚、约旦和巴基斯坦。例如，在尼日利亚，相比56%的女性，仅有35%的男性认为女性与男性应该拥有同等的经济机会与参与。在埃及，与76%的女性相比，仅有45%的男性主张两性应该拥有同等权利（Kohut et al.，2010）。这些数据显示，并非所有女性都支持两性拥有平等权利。即使她们支持，

表3-9　在经济机会与参与和政治赋权上GGGI分数最高和最低的国家（2012）

经济机会与参与上的GGGI分数		政治赋权上的GGGI分数*	
分数最高的国家	分数最低的国家	分数最高的国家	分数最低的国家
蒙古国，巴哈马　0.84	伊朗　0.41	冰岛　0.73	博茨瓦纳，斐济　0.04
布隆迪，挪威　0.83	阿尔及利亚　0.38	芬兰　0.56	埃及，伊朗，蒙古国　0.03
马拉维，莱索托　0.82	沙特阿拉伯，也门　0.34	挪威　0.56	阿曼，也门　0.02
卢森堡，美国　0.81	巴基斯坦　0.31	尼加拉瓜，瑞典　0.50	科威特　0.01
莫桑比克　0.80	叙利亚　0.27	爱尔兰　0.41	伯利兹，文莱，黎巴嫩，卡塔尔，沙特阿拉伯　0.00

* 美国的此分数为0.16，在全球女性赋权上的排名仅为第55位。

注：在GGGI中，分数为1意味着性别完全平等。因此，在第一个格子中，蒙古国的分数为0.84，意味着每100位有经济机会与参与权的男性，对应着84位也有此项权利的女性。另一种解释0.84的方式是男女性别差距为16%，男性占优势。

资料来源：Hausmann et al.，2012，Table 5.

她们所遵循的那些由男性制定的法律，也会将她们的行为限制在家中。

在131个国家中，与18%的女性相比，33%的男性有"好的工作"——那些全职的、能提供医疗保险和保障劳动权的工作。在劳动力市场 141 中，相比16%的男性，23%的女性*就业不足*——当她们想要一份全职工作时，只能做兼职，而且工作要求比她们的实际受教育水平、技能和经验要低。女性的就业不足率在撒哈拉以南非洲和拉丁美洲最高，在东亚和部分东欧国家最低（Marlar，2011）。

在全球范围内，女性所拥有的公司数量占所有私营企业总数的40%，并且年销售额达到1.9万亿美元（"The X Factor"，2011）。然而，仅有4%的财富500强公司的首席执行官以及16%的美国公司的董事会成员是女性——和1998年的情况大致相同。相反，芬兰、瑞典、挪威以及其他七个欧洲国家有法律要求董事会所有成员中的40%必须是女性（Kowitt and Arora，2011；McGregor，2011）。有些首席执行官也支持美国规定类似的配额，因为性别多样化的团体合作水平更高、技能更广泛。不过，另外一些人则认为强制性配额可能会导致董事会经验不足（Green，2012；Huppke，2012；Chu and Ramstad，2012）。

（四）政治赋权

正如表3-9所示，相比经济机会与参与，政治赋权上的全球性别平等分数要低得多，即使在那些分数最高的国家亦是如此。在世界范围内，占据国家立法机关席位的人员中19%是女性。卢旺达的这一比例是56%，其次为七个国家，这些国家中的女性占高级政治职位的比例达40%~46%。相比之下，美国国会中的女性成 142 员仅占18%（Clifton and Frost，2011；Center for American Women and Politics，2013）。

在197位身为总统或总理（首相）的世界领导人中，仅有11%是女性（Institute for Women's Leadership，2011）。对全球188个国家的一项研究发现，在那些与美国国会相似的决策机构中，女性能占一席之地的比例仅为20%。在女性政治领导人所占比例的排名中，美国排第71名，远低于许多非洲、欧洲和亚洲国家的排名，甚至低于被许多西方人认为压制女性的大多数阿拉伯国家（Inter-Parliamentary Union，2011）。

在序列的另一端，沙特阿拉伯得分为0，在女性政治赋权方面，它是全球排名最低的国家（Hausmann et al.，2012）。在2011年，沙特阿拉伯国王阿卜杜拉宣布，从2015年开始，女性也可以作为市政选举候选人参选、担任国王顾问委员会（一个没有任何立法权的机构）委员，并且经过男性家庭成员的批准，女性"甚至会有投票的权利"（"Saudi Arabia and Its Women"，2011；"Saudi King Announces New Rights for Women"，2011；Ignatius，2013）。

为何许多国家的女性几乎没有什么政治权利和政治影响力？在所有的国家政府中，仅有一半的国家有法律要求让女性担任政治职务。即便如此，在阿根廷、古巴、芬兰、印度、瑞典、卢旺达和其他国家的领导机构中，女性人数也仅占30%（Inter-Parliamentary Union，2011）。

本章小结

在过去的25年中，性别角色的某些方面已经发生了翻天覆地的变化。今天，越来越多的人说他们相信性别平等，并且获得大学学位和进入劳动力市场的女性人数前所未有。

大多数人真的有更多选择吗？如今男性在家务劳动和参与照顾孩子方面比过去付出得更多，但家庭劳动分工仍然谈不上平等。许多男性仍被期望花许多时间在工作上，因为他们要负责养家糊口，而女性也仍被期望承担绝大部分的家务和照顾孩子的责任。

性别角色的变化也给两性带来了各个层面的*约束*：个人、团体和机构的约束。在下一章，我们将考察性别角色的变迁是如何影响爱情和亲密关系的。

复习与思考

3.1 定义和阐释以下概念：性、性别、性别认同、性别角色，以及性别刻板印象。

1. 性和性别是可以互换的术语吗？为何可以或为何不可以？

2. 性别认同与性别角色之间有何差异？分别举例来说明。

3. 最常见的性别刻板印象是什么？它们是无害的吗？

3.2 描述先天－后天之争，并举例说明每一种视角。

4. 简要地说明什么是先天－后天之争。

5. 在解释两性差异方面，每一方都用什么样的证据来支持对先天或后天重要性的论证？

6. 为何有些社会学家认为先天－后天之争已经过时了？

3.3 比较解释性别角色为何不同的五种理论。

7. 五种理论是如何分别解释性别角色的差异的？

8. 这五种理论各自的优缺点是什么？

3.4 描述并阐释性别角色习得的四种来源。

9. 具体而言，我们是如何从父母、游戏与同辈群体、教师与学校、流行文化与大众媒介处习得性别角色的？

10. 我们的性别角色社会化如何影响我们的日常行为？

3.5 解释性别意识形态是如何影响传统和非传统的性别角色的。

11. 传统的和平等主义的性别意识形态有何差异？

12. 对于两性而言，传统性别角色的收益和成本是什么？

3.6 描述和解释性别角色在成年期是如何发生改变的。

13. 具体而言，成年期的性别角色在家庭生活、职场、政治、教育和宗教中的表现有何差异？

14. 男性与女性的交流往往有何不同？原因何在？

3.7 比较跨文化中的性别不平等。

15. 什么是 GGGI？

16. 在性别平等方面，国家之间有何差异？

17. 美国与其他国家相比，特别是在女性经济机会与参与和政治赋权方面有何不同？

第4章
爱情与爱情关系

学习目标

当阅读和学习本章后，你将能够：

4.1 区分自爱、友谊和爱情。

4.2 解释爱的概念。

4.3 解释为何关怀、亲密和承诺是爱情的重要成分。

4.4 区分解释爱情的六种理论视角。

4.5 描述爱情的四种功能。

4.6 解释人们如何体验爱情和一些爱情障碍。

4.7 解释为何爱情会出错。

4.8 区分浪漫爱情和长久之爱。

4.9 解释跨文化中的爱情怎样以及为何变化。

数据摘要

- **爱情带来无限商机。**在2013年，美国民众花费了近190亿美元来购买情人节礼物，创历史新高。平均每位男性花费了176美元，而这一数值几乎是女性平均花费（89美元）的两倍；还有20%的美国民众为自己的宠物购买了情人节礼物。

- 有将近28%的美国民众认为每个人一生**只会邂逅一段真正的爱情。**

- 在脸谱网的众多用户中，年龄为18～34岁的用户的平均"朋友"数量是319个，年龄为35～46岁的用户的平均"朋友"数量是198个，位于47～56岁年龄段的用户的平均"朋友"数量是156个，而57岁及以上的用户的平均"朋友"数量仅为42个。

- **女性应该向男性求婚吗？**77%的男性和63%的女性认为答案是"应该"。

- 在对65岁及以上的美国民众的采访中，47%的人称他们依然处于热恋阶段，但有83%的人认为"一段真正的爱情是可以跨越性生活而超然存在的"。

- 来自24个国家将近半数的单身人士认为觅获一段真正的爱情才是他们这一生幸福感爆棚的瞬间。

资料来源：Armstrong, 2004b; Schwartz, 2010; Allen, 2012; Goo, 2012; Cohn, 2013; National Retail Federation, 2013.

爱情的含义因人而异。正如下列"关于爱情"这个版块所示，几个世纪以来，爱情一直都是灵感、妙语甚至是政治行动的来源。在本章中，我们将会探索以下几个问题：浪漫和爱情的意义、人们为何会彼此相爱、爱情的积极和消极面，以及爱情如何随时代变迁而发生变化。我们

变化 关于爱情

几个世纪以来，爱情的多样性、目的、乐趣以及失恋的痛苦都是文人墨客津津乐道的话题。以下是一些经典的例子：

- 《哥林多前书》13：4—7 "爱是恒久忍耐，又有恩慈；爱是不嫉妒，爱是不自夸，不张狂……凡事包容，凡事相信，凡事盼望，凡事忍耐。"

- 威廉·莎士比亚（1564—1616）："说老实话，现在世界上理智可真难得和爱情碰头。"

- 印度格言："心有所属，不由自主。"

- 亚伯拉罕·考利（1618—1667）："我爱你，不光因为你的样子，还因为，和你在一起时我的样子。"

- 尼侬·德·朗克洛（1620—1705）："恋爱比指挥军队更需要智慧。"

- 爱尔兰谚语："叩我之心门，入我之灵魂。"

- 伊丽莎白·巴雷特·布朗宁（1806—1861）："我究竟怎样爱你？让我细数端详。我爱你直到我灵魂所及的深度、广度和高度。"

- 日本谚语："在爱人眼里，一千里的旅程也不过一里。"

- 威廉·萨克雷（1811—1863）："带着智慧而不是怀疑去爱一个人，永远记住，就算傻傻地爱着别人，那也比根本不懂得如何爱人要好得多。"

- 罗伯特·布朗宁（1812—1889）："没有了爱，地球便成了坟墓。"

- 玛琳·黛德丽（1901—1992）："抱怨是爱的灭亡。"

- 土耳其格言："心系彼此是爱情最伟大的力量。"

- 匿名："在我们真正爱上一个人之前，每个人都是不完美的。"

- 切·格瓦拉（1928—1967）："真正的革命者定为一种大爱所牵引。"

- 约翰·列侬（1940—1980）："爱是每个人最基本的需求。"

- 凯瑟琳·赫本（1907—2003）："有时我想知道男人和女人是否真的适合彼此，也许他们应该住在隔壁，偶尔拜访一下。"

- 雪儿（1946—）："有些女性面临的困境是，她们对什么都提不起兴趣，然后她们结婚了。"

- 奥普拉·温弗瑞（1954—）："很多人愿意带你坐在他们的豪华轿车里奔驰，但你真切需要的却是一个当轿车坏了愿意和你一起坐公交车的人。"

- 杰伊·莱诺（1950—）："今天是情人节——或者，我们男人喜欢叫它'情人劫'！"

也会看到人们关于爱情的态度的一些跨文化差异。首先，让我们来看看喜欢与爱的差别吧。

一、喜欢与爱

爱——它既是一种情感也是一种行为——对于人类的生存是不可或缺的。家庭通常是我们最早和最重要的爱和情感支持的来源（见第 1 章）。在家庭中我们学会了爱自己，因此也学会了爱别人。

（一）自爱

女演员梅·韦斯特（Mae West）曾说过："我从没有像爱自己那样爱过别人。"这样的话似乎听起来有些以自我为中心，但很有见地。社会哲学家艾瑞克·弗洛姆（Erich Fromm, 1956）认为自爱，或者说对自己的爱，对我们的社会以及情感发展至关重要，并且它也是爱别人的先决条件。

对于社会科学家而言，自爱是自尊的一个重要基础。那些喜欢自己的人更乐于接受批评，对别人的要求也不那么苛刻。而那些不喜欢自己的人可能无法回报友谊。相反，他们可能会不断寻求可以改善自己不良的自我形象的关系（Casler, 1974）。

（二）友谊

*朋友*是你关心的人，是你可以寻求陪伴和帮助的人，也是你喜欢与之互动的人。大量研究已经表明，朋友对我们的生理、社会和心理健康一直都有很大的影响，甚至有时比家庭成员的影响还大。例如，在 70 岁及以上的老人中，那些有社会网络的老人——尤其是那些有朋友而非仅有家人的老人——更为长寿；有朋友的人比没有朋友的同龄人通常更快乐；并且，那些有深厚友谊的人承受的压力会更少，因为朋友会给他提供身体上的援助（如跑腿办事）以及情感支持（Giles et al., 2005; Christakis and Fowler, 2007; Parker-Pope, 2009）。

我们的朋友往往各不相同。例如，我们可以和某些朋友讨论政治问题，和其他朋友就不行。有些朋友可以给我们提出可靠的财务建议，并且我们还可以找其他朋友咨询高度个人化或精神方面的问题。尽管有这些好处，但自 20 世纪 80 年代末以来，大多数美国人的"密友"数量已经从 3 个缩减到 2 个，并且在年龄为 18 岁及以上的人口中，25% 的人称他们根本没有任何密友（McPherson et al., 2008）。

在美国、加拿大和欧洲开展的全国性调查一致表明，现实生活中的朋友数量越多，见面越频繁，人们就越开心。相反，网友的数量增加并不能增加人们生活的幸福感和满足感（Helliwell and Huang, 2013）。

在 2012 年，有报道称美国的脸谱网用户平均有 229 个朋友（Goo, 2012；也见数据摘要）。一位女士抱怨道，脸谱网朋友人数 5 000 的上限太低了（Daum, 2009）。你脸谱网的页面上和推特圈里的每一个人都是你*真正的*朋友吗？例如，他们当中有几个人真正关心你的猫、你最喜欢的音乐或者真正欣赏你上次度假的照片（Deresiewicz, 2009）？尽管如此，仍有 40% 的脸谱网用户称他们有一两个可以在网上讨论重要事情的密友（Hampton et al., 2011）。

这些研究结果表明，我们中的许多人在一生中都没有密友，但我们经常看到自助书籍宣称只有朋友才可以发展成恋人或亲密伴侣。这是真的吗？还是说友谊与爱情是不同的？

（三）友谊与爱情

你会喜欢上你并不爱的人吗？当然。你会爱上你并不喜欢的人吗？不会——至少在一段健康的关系中不会。在社会学家凯斯·戴维斯（Keith Davis, 1985）对"亲近的人"的经典研究中，他确定了友谊的 8 个特质：

- **享受**。朋友享受彼此在一起的大多数时光，他们感到轻松，尽管偶尔有点分歧。
- **接受**。朋友能接受彼此本来的样子。他们容忍彼此的错误和缺点，而不是试图改变对方。
- **信任**。朋友间彼此信任，彼此关心。他们彼此依赖，共度时艰。

- **尊重**。朋友之间相互尊重对方的判断。虽然他们也许并不同意另一个人的选择，但是他们尊重他或她的决定。
- **相互支持**。朋友间互相帮助，彼此支持，不求回报。
- **倾诉**。朋友之间分享经历和感受。他们不会相互传谣或彼此陷害。
- **理解**。朋友之间互相同情对方的感受和想法。不必多说，他们就能够"读懂"对方。
- **真诚**。朋友之间要开放和诚实。他们可以自由地做自己，说出自己的想法。

爱情除了包括以上所有的特质外，还增加了三种特质——性欲、相对其他关系的优先权以及关心之至的自我牺牲。一种关系可以从友谊开始，发展到爱情。然而，我们不可能"真正"爱上一个不是朋友的人。就像友谊，爱情也是随着时间而发展的。但是，爱情到底是什么？是什么让人们相互吸引？欲望和爱情是相似的吗？在你更深入地阅读前，做一下**"你对爱情了解多少？"**的小测试。

148 二、爱是什么？

当问到什么是爱时，一个9岁的男孩说："爱就像雪崩，为了活命你必须逃离。"也有一个6岁的女孩说："爱是当妈妈看见爸爸蹲马桶时，

她并不认为他很粗俗。"

在伊拉克战争期间，一名美国士兵给他15个月大的女儿的信中写道："你是我生命的意义。你让我的心充满喜悦和骄傲。无论我发生了什么事或我们去了哪里，你会知道我永远爱你。"当这名士兵死于被叛乱分子击落的黑鹰直升机坠毁事故时，这封信才在他的身上被发现（Zoroya，2005）。

我们都经历过爱并相信我们知道它是什么。然而，爱是一个难以捉摸的概念：关于爱的定义没有普遍一致的看法，深情可能会改变，可接受的爱的表达方式会因时间和文化而异，并且正如大家即将所见，爱有许多种不同的类型。

（一）爱的特征是什么？

正如那个在战争中倒下的士兵的信中所说的那样，父母的爱坚定且深厚。在许多青少年和成年人中，浪漫的爱情通常很短暂。相比之下，许多已婚夫妻和男/女同性恋伴侣之间的爱却很长久。尽管如此，所有类型的爱都是多方面的，它建立在尊重的基础上，并且往往是一种需要。

1. 爱是多方面的 爱有很多维度。它既可以是浪漫的、刺激的、痴迷的和非理性的，也可以是柏拉图式的、平静的、无私的和现实的。爱之所以没有单一的定义，是因为它在不同的程度和强度上，以及在不同的社会背景下会有所不同。不过，你将会看到，爱至少包含关怀、亲密与

问问你自己

你对爱情了解多少？
下面的陈述基于本章中所列材料。

事实 谬论

- ☐ ☐ 1. 每个人都会有一个理想的伴侣，你只需继续寻找。
- ☐ ☐ 2. 女性比男性更浪漫。
- ☐ ☐ 3. 爱情能征服一切。
- ☐ ☐ 4. 男性和女性对爱的需要是不同的。
- ☐ ☐ 5. 真爱永恒。

事实 谬论

- ☐ ☐ 6. 每个人迟早都会坠入爱河。
- ☐ ☐ 7. 爱情带来快乐和安全感。
- ☐ ☐ 8. 爱能忍耐和克服所有问题。
- ☐ ☐ 9. 男性对性比对爱情更感兴趣。
- ☐ ☐ 10. 我可以改变我爱的人。

（这个测试的答案在第73页。）

承诺。

2. 爱建立在尊重的基础上 爱也许包含了强烈的渴望，但尊重更为重要。如果缺乏尊重，这种关系就不是以爱为基础的，反而会成为一种不健康的或是限制人们社交、情感和智力发展的占有欲或行为（Peele and Brodsky，1976）。

3. 爱往往是一种需要 特别是长久的爱情，与那些我们从电影、电视和言情小说中所看到的痴情的形象或狂热的性爱毫无共同之处。这些误解常常会导致对爱情不切实际的期望、刻板印象和爱情的幻灭。

长久的爱情与一位作家所说的类似"搅拌燕麦片"的爱更接近（R.Johnson，1985）。这种类型的爱既不刺激也不惊险；相反，它通常是平凡和不浪漫的。它意味着付账单、刷马桶、彻夜照料生病的宝宝，以及完成其他无数并不性感的任务。

有些夫妻轮流"搅拌燕麦片"，有些夫妻却选择分手或离婚。不论我们是否决定结为连理，我们都要弄清楚的一个问题是：为何我们会被某些人吸引而不是被其他人？

（二）是什么让人们彼此吸引？

一些美国人相信每个人都有"唯一的真爱"（见数据摘要）。这样的信念虽然浪漫却毫无根据。将人们聚在一起的是文化规范和价值观念，而非命运。我们永远不会遇上数以百计的潜在恋人，因为他们已被那些基于年龄、种族、社会阶层、宗教、性取向、健康或外表等因素的正式或非正式的规则过滤掉了（见第6章）。

149

从孩子童年开始，他们所住的特定社区或父母为孩子选择的特定学校就间接地鼓励或限制了孩子未来的情感关系。在青春期之前，同伴们的做法和期望也会塑造浪漫的体验。例如，即使是七年级的学生也有自己的规矩，比如不要和朋友不喜欢的人出去，或者尽可能不要对父母透露太多，因为"父母会四处打听、掺和别人的事情，还会告诉其他父母"（Perlstein，2005：33）。

虽然恋爱可以跨越文化或种族的界限，但批评和赞同教会我们什么是可以接受的恋爱行为以及与谁可以发生这样的行为。所有的社会——包括美国在内——都有关于*同质婚配*（与自己所属的族群内部的人约会和结婚）和*异质婚配*（与一个可以接受的族群外部的人约会和结婚）的规则（见第1章和第6章）。即使我们对某个人"产生性欲"，但若有强烈的文化禁忌，我们的性渴望也不一定会导致我们坠入爱河。这些禁忌在某种程度上解释了为何我们并非总是与我们的性伴侣结婚。

（三）欲望与爱情不同吗？

欲望与爱情的差异相当大。心理学家帕梅拉·里根和埃伦·波斯切特（Pamela Regan and Ellen Berscheid，1999）曾把性唤起（欲望）、性欲和浪漫的爱情进行区分。他们把*性唤起*描述为一种生理上而非情感上的反应，是有意识或无意识产生的（见第5章）。相反，*性欲*是这样一种心理状态：一个人想要"获得一个他现在还没有的性爱对象，或想要进行他现在还未曾进行过的性行为"（p.17）。

性欲可能会也可能不会带来*浪漫的爱情*。浪漫的爱情是一种强烈的感情，当它得到满足时，会令人无比幸福，但当这种感情没有得到回报时，会让人深受伤害。一旦欲望消失，幻想破灭和失望的恋人们就会诧异他们恋爱关系中的"火花"去哪了，他们可能会深深地怀念"曾经的美好时光"。

但这并不意味着性欲总是要通过性爱才能获得极致的欢愉或者将浪漫的爱情与长久的爱情等同起来。已婚伴侣可能深爱着彼此，尽管出于健康或其他原因，他们很少发生性行为或从未发生过性行为。不管爱的本质是什么，健康的恋爱关系都反映了关怀、亲密与承诺三者的平衡。

三、关怀、亲密与承诺

150

很快大家就会发现，人们坠入情网的原因有很多：在生理上相互吸引、有共同的兴趣爱好、寻求陪伴或仅仅只为找个乐子。然而，无论是何种形式的爱情，关怀另一半都是至关重要的。

（一）关怀

爱情包括关怀，或者想要通过提供援助和情感支持来帮助另一个人（Cutrona，1996）。虽然我们对待爱情经常用这样的隐喻，比如"我为你而疯狂"或"没有你，我了无生趣"，但这种甜言蜜语也许并不能转化为持续的日常行为，比如将伴侣的幸福看得与自己的幸福同样重要。

关怀意味着回应他人的需求。如果随时间的流逝，一个人再也看不到任何令人暖心的迹象，那么他将严重地怀疑其伴侣是否*真正地*爱着他。但这也并不意味着另一半就应该俯首帖耳。相反，当遇到问题时，相互关怀的人会增强彼此的自信，并互相鼓励。当一个人很在意另一半的需求时，他们的关系就会变得更为亲密和融洽。

（二）亲密

虽然亲密的定义有很多种，但是所有的定义都强调亲近感。例如，关于夫妻的一项研究（Brown，1995）发现，当夫妻们处于下列情境的时候，会体验到亲密：

- 彼此分享共同的情感爱好。
- 有一些他们共同的回忆。
- 对夫妻身份，有明显的感觉。
- 对持续的关系保持互惠的承诺。
- 为了共同的未来，分享希望和梦想。

其他研究者区分了三种类型的亲密——生理性的亲密（性、拥抱和抚摸）、情感性的亲密（亲近感）和言语性的亲密（自我披露）。他们也指出，生理性的亲密在这三者当中的重要性程度最低（Piorkowski，1994）。

自我披露指的是一种交流，是其中一个人向另一个人袒露他或她真实的想法或感受，并期待对方同样坦诚相待。在亲密关系中，伴侣可以自由暴露其缺点、癖好、希望和不安而不用担心被嘲笑或被拒绝（Brown，1995）。

恋人们将会透露他们内心深处最真实的想法，配偶们也会很自然地释放他们的消极情绪，因为他们的伴侣被认为是值得信赖、懂得尊重的，也是他们最好的朋友或知己。自我披露并不包括唠叨，因为唠叨会减少亲密感。如果你对你的伴侣吹毛求疵，你就会说："我做得比你好。收敛点儿。"大多数人讨厌唠叨，因为它意味着唠叨者的优越感。

亲密不仅是两个成年人之间的关系，也是联结孩子与父母、成年子女与父母、孩子与继父母、孩子与（外）祖父母等的关系的纽带。虽然许多研究强调了母亲在与孩子的亲密联结中所扮演的角色，但父爱同样重要。如果一个父亲与他的孩子关系很亲近，那么他在孩子自尊和情绪的稳定发展，以及自愿避免接触毒品和其他风险行为方面能够扮演关键性角色（Rohner and Veneziano，2001；也见第10章）。

在成年人的爱情关系中，当人们放下防御、学会在彼此的陪伴下放松，并且同甘共苦、相互扶持时，亲密感就会不断增加（Josselson，1992）。反过来，关怀和亲密也能促进承诺。

（三）承诺

很多学生，特别是女学生，抱怨他们的伴侣害怕承诺。最终的承诺就是结婚，但正如我们的高离婚率所显示的那样，承诺并非总是能够和婚姻联系在一起（见第13章）。

*承诺*是一个人愿意保持关系和解决问题的意图。相互承诺的产生，出于：（1）对伴侣的忠诚度和责任感；（2）婚姻神圣不可侵犯的宗教、法律或道德信仰；（3）对将来的回报——情感、金钱、性或其他方面一直抱有乐观态度；（4）强烈的情感依恋。如果觉得彼此的承诺没有增加，那么即使仍然相爱，许多人也会结束他们的关系（Brown，1995；Fehr，1999；Sprecher，1999）。

在一段健康的关系中，承诺有很多积极的方面，例如喜爱、陪伴和信任。伴侣之间应该时刻互相扶持，而非仅在压力大的时候如此。即使当我们因伴侣并非如我们所期望的那样给予我们足够的关注，或者我们被日常责任压垮而抵不住诱惑出轨时，有过承诺的伴侣仍会在这种艰难时刻对我们不离不弃（Molinari，2010）。

在稳固关系中的承诺并非爱情与玫瑰的问题。特别是在情人节，商业利润来自使男性确信他们应该给他们的情人和妻子买巧克力、玫瑰花、珠宝、服饰以及其他"东西"，以彰显他们的爱意（Payne，2012）。相反，承诺是——反复地以及在各种情况下——"我在这儿、我会在这儿、我对你的一言一行和所思所想都很感兴趣、我会积极支持你的独立行为、我相信你，以及你可以相信，如果你需要我我就在这里"（Crowell and Waters，1994：32）。

四、爱情与恋爱的相关理论

我们为何需要爱？我们又如何去爱？生物学解释往往只关注我们为何需要爱。而心理学、社会学和人类学理论则试图同时解释这两者。

（一）爱的生物化学理论

*生物学*视角认为爱情植根于进化、生物和化学等因素。生物学家和一些心理学家认为爱情能通过吸引男女建立一种对抚养孩子至关重要的长期伴侣关系来服务于进化的目的。例如，在经常发生危险的大草原上，通常由父母中的一方来照顾子女，而另一方则负责寻找食物。

研究者们在利用核磁共振成像（MRI）研究人脑活动时，发现通过荷尔蒙、化学物质和神经递质（大脑中的化学信使）之间的相互作用，会产生一种我们称之为爱的状态。当恋人们声称他们感到"兴奋"时，极有可能他们确实处于很亢奋的状态。例如，当人们处于高度兴奋时，多巴胺就会被分泌出来，无论他们是坠入爱河还是在吸毒。另一种兴奋剂去甲肾上腺素则会导致失眠，使人产生喜悦和兴奋感。而且在情感依恋的早期阶段，（后叶）催产素也能够促进信任和其他积极情绪的产生（Fisher et al.，2010；Schneiderman et al.，2012；Fredrickson，2013）。

联系起来

- 你的友谊和你的恋爱关系有什么相似和不同之处？你可以同时与几个人谈恋爱吗？
- 你如何定义爱？你的定义与你的朋友们的定义一致吗？
- 你恋爱过多少次？在所有的恋爱中，你感情的投入都是相似的吗？随着你的逐步成熟，你的感情是否会发生变化？

当激情消退和依恋加深时，另外一组叫内啡肽的化学物质就会产生。与兴奋剂不同，内啡肽能平静心灵、消除痛苦和减少焦虑。生物学家认为，内啡肽的作用能够解释为什么那些拥有长久恋爱关系的人会感到舒适和安全（Walsh，1991；Fisher，2004；Brizendine，2006）。

失去所爱的人可能会导致身体健康产生问题。研究者根据大脑影像和血液检测发现，痛苦的分手会使身体释放压力荷尔蒙，这些荷尔蒙会传输到人脑某个部位的细胞中，由此产生的压力会导致胸痛甚至心脏病发作（"心碎"）（Najib et al.，2004；Wittstein et al.，2005）。

批评者从生物学的视角发现了三个问题。首先，上述结论通常是依靠很小的志愿者样本（在某些情况下，为 9 ~ 17 人）得到的，并且经常仅有女性样本。其次，在赌徒、可卡因吸食者甚至是玩电脑游戏的人身上也发现了那些能明显引发强烈浪漫爱情的化学物质，比如多巴胺（Young，2009）。因此，化学物质和神经递质是如何"导致"爱的产生的依然不明确。最后，生物学理论解释不了为什么人们在如何体验爱和表达爱方面存在文化差异（Perrin et al.，2011）。

社会学视角——和一些心理学理论——认为，文化，而非化学物质，扮演着红娘（丘比特）的角色。那些有助于我们了解爱情成分和过程的最知名的社会科学理论，包括依恋理论、赖斯的爱之轮理论、斯滕伯格的爱情三角理论、李氏爱情风格理论和社会交换理论。

（二）依恋理论

依恋理论认为，为了实现正常的社会和情感发展，婴儿需要与至少一位主要照看者（通常是母亲）发展亲密关系。英国精神病学家约翰·鲍比（John Bowlby，1969，1984）声称，从摇篮到坟墓，依恋都是人类行为中不可缺少的一部分。通过依恋，成年人和孩子都将受益于一些关心照料他们的人——这些人关心他们的幸福，满足他们的基本情感和生理需要，并且只要他们有需要就会随叫随到。

美国心理学家玛丽·爱因斯沃斯（Ainsworth et al.，1978）是鲍比的学生，在她的经典的"陌生情境"研究中，她评估了婴儿-母亲之间的依恋关系。在自然和实验室两种情境中，爱因斯沃斯通过让母亲暂时离开婴儿，把婴儿置于一个不太熟悉的房间，让一个善意的陌生人来照料，从而给婴儿创造了轻微压力。当母亲返回时，爱因斯沃斯观察了婴儿和母亲对彼此的反应。

爱因斯沃斯确立了婴儿-母亲的三种依恋方式。大约 60% 的婴儿有一个敏感且能及时回应他们的母亲，这使得他们在依恋关系中能感觉安全。当这些婴儿被留下与陌生人在一起时，他们会显得有些悲伤，当妈妈回来时，他们会紧紧抱住妈妈，不过仅一会他们便又去探索和玩耍了。大约 19% 的婴儿的母亲对自己宝宝的情感不稳定——有时亲昵，有时冷漠。这些婴儿表现出*焦虑/矛盾*的依恋类型：当他们的母亲离开时，他们会显得悲伤，但当母亲回来时，他们却又排斥自己的母亲。其余 21% 的婴儿大多是由忽视了婴儿身体和情感需要的照料者抚养的。当母亲回来时，婴儿通过忽视母亲来表现出*回避*行为。

一些有关婴儿依恋关系的研究遭到批评，因为它们通常用实验室情境代替现实生活的自然情境，而且没有提出育儿实践方面的跨文化差异（Feeney and Noller，1996）。尽管有这样的批评，但许多研究者仍然认为成年人的亲密关系常常反映了这三种依恋类型（见 Mikulincer and Shaver，2012 关于本研究的概述）。

通过使用基于爱因斯沃斯三种依恋类型而设计的"爱情小测验"，心理学家辛迪·哈赞（Cindy Hazan）和同事访谈了宣称自己正处于恋爱阶段的 108 名大学生和 620 名其他成人（Hazan and Shaver，1987；Shaver et al.，1988）。受访者被要求用三种方法描述自己"最重要的恋爱经历"：

- **安全型**：我觉得与他人亲近很容易，我能很自然地依赖他人和被他人依赖。我并不经常担心被抛弃，也不担心有人离我太近。

- **回避型**：与别人亲近会让我感到某些不适；我发现自己很难完全相信和依赖别人。当有人离我太近或当恋人想与我更亲密时，我会感到十分紧张。

- **焦虑/矛盾型**：其他人并不情愿与我走得太

近。我时常担心我的另一半并非真正爱我或不想和我待在一起。我想与他人完全地融合，但这种愿望有时会把人吓跑。

研究者还向受访者询问了他们孩提时代与父母的关系是温暖的还是冷淡、排斥的。通常形容自己父母热情和具支持性的*安全型*的成年人（约占样本的56%）对与他们的伴侣的爱情更加信任。*焦虑/矛盾型*的成年人（约20%）往往很容易坠入爱河，并希望立即得到承诺。而*回避型*的成年人（约24%）很少信任他人，对于爱情有着最愤世嫉俗的信念，并且无法处理亲密关系或承诺。

几项对从童年期到成人期的依恋类型进行追踪调查的研究发现，无论一个人的早期童年经历如何，依恋类型都会随着生命历程的发展而发生变化。例如，如果我们经历过一些令人不快的事情，如父母离婚、关系破裂、连续几次被甩，或者我们自己离婚，我们的依恋类型也许就会从安全型转变为回避型。又或者，我们经历的是一些积极的体验，包括浪漫的爱情，这能将一个人的依恋类型从回避型转变为安全型（Hollist and Miller，2005；Simpson et al.，2007；McCarthy and Casey，2008）。

因此，"早期童年经历会将依恋方式定型的观点是一种误解"（Fletcher，2002：158）。相反，批评家指出，相比与自己母亲的任何早期联系，如离婚、疾病或经济危机等事情对于塑造一个18岁以下孩子的幸福感影响更大（Lewis，1997；Hays，1998；Birns，1999）。一些女性主义学者也认为依恋理论和研究经常忽略父亲与孩子的联结关系以及忽视如社会阶层和两性间的权力差异是如何影响依恋关系的等问题（Knudson-Martin，2012）。

（三）赖斯的爱之轮理论

社会学家艾拉·赖斯（Ira Reiss）和他的同事经过几十年的研究，提出了"爱之轮理论"（见图4-1）。赖斯描述了爱情的四个阶段：和谐关系、自我披露、相互依赖和个性需求满足（Reiss，1960；Reiss and Lee，1988）。

在第一阶段，伙伴们基于相似的文化教养、

图4-1 爱之轮理论

注：*赖斯将爱情的四个阶段比作一个轮子的辐条。爱情关系始于和谐关系。在一种持久的关系中，随着车轮的转动，和谐关系持续稳固，深化了伴侣的个性需求满足、相互依赖，并增强了他们自我披露的诚实度。*
资料来源：Reiss，1960：139-145.

社会阶层、宗教和受教育水平来建立*和谐关系*（见第1章有关内婚制的内容）。根据赖斯的观点，没有和谐关系，准恋人们就没有足够的共同点来建立一种对彼此的初步兴趣。

在第二阶段，*自我披露*可以让这对情侣更加亲密。因为每个人在这段关系中都会感到更自在，他或她更可能表露亲密的私人情感，并在性行为中更投入。

在第三阶段，随着伴侣们变得更亲密，双方的*相互依赖*也会增加：他们会分享想法、玩笑、希望和恐惧。

在第四阶段也即最后阶段，他们会获得*个性需求满足*。伴侣们相互倾诉，做出共同的决定，支持对方的雄心壮志和增强彼此的自信。

就像车轮的辐条，这些阶段会运转很多次——也就是说，它们不断重复。例如，伴侣们先建立和谐的关系，然后披露一些自己性格上的优缺点，接下来继续建立更和谐的关系，然后去交流想法，等等，如此不断往复。

爱之轮可能会一直保持运转以产生一段更深

人、更持久的关系。或者，在一段短暂的恋爱中，爱之轮可能会在转几圈后停下来。爱之轮也可能会"解体"——有时甚至只需一个晚上——如果这段关系因为争吵、缺乏自我披露或存在相互利益的冲突而终止的话。

社会学家多洛雷斯·博兰得（Dolores Borland，1975）修正了爱之轮理论，提出爱情关系可以被视为"钟表发条"，就像手表上的发条一样。随着爱情潮起潮落，关系可能紧张或放松数次。例如，由怀孕和孩子出生所造成的紧张可能会使发条上得很紧。但如果伴侣经常交流并为了共同目标而努力，那么这种压力可能会使双方的关系更为坚固而非衰竭。此外，如果发条被上得太紧以致伴侣无法成长，或者其中一方感觉受到增加的或不想要的亲密关系的威胁，关系就可能会突然结束。

一些评论家指出，爱之轮理论和钟表发条理论都没有考虑到关系发展的各阶段中的强度变化。虽然人们可能彼此相爱，但他们的感情强度也许在某一阶段是高的，但在另一阶段是低的。例如，由于背景相似，一对夫妻可能有和谐关系，但因为夫妻一方具有控制性或并不愿向另一方吐露心事，所以他们几乎无法获得个性需求满足（Albas and Albas，1987；Warner，2005）。

（四）斯滕伯格的爱情三角理论

心理学家罗伯特·斯滕伯格（Robert Sternberg）和他的助手（1986，1988）没有关注爱情的阶段，而是假定爱情有三个重要组成部分：亲密、激情和决定/承诺：

- *亲密*包括亲密感、连通感和纽带感。
- *激情*会带来浪漫、生理吸引和完美的性。
- *决定/承诺*有一个短期和长期的维度。在短期内，伴侣做了彼此相爱的决定；就长期而言，随着时间流逝，他们会做出承诺以维系爱情。

根据斯滕伯格的理论，亲密、激情和决定/承诺的相互融合可以区分各种不同的关系。因此，关系的范围从三种成分都缺乏的无爱到所有成分俱全的*完美爱情*。

即使这三种成分同时存在，它们的强度和时间也会随着伴侣的不同而不同。斯滕伯格用这三

种成分构建了一个三角形（见图4-2）。一般来说，尺寸越不匹配，关系就越不令人满意。

让我们以杰克和吉尔为例来阐释这个模型。如果杰克和吉尔是"完美匹配"的［见图4-2（a）］，他们就有同等程度的激情、亲密和决定/承诺，并且他们的爱也是"完美"的。即使他们两个人想要的亲密和决定/承诺程度有些许变化，他们也仍然是"近似匹配"的［见图4-2（b）］。

如果两人有几乎同等的激情，但杰克想要的亲密比吉尔想要的更多，而且吉尔也不愿做出杰克想要的长期承诺，那么他们就是"中度不匹配"的［见图4-2（c）］。最后，如果他们想要结婚（做出承诺），但吉尔的亲密程度和激情程度都不如杰克，他们就"严重不匹配"［见图4-2（d）］。

155

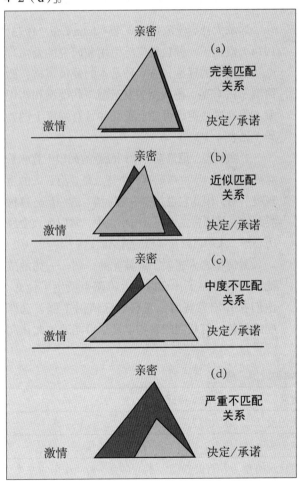

图4-2　爱情三角理论

注：这种爱情理论表明，人们可能在某些方面非常接近，但在其他方面相差甚远。

资料来源：Sternberg，1988.

有些人发现这个理论在咨询方面很有用。例如，如果人们意识到爱情所包含的不仅仅是激情——它实际上是一种转瞬即逝的爱情成分——那么人们的没有实现的期望会更少，失望也会更少。倘若一段关系发展到承诺，它会创造一种比"谈恋爱"更为稳定的联盟，那么激情的消退就是正常且不可避免的（García，1998）。

与其他理论一样，爱情三角理论也有局限。"完美匹配"仅仅存在于迪士尼电影中。此外，爱情也因婚姻状况而异。例如，亲密与激情的程度，可能在随便玩玩的约会中比在婚姻中更为强烈。此外，已婚夫妻也比处于约会或订婚阶段的情侣更重承诺（Lemieux and Hale，2002）。

（五）李氏爱情风格理论

加拿大社会学家约翰·李（John Lee，1973，1974）提出了一种被最广泛引用和研究的爱情理论。根据李的理论，有六种基本的爱情风格：激情型、占有型、游戏型、友谊型、利他型和实用型。所有这些类型可能会重叠并且有强度上的差异（见表4-1）。

1. 激情型 厄洛斯（单词*性爱的*词根）意味着对美的爱。由于厄洛斯有一个特点是具有强大的生理吸引力，因此它也是"一见钟情"的缩影。这种类型的爱情通常发生在言情小说中，常以恋人会经历心悸、头晕目眩和强烈的情感欲望来形容。

激情型恋人想要了解彼此的一切——如她或他前一晚梦见了什么以及上班路上发生了什么。他们在外出就餐时，总喜欢穿情侣 T 恤、选匹配的颜色、订相同的食物以及尽可能地彼此认同

（Lasswell and Lasswell，1976）。

2. 占有型 其特征为执念、妒忌、占有和强烈依赖。因为实际上或在想象中被自己期望的那个人拒绝，**占有型恋人**可能表现出焦虑、失眠、食欲不振、头疼甚至自杀。占有型恋人总是耗尽心力地想了解另一半的所有想法，并且对另一半的关注和爱的表达的需求永无止境。

占有型常与低自尊和自我认同差相关。因此，占有型的人通常对那些自我认同强和高自尊的人不具有吸引力（Lasswell and Lasswell，1976）。

3. 游戏型 它是一种没有任何负担、轻松随意的爱情，常被视为"寻欢作乐"。游戏型恋人往往同时有几个恋人，并且没有占有欲或嫉妒心，主要是因为他们不想让他们的恋人依赖他们。游戏型恋人有性爱的乐趣，却没有情感的交流。在性接触中，他们通常是以自我为中心的，并且可能还是剥削性的，因为他们不想承担责任，认为责任是"可怕的。"

4. 友谊型 友谊型（发音为"STOR-gay"）是一种随时间的流逝与共享活动的乐趣而产生的慢热型、平和而深情的爱。友谊型关系缺乏其他爱情风格所具有的大起大落的特征。在许多社会科学家看来，友谊型爱情与**伴侣式爱情**是相同的，伴侣式爱情是以感情和睦、亲切、深情且随时间推移而相互扶持为特征的（Brink，2007）。

在伴侣式爱情中，性行为晚于激情型、占有型和游戏型爱情，因为伴侣们的目标通常是婚姻、家庭和孩子。即使友谊型恋人分手了，他们也可能依然保持朋友关系，并且激情会为灵性、尊重和满足所替代（Murstein，1974）。

5. 利他型 利他型（发音为"AH-gah-pay"）是一种利他的、面向全人类的自我牺牲的爱情。利他型恋人总是仁慈、富有耐心、从不妒忌或苛求，也不寻求互惠。然而，李指出，在访谈中，他还没有发现一个利他型爱情的实例。

强烈的利他型爱情近似于受虐。比如，一个利他型的人可能会无限期地等待爱人出狱，或者忍受一个酗酒或吸毒成瘾的配偶，抑或甘于与那些从事非法活动或不忠的伴侣生活在一起（Lasswell and Lasswell，1976）。

6. 实用型 实用型是一种基于现实考虑的理

表4-1 李的六种爱情风格

	含义	主要特征
激情型	对美的爱	强大的生理吸引力
占有型	偏执的爱	执念、妒忌、占有和强烈依赖
游戏型	随意玩玩的爱	没有任何负担、轻松随意、游戏作乐的方式
友谊型	伴侣式的爱	基于相互信任和尊重基础上的和平、深情的爱
利他型	无私的爱	自我牺牲、仁慈和富有耐心
实用型	实际的爱	理智的、现实的

资料来源：Lee，1973，1974.

性爱情。的确，它可以被描述为"与购物清单相爱"。一个实用型的人寻求的是家境、教育、宗教、职业兴趣和娱乐消遣活动等特征上的一致性。如果与一个人的恋情没有结果，那么实用主义者会继续寻找其他人。

例如，实用型恋人会鼓励伴侣去谋求职业晋升或完成大学学业。即使当面临离婚时，他们也是实际的。例如，一对夫妻也许要等到最小的孩子高中毕业或他们双方都找到更好的工作后才会分手（Lasswell and Lasswell，1976）。

研究者们已经开发了几十种测量李氏爱情观的方法（Tzeng，1993），使用"你对爱情有什么期望？"量表来反映你对爱情的某些态度。

（六）社会交换理论

社会科学家们经常把爱情描述为一种*社会交换过程*（见第 2 章）。它为每个伴侣提供付出与得到回报的机会，从这个意义上来说，浪漫且长期的爱情关系涉及社会交换。如果最初的互动是互惠的且能让双方都满意，一段关系就会持续下去。但是，如果双方的需求不匹配（见图 4-2）或随时间的推移而发生变化，那么双方对爱情的兴趣可能会减弱或在青春期和晚年之间发生转变。

1. 青春期的爱情 社会交换理论对于解释为何浪漫的爱情在青少年当中存在的时间如此短暂特别有用。青春期的爱情通常是热烈的，但也是以自我为中心的。因为青少年们仍在"寻找自我"，因此他们经常会与那些付出很多、不求回报的同辈形成恋爱关系（"无论何时我感到孤独，我都能打电话找他"，或者"这个周末我搞定了那个名噪一时的啦啦队队长"）。

2. 成年期的爱情 随着我们逐步成熟，我们关于付出与回报的观念通常也会发生变化。例如，我们可能会决定与一个充满耐心和信心的人

157

应用你所学的内容 | **你对爱情有什么期望？**

用这个量表来考察一下你自己和你的伴侣关于爱情的态度。如果你从未恋爱过，或到现在还没有过一个伴侣，就请根据你所考虑到的你将来可能出现的反应来回答。这儿没有错误的答案，因为这些主题仅仅是为了加强你对不同类型爱情的理解而设计的。对于每一个主题，标记 1 表示"强烈同意"，2 表示"比较同意"，3 表示"中立"，4 表示"比较不同意"，5 表示"强烈不同意"。

激情型

1. 在初次相见时，我的伴侣和我就立刻被互相吸引了。

2. 我们的性爱非常激烈且令人满意。

3. 我的伴侣符合我对外表和美貌的标准。

游戏型

4. 我的伴侣对我一无所知这种情况并不会伤害到他 / 她。

5. 我有时不得不防止我的伴侣发现我的其他伴侣。

6. 我能够相当容易和快速地摆脱我的伴侣。

实用型

7. 在择偶时，我认为最好与那些具有相似背景的人相爱。

8. 择偶时的一个重要因素是他 / 她将来能否成为一个好的家长。

9. 择偶时的一个考虑是他 / 她将会如何影响我的事业。

利他型

10. 我宁愿自己受苦也不愿意我的伴侣受苦。

11. 我的伴侣可以随意使用我拥有的一切。

12. 为了我的伴侣，我可以忍受一切。

友谊型

13. 我期望可以和我所约会的人一直做朋友。

14. 最好的爱情源于长久的友情。

15. 爱情是深层次的友情，而非一种神秘、热烈的感情。

资料来源：Lasswell and Lasswell, 1976, pp.211-124; Hendrick and Hendrick, 1992a, 1992b; Levesque, 1993, pp.219-150.

联系起来

● 回到图 4-2，思考你目前的恋爱关系。（如果你当前还没有和任何人有恋爱关系，反思一下你过去的关系。）你和你的另一半是否在亲密、激情和承诺上都匹配？还是说这些特性中的任何一种在你的恋爱关系中都不重要？

● 思考一下李的爱情风格理论（表 4-1）。你和你的另一半对待爱情的态度相似还是不同？如果你们的爱情风格有区别，它会制造问题，还是使你们的关系更有趣？你过去恋爱关系的破裂是由于你伴侣的爱情风格与你的不同吗？

培养一段关系，而非与那些被认为是"一个抢手货"或"一个绝代佳人"但有控制欲和以自我为中心的人在一起。在最近的一项调查中，67% 的未婚人士说他们不想与那些债台高筑的人约会（Ambrose，2010）。

3. 晚年的爱情　我们在晚年时也会权衡爱情的成本与收益。正如大家将在第 6 章和第 14 章中所见的，60 岁及以上的男性会选择更为年轻的女性，她们有魅力、对性爱感兴趣，并且万一男性出现健康问题，她们也能成为男性的照顾者。相反，与同龄的男性相比，老年女性对财政稳定状况更在意。

五、爱情和恋爱的功能

一位历史学家认为，爱情是功能失调的，因为它导致了很高的离婚率。也就是说，由于许多美国人沉浸在爱情之中，所以他们不切实际的期望导致了不幸和婚姻的解体（Coontz，2005）。

相反，大量研究者和家庭健康工作者相信，爱是健康和运转良好的关系和家庭的核心。一位心理学家更进一步扩展了这种言论，坚称"爱对你的身心像氧气一样重要"（McGrath，2002）。无论你是否同意这种断言，爱都可以满足许多需求，从确保人类的生存到享受乐趣。

（一）爱能确保人类的生存

爱使人类得以延续。因为即使没有爱也能孕育孩子，所以我们不能保证进行性行为的人会觉得有义务照顾他们的孩子。与性不同，爱意味着承诺。通过激发对照顾无助婴儿的兴趣，爱确保了人类这一物种的生存。

自杀或许是缺乏爱的后果中最极端的例子。自杀者通常会感觉自己被社会孤立、排斥，不被爱，或者不值得被爱。例如，据一些军方领导人所言，大约有 60% 的美国陆军士兵自杀缘于失败的人际关系，尤其是与亲密爱人之间的关系（Schindler，2009，也见第 12 章）。

当然，爱并不能保证我们活到 100 岁。但研究者认为，爱与享受更好的健康生活之间是有联系的。

（二）爱有助于增强我们的身心健康

大量研究表明，我们的情绪和我们的身心健康之间存在某种关联。被剥夺了爱的婴儿和儿童可能会产生各种各样的问题——抑郁、头痛、生理障碍和身心困难——这些问题有时会持续一生。相反，那些被爱和被拥抱的婴儿通常体重增加得更多、哭得较少，并且笑得更多。到 5 岁的时候，他们会拥有更高的智商，语言测试的成绩也会更高（Hetherington et al.，2006；也见第 10 章）。

一项针对最近高中毕业生的全国性研究发现，恋爱关系增强了人们的健康。不参与任何一种浪漫关系（约会、同居、结婚）的单身人士存在使用、持续使用或滥用大麻、吸烟和酗酒的风险最高，即使在使用这三种物质的频率非常低的高中阶段亦是如此。相比之下，恋爱关系越认真、越愉快——特别是当另一半基本没有涉及这些物质的使用时——这个人使用、持续使用或滥用这些物质的可能性就越低（Fleming et al.，2010）。

在成年时期，长期压力——无论是由于非常严苛的工作还是由于不幸福的家庭生活——会使血压升高。争吵或只是想着打架也会使血压升高。婚姻不幸福的人可能更不健康，因为压力会改变血液中某些激素的水平并削弱免疫系统。因此，压力大的人罹患心脏病和其他疾病的风险更高（Kiecolt-Glaser and Newton，2001；Cacioppo et al.，2002；Glynn et al.，2002）。

据一位德高望重的心内科医生所言，爱是一剂良药。与那些生活中有一个强大的关怀网络的人相比，孤独的人更可能做出自我摧残的行为，更容易患上心血管疾病。"除了饮食、吸烟、锻炼、遗传、毒品、外科手术以外，我不知道医学中还有什么其他因素会对我们的生活质量、疾病的发生率和过早死亡有很大的影响。"（Ornish，2005：56）

事实上，随着我们年龄的增长，人生中的友情、亲情和爱情关系会帮助我们对抗岁月的磨砺和生活的苦难。一个70多岁的老人，如果仍有很多支持他的朋友、与父母和配偶保持良好的关系并且很少受到配偶和孩子的批评，那么相比没有享受过良好关系的人，他遭受疾病和死亡的风险因素，包括高血压、高胆固醇、血糖代谢异常等的概率更低（Seeman et al.，2002）。

（三）爱是乐趣

如果没有爱情，生活就会"沉重而乏味"（Safilios-Rothschild，1977：9）。爱情可能使人痛苦，但它也经常令人愉快和兴奋。例如，计划去见所爱的人，一起旅行，互发邮件和短信，交换礼物，分享活动，当你生病或脾气不好的时候有人照顾你，知晓你能够永远依靠某人来获得安心、支持和建议，等等——所有这一切都既舒心又有趣。

在我们的流行文化中，一个最大的谬论就是爱情"凑巧发生了"。大量电影，尤其是那些针对女性的幼稚电影（有时被称为"女性电影"），吸引了一批渴望浪漫和一个帅哥对她们一见倾心并解决她们所有爱情烦恼的女性。举例来说，包括《乱世佳人》（1939）、《军官与绅士》（1982）、《当老牛碰上嫩草》（1998）、《恋恋笔记本》（2004）等。但在现实中，爱情不会凭空出现。它需要时间和努力去培养和维持。

六、爱之体验

对于大多数人而言，关心、信任、尊重和诚实都是爱情的核心。然而，人们用来表达和体验爱情的方式却各有不同。

（一）女性或男性，谁更浪漫？

2011年，言情小说创造了14亿美元的销售额，占了整个图书贸易市场最大的份额，并且现在，这种小说类型在电子书行业发展也最快。除了好的文笔之外，这类图书的唯一其他要求就是要有一个大团圆结局。这类图书的大部分读者是女性（91%），年龄为30～54岁，超过一半的人和配偶或亲密伴侣一起生活（Romance Writers of America，2012）。

这些数据可能表明女性比男性更浪漫。然而，读者（从售货员到大学教授）说，这些书富有趣味性，文笔极好，情节有趣。言情小说与神秘小说或历史小说等很相似，但区别在于女主角是一个自己可以决定何时以及与谁发生性关系的女性（Bosman，2010）。

在最近的一次在线讨论中，我的一个学生艾米丽（Emily）写道：

将真正浪漫的男性与所谓的"我该做些什么来让她和我上床"的浪漫男性区分开来非常重要。真正浪漫的男性是可以为你花大量时间和精力，包括牺牲他自己的部分利益的人。例如，情人节那天，我男朋友花了很长时间为我做了一张精美绝伦的情人节卡片。对我来说，这比和他在高级餐厅共进晚餐更有意义。（作者的档案）

班上的许多女学生认为艾米丽的男朋友是一个例外。然而，一些研究已经发现，男性似乎比女性更容易坠入爱河，更可能说他们恋爱了，更可能开启浪漫的电子邮件交流，而且几乎与女性一样喜欢浪漫胜过性（Alvear，2003；Saad，2004；Thompson and O'Sullivan，2012）。

青春期男孩与青春期女孩一样浪漫，但他们更不愿说出他们的感情：他们想避免被同龄男生嘲笑，而且他们在恋爱关系中缺乏自信。7～12

年级的来自父母离异、再婚或同居家庭的男孩，相比同样境遇的女孩，更可能拥有浪漫关系和更多伴侣。造成这种性别差异的原因尚不明确，但可能是因为男孩在恋爱关系中谈论其家庭问题，会比在同龄男性伙伴群体中谈论这些感到更自在（Giordano et al., 2006; Cavanagh et al., 2008）。

女性抱怨得最多的事情之一就是那些宣称爱她的男性不愿意娶她。女性有时候会贬低男性，因为他们是"承诺的逃兵""承诺恐惧者""承诺偏执狂"，还有"结婚恐惧症"（Crittenden, 1999; Milner and Chiles, 1999）。然而浪漫与承诺是不一样的。男性可以很浪漫，但他并不一定将爱情视为结婚的必要条件（见第 7 章）。

（二）女性或男性，谁更亲密?

当女性抱怨缺乏亲密感时，她们通常是指男性不与之交流他的思想或感受。很多男性认为这种批评不公平，因为他们通常是通过性爱来表现亲密的。尽管很多女性希望在性行为之前感受到情感上的亲密，但许多男性认为性行为与情感上的亲密是一样的（Piorkowski, 1994; Cloke, 2012）。对女性而言，亲密可能就是畅谈。而对于男性，正像《我是否爱你? 我给你换机油了，不是吗? 》一文所示，亲密可能意味着做事情（比如对家庭车辆进行保养）。

虽然男性和女性表达爱意的方式可能不同，但他们在对待爱情的态度上的相似性要多于差异性。在一项基于李的六种爱情风格的研究中，研究者分析了 17 ~ 70 岁的人对待爱情的态度。他们发现无论男女都很看重性爱（激情型）、友谊与陪伴（友谊型）、自我牺牲（利他型）的爱情。因此，研究者批评了那些畅销书的

选择 "我是否爱你? 我给你换机油了，不是吗? "

因为男性容易将爱与性等同起来，并且很少谈论他们的感情，所以男性的爱比女性的爱更少吗? 社会学家弗朗西斯卡·康西安（Francesca Cancian, 1990: 171）并不这么认为。她认为错并不在于男性，而在于女性对爱情的定义，这个定义忽略了男性表达他们感情的方式:

我们常将爱情与情感表达、谈论感情，以及女性喜爱且比男性更擅长的爱情方面联系起来。与此同时，我们也经常忽略男性所偏好的爱情的工具性与生理性方面，比如提供帮助、分享活动和性行为。

康西安把排斥男人表达爱意的方式称为"爱情的女性化"。因为这种偏见，男性在使用更男性化的表达爱的方式时几乎得不到好评。根据卡罗尔·塔佛瑞斯（Carol

Tavris, 1992: 255）所言:

天底下的男人都怎样? ……是谁在切切实实地养家糊口? 是谁把家庭其他成员看得比自己更重要? 或当冲突产生时，谁会考虑周全? 这样的人肯定是成熟且充满爱意的，即使他们不善于表达或不重视"沟通"。

许多社会科学家认为，一个维持家庭生计的好男人，通过给他妻子的车换机油或修好孩子的自行车所展现出来的爱，与一个妻子通过告诉她丈夫"我爱你"以及与丈夫分享她内心深处的想法和感觉所展现出来的爱是一样充分的。有人甚至争辩称，在展现爱意时，行动比语言更重要。

根据康西安的看法，女性化的爱情表达方式会加剧亲密关系

中的冲突。因为女性更追求甜言蜜语，男性则会对此感到压力倍增而选择退缩。女性随之可能会加倍努力去使彼此关系更为亲昵。这样便会导致一个双方都无法相互满足的恶性循环。随着爱情的定义越来越倾向女性化，男性和女性会渐行渐远（Tucker, 1992）。打破这种循环的唯一方式是: 对男性和女性表达他们对彼此或对家人的爱的方式都给予肯定。

思考题

- 你是赞成还是反对康西安所说的，女性使爱情变得女性化了? 原因何在?
- 细想一下你的父母、你的朋友以及你自己的恋情。你认为男性和女性表达爱意的方式是否有差异? 如果有，有何差异?

肤浅，比如格雷的《男人来自火星，女人来自金星》中所吹嘘的"男性与女性在结为伴侣关系的方式上有着本质差异"（Montgomery and Sorell，1997：60）。

（三）在爱之体验中会遭遇何种障碍？

许多障碍会阻挡我们追寻爱的脚步。有些属于*宏观层面*——例如，大众社会缺乏人情味、人口因素以及我们的文化所注重的个人主义。另外一些则属于*微观层面*——比如性格与家庭特征。

1. 大众社会和人口因素 在我们的社会中，科技——比如短信和电子邮件——的蓬勃发展减少了面对面互动的机会，并往往导致人际沟通失去人情味。针对这一趋势，一个与爱情相关的行业发展迅速。电脑匹配对象、网络聊天室、单身酒吧以及大量自助书籍都对单身者承诺，他们能够寻找到真爱并消解社会的疏离和冷漠。然而，你将在第6章看到，大多数单身者最有可能通过家人或朋友的介绍遇见自己未来的爱人。

经济问题也限制了我们的浪漫生活。长期的工作不安全感、失业以及未充分就业（当你的职业要求低于你的受教育水平或技能水平时）正在改变许多亲密关系。由于坚信自己的男子气概是通过收入的高低来衡量的，那些低收入男性没有钱约会、不愿意做出长久承诺，或会经历与当前亲密伴侣的冲突，因为他们的伴侣必须在经济上支持他们。此外，伴侣中一方的高额债务也会摧毁一场婚约，并且倘若女性收入更高，有着传统性别意识的男性往往认为其恋爱关系的质量较差（Lieber，2010；Coughlin and Wade，2012；Parramore，2012）。

年龄、收入和职业等人口因素也会塑造我们的恋爱经历。由于年龄比较大的男性倾向于与更为年轻的女性结婚，因此年龄比较大的女性通常面临合适伴侣短缺的现状。倘若女性经济独立，那么无论年龄多大，她们都不太可能陷入一段关系（包括婚姻）中，因为她们不愿去承担额外的家务劳动（见第7章和第14章）。

2. "自我优先"的个人主义 美国的文化价值观鼓励个人主义和竞争意识，而非团队与合作意识。这种强调个体的观念导致了人们对自我的过分关注（Bellah et al.，1985；Kass，1997）。我们还听过这样的观点，比如"先为自己着想"和"如果感觉好，那就做吧"。仅仅根据感觉是否良好来衡量爱情会让我们无法应对其困难或苛刻的方面，比如支持处于失业期的伴侣，或照顾长期患病的爱人。

一些作家声称我们一直自我陶醉于那些鼓励自我提升和自我服务行为的信息，它们往往是以牺牲夫妻利益或家庭利益为代价的（Wilson，2002；Twenge and Campbell，2009）。因此，这些作家认为，我们的文化尤其是大众传媒喜欢聚焦于短暂的性关系而非长期承诺。

3. 性格与家庭特征 有时候，性格特质或家庭历史会妨碍爱情的发生。生物化学反应最初可能会令人们彼此吸引，但只有相似的性格、感觉和兴趣才会强化爱情关系，并使之保持下去。举个例子，如果伴侣中的一方总是悲观厌世或懦弱，而另一方则特别乐观和外向，那么爱情的吸引力和彼此的承诺将会逐渐消失。同样，如果一个人的家人或亲朋好友不赞成这段关系，并且阻止他或她在爱情萌芽期投入大量时间、资源或感情，那么这段感情往往会失败（Gonzaga et al.，2007；Lehmiller and Agnew，2007）。

许多年轻人，特别是其父母曾经历过离婚的女性，称他们对爱情持怀疑态度或害怕坠入爱河。又或者，一个曾经被家庭成员或亲戚猥亵、骚扰过的孩子有可能会对未来的亲密关系产生怀疑（Rodberg，1999；也见第12章）。

尽管存在这些困难，但一些社会科学家仍然相信，夫妻可以克服过去的种种问题，建立一种健康的成人间的爱情关系，特别是当他们决心这样做，并且不管世俗的门第观念、社会阶层和种族族裔如何时（Busby et al.，2005；Hill，2005）。尽管如此，我们的许多爱情关系还是出现了问题。

七、当爱走向歧途

大家可以看到，在本章的开头，一些哲学家

相信自爱可以促进对他人的爱。然而，自爱也会导致自恋，从而阻碍浪漫关系。妒忌和其他形式的控制行为也会削弱我们爱与被爱的能力。

（一）自恋：玩弄爱情

*自恋者*是指那些有着比较浮夸的自我概念和优越感以及特权意识的人；他们崇拜自己，并且喜欢操纵和利用别人。从小学时期到成人阶段，男性比女性更为自恋，并且男性自恋者在 14～18 岁这个年龄段会增加（Carlson and Gjerde，2009；Zhou et al.，2012）。

自恋者认为自己是独一无二的，比别人更聪慧、更具有吸引力，他们也总是不断地寻求关注。自恋者会是令人愉快的约会对象，因为他们可以通过变得更迷人和奉承别人来获得自己想要的东西。与不自恋的人相比，他们往往有更加华丽的服饰、更为友好的面部表情以及更为自信的肢体语言。然而，不要指望他们对一段长期的承诺关系感兴趣，因为他们关注自己胜过一切（Twenge and Campbell，2009；Back et al.，2010）。

为了保持在浪漫关系中的主导地位，许多自恋者会倾向于玩弄（游戏型）爱情。他们视自己为恋爱中占优势的一方，并且一味追求地位——让自己成为焦点人物——而非满足伴侣的需求。因此，他们可能会变得不忠诚，破坏彼此的信任，并且不断让伴侣去猜测他们的承诺程度。

如果伴侣对他们的以自我为中心感到厌倦，这些自恋者也不会因分手而烦恼。因为他们可能早已背叛伴侣，并且他们可以迅速地转入下一段已准备就绪的恋爱中去。在某些情况下，自恋者还可能成为危险人物。比如说，如果他们觉得自己被怠慢——即使是在约会关系之外——他们就可能会勃然大怒、咄咄逼人，甚至有暴力倾向（Twenge and Campbell，2003；Bushman et al.，2009）。

（二）妒忌：试图控制爱情

一名 78 岁的老太太杀死了她 85 岁的前男友，当时她前男友正在一所老年人之家看报纸，她朝他脑袋连续开了四枪。她非常气愤他俩长达一年之久的恋爱关系即将终止，因为这个男人找到了另一个伴侣。她向警察喊道："是我做的，我会再做一次！"（Bluestein，2005）

不管多大岁数，当人们相信有情敌出现并和他们争夺爱人时，都会产生妒忌之心。有妒忌心的人很容易感到受威胁，并且会猜疑、偏执、易怒和怨恨。有些人甚至会因他们的爱人花时间和家人或亲朋好友一起，或追求自己的兴趣爱好而心生妒忌（Berhm，1992；Hanna，2003）。

1. 恋人为何会心生妒忌？ 只有当爱情基于信任和尊重时，爱情之树才可以长青。相反，妒忌通常是缺乏安全感、自信心低和占有欲强的一种不健康的体现（Douglas，1988；Farrell，1997）。有妒忌心的人往往通过强烈地依赖于他们的伴侣来获得自尊，他们认为自己不适合做伴侣，并且相信自己在情感关系中比另一半投入得更多。我们所有人基本上都有过这些特点，但为何我们当中的一些人会比其他人妒忌心更强呢？

如果一个孩子在一个父母互不信任、频繁发生冲突，或父母总拒绝孩子或溺爱孩子的家庭中长大，那么他会比其他人更有可能产生妒忌心，更害怕在恋爱关系中被抛弃（Hayashi and Strickland，1998；Nomaguchi et al.，2011）。在某些情况下，妒忌心强的人会因为他们自己的欺骗而不信任另一半。在另外一些情况下，妒忌心会因一个真实或幻想的竞争者而引发。妒忌心强的恋人通常坚持认为他们的妒忌证明了他们的爱意。而事实上，妒忌心总是充满敌意和破坏性的。

2. 女性和男性，谁的妒忌心更强？ 对此问题的争论从未间断过。根据进化心理学家的说法，妒忌大约于一百万年以前进化而来。男人们会担心性不忠行为，因为他们有可能会在不知不觉中抚养了别人的孩子而非延续自己的血脉。相反，女人们更关注她们伴侣的情感而非性的纠葛。一旦一个男人移情别恋，那么谁来养家以确保家庭得以继续维持呢？因此，根据进化心理学家的说法，就对配偶性不忠行为的反应来看，男性产生妒忌心的可能性是女性的两倍（Buss et al.，1996；Buss，2000）。

一些研究者批评了进化论视角对大学生样本

的依赖，因为这些大学生的回答并不能代表范围更大的人口。另外一些人则认为进化论研究是有缺陷的，因为这些研究问的仅仅是一些假设性问题（"倘若你的伴侣不忠，你将会如何？"）（DeSteno et al.，2002；Varga et al.，2011）。

当研究者向成年人（不包括大学生）询问他们的真实经历时，他们发现男性和女性——无论是异性恋还是同性恋——都更容易因感情背叛而非性不忠而产生妒忌。对伴侣的感情背叛产生更大的妒忌可能出于两个原因。首先，他们会责怪自己（"可能我没能满足她/他的性欲"）。其次，他们认为感情背叛更具威胁性，因为它可以发展为一种长期关系，这种长期关系可能会孕育后代，而后代可能会争夺父辈的情感和资源（Harris，2003；Varga et al.，2011）。

3. 妒忌与跟踪　*跟踪*涉及犯罪者对受害者实施的某种骚扰或威胁战术的模式，它既是受害者不想要的，也是造成受害者恐惧或情绪困扰的原因。到20世纪90年代中期，美国所有50个州、哥伦比亚特区都已通过了反跟踪法。各州通过的法律虽有不同，但通常都禁止：令人厌恶的电话、信件或电子邮件；尾随，或使用窃听器、摄像机或全球定位系统（GPS）监视受害者；以及在并非必要时，接近或出现在如受害者的家中、工作场所或学校等地方（Black et al.，2011；Catalano，2012）。在所有美国受害者当中：

- 在2010年的660万起跟踪案件中，近79%的受害者是女性。
- 在一生中，16%的女性和5%的男性有被跟踪时害怕自己或身边的人受到伤害或被杀的经历。
- 大约66%的女性受害者（与41%的男性受害者相比）曾被她们的现任或前任亲密伴侣跟踪过（Black et al.，2011）。

*网络跟踪*是一种更具体的跟踪类型，它是使用电子邮件、短信、诸如脸谱网这样的社交网站以及其他电子聊天设备进行的一种威胁行为或性骚扰。有将近60%的网络跟踪受害者是女性。许多网络跟踪可能会发展为线下跟踪，包括辱骂或骚扰电话、故意破坏、恐吓或发送淫秽邮件、非法入侵和人身攻击（Baum et al.，2009；Ginty，2011）。

4. 妒忌是普遍现象吗？　尽管妒忌现象分布很广，但它并非普遍存在。通过对两个世纪的人类学报告的调查，胡普卡（Hupka，1991）发现了两种类型的文化现象：在一种中，妒忌现象很罕见（例如，印度南部的托达人）；在另一种中，妒忌现象相当普遍（例如，北美的阿帕奇印第安人）。

托达文化并不鼓励对实物或人的占有。它对婚姻内外的性满足几乎没有什么限制。相反，阿帕奇印第安人所在的社会则非常看重贞操、父权与忠诚。例如，当一个男人远离家乡时，他会让一个近亲秘密地监视他的妻子，等他回来时，近亲会向他报告其妻子的行为。

基于在不同文化中所发现的差异，胡普卡得出结论，认为妒忌现象既不是普遍的也不是天生的。相反，妒忌在某些将女性视为财产以及表现出妒忌在文化上可以被接受的社会中更为普遍。

（三）其他控制行为 *165*

在亲密关系中，并非仅有极端妒忌这一种不健康的行为类型。威胁要退出这段关系或引起负罪感也是令人痛苦的。进行严重的情感和身体虐待更是毁灭性的。

1. "如果你爱我，……"　控制型的人想要支配他人。例如，迫使自己的伴侣与自己发生性行为（尤其被男性经常采用）最常见的方式之一就是指责伴侣不爱自己："如果你*真的*爱我，就要表现出来"（见第5章）。

人们还会通过威胁要收回爱来操纵其他类型的行为。许多学生之所以选择自己讨厌的专业，就是因为他们不想让希望他们将来从事医生、律师、会计等职业的父母失望。我也曾见过许多女性从大学辍学，是因为她们的丈夫或男友指责她们总是学习而非通过打扫房间、按时做饭、在周末空出时间陪他们来证明她们的爱。通过使用压力和最后通牒，控制者们强迫他们的伴侣或家庭成员放弃自己的爱好而去取悦他们。

控制者并非完全一样："一个富有的高管可能会使用金钱和影响力，而一个有魅力的人可能会使用身体诱惑和性魅力"去操纵他人（A.Jones and Schechter，1992：11）。在很多情况下，虽然控制者明知他们所做的事情会带来伤害，但他们为满足自己的需求和愿望仍会这样做（Schnarch，2011）。正如《如果这就是爱，那么为何我却感觉如此糟糕？》一文所显示的那样，控制者常使用各种策略去主导并控制一段关系。他们还可能会不时地转换策略，以使受控制者不知所措。

166　　　**2. 负罪感**　人们经常用负罪感来为那些与爱无关的行为开脱。一些父母会依靠使用诸如收回关爱和负罪感等策略来控制孩子的行为。其中，*行为控制*通常很直接（"我必须得到妈妈的许可，才能和朋友们出去"），*心理控制*则更为隐蔽和巧妙（"当妈妈生我气时，她会拒绝和我说话"）。行为控制在某些时候有积极的作用，比如提高学习成绩和远离麻烦。相比之下，心理控制会产生一些负面后果，包括青少年会牺牲自己的兴趣以

维持亲子关系。这样做可能会导致沮丧或低自尊等抑郁症状（Mandara and Pikes，2008；也见第10章关于父母教养方式的介绍）。

当孩子成年时，负罪之旅仍会继续。年迈的父母和亲戚有时会用负罪感来操纵已到中年的子女。最令人无力摆脱的负罪感之一就是"亲情谬论"，它教导孩子爱是照顾的同义词。子女辈和孙辈可能会被教导，无论他们自己的环境怎样，他们都必须照顾年迈的家庭成员，包括把他们接到自己的家里。因此，年轻的家庭成员有时会承受巨大的压力，即使他们的亲属在一个优质的护理机构可能会得到更好的医疗照顾（见第14章）。

在其他情况下，已婚夫妻或同居者会试图通过责任感来诱发对方的负罪感："如果你真的爱我，你就会照顾我。难道你看不出我有多在乎你吗？"（Harvey and Weber，2002：90）类似这样的指责是情感勒索，而不是爱。

3. 情感和身体虐待　人们有时会用爱来为严

问问你自己

如果这就是爱，那么为何我却感觉如此糟糕？

如果对于你们的关系，你经常感觉很糟糕，那么你所经历的很可能是控制而非爱情。

控制者会使用一切必要手段来维持对另一方的支配权：挑剔、劝诱、哄骗、奉承、魅力、威胁、自怨自艾、指责、侮辱或羞辱。

在最坏的情况下，控制者还可能会伤害甚至谋杀那些拒绝被控制的人。当你阅读以下列表时，请检查一下你曾经历过的事情。单独来看，这些项目可能看起来无关紧要，但如果你勾选了两个或三个以上的项目，那么你很可能正与一个控制者打交道，而非做出你自己的人生选择。

☐ 我的伴侣这么叫我："蠢货""傻瓜""妓女""小人""婊子""白痴"。

☐ 我的伴侣总批评我，甚至连恭维的话听起来都像是批评："这是几个月以来你做得最好的一顿饭。"

☐ 我的伴侣总是对的，还不断地纠正我所说的或所做的事情。

☐ 我的伴侣一旦沉默，我就必须找出我做错了什么

并为此道歉。

☐ 当我和陌生人交谈时，我的伴侣十分吃味。

☐ 我的伴侣经常给我打电话或突然来到我的工作场所看我是否"还好"。

☐ 我的伴侣行事非常残忍，然后说我太敏感，开不起玩笑。

☐ 当我表达对某些事情的观点时，我的伴侣没有回应，或走开，或取笑我。

☐ 我的伴侣说如果我离开，他或她就会自杀，我要对此负责。

☐ 当我的伴侣大发脾气时，他或她会说这是我或孩子的错。

☐ 我的伴侣总取笑我的体重、服饰或外表。

☐ 无论我的伴侣是否和我在一起，他或她总是对我与家人或其他亲戚或朋友度过的每分钟都妒意十足。

☐ 我的伴侣朝我扔东西或殴打我、推搡我。

资料来源：Jones and Schechter，1992：16-22.

重的情感或身体上的疏忽和虐待开脱。挖苦或控制另一半的伴侣或严厉体罚或辱骂孩子的父母并非像他们经常坚持认为的那样，这样做是为了表达自己的爱。他们只是愤怒和野蛮。暴力从来都不是爱的表现（见第 12 章）。

"家庭暴力最阴暗的一面"就是孩子长大后无法区分爱与暴力，并认为"打你所爱之人是可以被接受的"（Gelles and Cornell，1990：20）。基于歌手蒂娜·特纳（Tina Turner）的传记的电影《与爱何干？》描绘了特纳所忍受的持续多年的家庭暴力，因为她认为这样做就能证明她对丈夫埃克的爱和承诺。

4. 爱的其他反常原因 有些人的爱出于"可疑的或完全反常的原因"（Solomon，2002：1）。在很多情况下，我们公开向某人示爱，仅仅是因为我们真的很害怕孤独或为应对某种变化（比如在分手后结识新朋友）。我们可能会维持一段糟糕的关系，因为我们想避免分手后来自另一半的敌意。

在其他情况下，我们不想通过承认我们不爱他或她而伤害他或她的感情。如果我们承诺"爱、尊重、服从"（尽管许多夫妻在结婚誓言中已经用"珍惜"代替了"服从"），那么我们可能会觉得有义务与伴侣相守，即使爱情已日渐消逝（或者我们从一开始就未曾真正爱过他或她）。此外，承诺在未来五六十年内只爱一个人——尤其是在他或她的行为变得具有虐待性的情况下——这现实吗？

（四）单恋（单相思）

在单恋中，一个人不会回报另一个人的浪漫情怀。为什么不会呢？第一，一个外表很普通的人可能会爱上一个外表出众的人。由于人们在约会和婚姻中倾向于选择和他们具有相似性的伴侣（见第 6 章），因此爱上一个外表出众的人很可能是单方面的。

如果一个人感到自己的外表是他被抛弃的主要原因，那么被断然拒绝就会特别令人痛苦（Baumeister and Wotman，1992）。我们经常听到男人和女人都抱怨他们的感情对象"从未花时间去了解我"。这种指责暗示，其他特点比如个性、

167

联系起来

- 你曾经与自恋者交往过吗？如果有，这段关系持续了多久？你在哪些方面喜欢这种经历？
- 你曾经抛弃过某人吗？如果有，你是如何切断这种关系的？或者，如果你是那个被抛弃的人，你又是如何处理这种状况的？

智商和共同兴趣等应该比长相更重要。

第二，当双方中仅有一方想要从勾搭或随意约会发展为正式严肃的恋爱关系时，这种爱情可能就是单相思。当你意识到与你约会，或许还会与你发生性关系的那个人，在此关系中仅仅是为了取乐（和游戏型恋人一样，包括自恋者），并且该人也并非想让这段关系变得更为严肃或更具排他性时，你会感到非常沮丧，甚至会受到伤害。

有些人在等待别人来回报他们的爱，有时一等就很多年。他们认为情况一定会好转（Duck，1998）。但实际上，放弃单相思并与真正关心你的人发展关系，在情感上才更为健康。

八、夫妻如何改变：浪漫爱情和长久之爱

用作家威廉·萨默塞特·毛姆（William Somerset Maugham，1874—1965）的话来说："今年的你我已不再是去年的你我；我们所爱的人亦是如此。假如变化中的我们仍然爱着变化中的对方，那倒是难得的福气。"

与今天相比，浪漫爱情在 19 世纪的美国并不太常见的原因有以下几个：预期寿命较短，住在偏僻的城镇和家中，使得难以遇见各种恋人，以及大多数人的寿命不足以长久到不止一次地坠入爱河。今天，随着寿命的延长、地域流动性的增强和高离婚率的出现，在我们的一生中，我们可能会爱上许多人。

浪漫爱情既可能令人振奋，也可能令人失望。相比之下，长久之爱则会给人带来安全感和稳定感。我们首先从浪漫爱情的某些特征开始。

（一）浪漫爱情的某些特征

浪漫的爱情通常是一种充满激情和令人眩晕的经历：

- 热恋中的人除了心系所爱之人外，根本无法好好工作、学习或做任何其他事情。
- 他们的情绪波动很大。当他们觉得被爱时，他们会欣喜若狂；当他们觉得没有被爱时，他们会绝望。
- 他们发现很难相信自己还能再次恋爱。
- 他们会幻想他们的伴侣如何宣告他（她）的爱。
- 他们非常关心另一半，以至于其他任何事情都不重要；他们愿意为爱牺牲一切。
- 他们的爱是"盲目的"，他们会将彼此理想化（Tennov；Hatfield，1983：114）。

168 浪漫爱情是强烈的、情绪化的、炽热的，有时还有些夸张（"没有你我活不下去！"）。同样，它也可以是自私自利的。例如，正如大家先前所见，自恋者更看重自己的自尊而非对他们的伴侣感兴趣（"你还喜欢我什么？"而非"你好吗？"）。浪漫爱情源于两种信念——一见钟情与命中注定。

1. 一见钟情 有些美国人对一见钟情深信不疑，因为我们已为那些描述陌生人初次见面就陷入爱河的小说、歌曲、电影和电视节目所洗脑。一些交友网站（特别是 eHarmony 网站）所设置的商业广告实际上是向用户承诺他们将与某人产生"化学反应"。像由阿丽尔·福特（Arielle Ford）——她经营着一家公关公司——所写的《灵魂伴侣的秘密》等自助书籍凭借一见钟情的概念，每年都能卖出几百万本。

2. 命中注定 许多人相信命中注定是浪漫爱情的重要组成部分。很多歌曲对我们宣扬"天作之合"和"古老的爱情黑魔法将我迷住"。但事实上，命运和爱情没有什么关系。浪漫的爱情通常不是由命运，而是由诸如相似的社会地位、外表吸引力和对亲密行为的需要等因素所引发的（Shea and Adams, 1984；Benassi, 1985；也见第 6 章）。

（二）长久关系中的爱情

很多人把浪漫等同于爱情，但浪漫只是爱情的一个基石。浪漫将人们聚在一起，并有可能激发爱情的产生，但它经常在激情消退的最初几个月或几年便走向失败（Brander, 2004；Brink, 2007）。浪漫爱情和长久之爱的某些特征是重合的，它们都反映了诸如信任、理解和诚实等特性（见图 4-3）。但它们也有一些显著的差异。

第一，浪漫爱情与要求更高的长久之爱相比，简直省力太多。与日复一日、年复一年地耐心对待伴侣相比，策划一个浪漫之夜要简单得多。因此，坠入爱河比保持爱情要容易得多。

第二，浪漫爱情通常以自我为中心，而长久之爱则是无私的。浪漫的恋人通常会因他们自己的幻想和执念而分手，而长久之爱则需要以伴侣为先，并让他/她感到被珍惜。非强迫性的爱是长久之爱所具有的特征（Acevedo and Aron, 2009；Bernstein, 2013）。

第三，浪漫通常昙花一现，因为爱情会随时间

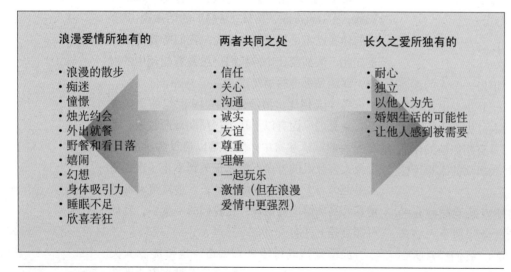

浪漫爱情所独有的	两者共同之处	长久之爱所独有的
• 浪漫的散步	• 信任	• 耐心
• 痴迷	• 关心	• 独立
• 憧憬	• 沟通	• 以他人为先
• 烛光约会	• 诚实	• 婚姻生活的可能性
• 外出就餐	• 友谊	• 让他人感到被需要
• 野餐和看日落	• 尊重	
• 嬉闹	• 理解	
• 幻想	• 一起玩乐	
• 身体吸引力	• 激情（但在浪漫	
• 睡眠不足	爱情中更强烈）	
• 欣喜若狂		

图 4-3　浪漫爱情和长久之爱的特性
资料来源：Fehr, 1993, 87-120.

推移而改变。热恋期中看似可爱的缺点在婚后一年可能就会变得令人无法忍受。例如，他那笨重的家具似乎看起来有些古怪，直到她意识到他拒绝在家具上花钱。并且价值观，尤其是宗教信仰，在第一个孩子出生后会变得逐渐重要起来（Trotter，1986）。

第四，表示通常不同。浪漫爱情的表示通常是情感的外在表达，例如鲜花和其他礼物、持续的亲密接触、恋爱短信以及烛光晚餐。而长久之爱的表示很少是有形的和物质的。例子就包括诚实，即使你宁愿去看电视也要倾听，以及做出牺牲。根据一位92岁，结婚已经70年的老太太梅的说法，"当你20岁或25岁时，礼物是非常甜蜜而美好的，但我们对彼此的爱感到如此安全放心，以至于根本不需要那种东西"（Lieber，2011：B1）。

第五，长久之爱可以成长与发展，而浪漫爱情往往短暂且以自我为中心。追求浪漫爱情的恋人常常会对自己或这段关系缺乏安全感。结果就是，伴侣中的一方可能需要持续的关注、持续的情感表达，以及每天的"我爱你"的保证（Dilman，1998）。我们大多数人喜欢爱的表示，无论是口头的还是行为的。然而，诸如"向我证明你爱我"这样永无止境又自私的命令会让爱的表示变得枯燥乏味且令人心烦。

第六，相比浪漫爱情中的激情和游戏特性，伴侣式（友谊型）爱情更具有长久关系的特征。那些最幸福的人将他们的爱情描述为伙伴和承诺。忠诚的伴侣们受头脑和心灵的控制，彼此忠诚并共同规划他们的未来（Dush et al.，2005；Bowe，2010）。

第七，人口统计变量在维持爱情中起着重要作用。例如，两项全国性的民意调查发现，社会经济地位和长久关系之间存在关联："有足够的收入来摆脱贫困可以缓解经济问题、减轻压力，从而促进爱的感觉。"（Smith，1994：34）金钱不能买来爱情，但是没有金钱，爱情的火焰就会熄灭。

长久之爱是什么样的呢？这儿有段描述：

幸福的伴侣有着相似的价值观、态度、兴趣和性格特质。他们也共享人生哲学、宗教信仰、远见或激情，这使他们尽管有微小的差异，但仍能一起前进……他们是自主的、公正的、情感反应灵敏的、彼此信任的个体……因为他们是独立的个体，他们也享受各自花时间来做自己的事情，而并不觉得遭受潜在的损失或存在被抛弃的威胁。（Piorkowski，1994：286）

选择　有助于爱情茁壮成长的建议

几个家庭健康工作者（Hendrix，1988；Osherson，1992）为创造一个充满爱的环境提出了一些建议。这些建议虽不能保证爱情永恒，但值得思考：

- 良好的关系不是偶然发生的；我们要通过有意识的努力和工作来创造它。
- 对于另一半的成功或胜利，伴侣应该觉得高兴而不是威胁。
- 爱情也许是人生最伟大的经历之一，但它不是生活本身。

- 那些感到被爱、被接受和被重视的人极有可能用类似的方式对待别人。
- 维系爱情不在于你说了什么，而在于你做了什么。
- 稳定的关系总是变化着的。我们必须学会处理我们自身的变化以及在伴侣身上所看到的变化。
- 爱情因为不忠而变得有毒。如果爱情关系中的一方被欺骗，重建信任和尊重就变得不再

可能。
- 责备是不负责任的。它阻碍了沟通，让人感到愤怒，而且会伤害自尊。
- 忘记偶尔残酷的话语和行为也许很难，但宽容对于继续一段健康的关系而言至关重要。
- 尽管伴侣之间非常亲密，但他们也必须尊重对方的独立性以及对方发展个人兴趣和与他人发展友谊的权利。

为形成一段令人满意并持久的关系，前面"有助爱情茁壮成长"部分提供了一些实用的建议。

九、跨文化爱情

文化不同，爱的意义和表达也不同。在强调个人主义和选择自由的西方社会，爱情是约会、同居、结婚或者离婚（"激情退却"）的一个正当理由。但在强调群体和社区的文化中，家庭之间的安排比浪漫爱情更重要。

（一）浪漫爱情

早期殖民者们认为婚姻远比爱情重要；选择伴侣的关键因素是政治和经济，而非浪漫爱情。在 20 世纪初，人们才开始期待基于爱情、性吸引力和自我实现的婚姻（Coontz，2005）。

因为浪漫爱情存在于至少 89% 的社会中，它几乎是一种普遍现象。对中国和夏威夷的一些研究发现，很多人，尤其是年轻人，相信热烈的爱情（Jankowiak and Fischer,1992；Doherty et al.，1994；Cho and Cross，1995；Goodwin and Findlay，1997）。

在亲属关系优先于个人关系的社会中，浪漫的重要性最低。在缅甸、印度和墨西哥，大学生们认为友谊型、利他型和实用型的爱情风格比占有型、激情型和游戏型的爱情风格更令人向往。同样，在中国的大部分地区，爱情也受到了这样一种认识的影响：双方是否匹配需要得到父母的认可。在沙特阿拉伯和其他一些中东国家，男女在公共场合拥抱是被禁止的，男女不能在公共场合交往，并且女人被抓到出轨会遭受鞭打、逮捕或杀害（Moore，1998；Slackman，2008）。

正如大家在第 1 章所见到的，印度政府支持跨种姓婚姻，但并非每个人都支持这样的政策。此外，有一些激进团体还谴责庆祝情人节——在年轻的城市中产阶层中特别流行的节日——将其作为对印度传统文化的冒犯，并试图破坏售卖情人节礼物和贺卡的生意（Wax，2008；Magnier and Ramaswamy，2009）。

171

日本是世界上离婚率最高的国家之一。在日本，表达爱和情感并不常见，尤其是男性，他们很少见到自己的妻子和孩子；许多公司也迫使男性把他们的工作放在首位，并且要求男性通过长时间的工作来体现其忠诚。为了增加丈夫对妻子的感激之情，一位男士创立了**"忠诚丈夫组织"**，并宣布将 1 月 31 日作为**"爱妻日"**。在这一天，丈夫需要告诉妻子他爱她，感激她每天为他和家庭做的一切。虽然**"爱妻日"**没有成为国家法定假日，但越来越多的男性加入了"忠诚丈夫组织"，以此来表达自己对妻子的尊重和情感，同时也为了避免离婚（Kambayashi，2008；Delong，2011）。

（二）包办婚姻

在美国和其他一些西方国家，人们通常首先订婚，然后才告知家人和朋友。在世界各地，一种更为典型的模式是**包办婚姻**，在这种模式中，由父母或亲戚来替孩子选择伴侣。人们期望这对夫妻之间的爱情会随时间流逝慢慢滋生发展。

在许多国家，由于对父母期望、家庭传统、家族群体和社区福祉的尊重比个人的感受更为重要，因此包办婚姻成为一种规范。事实上，在许多社会中，人们看待美国人关于约会和浪漫爱情的信仰与一些美国人看待包办婚姻这种观念的感觉是一样的——都觉得奇怪（见《**印度现代包办婚姻**》一文）。

在斯里兰卡的包办婚姻中，坠入爱河的男性和女性通常会把他们的选择告诉他们的父母。在土耳其，大约 52% 的女性生活在包办婚姻中，但在年轻的、受过良好教育的都市女性中出现了为爱而婚的趋势。在加拿大，一些第二代穆斯林女性正在反抗包办婚姻。其他人自愿接受包办婚姻，是因为他们自己无法找到一个合适的伴侣或者相信他们的父母能帮他们做出最好的选择（de Munck，1998；Zaidi and Shuraydi，2002；Nauck and Klaus，2005）。

对印度和孟加拉国包办婚姻的研究结果显示，在大多数情况下，爱情会逐渐增加并日益牢固（Epstein，2010），但并非总是如此。正如大家在第 3 章中所见到的，如果包办婚姻中的

172

在印度，大多数婚姻是由父母或者长者包办的："在印度社会中，从来没有西方社会浪漫婚姻的一席之地。"（Singh，2005：143）包办婚姻有助于维持社会和宗教传统，保持群体团结，并可以增强家庭声誉和金融资产（Nesteruk and Gramescu，2012）。

然而，包办婚姻在不同的地区和社会阶层中也有差异。受过教育的上中阶层女性被允许嫁给她们想嫁的任何人，但很多人仍选择了包办婚姻。一位年轻的女士解释道："爱情很重要，但仅有它是不够的。"据说她幸福地嫁给了一个她在订婚前只见过三次的男人。在大多数情况下，孩子可以拒绝他们不满意的婚姻备选对象（Lakshmanan，1997；Epstein，2010）。

一名年轻的印度裔美国人已经说服她的父母让她去约会而不是替她包办婚姻。但是，她又说道："在上大学的时候，我就是无法理解为何一个人会嫁给她事先并没有爱上的人。但是当我看到这些年[我父母]之间的爱日渐浓厚时，我对包办婚姻有了更深的理解。"（Luhar，2013）

为何包办婚姻在印度的大部分地区仍然存在？内向的人可以和一个很好的伴侣走完一生，因为父母和亲戚在为其选择伴侣时做了很多的工作。此外，包办婚姻提供了稳定性，因为双方的家庭都在他们后面提供支持："如果夫妻双方的关系将要出现问题……双方的父母就会齐心协力帮助他们解决危机。"（Singh，2005：144）

包办婚姻也因家庭关系而持续存在。甚至经济独立的夫妻也通常和男方父母住在一块儿。因此，相似的背景和与姻亲的和睦相处在印度比在西方更重要。当婚姻出现问题时，包办婚姻的优点即相当大的家庭支持就体现出来了。这也许就是印度是世界上离婚率最低的国家之一的一些原因（Epstein，2010）。

思考题

- 为何包办婚姻与那些基于爱情的婚姻相比，显得没那么脆弱？

- 在包办婚姻里，诸如社会阶层和宗教等因素比浪漫爱情和身体吸引力更重要。如果美国人接受包办婚姻，那么你认为离婚率是否会降低？为何会？或者为何不会？

丈夫施虐，妻子是不能逃脱的。在诸如阿富汗、伊朗、伊拉克等一些国家，反抗包办婚姻的女性经常会被男性家庭成员或社区中的男性处以石刑、火刑、绞刑或枪毙（Fleishman，2010；Healy，2011；也见第3章）。

联系起来

- 你是否经历过一见钟情？如果经历过，那么这段感情持续了多久？你相信你命中注定会遇到那个"特殊的人"吗？

- 我的一些学生——包括三四十岁的人——认为长久关系相当令人厌烦，因为爱情已逝。你是否同意这种观点？

本章小结

当爱是健康的时，它会改变我们对自己和他人的感觉。爱会鼓舞和激励我们去关心家人、朋友和爱人。爱也创造了我们对在约会、结婚和年老时找到幸福的方式的*选择*。然而，这里也存在一些约束，因为我们有时会将爱与妒忌或控制行为相混淆。爱对人类成长和发展必不可少，但它常常为谬论所掩盖，为障碍所束缚。爱与性可以协调吗？并非总是如此，正如下一章所示。

复习与思考

4.1 区分自爱、友谊和爱情。

1. 为何爱是一种复杂的现象？一段爱的关系至少应具备什么特征？
2. 自爱、友谊和爱情有什么相似点？它们又有什么不同点？

4.2 解释爱的概念。

3. 爱的三个特征是什么？
4. 是什么让人们彼此吸引？如何区分欲望和爱情？

4.3 解释为何关怀、亲密和承诺是爱情的重要成分。

5. 如何区分关怀和亲密？
6. 承诺是一种感觉而非一种行为吗？请解释。

4.4 区分解释爱情的六种理论视角。

7. 爱的生物化学理论、依恋理论、赖斯的爱之轮理论、斯滕伯格的爱情三角理论、李氏爱情风格理论以及社会交换理论有何不同？每一种理论视角的缺点是什么？

4.5 描述爱情的四种功能。

8. 爱情服务于什么目的？

9. 当人们被剥夺爱情的时候，产生的一些负面影响是什么？

4.6 解释人们如何体验爱情和一些爱情障碍。

10. 女性比男性更浪漫吗？男性和女性在表达亲密的方式上有什么相似点和差异呢？
11. 什么是宏观层面和微观层面的爱情障碍？

4.7 解释为何爱情会出错。

12. 妒忌健康吗？它普遍存在吗？
13. 什么样的有害和控制行为会扼杀爱情？
14. 为何爱情得不到回报？

4.8 区分浪漫爱情和长久之爱。

15. 浪漫爱情的特征是什么？一见钟情和命中注定的信念如何影响浪漫爱情？
16. 浪漫爱情和长久之爱有何相似之处？有何差异？为什么？

4.9 解释跨文化中的爱情怎样以及为何变化。

17. 浪漫爱情在哪个社会中最不重要？为什么？
18. 自由选择和包办婚姻有何不同？为何后者是许多社会的特征？

第**5**章
性欲与生命历程中的性表达

174

学习目标

当阅读和学习本章后，你将能够：

5.1　解释性是如何成为我们性认同、性取向以及性脚本的产物的。

5.2　解释为何我们会有初次性行为、随意性行为以及在忠诚关系中的性行为。

5.3　阐述影响我们性行为的五个主要来源。

5.4　阐述至少四种性行为。

5.5　阐述女同性恋者、男同性恋者、双性恋者以及跨性别者的流行率、性行为以及对他们的社会反应。

5.6　解释性行为在我们生命历程中的一些变化。

5.7　给婚外情（性不忠）下定义，描述它的流行率，解释其发生的原因并讨论其造成的后果。

5.8　阐述性传播疾病的流行率、它们产生的原因、造成的影响、存在的风险以及增长率。

- 几乎半数的高中生（49% 的男性以及 46% 的女性）有过性行为，但 40% 的人在最近一次性行为中没有使用避孕套。初次性行为大约发生在 17 岁。

- 到 44 岁，拥有**异性伴侣的中位数**，对于女性而言有 3.4 人，对于男性而言有 6.4 人。

- 在 15 ~ 44 岁年龄段人群中，5% 的男性和 13% 的女性**与同性伴**侣有过至少一次性接触。

- 据报道，**在 60 岁及以上的美国人**当中，31% 的女性和 45% 的男性每月有几次（甚至每周都有）性交活动。

- 全球 38% 的夫妻认为他们关系中最棒的东西是性生活。**相比于仅占 15% 的日本人**，接近 60% 的巴西人将他们的性生活排在所有能令他们开心的事情的首位。

- 从全世界范围来看，3 400 万人口生活在艾滋病（AIDS）阴影的笼罩下。2010 年，有几乎 200 万人死于与艾滋病有关的疾病。非洲的死亡人数（120 万）最多。

资料来源：Reece et al., 2010; Schick et al., 2010; Chandra et al., 2011; Allen, 2012; Eaton et al., 2012; World Health Organization, 2012.

在电影《安妮·霍尔》中，一位治疗师问一对爱人多久过一次性生活。那个男人翻了下白眼，并且抱怨道："几乎没有，可能一周就三次。"而女人则说："几乎没有间断过，一周三次呢！"正如该趣闻所说明的，性对于某些人而言比对其他人更重要。除了身体接触之外，性还会影响我们的大脑和情感。文化塑造了我们的性发育、性态度和性行为。因此，在定义何为正常或异常方面，不同的社会有非常显著的差异。此外，性行为在人的一生中都会发生改变。在你准备进一步阅读本章之前，请先做一个"对于性，你究竟了解多少？"的小测试。

问问你自己

对于性，你究竟了解多少？

1. 避孕药能预防性传播疾病（STDs）。□真　□假

2. 你估计在已婚美国男性中有多少人发生过婚外情？

   a. 少于 10%　　　　e. 大约 40%

   b. 大约 10%　　　　f. 大约 50%

   c. 大约 20%　　　　g. 大于 50%

   d. 大约 30%

3. 如果你的另一半真的对你很重要，那么性爱会很简单，很美妙。　　□真　□假

4. 凡士林、润肤露和婴儿油是能与避孕套或隔膜一起使用的良好润滑剂。□真　□假

5. 大约 10% 的美国人是纯粹的同性恋者。
   □真　□假

6. 女性能够在经期受孕。
   □真　□假

7. 如果男性在他射精前拔出他的阴茎，女性就不能成功受孕。□真　□假

8. 口交不是"真正"的性交。
   □真　□假

9. 男性勃起时阴茎的平均长度大约为？

   a. 5 ~ 10 厘米　　　　d. 25 ~ 28 厘米

   b. 13 ~ 18 厘米　　　　e. 30 厘米及以上

   c. 20 ~ 23 厘米

10. 在美国，梅毒是两种最常见的性传播疾病中的一种。　　□真　□假

（这个测试的答案在第 97 页。）

一、性欲与人类发展

性欲不仅是一种身体活动，也是我们的性认同、性取向和性脚本的产物。

（一）性认同

性认同是对我们自己作为男性或女性的认识，以及我们表达自己关于性的价值观、态度、感觉和信念的方式。它包括我们将自己置于社会所创造的类别（例如女性和异性恋者）以及自觉或不自觉地学习如何在这个类别中表现。

性是一种包含心理学、生物学和社会学成分如性欲、性反应和性别角色（Bernhard，1995）的多维概念。*性欲*是一种让我们接受性行为的性冲动。*性反应*涉及的是性的生物学方面，包括体验快感或性高潮。*性别角色*是女性和男性根据文化规定的期望所表现出的行为（见第 3 章）。

在通常情况下，一个男性可能会对一个女性的乳沟有所反应，因为我们的社会认为乳房代表性感（性欲），他也许会经历勃起（性反应），然后主动与一个他认为有吸引力的女性（性别角色）发生性行为。但如果一个男性只对其他男性而非女性有所反应呢？

（二）性取向

性认同包括性取向。性取向是一种对同性、异性、双性或无性别性伴侣的偏好：

- **同性恋者**（来自希腊词根 homo，意思是"同一"）是指在性上为相同性别者所吸引的人。"gay"（基）这个词经常被用来形容男同性恋者和女同性恋者，而"lesbian"（蕾丝边）这个词专指女同性恋者。"coming out"（出柜）是指一个人公开承认自己是同性恋者。
- **异性恋者**，通常被称为"straight"（直男/女），是指为异性所吸引的人。
- **双性恋者**，有时也被称为"bis"，是指既能被同性也能被异性吸引的人。
- **无性恋者**，是指对性缺乏任何兴趣或欲望的人。
  性取向并不像大多数人相信的那样明确。阿

尔弗雷德·金赛（Alfred Kinse，1948）及其同事的经典研究发现，大多数人并非绝对是异性恋者或同性恋者。相反，就性欲、性吸引力、性感受、性幻想和性体验而言，他们处于一个性连续统的某个地方。最近，*性学家*，即研究人类性行为的人，已经将那些认为自己是无性恋者的人增加了进去（见图 5-1）。

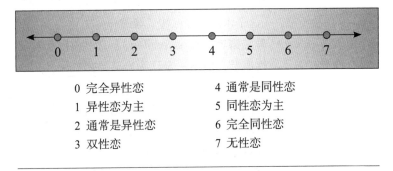

| 0 | 1 | 2 | 3 | 4 | 5 | 6 | 7 |

0 完全异性恋　　　　4 通常是同性恋
1 异性恋为主　　　　5 同性恋为主
2 通常是异性恋　　　6 完全同性恋
3 双性恋　　　　　　7 无性恋

图 5-1　性连续统
资料来源：Kinsey et al., 1948, p.638；and Kinsey Institute, 2011.

一个人的性取向和性行为并非总是一致的。由于药物的选择或影响，无性恋可能是一种永久性或暂时性的状态。双性恋者可能会被男女两性吸引，但主要与女性或男性发生性行为。异性恋者可能会幻想有同性恋体验。并且那些没有出柜的同性恋者也许只与异性伴侣发生过性行为，因为他们害怕被贴上"同性恋"的标签（Kinsey et al., 1948；Rieger et al., 2005）。

异性恋是全世界占主导地位的性取向，但是，正如大家将在本章后面看到的，同性恋和双性恋存在于所有社会中。许多（男/女）同性恋者否认或试图压制自己的性取向，因为我们的社会仍然以**异性恋**为正统，即认为异性恋优于同性恋，且比同性恋更自然。**恐同症**（同性恋恐惧症），即一种对同性恋的恐惧和仇恨，这种现象在今天与过去相比已没那么明显了，但仍然普遍存在。

尽管有相当大的偏见和歧视，但仍然有很多人相信他们在生物性别、性别认同，以及感知他们自己是男性或女性上存在冲突。这些人有一种跨性别的性取向。

我们的文化期望决定了我们是女性或男性，但很多人"生活两性的边界上"（Lorber and Moore，2007：141）。**跨性别者**包括一些行为与他们出生时就被安排好的性别不一致的人群（American Psychological Association，2011）：

- **变性人（transsexuals）**：舍弃自己与生俱来的生物性别而选择另一种性别——要么通过不断地换装，要么通过外科手术改变他们的性别去生活的人（见第 3 章）。
- **两性间的人（阴阳人，intersexuals）**：那些在出生时医学分类没有明确男性或女性的人（这个术语已经取代了*雌雄同体*）。
- **异装癖者（transvestites）**：那些有时会穿异性服装，但不一定认为自己是异性中的一员的人。

首字母缩写 LGBT 是女同性恋者、男同性恋者、双性恋者和跨性别者，以及那些不认为自己有任何特定性取向的男性和女性的总称。今天，LGBTs 正变得越来越明显，但很快大家就会看到，他们被接受的程度不一。

1. 什么决定了我们的性取向？ 没有人知道我们为何是异性恋者、同性恋者、双性恋者或无性恋者。*生物学理论*认为，性取向可能是受生物学因素强烈影响的，尤其是性激素在受孕后和分娩前后的早期影响。

越来越多的研究也表明，儿童期的一些特征和行为与成人的性取向有关。例如，与同龄的异性恋者相比，还没有成为同性恋者的男孩与还没有成为同性恋者的女孩早期在玩耍与衣服选择上与他们的性别是不相符的（见 LeVay，2011 对这些及其他研究的全面总结）。其他一些人认为性取向必定有其生物根源，因为在不同的文化中，同性恋人口的比例大致相同（Barash，2012）。

*社会建构主义理论*认为，性行为在很大程度上是社会压力的结果，并且文化而非生物学，在形成我们的性认同方面扮演着相当重要的角色。例如，尽管有同性恋倾向，但许多与同性发生性行为的直男（即异性恋者）拒绝接受他们是同性恋者或双性恋者的可能性。然而，实际上他们是因为社会压力而成为直男的，其实许多男同性恋者和女同性恋者过着（装作）异性恋者的生活（Golombok and Tasker，1996；Patterson，2002）。

社会建构主义理论的一个例子就是*海吉拉斯*（hijras）的案例。据估计，印度有 5 万～ 500 万

人口被认为是"第三性别"——既不是男性也不是女性。他们中的大多数出生时是男性，有些出生时是阴阳人，但（他们）都打扮成女性，行为也很女性化。*海吉拉斯*这个词有时被用作贬义，但通常主持宗教仪式的海吉拉斯被认为会带来好运和生育能力，并且有些已被推选担任高级政治职位（Ilkkaracan and Jolly，2007）。

迄今为止，还没有研究下结论表明是基因还是环境"导致"了性取向。因此，研究者推测基因和文化因素的结合影响着我们的性取向（Slater，2013）。

2. 性取向与性别 有些学者认为性别在塑造人类行为上是比性取向更强有力的因素。也就是说，男异性恋者（直男）与男同性恋者（基）之间以及女异性恋者（直女）与女同性恋者（蕾丝边）之间的相似点要多于男同性恋者与女同性恋者之间的相似点。比如：

- 女同性恋者与女异性恋者通常实行单偶制（一夫一妻制）；男同性恋者和男异性恋者更有可能同时拥有不止一个情人。
- 对女同性恋者与女异性恋者而言，爱和性通常相伴而来；而许多男同性恋者和男异性恋者经常把情感上的亲密与性分开。
- 相较于男同性恋者和男异性恋者，女同性恋者与女异性恋者对与陌生人（或在公共场所）发生性关系不感兴趣。而这两类男性群体，则可能会去公共场所"猎艳"。
- 男异性恋者和男同性恋者——而不是女性——是某些产业，包括卖淫、色情、裸露或同性恋酒吧，以及伴游服务的顶梁柱（Caldwell and Peplau，1990；Goode，1990；Fryar et al.，2007）。

这类研究很像是对男性的抨击，但研究者仅仅是指出了性别角色在塑造我们的性规范上可能比性取向更重要。

（三）性脚本

虽然我们往往认为我们的性行为是自发的，但我们所有人其实都将性脚本进行了内化。**性脚本**规定了那些可接受或不可接受的性活动的正式或非正式规范，包括哪些人是合适的性伴侣以及

性行为的界限。虽然性脚本会随时间和群体而改变，但它在两方面被高度性别化了——女性的过度性化和一种根深蒂固的性双重标准。

1. 性别与性脚本 正如大家在第3章中所见到的，男孩们通常被期待有男子气概，而女孩们则被期待有女人味。男性性脚本的两种负面影响是预设男性的性欲更强，以及他们的性冲动无法控制。许多20多岁、30多岁和40多岁性健康的男性现在在服用治疗阳痿的药物——如伟哥和艾力达——因为他们相信"一个真正的男人要时刻准备成为性超人"的谬论。有些公司出售有阴茎吊带的男士内裤，使得"裤子里的凸起"看起来比实际的更大一些。女性也同样如此，她们试图通过进行隆胸手术——尽管有感染甚至死亡的概率——来实现不切实际的性脚本，因为在我们的文化中，大胸"是理想的女性身体的一部分"（Roan，2005：F1；White，2011）。

几乎在每一种媒体形式——包括电视、音乐视频、杂志、电子游戏、互联网以及广告——中，女孩和女人都被性化（例如穿着暴露衣服），并且几乎每一种媒体形式都强调身体美。这种性化会导致女性对自己的身体不满、自卑、忍受性骚扰和性暴力，以及年轻时发生性行为的可能性更大（Zurbriggen et al.，2007）。

179 **2. 性脚本与成为"性感宝贝"的趋势** 性感化信息的受众越来越年轻，这些信息教导或加强了一种观念，即人们应该以"性感"而不是个性与能力来评价女性。例如，现在有给女婴穿的"比基尼泳装"、给3个月大的女孩穿的性感内衣、给7～8岁女孩（没错，就是七八岁大的孩子！）穿的衬垫文胸，并且在13～18岁的女孩中有80%的人将购物列为她们最喜欢的活动（Hanes，2012）。

许多女孩很小就对自己的外表格外在意，这出于多种原因，其中包括她们妈妈的示范作用。

例如，到9岁时，女孩们开始模仿穿着和行为都高度性感的妈妈的穿衣打扮和行为举止（Starr and Ferguson，2012）。

媒体影像在女孩们的过度性化中也起到了很大的作用。女孩和男孩在电视上看到的女啦啦队队员（越来越多地走性感路线）远多于女篮球运动员或其他运动员。而且，2008年一项关于最卖座电影前100名的研究发现，13～20岁的女性相比男性同龄人更可能被描述为衣着暴露（40%：7%）、部分裸露（30%：10%）和外表迷人（29%：11%）。在电视节目中，虽然女性现在所扮演的角色更加多样化——诸如医生、律师和刑事侦查员等——但她们通常都很性感（"身材火辣"）。同样，顶尖的女运动员们也会定期为一些男性杂志拍摄裸体或半裸体照片（Hanes，2011；Smith and Choueiti，2011）。

谁能从女性的过度性化中受益呢？那些使女性（以及她们的父母）相信若想受欢迎和"性感"就要有合适的衣服、妆容、发型和饰品的营销人员，创造了年青一代的购物者和消费者，这将使他们增加比以往任何时候都要多的商业利润（Levin and Kilbourne，2009）。

3. 性脚本与双重标准 双重标准的出现是在19世纪。一些人认为性双重标准——一种允许男性比女性享有更大的性自由的准则——已经被削弱。另一些人则认为女性仍被要求将她们的性行为限制在承诺关系中，而男性则被允许（甚至被鼓励）去拥有尽可能多的性伴侣（Ronen，2010）。

在此，有很多关于性双重标准的例子。例如，在美国青少年中，男生拥有性伴侣的人数越多，他就越受欢迎。相反，拥有超过8个性伴侣的女生则远不如那些性经验少的同龄女生受欢迎（Kreager and Staff，2009）。每年大约有30 000名美国女性接受阴道手术（处女膜形成术）来修复处女膜。这种"重返处女"的手术在一些女性中

答案："对于性，你究竟了解多少？"

评分规则：
每个问题答对得1分。获得10分是"A"，8分或9分是"B"，7分是"C"，6分是"D"，6分以下是"F"。

正确答案：
1.假。2.c。3.假。4.假。5.假。6.真。7.假。8.假。9.b。10.假。

异常受欢迎，因为这些女性的恋人想要体验和处女发生性行为，即使他们自己并非处男（"Like a virgin？"，2006）。表明双重标准持续存在的另一个指标就是对女性的强奸和其他性侵犯率很高，因为许多性暴力仍被视为男性的不当行为而非犯罪行为（见第6章和第12章）。

性双重标准并不局限于美国。女性外生殖器切割／割礼，仍在世界上许多地方广泛存在，它反映了一种允许男性假借使女性更适婚为名来残害她们的双重标准。男性则没有类似的约束。1979年，世界卫生组织谴责了这种做法，认为其在医学和人道主义角度都是不可原谅的。但是，正如《是传统还是折磨？……》一文所显示的，数以百万计的女孩仍然在遭受这些磨难。

跨文化和多元文化家庭 ｜ 是传统还是折磨？女性外生殖器切割／割礼

在1.4亿名经历过女性外生殖器切割／割礼（FGM／C）的女性中，大多数生活在29个非洲国家、印度尼西亚和某些中东国家。因为一些新移民坚持这种做法，所以这种割礼习俗在欧洲、澳大利亚、加拿大和美国的出现概率也有所增加。每年，据估计约有300万名女孩接受割礼。

割礼有几种类型。在切割过程中，部分或全部的阴蒂和小阴唇被切除。这种手术经常会导致阻塞阴道口的瘢痕组织的生长。

锁阴术在切除大阴唇的内层的同时，一并切除了阴蒂和小阴唇，然后将这些内层的毛边用羊肠线缝在一起。一小块木片或稻草被插入残留的小孔中，允许尿液和经血缓慢地，通常是痛苦地流出来。

当女性结婚时，在性交过程中，她的丈夫会用自己的阴茎、剃须刀、刀或其他工具刺穿阴道。为了分娩，这个开口还必须被进一步扩大。

女孩经历割礼的年龄，各国不尽相同。有的女孩可能在出生后仅仅几天，但大多数是在3~12岁接受割礼。实施手术者，通常是年长的村妇。她也许视力不佳，不管小女孩多么痛苦地嚎叫和扭动，她都会果断地割掉阴蒂，然后刮阴唇肉。这个过程可能会导致许多直接和长期的并发症：

- 这个女孩也许会大出血和死亡。
- 阴道和膀胱或直肠之间的内部破裂可能会导致女性在余生中不断地漏尿液或粪便。
- 女性在性交过程中会感到剧烈疼痛或因生殖器官感染而不育。
- 在分娩过程中，尽管产道开口扩大，但因为婴儿无法通过残缺不全的阴户出生，女性会经历会阴撕裂甚至死亡。

那些实行女性外生殖器切割／割礼的文化证明了这一点，即它控制了一个女孩的性欲并因此而保证了她的道德、贞洁和忠诚。因为女性贞操是婚姻的先决条件，女性外生殖器切割／割礼能确保女孩的身价和家庭的荣誉。如果母亲拒绝让女儿接受割礼，她们的女儿就会被排斥、结不了婚，她们家就会变得一贫如洗。虽然女性外生殖器切割／割礼在非洲某些国家已被禁止，而且许多非洲女性包括埃及女性也对其进行了抗议，但这种做法仍然存在。

资料来源：Paley, 2008; Mullen, 2009; Clifton and Feldman-Jacobs, 2011; Kristof, 2011; United Nations Children's Fund, 2011.

思考题

- 女性外生殖器切割／割礼在许多国家是一种可以被接受的仪式。如果美国和其他国家不同意这些习俗，它们是否应该干预？
- 尽管隆胸和吸脂是自愿的，但在让男性更容易接受女性身体方面，它们是否比女性外生殖器切割／割礼更文明？

二、我们为何会有性？

性，包括第一次阴茎-阴道性交，并非"自然而然发生的"。它通常需要经过一系列阶段，如接近、调情、抚摸，或直接的性要求。尽管它可能充满激情，但一般而言，初次性行为，即使在青少年当中，也是经过一些计划和思考后才会发生的（Sprecher and McKinney，1993；Gillmore et al.，2002）。

人们发生性行为是为追求快感或为繁衍后代，抑或为解决某些令人头疼的事情，或为庆祝一个特殊事件，或为得到晋升，或为更亲近上帝。经过对近2 000名大学生关于他们为何有（或将有）性行为的问题进行调查，研究者得到了237个理由，并将它们归为4类（见表5-1）。他们发现许多原因具有性别化差异，例如，男性更愿意通过性行为来获得地位或提高声誉，而女性则更可能通过性行为来表达自己对对方的爱。

（一）初次性行为

发生初次性行为的原因多种多样，其范围包括从发展性原因到结构性原因。

1. 发展性原因 平均来说，美国儿童进入青春期的年龄较小，女孩在8岁时乳房就开始发育，男孩在9岁时生殖器就会增大（Biro et al.，2010；Herman-Giddens et al.，2012）。青春期提前会导致身体的性成熟、大脑思想的变化发展和社交能力的成熟之间的差距。一位医学研究者警告说这种差距可能是早期性行为的原因之一。早熟与年轻女孩们无法处理的心理和社会压力有关，包括来自年长于自己的男孩及男人的性挑逗。一些女孩从外表上看或许要比实际年龄成熟，但在心理上，他们与其他7～8岁的女孩没有区别（Goodwin，2010；Beck，2012）。

超重的年轻女性（而非男性）与体重正常的同龄人相比，发生初次性行为的时间更可能晚一些，部分原因是她们受到来自同辈群体的社会排斥（Cheng and Landale，2010）。有情绪问题（如出现反社会行为）的青少年，在15岁之前发生初次性行为的概率要高于他们的同龄人（McLeod and Knight，2010）。

2. 人际关系的原因 大多数人的初次性行为是与浪漫的伴侣发生的。一项针对12～21岁人群的全国性研究显示，已经有过性行为的人有45%经历过恋爱，他们从诸如牵手、接吻、交换礼物以及抚摸另一半的生殖器等活动中获得了关系的进展（O'Sullivan et al.，2007）。

一些人可能会因害怕伤害对方的感情或失去兴趣而感到有义务进行性行为（Abrahams and Ahlbrand，2002）。另一些人则经历了生理上的觉醒并追随自己的冲动，或仅仅是对性好奇而已。

3. 情境原因 在15岁之前发生初次性行为的女孩中，至少有10%的人认为它并不是她想要的。在15～17岁的青少年中，36%的男性和29%的女性说，他们是被迫发生性行为的，并且通常是被男性朋友或男朋友强迫（Albert et al.，2003；Holt et al.，2003）。这种早期的性侵犯增加了18岁以后有多个性伴侣、为获得毒品而发生性行为、患性传播疾病的机会（Smith and Ford，2010）。

一个十几岁的男孩通过发生初次性行为，也许能够停止大家对他是处男的嘲笑和骚扰，或平息他是同性恋者的谣言（Pascoe，2007）。在高中生中，酗酒增加了发生初次性行为、与多个伴侣发生性关系，以及不使用避孕药具的可能性（DeSimone，2010b）。

4. 结构性原因 结构性原因也会影响初次性行为。如果青少年经历过家庭动荡（包括其父母在离婚、再婚和再次离婚之前或期间发生冲突），或与性行为频繁的单身父母生活在一

182

表5-1 人们为何会发生性行为

类型	原因	举例
身体需求	减压、愉悦、生理需要和寻求经验	"这个人的眼睛很漂亮""身材性感""接吻技术很高超""无法抗拒身体的诱惑""我想达到性高潮"
实现目标	获得资源、社会地位和报复	"我想与性不忠的另一半扯平""打破竞争对手的关系""赚钱""变得受欢迎""因为一个赌注"
情感需求	爱、承诺和情感表达	"我想有一个更深层次的交流""提升另一半的情绪""说'谢谢你'""这个人很聪明"
缺乏安全感	增强某人的自尊、责任感、压力，守护伴侣不受竞争对手伤害	"我觉得这是我的责任""我想增强我的自尊""这是我的另一半会花时间陪我的唯一方式"

起，抑或住在那些身为行为榜样的成年人没有稳定工作、有着非婚生子女的社区里，那么他们更可能很早就发生性行为。在这种情况下，青少年可能会脱离他们的父母，寻求同伴的情感支持，从而促使他们更容易发生性行为（Moore and Chase-Lansdale，2001；Wu and Thomson，2001；Upchurch et al.，2001）。你很快就会看到，其他社会设置（如宗教）在加速或推迟未婚青少年的初次性行为或随后的性行为方面有着复杂的影响。

（二）随意性行为（滥交）

尤其是在成年早期，随意性行为有几种功能——尝试性、体验不需要承诺的快乐、通过选择伴侣来建立自信，以及享受短暂的亲近和亲密（Christina，2011）。随意性行为通常像一场游戏，因为伴侣们"只是想要取乐"（见第 4 章）。如初次性行为一样，酗酒会导致频繁的随意性行为，以及诸如不使用避孕套等风险性行为（DeSimone，2010a）。随意性行为的双方，或者会成为朋友，或者再也不会见面，又或者会发展出长久关系。

（三）忠诚关系中的性行为

在短期关系中，性行为可以表达爱与情感。它能增加亲密感和一种情感上（表达感情）、社交上（留住朋友）、心智上（分享观点）和娱乐上（分享兴趣爱好）的亲近感。性行为可以鼓励自我表露、告诉另一半自己的期望和不安全感。它还涉及资源交换，如为了谋取地位或关注而进行的性交易（见第 2 章、第 4 章和第 8 章的交换理论）。

联系起来

- 你会如何描述你的性脚本？它们随着时间的推移，是保持不变还是有所改变呢？你的——或你的朋友、伴侣和孩子的——性脚本反映了某种性双重标准吗？
- 想想你自己、你的朋友或你的孩子。人们为何会有初次性行为或随意性行为？

所有这些特点，再加上其他几个，都存在于长久关系中。当亲密关系持续一段时间后，性和其他身体上的亲密表达会维持这种关系，并促进相互依赖，因为伴侣通过彼此依赖来获得性满足。此外，许多在长久关系中的人发生性行为，是因为他们想要孩子并打算共同抚养他们。

无论你是否有性行为，在第 94 页的小测试中你的表现怎样？据一些大学讲师所说，他们的学生——就像我的学生一样——通常得到的分数是 C（如果他们诚实地报告了他们的分数）。但即使你只得到了一个 C，你也比大多数同龄人或甚至比一般的美国成年人对性的了解更多。

一位社会学家已经注意到"性这个话题，在美国已经声名狼藉"（Klein，2012）。也许他是对的。例如，31% 的 15 ～ 19 岁的意外怀孕的少女妈妈没有使用避孕药具，因为她们认为自己不会怀孕（虽然还不清楚她们为什么会这么认为）（Harrison et al.，2012）。在 18 ～ 19 岁的青少年中，41% 的人说他们对避孕套了解甚少或一无所知，75% 的人说他们对避孕药物的了解亦是如此（Guttmacher Institute，2012）。在 18 ～ 29 岁性活跃的美国年轻人中，只有 34% 的人（包括那些使用安全期避孕方法的人）知道女性的受孕期是在两次月经之间。在同一年龄组，"令人吃惊"的是 40% 的人相信避孕药和避孕套无法防止怀孕（Berger et al.，2012；Frost et al.，2012）。

大家随后将在本章中看到很多老年人也缺乏对关于性方面的关键问题以及它们对健康的影响等知识的了解。为何我们中的许多人对性有如此多的误解？

三、谁会影响我们的性行为？

我们在一种文化环境下学习性态度和性行为。性社会化的主要来源是父母、同辈群体和兄弟姐妹、宗教、大众传媒和流行文化，以及学校里的性教育项目。

183

（一）父母

当记者采访查尔斯·巴克利（Charles Barkley）——前美国篮球协会明星——他将如何处理他 12 岁女儿未来的男朋友时，他说："我想如果我杀了第一个，消息就会传出去。"虽然很幽默，但巴克利的表述反映了父母的一种相当典型的——但又不切实际的——立场："我要确保我的孩子直到他/她 18 岁/21 岁……或结婚后才发生性行为。"

1. 父母为何很重要？ 父母在孩子的性社会化中扮演着重要角色。在理想情况下，父母（或监护人）应该是第一个或最好的性教育者，因为他们有经验而且将孩子的利益放在心上。当父母是一个有效的性教育者时，就会对青少年产生积极的影响。尤其是，性知识可以推迟初次性行为的发生，会减少风险性行为（例如，不使用避孕药具）、减少意外怀孕的次数，并加强对个人性行为的控制（Albert et al., 2003；Longmore et al., 2009；Guilamo-Ramos et al., 2011；Killoren et al., 2011；Madkour et al., 2012）。

更具体地说，父母的一些关键因素在推迟青少年初次性行为方面起到了最大的作用。其中一些因素包括日常接触与互动（例如，定期一起进餐），对于性、风险性行为和药物使用效果进行诚实而开放的沟通，保持良好的亲子关系，分享（例如，运动或爱好），以及父母的监督（例如，制定宵禁、了解孩子的朋友和孩子的行踪）（Van Campen and Romero, 2012）。

然而，随着青少年年龄的增长，他们会花费更多的时间和朋友在一起，并且开始约会，父母们将面临截然不同的挑战。由于知道约会会给青少年性行为提供机会，父母们通常试图通过加强监管和限制孩子们的约会选择来控制他们。这两个问题上的分歧可能会增加亲子冲突和初次性行为的发生。人口和个人特征也会影响早期性启蒙。例如，如果青少年成绩差、酗酒、由单亲家庭抚养或在贫困地区长大，那么他们更可能发生初次性行为（Longmore et al., 2009）。

2. 父母们谈论性吗？ 在全美不同地区，有着不同家庭结构的跨越社会阶层、跨越种族/族裔的家庭，有一个相同点：父母几乎一致认为自己对子女的性教育负有责任，并且希望子女们能拥有充满爱和有可靠伴侣的家庭（Akers et al., 2010；Wilson et al., 2010a, 2010b；Byers and Sears, 2012）。大部分父母会与他们的子女讨论性吗？据研究者、青少年和家长们自己的说法，事实上讨论没有那么多，而且讨论往往是性别化的。

到 18 岁时，几乎 97% 的美国青少年已经得到了一些正式的性教育，但通常并不来自父母（Martinez et al., 2010）。如图 5-2 所示，女生和男生（虽然比例低）几乎同样可能与父母探讨性传播疾病以及如何预防艾滋病。然而，相比儿子，父母们更可能与他们的女儿谈论禁欲（"如何对性说不"）、避孕方法，以及从哪里能够得到避孕药具。只有 38% 的男生跟他们的父母聊过如何使用避孕套。我们接下来会说明性别差异的原因，但这些数据表明，女性而非男性承担着防止意外怀孕的责任。

许多父母的性教育，甚至在孩子的童年早期，就已性别化对待了。一项针对美国 3～6 岁儿童母亲的调查发现，相比儿子，母亲们更多地会告诉女儿性行为和生育孩子是结婚后才能享有的权利，从而教给女孩们一种更严苛的"道德标准"（Martin and Luke, 2010）。当孩子们处于青春期前（10～12 岁）时，父母们变得更关注那些对他们孩子健康的性观念发展产生影响的外部威胁。他们担心互联网和有线电视上四处泛滥的色情内容、电视上负面的行为榜样、手机发送的色情信息、性侵者、音乐中的露骨内容、电子游戏和广告等会对孩子造成不良影响。许多父母也开始担心同辈压力会使得青少年性行为的年龄越来越早。尤其是黑人父母，正如你之前看到的，他们更担心自己在较小年龄就进入青春期的女儿会受到年长的男孩和男人们的骚扰（Wilson et al., 2010a）。

为了应对媒体和同辈群体带来的负面影响，父母们在与他们青春期前的子女谈论有关性的话题时，往往依靠几种策略。一些常见的方法包括创造机会谈论性（比如在看电视时）、与子女保持良好的关系、聊聊在性教育课堂上所发生的事

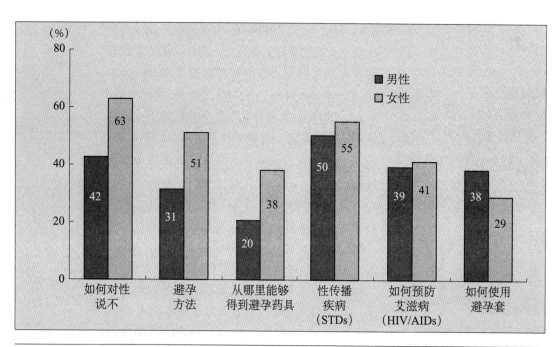

图 5-2 与父母谈论性的美国青少年（2006—2008）
资料来源：Martinez et al., 2010, Figure 4.

现同样的行为，这增加了他们发生风险性行为的可能性（Killoren et al., 2011）。

尽管同辈群体并非最好的信息来源，但他们仍然会有帮助。在讨论性方面，包括告诉他们性经验较少的朋友要使用避孕套，他们往往比父母更开放。那些感到和父母疏远的大学生往往把朋友当作支持和学习的来源，尤其是当他们186为自己的性决策感到后悔时，例如有过无保护措施的性行为或和他们几乎不了解的人发生了性行为（Allen et al., 2008；Jones and Biddlecom, 2011）。

青少年从他们的兄弟姐妹那里学到性知识的可能性最低，但年长的兄姐在他们年幼的弟妹对性的了解方面扮演着重要角色。年长的兄姐也许不会告诉他们的弟弟妹妹"对性说不"，但他们可以发挥有益的作用，建议他们的弟弟妹妹，尤其是男孩使用避孕套（Holt et al., 2003；Kowal and Blinn-Pike, 2004）。

情，以及利用他们阅读和讨论的书和宗教教义等资源（Wilson et al., 2010a）。

一般来说，很多父母认为青少年在性方面非常活跃，但不包括他们的孩子，因此，谈论性没有多大必要。父母也会遇到青少年的抵制，因为青少年相信他们知道自己在做什么、对讨论性感到尴尬，抑或不希望父母干涉他们的生活（Elliot, 2012）。然而，具体来说，正如表5-2所示，很多父母不谈论性的原因在于他们自己，而非子女的态度和期望。

（二）同辈群体和兄弟姐妹

除了亚洲年轻人以外，同辈群体是性知识最常见的来源，而且女性更有可能和她们的闺蜜们讨论有关性的话题，尤其是避孕方面（Holt et al., 2003；Jones and Biddlecom, 2011b）。但是因为朋友们往往对性有误解，因此这种传授可能类似于向盲人问道。正如你先前所见，很多青少年对诸如女性的排卵期和避孕药具的正确使用等知识知之甚少。

亲子关系有问题的青少年倾向于通过寻找能支持自己的朋友来获得补偿。如果朋友有越轨行为，例如醉酒或吸毒，青少年也可能会出

（三）宗教

当社会学家和其他社会科学家研究人们的宗教行为时，他们会衡量人们的虔诚程度，即人们展现自己宗教信仰的方式。衡量措施包括评估人们多长时间参加一次宗教仪式、人们在宗教活动中的参与度，以及人们是否认为自己的宗教信仰确实影响到其日常决策。

那些监控自己孩子的活动、亲子关系很紧密的信仰宗教的父母倾向于推迟孩子的性行为。然而，具有相同特点但没有宗教信仰的父母也会有相同的做法（Manlove et al., 2008；Longmore et

表 5-2 为何许多父母不会与他们的子女谈论性

原因	举例
父母相信子女还没有准备好去听关于性的事情	"如果孩子自己没有考虑性的问题，那么我并不想在我孩子的脑中植入这些想法""我不想破坏我孩子的天真"
对于性，父母不知从何说起	"我不知道如何开始关于性的话题""我可能无法回答像性传播疾病这样的问题"
父母没有时间或精力	"我是一个成天忙于工作的单身父亲／母亲，我没有时间同我的孩子谈论性""我妻子和我都要工作，我们的大部分时间花在了料理家务上"
子女不想讨论性	"我们的孩子不想谈论性""我们的孩子认为他们已经知道一切，认为我们老土过时，已经和社会脱节"
父母对性感到尴尬或不安	"当我还是个小孩时，我的父母从不和我谈论这些，所以我发现如今和我自己的孩子谈论性，也难以启齿""如果我的孩子问起，我不想告诉他们我年轻时所过的那些吸毒和有多个性伴侣的'放荡日子'""像讨论手淫这样的话题，我感到有些不自在"
父母没有考虑过讨论性话题的必要性	"我只是从未想过和我的孩子讨论性话题，因为他们在学校有性教育课程"
部分家庭功能失调	"因为我吸毒，很多时候不在（孩子身边）""我的另一半还在坐牢，孩子们生活在寄养家庭"
亲子之间存在语言与文化障碍	"我很难与我的孩子对话，因为我只会说一点点英语，而他们只会说一点点西班牙语""我的孩子想要独立思考，而非遵从我的国家那种以父母为权威的传统"
父母担心谈论性话题可能会传递错误信息	"我不想我的女儿有性行为或怀孕，但如果我教她避孕知识，她也许就会认为发生性行为是可以的""如果我与我儿子谈论使用避孕套，那么他可能会认为发生性行为是被允许的"
父母缺乏对某些话题的了解	"我已经告诉我儿子如何使用避孕套，但是我不知道除了吃避孕药外，我的女儿还能采用什么方式避孕""关于性传播疾病，我了解得不多"

资料来源：Eisenberg et al., 2004; Akers et al., 2010; Wilson et al., 2010a，2010b; Byers and Sears, 2012.

al., 2009）。

除了少数加入宗教机构的福音派大学生之外，大多数大学生是将宗教信仰与性行为分开的。还有一些大学生对性行为进行了重新定义。例如，福音派那些有过口交或肛交行为的大学生依然认为自己是处男（女），因为他（她）们将这些行为视为"非真实的性行为"（Freitas，2008）。

一项针对美国青少年的全国性研究认为宗教信仰和性行为之间几乎没有联系。例如，在把自己看成福音派信徒或再生基督徒的青少年中，有 80% 的人认为只有在结婚后才能发生性行为。然而，在年轻的时候，相比主流的新教、犹太教或天主教的同龄人，他们更有可能失去童贞（Regnerus，2007）。

在全国范围内，福音派信徒认为婚前性行为是一种罪恶，但在未结婚的福音派信徒中，42% 的青少年和近 80% 的 20～24 岁的人有过性行为。

在那些意外怀孕的人中，30% 的人经历过一次堕胎（The National Campaign…，2010；Jones and Dreweke，2011）。通常，宗教似乎更影响态度而非行为。

（四）大众传媒和流行文化

在今天年轻美国人的生活中，大众传媒是最强大的力量之一。在所有 8～18 岁的青少年中，使用大众传媒的平均时间从 1999 年的每天少于 6 个半小时增至 2009 年的每天超过 8 个半小时（Rideout et al.，2010）。每天近 9 小时，这比大多数成年人每天花在工作上的时间都要长。电视、电影、音乐、杂志、电子游戏、歌曲以及互联网提供了关于包括性在内的很多话题的源源不断的信息。让我们来看看这些信息来源。

1. **电影** 分级制度并没有被严格执行（例如，很少有观众会被禁止观看 R 级电影），而大多数年龄段的人群都可以访问 X 级电影。同样，电影分级已经变得更为宽容。自 1992 年开始，很多原本被定级为 PG-13（"强烈建议家长注意"）的电影现在却被定级为 PG（"建议父母指导"）。这种"分级蠕变"增加了青少年甚至幼儿在电影中看到有关性图像的可能性（Thompson and Yokota，2004）。

大家从前面的内容中已得知，在最卖座的电影中，年轻女性相比同龄男性更有可能被性化。许多性内容可能不会给一些青少年留下什么印象，但是它通过强化宽容的性规范来塑造性决策。例如，对随意性行为的强调就传达了一种信息，即性与承诺之间没有联系（Brown et al.，2002；Regnerus and Uecker，2011）。

2. 电视与电子游戏 性是大多数电视节目的主题。包括性行为在内的某些形式的性内容出现在 70% 的电视节目中，比 1998 年 56% 的占比有所提高。青少年在音乐视频中更容易接触到性图像（Kunkel et al.，2005；Roberts et al.，2009）。

2011 年，联邦最高法院裁决（在布朗诉娱乐商人案中做出了 7：2 的裁决）出售给未成年人的电子游戏，甚至是极端暴力的那种，都受到"宪法第一修正案"中言论自由的保护。大多数法官认为没有任何科学研究*证明*暴力游戏会导致未成年人行为具有攻击性，以及应由父母而非政府来决定什么适合他们的孩子（Schiesel，2011；Walls，2011）。

电子游戏行业对这项裁决欢欣鼓舞。并且，许多父母和立法者赞同其中一名对裁决持异议的法官的看法：禁止向一名 13 岁男孩出售带有裸女形象的杂志毫无意义，但不应允许出售这样的互动视频游戏，在该游戏中，同一男孩"积极地……捆绑并堵住那个女人的嘴，然后折磨并杀死了她"（Barnes，2011：A1；也见第 3 章）。

3. 互联网 大家将在下文中看到综合型性教育课程已经减少。因此，很多青少年转向互联网来查询性健康信息。坏消息就是在青少年浏览的 177 个性健康网站中，只有 46% 的网站提到了避孕，35% 的网站讨论了堕胎，其中还包括一些不准确的信息（Buhi et al.，2010）。

好消息是许多青少年在选择网站时变得更为睿智。一份关于 58 名初中生和高中生的定性研究发现，仅有 5 名受访者认为互联网是性信息的准确来源。青少年对在线网站（包括维基百科）持谨慎态度，因为"任何人都可以建立一个网站"，并且他们认为，准确地说，"性是为了售卖商品"。青少年使用的一些策略包括关注域名为 .org（非营利组织）、.edu（教育）、.gov（政府）的机构网站和与健康或药物资源相关的网站（例如，美国医疗健康服务网站或者公共健康部门网站）（Jones and Biddlecom，2011b）。

（五）学校性教育

大家已经了解到很多父母不和他们的孩子谈论性，充斥着对性的不切实际描述的大众传媒和流行文化将我们淹没。因此，许多学校和社区团体承担了对孩子和青少年开展性教育的责任。

大约 90% 的父母赞成学校开设*综合型性教育*（CSE）课程。这些项目从学前班开始持续到 12 年级。它们包括与年龄相符的、医学上准确的话题信息，包括解剖学、爱情、禁欲、避孕和疾病预防等。

虽然仅 10% 的父母希望公立学校开设唯禁欲型课程，但 26 个州都要求学校强调禁欲。尤其是在美国南部地区，大部分学区已经选择唯禁欲型课程（Boonstra，2009；Landry et al.，2011；Guttmacher Institute，2012）。

2001 年，布什政府制订了一项资助唯禁欲型课程的联邦计划，迄今为止，该计划耗资已超过 10 亿美元。奥巴马总统承诺将唯禁欲型计划改为青少年预防怀孕计划，但这并没有发生。2012 年，国会批准了 1.8 亿美元的综合型性教育课程和 5 500 万美元的唯禁欲型课程。与过去相比，后者的资金分配是适度的，但它的支持者认为"在未来它将会获得更多的资金支持"（Boonstra，2012：6）。

唯禁欲型课程的提倡者主张"对性说不"计划，以将性行为推迟至婚后。然而，最近一些具有全国代表性的研究表明，事实并非如此。例如：

- 在那些做过童贞宣誓的青少年中，82%～88%

的人在一年后性行为就很频繁，并否认了这一承诺（Rosenbaum，2009；Thomas，2009）。

- 在 15 ～ 19 岁的青少年中，唯禁欲型教育不会减少发生婚前性行为的可能性；而那些接受了综合型性教育的人在意外怀孕和性传播疾病方面的风险较低（Kohler et al.，2008；Guttmacher Institute，2012；Hall et al.，2012）。

- 对 56 项评估唯禁欲型和综合型性教育项目的研究进行回顾后可以发现：大多数唯禁欲型项目不会推迟性行为的发生；而 2/3 的综合型性教育项目既推迟了青少年性行为的发生，又增加了其避孕药具的使用（Kirby，2008；Trenholm et al.，2008）。

- 在以唯禁欲型计划为主的州——几乎都在南部——青少年意外怀孕的概率几乎是那些开展综合型性教育课程的州的两倍（SIECUS，2011；Beadle，2012；Conklin，2012）。

哪种性教育项目最有效？答案正是综合型教育项目。它们在生殖方面提供了准确信息，强调禁欲但也讨论避孕套和其他避孕措施，它们在青少年发生性行为之前的小学就开始实施，并且针对的是生活在贫困社区的青少年高风险群体（Mueller et al.，2008；Sullivan，2009）。

四、性行为

美国人——年轻人、老年人以及年龄处于他们之间的人群——的性行为包含了 41 种不同的性行为的组合，除了性交外，性行为还有许多其他形式，如调情、接吻、自慰、口交和肛交。

（一）调情

调情，或不带认真意图的轻浮行为，通常是引起他人兴趣的第一步。无论调情是非言语的（如持续的眼神交流）还是言语的（如"我喜欢和你聊天"），它都标志着"性趣"。调情的危险之一是意图可能会被误解。男性比女性更容易错误地把友好、善意当作一种性诱惑或暗示，这样有时会导致男性对女性的性骚扰（Farris et al.，

189

联系起来

- 你的家庭生活会影响你的性行为或性决定吗？
- 如果有的话，你在小学、初中或高中上过什么样的性教育课程？这种课程是否会影响你的性行为？
- 如果人们在二三十岁时结婚，那么你认为期望他们保持童贞现实吗？

2008；Rutter and Schwartz，2012）。

（二）接吻

中东许多国家禁止男女在公共场合有亲密的身体接触，包括接吻。在印度的一些地方，当众接吻会被罚款 12 美元。接吻被认为是一种"高度色情化的行为"，夫妻在结婚之前都不应该出现这种行为。政府官员认为当众接吻会鼓励关于性行为的那种宽容的西方文化规范。在接到大量抗议后，墨西哥中部城市的一位市长不得不撤回一条关于违反当众接吻禁令将会受到处罚的法令（Sappenfield，2007；Ellingwood，2009）。

在美国，在一些公共场合如商店、餐厅或者大街上当众接吻是可以被接受的（或者至少可以容忍）。因此，不同于其他一些社会，美国人认为在公共场合接吻可能很低趣味，但在表达自己的性感觉方面是正常的。

（三）自慰

自慰是指在没有外部刺激的情况下的性快感的唤起。两种最常见的自慰形式是性幻想和手淫。

1. **性幻想** 我们大多数人（男性多于女性）都会有性幻想——对性活动的心理想象。性幻想往往反映性别角色（见第 3 章）。例如，女性的幻想通常是浪漫的、被动的和顺从的。男性更容易幻想大量的伴侣和随意的性接触（Battan，1992；Geer and Manguno-Mire，1996）。

性幻想在情感和心理上是健康的。它们可以为被压抑的情感提供一个安全阀，或让人从无聊的日常生活中解脱出来，如幻想"在一场爆满的橄榄球比赛场的中场线上发生性行为"（Patterson and Kim，1991：79）。性幻想还可以提升我们的自我形象，因为我们不必担心阴茎或乳房的大小、身体的吸引力、身高或体重。因为我们在创作和导演一个幻想中拥有完全的控制权，我们能够在我们想要的任何时候改变或停止它（Masters et al.，1992）。

2. 手淫　当被问及未来的性生活将是什么样子的时候，喜剧演员罗宾·威廉姆斯（Robin Williams）回答说："它将是你——和你。"**手淫**是性的自我愉悦，它涉及某种形式的直接身体刺激。它可能会也可能不会导致性高潮，但它通常包括摩擦、抚摸、爱抚、挤压或以其他方式刺激生殖器。它还包括身体其他部位的自我刺激，如乳房、大腿内侧或肛门。大多数手淫是独自进行的，但也可以有伴侣参与（相互手淫）。

手淫往往开始于童年，并且贯穿人的一生。青春期前的孩子可能在刺激自己时，并没有意识到他们所进行的就是性行为。例如，一个女孩在 8 岁时获悉，通过将自己的大腿挤压在一起，她能产生一种"绝对美妙的感觉"（Nass et al.，1981）。因此，许多孩子意外地发现了手淫。

尽管经常被指责，但手淫在所有性行为中仍然是最常见的。相比女性，手淫在男性当中更为普遍，几乎普遍存在于所有年龄组（见表 5-3）。存在性别差异可能出于几个原因：男性比女性更

可能会看色情作品，并在看色情作品时手淫；男性摆脱了许多女性所追求的感情束缚；男性经常手淫以补充他们的性生活，而女性则将其作为性的替代品；社会规范仍然包括"好女孩不要碰自己"的观点（Rutter and Schwartz，2012）。

和性幻想一样，手淫满足了几个需要：它可以缓解性紧张，提供一种安全的性实验方法（避免染病和意外怀孕），并最终学会将一个人的性行为转化为两人的性爱。通过手淫可以获得如同性交的性满足感，并且既不会阻碍成年早期社会关系的发展，也不会给婚姻带来问题（Leitenberg et al.，1993；Kelly，1994）。

（四）与异性的口交、肛交和性交

在一项对大学生的研究中，绝大多数人认为性行为包括阴茎插入阴道式和阴茎插入肛门式两种性交方式（两者分别占到 98% 和 78%），但仅有 20% 的人认为口腔与生殖器的接触也算性行为（Hans et al.，2010）。虽然许多人认为性行为就是指与异性发生阴茎插入阴道的行为，但是性行为这个术语实际上指的是任何一种形式的性交合，包括口交和肛交，以及异性伴侣和同性伴侣之间发生的性行为。性交（coitus）这个词专门指阴茎插入阴道的行为，因此，它是产生于异性之间的性行为。全世界大多数国家的文化普遍将性交称为性行为（sexual intercourse），更通俗地讲就是阴茎插入阴道（一般性的）的性行为。

口交有两种类型。**吮吸阴茎**（fellatio，源于拉丁语，意为"吮吸"）就是通过嘴来刺激男性的阴茎；**舔阴**（cunnilingus，拉丁语，意为"女阴"和"舌头"）是指通过嘴来刺激女性的阴部。吮吸阴茎和舔阴可以单独或同时进行。同时发生的口交行为有时也被称为"69 式"，是指性交双方的身体位置。*肛交*是指对直肠的直接刺激，包括插入阴茎、手指、人造阴茎（阴茎状物体）或震动按摩棒。

1. 性别和年龄差异　到了 8 年级，美国 15 岁以下的初中生中，9% 的人有过一般性行为（性交），且 8% 的人进行过口交（De Rosa

190

表 5-3　按年龄和性别来看，美国的单身和已婚人士多久手淫一次？

报告"每月至每周手淫几次"的男性和女性的百分比				
	男性		**女性**	
年龄组	**单身**	**已婚**	**单身**	**已婚**
18 ～ 24 岁	23%	30%	24%	28%
25 ～ 29 岁	31%	23%	20%	16%
30 ～ 39 岁	32%	25%	23%	20%
40 ～ 49 岁	29%	25%	22%	14%
50 ～ 59 岁	28%	17%	15%	10%
60 ～ 69 岁	20%	20%	13%	6%
70 岁及以上	23%	11%	5%	1%

资料来源：Herbenick et al.，2010c，Table 6，and Reece et al.，2010，Table 6.

et al.，2010）。而在那些年龄为 15 ~ 19 岁的人中，几乎半数人有过口交行为，大约有 13% 的人有过肛交行为（见图 5-3）。这样的数据表明，许多青少年是同时参与这一系列的性活动的，而不是用一种来代替另一种（Kaiser Family Foundation，2008；Lindberg et al.，2008）。

在美国，有过口交但没有过性交的青少年人数自 2002 年开始有所增长（Chandra et al.，2011）。那些先有口交，再有初次性交的青少年这么做的原因可能是他们认为口交不算"真正意义上的性行为"。而且，他们视其为一种推迟发生性行为以保持贞洁（特别是在那些具有宗教信仰的人当中），以及避免怀孕和感染性传播疾病风险的方式（Regnerus and Uecker，2011；Copen et al.，2012）。

到 24 岁时，更多的女性和男性有过肛交行为，但性交和口交的发生依然是最普遍的。到了 44 岁时，男性比女性更容易出现肛交行为，但性交仍然是最常见的性接触类型。这些数据显示，性经历之间几乎没有性别差异，且男女两性在整个成年期都会出现多种性行为。

191

有些人发现口交和肛交是令人愉悦的，而另外一些人则认为这令人作呕。例如，据一名女大学生所述，口交就像"把对方的鼻子伸进自己的嘴里喘气一样"（Wade and Cirese，1991：334）。即使人们觉得恶心，他们也会因为众多原因而提供或接受口交和肛交，原因诸如醉酒、来自另一半直接和持续的压力或想要取悦伴侣、害怕另一半因请求被拒绝而结束当前关系，以及避免因说"不"而可能引发的冲突或紧张等（Regnerus and

Uecker，2011）。

口交和肛交，与其他性行为一样，也取决于个人的偏好。然而，许多人并没有意识到，正如你将在本章后面看到的，性病可能会通过这两种性行为方式进行传播，从而导致梅毒、淋病、疱疹，以及引起宫颈癌的人乳头瘤病毒的感染。

2. 性与性别差异 对 15 ~ 44 岁的人而言，在进行口交、肛交和性交方面并没有太大的性别差异（见图 5-3），但他们在性伴侣的数量上是否存在差异呢？一项美国全国性研究发现，平均而言，到 44 岁时，男性（6%）和异性伴侣发生性行为的次数是女性（3%）的两倍。同样，到 44 岁时，有 21% 的男性（对比 8% 的女性）称

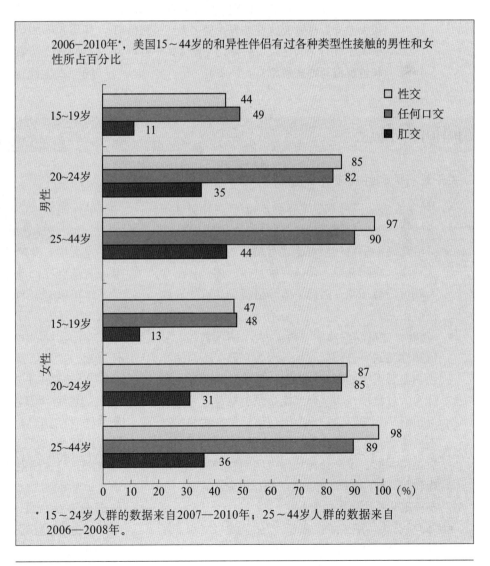

图 5-3 性接触类型

资料来源：Chandra et al.，2011，Table 5 和 Table 6；Copen et al.，2012，Table 1.

自己至少有 15 个性伴侣（Chandra et al., 2011）。

这些差异在很大程度上取决于性别角色。女性比男性更倾向于平衡工作和家庭责任，因此寻找性伴侣的时间和精力更少（见第 3 章）。此外，传统的男性性脚本将性行为视为娱乐消遣，而传统的女性性脚本则注重情绪、情感和承诺。喜剧演员杰·雷诺（Jay Leno）曾打趣道："根据一项新调查，76% 的男性宁愿看一场橄榄球比赛也不愿做爱。我的问题是，我们为何必须做出选择？你以为他们为何发明了中场休息时间？"

3. 关于性行为与性反应的某些谬论 幻想、听觉、嗅觉、触觉、图像和各种其他刺激都能唤起我们的性感觉。性反应是我们对性刺激的生理反应。性反应因年龄、性别和健康状况不同而有很大差异。尽管有这些差异，很多人还是相信那些关于性行为和性反应的谬论（见《关于性行为和性反应有哪些谬论？》一文）。

五、女同性恋者、男同性恋者、双性恋者和跨性别者的性行为

人类的性行为是在一个连续统范围内发展的（见本章前面的图 5-1）。在性认同、性吸引、性行为和公众反应方面，LGBT（女同性恋者、男同性恋者、双性恋者和跨性别者）群体也存在相当大的差异。

（一）流行率

LGBT 的人数在美国有多少？没有人确切知道，因为研究者对性取向的定义和测量方式不同，受访者可能不愿透露这些信息，以及与同性发生性行为的人往往认为自己是异性恋者

问问你自己

关于性行为和性反应有哪些谬论？

- *"体外射精是一种有效的避孕方式。"* 男性对性刺激的第一反应是阴茎的肿胀和勃起。阴茎可能会排出几滴不是精液但可能含有精子的液体。如果这种液体在阴茎插入阴道时被排出，那么这个女人就可能会怀孕。因此，体外射精仍然可能导致怀孕。

- *"勃起、射精和性高潮是相关的。"* 阴茎勃起、射精和性高潮不会同时发生，因为它们受不同的神经和血管系统的影响。因此，那些认为在发生性行为的过程中，阴茎勃起就必须射精，以免遭受可怕后果 ["蓝色球"（美国俚语，是指性冲动得不到满足所造成的睾丸胀疼状态）] 的男性，很显然是错误的。没有任何证据表明男性曾死于"最终勃起"。许多伴侣对温柔的性行为完全满意，并不一定非要达到性高潮不可。

- *"阴茎越大，性生活就越好。"* 阴茎的尺寸与"好的性生活"之间是没有必然联系的。也没有证据显示，相比白人，非裔美国男人有更大的阴茎、

更强的性能力，或永不满足的性欲。

- *"我总是能分辨出我的伴侣是否有性高潮。"* 除非是在电影中，女性的性高潮是很少伴有哮喘般的呼吸和抓床柱的动作的。性高潮既可以是爆发性的，也可以是温和的，这取决于女性的情绪或身体状况、压力、酒精摄入情况以及其他各种因素。近一半的女性和 11% 的男性说她（他）们曾假装性高潮，主要是为了取悦他们的伴侣或"完成任务"（Langer et al., 2004）。

- *"性高潮是好的性生活不可或缺的。"* 有些婚姻手册将同时性高潮（伴侣双方同时达到性高潮）作为性快感的最终目标。许多人试图调整他们反应的时间，但在性生活中如此卖力就成了一件苦差事。虽然同时性高潮可以令人满足，但独立的性高潮亦是如此。大约 5% ~ 10% 的女性虽从未体验过性高潮，但依然能够享受性爱的美好（Lloyd, 2005）。

（Gates，2011a，2011b）。估计有 25% 的美国人是男同性恋者或女同性恋者（Morales，2011；Taylor et al.，2013）。与此相反，最近一项全国性研究发现，仅仅约 3.5% 的美国人自称为LGBT（Gates and Newport，2012）。男 / 女同性恋者和双性恋者数量很接近，女性比男性更有可能是双性恋者，还有 0.3% 的人是跨性别者（见图 5-4）。

（二）性行为

虽然仅有不足 4% 的美国人自称为 LGBT，但美国 15% 的女性和 5% 的男性都曾经在性方面被同性吸引过。与同性有过身体接触的女性（12%）是男性（6%）的两倍之多。而且，在那些 15 ~ 21 岁并自称为异性恋者的人中，11%的女性和 4% 的男性发生过与同性的性接触（Chandra et al.，2011；McCabe et al.，2011）。因此，如前所述，性认同、性吸引与性行为是有重叠的。

（三）对同性恋的社会反应

澳大利亚现在的护照指定"M"为男性，"F"为女性，"X"为变性人（"Australian Passports…"，2011）。印度在 2011 年全国人口普查中首次提供了三个选项：男性、女性、包括 LGBT 在内的"第三性别"（Cohn，2011）。而且在泰国这个有着世界上最多变性人口的国家，一家航空公司招聘了一批"第三性别"空中乘务员（Mutzabaugh，2011）。

这些事例表明某些态度正发生变化，但亚洲、非洲以及中东地区的许多国家仍不能容忍LGBT（Samuels，2008；Williams and Maher，2009；Kuai，2011；IDAHO Committee，2012）。同性恋者，尤其是男同性恋者，可能会受到法律上的折磨、被扔石头、被监禁或被杀害。在非洲，有四个国家会对男同性恋者判处死刑，而且有 20 个国家会判处男女同性恋者从监禁一个月到终身监禁不等（Baldauf，2010）。在美国，社会对男女同性恋者的反应则从"恐同"到日益接受。

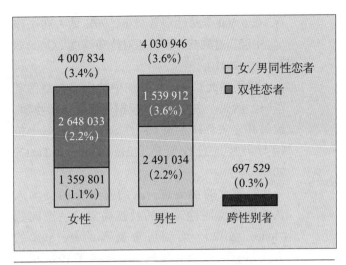

图 5-4 估计的美国成年人自称为 LGBT 的百分比和人数
资料来源：Gates，2011a，Figure 5.

1. 恐同　据一位学者所说，同性恋者的与众不同之处在于"他们受到歧视、虐待，且被视为病态或变态的"（Halperin，2012：B17）。恐同通常以*抨击同性恋*的形式出现，即针对同性恋者的威胁、攻击或暴力行为。2011 年，在向美国执法机构报告的 6 200 多起仇恨犯罪中，将近 21% 的受害者是 LGBT，但还有许多攻击同性恋者的事件没有被报告（Federal Bureau of Investigation，2012）。

在美国，恐同还有许多其他的表现。根据一些全国性调查，例如：

- 某些家长已经阻止公立学校开展讨论同性恋的健康课程；还有一些人要求学前班老师停止使用包含同性父母图片的书籍（Simon，2005；Doyle，2012）。

- 读 7 ~ 12 年级的男女青少年同性恋者，相比异性恋同龄人，因类似的不当行为，诸如逃课、酗酒、入店行窃、盗窃、贩毒和身体上的暴力行为，而受到学校、警察和法院惩罚的可能性高 40%（Himmelstein and Brückner，2011）。

- 13 ~ 17 岁的女同性恋者、男同性恋者、双性恋者或跨性别者，在学校受到殴打、骚扰、推搡或踢踹的概率是异性恋同龄人的两倍（Human Rights Campaign，2012）。

- 大约有 60% 的 LGBT 成年人因为性取向而一 194 直受到诽谤或嘲讽（Taylor et al.，2013）。

- 在 6 500 个跨性别者当中，90% 的人在工作中经历过骚扰、不公正对待和歧视（Grant et al., 2011）。

恐同如此普遍，但我们中的很多人是伪君子吗？例如，许多著名的反同性恋保守派牧师、议员和立法者被卷入了同性恋性丑闻，其中包括与男妓进行性交易（"How Queer Is That?" 2010）。

2. 更大的接受度 大约有 63% 的美国人认为对男女同性恋者的歧视确实是一个问题（Jones, 2012）。而创历史新高的是，59% 的人表示社会应该接受同性恋（高于 1994 年的 46%）；在 30 岁以下的年轻人中，有 81% 的人持这种观点（Cohn, 2013；Newport and Himelfarb, 2013）。众多市政辖区、大小公司现在会给它们

联系起来

- 如果你最好的朋友告诉你，他 / 她是同性恋者，你有什么感觉？若你父母中有一方这样做呢？你的兄弟或姐妹如此呢？你处于青春期的女儿或儿子如此呢？若你是同性恋者并已出柜，你的家庭和朋友会如何反应？
- 有 LGBT 角色的电视节目是进步的标志，还是令人讨厌的？

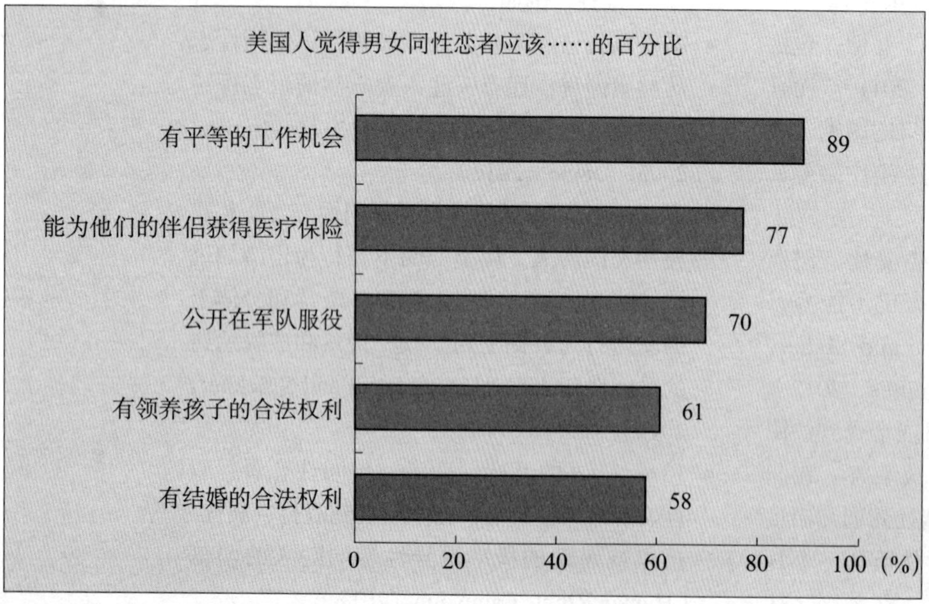

的男女同性恋员工及其伴侣提供比那些未婚同居的异性恋员工更多的医疗保健和其他福利。美国最高法院和越来越多的州已经将同性婚姻合法化（这是第 8 章中我们将讨论的话题），还有许多美国人支持在工作场所和别处给予男女同性恋者平等权利的政策（见图 5-5）。

还有很多其他指标可以显示出 LGBT 的被接受度更大了。2012 年，在军方废除针对同性恋服役人员的"不问、不说"政策（"不问、不说"政策是克林顿政府于 1993 年提出的应对军队中同性恋问题的政策，即军方原则上不欢迎同性恋者，不过军方不会主动过问服役者的性倾向，服役者也不必主动向军方表明自己的性倾向。但服役男女一旦公开表明自己是同性恋者，就将被开除）一年后，军方将第一位公开的同性恋女性军官晋升为准将。2013 年，五角大楼为同性伴侣增加了福利，包括使用美国军事基地的大量家庭型设施和服务，以及如果一方在行动中被俘或失踪，另一方就会得到补偿金（Wald, 2012；Cloud, 2013）。超过 50 所大学的校园提供了不分性别的住房，它们也可以容纳跨性别学生（Tilsley, 2010）。超过 3 000 所学院或大学有 LGBT 学生俱乐部，并积极招收同性恋学生（Lipka, 2011）。

自 20 世纪 90 年代中期以来，大量 LGBT 角色成为某些热门电视节目中的主角和配角，并且这些节目在电视台的黄金时段播出，如《辛普森一家》（The Simpsons）、《实习医生格蕾》（Grey's Anatomy）、《绝望主妇》（Desperate Housewives）、《办公室》（The Office）、《傲骨贤妻》（The Good Wife）、《欢乐合唱团》（Glee）、《摩登家庭》（Modern Family）、《名声大噪》（Smash）、《美国老爸》（American Dad）（Gay and Lesbian Alliance Against Defamation, 2012）。

美国人觉得男女同性恋者应该……的百分比

有平等的工作机会	89
能为他们的伴侣获得医疗保险	77
公开在军队服役	70
有领养孩子的合法权利	61
有结婚的合法权利	58

0 20 40 60 80 100 (%)

图 5-5　关于男女同性恋者权利的态度
资料来源："Gay and Lesbian Rights", 2012；Cohn, 2013.

六、生命历程中的性

在我们的一生中，我们可能会爱上很多人，但通常只会与他们中的很少人发生性行为。我们也可能与我们并不爱的人发生性行为。也许，我们还有另一种选择：禁欲。

（一）童贞与禁欲

*处子（女）*是指从未经历过性行为的人。据报道，年龄为 15 ~ 19 岁的未婚青少年中有 58% 的人从未有过性行为，相对于 1991 年的 46% 的比例有所增加（Eaton et al., 2008；Martinez et al., 2011）。在青少年当中，与其早期性行为相关的因素有许多（见表 5-4）。但为何在有着相似特点的青少年中，有些人会比其他人更倾向于禁欲？为何一些成年人没有性生活？

1. 为何青少年会禁欲 对于自 20 世纪 90 年代初以来青少年性行为减少的现象，有几种可能的解释。首先，价值观和实际考虑会影响对性的决策。在年龄为 15 ~ 19 岁的青少年中，最重要的原因（对 41% 的女性和 31% 的男性而言）是发生性行为是"违背我的宗教信仰和道德感的"。对女性而言，接下来的两个原因和优先考虑次序是"不想怀孕"以及"还没有找到那个对的人"。而对男性而言，第二个最为常见的原因就是"还没有找到那个对的人"，接下来才是"不想让女性怀孕"（Martinez et al., 2011）。

其次，一半以上的青少年认为还有很多其他的性行为——包括触摸生殖器、口交以及肛交——并不是"真正的性行为"。很多青少年表明他们仍然保有处子（女）之身，而且他们并不认为自己违背了他们关于结婚前必须禁欲的道德或宗教观念（Bersamin et al., 2007；Masters et al., 2008）。此外，有些青少年认为，只要他们近期没有发生性行为，自己就是贞洁的（Jones and Biddlecom, 2011c）。事实上，许多青少年有过性行为，但没有过性交行为。

最后，家庭动态——如亲子之间的联系和良好沟通——也许会推迟性行为的发生。正如大家前面所见，不管宗教信仰如何，那些父母会监管

孩子活动的家庭以及有着紧密的亲子关系的家庭都能推迟他们孩子的初次性行为。

表 5-4　与青少年早期性行为有关的因素
● 酒精或其他药物的使用。
● 违法行为。
● 未满 16 岁就开始约会或介入一段承诺关系中。
● 平均成绩差或辍学。
● 生活在单亲家庭。
● 母亲未满 20 岁就生育了第一个孩子。
● 母亲不是大学毕业。
● 在青少年期父母离婚。
● 贫穷。
● 遭受过家人或亲戚的身体虐待或性虐待。
● 父母对青少年活动及其朋友极少监管。
● 父母对性持宽容的价值观，包括父母中的一方曾与客人同居或睡觉。
● 缺乏对青少年，尤其是处于青春期的青少年的邻里监督。

资料来源：基于本章所引用的作者的研究汇编。

2. 为何成年人会禁欲 终身禁欲的成年人数据有限，但到了 44 岁，仅有 0.4% 的女性和 1.3% 的男性没有与异性伴侣发生过性行为（Chandra et al., 2011）。成年人禁欲的主要原因包括没有伴侣、患慢性疾病、有心理健康问题、出现性功能障碍以及另一半有不忠行为。从社会交换论的视角来看，伴侣们仍然保持独身关系是因为陪伴、爱情与友谊比性行为更重要（Donnelly and Burgess, 2008）。不同于食物、睡眠和住所，性并非人类生存的必需品。有性行为固然令人满意，但保持童贞和禁欲也不会致命。

（二）性与青少年

无数青少年在推迟发生性行为，但有更多青少年在性上仍然非常活跃。到 19 岁，大约 43% 的青少年已经有过性交行为，而且其中女性所占比重比男性更大。然而，如图 5-6 所示，白人、黑人以及拉美裔男性相比他们的女性同龄人，更倾向于拥有 3 个或更多的性伴侣（Martinez et al., 2011）。

1. 性关系的特点 大部分年龄为 15 ~ 19

岁的青少年会和他们认为"关系稳定"的某个人发生初次性行为，但在女性中所占比例（70%）要高于男性（56%）。在同一年龄组中，男性（28%）比女性（16%）更倾向于和他们刚刚认识或仅是普通朋友的人发生初次性行为（Martinez et al., 2011）。此外，性活跃的男性比女性更倾向于有 3 个或更多的性伴侣。这些数据都表明年轻男性对性更随意，并且会为了获得性而稳定地进行交往。

2. 不想要和矛盾的性行为 就全美而论，5% 的男性和 11% 的女性称在 20 岁之前有过不想要的初次性行为；其中大多是非裔美国人。另外 48% 的女性和 33% 的男性谈到，对于初次性行为，他们的感受有些复杂。黑人女性（57%）和黑人男性（40%）对于初次性行为最有可能持

矛盾心理（Martinez et al., 2011）。不想要的性行为的发生，特别是在黑人青年当中，在很大程度上是由于表 5-4 中所列出的一些因素。然而，目前尚不清楚青少年对初次性行为的矛盾心理是否来自同辈压力、父母因素、环境变量、文化价值观或这些原因的综合作用。

（三）性与单身者

单身者群体由不同的人——从未有过婚史者、丧偶或离异者以及未婚同居者——构成。单身者越多，单身时间越长，就越有可能参与各种各样的性关系，这已经成为一种可以接受的社会现象（正如你将在第 7 章和第 8 章中所看到的）。因此，人们普遍认为单身者有着"摇摆不定"的性生活和无数充满激情的性伴侣。事实真的如此吗？或这是一种刻板印象？

1. 性生活频率 除手淫外，单身者有多少性 *197* 行为取决于多种因素，比如性别、年龄、健康状况、外貌、打扮和伴侣关系。例如：

- 肥胖的单身女性（那些就体重而言被定义为"肥胖"的人）相比她们的男性同龄人，约会和性生活都可能更少（Gailey, 2012）。
- 单身男性比单身女性有更多的性生活，因为相比女性（5%），他们更可能（17%）在同一时期内有多个性伴侣（Paik, 2010）。
- 年龄为 18 ~ 94 岁的人当中，同居的女性与男性会比那些仅在约会阶段的女性与男性有更为频繁的性生活（Herbenick et al., 2010c; Reece et al., 2010）。
- 年龄为 18 ~ 94 岁的单身者当中，那些称自己身体状况较好的人对性行为有更大的兴趣，并且能够有更多的性生活（Herbenick et al., 2010c; Reece et al., 2010）。

2. 性伴侣数量 在所有类型的关系中，到 44 岁，男性比女性拥有更多的性伴侣。或许令人惊讶的是，如表 5-5 所示，未婚男女（未婚、未同居的）有 15 个或更多异性性伴侣的可能性最小（7% 的女性和 15% 的男性）。相反，那些离婚但未与他人同居的人拥有最多的性伴侣。

在未婚者当中，为何从未结过婚的单身者比那些有过婚史的单身者的性伴侣更少？年龄是一

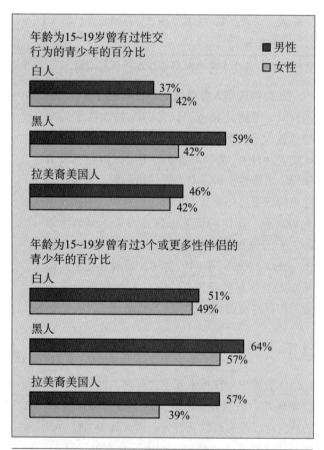

图 5-6 有过性经验的美国青少年（2010）

注：这些数据针对的是从未有过婚史的青少年。对于男性而言，女性伴侣数量的中位数为 1.8 个；对于女性而言，男性伴侣数量的中位数为 1.4 个。

资料来源：Martinez et al., 2011, Table Ⅰ, Ⅶ, and Ⅷ.

个重要的因素。因为大部分美国人在推迟结婚，离婚者年龄较大，而且他们有更多的性爱机会。丧偶者，特别是女性丧偶者的性伴侣更少，因为她们通常在50多岁或更晚才成为单身者，选择合适性伴侣的范围更为狭窄。此外，共同生活的人往往会选择在年轻的时候成为伴侣，这会导致其一生中的性伴侣数量更少（见第7章、第13章和第14章）。

但是为何在所有类型的关系中，会有如此大的性别差异呢？因为性双重标准持续存在，许多女性可能会对其性伴侣的数量有所限制，因为她们担心被视为"放纵"和"对性很随便"的人。受教育程度越高，性伴侣数量越少，相比男性，这点对女性更为适用。例如，相比7%的受过大学教育的女性，12%的受教育水平较低的女性会有15个或更多异性性伴侣（Chandra et al., 2011）。许多年轻女性为了追求大学学位，花在性上的时间更少，并且"可能会推迟发生性行为，因为她们会考虑诸如意外怀孕这些潜在的后果"（Friedman，2011：42）。

表5-5 一些单身者比其他人有更多性伴侣

年龄为15～44岁的人有15个或更多异性性伴侣的百分比		
	女性	男性
已婚有偶	6%（2.5）*	22%（4.9）
未婚，未同居	7%（3.2）	15%（4.1）
目前同居	14%（4.6）	32%（7.3）
有过婚史，未同居	19%（5.3）	47%（11.9）

* 括号中的数字表明了性伴侣的中位数。
资料来源：Chandra et al.，2011，Tables 3 and 4.

198

交换理论也有助于解释性伴侣数量上的性别差异。在有过婚史但未同居的人中，相比47%的男性，只有19%的女性有过15个或更多异性性伴侣。你将在后面的章节看到，从事与男性类似职业的女性，收入通常低于男性，常常需要离开工作场所去抚养孩子，并在离婚后获得孩子的监护权，但其得到的子女抚养费却很低。低收入、家庭责任感，以及日渐丧失的生理吸引力都意味着她们能吸引性伴侣的资源更少。

（四）婚姻中的性生活

一般来说，较高的性满意度与婚姻稳定性有关（Veroff et al.，1995；Yeh et al.，2006）。已婚夫妻可能会享受性爱，但随着时间的推移，他们对性爱的渴望不再那么强烈，因为他们关系中的性环境会发生变化。

1. 性生活频率 "我结婚了，"一个男人对另一个男人说道，"这意味着每周我能有三四次性行为。""太搞笑了，"他的好友回道，"那正是我要离婚的原因。"事实上，几项全国性研究显示，已婚夫妻倾向于有比单身者和同居者更为频繁的性生活。无论婚姻状况如何，性生活频率都会随人们年龄的增长而不断降低，但对已婚夫妻而言，他们的性生活频率下降程度会比其他人更小（Herbenick et al.，2010c；Reece et al.，2010）。婚姻中的性生活在频率上降低，通常缘于社会环境的变化。

2. 婚姻的性环境 如果夫妻关系中出现与性无关的问题（如酗酒和沟通不畅），那么夫妻的性生活频率和满意度可能会降低。随着婚姻的成熟，对谋生、组建家庭和养家糊口的担忧会超过对性爱的渴望。大约53%的成年人说因为过度工作、对经济状况的焦虑以及投入大量时间来养育孩子，日常的劳累已磨灭了他们对性生活的激情（Cosumer-Reports.org，2009；Yabiku and Gager，2009）。

就社会交换理论而言，如果夫妻双方都相信他们的收益和成本是相似的，那么他们的性爱会特别令人满意（Lawrance and Byers，1995；Waite and Joyner，2001）。例如，婚姻承诺、爱情和安全感（收益）往往胜于疲劳和较低的性生活频率（成本）。此外，根据社会交换理论，相对于单身者和同居者而言，性在已婚夫妻中所占的位置并没有那么重要，较低的性生活频率意味着出现的问题也较少。婚姻涉及一系列广泛的活动，包括生育和养育孩子、共享财务资产和发展与姻亲的关系（Yabigu and Gager，2009）。其中有些活动可能会有压力，但若收益是等于或高于成本的，这些活动就会出现。

（五）中年、晚年的性生活

大量年龄为45岁及以上的成年人同意有一个令人满意的性生活是相当重要的，但这并非他们的首要任务。相比性生活，身体健康、与朋友和家人关系亲密、财务安全、精神幸福以及与另一半关系良好更令人满足（Jacoby，2005）。

1. 性行为 因为已婚者比单身者或同居者共处的时间更长，所以研究者通常会收集已婚夫妻的数据来研究性生活是如何随时间推移而发生变化的。定性与定量研究（见第2章）都表明，随着人们年龄的增长，他们的性欲会降低，性行为会减少，但速度相当缓慢。

一项针对57～85岁已婚美国人的全国性研究发现，29%的人在一年或更长时间内没有性生活。这些人多为妻子，年龄为63岁及以上，结婚时间较长（平均35年），且受过大学教育；还有一种情况是，丈夫年长妻子11岁或更多，其中一方有或双方都有生理或心理健康问题（Karraker and Delamater，2013）。

在年龄为70岁及以上的已婚夫妻中，大约有1/3在一个月内进行过性交；在年龄为75～85岁的人群中，近23%的人一个月有四次或更多性行为（Lindau et al.，2007；Herbenick et al.，2010c；Reece et al.，2010）。在其他情况下，七八十岁的老年夫妻更注重情感亲密和彼此陪伴的重要性，享受并满足于亲吻、拥抱和爱抚（Heiman et al.，2011；Lodge and Umberson，2012）。

这些研究和其他研究都显示，老年夫妻的性生活会有所减少，但并没有消失。在长期的婚姻中，许多中老年夫妻表明他们的关系更加亲密、更加和谐。例如，据一对夫妻在他们60多岁的时候所说，随着他们渐渐老去，他们的婚姻已从爱情变为陪伴，"你有了一个可以陪你度过你的晚年时光，并与之进行分享的人……性在你们的关系中真的只占很小的一部分"（Lodge and Umberson，2012：437-438）。

2. 健康与性行为 健康状况不佳会影响整个生命历程中的性行为。然而，直到70岁左右，男性和女性的性活动频率才开始显著下降。毕生的不良习惯（如抽烟、酗酒）会加速心血管疾病的发作。一些疾病（如糖尿病）和治疗高血压的药物也会减少男女对性的兴趣，并造成老年男性阳痿（Lindau et al.，2007）。

尽管有如此多的困难，但许多老年男性和女性仍然会发生性行为且很享受它。一个记者问一位与一个18岁男孩结婚的90岁的老年女性："难道你不担心在蜜月期间发生可怕的事情吗？激烈的性爱可能会导致受伤，甚至导致致命的心脏病的发作！"她含笑回答道："如果会死，那就死吧！"

3. 性双重标准 老年男性没有像老年女性那样的要保持年轻、苗条和富有吸引力的压力。女演员乔安妮·伍德沃德（Joanne Woodward）曾说过，当把她自己的公众形象与其当演员的丈夫保罗·纽曼（Paul Newman）的公众形象进行比较时她发现，"他变得越来越有魅力，我却变得越来越老"。

衰老过程可能会增强一个男性的性欲，因为他有了更多的资源和权力。相反，一位年长的女性可能会被视为一个没有性生活的老女人，"因为吸引力与幸福感息息相关，所以外表吸引力的下降，特别对女性而言，简直是毁灭性的打击"（Levy，1994：295-296）。

大家从前面的内容已知，中年女性担心她们的性魅力，而中年男性则因勃起功能障碍而担心他们的男子气概。对已婚夫妻而言，这样的焦虑会在他们七八十岁的时候减少。随着情侣变为伴侣，性脚本变得没那么重要了，性双重标准也会减少或消失（Lodge and Umberson，2012）。

随着人们日趋衰老，在性上最大的障碍就是伴侣间的差距，特别是对寡妇和离婚者而言。因

联系起来

- 你会给那些被朋友、女友或男友施加压力而去发生性行为的年轻人提供什么建议呢？
- 你最喜欢什么样的性爱？最不喜欢什么样的？为何？如果你仍然没有发生过任何性行为，那么你是否对它有过幻想？
- 如果你80岁的父母、祖父母或曾祖父母有个未婚的性伴侣，那么你会有什么感觉？

为我们的文化不太支持年长的女性与年轻的男性之间的关系和婚姻，但支持年长的男性与年轻的女性之间的联姻，所以单身的年长女性能找到合适性伴侣的范围非常狭窄（见第 4 章、第 7 章和第 14 章）。

七、婚外情（性不忠）

大约有 94% 的美国人认为有婚外情是不道德的，比 1970 年的 70% 的比例有所上升。在剩下的 6% 的人中，大多数是男性，比如那些有研究生学位的人、离婚或分居的人，以及承认对配偶有过欺骗的人（Newport，2009；Carr，2010；Newport and Himelfarb，2013）。人们也可能对婚外情的定义所有不同。

（一）何谓婚外情？

有些人会把婚外情、*出轨*、*通奸*、*不忠*和*婚外性*这几个词互换使用。另一些人则更广泛地将不忠定义为"对信任的违背"和在任何一段承诺关系——无论婚否——中"对关系的背叛"（Pittman，1990：20）。对许多人而言，婚外性行为比在那些正约会或同居的人中出现的背叛行为更具杀伤力，因为已婚的另一半打破了具有法律约束力的民事契约。同时，婚外性行为也违背了夫妻要彼此忠诚的宗教承诺。

1. 精神出轨　精神出轨对于已婚和未婚夫妻可能是毁灭性的。近 1/4 的美国女性认为发生性行为并不是确定一个人不忠的唯一试金石，产生情欲就足以说明其不忠（Covel，2003）。

许多家庭治疗师认可婚外情不一定会发生性关系，因为精神出轨也违反了在一段承诺关系中伴侣要彼此信任的约定。精神出轨包括保密（去见某个人，但并没有告诉你的配偶或伴侣）、情感亲密（倾诉某些你并没有向你的配偶或伴侣吐露的事情），甚至是相互吸引（Glass，2002）。

2. 网络出轨　一些参与网络关系的人视上网为打发无聊时光的无害消遣。然而，有些家庭健康工作者认为网恋就是一种背叛，因为它涉及精神出轨：人们在网上分享个人信息（包括对自己婚姻不满的抱怨）、变得更为神秘，也可能会花更多时间与网络情人在一起，而不是与配偶或伴侣在一起（Young，2001）。因为网络出轨违背了信任，它会引起伤害、愤怒、抑郁与缺乏安全感等负面情绪。

有大量网站专门致力于帮助已婚人士出轨。参与其中的人可能永远都不会见面，但大约有 1/3 的人会见面。网恋最终可能导致婚姻或一段关系的破裂（Komando，2012）。

（二）婚外情有多普遍？

对于研究者而言——即使他们使用那些细致的抽样程序——一个持续存在的问题是，在搜集婚外情的准确数据时，大多数受访者是不愿意承认自己有过婚外情的，而且结果也可能会因时间框架、年龄组别以及问题措辞的不同而有所不同。不过，最具权威的全国性调查也产生了类似的结果。

如果你相信脱口秀节目，你可能就会认为约有一半的已婚美国人已经有过婚外情。事实上，在任何年份，都会大约有 4% 的已婚人士（4% 的男性和 3% 的女性）有婚外性行为。在人的一生中，大约有 17% 的人有过婚外性行为（19% 的男性和 14% 的女性）。自 1991 年以来，这个比例仅略有波动（Taylor et al.，2006，Drexler，2012）。在承诺关系中，无论婚否，有 16% 的伴侣有过婚外情（Langer et al.，2004）。

自 20 世纪 90 年代初以来，婚外情方面的性别差距一直在缩小，尤其是在年龄为 45 岁以下的人群当中。但男性出现婚外情的概率有所降低，而女性出现婚外情的概率却有所上升。尽管如此，女性仍比男性更倾向于认为婚外情总是错误的（Carr，2010；Marano，2012）。

尽管有这些数据，但我的学生都拒绝相信大多数已婚人士对婚姻是忠诚的，年年如此。他们举出脱口秀和他们自己的个人经历为例。例如：

我在酒吧兼职做酒保，周末就在酒吧里闲逛。我一直看着客人离开酒吧，我所能想到的只有他可怜的妻子一直在家等着他。

我很难相信仅有 17% 的已婚人士有过婚外情。大多数人在撒谎。

许多男人——不管是单身还是已婚——是用下半身思考的动物。你永远也说服不了我相信仅有约 21% 的男性有过婚外情。（作者的档案）

他们的怀疑在一定程度上是有根据的，因为研究者们也同意关于婚外情的数据可能被低估了。然而，在全国性调查采用类似的抽样策略、年龄分组和问题之前，现有的数据表明，婚姻中的性不忠并不像大多数美国人所认为的那样猖獗。

（三）人们为何不忠？

为何我们说我们应该做的（94% 的美国人说婚外情是错误的）与我们实际所做的（17% 的美国人有过婚外情）之间有这样的差异？不忠的原因包括宏观和微观两个层面。

1. 宏观原因 在许多关于婚外情的宏观原因的解释中，有些特别重要：

（1）*经济问题*，如失业、就业不足和房屋被收回，会影响人际关系，并增加性不忠的发生率。

（2）对许多人而言，*婚姻的目的已经发生了改变*。生育固然很重要，但许多夫妻结婚主要是为了寻求陪伴和亲密关系（见第 1 章）。而当这些需要没有被满足时，婚姻外的关系就可能得以发展。

（3）*城市生活的匿名性*助长了不忠行为，"不仅有大量潜在的伴侣可以接触，而且有更多的机会逃避被发现"（Marano，2012：65）。

（4）因为今天人们的*寿命更长*，婚姻可能持续长达 60 年之久，这增加了冲突、不满和不忠发生的机会。

（5）*对于婚外情有更多的机会*。旅行越多，深夜工作越多，以及与有相似兴趣的同事互动越多，受到发生婚外情的诱惑就越大（Drexler，2012）。

（6）正在变化的*性别角色*也导致了不忠行为的增加。随着女性在经济上变得越来越独立，尤其是当她们的收入超过了其配偶时，她们能更自由地做出自己的决定，包括发生婚外情（Paul，2010）。

（7）*大众传媒*，特别是影视节目，往往将性不忠描述为一种正常和可以被接受的现象，"浏览任何一周在电视上播放的节目情节，都似乎可以发现婚外性行为要多于婚内性行为"（Drexler，2012：63）。

（8）*技术进步*增加了婚外情发生的可能性。社交网络，如脸谱网，增加了发展浪漫关系的机会，并且许多网站还提供"谨慎接触的已婚约会服务"（Yancey，2011）。

（9）对于婚外性行为，*很少有负面的法律和婚姻后果*。虽然在 24 个州，法律将婚姻不忠定义为一种可以被起诉的犯罪行为，但这些法律很少被用于离婚和儿童监护权案件的起诉或执行（Bronner，2012）。而且，仅有 50% ~ 60% 的美国人认为婚外情会成为"他们婚姻的自动破坏者"（Hanes，2010：27）。

2. 微观原因 对于婚外情，也有一些微观方面的解释：

（1）*对情感或性满足的需要*可能会促使人们发生婚外性行为。那些有过不忠行为的女性往往觉得她们的丈夫不与其交流，除了上床外根本没有时间陪自己，她们感到孤独寂寞。相比之下，男性往往希望获得比他们实际所得更多的性爱（Weaver，2007）。

（2）两性（但男性的数量是女性的两倍）都会发生婚外性行为，因为它能给人带来*刺激*。正如一位处于承诺关系中的 38 岁男士所说："我喜欢多样化的性生活方式，最好是更狂野一点。"相比之下，女性只有在寻求情感上的关注或是爱上他人的情况下，才更容易发生婚外性行为（Weaver，2007）。

（3）婚外情*提升了自尊*。随着人们年龄的增长，他们可能试图向自己证明，自己在身体上和社交上仍然是性感和吸引人的。通过对那些自尊心不强的群体进行研究可以发现，男性比女性更容易发生婚外情，并以此来提升他们的自尊（Whisman et al.，2007）。

（4）性，包括婚外情，涉及*社会交换*。如果男性有地位、权力、威望或财富，那么这类年长的男性就能以此从具有吸引力的年轻女性那里获得性爱（Baumeister and Vohs，2004）。

（5）很多人发生婚外情是因为他们心存侥幸，觉得*自己不会被发现*。正如一名记者所称的"阿尔法男性"，很多政客就属于这类人，他们认为自己可以用权势和金钱"将一切都掩盖过去"（Page，2008：15A）。许多热卖的自助书籍建议夫妻"治愈"不忠的一方，而不应该用赌气离开对方的方式来解决问题（Glass and Staeheli，2004；MacDonald，2010）。因此，发现婚外情并不一定就意味着一段婚姻或关系的结束（Confer and Cloud，2011）。

（6）婚外情可能是对发生过类似行为（无论是真实发生的还是想象的）的另一半实施*报复或者反击*的一种形式（Kinsey et al.，1953）。

（7）婚外情也可以被看作*想要结束婚姻的一种方式*。有些人可能会故意发展一段婚外情，以此作为解除不幸婚姻的借口（Walsh，1991）。

在解释婚外情问题的时候，宏观与微观原因往往会有一些重合之处。例如，经济疲软状况（一种宏观层面的变量）可能会加重个人的不满情绪（一种微观层面的变量），从而增加发生婚外情的可能性。

（四）婚外情的后果是什么？

有些人是宽容的，会选择原谅另一半的不忠，但还有许多人接受不了，所以婚外情仍是离婚的最常见原因（见第13章）。受到伤害的那一方通常会觉得自己被爱人欺骗、背叛而郁郁寡欢。而且他们也会对自己产生怀疑：是否在这段感情中，对方没有感觉到自己对他（她）的爱；是否自己做得不够好；自己是不是没有价值。在发现高尔夫球巨星泰格·伍兹（Tiger Woods）的一系列通奸丑闻后，他的妻子与他离了婚。在遭遇背叛后，她形容自己如同去地狱走了一遭，而且对自己从不怀疑任何事而感到愚蠢和羞愧（Boren，2010）。

婚姻顾问指出，大多数婚外情会毁掉整个家庭。对那些通常缺乏安全感和感到迷茫的孩子而言，父母婚外情的负面影响特别突出，尤其是在因婚外情而导致婚姻破碎的情况下。因为很小的

203

联系起来

● 你认为精神出轨包括网络性爱，是婚外情的一种形式吗？抑或只是一种无伤大雅的浪漫游戏（在第4章中讨论过的游戏型爱情）？

● 你想要告知你的同事、朋友、亲戚或家庭成员，他或她的伴侣或配偶是不忠诚的吗？你想要被告知吗？

● 如果外遇能帮助人们忍受困境，如照顾长期有身心疾病的配偶或伴侣，那么不忠是道理的吗？抑或与一个情感和性上都冷淡的人结婚了，出轨是否情有可原？

孩子都是以自我为中心的，他们可能会觉得自己在某种程度上要为所发生的事情承担责任（见第13章）。

公众人物的不忠行为的影响是很复杂的。美国总统比尔·克林顿（Bill Clinton）与白宫实习生莫妮卡·莱温斯基（Monica Lewinsky）的口交丑闻并没有影响到他的名誉、连任或政治声望。而在被曝出有婚外情和私生子后，2008年的总统候选人约翰·爱德华兹（John Edwards）退出了美国政坛并与他的妻子离婚。大卫·彼得雷乌斯（David Petraeus），一位德高望重的陆军四星上将，在承认与他的女性传记作者存在不正当关系后，辞去了中央情报局局长一职。这些人的妻子和家庭成员正遭受痛苦，但许多第三者（两性关系中的不速之客）却被支付了高额报酬，在《花花公子》和一些名人杂志的封面上搔首弄姿。

婚外性行为对整个社会也有广泛的结构性影响。群体团结是社会存在所必需的。因为家庭成员相互依赖以获得情感支持，他们的团结和凝聚力可能会受到这些第三者的威胁。

八、性传播疾病

性是日常生活的一部分，但它并不总是一帆风顺的。在此，我们将简要地审视性传播疾病、性传染病和一些几乎完全通过性接触传播的疾病。

性传染病（STIs）是通过性行为（包括性

交、口交和肛交）传播的疾病。由于感染，一旦出现明显的症状，性传染病就变成了**性传播疾病（STDs）**。甚至在没有出现症状的时候，性传染病也可以从一个人传染给另一个人。

最严重的性传播疾病之一（在很多病例中，仍然是致命的）是**人类免疫缺陷病毒（即艾滋病病毒，HIV）**，这种病毒最终会导致艾滋病。**艾滋病**（全名为获得性免疫缺陷综合征，AIDS）是一种退化性疾病，它会攻击人体的免疫系统，使其不能对抗一系列疾病，包括某些形式的肺炎与癌症。

（一）性传播疾病的传播范围有多广？

美国每年有近 1.9 亿新的性传播疾病感染案例。性传播疾病影响了全部年龄段和所有经济水平的女性和男性，但几乎有一半的性传播疾病发生在 25 岁以下的人群中，而且少数人最有可能是被感染的。（除非另有注明，本节大部分数据都来自美国疾病预防与控制中心。）

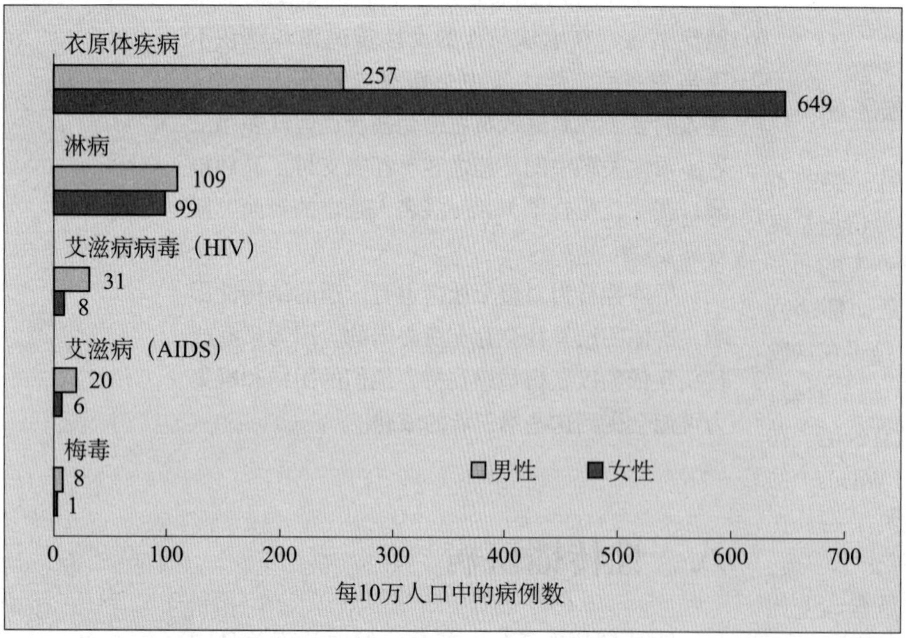

图 5-7 2010—2011 年美国按性别分列的某些性传播疾病病例
注：这些数据是保守的，因为很多人没有意识到他们已被感染，也没有寻求药物治疗。实际发病率可能高出 4 到 5 倍。
资料来源：Centers for Disease Control and Prevention，2010，2012b.

全球至少有 50 种类型的性传播疾病。今天，*梅毒*是最少见的性传播疾病，但自 2005 年以来，它的发病率有所上升，特别是在 15 ~ 19 岁的黑人当中。大多数患者是与其他男性有过性行为的年轻男性（MSM），并转而传染给了异性恋的女性。

最常见的性传播疾病是*衣原体疾病*，这是一种细菌感染，其次是*淋病*。相比之下，艾滋病病毒和艾滋病的新发率较低（见图 5-7），但那些感染者可以被治疗，却不能被治愈。如果没有早期筛查和治疗，10% ~ 40% 的女性淋病患者就会发展出盆腔炎性疾病（PID），它会带来危及生命的并发症。大约有 2 000 万美国人（其中 67% 为女性）感染了*人乳头瘤病毒*（HPV），它会感染女性和男性的外生殖器部位。几乎有 400 万美国人也患有一种被称为滴虫病的性传播疾病，这是一种由寄生虫引起的性传播疾病，通常在发生性行为的过程中通过已被感染的人来传播。

自 1981 年 6 月 5 日首次被报道以来，截至 2009 年年底，艾滋病已经剥夺了近 62 万美国人的生命。大约有 120 万美国人正受到艾滋病的侵害，且 2010 年有超过 4.8 万名新的艾滋病病毒感染者。虽然艾滋病的死亡率一直在下降，但某些群体却尤为脆弱。正如图 5-8 的数据表明的，男性、非裔美国人和与男性发生性行为的男性感染艾滋病病毒的概率最高。那些在 2010 年被诊断出患艾滋病的人中，只有 12% 的男性（与 86% 的女性相比）是在与异性的性接触中被感染的。

（二）人们是如何传播性传播疾病的？

分娩和母乳可传播艾滋病病毒，但最常见的感染方式是通过性活动。

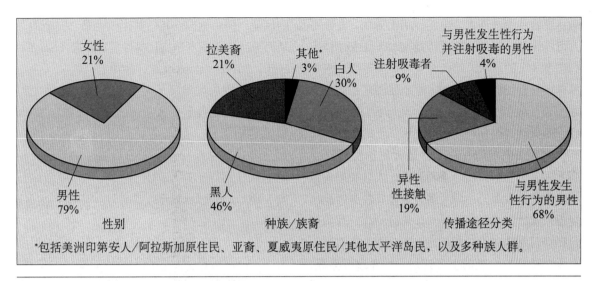

女性 21%

拉美裔 21%

其他* 3%

白人 30%

注射吸毒者 9%

与男性发生性行为并注射吸毒的男性 4%

男性 79%

性别

黑人 46%

种族/族裔

异性性接触 19%

传播途径分类

与男性发生性行为的男性 68%

*包括美洲印第安人/阿拉斯加原住民、亚裔、夏威夷原住民/其他太平洋岛民，以及多种族人群。

图5-8　2010年感染艾滋病病毒的美国成年人和青少年的相关统计
资料来源：基于美国疾病预防与控制中心2010年的数据。

- **口交和肛交**：引起性传播疾病的病毒或细菌可以通过出血的牙龈、口腔和肛门的微小伤口、口腔或喉咙的溃疡进入人体。
- **性交**：被感染的体液，如血液、阴道分泌物、精液等会传播性传播疾病。
- **药物使用**：使用任何种类的药物，包括酒精和大麻，都会损害一个人的判断力，降低使用避孕套的可能性，并增加与多个性伴侣发生性行为的可能性。
- **共用针具**：共用针头或注射器来吸毒、打耳洞和文身，都会使人们接触到被感染者的体液或皮肤。
- **多个性伴侣**：与多个不同性伴侣的任何性接触都会增加他们感染任何一种性传播疾病的风险。双性恋的男性特别容易受到伤害，因为他们往往比异性恋者和男同性恋者拥有更多的性伴侣（Jeffries，2011）。

关于艾滋病病毒传播的一些谬论依然存在。下面所说的情况都不会传播艾滋病病毒：蚊虫叮咬、接触汗液或泪液、打喷嚏、咳嗽、准备食物、共用马桶座圈、献血或共同使用含氯的游泳池。

²⁰⁵ **（三）性传播疾病有何影响？**

在大部分时间里，性传播疾病都没有症状产生，尤其对女性而言。然而，被感染的人可以将疾病传染给自己的另一半。性传播疾病可导致癌症、出生缺陷、流产，在某些情况下，甚至会导致死亡。未经治疗的衣原体疾病可对生殖器官造成永久性损害，常导致女性不孕和男性不育。淋病也可导致男性不育。被感染的母亲生下的婴儿可能会先天失明。

如果没有进行早期筛查和治疗，10%～40%的女性淋病患者会发展为盆腔炎患者。当受精卵着床于输卵管而非子宫时，这种情况可能会导致女性不孕以及危及生命的异位妊娠。输卵管可能会破裂，如果不进行手术干预，那么患者甚至会死亡。某些类型的人乳头瘤病毒可能会导致生殖器疣以及宫颈癌、外阴癌、阴茎癌、肛门癌和头颈癌。目前有治疗人乳头瘤病毒的方法，却没有治愈疱疹和生殖器疣的方法（CDC National Prevention Information Network，2012）。

（四）相比男性，性传播疾病对女性而言更危险吗？

男性和女性都会患上性传播疾病，但出于几个原因，女性有更严重和更频繁的并发症。第一，正如你先前所见，男性比女性更容易在年轻时发生性行为，并在一生中有更多的性伴侣。这意味着女性有更多的患上一个男性过往所感染的所有性传播疾病的风险。第二，女性阴道内壁比男性阴茎上的皮肤更薄、更脆弱，因此，细菌和病毒更容易渗透进去。第三，相比男性，女性不太可能出现一些常见的性传播疾病（如衣原体疾病和淋病）的症状。第四，女性可能不会像男性那样容易看到症状。例如，生殖器溃疡，如疱疹或梅毒，可能发生在阴道内，因此不太容易被看到，而男性则更有可能注意到阴茎上的溃疡。第五，人乳头瘤病毒——女性最常见的性传播疾病——是引发宫颈癌的主要原因；人乳头瘤病毒在男性中也很常见，但大多数男性并没有因此出现很严重的健康问题。第六，未经治疗的性传播疾病会对女性造成长期负面影响，因为它们可能会永久地影响女性的生育计划，如导致不孕等，并通过母体将性传播疾病传染给婴儿，造成死胎、脑损伤、失明、耳聋等负面后果（CDC Fact Sheet，2011，2013）。

206 （五）为何性传播疾病的发生率在不断增长？

宏观层面与微观层面的因素都有助于对性传播疾病发生率的持续增长做出解释。例如，从宏观层面来看：

（1）*社会污名化和信息的缺乏助长了感染*。2010年，13 ~ 24 岁人群占新感染艾滋病病毒人群的 26%。近 60% 的人不知道他们已经感染了这种病毒，但许多已经被检测和诊断为感染艾滋病病毒的人并没有参与或坚持治疗，因为艾滋病病毒仍然在被污名化（Whitmore et al.，2012）。

许多年轻人相信他们不会有感染性传播疾病的危险，因为他们认为"我只进行口交而已"。他们没有意识到口交也会导致感染性传播疾病，包括衣原体疾病、生殖器疱疹、淋病以及梅毒。吮吸阴茎往往比口舔女性阴部更危险，因为被射出的精液所携带的传染性物质比阴道分泌物所携带的更多。然而，这两种形式的口交都有风险，因为阴道中的液体所携带的细菌会影响皮肤（Clark-Flory，2012；Copen et al.，2012）。

感染性传播疾病（包括艾滋病病毒）的年龄为 50 岁以上的人数正急剧上升。许多人在性上非常活跃，尤其是年长的女性，由于她们不担心会怀孕，因此她们不认为自己有感染性传播疾病

的风险，同时她们会相信其伴侣也是"安全的"，从而导致中止或不坚持让男性戴避孕套（Sanders et al.，2010；Schick et al.，2010）。

（2）*同化增加了风险行为*。随着移民变得更为美国化，他们失去了"健康移民效应"（即移民趋向于比一般人群更健康），包括拒绝吸食会增加高危性行为出现的可能性的毒品，拒绝未做任何保护措施的异性性行为和男男性行为（Flores and Brotanek，2005；Killoren et al.，2012）。

在 16 ~ 22 岁的拉美裔年轻人中，美国当前的性价值观可能会取代他们传统的文化价值观，尤其对拉美裔女性而言。遵循传统*男子气概*性脚本的年轻男性（见第 3 章），强调有一个或更多性伴侣来满足性需求，他们年纪轻轻就会发生性行为，并且不持续使用或者根本不用避孕套。年轻的拉美裔女性可能会认为童贞很重要，但在同化过程中，她们也可能发生性行为并且不使用避孕套（或其他避孕药具），因为她们爱自己的伴侣并且相信男性在性上是忠诚的（Deardoff et al.，2010）。

（3）*贫困使感染蔓延*。非裔美国人比白人感染衣原体疾病的可能性高 6 倍，并且所有感染艾滋病病毒的人中有一半是非裔美国人。住在贫困社区的少数族裔女性，由于那里通常缺乏合适的男性，因此她们往往会选择来自同一高危地区的性伴侣（Adimora and Schoenbach，2005）。

低收入女性，尤其是黑人女性，由于结构性和情境性双重原因而从事有风险的性行为。这些女性可能并不坚持使用避孕套，甚至当她们怀疑男性感染了性传播疾病，包括艾滋病时也是如此，因为她们无家可归、害怕暴力或没有经济能力支持她们自己和孩子的生活，或因为她们正在吸毒或通过出卖肉体来交换金钱或毒品（Ober et al.，2011；Miles et al.，2013）。

（4）*家庭环境增加了风险行为*。生活在有药物滥用、暴力、虐待儿童等情况的不稳定的家庭中，可能会增加青少年参与高危性行为，诸如有许多性伴侣、不使用避孕套以及在发生性行为的过程中饮酒或吸毒等的概率（Eaton et al.，2012；Secor-Turner et al.，2013）。

在微观层面上，个体特征和选择使得感染率急剧增长。举例来说：

（1）*男性对意外怀孕尤其矛盾*。在全美范围内，在没有使用避孕套的 15～19 岁的未婚青少年人群中，19% 的男性和 13% 的女性表示如果女性意外怀孕，他们会感到"有点高兴"或"非常高兴"。在年龄为 18～29 岁的未婚青少年人群中，53% 的男性和 36% 的女性有同样的感觉（Martinez et al., 2011; Higgins et al., 2012）。

（2）*毒品的使用增加了高危性行为*。相比年龄为 26～44 岁的人群，年龄为 25 岁及以下的青少年更可能在酗酒或吸毒的同时发生高危性行为，更可能拥有更多的性伴侣，或者更可能通过出卖肉体来交换毒品或金钱（van Gelder et al., 2011）。

（3）*人们并非总是相信检测结果*。在年龄为 18～26 岁有过高危性行为的人群中，只有 28% 的人在性传播疾病检测呈阳性时会相信检测结果，原因在于他们没有感觉到任何症状，例如有疼痛的疮或水疱，抑或生殖器疣（Wildsmith et al., 2010）。

（4）*人们没有意识到另一半的性行为*。许多成年人不使用避孕套是因为他们不知道自己的另一半也和他人发生性行为、已经注射了毒品，或者最近性传播疾病检测呈阳性（包括检测出艾滋病病毒）（Witte et al., 2010）。

（5）*收益大于成本*。尽管有些女性（包括青少年和年轻的成年人）意识到她们的性伴侣有高危性行为，但如果男性威胁要对她们施行身体暴力或结束这段关系，她们还是会继续与她们的性伴侣发生性行为。了解到女性对轻易结束一段关系会感到焦虑，以及她们迫切希望向另一半表达自己的信任、爱和承诺，男性会坚持进行肛交（即使女性并不愿意），并在性交的过程中坚决不使用避孕套（Carter et al., 2010; Silverman et al., 2011; Akers et al., 2012）。

虽然艾滋病病毒已成为一种可控制的疾病，但我们需付出什么代价呢？举例来说，那些一出生就已被感染艾滋病病毒的年轻人说药物治疗损害了他们的短期记忆，使得其求学和工作前景更为困难，或有其他的副作用，如造成胆固醇水平较高。有些人会有一些发展与行为问题；许多人会对感染自己的父母怀有敌意；有些人也会为自己因此逝世的父母而伤心。感染了艾滋病病毒的年轻人的死亡率是普通同龄人的死亡率的 30 倍（Belluck, 2010）。

本章小结

自世纪之交以来，最大的变化之一是我们对自己的性行为有了更好的了解。在我们对性的表达中，我们有了更多的*选择*，并且大多数人认识到性所表达的内容不仅仅涉及性行为。还有一些*约束因素*。我们常常无法或不愿向年轻人提供他们所需的在性方面做出明智决定的信息。男女同性恋者仍然面临歧视和骚扰，与此同时，我们的健康以及我们孩子的生命仍受到性传播疾病发病率上升的威胁。这些改变、选择和约束对人们找到合适的婚姻伴侣以及建立其他长期稳定的关系都有重要的意义。我们将在接下来的几章审视这些问题。

复习与思考

5.1 解释性是如何成为我们性认同、性取向以及性脚本的产物的。

1. 相比其他人，为何性对于某些人更重要？

2. 人类性行为的组成部分有哪些？生物学和社会建构理论在解释人类性行为方面存在哪些差异？

3. 性脚本是如何影响我们的性活动、性态度以及性关系的？

5.2 解释为何我们会有初次性行为、随意性行为以及在忠诚关系中的性行为。

4. 青春期的女孩和男孩在性行为方面存在哪些差异？

5. 婚前性行为过早出于哪些原因？

6. 性在一段长期的关系中有哪些功能？

5.3 阐述影响我们性行为的五个主要来源。

7. 我们从父母、同辈群体和兄弟姐妹那里获得的关于性的信息有多有用？

8. 宗教、大众传媒、流行文化以及学校性教育如何影响我们的性行为？

5.4 阐述至少四种性行为。

9. 什么样的行为包含了性活动？

10. 我们的性行为如何因性别、年龄的不同而不同？

5.5 阐述女同性恋者、男同性恋者、双性恋者以及跨性别者的流行率、性行为以及对他们的社会反应。

11. 在美国，女同性恋者、男同性恋者、双性恋者以及跨性别者的人数有多少？有多少美国人曾经有过同性性接触？

12. 美国人对于男女同性恋者的接受程度是越来越高还是越来越低，抑或是更为反对？

5.6 解释性行为在我们生命历程中的一些变化。

13. 为何有些青少年和成年人会拒绝性行为？

14. 单身男女会有更频繁的性生活吗？单身者和已婚者在性行为方面有何差异？

15. 有哪些因素会影响 60 岁及以上的人的性行为？

5.7 给婚外情（性不忠）下定义，描述它的流行率，解释其发生的原因并讨论其造成的后果。

16. 婚外情有多普遍？

17. 请从某些宏观和微观层面来解释为何会出现婚外情。

5.8 阐述性传播疾病的流行率、它们产生的原因、造成的影响、存在的风险以及增长率。

18. 哪一些人最容易感染艾滋病病毒？为何？

19. 所有性传播疾病都可被治愈吗？

20. 哪些宏观和微观层面的变量有助于解释性传播疾病增长的原因？

第**6**章
选择他人：约会和择偶

学习目标

当阅读和学习本章后，你将能够：

6.1 比较约会的显功能与潜功能。

6.2 概述传统和现代约会模式的特点、收益和成本。

6.3 描述结识约会对象的五种途径。

6.4 比较三种择偶理论。

6.5 描述一些跨文化的择偶差异。

6.6 描述约会暴力的流行率，并解释它发生的原因与造成的后果。

6.7 描述分手，并解释它发生的原因与造成的后果。

- 在高中毕业生中，那些说自己从未约会过的人的比例从 1976 年的 15% 上升到了 2010 年的 30%。
- 在网上约会的所有美国成年人中，有 53% 的人同时与不止一个人约会。
- 年龄为 50 岁及以上的美国单身成年人中，相比 22% 的想与更年轻的男性约会的女性，63% 的成年男性想与更年轻的女性约会。
- 约 66% 的美国人不会考虑与不喜欢他们的狗的人约会。
- 近一半在网上约会的美国人说最重要的因素是身体特征。
- 2011 年，全球网上约会产业的年收入将近 11 亿美元，预计到 2016 年，这笔收入将增加至 23 亿美元。

资料来源：American Kennel Club, 2006；Miller, 2011；Child Trends Data Bank, 2012；Statistic Brain, 2012；PR Newswire, 2013.

有人曾开玩笑说，约会就是一个浪费时间和金钱去见一个你可能还不喜欢的人的过程。虽然单身有单身的好处（见第 7 章），但我们大多数人还是想要一个终身伴侣。不管我们使用哪一个词来称呼它——*约会、交往、勾搭、对某人有意思或在恋爱*——它都是一个选择伴侣的过程，许多人希望通过这个过程找到一个亲密伴侣或婚姻伴侣。

传统的大学生（那些在校园中生活且年龄在 25 岁以下的人）可能会认为**约会**——一种通过社交寻找可能成为伴侣的人选的过程——是落伍或过时的，因为他们"没时间、没金钱、没需求"（Wolcott, 2004：11）。约会在许多大学校园中可能已绝迹，但在别处并非如此。例如，24% 的高中毕业生说他们经常约会，而且约会在拉美裔的在校本科生中特别普遍（Child Trends Data Bank, 2012；Eaton and Rose, 2012）。正如大家即将看到的，虽然我们与他人相遇的方式已经发生改变，但约会仍然很流行。

一、我们为何约会？

约会的理由似乎不言而喻，但约会又不仅仅是聚在一起这么简单。社会学家将约会过程描述为一个**婚姻市场**，在其中，人们会比较符合条件的伴侣的资产和负债，从而选择具有最优配置的伴侣。

每个人都有其"市场价值"，并且我们决定与谁"交易"取决于该人的资源。像其他大多数选择一样，约会涉及我们要为自己投资的资源承担风险。对方的资源越有价值，我们就越可能投入更多的时间和金钱来吸引对方、照顾对方的个性与兴趣，并且学会与对方的家人和朋友相处。相比之下，一夜情几乎没什么风险（如果双方都没有感染性传播疾病或女方没有怀孕的话），资源的投入也很少。

同时，如果有了新的关系，那么人们也会使用不一样的资源。正如我的一个学生所观察到的，如果双方不需要再进入婚姻市场，那么人们可能会在另一半身上花更多的时间而非金钱：

约会是非常昂贵的。当两个人相处融洽时，就没必要通过像约会时吃法国大餐和进行昂贵消费的方式来给对方留下深刻印象了。（作者的档案）

约会有许多功能。这些功能可以是*显性的*——目的很明显、可识别，且是有意图的——或是*潜在的*——目的不能被立即察觉或是无意的（见第 2 章）。请记住，这些功能经常会有重合之处。

正如《美国历史上的求爱》一文所显示的，约会是最近的一项发明。它出现在 20 世纪的美国，并在 20 世纪 50 年代成为一种成熟的仪式。虽然我们约会的方式已经发生变化，但我们为何约会、与谁约会，以及我们为何分手，随着时间的推移却一直相当稳定。

变化 | 美国历史上的求爱

在殖民地时期的美国，年轻人经常会有婚前性行为。正如一个年轻女性热情地写信给她的情人：

> 啊！我真的好想吻你。我多想和你在那间旧客厅里待着。我希望地板上有一块地毯，因为似乎你打算做比你以前在信里所说的更"坏"的事情。但我会心甘情愿地服从我的命运……（Rothman，1983：401）。

在这里也会有一些实际的考虑。一名已订婚女子的父母会与她未婚夫的家庭进行经济谈判，大多数年轻人在拥有土地之前甚至都不能考虑求婚的事情。他们被建议去选择那些勤俭持家、不辞辛劳和通情达理的女性为妻。只有婚后感情才有望发展为爱情。一名家住纽约的女性写道："如果一个男人身体健康、不喝酒、持有少量优质股票、脾气好，并且是一个虔诚的基督教徒，这能造成什么样的差异……她将选择哪类男人呢？"（Ryan，1983：40-41）

在工业革命之前，大多数求爱发生在喧嚣忙碌的社区生活中。年轻人可以在教堂礼拜后、野餐中或一些诸如帮建谷仓或舞会等聚会场合见面。乘坐马车特别流行：在马车上不再有年长女伴的位置（以前在英国，未婚女子出入社交场所必须有年长的女性陪同，以监督她的行为），并且"马会跑掉或失踪，这样人就有可能被困在一条偏僻的乡间小路上"（McPharlin，1946：10）。

在20世纪初，尤其在中产阶级中，绅士们要"拜访"女性。一名女性或她的母亲会邀请一名求婚者来她们家拜访，女方家庭的其他家庭成员也会出席。如果双方关系发展到订婚那一步，这对情侣就能在客厅享受一点私人空间（Bailey，1988）。

随着自行车和电话的出现，客厅的沙发和走廊的秋千很快就被放弃了。人们开始使用约会这个术语，它指的是情侣们安排一个特定日期、时间和地点见面。当20世纪20年代初，汽车开始广泛使用时，约会又向前迈进了一大步。"相比舞厅或电影院，汽车提供了更多的私密空间……其结果就是爱抚的广泛传播。"（Rothman，1984：295）年轻人现在有更频繁、非正式和随意的交往机会。

直到20世纪70年代初，约会仍反映出严格和性别化的礼仪规范。约会应由男性主动提出，并由他们支付所有的费用。女性等待被邀请，并在约会期间提供陪伴（有时还会发生性关系）。

思考题

- 殖民地时期的人们对求爱的实际考虑正确吗？还是说求爱应该总是与爱有关？
- 与你的父母、祖父母或其他亲戚谈论一下20世纪五六十年代的约会。那时的约会礼仪的优缺点各是什么？

（一）约会的显功能

约会有几种重要的显功能：

- **成熟**：约会传达出一种信息，即这个青少年已经到了青春期。她或他变得有能力从事一些发展任务，如建立家庭以外的亲密情感，并且，更通常的是，一种性表达（见第5章）。

- **消遣娱乐**：和我们喜欢的人出去散心可以缓解无聊、压力和孤独。在线交友网站报告说，在经济不景气时期，他们的会员人数激增，这可能是因为人们希望通过寻求关系来减轻他们的焦虑（Carpenter，2008）。并且，随着越来越多的人推迟结婚（见第7章），约会变成了一项重要的娱乐活动。

- **陪伴**：无论年龄大小，约会都可以算是陪伴的一个宝贵来源。它也可以缓解丧偶的悲伤。我的一个学生描述，她72岁的老母亲，在其结婚了50年的丈夫过世后，曾一度非常抑郁，直到她"遇见一个很好的男人，于是她们开始了交往"。

- **爱与情感**：约会是一种为社会所认可的能享受亲密的方式。男性和女性都表示，他们开始约会是因为他们坠入爱河或想要发展一段相互关怀和认真的关系（Clark et al.，1999）。

如果这段关系失败，婚姻市场还提供了寻找爱情的其他机会。

- *择偶*：在一部卡通片中，一位女士在进门前，将手放在她公寓的门把手上，转向她的约会对象说道："我玩得很开心，史蒂夫。你想进门，安定下来，与我建立一个家庭吗？"不管人们承认与否，约会通常都是为了寻求婚姻伴侣。如果父母用"我们不想你嫁给这个家伙"或"她配不上你"这样的言论来批评年轻人的约会，那么年轻人通常会感到气愤。而青少年不耐烦的反驳经常是："我没打算跟他（她）结婚。我们只不过就是约会而已！"父母往往会做判断是因为他们知道约会可能导向婚姻。相比之下，正如你将在本章后面看到的，在孩子的婚姻由父母安排的文化中，约会就没什么必要了。

（二）约会的潜功能

约会也具有几种重要的潜功能：

- *社会化*：通过约会，人们习得了被社会期望的性别角色，了解了不同于他们自己家庭的家庭结构，以及不同的态度、信仰和价值观。这种学习对于青少年来说尤其有价值，因为他们可以在一对一的环境中测试和磨炼他们的交流技巧（Berk，1993）。
- *社会地位*：与一个有吸引力的人或成功人士约会能提高一个人的地位和声望。变得受欢迎或者与一个受欢迎的人约会，也会提高一个人在社会群体中的地位和声望。
- *实现自我需要*：被邀请出去约会或邀请被接受都会提升一个人的自尊和自我形象。如果约会进行得很顺利，或另一半既会献殷勤又很细心，个人的自信就会得到提升。
- *性的尝试和亲密*：许多青少年在约会期间习得了性行为。尤其是女性，她们表示她们的初次性行为发生在一段稳定和正式的约会关系期间。随着约会变得越来越稳定和频繁，年轻人更可能想要发生性行为（见第5章）。
- *巨大商机*：约会为诸如服装、美容、食品和娱乐等产品和服务提供了重要的经济市场。一个巨大的约会自助书籍行业，往往以女性

为目标人群，使她们确信，没有约会或仍没有找到自己的"真爱"，是因为她们自身的问题（Mukhopadhyay，2011）。到2011年，使用约会软件（应用）的人数的增长速度高于使用其他软件的人数的增长速度（Newark-French，2011）。

约会的显功能和潜功能往往会随时间的推移 *213* 而发生变化。随着人们的成熟，地位可能变得不那么相关，而陪伴会变得更为重要，尤其是计划与约会对象结婚的话。

二、约会的形式

与前几代人不同的是，在今天，约会与求爱有着明显的区别，它可能会也可能不会导向婚姻。虽然传统约会依旧很常见，但是也出现了一些更新的约会形式，以及一些传统与现代相结合的约会形式。

（一）传统约会

*传统约会*在20世纪70年代以前一直都很流行，直到现在，它仍然是一种结识未来伴侣的方式。在传统约会中，男性和女性遵循着明确的、为文化所定义的性别角色脚本，至少在中层阶级当中如此。女性和男性都希望由男性做主导，包括发起约会、决定约会地点、接载女性、为约会买单以及送女性回家等。有一种期待无须言明，即约会双方往往都认为女性会用某种方式来表达她的诚意——通常是一个晚安之吻、亲热一下或发生性行为（Eaton and Rose，2011）。

传统约会的受欢迎程度在一些正式活动中尤为明显，例如女子初入社交界的聚会或女孩的成人礼舞会，这些场合通常是为来自上流社会的年轻女性被介绍进入社会而安排的（Kendall，2002）。其他文化的过渡仪式包括为犹太女孩、男孩举行的受诫礼（成人礼）。这些宗教仪式标志着孩提时代的结束以及为成年的责任和权利（包括约会）准备就绪。

在许多拉美裔聚集的社区，成人礼（quin-

ceañera，发音为 kin-say-ah-NYAIR-ah）是一种庆
祝女孩在 15 岁生日时步入成年的仪式。"quince"
（发音为 KEEN-say）在西班牙语中是 15 岁的意
思。成人礼由女孩的父母出资举办，是一种精心
设计且严肃庄严的宗教和社会事务。它通常以天
主教弥撒的形式开始，随后是一个由 14 对夫妻
（每对夫妻代表女孩在成人礼之前所度过的 14 年
中的 1 年）作为女孩侍者的接待会。女孩被允许
在成人礼后与男性约会。拉美裔男孩没有类似的
成人礼仪式。

拉美裔女孩的成人礼是一项耗资数百万美元
的产业。很多大型零售点和婚纱店会提供大量可
供选择的礼服和配饰，旅行社也会提供许多用以
庆祝成人礼的场地，这些地方的预约已经排到了
下一年。2001 年，美泰公司（全球最大的玩具
公司）推出了一款正在进行**成人礼的芭比娃娃**，
它可以在全美任何一家玩具店买到。

（二）现代约会

相比传统约会，很多现代约会通常很随
意，包括闲逛、聚会和"勾搭"。当然，也有
传统与现代相结合的约会形式，它能导向订婚
与结婚。

1. 闲逛　在许多美国家庭里，父母和青少年
之间常会有这样的对话：

父母：你要去哪儿？

孩子：出去。

父母：出去干什么？

孩子：只是随便逛逛。

父母：跟谁去？

孩子：我还不知道。

父母：你什么时候回来？

孩子：我也不确定。

无论是在附近的街角、快餐店，还是在购物
中心，闲逛都是由来已久的青少年消遣方式。随
着在不同时间来来去去，他们可能会设定一个习
惯性的聚会场所。或者一旦一个群体聚在一起，
成员决定了他们想做什么，信息就能通过短信迅
速传播。闲逛既可能是因为很多家长尊重青少年
的隐私和独立性，也可能是因为许多十六七岁的
青少年有了汽车。

2. 聚会　聚会比闲逛更为亲密和有组织性。
一群朋友会在某人家中或派对上相聚。无论男性
还是女性都可以进行初始安排，而且群体往往能
汇集其资源，特别是在酒精和某些毒品成为活动
的一部分的情况下。

在通常情况下，聚会往往是"流动的"（不
固定的）。一群人可能先在某人家里碰面几个小
时，然后决定去参加一个派对，接下来他们在一
家购物中心度过几个小时，最后以参加另一个派
对告终。青少年将聚会视为正常和理性的——
"你会遇到很多人"或"如果派对结束了，我们
还可以去别的地方"——但由于有吸食毒品的可
能性，因此家长们会担心聚会变得不可预测或
危险。

聚会很受欢迎出于以下几个原因。因为活动
是自发的，所以对于准备一个正式约会、发起或
拒绝某些性爱追求，人们都没有太多担忧。这种
经历在情感上没有太大威胁，因为参与者不必为
寻找一个约会对象而担忧，或担心与某人（如相
亲对象）纠缠一整晚。

它还可以减轻女性的性压力，因为她们可以
帮助组织聚会、分担费用，独自或与朋友*一起参
加*（而不是夫妻一起参加）。人们可能会出双入
对，但将有约会作为受欢迎标志的压力更小。

最后，聚会减少了父母对孩子选择朋友的控
制。父母通常不认识这个群体中的许多青少年，
所以不太可能反对他们的友谊或与其他父母交换
意见。

3. 勾搭　勾搭是一种随意的性邂逅，没有附
加条件。这是一个模糊的术语，它可以表示从亲
吻和爱抚生殖器到口交和性交的任何事情。在最
初勾搭后，双方也可能再次勾搭，或在某些情况
下开始约会以及成为唯一的伴侣。

在许多高中，勾搭比约会更常见。在一些大
学校园里，76% 的学生有过 5 次勾搭经历，平均
而言，28% 的学生有过 10 次甚至更多勾搭经历
（England et al.，2007）。那么看起来，勾搭不是
一时的潮流，而成了一种常态，特别是在年轻人
当中。

通常——但并非总是——勾搭会发生在双方
饮酒或吸食某些毒品时。他们也会勾搭偶遇的朋

友或前男女朋友。以"保持性关系的朋友"（简称 FWB，即炮友）为例，**约炮**成为勾搭的一种新变化，它包括从接吻到发生性行为在内的一切活动（Denizet-Lewis，2004；Bisson and Levine，2009）。

勾搭有其优点。对两性而言，这种形式很少或根本不需要对未来的期许与承诺。许多男性更喜欢勾搭是因为与约会相比，它便宜多了。对许多女大学生来说，勾搭让她们在享受到性快感的同时，无须投入与学业产生冲突的那种耗时的男女关系当中，无须与在恋爱中变得要求更多或控制欲更强的男朋友打交道，也无须经历分手的痛苦。勾搭也消除了女性"没人与她们约会"的污名，又能让她们体验到性快感，并感觉自己迷人而性感（Bogle，2008；Armstrong et al.，2010；Bradshaw et al.，2010；Rosin，2012）。

勾搭也有一些缺点，特别是对女性而言。例如，在大学生当中，男性比女性更有可能主动提出性要求；男性体验到性高潮的人数是女性的两倍还多，因为男性并不在意在性行为中如何取悦女性，他们更在乎自己生理上的快感而非投入感情；而那些经常勾搭的女性也会落得"荡妇"的名声（England and Thomas，2009；Armstrong et al.，2010，2012）。事实上，尽管勾搭有很多好处，但对两性而言，性双重标准仍然持续存在（见第 5 章）。

"炮友"的相遇为那种带有娱乐消遣性质的性关系提供了一种相对安全和便利的环境，因为双方都感觉很舒服并彼此信任。不利之处包括由此可能带来一些麻烦，例如想要得到一个没有回报的爱情承诺，却导致最后连朋友都做不成，并会在亲密的朋友圈子（这个圈子中的朋友关系是不包括性关系的）里制造冲突（Bisson and Levine，2009）。

（三）传统与现代之结合

有几种约会模式包括了传统习俗和当代趋势。例如，尽管现在两性中的任何一方都可以发起一场约会或邀请别人参加舞会或约会晚餐，但许多性脚本仍然在起作用。

1. 毕业舞会和返校派对　*毕业舞会和返校派*

对仍然是最受欢迎的传统约会活动。一如既往，它们仍然是正式或半正式的。女性会接受男性送的花束；男性通常负责交通和其他费用；男性和女性，尤其是女性，会投入相当多的时间和金钱来准备这些活动。

当代的变化包括毕业舞会的邀请"转换"（由女性向男性发出邀请）以及与一大群情侣预约外出就餐。情侣们可能会通过举办集体通宵派对夜（很少有父母陪伴）、在外面过夜、吃完早餐后再返回，或在附近的海滩或其他休闲区继续庆祝到周末的方式来延长这一活动的时间。

2. 约会晚餐　作为最传统的约会形式之一，*约会晚餐*是"浪漫的基石"（Scott，2011）。像任何形式的初次约会一样，约会晚餐仍然是高度脚本化的。通常由男性发起约会、打开门，然后开始性互动（如给女性一个晚安之吻或与女性发生性行为）。女性则花大量时间进行打扮、由男性制订约会计划，并且经常回应男性的性暗示却不会主动越雷池一步。因此，在约会关系建立初期，"留一个好印象"在很大程度上仍然是扮演传统性别角色的同义语（Rose and Frieze，1993；Regan，2003）。

20 世纪 70 年代，女性运动的兴起带来了 *AA 制*，或者说分担约会费用的习惯。分担约会费用可以让女性主动开始约会，并减轻了过去她们应该用性来"回报"男性的那种感觉。

3. 过夜　如今，在情侣或夫妻之间形成了一种新兴的约会潮流——"过夜"。他们会共度三个或更多晚上，但仍住在各自的家中。这是一种处于随意约会与更为正式的承诺如同居或结婚之间的折中约会方式。它的好处包括，如果双方可能分手，那么它能保持对关系和财产相应变化的控制。然而，一些批评者认为，过夜会助长"执着于彼此的独立性"和视爱情为过家家的相处之道而不是做出承诺（Jamison and Ganong，2011；Taylor，2011）。

（四）晚年约会

在美国 50 岁及以上的单身人群中，45% 的人热衷于约会。在同一年龄组中，17% 的从未有过婚史的人想要约会与结婚，46% 的离婚单身者与29%的丧偶者对约会感兴趣但不想再次迈入婚姻殿堂（PR Newswire，2013）。

离婚或丧偶后的约会既具治疗性又令人生畏。它能增强一个人的自尊，减少孤独感，以及当一个人准备缔结新关系时，重新评估该人的优势和弱势。约会还可以为那些仍然沉浸于丧偶之痛的人提供陪伴和关心。

约会也会令人望而生畏。一个刚离婚的人可能会对异性感到痛苦，或一个父亲或母亲可能会担心孩子对他或她重新约会的看法和反应。丧偶的人也许会对重新进入婚姻市场而感到紧张，为他们的浪漫向往而怀有内疚感，并为他们的外貌和性吸引力而感到焦虑。

尽管他们最初也感到不安，但许多离婚与丧偶的人通过约会建立了新的、令人满意的关系（见第13章和第14章）。一些人在网上找到了他们年轻时的初恋情人，与其重燃旧情并最终走进了婚姻殿堂。然而，并非所有这样的重聚都能有圆满的结局。人们会随岁月变迁而发生变化，初恋的记忆往往是被高度浪漫化的。例如，班上像唐璜（情圣的代名词）这样的男人仍然周到殷勤，但现在他秃头而肥胖、鼾声如雷，甚至不忠于他的妻子（Russo，2002）。

三、结识其他人

约62%的美国人是在工作或学校中，或通过朋友和家庭成员介绍结识自己目前的伴侣的（Chadwick Martin Bailey，2013）。人们也依赖于从个人分类广告到在线约会网站等其他认识途径。

（一）个人分类广告（征婚启事）

出于约会和婚姻目的的个人分类广告（征婚启事）已经存在几个世纪了。它们最初出现在18世纪早期的报纸上，而后出现于杂志上。广告商通常会描述男女征婚者的个人品质以及他们对理想伴侣的要求。这种广告在20世纪60年代和70年代间变得更为盛行，但从未成为一种被社会广泛接受的择偶方式。只有1%的美国人通

联系起来

- 许多人认为勾搭减少了约会中的矫情与压力。然而，有些人坚定地认为这种消遣取乐的性态度意味着付出的爱情、激情和亲密感更少，因为许多女性正在到处分发"免费样品"（Mansfield，2004）。你认为呢？

- 一个人如何称呼自己的伴侣，尤其是在社交场合？"重要他人"一般是指家长、兄弟姐妹或密友；"伴侣"或"同伴"听起来也不太对劲；"情人"这种称呼在大多数社交圈里是不太被接受的；"我在看的某人（我在恋爱）"可能会招致对你们关系的某些问题的不必要猜测。哪一个术语是你、你的家庭成员和朋友会使用的？原因何在？

过个人分类广告遇见了心仪的对象。现在，在报纸和杂志上仍有一些个人印刷广告，但更多广告发布在网上（例如，克雷格列表网和大多数报纸的网站）（Finkel et al.，2012）。

（二）邮购新娘

那些寻找配偶的美国男性可以访问200个国际服务网站中的一个或多个，这些网站刊登了女性的照片和简介，她们通常来自像菲律宾、俄罗斯、乌克兰和其他东欧以及南亚等的经济欠发达国家。

大多数男性是受过高等教育的中年白人，通常比他们所寻找的年轻新娘要大20～50岁。他们抱怨美国女性过于独立，要求太高，太挑剔。他们通常想要找那种在"女性一旦结婚，就应做个百依百顺的家庭主妇"的文化中长大的、所受教育相对较少的女性为妻。许多美国经纪人用比基尼女郎的照片来装饰他们的网站，并将这些女性宣传为安静、顺从且容易控制的（Weir，2002；Terzieff，2006）。 *217*

邮购新娘产业正在蓬勃发展。在1999—2007年间，美国的邮购婚姻数量翻了一番以上，当时有超过16 500对这样的婚姻出现（Wayne，2011）。因为邮购新娘的生意在很大程度上不受监管，所以我们没有办法得知在这些婚姻中有多少是成功的。往往，这些美国的"白马王子"被证实是施虐者。有些人谋杀了自己的妻子，有些人殴打、掐死或强奸自己的新娘，还有些人通过

不让自己的伴侣与她们家里的亲人或当前的美国邻居有任何联系来控制她们（Hanes，2004）。

从 2006 年开始，《国际婚介管理法案》要求美国男子为他们的准新娘申请签证，以监控家庭暴力、性侵犯或虐待儿童等任何刑事犯罪行为。经纪机构对这一法律感到愤怒，并很少执行该法律。大多数这样的女性处于一种虐待关系中，并且不会举报被殴打，因为她们几乎不会说英语；在美国既没有钱，也没有朋友；不知道她们其实可以离开虐待自己的丈夫而不被驱逐出境；并且害怕分手之后受到自己家人而非她们丈夫的责备（Milbourn，2006；Terzieff，2006）。

在其他情况下，通过婚介网站做广告的女性更感兴趣的是进入美国，而不是找到一个终身伴侣。例如，有时，一个网络新娘在获得合法的永久居民身份后会立即结束她的婚姻（Robinson，2008）。

（三）职业媒人

第一位职业媒人可能是伦敦商人亨利·罗宾逊（Henry Robinson），他在 1650 年提供了"婚姻中介"服务。罗宾逊先使用他的住址目录来确定哪些人是单身和适婚的，以及他们的居住和工作地点，然后安排人们前去约会。他的服务每次收费 6 便士，不过对穷人免费（Writer's Almanac，2010）。

在美国，虽然网上约会也在蓬勃发展，但有人或觉得这个过程太花时间，或对网上约会的结果感到失望，或想要更多的私人空间，因此，职业婚介服务的发展日益兴旺。

有些媒人只收取一点服务费——每介绍一次收费 50 美元，再加上 50 美元的一次性注册费——但有些媒人的费用相当高。例如，高级婚介公司收费的起点是 2 万美元的入会费，再加上每年 1 000 美元的会员费（包含 12 次约会）。服务内容包括一个能帮助（男女双方）改善着装的"形象顾问"，以及一次去婚纱店的行程，以便女性可以设想自己结婚时的样子。许多顾问本身也是单身。有一名女性说，在花了数千美元与一个顾问打交道后，她仅花了 160 美元就通过网上约会服务找到了自己的丈夫（Marder，2002；

Thernstrom，2005）。

媒人在介绍对象方面有多成功？相比他们撮合姻缘方面的工作，他们可能更擅长于赚钱。例如，丹尼尔·多兰（Deniel Dolan），一位受过哈佛培养的公司律师，在创建和特许经营他的"这只是午餐"（It's Just Lunch，IJL）婚介服务后，变成了一个千万富翁。IJL 的目的是在午餐时间为忙碌的职业人士安排见面。宣传手册和网络广告声称"约会专家们"会基于个性、外表和目标仔细地为人们配对（Fass，2004）。

但是，许多 IJL 的参与者抱怨它存在大量的问题。例如，在全国范围内，女性和男性都说他们浪费了每年 1 200～1 500 美元的会员费，因为他们仅仅有一两次约会（这简直就是灾难性的）；IJL 从未达到过他们的基本约会标准（例如在年龄、体重、兴趣爱好、健康状况、不吸烟和没有孩子方面）；当约会没有履行时，会员们没有收到退款；并且 IJL 的销售代表没有回复这些投诉电话或强迫人们接受他们并不想参加的约会，因为销售代表说"你们的标准不切实际"（"It's Just Lunch"，2006）。

（四）速配约会

速配约会是一种在 20 世纪 90 年代末发展起来的约会方式，它是单身者们参加的一项活动。例如，在当地一家餐厅，14 名或更多潜在的伴侣进行一系列简短的面对面的互动。这些参与者从一张桌子走到另一张桌子，花费大约 10 分钟的时间与每一个人交流。在一两个小时结束时，他们会相互"评分"，然后决定将来他们是否愿意与其中的某个人见面。

自 1999 年起，速配约会催生了大量为异性恋者、同性恋者以及各种不同种族和年龄的群体服务的公司。因为美国穆斯林被禁止在结婚前约会，速配约会（被称为清真约会）为男男女女们提供了在监护人陪伴下见面的机会。一位年轻的宗教领袖通常会在参与者进行速配约会分组前，先组织一场关于婚姻重要性的小组讨论（Al-Jadda，2006）。

速配约会有几个优点。它很便宜（大约 30 美元），花费时间少，能防止被跟踪（因为参与者只用名不用姓），通常会吸引来自同一地区的人，以及能避免盲目约会的尴尬。一些人最初参加约会时会感觉尴尬或不自在（"如果我认识的人也在那儿怎么办？"）。然而，据活动组织者反映，超过半数的参与者在下一次约会中遇到了彼此感兴趣的人（Morris，2003）。

速配约会也有一些缺点。因为参与者只有几分钟的谈话时间，他们通常会以非常肤浅的标准来评价潜在的约会对象，例如只看外表而非价值观和生活方式等更本质的特征。而且，参与者越多，他们就越可能经历"选择过载"（选择太多反而无从选择），从而对许多潜在的约会对象说"不"（Finkel et al.，2012）。

（五）网上约会

数百万人如今正转到互联网上去寻找浪漫。他们可以在网上结识数百个潜在的伴侣，讨论从萝卜到爱情的任何话题。现在网上约会（交友）网站已经超过了 1 500 个，新的还在不断涌现。其中最大的一些网站——例如 Match.com、Plentyoffish.com 和 Zoosk.com——的数据库中有 300 万～ 700 万份个人简介（Ganeva，2012；Jayson，2012）。

现在无数的网上约会（交友）网站——许多是免费的——的服务对象几乎涵盖了所有我们能想象到的群体，例如 Jdate.com（针对单身的犹太人）、GothicMatch.com（针对狂热的吸血鬼爱好者）、BeautifulPeople.com（针对自恋者）、WeWaited.com（针对处男处女）、OnlyFarmers.com（针对农民）、Gay.com（针对男同性恋者）、ChristianSingles.com（针对单身的基督教徒）、CatholicSingles.com（针对单身的天主教徒）以及 BlackPlanet.com（针对非裔美国人）。如 MuslimsMatch.com（针对穆斯林）这样的网站有助于全世界成千上万的穆斯林找到有类似的伊斯兰观点和宗教承诺水平的伴侣（Armario，2005；Gagnon，2011；MaCann，2013）。

网上约会（交友）网站的一个主要的优势就是方便和低成本。许多交友网站以及应用程序是免费的，而且基于地理位置的技术可以让人们安排即时约会。用户可以根据身高、年龄、共同兴趣以及其他几十种特征来筛选候选人。Skype——一款互联网手机通信服务工具——让单身者与全世界免费联系在一起。网络摄像头和麦克风使人们可以彼此看到和听到，并决定是否在线下将关系继续下去（Semuels，2006，2008；Jayakumar，2012）。这些网站的另一个优势就是只要用户愿意，他们能使用代码名和保持匿名。

对那些与潜在的伴侣见面有困难的单身者而言，网上约会这种方式尤为有用。在网上约会（交友）网站的用户中，45 岁及以上年龄段的人群数量增长最快，而那些 55 岁及以上访问网上约会（交友）网站的人的数量超过了其他任何年龄组（Rosenbloom，2011）。一个原因是最年轻的"婴儿潮"一代（那些在第二次世界大战后 20 年左右出生的人）在 2011 年已经有 65 岁，他们的离婚率很高，并且正在寻找新的伴侣。互联网对那些老年女性的帮助尤为突出：许多女性没有与同龄男性同样多的约会机会，或她们发现所在社区中与她们同龄的男性都在寻找更为年轻的女性（见第 14 章）。

在对网上约会的科学文献进行全面回顾后，我们得出的结论是：除了增加符合条件的约会对象之外，相比传统的线下约会而言，网上约会并没有改善约会的结果。第一，网上约会（交友）网站未能收集到大量关键信息——比如沟通模式、解决问题的能力和在性方面的适合性——这会导致关系的失败。第二，这些网上约会（交友）网站没有考虑到围绕关系的现实生活环境。当配偶双方因为失业、财务紧张、长期患病或不孕不育而遭遇压力时，分手的风险就会增加。第三，许多网上约会（交友）网站（包括 Match.com、eHarmony.com 和 Chemistry.com）使用"数学匹配算法"来承诺帮用户找到"你的完美伴侣"。然而，基于相似个性特征而匹配的方法并不能精确预测到关系的成功与否。只有面对面的会见以及时间，才能给人们一个能否彼此包容的真实画面，尤其是在处理那些不愉快的事情时（Finkel et al.，2012）。

网上约会还有其他一些缺点。人们可能不诚实或对自己有不切实际的虚高评价。女性倾向于谎报她们的年龄和体重（"她的照片一定是在 10

年前或者长胖之前拍的"）；男性倾向于谎报他们的体重、身高、收入和职业。此外，约20%的男性网上交友者是已婚的（Fernandez，2005；McCarthy，2009）。

一些女性认为自己在网上碰到过撒谎和欺骗的男性，她们正在进行反击。一些网站如DontDateHimGirl.com专门致力于揭露那些已婚的男性、与其他男性发生性关系的男性或谎报个人信息（如年龄、受教育程度以及体重等）的男性。一些男性对这些公开指控感到愤慨，但很少有人对这些指控提出异议（Alvarez，2006）。

其他网上交友者正在转向使用"在线约会侦探"和能进行背景调查的应用程序。例如，MyMatchChecker.com是由一个退休侦探兼警察局局长建立的网站，它可以对某人在交友网站上遇到的任何人进行基本的背景搜索。苹果手机上的一个应用程序DateCheck，鼓励使用者们"在勾搭之前先查找一下"（Rosenbloom，2010）。

四、我们为何选择彼此：一些择偶理论

220

社会学家已经提供了几种关于择偶过程的解释（见 Cate and Lloyd，1992 对这些理论性观点的总结）。这些最有影响力的理论包括过滤理论、社会交换理论和公平理论。让我们先从过滤理论开始。

联系起来

- 你如何结识其他符合条件的单身者？或你在等爱神丘比特找你吗？
- 数百万人已经支付了350美元参加一个主题为"如何得到一次约会"的为期2天的周末工作坊（Stout，2005）。成功的约会是可以教授的吗？或者说，大多数人能通过反复试错的过程来获得好的约会对象吗？
- 你或你的朋友曾经尝试过网上约会吗？如果尝试过，你对结果满意吗？如果你从未参与过网上约会，原因何在？

（一）过滤理论：同质婚配和缩小婚姻市场

理论上，我们可以选择的约会伴侣相当多。但实际上，我们的婚姻市场却为我们的文化及社会结构所限制。根据过滤理论，我们会根据一些特定的标准来筛选符合条件的伴侣，这会将潜在的伴侣数量减少为少量候选人（Kerckhoff and Davis，1962）。然后，实际上，由于过滤过程会塑造和限制我们的选择，因此，我们大多数人会挑选那些与自己类似的人作为约会及结婚对象。图 6-1 描绘了择偶的过滤理论。

同质婚配（homogamy）是主要的过滤机制。

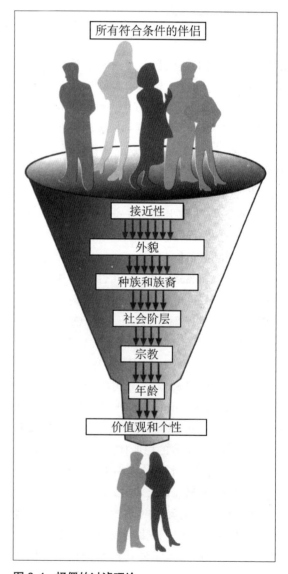

图 6-1　择偶的过滤理论

我们经常将其与术语*内婚制*（endogamy）互换使用（见第 1 章）。同质婚配是指与那些和自己具有相似的社会特征如种族和年龄等的人约会或结婚。其中最重要的过滤变量是接近性（地理上）、外貌、种族和族裔、社会阶层、宗教、年龄、价值观和个性。

1. 接近性 地理邻近性或曰接近性，是第一个过滤器，它限制了我们所遇见、了解、互动以及随后与之约会和结婚的对象。大多数目前处于正式的长期关系中或已结婚的人是通过家庭和朋友或在工作或学校环境中结识的。例如，39%的美国雇员的约会对象是他们的同事。而且，越来越多的城市已经有了人口密集的同性恋社区，在这些地方，男男女女们很容易在杂货店、娱乐场所或教堂遇见他们潜在的伴侣（Sullivan，2006；Chadwick Martin Bailey，2013；Suddath，2013）。

2. 外貌 一旦接近性将我们带到一起，外貌便开始发挥作用。大量研究表明，男性和女性会选择那些外表吸引力与自己类似的人作为伴侣（Berscheid et al.，1982；Feingold，1988；McNulty et al.，2008）。

外表光鲜的人从"晕轮效应"中受益颇多：他们被*假定*拥有其他令人满意的社会特征，比如热情、性反应敏感、善良、风度翩翩、善于社交以及品德高尚。他们也被认为拥有更高的声望、更幸福的婚姻、更大的社会和职业成功，以及更充实的生活。然而，实际上，对于那些具有吸引力的人和没什么吸引力的人来说，他们的生活满意度几乎一样（Brehm et al.，2002；Olson and Marshuetz，2005）。

纵观全球，男性（无论长相如何）比女性更渴望找到一个外表有吸引力的配偶（Buss and Schmitt，1993）。在美国以及许多其他西方国家，尤其对女性而言，吸引力是苗条、年轻和乳房丰满的同义词。

大家在第 3 章和第 5 章中可见，女性承受的变瘦和让外表迷人的压力早在小学就有了，并且会一直持续到老年。企业为女性对她们外表的迷恋感到高兴。一位市场分析师说："任何与'抗衰老'这个词语有关的东西都卖得很

好。"（Mayer，1999：A1）因此，我们可能被引诱相信，通过使用各种产品（这些产品大多数针对女性），我们真的已经阻止或延缓了衰老过程。这些产品包括抗衰老牙膏、袜子、面霜和化妆品等。

在线改造业务也在蓬勃发展。这些服务——费用高达 2 000 美元——包括修改个人资料、开始初始的电子邮件对话、美化照片，或聘请专业人士拍摄最讨人喜欢的照片（Alsever，2007）。

3. 种族和族裔 在世界范围内，人们倾向于选择自己种族和民族群体内部的人约会和结婚。在 2010 年，大约 91% 的美国人就是这样做的。然而，最近的一项全国性调查发现，大多数黑人和白人，尤其是男性，认为保持良好的浪漫关系非常重要，并且他们愿意与其他种族或族裔的人结婚（见表 6-1）。

表 6-1　美国黑人和白人对浪漫关系和异族通婚的态度（2011）

那些说……的人的百分比		
	对他们而言，保持一段美好的浪漫关系很重要	他们愿意与另一个种族或族裔的人通婚
黑人女性	44%	67%
白人女性	52%	62%
黑人男性	63%	80%
白人男性	60%	82%

资料来源：基于 2012 年《华盛顿邮报》的数据。

这些是人们的态度，那么人们的行为（例如约会——结婚的前兆）又是怎样的呢？除了白人女性外，黑人女性、黑人男性和白人男性的跨种族或族裔约会在 2006—2011 年都有所增加（见图 6-2）。但对于女性和男性而言，这一比例比那些说自己愿意和其他种族或族裔通婚的人的比例要低很多。例如，比较表 6-1 和图 6-2 的数据，高达 82% 的白人男性表示他们愿意与不同种族或族裔的人通婚，但在 2011 年，仅有 51% 的白人男性有过跨种族或族裔约会的经历。

大家从第 3 章和第 4 章可以看到，就种族、民族和宗教而言，许多移民家庭的父母为了他们的孩子，强烈地倾向于同质婚配的婚姻。然而，随着孩子越来越融入美国文化，他们的约会偏好

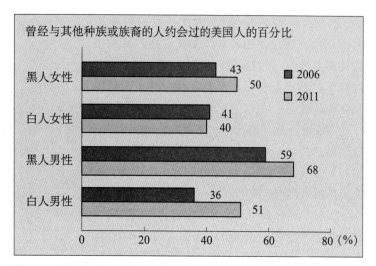

曾经与其他种族或族裔的人约会过的美国人的百分比

黑人女性 43（2006）／50（2011）

白人女性 41（2006）／40（2011）

黑人男性 59（2006）／68（2011）

白人男性 36（2006）／51（2011）

■ 2006
□ 2011

0 20 40 60 80 (%)

图 6-2　美国黑人和白人的约会行为的变化（2006 和 2011）
资料来源：基于 2012 年《华盛顿邮报》的数据。

和行为变得更加具有异质性。例如，在网上交友者中，拉美裔女性和拉美裔男性都似乎比黑人和白人更喜欢与自己的种族或族裔群体之外的人约会。然而，选择同质婚配的人在拉美裔网上交友者当中是最多的，他们生活在拉美裔人口比例很高的城市（如洛杉矶）、只会说少量英语、没有大学学历，并且强烈地希望保持拉美裔的身份（Feliciano et al.，2011）。

4. 社会阶层　我们大多数人面临着与相似（或更高）社会地位的人约会和结婚的巨大压力。尽管像《风月俏佳人》这样的电影很受欢迎——影片讲述的是一个有权势的商业大亨与一个妓女结婚的故事——但现实生活中极少会发生富有且具有权势的人与他们社交圈子以外的人通婚的现象（Kendall，2002）。大多数美国人是不可能与同他们背景迥异的人约会和结婚的——这主要是因为来自同一社会阶层的人有着相似的态度、价值观和生活方式（Kalmijn，1998；Charles et al.，2011）。

222

父母可能不必给孩子施加太大的压力让他们去和自己的同类约会，因为社区通常由处于相同社会阶层的人组成。学校、教堂和娱乐设施都反映了社区的社会经济地位。因此，生活在上流社会的孩子几乎不会遇到中产阶层的孩子，更不用说工薪阶层的孩子了。

一位研究者将高校描述为分层排列的"婚姻介绍所"，因为分别在常春藤盟校、私立学校、

公立学校与社区学院的学生很少有机会相遇。父母通过帮助子女选择一所大学影响了他们的孩子，所以他们通过社会阶层缩小了孩子的约会选择（Eckland，1968）。

社会阶层也通过与其他变量发生交互作用，以促进同质婚配。蓝领和白领工人很少会在工作场所相遇，因为他们占据不同的物理空间，并有不同的时间表。例如，在高校，职员和维护工人通常被安置在不同的楼栋或楼层工作，并且他们鲜有互动。如果我们将宗教、年龄和外表因素加入，同质婚配会更进一步减少合适的约会对象的数量。

5. 宗教　美国的三大主要宗教——天主教、新教和犹太教——历来反对不同宗教间通婚的信念，认为这些婚姻会削弱个人对信仰的承诺（Glenn，2002）。对于摩门教基要派的成员而言，找到一个信仰相同的伴侣是成为一个摩门教徒和拥有幸福的来世的关键（Boorstein，2011）。

拥有相同宗教信仰和习俗的夫妻往往比那些没有相同宗教信仰和习俗的夫妻更快乐。例如，在白人、黑人和拉美裔中，具有相同宗教信仰和习俗的夫妻可能会进行定期的家庭内礼拜活动（例如祷告和读经），并认为他们有良好的婚姻关系和令人满意的家庭生活。然而，当夫妻没有相同的宗教信仰，如其中一方不参加宗教活动时，他们之间可能会产生相当大的冲突（Ellison et al.，2010）。因此，或许那些"共同祷告并且共同生活"的夫妻这样做主要是因为他们还分享其他活动，例如一起购物、一起做饭，并具有超越宗教差异的相似的个性特征。

6. 年龄　在某些非洲和中东国家，13 岁以下的女孩往往会被嫁给那些年龄为 30 岁或 40 岁以上的男性。美国人实行年龄内婚制，因为他们倾向于在同一年龄组内约会和结婚。

在通常情况下，男性仅比女性大几岁。在那 223 些正在约会的人当中，大多数女性（68%）说，她们不会嫁给一个比自己年轻 10 岁或更多的男性；65% 的男性说，他们不会娶一个比自己大 10 岁或更多的女性（2006 Dating Trends Survey，2006；也见第 8 章）。

男性往往会寻找较为年轻的女性，因为他们

想要成家。但在有些情况下，一个女性可能会发现一个年龄比她大得多的男性并不愿意要孩子，特别是如果他已有一个来自前段婚姻的孩子或被期望分担养育这个孩子的责任。较大的年龄差距也会导致生活方式，如音乐偏好、娱乐和家庭活动上的代沟。那些有自己的资源的成功女性有时会寻求更为年轻、有魅力、资产少但能被"塑造"的男性（K.A.Moore et al.，2006）。不过，很少有证据显示这种结合是普遍的。

7. 价值观和个性　在 20 世纪五六十年代，有些理论基于这样的信念：人们彼此吸引是出于*互补的需要*。换言之，即*异性相吸*（Winch，1958）。这种以及与此类似的观点已经得不到科学的支持了，因为绝大多数的研究表明，人们倾向于选择具有与自己相似的人口学特征、价值观、态度和兴趣的人做伴侣（即"物以类聚，人以群分"）（Regan，2003；Rick et al.，2011）。

有些寻找爱情的男性喜欢炫耀华丽的配饰，如跑车、昂贵的手表和衣服。这样的奢侈品消费可能会吸引约会对象和性放纵，而非婚姻伴侣。很多女性对这种*炫耀性消费*（用自己的财富或地位获得昂贵的物品以使别人印象深刻）不以为然。她们通常明确地将昂贵的价格展示解读为对短期性约会感兴趣，而不是对一段涉及未来财务规划的长期关系感兴趣（Sundie，2011）。

一位 31 岁的空姐在与一位英俊的男性进行初次约会期间，当男子问道"你的信用分数是多少"时，她怔住了。在经过几次约会之后，他放弃了这位空姐，尽管他曾说过她对他而言是完美的，但"低信用分数是他的死穴"（Silver-Greenberg，2012：A1）。我们很难知道有多少约会者会将信用分数纳入对他们爱情关系的考量，但这样做是现实的，因为企业会用信用分数来确定人们是否有资格申请抵押贷款、汽车贷款、公寓租赁和信用卡——这所有的一切对于长期关系都非常重要。

根据许多财务顾问的看法，"吝啬鬼"不应该与"败家子"结婚。与和自己的财务观点迥异的人约会或结婚是冲突的一个主要来源，因为"情侣们不会为了爱情而争吵；他们会为了金钱而争吵"（Opdyke，2010）。你将在第 13 章中看到，财务问题是导致离婚的一个最重要的原因。

政治偏好也很重要。在关系的初始阶段，人们也许不会关心政治，但在约会过程中的某一时刻，他们会过滤掉那些与自己没有相似政治观点的人。因为随着时间的推移，夫妻双方往往不能适应彼此的政治信仰，不相容的政治意识形态会成为夫妻争论的主要来源。相比之下，相似的社会和政治观点往往会促进婚姻和长期关系的稳定（Alford et al.，2011；Klofstad et al.，2012）。

相似的性格在约会满意度以及最终的婚姻满意度方面也很重要。那些有着相似的特点，如自力更生和乐观的夫妻通常更为幸福，因为性格差异会引发愤怒和怨恨。而且，性格相似的人往往有可以增进感情的相似的情绪反应（如开心、愤怒或悲伤）（Gaunt，2006；Gonzaga et al.，2007；Humbad et al.，2010）。

过滤理论解释了我们如何缩小合适伴侣的范围。然而，越来越多的人正通过异质婚配不断扩大他们的婚姻市场。

（二）异质婚配：扩大婚姻市场

我们通常将异质婚配与*外婚制*（exogamy，见第 1 章）两个术语互换使用。*异质婚配*（heterogamy）是指与社会特征不同于自己的人约会或者结婚。这些差异包括社会阶层、种族或族裔、宗教和年龄。例如，在印度，异质婚配的规定禁止姓氏相似的家族成员结婚，尽管他们素未谋面（Singh，2005）。

在世界各地，择偶仍然受限于同质婚配。然而，越来越多的人在与同一性别（见第 7 章和第 8 章）和跨社会阶层、宗教信仰以及种族或族裔界限的人约会上有了更多的选择。

1. 社会阶层　我们大多数人会与自己社会阶层内部的人通婚，但并非都这样。**上攀婚配**指的是与社会阶层更高的人联姻。最初，许多英国人对威廉王子与凯特·米德尔顿订婚表示不满，因为她是个"平民"，她的父母虽然"非常富有"，但不是"贵族出身"（Faiola，2010）。

与此相反，**下嫁婚配**指的是与较低阶层的人联姻。在一本广为人知的约会建议书中，记者洛丽·哥特莱伯（Lori Gottlieb，2010）声称单身、成功的女性已变得太挑剔。相反，她们应该下嫁给那些"好好先生"。根据女权主义作家的说法，这种建议的问题在于，"迁就，实质上降低了你对自己的标准和期望……这是女性世世代代所做的事……会导致高离婚率、无性婚姻、欺骗和普遍不快乐的生活"（Mukhopadhyay，2011：128；Rivers，2010）。

2. 不同宗教信仰间的关系 从历史上看，在美国和许多其他国家，宗教在约会和择偶中一直是一种非常重要的因素。现在，美国的不同宗教信仰人群之间的约会和通婚现象越来越普遍。例如，37%的美国婚姻是宗教信仰上的混合婚姻（Pew Forum on Religion & Public Life，2008）。

宗教信仰对于那些在性别角色方面仍然持有传统价值观（比如男性应该负责赚钱养家，而女性则应该做全职家庭主妇的观念）的人来说是非常重要的。然而，宗教信仰对于那些对家庭角色持平等态度的夫妻以及寻找具有相似性格的伴侣的人来说，就没那么重要了（Gaunt，2006）。相比之下，种族或族裔在我们选择约会和结婚对象上仍然发挥着重要作用。

3. 不同种族或族裔间的关系 美国跨种族或族裔通婚率已经有所上升（见图6-3）。在8%的所有婚姻和15%的全新婚姻中，新娘和新郎来自不同的种族或族裔。2010年，美国亚裔新婚夫妻有着最高的跨种族或族裔通婚率（28%），

225

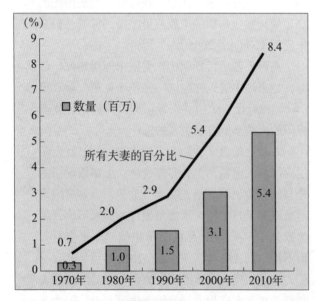

图6-3 跨种族或族裔婚姻在美国已经有所增加
资料来源：Lee and Edmonston，2005，Figure1；and Wang，2012.

其次是拉美裔（26%）（Wang，2012）。

然而，特别是黑人和亚裔美国人，在与个体所属的种族或族裔群体以外的人通婚方面，有着显著的性别差异。如图6-4所示，黑人女性和亚裔男性是最不可能跨种族或族裔通婚的。黑人男性与自己种族或族裔之外的人通婚的可能性几乎是黑人女性的3倍（它们分别为23.6%和9.3%）。与其他任何群体相比，非裔美国女性面临着被一名黑人记者称为"婚姻危机"的现实："我们的受教育程度越高，能遇到与我们的学历相匹配的弟兄的可能性就越小。我们越成功，能遇到与我们的财富相匹配的弟兄的可能性就越小。"（Chambers，2003：136）

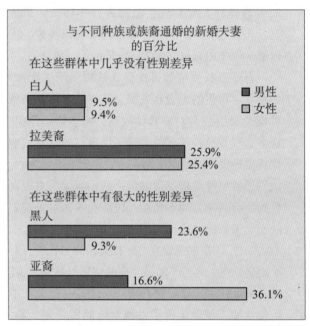

图6-4 按性别、种族或族裔划分的新婚夫妻跨种族或族裔通婚率（2010）
资料来源：Wang，2012：9.

年龄为20～34岁的黑人男性每9个当中就有一个在坐牢，这缩小了可供选择的合适伴侣的范围。自1976年以来，已获得学士、博士和专业学位（在如医学、法律和神学等领域）的黑人女性数量是黑人男性数量的近2倍。因此，许多受过良好教育和成功的黑人女性发现能与她们的教育和收入水平相匹配的合适伴侣的人数很少（Pew Center on the States，2009；Snyder and

Dillow, 2012）。

由于合适伴侣人数的短缺，很多黑人女性正在进行跨种族或族裔约会，即与其他种族或族裔群体的成员约会。特别是有些黑人女性作家，鼓励非裔美国女性通过跨种族或族裔的约会和通婚开阔视野，而不是等待一个"好"的黑人男性过来对她们一见钟情（Folan, 2010）。

并非每个人都会接受这种建议。例如，在2009年，路易斯安那州的一位治安官拒绝给一对跨种族或族裔通婚的夫妻颁发结婚证："我不是一个种族主义者，我只是不相信种族或族裔融合的方式。"（Time, 2009: 8）并且，正如《为何我从未与一位白人女性约会过》一文所示，许多非裔美国人也反对不同种族或族裔间的人约会。

亚裔男性（见图6-4）的跨种族或族裔通婚率（16.6%）远低于亚裔女性（36.1%）。究其原因，既有选择，也有制约。一项针对异性恋在线约会资料的研究发现，21%的亚裔男性（与仅6%的亚裔女性相比）的特定的约会对象仅限于亚裔（Robnett and Feliciano, 2011）。这表明，许多亚裔男性比亚裔女性更倾向于内婚制。

相同的研究发现，40%的亚裔女性（与仅10%的亚裔男性相比）会将亚裔从自身偏好中排除。此外，超过90%的拉美裔、黑人和白人女性会将亚裔男性排除在她们的约会选择之外。排斥的原因尚不清楚（也许很多女性将亚裔男性视为外国人），但女性的选择限制了亚裔男性的约会范围。相反，亚裔男性比拉美裔男性和白人男性的跨种族或族裔通婚率更低，因为最近亚洲移民的涌入已经扩大了亚裔男性选择合适伴侣的范围（Wang, 2012）。

过滤理论认为社会结构限制了我们遇见与我们不同的人的机会。那么，是什么影响了我们决定维持一段关系或离开？社会交换理论认为，在权衡我们的择偶投资和负债方面，满意度是一个关键因素。 *226*

（三）社会交换理论：作为付出和收获的约会

社会交换理论假定，如果收益高于成本，人们就会愿意开始（以及保持）一段关系。*收益*可以是内在的特性（智力、幽默感）、行为（性行

跨文化和多元文化家庭 | 为何我从未与一位白人女性约会过

与不同种族或族裔的人约会虽相当普遍，但仍具争议。一位黑人律师和作者劳伦斯·奥蒂斯·格雷厄姆（Lawrence Otis Graham, 1996: 36-56）解释了为何他从未与一位白人女性约会过，以及据他推测为何其他黑人男性同样如此。

- 原因1：黑人领袖或倡导者与他们种族或族裔之外的人通婚，表明他对黑人群众以及我们事业的承诺会减少。
- 原因2：我们担心，跨种族或族裔通婚的黑人正向美国黑人和白人发表声明说，黑人是不

太理想的伴侣，是低人一等的。
- 原因3：跨种族或族裔婚姻削弱了我们把黑人孩子介绍给那些为自己的种族或族裔身份感到自信和自豪的黑人导师和行为榜样的能力。
- 原因4：跨种族或族裔通婚分散了我们的资源，使得建立一个有财富、威望和权力的黑人美国变得更为困难。
- 原因5：我们担心那些迷茫的混血孩子一旦发现作为白人生活会更容易，就会背弃黑人种族。
- 原因6：今天的跨种族或族裔

关系是对美国黑人250年历史的痛苦回忆，在那250年中，白人剥削着我们的性别。

思考题

- 你同意格雷厄姆对不与非裔美国社区以外的人约会和通婚的解释吗？你认为他的这些原因是否已经过时？
- 格雷厄姆解释了为什么他认为跨种族或族裔约会和通婚是属于功能失调的。回想一下本章开始的关于约会的显功能和潜功能的讨论。跨种族或族裔约会有什么功能？

为、陪伴），也可以是获得所需的资源（金钱、权力）。成本即所付出的代价，它可能是不愉快或具破坏性的行为（侮辱、暴力）或损失（较低的社会阶层、在一段感情中所投入的时间）。《难道我看错人了吗？》一文提供了一些建议，让人们认识到保持一段不健康关系所付出的成本。

具体而言，人们在约会中交换的资源有哪些？一个是金钱。当符合条件的单身女性资源稀缺时，男女都期望男性在晚餐、情人节礼物和订婚戒指上花费更多，即使这样做会增加男性的信

用卡债务（Griskevicius et al., 2012）。

还有约 62% 的美国男性和 44% 的美国女性曾为某人做过一些特别的事（说"我爱你"、准备一顿特别的膳食、买一份昂贵的礼物），因为他们希望这样做可以促使性行为的发生。那些外表具有吸引力的人会将美貌这一特质用来交换另一半较高的受教育程度和收入水平。在中年人（年龄为 40 ~ 69 岁）当中，男性、从未有过婚史的单身者以及那些性放纵者更愿意与种族或宗教信仰不同的人约会，或用更少的钱约

问问你自己

难道我看错人了吗？

因为通常"爱情是盲目的"，所以许多人忽视了对方的严重的缺点，并与那个错的人（男或女）结了婚。这里有一些危险信号，可以提醒你可能会出现的问题。

- **唐璜们（风流浪荡子）和其他性捕食者。** 男性承认他们会用一系列"套路"去说服女性与之发生性关系。这些风流浪荡子会向你表白他们的爱（"我不是想和你发生性关系——我只想向你示爱"）、奉承你（"你是我曾见过的最漂亮的女人"）、做无谓的承诺（"我发誓我肯定会离婚"）、用拒绝威胁你（"如果你爱我，你就会答应我"）、如果你拒绝就贬低你（"你真是太老土了"），或用你是否"正常"来挑衅你（"你是同性恋吗？"）。
- **基本价值观不相容。** 起初，与一个和你截然不同的人在一起可能令你兴奋。然而，从长远来看，价值观上的严重差异可能会危及一段关系。
- **刻板的性别角色。** 如果你的另一半想让你做一个全职家庭主妇和全职母亲，但你却想要有自己的事业，这就会产生冲突。
- **感情包袱。** 如果你的另一半常常谈论自己的前任——将你与她"圣洁"的亡夫或他过去的爱人进行比较——那么这证明他仍然生活在过去而不想去更多地了解你。
- **极度嫉妒和暴力倾向。** 远离那些占有欲强、嫉妒心强或有暴力倾向的人。坏脾气、频繁的暴怒、不断的批评、突然的情绪波动等特征在未来不会

减少。

- **药物滥用。** 沉迷于酒精或其他毒品的人，对于择偶来说是一种错误的选择。当心那些反应迟钝、口齿不清、目光呆滞、情绪极度不稳定，或约会总是失败的人。
- **与他人相处的时间过多。** 你的另一半一周会花几个晚上与他人在一起，却留你独守空房？如果你的另一半总是玩手机，或在你的需要之前，他（她）的家里总有"紧急情况"，那么在未来极有可能出现同样的冲突。
- **调情先生和挑逗女士。** 如果你的另一半喜欢打情骂俏或在性方面卖弄风骚，请当心。调情一开始可能很有趣，但从长远来看就不是这样了。
- **缺乏沟通。** 良好的沟通对于一段良好的关系至关重要。无聊的感觉、你的另一半不感兴趣的证据或发现你没有什么可以和对方谈论的事情都是出现严重沟通问题的信号，它们将会减少你们的亲密感。
- **控制狂。** 你的另一半是否总试图去改变或控制你或你们的关系？你是否不断地受到批评、评判、审视和纠正（特别是在公众场合）？
- **怪罪他人。** 如果事情出了错，总是他人的问题（"我被炒鱿鱼是因为我的老板不欣赏我"而不是"我总是迟到"）。

资料来源：Powell, 1991; Collison, 1993; Kenrick et al., 1993.

会（Orr and Stout，2007；Carmalt et al.，2008；Fitzpatrick et al.，2009）。因此在选择约会对象方面，人们会权衡他们的收益与成本。

（四）公平理论：约会是为了寻求平等关系

根据**公平理论**——社会交换理论的一种延伸——如果伴侣双方都视亲密关系为公平互利的，那么这段关系就是令人满意和稳定的（Walster et al.，1973）。公平理论提出了几个基本命题：

- 感觉越公平，关系越幸福。
- 当人们发现自己处于一段不公平的关系中时，他们会变得痛苦。不公平感越强烈，越痛苦。
- 处于不公平关系中的人将企图通过恢复公平来消除他们的痛苦。

公平理论反映了美国人的公平意识，即人们有权期望在生活中的成本和收益之间找到合理的平衡。如果我们付出的超过了我们所获得的，那么我们通常会感到气愤。如果我们获得的超过了我们收益的合理份额，那么我们又会感到愧疚。无论是哪种情况，我们都会对关系感到不满。我们试图通过改变自己的行为、劝说另一半改变他／她的行为，或说服自己不公平的情况并不存在来减少痛苦和恢复公平（Miell and Croghan，1996）。

看看迈克和米歇尔，他们最初对自己的约会关系很满意。在其他交流中，她帮助他学习微积分，他帮助她撰写社会学课程论文。到了学期末，米歇尔仍然在帮助迈克完成他的微积分作业，但迈克不再帮助米歇尔完成她的社会学课程论文，因为他加入了游泳队。根据公平理论，迈克可能会感到愧疚，并更多地提供帮助，迈克和米歇尔也可能会就他们各自的贡献重新进行协商，否则一方或双方可能会终止这种关系。

对公平的判断，依关系所处阶段的不同而不同。随着两个人熟识，严重的不公平感通常会终结进一步的交往。一旦一种关系变成了长期的承诺，人们就会容忍这种不公平——尤其在他们打算结婚的情况下——因为他们对未来持乐观态度。然而，在大多数的长久关系中，尤其是随着

228

联系起来

- 想想曾与你约会或与你结婚的人，过滤理论是否影响了你的行为？如果影响了，哪一个变量是最重要的？
- 在决定与谁约会（或结婚）或者分手时，你权衡过收益与成本吗？
- 有些人坚持认为跨种族或族裔约会和跨种族或族裔婚姻是有利的，因为它们会打破我们社会的种族壁垒。另一些人则辩称跨种族或族裔的关系会削弱个人对自己文化的传承。你认为呢？

人们身份的转变（如为人父母），人们所感知到的不公平感可能会增加压力和不满（Sprecher，2001）。

五、多元文化择偶观

世界各地社会的择偶方法大不相同。其中的一些变化涉及传统社会与现代社会、异质婚配与同质婚配，以及包办婚姻之间的差异。

（一）传统社会与现代社会

大多数国家没有像在西方国家那样寻常可见的开放求爱系统。反而，如财产和童婚习俗等因素强化了传统的择偶安排。

1. **财产** 在某些地中海、中东和亚洲社会中，**嫁妆**——女性给婚姻带来的金钱、物品和财产——在择偶和婚姻中是一个重要因素。有丰厚嫁妆的女性能吸引到最优秀的求婚者。如果女方的家庭无法满足男方对嫁妆的期望，他们新婚的女儿就可能会在她的新家中面临极度的非难、暴力、甚至死亡（见第3章、第4章）。

尽管印度政府已经废除了嫁妆制度，但它依然很盛行。原则上，很多不赞成嫁妆制度的妇女认为废除它很有必要，但实际上，她们却想用嫁妆去吸引最理想的夫婿，并将此作为年轻夫妻获得家庭用品的一种方式（Srinivasan and Lee，2004）。

鉴于嫁妆是由新娘家庭所支付的，**彩礼**就是

新郎家庭所需支付的费用。这项支出从几头牛到几千美元不等。在南苏丹，自2005年以来，彩礼费用已经上涨了44%。一个受过教育的妻子的彩礼要花费50头奶牛、60只山羊和大约12 000美元的现金。以这个价格，许多单身汉已经负债累累或加入牛群抢劫团伙了，这也引发了一系列的报复行为和部落冲突（Richmond and Krause-Jackson，2011）。

一些人批判了彩礼制度，因为它把女性视为财产，并阻碍了贫困男性的婚姻。然而，许多人仍在捍卫这个习俗。例如，很多住在农村的美国人据理力争，称给女方彩礼能维系家庭并减少妻子受虐待的可能性。在阿富汗，彩礼能确保一个男人娶到一个会种田、饲养牲畜和生孩子的处女（有时仅8岁大）。反过来，这种做法也使得新娘家庭能让女儿摆脱饥饿，并能偿还一些债务（Bearak，2006；Calvert，2006）。

在利比亚、埃及以及阿拉伯世界的其他发展中国家，年轻男性正在推迟结婚，因为他们不能按习俗的要求为新娘提供住房和一份相当丰厚的彩礼。在埃及，最穷的新郎和他的父亲必须省下约8年的全年收入，才能负担得起一场婚礼的费用。为了鼓励最贫困社区的婚姻，政府和慈善机构会为集体婚礼提供资助（Knickmeyer，2007；Slackman，2008）。

2. 童婚 人们结婚的最低年龄在各个国家大不相同。在工业化社会，结婚的最低年龄可能是16岁或18岁。在非洲的一些传统国家，在女孩10岁以前，父母可能会把她许配给朋友4岁的儿子，或许配给比她大20岁或30岁的男性（Wilson et al.，2003；Modo，2005）。

每天都有超过25 000名女孩在18岁之前被迫嫁出去，其中很多女孩仅9岁大小。童婚比例最高的国家和地区有非洲某些地区、孟加拉国（在南亚）和中东地区。童婚经常会导致性虐待、家庭暴力，以及女孩们在身体完全发育成熟之前就成了年轻的妈妈。这样做会将女孩置于母婴死亡的高风险境地，以及导致伴有终身认知问题的婴儿的早产现象（Hervish and Feldman-Jacobs，2011；Schnall，2012）。

虽然童婚违反了有关妇女权利的国际法，但这种现象在某些国家仍不断增加（Tait，2012）。

（二）异质婚配与同质婚配

从世界范围来看，择偶会依据异质婚配和同质婚配的标准而大不相同。你还记得吧，异质婚配涉及与个人所属的社会群体外部的人通婚，而同质婚配则指与个人所属的社会群体内部的某人通婚。

1. 异质婚配 异质婚配在许多国家很盛行，因为人们在自己所属的社会群体内部没有找到未来的婚姻伴侣。通常，异质婚配基于经济决定。例如，那些嫁给外国人的来自中国大陆的女性数量从1991年的26 000人上升到了2006年的68 000人。然而，这种比例在2008年骤降，因为当时全球经济危机开始了："许多中国女性与她们的丈夫（在德国）结婚是因为他们很成功，但现在（男人们）正在失去工作和汽车。他们中的大多数人甚至付不起抵押贷款。"（Ford，2009：5）

为了逃离贫穷，许多20岁出头的越南女性开始嫁给外国人，他们大多是40多岁或更年长的中国人或韩国人。在男性花几天时间进行婚姻之旅以挑选新娘后不久，婚礼就会举行。用社会交换理论的术语来说，男性，尤其是那些来自农村地区的男性——而当地女性已经搬到城市去工作了——找到了那些急于迎合自己的年轻妻子。女性们履行了将她们的父母在垂暮之年从贫困中解救出来的义务，这是很多越南人所看重的为人子女最大的责任。这些男性承诺每个月给新娘的父母生活费，有时也会帮助新娘的父亲偿还部分债务。有些女性婚后忍受着持续的虐待，有些女性则很快乐且无怨无悔（Onishi，2007；Santana，2008；Kay，2011）。

为了保护女性不受虐待，柬埔寨政府出台了一项条例，即50岁以上或月收入低于2 500美元的外籍男性不再能够与柬埔寨女性通婚。根据女性立法者的说法，该条例的目的是防止"假结婚"，在这种婚姻中的老年男子——尤其是韩国人——的目的是"通过结婚以获得一个免费女佣"（Masis，2011：6）。

2. 同质婚配 在许多传统社会中，择偶被严格限制于同质婚配。例如，在阿富汗，有句古老的谚语是这样说的："表（堂）亲之间的婚姻是最正义的，因为婚约是天作之合。"在整个阿拉伯世界，平均45%的已婚夫妻是近亲（Kershaw，2003；Aizenman，2005）。

同质婚配有它的优势。在印度——那里70%的婚姻是在自己种姓内部完成的——同质婚配的择偶方式确保了人们在自己的社会阶层内部通婚，并且能够确保他们的财富在亲属团体中代代相传。在印度和土耳其，同质婚配确保了牢固而持续的家庭纽带关系（Nauck and Klaus，2005；Banerjee et al.，2009）。

同质婚配也要付出成本。在古巴——尽管政府采取了种族平等的正式政策——关于黑人劣等和保持种族纯洁的种族主义信念阻碍了人们寻找那些肤色较浅或肤色较深的人做伴侣。在斯里兰卡，征婚的分类广告要求应征者表明自己的种姓，因为受过教育的人不想与来自较低社会经济群体的人交往（Roschelle et al.，2005；Magnier，2006）。

同质婚配也会增加遗传疾病发生的概率。例如，在沙特阿拉伯的某些地区，已婚夫妻当中的55%～70%有血缘关系，这种近亲繁殖会导致遗传性疾病，包括地中海贫血（一种潜在的致命性血液疾病）、镰状细胞性贫血、脊髓性肌萎缩、糖尿病、耳聋和哑巴。受过良好教育的沙特阿拉伯人已经开始放弃这种做法，但近亲结婚的传统仍然在沙特阿拉伯文化中根深蒂固。在阿富汗，近亲结婚很常见，因为女性被禁止与无血缘关系的男性交往。医生们发现，婴儿出生时有先天缺陷和疾病，如大脑紊乱和智力低下的概率很高，这些疾病可能会遗传（Kershaw，2003；Aizenman，2005）。

（三）包办婚姻

在许多文化中，父母最重要的义务就是帮助孩子找到合适的配偶、安定下来和组成家庭。因此，媒人（通常是父母和女性亲戚）在安排婚姻方面能够行使巨大的权力（Janmohamed，2010）。

在包办婚姻中，家庭或社区比个人更重要。

这种婚姻能增进家庭、亲属团体、宗族和部落之间的团结。包办婚姻在一些发展中国家正在消失，但在许多其他国家仍是主流。例如，在印度，90%的婚姻是包办婚姻，71%的人相信这种结合要比"基于爱情的婚姻"更成功（Cullen and Masters，2008）。在2013年，虽然巴基斯坦政府将那些未经女性监护人同意的婚姻也合法化了，但某种形式的包办婚姻仍然是巴基斯坦人寻找配偶的最常见方式（Ladly，2012）。

包办婚姻往往将与表亲联姻作为首选。仅就2008年而言，就有4 000名出生于英国的巴基斯坦女孩在访问巴基斯坦期间被迫与表亲或其他男性结婚。这种文化习俗在一些社会中很常见——在这些社会中，男性占主导地位，他们会强迫女孩和女人违背自己的意愿出嫁，"以保持文化和血统"（Tohid，2003：7；Grose，2008；James，2012）。

在某些社会，对于拒绝一桩包办婚姻使家庭蒙羞的惩罚是很严厉的。在阿富汗，私奔的夫妻会被用石头砸死。在印度，每年约有900人因为违背父母意愿与他人结婚而被父母和男性亲属杀害。同样，在巴基斯坦，选择所谓"自由婚姻"的女性可能会被杀害（Nordland，2010；"Death Penalty for 10…"，2011；Ladly，2012；也见第3章）。

（四）择偶方法是如何变迁的

在亚洲和中东的某些国家，人们认识以及择偶的方法正在发生变化。包办婚姻在农村地区和小城镇非常普遍，但居住在城市的人通常与西方人一样是在大学校园里、聚会上、公共场所以及日益增多的网上约会（交友）网站认识自己的配偶的。

中国和印度都正经历着单身男性的过剩和单身女性的匮乏。在这两个国家，重男轻女的观念流行、现有技术可以确定胎儿的性别，以及堕胎很容易，这些都导致了男性过剩。例如，在中国，到2020年时，有4 000万男性无法找到同龄的中国女性结婚（Hesketh et al.，2011；Poston et al.，2011；Larmer，2013）。

1. 中国 中国通过实行一些西式的择偶方

式来应对男性数量过剩的问题，包括报纸和杂志广告以及网上约会（交友）网站（Jiang，2011）。在北京，每个星期的四天中，数百名父母会前往这个城市三个公园中的一个去牵线搭桥。令他们焦虑的是他们20多岁的孩子仍然没有结婚，因为他们工作节奏太快，没有时间去约会，父母决定帮他们找对象。父母在过来时都准备了照片以及电脑打印的对成年子女以及他们的理想伴侣的描述，例如，"男，28岁，身高1.72米，一个来自中上层家庭的大专毕业生，想找一个年龄为16～23岁，有高中学历、收入稳定、有北京户口的个子稍矮的女性"（Epstein，2005：1A）。

父母并不是唯一试图解决孩子终身大事的人。在2011年，中国农历新年假期期间，单身者们自己参加了大量在北京举办的相亲活动，据估计，当时有5万人参加了在北京地坛公园举办的为期一周的相亲活动（Duncan，2011）。而且，许多制造企业会赞助相亲活动，如速配约会，以吸引和留住年轻员工（Chu，2013）。

由于男性过剩，受过大学教育的中国女性变得越来越挑剔。根据中国最大的网上婚介所世纪佳缘（Jiayuan.com）的创始人所说，女性客户都将拥有一套房子和高薪列为择偶的主要标准。"现在，如果你找不到合适的人，你就不能安定下来。"（Bloomberg News，2012：14）一项基于北京的调查发现，75%的女性认为在同意嫁给一个男人之前，会考虑他是否有能力购买一套房子（"Are High House Prices..."，2013）。尽管性别失衡，但中国女性仍面临着在28岁之前就应结婚的巨大压力，以避免（日后）被拒绝和被污名化为"剩女"（Larmer，2013：BU1）。

2. 印度 除了收费的媒人，印度有着大量类似于交友网站的婚恋网站。父母和其他人会附上子女的"个人简历"，包括娱乐兴趣、受教育程度、身高、体重、肤色、性格特征、月薪、喝酒抽烟习惯，尤其是家庭历史（包括种姓，有时也需要血型）等个人信息（Abdulrahim，2008；Narayan，2013）。

因为许多生活在印度的年轻人会在很短的时间内和那些在婚恋网站上认识的海外人士结婚，所以越来越多的父母会聘请"婚姻侦探"为他们调查准新郎的背景。随着印度中上阶层的发展，嫁妆也越来越多，这通常会招致尤其是那些海外人士的欺诈。据估计，每年约3万名新娘会被那些收取嫁妆后就消失的求婚者抛弃，侦探社于是成为一种日益兴盛的新产业（Wax，2008）。

传统交友网站，例如Match.com，由于婚恋网站的兴起、职业媒人和父母在为子女寻找未来配偶方面做了比较好的工作而变得没那么流行了。然而，那些提供约会、社交网络和线下"交友"组合的网站正变得流行起来（Seligson，2011）。

3. 日本和韩国 在日本和韩国，配对游戏也发生了变化，这在某种程度上是因为越来越多的女性接受了大学教育、找到了工作、推迟了婚姻，或宁愿保持单身。为了保持40岁以下年龄段未婚员工的忠诚度，几家日本公司已经聘请了婚姻经纪公司来做媒人，为其员工牵线搭桥。在韩国，像三星这样的龙头企业会将请婚介机构组织集体相亲活动作为单身员工的一种福利，而且各大银行争相为富裕的私人客户的子女提供免费的相亲服务（Sang-Hun，2007；Ito and Yui，2010）。

4. 其他国家 在西班牙、多米尼加共和国、厄瓜多尔和哥伦比亚的某些地区，女性非常稀缺，因为很多女性离开家乡去城市工作了。为了帮助男性找到配偶，一些有胆识的农民组织了"丘比特十字军"。那些对城市生活感到幻灭的女性会乘坐一辆公交车，并与一群单身汉共度一天："孤独的心与烤羊肉和*斗牛舞*或两步舞交织在一起。"它通常会持续8个小时，并且有些相遇最后带来了一段姻缘（Fuchs，2003）。

伊朗国会议员正在考虑将婚恋网站合法化，原因就在于"婚姻危机"。年轻人，尤其是那些生活在城市里的年轻人，由于失业、父母无法负担传统的奢华婚礼或嫁妆、大学里女性的入学人数比男性多、追求事业等原因，正在不断推迟结婚。"年轻的单身人士令试图维持一种宗教状态的当局感到头痛；当局担心，年轻人单身的时间越长，他们就越有可能沉溺于婚前性行为或其他被认为不道德的恶习。"（Mostaghim and Alpert，2012：22）

六、有害的约会关系：权力、控制与暴力

迄今为止，我们关注的都是约会积极的一面：人们如何相遇，以及他们在择偶时寻找具有什么品质的伴侣。但约会也有黑暗的一面，包括权力、控制和暴力。

（一）约会关系中的权力和控制

社会学家威拉德·沃勒（Willard Waller，1937）提出的"最低兴趣原则"表明，在任何关系中，兴趣较低的人有较多的权力，因此，也就拥有更多的控制权。相反，对保持一段关系非常感兴趣的人就会更依赖、权力也会更少，因此很容易被操纵或被利用（Lloyd，1991；Sarch，1993）。

男性通常通过直接的策略，比如威胁和攻击，在约会关系中保持权力和控制；女性则更常使用诸如暗示、退出或试图操纵另一半的情感等间接策略（Christopher and Kisler，2004；Garbarino，2006）。《施虐者如何控制约会关系》一文更详细地探讨了一些胁迫性策略。

234

（二）约会暴力的流行

随着一种关系从随意关系发展为更认真的约会，对对方的控制往往会增加。男性比女性更可能使用武力和性侵犯，但女性也可能在生理和

约束　施虐者如何控制约会关系

男性与女性都试图控制关系。下列类别描述了女性受害者的经历，但男性也容易遭遇虐待性的约会关系。

- **嫉妒和指责**：指责通常基于嫉妒；伴侣所做的几乎任何事情都被视为挑衅。例如，一个男人可能会指责他的伴侣，因为当他打电话回家时她不在家，或因为她和别的男性说话。他可能会说他是如此爱她以至于无法容忍她和别人（包括男性朋友）在一起。
- **胁迫、恐吓和威胁**：施虐者可能会通过威胁他们的伴侣，迫使其服从。一个施虐者会说诸如"我会拧断你的脖子"或者"我要杀了你"这样的话，然后又会用"人人都会这样说"来驳斥对这些话的评论。施虐者还会威胁要自杀或攻击伴侣的家人。
- **孤立**：通常，施虐者会花大量

时间和精力去观察受害者。他们会指责家人和朋友"多管闲事"。施虐者可能会剥夺受害者的电话或汽车，甚至阻止受害者拥有一份工作。这些孤立技术如果能起作用，就切断了受害者与其朋友的联系，并增加了受害者对施虐者的依赖。

- **身体虐待**：暴力行为的范围包括从掌掴和推搡到殴打、强奸和用武器攻击。许多施虐者在每次暴力事件中都设法说服伴侣"我真的爱你"以及"这种事再也不会发生了"，但却故态复萌。在某些情况下，当施虐者实施最后一次攻击时，受害者就被杀死了。
- **情感和言语虐待**：情感虐待是一种非常有力的侮辱，它攻击一个人的独立和自我价值感，通常是为了让伴侣屈服于施虐者的要求（"不要穿这么短的

裙子——它让你看起来像个妓女"）。施虐者常说或暗示受害者最好做施虐者想要受害者做的事情，否则受害者就无人陪伴了。

- **性虐待**：在性方面的冲突也会导致暴力。往往由男性施虐者决定是否可以发生性行为，哪种性行为是可以接受的，以及夫妻是否使用避孕套或其他避孕器具。

资料来源：Gamache，1990；Rosen and Stith，1993；Shackelford et al.，2005.

思考题

- 你、你的朋友或亲戚是否经历过这些虐待形式中的任何一种？你那时的反应如何？
- 你认为我们真的可以爱一个我们害怕的人吗？

情感上虐待对方（Christopher and Kisler, 2004；Prothrow-Stith and Spivak, 2005；也见第 12 章）。

1. 约会暴力 约会暴力普遍存在。让我们看一下以下统计数据：

- 在 13～14 岁的青少年当中，20% 的人知晓其朋友和同辈群体被其男朋友或女朋友踢过、打过、掌掴过或用拳头揍过（Liz Claiborne Inc., 2008；对于那些年龄在 12～17 岁人群当中的类似发现，见 Mulford and Giordano, 2008）。

- 几乎 10% 的美国高中生说他们曾被女朋友或男朋友打过、掌掴过或故意地伤害过身体（Eaton and Rose, 2012）。

- 在 20～24 岁的年轻人当中，26% 的人和自己的另一半体验过暴力，无论是作为受害者还是加害者（Scott et al., 2011）。

- 在 18～28 岁的夫妻当中，36% 的人正在遭受暴力，20% 的人互相虐待（Berger et al., 2012）。

- 约 27% 的大学女生遭遇过强奸或强奸未遂（Lauerman, 2013）。

约会暴力很少是一次性事件。许多女性把这种暴力误解为爱的证据。根据一名家庭暴力顾问所说，"女孩们的现实生活经验太少了，她们往往把嫉妒和占有误解为'他爱我'"（L.Harris, 1996：5）。一个 9 年级的拉美裔女孩对她的朋友们容忍虐待的原因进行了回应："她会像这样说：'好吧，那是因为他关心我，不想我再那样做，而且他爱我。'"（Ocampo et al., 2007：184）

2. 熟人强奸和约会强奸 在 2012 年，美国联邦调查局重新修订了已有 85 年历史的关于*强奸*的法律定义。新的定义包括：将男性也作为受害者，口腔、肛门和阴道插入，以及被身体任何部位或任何物体插入。

大多数约会暴力和约会强奸发生在一些看似安全且熟悉的场合。这就是这些行为常常使受害者感到震惊的原因，受害者不相信正在发生的事情。女性特别容易遭到熟人强奸和约会强奸。**熟人强奸**是一个人与其所认识或熟悉的强奸者发生的不想要和被迫的性交行为。作为强奸者的熟人可能包括邻居、家人的朋友、同事，或受害者在一次聚会或联欢会上结识的某个人。

约会强奸是在约会情境中发生的不想要和被迫的性交行为。受害者和强奸者可能是初次约会或正处于一种稳定的关系中。从全美范围来看，相比配偶或前任配偶、陌生人或同居伴侣，女性更容易被约会对象或熟人强奸（见图 6-5）。约会强奸如此普遍和令人痛苦的原因之一是，通常强奸者看似"一个好人"——有礼貌、外表整洁，甚至是社区或校园的领导者。

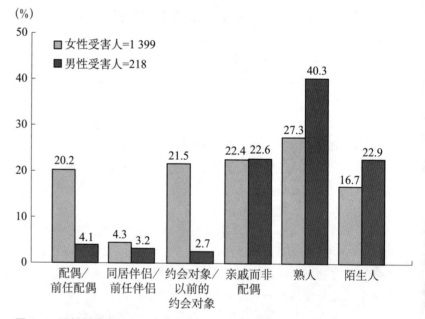

图 6-5 强奸受害者以及受害者与强奸者之间的关系

注：按性别计算的百分比超过 100%，因为同一受害者可能被不止一个人强奸。

资料来源：Tjaden and Thoennes, 2006, Exhibit 13.

（三）导致约会暴力和约会强奸的因素

有许多关于约会暴力和约会强奸的原因。让我们从父母教养方式和家庭暴力开始。

1. 父母教养方式和家庭暴力 约会暴力在那些经历过严厉的或最少的教养、亲子关系很差和遭受过兄弟姐妹虐待的年轻人当中最为普遍。一个孩子曾目睹成人暴力或在父母对子女实施暴力的家庭中逐步长大，这样的问题会更复杂。目睹攻击行为增加了在青少年时期和成人约会期间成为攻击者和受害者两种类型的人的可能性（Baker and Stith，2008；Espelage，2011；Centers for Disease Control and Prevention，2012）。

2. 性别角色 对性别角色采取传统观念增加了青少年时期和成年时期实施约会暴力的可能性。根据传统性脚本（见第 5 章），男性可以通过口头施压和身体上的强迫手段来施加和保持权力，以说服女性发生她们不想要的性行为。那些有着传统性别角色观念的女性可能会怨恨，但不会反抗这种侵犯（Wright et al.，2010；Espelage，2011；Hall and Canterberry，2011）。

通常，犯约会强奸罪行的男性持有传统性别角色的观念，视自己为领导者，视女性为顺从者。一些犯约会强奸和熟人强奸罪行的男性对女性性行为也有刻板看法。他们认为女性最初反抗性亲近是为了维护她们自己的名誉，因此她们更愿意在性上被征服。此外，有些男性认为，如果一个女人"挑逗"、"放荡"或"穿得像荡妇"，她就是在渴望性（Christopher，2001；Sampson，2002；Topping，2011）。

3. 人口统计特征 相比专一关系（19%），约会暴力在随意关系（25%）中更普遍。约会关系中的身体攻击在青少年群体中最多，在成年期趋于减少。在 20 ～ 24 岁的年轻人当中，相比同龄的黑人（33%）和拉美裔（32%）伴侣，白人（23%）伴侣声称遭受关系暴力的可能性更小（Scott et al.，2011）。

在 18 ～ 28 岁正在恋爱的情侣当中，当双方仅有高中文凭、已经约会超过 4 年、家庭中有孩子，并且伴侣双方来自不同种族或族裔群体时，暴力更常见（见表 6-2）。我们将在第 12 章中研究这些和其他变化的原因。

表 6-2 在年轻人当中约会暴力的人口统计特征

在目前的约会关系中经历过暴力的 18 ～ 28 岁年轻人的百分比	
受教育程度	
大学或以上文凭	32%
高中文凭	54%
关系维持时间	
少于 4 年	30%
超过 4 年	60%
孩子情况	
家庭中无孩子	31%
一方家庭中有孩子或双方家庭中都有孩子	63%
种族或族裔状况	
同一种族或族裔	35%
不同种族或族裔	43%

资料来源：Bogle et al.，2012，text and Figures 4-7.

4. 同辈压力和保密 在青春期，约会双方会产生相当多的冲突，如彼此在一起所花的时间相比与朋友一起度过的时间孰长孰短、因另一半与异性朋友在一起的时间似乎更多而产生嫉妒心理，以及产生新恋情的可能性等。由于很多青少年在与恋人沟通方面缺乏经验，以及在处理挫折时没有建设性的应对技巧，因此他们往往会使用暴力去控制另一半（Mulford and Giordano，2008）。

同辈压力是有些情侣会产生暴力，以及许多人仍然维持具虐待性的恋爱关系的主要原因之一。保密保护了施虐者。大多数青少年对这种虐待关系会保持沉默，因为他们不想他们的朋友对自己施加压力以致关系破裂。他们很少把虐待情况告诉父母，因为他们与父母并不亲近、害怕失去自由、不想父母认为他们判断力差，或担心如果父母向警察举报这种虐待，他们的朋友会指责自己（Ocampo et al.，2007）。

同辈压力在大学中表现得更为明显。在某些情况下，兄弟会成员和男运动员会掩盖性虐待丑闻，尤其是当这种事情发生在使用酒精和其他药物的聚会期间或聚会之后。而且，在许多大学校园里，姐妹会领导者也承认谈论关系暴力是"社会不能接受的"，她们也不知道应如何帮助那些正经历约会暴力的成员（Larimer et al.，1999；Danis and Anderson，2008：337）。

5. 使用酒精和其他药物 尽管酒精和毒品并不是原因，但它们在强奸（包括约会强奸）中扮演着重要的角色。自20世纪中叶以来，有报道称，女大学生都是在喝下带有氟硝西泮（也被称为"迷奸药"或其他街头术语）的饮品后遭到强奸的。当氟硝西泮被掺入饮料中后，它的镇静作用会在摄入后的20分钟之内见效，通常药效能持续超过12小时。氟硝西泮一直被称为"约会强奸药"和"忘我丸"，因为许多女性被它迷晕后被强奸，但当她们醒来后却不记得发生过的事情。当与酒精和麻醉品混合在一起时，氟硝西泮也许还会致命（National Institute on Drug Abuse，2011）。

还有一种强奸药物叫GHB，又称丙种羟基丁酸盐，它是一种由碱液或下水道清洁剂混合GBL（即γ-丁内酯，一种常用于清洁地板的工业溶剂）所制成的液体或粉末。GHB是一种能使受害者在30分钟内昏迷的无色无味的药物。GHB的药效可以持续3～6个小时（National Institute on Drug Abuse，2011）。

6. 技术 技术促进了约会侵犯。一项调查发现，近25%的14～24岁的年轻人（通常是女性）说他们的约会对象一天无数次地查岗，看他们在哪儿以及与谁在一起。尤其是男性，当他们向女性发送数百条威胁短信，比如"除了我之外，你不需要别人"或威胁杀死女性时，他们更可能进行的是"文本骚扰"（St.George，2010：B2）。

7. 鲜有负面制裁 导致约会暴力的另一因素就是缺乏制裁。鲜有女性和男性会举报约会暴力，因为他们在充满暴力的家庭中长大、支持传统的性别角色、视约会侵犯为正常，或如果他们或他们的伴侣酗酒或吸毒，他们就会责怪自己。在许多大学校园里，女性不会举报约会强奸，因为她们认为，学校对投诉不会采取任何行动（通常也确实如此）（Sweet，2012；Smiler and Plante，2013）。

（四）约会暴力和约会强奸的后果

在成年早期，作为约会暴力受害者的青少年的健康状况不佳。他们更容易抑郁，在学校表现不佳。他们可能会出现一些不健康的行为，如吸毒和酗酒，而且更容易出现饮食失调。有些青少年还考虑过或企图自杀。在高中就成为受害者的青少年在成年阶段遭受约会暴力和约会强奸的风险更高（Centers for Disease Control and Prevention，2012；Exner-Cortens et al.，2013）。

暴力和强奸是对肉体和精神的双重侵犯；它们会影响受害者生活的方方面面。尽管女性对袭击事件没有责任，但她们往往会感到羞愧，并为强奸事件而自责。害怕男性、害怕独自外出、不敢独自在家成了她们生活的一部分。她们愤怒、抑郁，有时甚至无法与体贴的性伴侣相处。表6-3列举了约会暴力和约会强奸的其他一些后果。

表6-3　约会暴力或约会强奸受害者所面临的情感和行为问题

- 普遍抑郁：症状包括饮食和睡眠模式的改变，以及不明原因的周身疼痛。抑郁症状可能会阻碍女性上课、完成课程或有效地工作。
- 受害者会感到无力、无助、脆弱、耻辱和悲伤。
- 自信和自尊的丧失可能会增加受害者未来遭受性侵犯的可能性。
- 在亲密关系中，受害者的行为以及对性关系的一般态度都会发生变化。
- 受害者会对家人、朋友或同事感到易怒和烦躁。
- 受害者总感到愤怒、恐惧、焦虑，或普遍存在自杀的想法和企图。
- 受害者将无法集中注意力，即便是在日常工作中。
- 受害者依赖酒精或毒品的可能性增加。
- 受害者可能会发生意外怀孕。

资料来源：Benokraitis and Feagin，1995；Larimer et al.，1999；Silverman et al.，2001；Olshen et al.，2007；Exner-Cortens et al.，2013.

七、分手

一项针对一所大学在校生的研究发现，93%的大学生有过被其深受之人抛弃的过往，95%的大学生拒绝过深爱他们的追求者（Fisher，2008）。并且，根据几项网上调查，约35%的人曾通过短信被甩（Friedman，2011；Lab42，

2011)。一首经典歌曲告诉我们，"分手是很难做到的"。那么，为何还有如此多的情侣会分手？

（一）我们为何分手？

约会和其他亲密关系的破裂有很多原因，包括微观和宏观层面的因素。

- *个体（微观）原因*包括：沟通问题、兴趣不同、情感和身体虐待、偏执的爱和控制行为、跟踪、不匹配的爱和性需求、表现出厌恶态度的自我表露、幻灭感、日益减少的深情行为、不忠以及不做出承诺（Forward，2002；Harley，2002；Regan，2003）。
- *结构（宏观）原因*包括：搬家，引发失业和财务纠纷的经济衰退，不赞同早恋（年轻伴侣）、姐弟恋（年轻男性和年长女性），以及来自不同种族或族裔和宗教背景的情侣、同性伴侣之间关系的社会反应（Martin，1993；Regan，2003）。

（二）我们如何反应？

分手通常很痛苦，但人们反应不一。例如，正如你所预计的，那些在婚姻市场很少有资源可以交换的人在分手时会比那些有很多选择的人更为沮丧，因为选择很多的人更自信、更成功或更具有吸引力（Schmitt and Buss，2001）。

困惑和愤怒是对于分手的两种最常见的反应：我们感到被抛弃或被背叛、害怕我们没人爱，或不知道我们为何被拒绝。有些从业者建议避免逐点剖析事情为何会分崩离析，因为逐点剖析可能会导致身体虐待。诚实是最好的方法，例如说"我不再爱你了"，而非用"不是你的问题，是我的问题"这样的陈词滥调（Svoboda，2011）。

拒绝会造成伤害，但对于抛弃和被抛弃的影响往往会有不同的解释。当男人得知一个女人甩了她的前男友时，他们可能会对与她约会更谨慎，也许是害怕他们会成为下一个被甩的人。而当女人得知一个男人甩了他的前女友时，她们对他的兴趣可能会增加，也许她们将这种事情视为这个男人在精挑细选（Stanik et al.，2010）。

男性似乎能比女性更快地从分手中恢复。例如，在分手后不久，42% 的男性和 31% 的女性开始与其他人约会（Fetto，2003）。在 18 ～ 23 岁的年轻人当中，女性比男性更容易在分手后抑郁，因为许多女性的自我价值仍然与拥有男朋友相关，即使是一个对自己没有感情的男朋友（Simon and Barrett，2010）。

（三）分手健康吗？

绝对健康。一项针对 7 年级、9 年级和 11 年级学生的研究发现，"摇摆不定者"（在感情上分分合合、藕断丝连的人）经历相互身体暴力的可能性是那些身处稳定关系或已永久分手的同龄人的 2 倍。相比那些感情坚定的人，摇摆不定者缺乏预防和管理冲突的能力，这源于某些因素，如在充满暴力的家庭中长大、自卑、缺乏沟通技巧以及缺乏处理压力的能力（Halpern-Meekin et al.，2013）。

在成年期，分歧和冲突是任何亲密关系（包括婚姻）不可或缺的组成部分。然而，约会或同居关系的破裂远没有婚姻关系的破裂那么复杂（见第 13 章）。

那些善于控制自己行为的人（用戈夫曼的话说就是"印象管理"，正如你在第 3 章所见）有掌握社交线索的技能，不太可能说出一些让人不快的话。但缺点就是，因为他们往往通过掩饰自己的真实情感以避免冲突，所以他们不怎么进行亲密沟通。因此，他们可能无法在自己的浪漫关系中获得长期的幸福。那些自我控制技能较少、不回避分歧或隐藏自己真实情感和观点的人，最

239

联系起来

- 有些女性仍然固守充满暴力的约会关系，因为她们有一种"守护者身份"：她们觉得对男性的行为负有责任，或想要将男性从他的问题中解救出来（Few and Rosen，2005）。你认识符合这种描述的女性吗？为何你会认为男性不太可能扮演这种守护者的角色？
- 有些人认为通过电子邮件、脸谱网或手机短信分手很俗气。另一些人则称用这些方式来结束一段关系最为快捷且没那么痛苦（Noguchi，2005）。你的看法呢？

初似乎并不讨人喜欢。然而，最终，他们更加真诚、诚实、忠诚，并能够做出长期承诺（Wright et al.，2007）。

约会和求爱的重要功能之一就是过滤掉不合适的未来伴侣。因此，分手是一个正常过程。结束一段糟糕的关系也是一种莫大的解脱（见第4章）。无论是你与别人分手，还是别人与你分手，向你的家人和朋友抱怨你的前任都是健康的。这样做可以减少心情沮丧的可能性，让人们可以继续下一段恋情（Fagundes，2011）。

分手可能在结婚前更频繁地发生，因为大多数人在结婚之前没有足够的社交活动（Glenn，2002）。结束一段恋爱关系提供了去寻找一个可能更适合婚姻或长期关系的配偶的机会。此外，随着我们的成熟、改变和变得更加自信，分手可以为我们打开一扇更大的找到合适和有趣伴侣的窗户。

本章小结

相比过往，我们在择偶上有了更多的*选择*。约会的形式很多，包括传统和现代的约会方式。然而，*约束*限制了我们的许多选择。决定选择何人做伴侣的因素在一对夫妻结婚前很久就开始发挥作用了，尽管我们有"我能约任何我想约的人"的浪漫想法。一些伴侣还必须应对侵犯和暴力行为。对我们择偶的选择和约束的一种回应就是推迟结婚。事实上，今天一个重大的变化是许多人做出了保持长期单身的决定，这是下一章的主题。

复习与思考

6.1 **比较约会的显功能与潜功能。**

1. 社会学家为何将约会过程描述为婚姻市场？
2. 确切地说，什么是约会的显功能与潜功能？它们有何差异？

6.2 **概述传统和现代约会模式的特点、收益和成本。**

3. 随着时间推移，约会发生了怎样的变化？
4. 不同年龄段群体的约会有何差异？
5. 闲逛、聚会、勾搭、约会晚餐、过夜以及晚年约会有哪些收益和成本？

6.3 **描述结识约会对象的五种途径。**

6. 个人分类广告（征婚启事）与职业媒人是一种现代发明吗？
7. 择偶方法如邮购新娘、职业媒人、速配约会和网上约会等，它们的优点和缺点是什么？

6.4 **比较三种择偶理论。**

8. 同质婚配与异质婚配之间有何差异？它们如何影响我们的约会和择偶？
9. 过滤理论、社会交换理论和公平理论在解释择偶上有何差异？
10. 过滤理论的关键变量是什么？
11. 哪一个种族或族裔群体有最高的跨种族结婚率？原因何在？

6.5 **描述一些跨文化的择偶差异。**

12. 哪些因素和习俗会强化传统的择偶安排？
13. 在许多国家，异质婚配与同质婚配如何影响择偶？
14. 择偶方式在传统和现代社会如何以及为何发生变化？

6.6 **描述约会暴力的流行率，并解释它发生的原因与造成的后果。**

15. 约会暴力在青少年当中最常见吗?

16. 什么因素有助于解释约会暴力和约会强奸?

6.7 描述分手,并解释它发生的原因与造成的后果。

17. 人们为何分手?

18. 分手是健康的还是不健康的?原因何在?

第**7**章
单身、同居、民事结合与其他选择

学习目标

当阅读和学习本章后，你将能够：

7.1 解释许多美国人选择不结婚或推迟结婚的原因。

7.2 描述单身的多样性。

7.3 解释一下哪些人在独居及其原因。

7.4 解释为何更多的人选择单身。

7.5 对比不同种族或族裔的单身者。

7.6 解释为何同居现象增多。

7.7 描述同性关系，解释同性婚姻有争议的原因。

数据摘要

- **单身人士**（那些从未结婚、分居、离婚或丧偶的人）的数量从 1970 年的 3 750 万增长到 2012 年的近 1.22 亿，占全美 18 岁及以上人口的 44%。
- 从未结过婚的成年人的比例从 1972 年的 15% 上升至 2012 年的 31%。
- 在从未结过婚的人群当中，**78% 的人希望有一天能结婚**。
- **独居**的比例从 1970 年的 17% 上升至 2012 年的 27%，包含了超过 3 300 万的人口。
- 自 2000 年以来，**未婚同居的异性伴侣**（在 2010 年有近 800 万）增加了 40%。
- **同性伴侣**占所有未婚家庭的 10%。

资料来源：Fields, 2004；U.S.Census Bureau, 2008；"American's families and living arrangements," 2012；Lofquist et al., 2012；Gallup Historical Trends, 2013；"Unmarried and single...", 2013.

HBO

电视网的热门连续剧《衰姐们》（*Girls*）讲述了住在纽约布鲁克林区的 4 个 20 多岁女孩的故事。主角是一名没有报酬的实习生，她的父母切断了对她的经济支持。第二个女孩失业、未婚，还意外怀孕了。第三个女孩想与她交往了很久的大学男朋友分手。第四个女孩则拼命想"破处"（摆脱处女身份）。没有人希望很快就结婚。20 多岁的生活方式被相当真实地描绘了出来，但在"现实生活"中，大多数人最终还是结婚了。而在此之前——或者在这段关系破裂之前——人们比以往任何时候都有更多的自由去追求其他的选择。本章剖析了三种非传统的生活安排：单身、同居和同性恋家庭。我们将会在后面的章节中看到其他一些非婚家庭，如单亲家庭和丧偶家庭。在进一步阅读之前，请先做一个"关于单身者的小测试"，它会询问你对单身人士了解多少，并提供本章的预览。

一、单身的选择

你也许还记得，许多人对美国的家庭状况感到焦虑（见第 1 章）。他们担心婚姻正在消失，

问问你自己

关于单身者的小测试

真 假

- ☐ ☐ 1. 男性比女性更可能独居。
- ☐ ☐ 2. 独居人数最多的年龄段为 25 ~ 34 岁。
- ☐ ☐ 3. 同居正在取代婚姻。
- ☐ ☐ 4. 独居的人是孤独的，并生活在小城市和郊区。
- ☐ ☐ 5. 白人中从未结过婚的人的比例要高于拉美裔。
- ☐ ☐ 6. 大多数单身者要比大多数已婚者幸福。

真 假

- ☐ ☐ 7. 未婚家庭与已婚家庭的人口比例几乎一样。
- ☐ ☐ 8. 民事结合提供了与同性婚姻相同的收益，包括获得联邦福利。
- ☐ ☐ 9. 同性伴侣的家庭暴力发生率要比异性恋夫妻低。
- ☐ ☐ 10. 大多数老年单身人士担心自己会孤独终老。

（这个测试的答案在第 154 页。）

尤其是因为单身人数的增加（见数据摘要）。这种担心是否合理？

（一）美国人选择退出婚姻了吗？

相比过往，今天有越来越多的人选择不结婚、同居或独自抚养子女。因此，据一些社会科学家所言，美国正面临"婚姻问题"（Wilson，2002）。在读完本章后，你可以自行判断美国是否面临婚姻问题。确实，相比过往，越来越多的人相信保持单身是一个颇具吸引力的选择。但是，这并不意味着单身者会永不结婚。相反，许多年轻人仅仅是选择晚婚而已。

（二）许多单身者在推迟结婚

许多年轻人在结婚前在追求大学教育、为工作或事业做准备，以及将时间更多地花在娱乐或其他活动上。因此，我们中的许多人比我们的父辈或祖辈结婚晚。

在1950年，初婚年龄中位数为女性近20岁和男性近23岁。截至2012年，它已经提高至女性近27岁和男性近29岁。这是美国人口普查局记录的最大的初婚年龄（见图7-1）。记住，**中位数**是所有情况的中点。因此，在2012年，当他们初次结婚时，半数男性为近29岁或更大年龄，半数女性为近27岁或更大年龄。

从历史的角度来看，目前推迟结婚的趋势很正常，尤其是对男性而言。男性的初婚年龄中位数在1980年仅略低于2012年（分别为27岁和29岁）。然而，对女性而言，初婚年龄中位数已经有了更为显著的提高，尤其是自1960年以来。

对于两性而言，在20世纪50年代和60年代，初婚年龄较小是历史的例外而非常规。第二次世界大战就使得许多婚姻推迟。当士兵们返回美国后，又使得结婚人数激增。在整个20世纪50年代，这个国家试图通过鼓励女性和男性在十几岁或二十出头的时候结婚生子来恢复正常。当男人们从战场返回家乡后，年轻情侣们自己也想结婚，组建家庭。

在20世纪60年代后期，女权主义者开始质

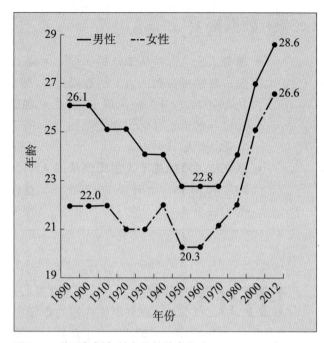

图7-1　美国初婚年龄中位数的变化（1890—2012）

资料来源：基于2012年美国人口普查局当期人口调查的数据；从1890年到2012年，按性别划分，所估计的初婚年龄中位数，参考网站：http://www.census.gov/hhes/families/data/marital.html。

疑女性在家庭内外所扮演的传统角色。在过去的几代人当中，女性和男性都更自觉和有意识地思考结婚时间和结婚人选。

初婚是否有理想的年龄？在1946年的盖洛普民意测验中，大多数美国人认为初婚的理想年龄是男性25岁和女性21岁。60年后，理想年龄已经提升至男性27岁和女性25岁（Jones，2006）。然而，你们即将看到，目前关于等待结婚是否是个好主意的争论越来越多，尤其是在某些研究者和自由撰稿人当中。

尽管保持单身已变得更容易被社会接受，但许多年轻人仍感到有结婚的压力。我的某些学生就抱怨道："如果你到30岁时还不结婚，别人就会认为你有毛病。我的家人和朋友不停地唠叨要我去结婚。"尤其是未婚女性，经常害怕家庭聚会，因为她们会被反复询问是否在与"某个特别的人约会"。父母们想抱孙子的暗示毫不隐晦，*244* 朋友婚礼的邀请函堆积如山，以及"当单身女性打开衣柜门时，连伴娘礼服都好像在瞪着她们"，都给了女性巨大的压力（Hartill，2001：15）。

单身者的年龄越大，亲朋好友就越会为他们

的婚姻计划磨破嘴皮。还有一些人抱怨说，他们觉得自己就像隐形人，不会被邀请参加已婚夫妻的社交或家庭活动，除非是被安排与这对夫妻的单身朋友见面（Depaulo，2006）。尽管面临诸多压力，但现在单身的人数比美国历史上的任何时候都多。

从未结婚者只是非常多样化的单身群体中的一个集群而已。事实上，许多单身的美国人并不认同*单身*这个词，因为他们可能是父母、有长期的伴侣或经历了丧偶。

二、单身者的多样性

单身者的种类有很多：正推迟结婚的人，占很小比例的从未结婚者，离婚或丧偶但也许正在寻找新伴侣的目前尚未结婚者，以及一些男女同性恋者——在法律上仍有 37 个州禁止他们结婚。此外，人们的生活安排，从一个人成年生活期间的独居或同居到晚年的单身生活，可能都大不相同。

（一）一般意义上的单身成年人

相比简单的不结婚，单身能反映出更多的特点。它既可以是自由选择的，也可以是无意的，既可以是持久的，也可以是暂时的（Stein，1981）。

- *自愿暂时单身者*对婚姻持开放态度，但相比其他活动，如教育、事业、活跃的社交生活和自我发展，他们把寻找伴侣放在次要地位。这一群体也包括那些同居但未结婚的单身男女。
- *自愿稳定单身者*包括：永不结婚并对这种选择感到满意的人；离婚或丧偶，但不想再婚的人；与某人同居但并不打算结婚的人；宗教信仰禁止结婚的人，如神职人员；单身的父母——从未结婚或离异——他们并不打算寻求伴侣。
- *非自愿暂时单身者*是指想要结婚并正积极寻找配偶的人。这一群体还包括想要寻找伴侣的离婚或丧偶者以及单身的父母。

- *非自愿稳定单身者*主要是那些年龄较大的离婚、丧偶者和从未结过婚的人，他们想结婚或再婚，但没有找到合适的伴侣，不得不永远接受他们的单身身份。这一群体也包括那些曾遭受过生理或心理伤害，限制了其在婚姻市场中获得成功的单身者。

关于单身人士的分类会随时间的推移而发生变化。例如，自愿暂时单身者可能会结婚、离婚，然后因为那时他们无法找到其他合适的配偶而变成非自愿稳定单身者。从这个意义上讲，单身和结婚之间的边界对很多人而言是流动的。有很少一部分人选择单身一辈子，这可能因为这是一种选择，也可能因为这些人在婚姻市场上没什么东西可交易（见第 6 章）。

（二）晚年的单身成年人

随着单身者年龄的增长，他们在择偶上会出现更为挑剔的倾向，尤其是在可供选择的合适伴侣的范围缩小的情况下。并且对于那些约会并想结婚或再婚的年长单身者而言，双重标准仍然有利于男性，降低了他们与年长的女性结婚的可能性。

1. 老龄化与双重标准　在择偶中，老年女性通常被视为"日薄西山"（走下坡路），而老年男性则往往被描述为"成熟"和"杰出"。年长的女性相比于年长的男性更可能在离婚或丧偶后一直保持单身状态，因为她们要照顾亲人——主要是年迈的父母或孙辈（见第 14 章）。

鲜有对那些从未结过婚的老年人的研究，可能是因为仅有 5% 的 65 岁及以上的男性和女性属于这一类别（Federal Interagency Forum on Aging-Related Statistics，2012）。有些人是孤立的，而其他人有很多朋友；有些人希望自己能结婚，而其他人则乐于保持单身。

2. 晚年单身生活的优缺点　有些人认为老年单身者——无论是离婚的、丧偶的，还是从未结过婚的——是孤独和不快乐的。这种看法对那些生活在贫困中的老年人来说无疑是准确的，他们的健康状况不佳，没有照顾者来帮助他们，或者他们已被他们的家人和朋友抛弃（见第 14 章）。

婚姻可能令人满意，但它也会限制一个人的

245

自由。从积极的一面来说，从未结婚者不用应对丧偶或离婚带来的创伤。许多人发展出广泛的朋友和亲戚网络。他们工作、约会，并从事各种业余爱好、志愿者工作和宗教活动，而且通常与朋友和兄弟姐妹保持长久的关系。

有些单身者与他人住在一起，有些则独居。让我们大致看一下哪些人独居及其原因。

三、独居

在过去的几十年里，对于越来越多的二三十岁的年轻人而言，独自生活已经成为现在被描述为"向成年过渡"的关键阶段。正如39岁的网页设计师莫莉（Molly）所说："独自生活就是我非常喜欢的事情。如果我生活在一个不同的时代，当你从你父亲的家回到你丈夫的家时，我不知道我是否会对自己有同样多的了解。"（Klinenberg，2012：69）

因为超过90%的美国人一生至少结婚1次，所以婚姻仍然是一种常态。然而，家庭规模一直在缩小。在1900年，近一半的美国人住在有6口或更多人的家庭中（Hobbs and Stoops，2002）。一个世纪以后，超过1/4的美国人在独居，占所有家庭的28%（见图7-2）。单身家庭快速增长的两个原因是：二三十岁的人在不断推迟结婚，以及65岁及以上的老年人更喜欢独居而不是与亲戚住在一起（Jacobsen et al.，2012；Klinenberg，2012）。

（一）谁正在独居？

单身现象很常见，单身者是一个多样化的群体。然而，在性别、年龄、种族或族裔以及地理位置方面也存在一些模式。

1. 性别和年龄　相比男性（1 480万），更多的女性（1 840万）在独居。在各年龄组中，

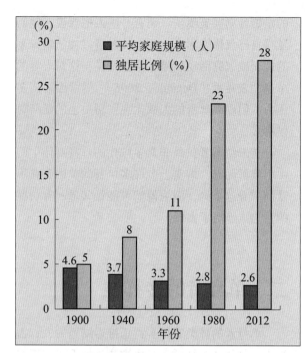

图7-2　美国家庭规模正在缩小

注：每户平均人数的下降和独居人数的迅猛增长都是当代家庭规模较小的原因。

资料来源：Hobbs and Stoops，2002，and U.S.Census Bureau，2012，"Families and Living Arrangements"，Table AVG1 和 H1，www.census.gov/hhes/families/data/cps2012.html（assessed July 30，2013）。

65岁及以上的美国人最有可能独居——与仅占18%的25～44岁的独居美国人以及占27%的45～64岁的独居美国人相比，他们占到了44%（Jacobsen et al.，2012）。

性别差异出于以下几个原因。例如，平均而　246言，女性寿命比男性要长大约6年，她们在离婚或丧偶后，再婚的可能性也比男性更小。而且，如果她们身体状况良好且有足够的收入，她们能照顾自己直到80多岁甚至90多岁（Federal Interagency Forum on Aging-Related Statistics，2012；也见第14章）。

2. 种族或族裔　在所有独居者当中，几乎80%的人是白人（"America's families and living arrangements"，2012）。其他种族或族裔群体的

答案："关于单身者的小测试"

第151页的小测试的所有答案都是"假"。这些答案都基于本章及后面几章的材料。

成员如拉美裔、亚裔美国人和美洲印第安人更可能生活在扩大家庭中，因为其价值观强调照顾家庭成员和汇集财务资源以避免陷入贫困境地。

3.地理位置　单身家庭——那些只包含一个人的家庭——往往集中在城市。在过去，单身者主要集中在广袤的西部农村地区。而现在，独居在大城市最常见。例如，在旧金山、西雅图、丹佛、费城、芝加哥和华盛顿特区，35%～45%的家庭里面只有一个人（Klinenberg，2012）。

（二）人们为何独居？

我的一个研究生瑞秋，最近在一个很好的小区里买了一栋联排别墅。瑞秋今年32岁，拥有一份做银行经理的好工作，没有小孩并渴望结婚。但是她说："在白马王子到来之前，我不会推迟这项投资。"

瑞秋独居的原因与她同龄的其他单身者相似。许多美国人选择独居是因为*他们能负担得起*。事实上，现在单身女性买房的比例是单身男性的两倍。这里有一些原因，包括有较高的受教育程度和待遇较好的工作、想要一个家而不仅仅是一个住的地方（如一套公寓）、推迟结婚和婚后并不依赖男性去买房（Knox，2006；Coleman，2007）。

独居的第二个相关原因是*我们的价值观强调个人主义*。所有年龄段的大多数单身美国人与家庭关系密切，但他们更愿意独自生活，因为相比与父母或其他人住在一起，独自生活能提供更多的隐私、自由和对生活空间的控制。

第三个原因是美国人*生活得更长寿和更健康*，使得他们退休后独立生活成为可能。即使在退休之前，健康也意味着人们可以独自生活，而不必与别人同住。

最后，也许是最重要的，许多人独居是因为他们在推迟结婚或决定不结婚。也就是说，他们*有更多的选择，包括单身*。他们不想让自己的生活停滞不前，直到"对的那个人"出现。

四、为何越来越多的人单身

许多美国人说他们单身是因为他们没有恋

联系起来

- 你是单身吗？原因何在？例如，你是自愿单身还是非自愿单身？
- 你认为存在结婚的理想年龄吗？如果你结婚了，你认为当你结婚时，你的年龄是太小还是太大？
- 你或你的朋友是独居吗？原因何在？不与其他人生活在一起有哪些收益和成本？

爱，还在等那个对的人。对于社会科学家而言，单身——尤其是推迟结婚——反映了影响人口统计变量的宏观层面因素的相互作用，进而影响到个体（微观层面）行为（见图7-3）。让我们从推迟结婚的某些宏观层面的因素开始看起。

247

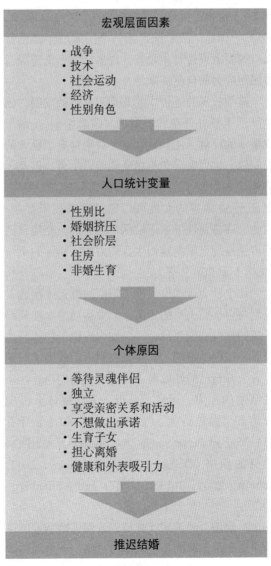

图 7-3　推迟结婚的一些原因

（一）宏观层面因素

许多宏观层面的变量——我们很少或根本无法控制——影响着我们对婚姻的决定。一些例子包括战争、技术、社会运动、经济和性别角色。

1. 战争、技术和社会运动 战争期间，结婚率往往会下降。例如，在阿富汗，几十年的战乱造成了许多男性的死亡、残疾或心理创伤，这导致了潜在的阿富汗丈夫的短缺。在 2003 年，美国入侵伊拉克，伊拉克的许多情侣——尤其在首都巴格达——推迟了婚礼，因为每天都有人死亡，使生活变得不可预测（Roug, 2005）。尽管伊拉克人员伤亡的确切数字仍值得商榷，但截至 2013 年，已有 11.1 万～12.2 万平民遇难（Carpenter et al., 2013; Iraq Body Count, 2013）。因此，战争除了使一个国家的年轻男性人口遭受毁灭性打击之外，许多已婚人士还因为丧偶而成为非自愿的单身人士。

避孕技术的进步，尤其是避孕药的发明，已经降低了意外怀孕和所谓的"强迫婚姻"（奉子成婚）的比例。尤其是女性，对生育有了更大的控制权，她们能避免不想要的非婚生育，以及不必被迫嫁给孩子的父亲。同样重要的是，40 多岁甚至 50 多岁的女性可以通过生殖技术怀孕。因此，许多女性推迟了婚姻，因为她们相信自己不再受传统上限制她们生育能力的生物钟的束缚（见第 5 章和第 9 章）。

几个社会运动也促进了婚姻的推迟或塑造了我们对可接受关系的定义。妇女运动为女性开辟了新的教育和职业机会，为她们提供了职业的选择而不仅仅是婚姻。同性恋权利运动鼓励了同性恋者公开自己的性取向，并缓解了他们与异性恋者结婚的压力。而且，最近，大众媒体上出现了诸如《做独行侠》（*Going Solo*）和《单身总比后悔好》（*Better Single Than Sorry*）等大量鼓励单身的新书（DePaulo, 2006; Dubberley, 2007; Schefft, 2007; Talbot, 2007; and Klinenberg, 2012）。

2. 经济 经济现实在推迟或促进婚姻方面也扮演着非常重要的角色。经济萧条、衰退和失业往往会推迟结婚，尤其是对男性而言。那些曾让高中毕业生维持家庭生计的高薪蓝领工作大部分已经没有了。一些受过大学教育的男性的就业前景也在恶化，而不是在改善。相反，经济机会，以及相信个人能获得这些机会的信念，鼓励着男性去结婚（Landale and Tolnay, 1991）。

经济衰退也会缩小单身人士的婚姻市场。当收入水平直线下降，人们对自己的工作没有安全感时——正如美国人在 2008—2011 年经历的那样——不幸福的已婚夫妻往往会选择继续相守，因为他们无法承担离婚的费用以及维持分居家庭的风险（Cherlin, 2009; 也见第 8 章和第 13 章）。结果就是这种非自愿的婚姻减少了自愿单身人士的数量。

影响女性结婚趋势的经济因素是复杂的。一方面，就业增加了女性结识合适男性的机会，且增强了她们作为家庭财政潜在贡献者的吸引力。但另一方面，高薪和高学历女性往往不愿意与收入比她们少的男性安定下来（Hacker, 2003; 也见第 6 章和第 8 章）。

3. 性别角色 随着性别角色的变化，关于婚姻和自给自足的态度也在发生改变。例如，随着洗衣机、清洁服务、冷冻食品、抗皱面料和 24 小时一站式购物等的出现，男性不再依赖女性来做家务（Coontz, 2005）。

女性也不会草率结婚。许多女性想要在安定下来之前获得大学学位，或者开始自己的职业生涯，因为兼顾事业和家庭是很困难的。另外，由于对女性 20 多岁时还保持单身的污名现在已经基本消失了，所以许多女性会选择同居和非婚生育。

（二）人口统计变量

宏观层面因素会推迟结婚。人口结构的变化（如在性别比和婚姻挤压方面的变化）、社会阶层和非婚生育也有助于解释数量巨大的单身现象。

1. 性别比 性别比以整数来表示，是指一个国家或群体中的男女比例。比例为 100 意味着男女人数相等；比例为 110 意味着对每 100 名女性而言，存在 110 名男性（男性多于女性）。

在世界范围内，对每 100 个女孩而言，约有 107 个男孩。在美国，出生性别比为 105。在 65 岁及以上年龄组中，比例为 77（相比男性，女性人数更多），因为女性往往比男性寿命更长（Central Intelligence Agency，2012；也见第 14 章）。

在某些国家，性别比从出生时就高度失衡。例如，亚美尼亚的性别比是 114，格鲁吉亚的性别比是 113，印度的性别比是 112，中国的性别比是 120。出现性别比失衡是因为亚洲地区有 1.63 亿女性被"消失"——**杀害女婴**，这是一种因偏好男孩而故意杀死女婴的现象（Guilmoto，2007；Gilles and Feldman-Jacobs，2012；United Nations Population Fund，2012）。

杀害女婴以及由此导致性别比失调的原因都来自文化因素。许多亚洲国家有希望生育男孩的偏好，因为男孩可以传宗接代、照顾年迈的父母、继承家业以及在家庭仪式中扮演核心角色。因此，每年都有成千上万的女婴由于疏忽、遗弃、杀婴、饥饿而死亡。还有一些女胎则在超声波扫描仪显示孩子的性别后遭到流产（见第 9 章和第 10 章）。这种选择性堕胎会导致性别失衡（Pulitzer Center，2012）。

在成年期，性别比因几个因素而发生变化。例如，在非洲，由于内战和感染艾滋病而死亡等，女性人数超过了男性。在中美洲，女性通常会为了工作移居到其他国家——比如美国，导致中美洲男性多于女性。

2. 婚姻挤压 婚姻挤压是未婚男女性别比失衡的现象。由于这种失衡，一方性别的成员可能会被挤出婚姻市场，原因在于其财富、权力、地位、受教育程度、年龄或其他因素的差异，这些都会缩小其可选择的合适伴侣的范围。

美国存在婚姻挤压现象吗？是的，在各个年龄组，都有许多从未结过婚的人，尤其是成年男性（见表 7-1）。在 2011 年，如果我们再加上因离婚、分居或丧偶而产生的 3 200 万未婚人口，那么婚姻市场会非常大（U.S.Census Bureau，2011）。然而，同质婚配——与那些和你相似的人结婚的倾向——缩小了选择合适伴侣的范围。此外，数以百万计的女性会在她们的中年及晚年经历婚姻挤压，因为与她们同龄的男性正在寻找

更为年轻的女性（见第 6 章）。

表 7-1 谁从未结过婚？（按年龄和性别，2012）

年龄	男性（%）	女性（%）
15 岁以上（含各年龄段）	34	28
20～24 岁	89	81
25～29 岁	64	51
30～34 岁	39	30
35～39 岁	24	20
40～44 岁	20	15
45～49 岁	18	13
50～54 岁	12	11
55～64 岁	9	9
65～74 岁	5	5
75 岁及以上	9	8

资料来源：U.S.Census Bureau，2012，"Families and Living Arrangements"，Table A1，www.censue.gov/hhes/families/data/cps2012.html（accessed July 30，2013）.

许多国家正经历着更为严重的婚姻挤压。例如，由于性别比失衡，中国、印度、韩国、中东和其他地区的男性面临着年轻单身女性资源的匮乏（Park，2011）。

单身汉过剩的农村地区出现过婚礼诈骗和"逃跑新娘"的现象。按照农村习俗，新郎家庭要支付给新娘家庭一笔俗称"彩礼"的费用（见第 6 章），而新娘家庭提供的嫁妆大多是简单的家居用品。因为女性稀缺，到 25 岁还未娶妻的男性会感到耻辱，有些家庭已经积攒或向外借了价值相当于 5 年农业收入的费用来向那些来自外省的新娘支付彩礼。但婚礼之后的几天，许多新娘及其家人就突然消失了（Fang，2009）。

3. 社会阶层 大多数低收入情侣会期待婚姻，尤其是在孩子出生后，但他们又往往会从婚姻中退缩。一个主要原因是经济因素：他们认为，他们首先应该达到一定程度的金融稳定，存足够的钱以实现长期目标（尤其是买房子）以及积累足够的存款来举办一场"体面"的婚礼。如果他们结婚了，他们的生活花费可能也很低，但

许多未婚情侣推迟结婚是因为他们认为对财务的担忧会增加紧张、争吵和离婚的可能性（Gibson-Davis et al., 2005）。

结婚的可能性会随受教育程度的提高而增加。例如，相比28%的连高中文凭都没拿到的女性，60%的获得大学或更高学位的女性结婚了（Cruz, 2013）。受教育程度高意味着收入更多，而收入更多能减少婚姻的经济障碍。

4. 非婚生育 未婚生育现在很常见。许多从未有过婚史的妈妈们更愿意保持单身，因为她们不能找到一个好丈夫。婚姻市场对经济上处于不利地位的未婚妈妈尤为紧张，因为未来的伴侣可能并不愿意做出长期的经济和情感承诺来抚养非亲生子女。调查显示，想要结婚的贫穷女性和其他类型的女性一样多，但她们更看重那些能提供经济保障的伴侣，这是婚姻的先决条件（Pew Research Center, 2010）。因为可供选择的理想婚姻伴侣的范围非常窄，许多贫穷女性会选择同居而非结婚（Qian et al., 2005）。

（三）个体原因

婚姻确实能提供许多收益，但保持单身的动机也很多（见表7-2）。大部分成年人现在认为结婚和单身在社会地位（64%）、寻找幸福（62%）或事业成功（57%）方面的区别不大（Pew Research Center, 2010）。让我们从等待找到一个理想伴侣、一个灵魂伴侣、一个真爱开始。

1. 等待灵魂伴侣 单身者有时选择推迟结婚是因为他们在等待他们的"理想伴侣"或"真爱"。一项全国性调查发现，31%的男性和26%的女性认为真爱是唯一的（Cohn, 2013）。

有些人则认为等待理想伴侣的出现是不切实际的，因为一桩婚姻不止涉及情感亲密一个因素。例如，当一个人认为自己的伴侣不再是灵魂伴侣时，他将会感到幻灭并从这段关系中脱身。有些自助书籍的作者尤其会建议女性满足于找一位"差不多先生"而非孤独终老（Lipka,

表 7-2 结婚和单身的某些收益

结婚的收益	单身的收益
陪伴	隐私多、限制少、独立
忠诚的性伴侣	不同的性经历；同居
可靠性；爱情	激动人心，变化的生活方式
分享共同兴趣	结识兴趣不同的新朋友
汇集经济资源	经济自主权
获得安定和生育孩子的社会认可	不承担照顾配偶或子女的责任
成为比自我还要大的东西的一部分	独立的需要

资料来源：Stein, 1981；Carter and Sokol, 1993；Klinenberg, 2012.

2008）。而且，一个人等待结婚的时间越久，能选择的合适伴侣的范围就越窄，尤其是那些从未结婚者（见第6章）。

另一些人则认为，等待灵魂伴侣并不一定是不切实际的幻想："年轻人也许比以往任何时候都有机会在个人素质和共同梦想的基础上选择伴侣而非出于经济或'性别桎梏'的考虑。"（Rivers, 2001）

2. 独立 单身最大的收益之一就是独立和自主，因为单身者可以做很多他们想做的事。根据一名39岁的女性杂志社员工的说法，"我的工作非常具有社交性，我喜欢回家后的宁静，不必与任何人交流"（Klinenberg, 2012：113）。我的一个29岁的女学生也曾说过，"在我的足迹踏遍七大洲八大洋之前，我都不打算结婚"。

拥有某些资源，如高学历和高收入的单身者特别容易挑剔婚姻伴侣。如果没有找到符合其所追求的特质的人，那么两性都会对婚姻说"不用了，谢谢"而非放弃他们的自由。

3. 享受亲密关系和活动 结婚的一个常见理由就是陪伴。那些推迟结婚的单身者依靠同辈而非配偶的支持和陪伴。尤其是在大都市，单身者都有与之交往的密友（有时被称为"都市部落"）。他们可能每周在附近的餐馆聚餐，有时会一起旅行，彼此帮助搬家具，或加入运动联盟（Watters, 2003）。被咖啡馆、健身房、酒吧、餐馆和购物中心围绕的都市集群的发展，鼓励着都市单身男女打成一片，而非孤立在家中。单身者也会参与许多社区活动。例如，一个朋友的侄子，单身，50 多岁，在布鲁克林区的一家当地流浪狗收容所当教练和志愿者。

未婚并非孤独的同义词。许多单身人士会参与家庭生活，有些人选择和自己的父母或密友住在一起，其他一些人则会花大量时间与自己的侄女、侄子和孙辈在一起。尤其是女性，会贡献她们的大部分时间和资源去支持和照顾其他的家庭成员（见第 10 章）。

4. 不想做出承诺 在几乎所有的年龄组中，从未结过婚的男性都多于从未结过婚的女性（见书本第 157 页的表 7-1）。那么，为何还有如此多的女性抱怨"想找伴侣却无处可寻"？

一个原因是许多男性根本不想结婚。例如，一名 25 岁的女性向一名答读者问的专栏作家抱怨道，她已经向其同居男友清楚地表明，在他们两人都完成法学院的学业后，她打算订婚并于一年后结婚。然而，在圣诞节，男朋友给了她一枚承诺戒指。她觉得受到了伤害和侮辱，因为"在我们那儿，承诺戒指是哄小孩子的"。这听起来好像是她的男朋友不愿意做出承诺，但专栏作家责备这个女孩"焦急等待"是一种不成熟的表现，并建议她学会欣赏男朋友的"甜蜜礼物"而不是强迫他结婚（Ask Amy，2008：6C）。

252

有一个关于单身汉的老笑话："我的女朋友告诉我男人应该更深情一些。所以我找了两个女朋友！"有些家庭健康工作者认为男性做事喜欢拖拉——尤其是当潜在女友的资源非常丰富时——因为他们几乎没有结婚的动机。因为工资停滞不前和失业，以及把婚姻看作一项他们不想承担的主要经济责任，许多男性会推迟结婚（Kreider，2010；Mather and Lavery，2010）。

由于对婚前性行为的接受程度更大，大多数男性无须结婚就可以拥有性行为和亲密关系。男性并非唯一质疑婚姻的群体。最近一项调查发现，仅有 12% 的美国人不想结婚，但相比女性，更多男性认为婚姻不适合他们（Cohn，2013）。一项研究表明，70% 的低收入的 25 岁以下的准爸爸计划与他们怀孕的女友结婚，但他们有更多的*社会*资本（如给准妈妈提供情感支持和陪同拜访医生）而非*金融*资本（如工作、金钱和住房）（Fagan et al.，2007）。然而，正如大家先前所见，

因为较高的社会阶层与结婚之间有着强烈的关联，所以在许多人的结婚决定中，金融资本比社会资本和善意更重要。

5. 生育子女 仅有 44% 的未婚美国人认为生育子女是结婚的重要原因（Pew Research Center，2012）。由于同居和非婚生育已被广泛接受，因此所有年龄段的单身人士感到的结婚压力都更小。未婚女性的生育率已从 1980 年的 18% 增至 2011 年的 41%（Federal Interagency Forum on Child and Family Statistics，2013）。

一些研究者将那些有意生孩子的中产阶级的未婚职业女性称为"选择的单身母亲"（Mattes，1994；Hertz，2006；也见第 9 章）。大多数这样的女性的*首选*是结婚，*次选*才是生孩子。然而，正如一位 35 岁的母亲所说，"你可以等着有个伴，希望你还能有个孩子。或者你可以选择让自己去生个孩子"（Orenstein，2000：149）。即使一个女性找到了她的灵魂伴侣，伴侣也可能不想参与到照顾孩子和现在许多女性期望男性可与之分担的其他家务劳动中去。

6. 担心离婚 离婚或父母间旷日持久的冲突会对年轻人的婚姻观念造成负面影响。许多人尽可能久地保持单身是由于他们担心离婚。如果孩子在那种父母离过一次或多次婚的家庭中长大，他们就会谨防重蹈覆辙。正如一名 21 岁的女性所说，"当我只有 6 岁时，我爸爸就离开了我妈妈。我不相信婚姻"（Herrmann，2003）。

离婚会使那些生长在高冲突家庭中的孩子受益。成长于父母经常吵架、最后离婚的家庭中的孩子在长大后的成人关系中冲突的发生率要低于那些成长于父母具有高冲突率但仍保持结婚状态的家庭中的孩子。然而，正如大家在第 13 章中将看到的，离婚不会在一夜之间发生，它的经济和情感影响对孩子而言是毁灭性的。

许多单身者在推迟结婚，因为他们认为这是一个自己可能无法兑现的终身承诺。例如，根据一名与女朋友住在一起的 24 岁的快餐厨师的说法，"婚姻是一大步……我不想成为那些结了婚但三年后就离婚的夫妻中的一员"（Gibson-Davis et al.，2005：1309）。因此，许多单身者对结婚犹豫不决，不是因为他们不相信婚姻，而是因为

他们害怕离婚。

7. 健康和外表吸引力 情感和身体健康状况以及外表吸引力也会影响单身的选择。在婚姻市场，大多数男性最初只会被漂亮的女性吸引。将外表吸引力从1到10进行分级，那些等级为2或3的男性往往会追求漂亮女性，而这些女性在英俊的求爱者中有许多选择。在不匹配的情况下，"当男性完全能满足某些不算出众的女性的要求时，他们却要追求超出自己所能掌控的范围的出色女性。因此这些人不仅没有得到他们所觊觎的东西，而且失去了获得幸福结局的机会"（Hacker，2003：191）。有严重生理或情感问题的人也更可能单身很久，或根本不结婚（Wilson，2002）。

（四）关于单身的一些谬论和现实

婚姻有它的优势，但有些好处被夸大或浪漫化了。以下是关于单身最常见的谬论和误解：

（1）*单身者自私和以自我为中心* 实际上，相比单身者，已婚人士——即使还没有孩子——与他们的父母和兄弟姐妹的联系更少，也不太可能拜访、打电话或写信给其他亲戚。婚姻往往会减少社区联系，因为已婚者比单身者更专注于满足自己的需求（Gerstel and Sarkisian，2006；Cobb，2012）。

（2）*单身者经济宽裕* 许多单身的专业人士和从事高科技工作的年轻大学毕业生是富裕的，但相较已婚者，更多单身者生活在贫困线或贫困线以下。一般而言，如果夫妻双方都有带薪的工作，已婚夫妻的经济状况会更好（见第11章）。

（3）*单身者孤独而痛苦，想要结婚* 事实上，单身者，尤其是从繁重的婚姻家庭责任中解脱出来的女性乐于"展开翅膀，自由飞翔"："家务不多，购物不多——只购买我喜欢的东西——能待在外面而不必让家里人知道我在哪儿。"（Kaufmann，2008：87）那些成功且快乐的单身者——无论是未婚、离婚还是丧偶——很少感到孤独或痛苦，因为他们有其他单身朋友，可以享受旅游等休闲娱乐活动（DePaulo，2012）。

（4）*单身者会滥交或没有任何性生活* 正如大家在第5章中所见，大多数单身者既不滥交也不禁欲。男性，不管婚姻状况如何，一生当中的性伴侣都比女性要多，但已婚者称他们的性生活比单身者更幸福，性生活频率更高。然而，不像那些已婚者，单身者有更多的性自由，而不会被情感纠缠或要做出承诺（Kaufmann，2008）。

（5）*单身者的孩子注定要过贫穷的生活以及会出现情感和行为问题* 单亲父母有其局限性，就像已婚父母一样。然而，正如大家将在后面的章节中看到的，孩子生活如何在很大程度上取决于单亲父母的资源（尤其是收入）、教育品质，以及酒精或其他药物的使用。

（6）*单身者担心孤独终老* 因为单身者比已婚夫妻更可能参与家庭和社区活动，所以他们很少担心孤独终老。例如，在年龄为45岁及以上的单身女性中，81%的人说，她们并不在意自己晚年孤独的前景，因为她们有在危机时期可以依靠的朋友（Kalata，2006）。正如大家在第14章中将要看到的，老年男性——无论是离婚、丧偶还是从未结过婚——通常有照顾者，特别是成年的女儿和女性亲属，他们会提供陪伴和帮助解决与健康相关的问题。

（7）*不结婚的人有问题* 单身者或保持单身状态并没有什么不对劲。许多单身者做出这种选择仅仅是认为婚姻弊大于利。

总之，许多单身者是快乐的，尽管存在我们在电影中或电视上看到或听到的有关单身者的普遍的刻板印象。当然，也有许多变化，但变化在很大程度上取决于如收入、健康、个性，以及与家庭、朋友和社区服务的相关度等因素。同居是许多单身人士生活中的另一股强大的力量。

五、种族或族裔单身者

在一些种族或族裔群体中，未婚人口在过去几代人中显著增加。原因何在？许多结构性因素以及态度和价值观能够解释其中的某些变化。让我们从非裔美国人开始，更近距离地观察一下这些单身人士。

（一）非裔美国人

与其他群体相比，黑人更可能单身，尤其是那些从未结过婚的黑人（见图7-4）。许多非裔美国人在推迟结婚，但占更高比例的是那些从未结婚者。

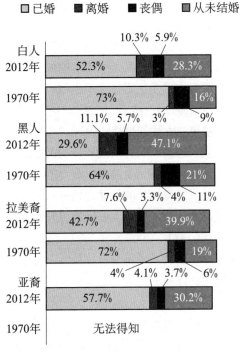

图 7-4 婚姻状况的变化（按种族或族裔划分，1970—2012）

注：已婚人士的比例已经下降，而离婚和从未结婚的人的比例上升，尤其是在非裔美国人当中。

资料来源：Saluter，1994：vi and U.S.Census Bureau，"Families and living arrangements"，2012，Table A1，http://www.census.gov/hhes/families/data/cps2012.html（accessed July 30，2013）.

1. 结构性因素 从未结过婚的黑人女性占比高的一个主要原因是适婚非裔美国男性的短缺。这种短缺反映了许多结构性因素。就业环境的恶化，尤其是在城市区域的，通常会阻碍非裔美国年轻男性的婚姻。危险工作中的职业危害已经夺去了许多黑人男性的生命。来自美国联邦调查局（FBI）的全美数据也表明，在20多岁和30岁出头的城市黑人中，有相当数量的人被关在监狱中，或成为凶杀案的受害者（McWhirter and Fields，2012）。美国的凶杀率总体呈下降趋

势，但在2000—2010年，黑人男性的凶杀率上升了10%。绝大多数的监禁和凶杀案发生在年龄为19～39岁的男性之中——而这个年龄段是人们结婚的年龄范围。

作为一个群体，黑人男性在每一项职业中的收入都要高于黑人女性（见第11章）。然而，许多中产阶级的黑人男性已经结婚，大多数受过大学教育的黑人女性不愿意结婚。电影《待到梦醒时分》（*Wating to Exhale*）中有一个令人难忘的场景，黑人女性为婚姻挤压现象而哀叹（尽管不是原话），并开始考虑嫁给社会经济水平较低但勤劳的黑人男性的好处和问题。

2. 价值观和态度 一般来说，同质婚配会限制在不同社会阶层中选择合适伴侣的范围，无论种族如何（见第6章）。我的一些30岁左右的黑人女学生强调说："我做了很多牺牲，在大学期间还全职工作。我不认为一个男人会欣赏我所取得的成就，除非他有同样的经历！"非裔美国女性比与她们同龄的非裔美国男性更有可能进入大学并从大学毕业。相比35%的黑人男性，约46%的黑人女性在6年内完成了大学学业（American Council on Education，2010）。

此外，最近的研究发现，贫穷、单身的黑人女性意识到了她们自己的一些不足，这些不足可能会使她们成为糟糕的婚姻伴侣。这些不足包括经济地位低下、心理/身体健康问题、酒精或药物的滥用以及与不止一个伴侣有孩子（Manning et al.，2011）。此外，许多较低阶层的非裔美国女性并不将婚姻承诺视为必要的，因为她们很容易被年轻黑人男性的诺言打动，而去抚养一个非婚生婴儿（Edin and Kefalas，2005）。

（二）拉美裔

拉美裔女性一般不太可能像黑人女性那样经历适婚伴侣短缺的问题，但拉美裔群体中的单身人数也一直在增加。虽然各子群体之间存在差异，但结构性因素以及价值观和态度解释了拉美裔单身人数总体增长的部分原因。

1. 结构性因素 平均而言，拉美裔人口要

255

比非拉美裔人口更为年轻。因此，有较高比例的拉美裔人口尚未达到适婚年龄。为了经济原因而移民到美国的大批墨西哥裔在推迟结婚，直到他们能支撑起家庭。如果人们没有合法身份或是外来务工人员，那么对其而言找到合适伴侣更为困难。此外，低薪工作和高失业率都会导致推迟结婚，尤其是在经济衰退之后。例如，2010—2012年间，拉美裔的结婚率下降了3%以上（Baca Zinn and Pok，2002；U.S.Census Bureau，2012）。

2. 价值观和态度 正如大家在前面章节所见，家庭主义鼓励婚姻和生育。例如，在古巴裔的社区，由于强调婚姻和子女的重要性，因此结婚率高，离婚率低。然而，离婚的人数一直在增长，因为第二代和第三代古巴裔已经被美国的价值观和行为同化（Pérez，2002）。

由于波多黎各家庭和美国家庭之间的关系已经减弱，许多波多黎各裔女性和男性已经摆脱了家庭主义的价值观。即使有些家庭主义价值观已经发生变化，一些波多黎各裔女性在美国和波多黎各仍然有广泛的亲属关系网络。因此，单身的波多黎各裔母亲可能保持未婚，因为她们的家庭成员正在帮助她们抚养以及从经济上支持非婚生子女（Toro-Morn，1998；Carrasquillo，2002）。

（三）亚裔美国人

亚裔美国人和太平洋岛民的单身率最低。例如，在40～44岁的人群中，对比18%的白人男性、20%的拉美裔男性和34%的黑人男性，仅有13%的亚裔男性从未结过婚（U.S.Census Bureau，Gurrent Population Survey，2009）。

如同任何种族或族裔子群体，重要的是不要把所有亚裔美国人归入一个群体，因为这样做会掩盖子群体之间重要的文化差异。虽然几乎没有关于所有子群体的最新国家数据，但现有的研究表明，亚裔美国人，尤其是第一代，有着某些共同的价值观——如对婚姻和家庭重要性的坚定信念——这有助于解释较低数量的单身现象。

1. 结构性因素 与异族通婚降低了单身率，尤其是在亚裔美国女性中。与自己所属群体之外的人通婚反映了几个结构性因素，如群体规模、

性别比和文化适应。例如，55%的第二代亚裔美国人选择与他们族裔之外的伴侣结婚，日裔美国人有着最高的跨种族通婚率（69%）（Min and Kim，2009）。如此高的比例表明日裔美国人不太可能单身，因为通过在一个很大的范围内选择伴侣，他们降低了自己的婚姻挤压概率。

文化适应也会增加单身者数量。尽管强调家庭和婚姻，但许多亚裔美国人正在经历更高的离婚率。例如，生于美国的韩裔美国人要比同龄的韩国移民的离婚率高。尤其是生于美国的韩裔女性，她们更愿意将接受离婚作为不幸福婚姻的替代选择（Min，2002）。然后，文化适应的结果之一就是大量单身女性和男性的出现。

2. 价值观和态度 跨种族或族裔的婚姻反映出各种个体因素。例如，受过大学教育的亚裔美国女性，通过与最有优势的男性通婚——无论是何种族或族裔——她们能最大限度地提升自己的社会地位（Tsai et al.，2002）。

文化价值观也能减少单身者数量。正如你在前面章节所见，许多亚裔美国家庭视家庭为社会的核心。例如，美籍华人的离婚率比一般人口的离婚率要低很多。离异女性发现在经济上很难生存，在社区中也不容易被接受（Glenn and Yap，2002）。因此，许多华裔女性几乎不惜一切代价地避免离婚和再次单身。

六、同居

同居是指两个没有结婚、没有血缘关系的人一起生活并处于一种性关系中的生活安排。未婚伴侣也包括同性伴侣，这个话题我们不久就会讨论。

（一）同居趋势

同居人数激增，从1960年的43万人增加到2012年的780多万人（见图7-5）。如果我们加上美国的同性未婚伴侣家庭，那么这个数字至少要加上51.5万（"Census Bureau Releases Estimates…"，2011）。

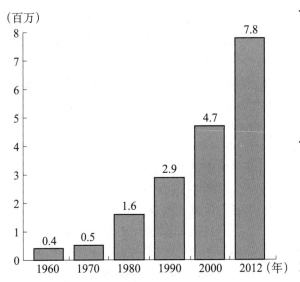

（百万）

图 7-5　美国正在同居的伴侣（1962—2012）

注：这些数据来自异性未婚伴侣。

资料来源：U.S. Census Bureau, Current population Survey, March and annual Social and economic Supplements, 2005 and earlier, table UC-1, 2006, www.census.gov/population/socdemo/hh-fam/uc1.pdf（accessed September 17, 2006）; and table UC3, 2012, www.census.gov/population/ socdemo/hh-fam/cps20128.html（accessed July 20, 2013）.

同居率有所增长，但这些数字可能太低，这主要出于以下几个原因。首先，人口普查局并没有对一个家庭中的所有未婚伴侣进行统计，而仅将租用或拥有住宅的人及其未婚伴侣列入统计范围。其次，未婚伴侣——无论是同性恋者还是异性恋者——可能并不情愿公开他们正在同居。相反，他们可能形容他们是室友或朋友。最后，那些认为自己正处于习惯法婚姻（事实婚姻）中的人，通常不会将自己看作"未婚伴侣"（Gates and OST, 2004；Manning and Smock, 2005）。

同居已成为美国人生活的一个普遍特征，并且对很多伴侣而言，同居是通向婚姻的一条路径。例如，在 20 世纪 50 年代，几乎没有人选择同居，但现在，约 2/3 的初婚者都先进行同居（Brown and Manning, 2011）。然而，请记住，在某个特定的时间，如 2012 年，也仅有 7%～9% 的人口在同居。相比之下，几乎一半的家庭是已婚夫妻家庭（U.S.Census Bureau, 2012）。

联系起来

● 你、你的同学和朋友宁愿单身而不愿结婚的原因何在？或宁愿结婚而不愿单身的原因何在？

● 根据你的个人经历或观察，你会在关于单身的谬论和现实的讨论中增加些什么内容？

（二）同居类型 *257*

许多美国人将同居视为婚姻的前奏，但同居出于多种目的，在生命历程的不同阶段，目的也不尽相同。最常见的几种类型是约会同居（恋爱同居）、婚前同居、试婚，或合法婚姻的替代品。

1. 约会同居（恋爱同居） 有些人会逐渐倾向于**约会同居**，它是花大量时间相处的一对情侣，最终决定搬到一起住的一种生活安排。约会同居实际上是单身的另一种选择，因为做出这一决定可能基于多种原因，如方便、财务、陪伴和满足性需要。这样的情侣不确定他们关系的质量，也没有长期的承诺（Manning and Smock, 2005）。

在这一类型的同居中，特别是在年轻人当中，有相当多的属于**连续同居**，即随着时间的推移与不同的性伴侣生活在一起。伴侣可能会终结一段关系，然后搬去与另外一个人住在一起。在这期间即使有意外怀孕，同居者尤其是男性仍可能决定继续另一个同居安排（Wartrik, 2005）。

2. 婚前同居 对于许多人而言，婚前同居是位于恋爱（约会）与婚姻之间的一步。在**婚前同居**中，伴侣在婚前测试彼此的关系。他们可能已经订婚了，也可能没有，但他们打算结婚。

3. 试婚 在**试婚**中，伴侣住到一起是为了找出婚姻可能的样子。这种类型的同居与婚前同居很相似，但伴侣对他们的关系并不太确定。这种"差点结婚"的同居类型对那些想知道自己是否能够成功应对由个性、兴趣、财务、种族、宗教或其他事情的差异所导致的问题的伴侣们尤其具有吸引力。

4. 替代婚姻 **替代婚姻**是两个并不打算结婚的人之间的长期承诺。对很多人而言，它是结婚的一种替代品，但动机大不相同。例如，伴侣一方或双方可能分居，但仍与他人处于合法婚姻关系中，或者可能已经离婚并且不愿再婚。在某些情况下，一个人可能具有高度依赖性或不安全感，因此他们更喜欢任何形式的关系而非独处。在其他情况下，伴侣们相信法律仪式与他们对彼此的承诺毫无关系，并可能把他们的非婚同居视为等同于习惯法婚姻（事实婚姻）（见第1章）。

同居远比所谈到的这四种分类更加复杂。特别是当涉及孩子时，同居可以包括两个亲生父母、一个生物学父母或一个养父母。此外，伴侣中的一方或双方可能从未结婚、离婚或再婚。这些变化可以产生非常不同的动态关系——这是研究人员刚刚开始研究的一个主题。

（三）同居会取代婚姻吗？

有些人认为同居正在取代婚姻，但几乎没有证据支持这种说法。例如，绝大多数从未结过婚的美国人计划结婚（见数据摘要）。许多年轻人并不相信同居或并不将同居视为婚姻的替代品（Manning et al., 2011）。例如，2010年，在那些25～44岁的人群中，几乎58%的人属于初婚或再婚，相比之下，仅有11%的人处于同居状态（Copen et al., 2012）。

此外，大多数同居关系通常是短暂的。约78%的婚姻能持续5年或更长时间，而相比之下，同居关系能维持这么长时间的不到30%。在1997—2001年，开始初次婚前同居的女性中有一半已经结婚，另有1/3在5年内结束了同居关系（Copen et al., 2013）。

同居关系是以婚姻还是以分手为结局，还取决于人们为*何*生活在一起。那些承诺水平最低的人（约会同居）比处于婚前同居的人更可能分手，且连续同居的人比试婚的人结束关系而非走向婚姻的可能性要大得多（Lichter and Qian, 2008）。

（四）谁在同居？

同居者是一个多元化的群体。他们的许多特征互有重叠，但在年龄、性别、种族或族裔、社会阶层和宗教方面有一些普遍的模式。

1. 年龄　未婚同居伴侣的年龄跨度涵盖整个生命历程。约34%的同居者为18～29岁，35%的同居者为30～44岁，大约26%的同居者为45～64岁，接近5%的同居者为65岁及以上（Lofquist, 2012）。

在40多岁的同居者当中，伴侣一方或双方可能离过婚或经历过丧偶，并且想要发展一段亲密关系，但却对再婚不感兴趣，因为他们"不想将自己的家庭或复杂的资产掺和进去"（Haq, 2011: 21）。与年轻的同居者相比，年长的同居者（年龄为50岁及以上的人）声称其关系质量和稳定性都显著提高，但他们往往把这种关系视为婚姻或再婚的一种替代选择，而非结婚的前奏。年长的同居者通常不会生育或抚养孩子，而生育或抚养孩子是年轻伴侣结婚的一个重要原因（King and Scott, 2005; Brown et al., 2012）。

在许多情况下，老年人选择同居是因为再婚可能意味着要放弃前任配偶的养老金、赡养费、社会保障和医疗保险。例如，一位与78岁的伴侣生活在一起的72岁的老年女性并没有结婚的意图，因为结婚会使她失去她已故丈夫的养老金："如果我结婚的话，我的收入将会每月减少500美元，我们无法承受。"（Silverman, 2003: D1）

在其他情况下，老年伴侣避免再婚是因为过去不愉快的离婚遭遇，或因为他们的成年子女担心自己会在父母的感情中被取代——尤其是在父母的遗嘱中。此外，寡妇们害怕需要长期照料她们的新丈夫，这可能是另一个令人痛苦的负担，或想要紧握住她们新的自由感（Greider, 2004; Levaro, 2009）。

2. 性别　到了30岁，所有美国女性中74%的人已经有过同居经历，相比之下，2002年的这一比例是70%，1995年的这一比例是62%（Copen et al., 2013）。当谈到与男性一起生活时，女儿往往会步她们母亲的后尘：其母亲曾经同居过的年轻成年女性，比其他女性同居的可能性高出57%。而且，其母亲有大学或更高学历的女性比其母亲连高中学历都没达到的女性同居的可能性显著减少。在此意义上，关于同居的态

258

度——尤其是在女性当中——可能是代代相传的（Mellott et al., 2005）。

259 由于适婚男性的短缺，许多正同居的低收入黑人女性不想结婚，因为她们认为自己的同居对象将会失业、不忠或无法承担照料孩子的责任。同样，低收入白人女性和波多黎各裔单身母亲如果认为她的伴侣是个贫穷的维持家庭生计者或不成熟的男性，那么即使"他是她生命中的挚爱"，她也不会与其结婚（Jayakody and Cabrera, 2002; Edin and Kefalas, 2005）。

3. 种族或族裔 2010 年，同居率最高的是拉美裔女性（57%），其次是白人女性（43%）和黑人女性（39%），亚裔女性的同居率最低（22%）。在美国以外出生的拉美裔女性的同居率要高于在美国出生的拉美裔女性的同居率（分别为 33% 和 25%）（Copen et al., 2013）。

亚裔女性的同居率较低是因为婚姻是一种常态，而婚前性行为和同居被污名化（见第 5 章）。相比之下，许多来自拉丁美洲国家的男性的同居率要比美国的拉美裔男性的同居率高得多（Oropesa and Landale, 2004）。社会阶层也有助于解释种族或族裔同居现象的变化。

在所有种族或族裔群体中，3/4 的同居者说他们正在推迟结婚，因为他们"除了没钱，什么都有"。即使是一场小小的婚礼，也会给工薪阶层和中产阶级的年轻人带来严重的婚姻障碍。一位 30 岁的铁路列车员本说，他不知道如何能拿出 5 000 美元准备一场婚礼。他惊呼道："婚礼真是太昂贵了！"有些人还认为一场"真正"的婚礼应该在宗教机构举行，而不是由治安官主持的"市中心"仪式（Smock et al., 2005: 688）。

4. 社会阶层 种族、族裔与性别在解释同居方面与社会阶层相交。然而，同居在那些受教育程度和收入水平低的人当中更为普遍。正如图 7-6 所示，随着女性受教育程度的提升，她们同居的可能性降低。

对于男女两性而言，同居现象更可能在较低的社会经济阶层发生，因为那些有着很高的收入和受教育程度的人从同居中得不到什么好处。与较低社会经济群体不同，中等或更高阶层的人更可能拥有工作，负担得起自己的住房，因此即使

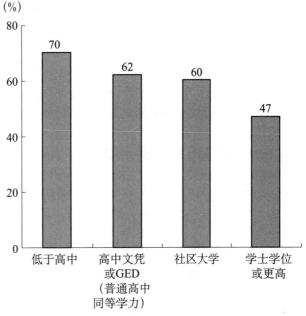

(%)

图 7-6 受教育程度较高的女性更不可能同居
注：这些数据基于 2006—2010 年间，全美 22 ～ 44 岁的女性样本。
资料来源：Copen et al., 2013, Figure 2.

正处于恋爱当中，他们也在结婚或独立生活方面有更多的选择（Fry and Cohn, 2011; Sassler and Miller, 2011）。

大量研究表明，严峻的经济形势会降低结婚的可能性。很大一部分低收入的男性可能想要结婚，但又认为他们无法支撑一个家庭。正如大家先前所见，许多非裔美国女性不愿意嫁给就业记录不稳定和低收入的男性。低收入群体中的女性渴望过上体面的生活以及向上流动（包括拥有房屋所有权和财务安全）。然而，如果她们认为她们目前的男朋友实现不了经济稳定，她们就不会嫁给这个男人（Ooms, 2002; Lichter et al., 2003; Xie et al., 2003; Carlson et al., 2004）。

5. 宗教 宗教价值观也会影响同居率。最虔诚的美国人——那些每周都参加教会活动的人——中的同居人数比那些很少或从不参加教会活动的人中的同居人数的一半还少，因为他们认为婚前同居是不道德的，且会增加离婚的概率。因此，那些每周至少参加一次宗教活动和宗教仪式的女孩与没有这种经历的女孩相比，同居的可能性更小（Houseknecht and Lewis, 2005）。

260

然而，有大约一半的信教青少年赞成同居。这样的接受度表明，由于很多青少年是与同居父母一起生活长大的，或经历过父母的离婚，因此即使青少年或他们的父母是宗教信徒，婚礼誓言可能也不再意味着什么（Lyons，2004；Cunningham and Thornton，2005）。

（五）同居的收益和成本

同居通常是我班上最有争议的话题之一。有些学生认为同居不道德；其他人则辩称它是正常生活的一部分。和其他关系（包括约会和婚姻）一样，同居既有收益，也要付出成本。

1. 同居的收益 同居的一些收益包括以下几个方面：

- 伴侣可以汇集他们的经济资源，而不必单独支付住房、家具、公用设施等的费用。同居伴侣既能获得亲密关系带来的情感安全感，又能通过拥有自己的朋友和独自拜访家庭成员来维持他们彼此的独立性（McRae，1999；Fry and Cohn，2011）。
- 伴侣可以在没有法律问题的情况下解除关系，并且他们能够更容易地离开虐待关系（DeMaris，2001）。
- 那些推迟结婚的伴侣离婚的可能性较低，因为年龄大是一段婚姻稳定的最佳预测指标之一（见第 13 章）。
- 当人们不得不面对令人不快的现实，如伴侣中的一方不付账单或没有良好的卫生习惯时，同居有助于他们发现自己到底有多在乎对方。
- 在 65 岁及以上的未婚人群中，同居能增加获得那些通常由配偶提供的照料的机会（见第 14 章）。
- 即使在一个较低的社会经济水平上，孩子们也能通过与两个有收入的成年人而非单身父亲/母亲一起生活来获得一些经济上的好处。在同居期间就为人父母的男性比那些非同居的单身父亲更可能忠诚于这段关系，并且努力去找工作，而无论孩子的母亲是否工作（见第 13 章）。

2. 同居的成本 同居也有成本，包括以下方面：

- 相比已婚夫妻，同居者——无论是在美国还是在欧洲——的关系质量较差，幸福感和满足感也处于较低水平（Wilcox and Marquardt，2011；Sassler et al.，2012；Wiik et al.，2012）。
- 相比那些没有经历过同居的夫妻，同居者婚后往往会表现出更多的消极行为（例如试图掌控伴侣的思想或感情、言语攻击和愤怒）（Cohan and Kleinbaum，2002）。
- 同居稀释了代际关系。与他们的已婚同龄人相比，人们同居的时间越长，他们给予或接受父母帮助的可能性就越小，在紧急情况下求助自己的父母以及参与扩大家庭活动的可能性也越小。而且，父母有时可能也会避免接触正在同居的子女，因为他们不确定当他们的孩子同居时自己应该扮演的角色（Eggebeen，2005）。
- 美国的法律没有明确规定同居者的责任和权利。例如，与分居或离异的父母相比，从同居的父母那里收取子女抚养费通常更为困难（见第 13 章）。
- 如果性生活频率低，那么相比已婚夫妻，同居者更可能分手（Yabiku and Gager，2009）。
- 相比已婚夫妻，大多数同居者不能获得伴侣的社会保障金、养老金、房产、对孩子在大学的经济资助（Ambrose，2010）。

在阅读本部分之后，学生们常常会提出一个很重要的问题：我应该与我的女朋友或男朋友同居吗？从社会学意义上讲，这个问题没有简单的答案。不管怎样，一些研究表明，在同居之前或同居期间，你都应该考虑一些问题（见《**我们应该同居吗？**》一文）。

虽然同居是要付出代价的，但许多同居者深信它会带来更好的婚姻。这是真的吗？还是一厢情愿的想法？

（六）同居会带来较好的婚姻吗？

对于这个问题有很多的争议。以前的研究发现，婚前同居过的夫妻比那些婚前没有同居过的夫妻的离婚率更高（Bramlett and Mosher，2002；Phillips and Sweeney，2005；Stanley and

261

大多数人同居是因为他们不愿做出一个长期承诺或不确定他们是否想要结婚。这种怀疑很正常，而且相比他们的行为，这种念头出现的频率更高（见第6章，尤其是在分手方面）。

一方面，一些社会科学家坚决反对同居的做法。根据波普诺和怀特海德（Popenoe and Whitehead，2002）的说法：

- 婚前你们绝对不应该同居。没有任何证据显示同居会带来更好或更牢固的婚姻。人们不应该同居，除非他们已经定好了婚礼日期。
- 不要养成同居的习惯。多次同居的经历会减少结婚和建立终身伴侣关系的机会。
- 将同居限定在最短的时间内。你和另一半同居的时间越长，你、你的伴侣或你们双方分手以及永不结婚的可能性就越大。
- 如果涉及孩子，不要考虑同居。孩子需要长期的父母。此外，相比亲生父母，孩子更可能被同居者虐待。

另一方面，同居者给出了这样做的合理理由（Olson and Olson-Sigg，2002；Solot and Miller，2002；Sassler，2004）：

- 经济优势："通过分担生活费用，我们可以省钱。"
- 陪伴："我们可以花更多的时间在一起。"
- 增加亲密感："在没有结婚的情况下，我们也能分享性和情感上的亲密。"
- 分手容易："即使这段关系不成功，也不会有离婚的麻烦。"
- 合得来："同居是一种发现彼此习惯和性格是否相投的一种很好的方式。"
- 试婚："我们正在同居，因为我们很快就会结婚。"

那么，这些说法又会对你产生什么影响呢？在做决定时，你可以使用交换理论（见第2章和第4章），列出成本和收益，然而再决定你想做什么。

思考题

- 如果你正在和某人同居（或过去曾这样做过），那么原因何在？你会建议其他人怎么做？

Rhoades，2009）。最近的研究显示，*如果在同居前有婚姻承诺（订婚或明确的结婚计划），同居过的女性离婚的可能性并不比那些没有同居过的女性高*（Reinhold，2010；Stanley et al.，2010；Manning and Cohen，2012）。

为何一些婚前同居者比其他人更容易离婚？这里没有单一的答案，但*同居效应*和*惯性效应*有助于解释同居为何可能导致负面的婚姻结果。

1. 同居效应　同居效应可能会导致婚姻不稳定。通过同居，人们可能会接受这种关系的暂时性，并将同居视为婚姻的一种替代品。例如，那些独立并习惯以自己的方式生活的同居者可能很快就会离开一段婚姻（DeMaris and MacDonald，1993）。因此，同居行为本身也会增加离婚的可能性，尤其是在正约会的同居者当中。

连续同居可能对婚姻的稳定性尤为有害，因为有过多次同居经历的人往往是收入和受教育程度都很低的女性。通常，对于那些同居过两次或更多次的女性，她们离婚的概率比只与她们结婚的男性同居过的女性高出141%。然而，目前尚不清楚，连续同居的离婚率高是因为这些人选择了沟通能力差或有长期心理健康问题的人做伴侣，还是因为同居效应（比如婚姻使人们产生了不愿容忍的新的不满情绪）（Lichter and Qian，2008；Tach and Halpern-Meekin，2009）。

2. 惯性效应　有些同居者步入婚姻是出于惯性效应。在搬到一起同居后，一对情侣往往会在财务分担、购买家具、养宠物、分享财产、少花时间和朋友在一起，甚至拥有一个孩子上做出许多决定，使得分手更为困难。然后，这对情侣可能会因为惯性而结婚，而非做出有意识的决定和承诺（"我们还是结婚吧，因为没有理由不这么做"）（Stanley and Smalley，2005；Stanley and Rhoades，2009）。

一些研究者认为，仅限于与未来丈夫同居的女性相比婚前没有同居的女性，不会有更高的离婚风险。然而，在大多数情况下，几乎没有证据表明那些婚前同居的人比没有这么做的人有更牢固的婚姻（Teachman，2003；Popenoe and Whitehead，2006）。

（七）同居如何影响孩子？

自 1960 年以来，那些与孩子生活在一起的同居伴侣的数量增长了 900%。事实上，20% 的孩子由异性同居伴侣所生，40% 的孩子到 12 岁时仍生活在一个同居家庭中（Kreider and Ellis，2011a）。

在大多数情况下，相比那些跟随已婚夫妻长大的孩子，跟随同居伴侣长大的孩子——即使当双方都是孩子的亲生父母时——往往有更为糟糕的生活结果。例如，生活在同居家庭中的孩子：

- 会遭受更多的家庭暴力，因为同居男性对这段关系的投资较少，以及许多同居女性对攻击的容忍（Cunningham and Antill，1995）。
- 更可能变得贫穷。当未婚伴侣分手时，男性的家庭收入会下降 10%，而女性的家庭收入则会下降 33%；陷入贫穷的女性比例从 20% 增加至 30%，而男性的贫困水平仍保持相对稳定，大约为 20%（Avellar and Smock，2005）。
- 与已婚父母相比，同居伴侣在成人用品（如酒精和烟草）上花费更多，而在儿童（如健康和教育）身上花费较少（DeLeire and Kalil，2005）。
- 与来自已婚家庭的孩子相比，更有可能在出生后的 3 年内经历父母双方分手（Rackin and Gibson-Davis，2012）。
- 相比来自已婚家庭的孩子，健康状况往往较差。同居父亲比已婚父亲在确保孩子的幸福方面的承诺更少。而且，同居父母更有压力的环境和关系会降低孩子的健康水平（McClain，2011；Schmeer，2011）。
- 有更多的学业、情感和行为上的问题，因为贫穷或同居伴侣中的一方或双方会经历比已婚夫妻更多的育儿问题（S.L.Brown，2004；Seltzer，2004；Fomby and Estacion，2011）。

除了这些困难外，孩子们还经常遭受连续同居或父母双方分手所带来的不良后果。在全美范围内，出生于同居家庭的孩子经历父母分开的风险要比已婚家庭的孩子高出 5 倍多。约 75% 的出生于未婚同居家庭的孩子（相比 33% 的由已婚父母所生的孩子）在 16 岁以前就会看到自己的父母分手。这些分手会使已经存在的问题（如女性及其子女的贫困等）更加恶化。因为同居关系很不稳定，它经常会加剧儿童的个人和社交困境，包括行为问题和学习成绩差（Raley and Wildsmith，2004；Osborne et al.，2007）。

（八）同居和法律

几年前，北卡罗来纳州的一位治安官解雇了一名调度员，因为她不愿与她的同居男友结婚。四个州（佛罗里达州、密歇根州、密西西比州和北达科他州）仍有明文规定禁止同居的法律。大多数这样的法律至少已经有 200 年历史了，它们也很少被执行。然而，在这个案例中，治安官认为这个调度员未婚同居的做法是不道德的，并决定执行这项法律。

即便这些州很少起诉违反该法律的同居者，未婚伴侣及其子女也几乎没有法律的保护。据估计，大约有 190 万孩子出生于未婚同居家庭，但他们几乎没有已婚父母所生孩子所享有的自动权利和特权（"America's families and living arrangements"，2012；也见第 13 章）。

根据法律专家的说法，对同居者在财务方面最好的保障就是保持各自财产的独立所有权。同居伴侣不应该有共同的银行账户或信用卡。共同分担的租约也应该在同居前协商好。如果伴侣一起购置房产，他们应该以书面形式仔细地列出每个人的一切利润份额。汽车不应该为了逃避向 25 岁以下男性收取的高额保险费而被登记在女性名下；如果发生事故，那么即使是男性开车，女性也要承担责任。

涵盖配偶的健康保险计划很少包括未婚伴侣及其子女。而且，如果伴侣中的一方死亡，没有留下遗嘱，那么他/她的亲属——无论多么远支——可以认领他/她的所有财产。如果一对同居伴侣有了孩子，双方必须以书面形式承认生物学上的父母身份，以保护孩子未来对财务支持和继承权的要求（Mahoney，2002）。

263

当人们彼此相爱时，讨论法律事项似乎不太浪漫。但是当一段同居关系终止时，法律问题可能会压倒一切。许多律师建议同居者起草一份类似婚前文件的合同。

七、男女同性伴侣

无论我们的性取向如何，我们中的大多数人都在寻求与一个特别的人建立亲密关系。迄今为止，因为只有哥伦比亚特区和13个州将同性婚姻合法化了，所以大多数男女同性伴侣只能同居。

（一）男女同性恋关系

男女同性伴侣的"高矮胖瘦、种族或族裔、宗教信仰、拥有的资源和癖好各不相同，甚至性行为也各不相同"（Stacey，2003：145）。在670万未婚伴侣家庭中，60.5万是同性恋家庭（"Unmarried and single…"，2013）。

与异性恋同居者一样，同性恋同居者也必须解决沟通、权力和家庭责任问题。如果有来自前一段婚姻的孩子，那么与异性恋父母一样，男女同性恋父母也必须处理监护权和子女抚养问题（见第10章和第13章）。男女同性伴侣之间的关系可能如同异性伴侣之间的关系一样复杂。

1. 爱、性行为和承诺 大多数男女同性恋者希望有一段持久的关系。最近一项研究将男女同性伴侣和异性伴侣进行了比较，发现两者在发展长期关系的可能性，或性取向对安全依恋和关系满意度的影响上没有任何差异。不过，女同性恋者的性生活频率最低，而男同性恋者的性生活频率最高（Farr et al.，2010）。

然而，性别似乎比性取向更有力地塑造了伴侣的价值观和行为。例如，女同性恋者和异性恋中的女性比男同性恋者和异性恋中的男性更少竞争和更重感情。此外，女同性恋者和异性恋中的女性比男同性恋者和异性恋中的男性更可能重视感情胜于自己的工作（Stacey，2003）。

2. 权力和劳动分工 大多数男女同性伴侣声称他们在关系中有着相等的权力。然而，当权力不相等时，正如社会交换理论所预测的，年长的、收入和受教育程度更高的一方通常有更多的权力（Sutphin，2010）。

男同性恋者在生活中并没有被分成"男人"和"女人"的角色。伴侣中的一方可能会发挥许多传统的女性性别功能，如做饭，而另一方则可能发挥许多传统的男性性别功能，如修车。这种专业化通常基于个人特征，如技能或兴趣，而非传统的夫妻关系或男女的性别角色（Peplau et al.，1996；Kurdek，2006，2007）。

3. 问题和冲突 与异性恋同居者一样，男女同性伴侣会在四个领域经历冲突。就权力而言，所有伴侣都同样有可能在财务状况、关系中的不平等和占有欲上发生争论。他们也同样有可能抱怨如吸烟或饮酒、开车方式和个人卫生等个人*缺点*。伴侣们在亲密关系的某些方面，尤其是性生活和表达爱意上的不满意也是相似的。这两类群体（同性恋者和异性恋者）也同样有可能批评伴侣不思进取，通常是因为没有实现工作或教育承诺。在男女同性恋同居者当中，对浪漫感情能否持续存在的怀疑也许更为普遍。不过，因为他们以前的恋人很可能留在他们朋友的社交网络中，所以增加了嫉妒和怨恨的可能性（Kurdek，1994，1998）（见第5章中对同居关系中的同性恋暴力的统计、研究和理论解释）。

4. 种族差异 男女同性伴侣所得到的来自家庭成员的社会支持要比异性伴侣所得到的更少。最大的排斥可能来自种族或少数族裔家庭，它们关于婚姻和家庭的传统价值观常常为宗教信仰所

联系起来

- 你曾同居过吗？如果同居过，你会将同居方式推荐给你的家庭成员或朋友吗？如果未同居过，原因何在？如果你未曾与别人同居过，未来你打算这样做吗？
- 几年前，著名的美国法学会（American Law Institute，2002）因提议让同居合法化而引起轰动。例如，在关于继承权、儿童监护权、债务、赡养费和健康保险等方面，未婚伴侣应该拥有与已婚夫妻同等的权利和责任。你同意这项提议吗？

强化，因为在某些信仰中，同性恋行为被认为是异常或罪恶的（Hill，2005）。

一些研究认为禁止同性婚姻的宪法修正案等反同性恋政策对黑人和拉美裔同性伴侣家庭构成的威胁要比对白人同性伴侣家庭的威胁更大。这是因为黑人和拉美裔同性伴侣抚养孩子和收入低的可能性是白人同性伴侣的2倍。非裔美国同性同居伴侣比身份相当的白人更有可能在公共部门，尤其是政府部门工作。这些工作中有许多为异性伴侣提供的诸如健康保险之类的福利，但由于国家禁令而没有向同性伴侣提供，尽管这种情况正在慢慢改变。许多反同性婚姻的修正案和州法律禁止政府雇主向其男女同性恋雇员提供这些福利（Cahill et al.，2007）。

男女同性恋者因其另一半来自不同宗教信仰、种族或族裔群体，或来自较低社会阶层，还会遇到其他问题。即使双方都向家人和亲戚公开了自己的身份，家庭也可能会用一种微妙的方式将一方排斥在外，例如在女方家庭拍全家福照片时，会邀请结婚只有2年的异性恋女婿而非在一起15年的女同性恋伴侣（Clunis and Green，2000）。

（二）关于同性婚姻的战争

大多数美国人（53%）支持了同性婚姻，这是第一次。约46%的人反对同性婚姻，比1997年的68%有所下降（Jones，2013）。过去，非裔美国人对同性婚姻合法化的支持一直远不如白人。现在黑人在这个问题上的意见比过去更加平均，有44%的黑人赞成同性婚姻合法化，而有39%的黑人反对同性婚姻合法化。拉美裔对同性婚姻合法化的支持幅度更大：52%赞成和34%反对（Pew Research Center，2012）。

对民事结合和同性婚姻的反对呼声在那些定期参加宗教仪式的人当中相当高，他们住在美国南部，年龄在65岁及以上，对家庭问题持保守观点（Masci，2008b；Saad，2008）。在2001年之前，同性伴侣在世界各地都被禁止结婚，但正如大家将在下章看到的，这种情况在美国和其他一些国家正慢慢发生变化。

1. 民事结合/同居伴侣关系 同性伴侣在6

个州已获得更多的接受，这些州采用婚姻的替代方式，如*民事结合*（给予同性伴侣所有州级的配偶权利）或*同居伴侣关系*（仅提供某些州级福利）。民事结合提供法律上的认可，以及已婚异性恋夫妻所能享受的所有或大部分法律权利，包括税收减免、健康福利、器官捐赠的批准和无遗嘱继承等。

在一些州，同居伴侣关系对同性和异性伴侣都适用（National Conference of State Legislatures，2013）。允许同居伴侣关系的州中的雇主可能会也可能不会给同居伴侣提供医疗保健或继承权益。例如，如果丈夫过世，他的妻子可自动得到他的社会保险和养老金。同样的自动转移可能不适用于同居伴侣。许多同居伴侣必须采取详尽而昂贵的法律措施来保护自己及家人的权益。因此，大多数人仍然面临着严重的财务、法律和社会挑战，尤其是当他们老去、退休、购置房产、抚养孩子和就医时（Equality Maine，2013）。 *266*

在约22个国家或它们的某些地区中，民事结合和同居伴侣关系可提供不同的婚姻福利，从共同财产权利到共同养育子女。2001年，同性婚姻首次在荷兰获得合法化地位。自那时起，已有十几个国家和地区通过了法律，承认同性婚姻和同居伴侣关系。近20个国家和地区会给同性伴侣提供一些权利，但仍禁止他们结婚。然而，许多同性伴侣认为仅有民事结合立法是不够的，因为他们被剥夺了联邦福利，并且无法结婚会导致他们被视为二等公民。

无法结婚也有助于解释为何在同居者当中，同性伴侣分手率是异性伴侣的两倍之多。因为在 *267* 大多数州，婚姻并不是一种选择，同性伴侣在解除关系方面的法律障碍更少（Lau，2012）。

2. 同性婚姻 生活在那些允许同性婚姻的州中的伴侣，41%已结婚，相比之下，生活在同性婚姻尚未合法化的州中的伴侣，仅有21%已结婚（Lofquist，2012）。婚姻会带来许多福利，如有权使用配偶的健康保险和养老金，以及获得收养权。

同性婚姻是有争议的。在美国，那些支持同性婚姻的人认为不论性取向如何，所有的人都应当享有平等的法律权利，并且婚姻还可以提高同性伴侣的稳定性以及促进男女同性恋者的身心健康。而那些反对同性婚姻的人则声称这种结合是不道德的，会削弱我们对婚姻的传统观念或违背了宗教信仰（Sullivan，1997；King and Bartlett，2006）。《美国人为何会支持或反对同性婚姻？》一文总结了在这场辩论中的一些主要的赞成和反对的论点。

本章小结

婚外、婚前和婚后的关系已经发生了大量的变化。我们的一些选择，包括延长单身时间、同居、组建同性家庭，或者根本就不结婚等。因此，更多的人在他们生命中的大部分时间处于单身状态。然而，请记住我们的选择不是没有约束的。例如，许多美国法律并不鼓励或保护大多数的非婚姻关系。

尽管未婚人口越来越多，但婚姻并没有过时；它不过是在普通人的生命历程中所占的比重越来越小。虽然结婚的压力越来越小，但我们大多数人一生中至少会结一次婚。在下一章中，我们将研究婚姻制度和婚姻内外亲密关系中的沟通。

变化 | 美国人为何会支持或反对同性婚姻？

同性恋，尤其是同性婚姻，是美国最具争议性的问题之一，造成了朋友、家庭和宗教团体的分裂。以下是一些引发争论的信念和态度。

同性婚姻应该合法，因为：

- 态度和法律都在发生变化。例如，在1967年以前，异族通婚都是被禁止的。
- 同性婚姻将巩固已经存在的家庭和长期的结合。孩子与有合法婚姻关系的家长生活在一起比较好。
- 对同性伴侣而言，收养孩子，特别是有情绪问题和身体残疾的孩子会更容易。
- 并没有科学研究证明被男女同性恋家长抚养的孩子会比由异性恋父母抚养的孩子表现更差。
- 每个人都应该能够与自己所爱的人结婚。

- 同性婚姻将使宗教组织在精神和情感上都受益，并增加成员数量。
- 同性婚姻对经济有好处，因为它促进了诸如餐馆、面包店、酒店、航空公司和花店的生意。

同性婚姻不应该合法，因为：

- 异族通婚发生在女性和男性之间，但同性婚姻违背了许多人关于婚姻是男性－女性结合的观念。
- 孩子需要妈妈和爸爸，而不是男女同性伴侣。
- 所有被收养的孩子——无论是否有残疾——与那些能提供异性恋性别角色榜样的父母生活在一起比较好。
- 同样也没有科学研究证明被男女同性恋家长抚养的孩子会比由异性恋父母抚养的孩子表现更好。
- 即使不结婚，人们也能彼此相爱。

- 同性婚姻会使反对同性恋结合的教会成员两极分化，并缩减教会的规模。
- 对经济有利的东西不一定就对社会有好处，特别是它的道德价值观和宗教信仰。

资料来源：La Franiere and Goodstein，2007；Masci，2008a；Pew Forum on Religion & Public Life，2008a；Semuels，2008a；Bennett and Ellison，2010；Olson，2010；Sprigg，2011.

思考题

- 许多州已经通过了法律，将婚姻限制在一个男性和一个女性之间。你同意还是不同意？原因何在？
- 对于争论的双方，你还能补充其他什么原因？

7.1 解释许多美国人选择不结婚或推迟结婚的原因。

1. 大多数单身者永远不会结婚吗？
2. 推迟结婚是最近才出现的吗？

7.2 描述单身的多样性。

3. 单身有哪些不同的类型？
4. 一般的单身成年人与晚年的单身者有何不同？

7.3 解释一下哪些人在独居及其原因。

5. 为何自20世纪40年代以来，平均家庭规模一直在缩小？
6. 具体来说，谁更有可能独居？原因何在？

7.4 解释为何更多的人选择单身。

7. 自20世纪70年代以来，单身人数增加的原因（宏观的、人口统计的和个人的原因）是什么？

8. 哪些原因有助于解释人们为何想要独居？

7.5 对比不同种族或族裔的单身者。

9. 在跨种族或族裔群体中，哪一类女性最可能经历适婚伴侣的短缺？原因何在？
10. 哪个种族或族裔群体的单身率最低？原因何在？

7.6 解释为何同居现象增多。
268

11. 同居有哪些收益和成本？
12. 在已婚的同居者当中，为何有些人的离婚率要高于其他人？
13. 对同居现象的接受度怎样？有非婚生子女如何影响初婚年龄？

7.7 描述同性关系，解释同性婚姻有争议的原因。

14. 描述同性伴侣面临的两个问题。
15. 具体来说，美国人支持或反对同性婚姻的原因何在？

第8章
亲密关系中的婚姻与沟通

学习目标

当阅读和学习本章后，你将能够：

8.1 解释美国的结婚率如何以及为何发生变化。

8.2 探寻结婚的显性和潜在原因，并描述某些婚前和婚姻仪式。

8.3 比较异性婚姻和同性婚姻，并讨论一些跨文化变化。

8.4 解释婚姻幸福、婚姻成功和健康是如何相互影响的。

8.5 描述夫妻如何建立、协商和学习婚姻角色。

8.6 描述在整个生命历程中，婚姻是如何变化的。

8.7 解释沟通、权力和冲突如何影响一段关系。

8.8 描述引起夫妻争执的最常见的问题以及他们如何处理冲突。

8.9 找出加强夫妻关系的有效沟通模式。

- 相比 63% 的女性，约 77% 的男性认为女性向男性求婚是可以接受的。
- 在已婚夫妻当中，33% 的女性和 18% 的男性说他们的宠物，尤其是狗，是比自己的配偶更好的倾听者。
- 在 1980 年，一个典型的美国婚礼要花费 4 000 美元。在 2012 年，它要花费近 27 000 美元，这还不包括蜜月费用。
- 约有 61% 的夫妻没有遵守他们的誓言，有 83% 的新娘选择随夫姓。
- 到了 35 岁，62% 的美国成年人已结婚。
- 在 2010 年，生活在同性婚姻已经合法化的州中的同性伴侣，有 41% 已经结婚。
- 约 63% 的美国人说他们的婚姻"很幸福"。

资料来源：Armstrong, 2004b; "For Richer or Poorer", 2005; Petside, 2010; Wilcox and Marquardt, 2010; Fry, 2012; Lofquist, 2012; Wedding Report, 2013.

达娜·杰克逊（Dana Jackson）用与她 87 岁的老男朋友结婚，度过了她的 100 岁生日，这个老年男子是她在肯塔基卫生保健中心结识的一个当地居民。杰克逊在 15 岁时就已经结过一次婚（AARP, 2012）。你在第 7 章中已经看到，许多人在推迟结婚。其他人，就像杰克逊，无论年龄多大，都会结婚。

本章的第一部分讨论了大量与婚姻相关的主题，如婚姻状况、婚姻期望、健康和生命历程中的变化。第二部分审视的是可以加强或破坏婚姻内外亲密关系的沟通过程。不过，让我们先做一个"婚姻小测试"，看看你对美国婚姻的了解有多少。

一、婚姻正在消失吗？

婚姻变得过时了吗？在从未结过婚的美国人当中，61% 的人想要结婚，但结婚率自 20 世纪 60 年代以来已不断降低（Cohn, 2013）。为何人们的态度和行为会出现这种差异？

（一）结婚率一直在下降

在 55 岁及以上的人群中，几乎 94% 的美国人至少结过一次婚或目前正处于已婚状态（Kreider and Ellis, 2011b）。然而，结婚率已经下降。在

问问你自己

婚姻小测试

真 假

□ □ 1. 不忠是夫妻吵架的首要问题。

□ □ 2. 男性和女性都同样有可能说他们的婚姻很幸福。

□ □ 3. 婚姻满意度的最佳预测指标是夫妻性生活的质量。

□ □ 4. 已婚女性通常比已婚男性更健康。

□ □ 5. 浪漫是长期婚姻的关键要素。

□ □ 6. 拉美裔的结婚率要高于黑人或白人。

真 假

□ □ 7. 有孩子通常会让夫妻更亲密，提升婚姻幸福感。

□ □ 8. 与没有受过教育的人相比，拥有大学学历的人结婚的可能性要小。

□ □ 9. 如果妻子有全职工作，那么丈夫通常会平等分担家务。

□ □ 10. 约 15% 的美国人永远不会结婚。

（这个测试的答案在第 178 页。）

1960 年，18 岁及以上的所有美国成年人中，72%的人已婚。在接下来的 50 年间，结婚率缓慢下降。到 2011 年，几乎只有一半（51%）的人已婚——处于历史低点（见图 8-1）。预计结婚率会进一步降低，因为自 1980 年以来，新婚夫妻的数量一直在下降（Cohn et al.，2011；Fry，2012）。

一些研究者将婚姻描述为"正在消失"，因为在某些群体中结婚率已经骤降（Wilcox and Marquardt，2010）。自 1970 年以来，黑人的结婚率已经开始低于白人、拉美裔和亚裔人群。正如图 8-2 所示，黑人的已婚率是最低的，并且随着时间的推移变得更低：相比 1960 年的 61%，2010 年仅有 31%。

结婚率也会随受教育程度的变化而变化。那些拥有大学学位的人的结婚率要高于受教育程度较低的人。在 20 世纪 60 年代和 70 年代，大多数中产和工薪阶层的美国人已结婚。在 1980 年后，这些群体的结婚率开始下降。例如，在 2010年，近 64% 的有大学学位的美国人已经结婚，相比之下，有高中文凭或学历更低的人中仅有 47%会结婚。事实上，在那些有和没有大学学历的人之间，"婚姻分化"越来越严重（Wilcox and Marquardt，2010；Cohn et al.，2011；Fry，2012）。

（二）美国结婚率为何正在下降？

人们对婚姻的态度正在发生变化。在 2010年，39% 的美国人认为婚姻变得过时了，该比例高于 1978 年的 28%。相比白人（36%），黑人（44%）和拉美裔（42%）更可能持有该观点。这种信念在年青一代当中，比在那些 50 岁及以上的人、那些很少有大学学历的人、那些从未结过婚的人、那些做单亲父母的人，以及那些身为同居父母的人当中更普遍（Cohn et al.，2011；Fry，2012）。

根据一位社会学家的观点，问题并不在于为何越来越少的人结婚，而在于为何如此多的人仍然选择结婚（Cherlin，2009）。在许多情况下，单身人士能比已婚夫妻获得更多的税收优惠。由于经济低迷，20% 的 18～34 岁的人已推迟结婚。经济衰退对于那些受教育较少的美国人有着更为消极的影响，因此他们更可能同居而非结婚。同

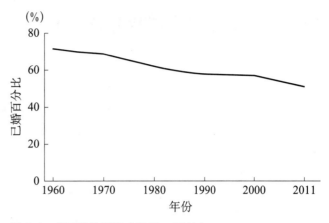

图 8-1　美国的结婚率（1960—2011）
注：基于 18 岁及以上成年人。"已婚"包括那些配偶在场或不在场但没有分居的人。
资料来源：Cohn et al.，2011，and Fry，2012.

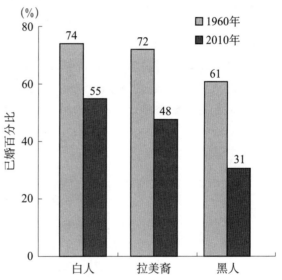

图 8-2　按种族或族裔划分的百分比（1960 和 2010）
注：基于 18 岁及以上成年人。白人和黑人只包括非拉美裔。拉美裔不分种族。
资料来源：Cohn et al.，2011.

居和非婚生育现在已经为社会所接受。自立的女性不必再依赖婚姻去保障她们的财务安全。许多黑人女性找不到合适的伴侣（见第 6 章），而且认为大学或专业学位，以及事业成功对她们来说比婚姻更重要（Bennett and Ellison，2010；Isen and Stevenson，2010；Chambers and Kravitz，2011；Taylor et al.，2012；Trail and Karney，2012；*Washington Post*，2012）。所有这些原因都有助于解释为何结婚率一直下降，但婚姻却远未过时。

272

二、我们为何和如何结婚

当某人宣布"我要结婚啦！"时，我们通常用"恭喜恭喜！"而不是"为什么？"来回应。西方社会的人认为人们结婚是因为他们彼此相爱。事实上，结婚的主要原因不是爱情，而是文化价值观与规范所认为的这是应该做的正确事情（见图8-3）。我们结婚的原因多种多样。显性原因是公开的、有意的和可见的。潜在原因是不明确的、非显而易见的（见第2章）。

（一）结婚的显性原因

家庭健康工作者往往将结婚的显性原因视为"正确的"，将结婚的潜在原因视为"错误的"。然而，如果这两种原因都导致了痛苦或离婚，那么这两者都是功能失调的。

1. 爱和陪伴　婚姻最大的一个吸引力就是与所爱之人持续而亲密地互相陪伴。在美国成人当中，93%的已婚人士和84%的未婚人士认为

爱情是结婚的一个"非常重要"的原因（Cohn，2013）。

2. 生儿育女　结婚的一个传统原因就是生儿育女，但它并非主要原因。与关于爱情和婚姻的反应相比，仅59%的已婚美国人和44%的未婚美国人认为生育是结婚的一个重要原因（Cohn，2013）。婚姻（不像单身和同居）是一种社会制度，大多数社会有保护婚内儿童（而非非婚生儿童）的法律和习俗。然而，在许多工业化国家，越来越多的人接受非婚生孩子，这意味着为人父母而非婚姻，往往是步入成年的第一步（Cherlin，2009）。

3. 成人身份　发展理论声称，家庭成员通过在生命历程中的不同阶段进行发展（见第2章）。找到工作和自立标志着成年，婚姻亦是如此。结婚意味着对社区宣告"我是个成年人了"。例如，一名28岁的男性说婚姻表明"你终于长大成人"以及"在这个世界上有了一个明确的位置"（Paul，2002：80）。

4. 承诺和自我实现　大量已婚（87%）和未

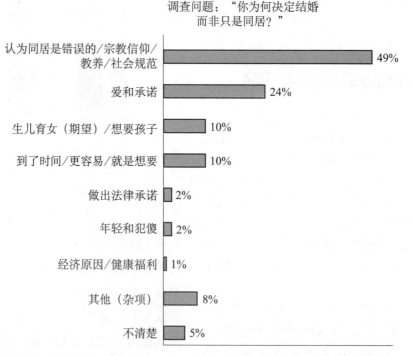

调查问题："你为何决定结婚
而非只是同居？"

认为同居是错误的/宗教信仰/教养/社会规范	49%
爱和承诺	24%
生儿育女（期望）/想要孩子	10%
到了时间/更容易/就是想要	10%
做出法律承诺	2%
年轻和犯傻	2%
经济原因/健康福利	1%
其他（杂项）	8%
不清楚	5%

图8-3　人们为何结婚？

注：这些数据来自针对18岁及以上曾经有过婚史的美国成人的一项全国性调查。应答总数超过100%，因为被调查者对于这种开放式问题能提供不止一个答案。

资料来源：Taylor et al.，2007：31.

婚（74%）的美国人认为婚姻应该是一生的承诺（Cohn，2013）。承诺包括性忠诚、信任、尊重和帮助伴侣实现其生活目标。最幸福的夫妻称他们彼此帮助、共度时光、能获得情感共鸣。此外，相比一些认为婚姻关系取决于命运、运气或机会的夫妻，那些认为婚姻质量有赖于决心和努力工作的夫妻更有可能认为自己拥有美满的婚姻（Olson and Olson，2000；Hamburg and Hill，2012）。

（二）结婚的潜在原因

出于"错误"的原因而结婚，会造成关系的破裂。错误的原因可能实现了特定的目的，比如因为你认识的其他人都结婚了，你不想让自己感到被剩下。然而，出于错误的原因而结婚通常会导致一段"短命"的婚姻。

1. 社会合法性　结婚是为了给非婚生子女一个合法的身份，这是结婚最糟糕的原因之一（尽管一些宗教团体可能不同意）。伴侣双方通常都很年轻，一方或双方可能都不想结婚，而且他们可能只有在性方面能达成共识。

2. 社会压力　善意的已婚夫妻经常告诉单身的朋友，婚姻会带来幸福（见第6章）。亲戚们可以毫不留情地唠叨单身者，要求他们结婚。父母即使离婚了，也通常会鼓励自己的子女结婚。例如，根据一位26岁的媒体顾问的说法：

> 我的母亲60多岁并且单身。即使在离婚两次后，她也绝不会有拒绝婚姻的想法……她担心我会成为"那些"女人——35岁、漂亮、事业心强、有一只猫和一套单身公寓——中的一员，尽管她并没有直接说出来。（Paul，2002：58）

3. 经济保障　当我还在读研究生的时候，我的朋友贝丝嫁给了一位成功的商人。他很富有，而她已厌倦了为了付学费和账单而奔波。几个月后，贝丝在图书馆待的时间越来越长，因为她害怕回家（"他确实了不起，但我们几乎没什么共同语言"）。他们的婚姻持续了两年。

只为了某人的钱而与其结婚并不能维持一段婚姻。此外，另一半可能会很吝啬，在婚礼后锱铢必较。伴侣中的一方或双方可能会被解雇，很快就会花光他们的积蓄。或者，即使你和一个有

钱的人结婚，然后离婚，在大多数州，如果你结婚时间不到10年，那么你很难得到任何钱（见第13章）。

4. 叛逆　有时候，年轻人结婚是为了摆脱父母。出于种种原因——身体、语言或性虐待，与父母或继父母之间的冲突，或对独立的渴望——他们逃离了自己的家庭。即使逃离家庭的理由是正当的，叛逆也是结婚的一个不成熟的原因。

5. 解决问题的实际方案　有时候人们结婚是因为他们正在寻找解决问题的实际方法。约会可能令人失望（见第6章），有些人希望婚姻将给他们提供一条摆脱困境的出路。然而婚姻并不能——因为婚姻比单身或同居更复杂、要求更高。

我们大多数人听说过这样的故事：有些人结婚是因为他们想要一个帮手——有人帮助他们完成医学院或法学院的学业、分摊开展新业务的费用、在他们离婚或守寡后帮助照料孩子等。这种婚姻通常持续时间较短，因为相比它们所能解决的问题，它们制造的问题更多。

（三）婚礼和婚礼前的仪式

在几乎所有的文化中，婚姻都是一种重要的成人仪式。在美国，标志着一段婚姻开始的主要事件是订婚、送礼会和男性或女性单身告别派对，然后才是婚礼本身。不管结婚的原因是什么，婚礼仪式都强化了做出终身承诺的许诺。然而，有些人更为谨慎，并准备签订婚前协议。让我们从审视一些可能有助于巩固婚姻的婚礼仪式开始。

1. 订婚　传统上，**订婚**正式确定了一对情侣想要结婚的决定。根据《吉尼斯世界纪录大全》，世界上时间最长的订婚发生在墨西哥的奥克塔维奥·吉勒和艾德里安·马丁内斯之间，他们花了67年的时间来确定彼此是那个对的人。大多数订婚时间要比65年少。订婚有几个功能：

- 它向其他感兴趣的性伴侣发送了一个要放手的信息。
- 它使伴侣双方有机会更好地了解他们未来的姻亲，并加强了他们作为夫妻的身份认同。
- 它为世俗或宗教的婚前咨询提供了机会，特别是当伴侣有不同的宗教、种族或族裔背景时。

- 如果一对伴侣已经同居或有了一个非婚生子女，订婚的意图就是让这种结合合法化。

订婚钻戒象征着永恒。订婚钻戒的起源尚不清楚，但有些学者认为这个传统起源于中世纪的意大利人，他们相信钻石是从爱的火焰中被创造出来的（Kern，1992；Ackerman，1994）。然而，越来越多的批评家质疑继续这种仪式是否明智（见《订婚钻戒会失去光芒吗？》）。

2. 新娘送礼会和其他婚前庆祝活动　在新娘送礼会上，女性朋友和亲属给新娘送个人和家庭礼物。在男性单身告别派对上，新郎的朋友通常会为新郎即将失去的自由而哀叹，并进行"最后的狂欢"。也有一些女性单身告别派对，包括与女性朋友共进晚餐、观看男性脱衣舞表演。一些男性和女性单身告别派对不再是一个晚上的本地活动，而变为在拉斯维加斯、墨西哥、巴哈马或类似地方的周末狂欢（Internicola，2010）。

许多男性现在会参与到他们婚礼的筹备中去。约80%的人会参加婚介会，对婚礼用花提一些意见，为在线婚礼注册选择产品，在他们的电脑上制作原创的婚礼请束，以及选择婚宴菜单。根据一位婚礼策划人的说法，"在婚礼前的几个月，就有新郎每天给我打五六次电话来讨论婚礼的一些小细节"（Caplan，2005：67）。

许多新娘被商品推销迷住了，她们会花至少1年的时间去筹划一场完美而又奢华的婚礼（见数据摘要）。然而，越来越多的律师建议男女双方花些时间来签订婚前协议，以防几年之后婚姻失败。

3. 婚前协议　婚前协议在非常富有的人当中非常普遍。然而，一项律师调查发现，在中产阶

275

答案："婚姻小测试"

所有的项目都选择"假"。你选择的"真"越多，你对婚姻的误解就越多。这个测试的答案基于本章的材料。

变化　订婚钻戒会失去光芒吗？

一枚订婚钻戒（或结婚钻戒）并不能保障婚后人们还在一起。因此，按照某些批评家的说法，夫妻应该重新考虑或改变这种传统的原因有五个。

1. 这只是营销。约70年前，戴比尔斯矿业家族创造了"钻石恒久远，一颗永流传"的口号，将钻石与爱情的终极象征联系在一起。

2. 尽管钻石并不稀缺，但价格昂贵。从第一代开始，戴比尔斯公司世代囤积了世界上大部分的钻石供应、垄断了钻石行业，并将那些以低价出售钻石的竞争对手挤出市场。

3. 还有许多其他选择。另一种矿物质碳硅石，看上去就像钻石，甚至比钻石更闪亮，并且可以通过机器制造。相比1克拉钻石就要8 000～10 000美元的价格，根据其切割与清晰度，1克拉碳硅石的价格低于1 000美元。

4. 更明智地花钱。一对美国夫妻在订婚钻戒上的平均花费超过3 000美元。这笔费用可以用于支付几年的保姆费、家务和洗衣服务的费用、家庭装修费，或支付一个人当前或未来子女的大学费用。

5. 伦理问题。世界上几乎75%的钻石是从非洲开采的，非洲境内的恐怖组织往往使用钻石（被称为"血钻"）资助他们自己的活动和内战。在许多情况下，年幼的孩子会被绑架或被他们的父母卖掉以偿还债务，并成为钻石开采业的奴隶劳工。

资料来源：Truong，2010；Vanderkam，2010；Nolan，2011；Chriqui，2013.

思考题

- 有些人认为，出于实际和伦理原因，我们不应该买订婚钻戒，你是同意还是反对这种观点？原因何在？
- 订婚钻戒象征着永恒的爱情吗？还是说它只是一件女性其实并不需要的昂贵珠宝？

层和女性当中，签署婚前协议的人也有显著增长（Revell，2011）。

婚前协议涵盖许多主题——从婚外情到遗嘱。协议也包括处理婚前和婚后财产、夫妻是否生育子女（生育多少）、子女的宗教信仰、狗归谁、退休账户的保护，以及双方是否将合并储蓄和支票账户。

276

婚前协议是有争议的。支持者认为，如果有来自第一次婚姻所生的子女，或伴侣中的一方拥有相当多的资产，那么这个协议可以使离婚变得不那么复杂。因为女性离婚后通常是在经济上受损的一方，所以协议可以给她们提供一些合法保障（Berger，2008；Palmer，2008）。根据财务顾问的说法，"最后，婚前协议可能不是你一生中所做的最浪漫的感情举动，但它可能是最有价值的"（Revell，2011：42）。

反对者声称这些文件为婚姻设定了悲观的基调。此外，若合同在一个州签署，而在另一个州执行，那么这对夫妻还将面临执行婚前协议的法律问题。而且，人们会随着时间的推移而发生变化，这份协议可能不能反映他们未来的态度和行为。

无论人们如何看待婚前协议，学者和家庭健康工作者一致认为我们大多数人对与我们结婚的

联系起来

● 如果你是单身，你想结婚吗？如果想，原因何在？如果你已结婚，你结婚是出于"正确"的原因，还是"错误"的原因，抑或是两者兼而有之？

● 你认为婚前协议是不是一个好主意？

人并不太了解（见第6章）。《在你说"我愿意"之前》一文提出了夫妻在缔结婚姻前应该讨论的一些问题，包括是否签订一份合法的婚前协议。

4. 婚礼 婚礼仪式强化了婚姻是永久关系的观念。家人、朋友和证婚人的出席见证了这种结合的合法性。即使这对新人还很年轻，婚礼也标志着孩提时代的结束和对成人责任的接受。

如果婚礼仪式是传统的和宗教性的，而不是非传统的（如有一个主持仪式的世俗的"主礼人"）或一个简单的民间仪式，婚姻会持续得更久些吗？关于这一点没有一个全国性的数据，但家庭健康工作者强调婚姻本身远比婚礼更重要。如果新人和他们的父母为一场精心策划的婚礼而负债累累，那么双方家庭都有可能经历紧张的关系。此外，在婚礼前后以及婚礼期间对未来姻亲的怠慢也可能产生有害的结果。当夫妻陷入困

应用你所学的内容　在你说"我愿意"之前

降低离婚率的最好方式是在选择终身伴侣时更为审慎（Glenn，2002）。当这样做时，我们应该花更多的时间去规划婚姻而非婚礼。以下是准备结婚的人应该问的一些问题：

● 你对婚姻有什么贡献？

● 你多久能有一次自己的时间？

● 我们将与哪个家庭度过哪个假期？

● 你的职业目标是什么？

● 你和同事相处得好吗？

● 有多少彼此分离的自由时间是可以接受的？

● 什么会使你生气？

● 你认为欺骗或不忠是什么？

● 宗教对你重要吗？

● 你是否欠债？

● 如果有额外的1万美元，你会做什么？

● 你必须支付子女抚养费或赡养费吗？

● 你打算多久做一次饭和打扫一次卫生？

● 你想要孩子吗？如果想，要几个？谁会照顾他们？

● 我的家人做了什么令你烦恼的事？

● 有哪些事情你婚后并不打算放弃？

资料来源：Outcalt，1998：14-138.

思考题

● 你还可以加上哪些别的问题？

● 夫妻应该寻求婚前咨询，而非使用这种自助清单吗？或者这个清单是否够用？

三、当代婚姻

当有人问一对幸福的已婚夫妻，他们应把40年的婚姻归功于什么时，丈夫回答道："我们每周外出就餐两次，烛光、小提琴、香槟！她的晚上是周二，我的是周五。"正如这则趣闻所示，已婚夫妻关系在美国和其他国家有相当大的差异。

（一）异性婚姻

在对400个中上阶层的婚姻（伴侣年龄为35～55岁）的开创性的、现在已成为经典的研究的基础上，丘伯尔（Cuber）和哈罗夫（Haroff）确定了五种类型的婚姻。有些人很幸福，有些人则并不如此，但他们都忍受了。

在**冲突成习的婚姻**中，夫妻双方虽会发生口角和身体冲突，但并不认为吵架是离婚的一个好原因。他们相信争吵是解决问题的一种可以接受的方式，而且他们在合不来的情况下也能过得很好。产生冲突的原因通常是些小事，夫妻双方也很少会解决他们的争端。

在**死气沉沉的婚姻**中，刚结婚时，夫妻双方是深爱着对方的。随着岁月的流逝，他们会花费时间在一起——抚养孩子、娱乐和履行社会责任——但他们开始这样做是出于义务，而不是爱。他们相处得很好，因此并不想离婚。夫妻中的一方或双方可能并不幸福，但他们都承诺要维系婚姻。

在**消极契合的婚姻**中，夫妻双方对婚姻的感情投入很少，对彼此的期望也很低。他们相当独立，会从其他关系，比如与孩子、朋友和同事的关系中获得满足感。他们通常保持各自独立的活动和兴趣。消极契合的夫妻强调婚姻的实用性胜于情感的强度。

在**充满活力的婚姻**中，夫妻双方的生活紧密地交织在一起。他们花大量的时间在一起，通过妥协解决冲突，而且常常彼此做出牺牲。每当有分歧出现时，它是针对某一特定问题的，并会迅速得以解决。

整体型的婚姻类似于充满活力的婚姻，夫妻双方在各个层面都参与到彼此的生活中，很少有紧张或未解决的敌意。夫妻双方会分享生活的许多方面。他们可能一起工作或有相同的朋友和业余爱好。这种类型的婚姻比充满活力的婚姻内涵更丰富。

丘伯尔和哈罗夫在研究中发现，约有80%的婚姻可以被归入前三种类型，于是他们把这些婚姻看作**功利性婚姻**，因为它们似乎基于方便。研究者们称后面两种类型的婚姻为**内涵性婚姻**，因为这些关系似乎天生就有回报。在他们的研究中，充满活力的婚姻占总婚姻数的15%，而整体型的婚姻仅占5%。

后来的几项研究发现婚姻更为复杂多变（Olson and Olson，2000）。丘伯尔-哈罗夫的类型学在显示婚姻的多种类型和婚姻关系方面仍然有借鉴作用。然而，没有任何结论能放之四海而皆准，因为丘伯尔和哈罗夫的研究基于中层和上中层阶级的夫妻或那些接受治疗的人，他们都不能代表美国普通已婚人口。

（二）同性婚姻

同性婚姻（也被称为*同性恋婚姻*），是拥有相同生物性别的两个人之间的合法婚姻。在美国，截至2013年年底，同性婚姻在14个州和哥伦比亚特区是合法的。然而，35个州已经通过了将婚姻限于一个男性和一个女性结合的法律，或修改了它们的宪法，明确禁止同性婚姻（National Conference of State Legislatures，2013）。从全球来看，2001—2013年，已有16个国家（大多数在欧洲）实现同性婚姻合法化（Masci et al.，2013）。

1996年的《捍卫婚姻法案》（DOMA）将婚姻定义为"一个男性与一个女性的合法结合"。在2013年，美国联邦最高法院推翻了DOMA中被视为违宪的部分内容。联邦最高法院没有就宪法是否保障同性婚姻权利的问题做出裁决，但表示在承认同性婚姻的州中的同性夫妻能平等地获得适用于其他已婚夫妻的1 100多项联邦福利（Bravin，2013；Kendall and Favole，2013）。

境时，姻亲在情感和经济上都可能会提供支持（Kiefer，2005；Silverman，2006）。

速得以解决。

从全美范围来看，女同性恋者（62%）比男同性恋者（38%）更可能结婚。新近结婚的同性伴侣往往比和他们同时结婚的异性伴侣的年龄更大，大概因为他们不得不等待更长的时间才能进入合法婚姻（Badgett and Herman，2011）。

虽然合法同性婚姻的数量迅速增长，但是，关于男女同性恋者如何经历婚姻以及婚姻如何影响他们的生活的实证研究却很少。最近一项对艾奥瓦州32名已婚男同性恋者进行访谈的研究是个例外。其中一些人说获得合法婚姻对他们与自己原生家庭的关系有着积极影响，例如可以参加家庭聚会和被列入家庭电子邮件名单。一半的人有过负面或复杂的经历，如家庭成员不出席婚礼、公开反对这桩婚姻和放弃对他们的情感支持（Ocobock，2013）。

（三）跨文化差异

从全球来看，包办或半包办婚姻是常态。婚姻形式在不同的文化中也有所不同。出于经济或个人原因，一些夫妻产生"分居"（LAT）关系。例如，在中国，越来越多的农村丈夫到城市地区找工作。这些男人在附近的城市临时工作以增加收入，而他们的妻子则照顾农田，包括耕地（Sheng，2005）。

在一些北欧国家，某些分居夫妻仍然保持着婚姻，但为了挽救这段关系而分居两处。他们住在各自的家里，因为"太多的争吵和太多的恼怒会使关系恶化"。有些人会无限期地维持这些安排。对另一些人而言，分居"可能是走向平静离婚的第一步"（Trost and Levin，2005：358）。

美国也有分居婚姻。有些夫妻住在相邻的公寓或附近的公寓里，而另一些则住在分开的房子里。例如，根据一名结婚已25年的女性的说法，"孩子们早已离开，我们现在都退休了，还住在各自的家里"（Dickinson，2011：7）。分居婚姻不同于"通勤婚姻"（你在第11章中将见到），后者是指夫妻在不同的城市工作，主要在周末见面。

四、婚姻幸福、成功与健康

研究者们通常以婚姻稳定性与婚姻满意度来衡量婚姻成功与否。*婚姻稳定性*是指婚姻是否完整，以及夫妻之间是否曾提出过离婚（Noller and Fitzpatrick，1993；Holman et al.，1994）。*婚姻满意度*则是指夫妻双方是否都认为婚姻是好的。为了确定婚姻满意度，研究者们采用了诸如*婚姻冲突、知足、承诺和幸福*这些概念（Glenn，1991；Stanley，2007）。

对婚姻满意度的测量很重要是出于两方面的原因。首先，纵贯研究表明婚姻不幸福是一个很好的离婚预测指标。其次，婚姻不幸福与各种问题的结果相关，包括不适当的养育、心理困扰和身体健康状况不佳——尤其是在妻子们当中（Amato et al.，2007）。

（一）婚姻幸福

表示自己婚姻"很幸福"的人所占的百分比呈波动状态，但自20世纪70年代以来总体呈下降趋势（见图8-4）。一直以来，女性称其婚姻幸福的比例都低于男性，之后我们将审视这种性别差异。幸福是一种自我报告和高度主观的衡量标准，我们不可能知道受访者如何定义这个概念。例如，他们知道自己的婚姻是一种消极契合的婚姻吗？他们认为他们的婚姻比单身更好吗？抑或别的？

虽然测量方法是主观的，但许多调查结果却相当一致。例如，那些有大学或更高学历的、有

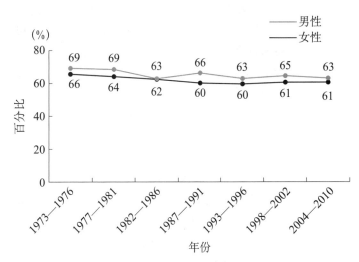

图8-4　说他们的婚姻"很幸福"的18岁及以上已婚美国人的百分比（依时期分类）

资料来源：Marquardt et al.，2012，Figure 4.

着类似宗教习俗以及在20岁之后而不是十几岁就结婚的人的婚姻稳定性和婚姻满意度往往都更高一些，但这在很大程度上取决于经济压力。当夫妻经历贫穷、失业和财务问题时，婚姻幸福感会降低。并且所有这些事件都更可能发生在社会经济水平较低的夫妻中（Glenn，2005；Amato et al.，2007；E. Brown et al.，2008；Day and Acock，2013；Wickrama et al.，2013）。

一般而言，已婚夫妻会比未婚人群感到更幸福，因为婚姻改善了本来就很幸福的生活，而不是创造了幸福的生活。那些对生活满意，拥有丰富的家庭成员、朋友和同事社交网络的人从婚姻中并不能得到什么好处。除此之外，那些感到孤独和不满的人有时可以通过婚姻找到陪伴之人（Lucas et al.，2003）。较高的社会经济地位确实有助于婚姻幸福，但它并不能保证婚姻的稳定或成功。

（二）婚姻成功

持久幸福的婚姻有秘诀吗？研究者们几十年来都在试图回答这个问题。不管自助书籍怎么说，要想自此过上幸福的生活，并没有5个、10个或15个步骤。不过，社会科学家们已找到了几个变量与婚姻成功之间的联系。

1. 合得来　最初，人们因为外表而彼此吸引，但相似的态度、价值观和信仰维持着这种关系。相似的社会背景（如种族、宗教和教育）减少了可能导致冲突和分歧的主要人际差异（见第6章）。

婚后，性格可能在维持一段关系方面变得越来越重要。夫妻如果性格相似、志趣相投，就会更幸福。不像约会，婚姻需要经常的互动和广泛的协调来处理日常生活中的任务、问题和难题（Whyte，1990；Luo and Klohnen，2005；Humbad et al.，2010）。

人们普遍认为，一起玩的情侣并不一定会在一起。那些一起参加只有夫妻中的一方喜欢的休闲娱乐活动（如看电视或打高尔夫球）的夫妻，随着时间推移，会对他们的婚姻产生不满和感到不幸福（Crawford et al.，2002；Gager and Sanchez，2003）。

2. 灵活性　关系从来都不是百分之百和谐的。俄国作家列夫·托尔斯泰曾写道："幸福

婚姻的关键不在于你们有多和谐，而在于你们如何处理彼此的不和谐。"例如，夫妻中的一方可能比另一方更有条理或更外向。然而，幸福的夫妻比不幸福的夫妻更有可能讨论如何处理和适应这种差异。他们更灵活，更愿意妥协，而不是试图控制他们的配偶或坚持按自己的方式行事（Schwartz，2006；Szuchman and Anderson，2012）。

3. 积极的态度　喜欢彼此的为人以及彼此是好朋友的夫妻，他们的婚姻更幸福。婚姻始于浪漫激情的夫妻尤其容易离婚，因为婚后很难保持感情的这种激烈程度。那些在经历旋风般的求爱之后结婚的夫妻很快就会幻灭，因为他们对婚姻生活抱有幻想和不切实际的期望（Pittman，1999；Ted Huston，cited in Patz，2000）。

4. 沟通与解决冲突　相较于不幸福的夫妻，幸福的夫妻会意识到并努力解决问题和分歧。有时，解决冲突意味着后退，因为夫妻一方或双方会受伤或愤怒。我88岁的叔叔曾说过他62年的婚姻生活相对平静。当他和我的婶婶开始争论时，他只对她说"你是对的"，争论就停止了。

那些已经幸福地共度了50年或更长岁月的夫妻说，解决冲突是婚姻成功的一个关键因素。例如，"讨论问题、制定共同的解决方案和妥协"，以及"你永远不要害怕说'对不起'"（Kurland，2004；"Secret to Wedded Bliss"，2005）。

5. 情感支持　根据婚姻幸福的夫妻们的说法，情感支持比浪漫要重要得多。他们关于信任、合作和尊重的评论很有启发性：

他让我觉得自己很聪明、漂亮、能干，而且被珍惜（已婚21年）。

我问我的丈夫为何他认为我们的婚姻是成功的。他说那是因为我们并不互相竞争，因为我们尊重彼此的独立性。我同意（已婚33年）。

不管我们有什么，都是我们共同的，不只是你的，也不只是我的。我们很少借钱，按时支付所有账单（已婚60年）。（Mathias，1992：B5；Kurland，2004：65）

相比之下，处于不幸福婚姻中的夫妻都试图改变对方以满足自己的需要。当他们的努力失败时，他们常常感到沮丧和愤怒。

（三）婚姻与健康

总的来说，已婚夫妻比他们同龄的未婚人群要更为健康。他们罹患心脏病、癌症、中风、肺炎、肺结核、肝硬化和梅毒的概率都较低。他们企图自杀的频率较低，且与单身人士相比，他们的交通事故发生率更低。已婚人士也不太可能遭受抑郁、焦虑和其他形式的心理困扰（Horwitz et al., 1996; Wickrama et al., 1997; Schoenborn, 2004; Williams et al., 2010）。

为何婚姻与生理和心理健康之间呈正相关？两种主要的社会学解释集中在选择和保护效应上。

1. 选择效应 有些社会学家假定已婚人群比未婚人群更为健康是因为"选择效应"。那就是说，健康的人会被像他们一样的人吸引。健康的人也往往在婚前更幸福、更擅长交际，不会依靠婚姻来使自己快乐。这些特征提升了他们与具有相似特征的人成为婚姻伴侣的可能性。他们不太可能被那些有严重生理和心理问题，以及有不良的生活方式（包括药物依赖）的人吸引（Wilson, 2002; Stutzer and Frey, 2006）。

2. 保护效应 其他一些社会学家认为，并非配偶选择而是婚姻本身使人们更健康，因为一种"保护效应"（有时也被称作"婚姻的好处"）。从配偶处获得的情感、物质和经济支持，能通过减少焦虑、预防或减轻抑郁、增加心理健康来改善个人的健康和长寿状况（Frech and Williams, 2007）。

婚姻还能减少危险活动，鼓励健康行为的发生。已婚人士（尤其是男性）比单身者更有可能戒烟，更不容易酗酒、打架或飙车——这些会增加发生事故和伤害的可能性（J. E. Murray, 2000; Kiecolt-Glaser and Newton, 2001）。当夫妻一方改善他的行为时，另一方也可能这样做。例如，如果夫妻中的一方放弃吸烟，那么另一方戒烟的可能性会增加五倍，抑或如果夫妻中的一方不饮酒，那么另一方的饮酒量也会减少（Falba and Sindelar, 2008）。

3. 综合效应 最近一些数据显示，婚姻可能具有选择和保护两方面的效应。一项纵贯研究追踪调查了年龄为17～29岁的289对异卵或同卵

双胞胎，测量了他们的反社会行为（如反复犯罪行为、攻击行为、撒谎等）。所有男性出现这些行为时都未婚；到了29岁，59%的人已婚。那些到29岁时已婚的男性，不太可能再出现他们年轻时出现的反社会行为。这一调查结果与选择效应相一致（好男人更有可能结婚）。但即使是那些更为好斗的已婚男人，他们的反社会行为也减少了30%。这一结果阐释了婚姻的保护效应（婚姻减少了男性的反社会行为）（Burt et al., 2010）。

（四）婚姻不同的健康益处

婚姻本身并不是一种能使我们更健康、更快乐的神奇药剂。相反，婚姻的健康益处会因婚姻状况、性别和婚姻质量等因素的不同而有所不同。

1. 婚姻状况和健康 根据盖洛普最近的一项调查，已婚人士的幸福感最高，尤其是与那些离异或分居的人相比（见表8-1）。自2008年开始追踪这一问题以来，盖洛普民意调查每年都发现一致的差异（Brown and Jones, 2012）。

表 8-1 已婚美国人的幸福感

婚姻状况	幸福指数 * 得分
已婚	68.8
单身	65.0
丧偶	63.5
同居	63.3
离异	59.7
分居	55.9
所有成年人	66.2

* 幸福指数是测量生活评价、情绪健康、工作环境、身体健康、健康行为和获得基本生活必需品的平均分数。这一指数的计量范围是0分到100分，这里的100分代表理想的幸福。

资料来源：Brown and Jones, 2012.

然而，注意单身人士的得分并没有比已婚人士的得分落后太远（幸福指数得分分别是65和近69）。在过去，单身男性的身体健康状况既比单身女性差（可能是因为许多单身女性更注重自己的外表，并试图控制自己的体重），也比已婚男性差。不过，到2003年，尤其是从未结过婚

的男性变得几乎和已婚男性一样健康，原因在于合理膳食、定期运动，以及令人满意的关系，如同居（Liu and Umberson，2008）。

分居的美国人有着最低的幸福指数得分，且他们的分数低于离异者，因为他们仍在为婚姻的转变而苦苦挣扎。相比之下，许多离异者已经适应了较低的经济利益、失去伴侣和作为单亲父母的生活（见第 13 章）。

丧偶的美国人比那些离异或分居者的幸福指数得分要高。差异也许是因为年龄。丧偶者往往年龄较大，随着年龄增长，他们的健康问题也会日益增多。然而，你将在第 14 章中看到，相比鳏夫，寡妇往往有一个包含家人和朋友的社会支持网络，这会增加她们的幸福感。

与那些丧偶者相比，同居者的幸福指数得分更低。例如，已婚人士因为有健康保险，往往生活得更好。然而，有同居者称他们更幸福，因为他们的关系更灵活，而且他们没有婚姻带来的"结构化的期望和义务"（Musick and Bumpass，2012：13）。

2. 性别、婚姻与健康 总体来说，已婚女性比已婚男性的健康状况更糟。虽然平均而言，女性寿命长于男性，但不像丈夫，许多妻子经历过抑郁和其他健康问题。

许多已婚男性享受着"情感资本"，因为妻子提供了照顾和陪伴。男性通常称他们最好的（有时也是唯一的）知己是他们的妻子，而已婚女性往往喜欢和密友及亲戚聊天。因此，丈夫们能依赖他们的妻子获得照料和情感支持，但妻子们则倾向于在婚姻之外寻找亲密的私人关系（Steil，1997；Maushart，2002）。

妻子们往往会支持进行一些延长生命的行为，比如定期体检。婚姻通常也会带来一些生活方式的改变，这可以减少男性的一些坏习惯，如吸烟、和男性朋友在酒吧喝酒以及非法使用毒品，尤其是这些被作为"单身汉生活"的一部分（Bachman et al.，1997）。一项对近 35 年的研究的回顾发现，稳定的婚姻只是影响男性寿命的七个因素之一。其他因素还包括酒精和药物滥用、吸烟、不锻炼、没有缓解压力和抑郁等（Cole and Dendukuri，2003）。因此，婚姻这个单一因素并不能延长已婚男性的寿命。

女性通常比男性更能适应婚姻的情感品质。如果婚姻不幸福，她们会更加努力工作；即使在外工作，也要承担许多家务责任；几乎没有时间放松；当照顾家人（包括丈夫）时，会忽视自己的健康（Kiecolt-Glaser and Newton，2001）。在职的妻子——尤其是那些已有孩子的——患抑郁症的风险特别高，因为她们在全职工作的同时还要满足丈夫和孩子的需要，这种长期的压力常常使她们感到不堪重负（Shatzkin，2005；Bryant et al.，2010；也见第 11 章）。

一些研究者假定男性会从婚姻中受益，因为女性与她们的丈夫相比，通常地位较低、权力较少。这种不平等会导致女性经历更多的身体和情感问题，尤其是在婚姻不和谐的时候（Wanic and Kulik，2011）。其他人质疑这种解释，因为即使妻子比丈夫有更高的地位和更多的权力，且很少发生婚姻冲突，妻子也会经历很多健康问题。此外，目前尚不清楚外部因素（如女性对朋友和同事的不满）是否以及在多大程度上影响女性健康（Monin and Clark，2011）。

3. 婚姻质量与健康 婚姻质量比简单的结婚或已婚要重要得多。婚姻不和谐的夫妻比幸福的夫妻更容易生病。此外，婚姻冲突可能会增加压力水平，多年后会导致血压升高，进而导致心脏病，甚至增加疾病或手术后恢复所需的时间。情绪压力也会促使那些会增加抑郁症状、影响夫妻工作和家庭角色的心理和生理问题的产生。妻子可能会用药物来治疗自己，而丈夫则会求助于酒精来减轻压力（Barnett et al.，2005；Kiecolt-Glaser et al.，2005；Fincham and Beach，2010；South and Krueger，2013）。处于不幸婚姻中的人，也可能会经历婚姻倦怠。

（五）婚姻倦怠

婚姻倦怠是指夫妻之间感情的逐渐恶化和情感依恋的最终丧失。这个过程可以持续很多年。在婚姻倦怠中，即使夫妻双方分担家务和照料孩子，夫妻中的一方也不会给另一方提供情感支持，或会抱怨另一方不愿倾诉衷肠或讨论问题（Erickson，1993）。

婚姻倦怠发展得如此缓慢和平静，以至夫妻

双方可能意识不到它。有时，夫妻中的一方会将其不满隐藏很多年。在其他时候，夫妻双方可能都忽略了这些警告信号（见《我正在走向婚姻倦怠吗？》一文）。根据社会交换理论，当关系中的成本远远大于收益时，婚姻满意度会下降。

五、婚姻角色

婚姻角色是指已婚夫妻定义他们的行为和安排他们的时间的具体方式。即使夫妻双方在婚前已经同居，当他们结婚时，婚姻角色也会经历变化。从结婚那天起，在整个人生历程中，已婚夫妻必须确立婚姻角色和界限，并适应其变化。

（一）婚姻角色的建立和谈判

许多人在遇到配偶之前早就形成了对婚姻的理想化和不切实际的印象。特别是在婚后的第一年，新婚夫妻必须修正他们理想化的期望，并学会处理日常婚姻生活中的现实问题。在**身份协商**中，夫妻双方会就如何调整他们新的婚姻角色进行协商（Blumstein，1975）。

习得婚姻角色和身份协商的过程通常包括三个步骤。第一，人们必须*认同*他们正在扮演的角色。这做起来并不像听上去那么容易，因为有时夫妻双方会更看重自己的儿子、女儿、兄弟、姐妹或朋友的角色。

第二，人们必须学会*把他们的配偶当作配偶对待*。同样，这并不像看上去那么简单，因为从单身过渡到结婚需要一个人的态度和行为发生重大转变。例如，夫妻双方可能不得不减少与朋友的一些休闲活动，并且必须就财务等问题做出共同决定。

第三，夫妻双方必须*就他们新角色的变化进行协商*。例如，如果夫妻双方都不喜欢做家务、购物、付账单或保养汽车，那么谁来完成这些任务呢？未能就谁做些什么达成一致，可能会导致怨恨和冲突。

约束 | 我正在走向婚姻倦怠吗？

所有的婚姻都会有起起落落。即使以下符合你的情况的描述多达6个，也并非意味着你的婚姻有了麻烦，但可能意味着婚姻倦怠的发生。根据一些家庭和健康咨询师的看法，你意识到这些症状越早，提高你婚姻质量的机会就越大。

- 你们彼此感到厌烦，似乎没有什么共同之处。
- 缺乏沟通：你们两人都不愿倾听对方。
- 在内心深处，你其实想要离婚，但你仍然停留在这段关系中，因为这比你独自生活更容易。
- 缺乏弹性：你不再能够彼此妥协。
- 小小的摩擦会发展为重大的问题。你们中的一方或双方都易怒且爱挖苦人。
- 你不再试图诚实地处理重要问题。
- 你发现自己在独自做家庭决定。
- 你和其他人的关系要比你和配偶的关系更亲密。
- 你们中的一方通过发脾气、暴力、自杀或暴力威胁来控制另一方。
- 你们都把自己的个人利益置于婚姻的利益之上。
- 你们不能谈论金钱、政治、宗教、性或其他敏感话题。
- 你们互相回避。
- 你们中的一方或双方对另一方进行公开羞辱。
- 你的健康问题越来越严重，如头痛、背痛、失眠、高血压、反复感冒或情绪起伏不定。
- 你们中的一方或双方正滥用酒精或其他药物。
- 分享活动和参加家庭聚会的次数都已减少。

资料来源：Stinnett and DeFrain, 1985; Kayser, 1993; Tsapelas et al., 2009.

思考题

- 你正在经历婚姻倦怠吗？如果是的话，你打算怎么做呢？
- 为何你认为许多已婚夫妻——尤其是那些结婚至少50年的人——不太可能经历婚姻倦怠？

最初，学习和协商婚姻角色可能是困难的和令人困惑的。然而，随着时间的推移，定义婚姻角色有助于夫妻双方实现彼此的期望，并建立牢固的夫妻关系。

（二）建立边界和学习更多的角色

当结婚时，许多人仍然与他们的父母、兄弟姐妹和其他亲属保持着紧密的联系。一个重要的婚姻角色就是将一个人的主要忠诚从家庭成员转移到其伴侣身上，并建立保护伴侣关系的界限。例如，如果伴侣双方均受雇，那么他们可能因无法满足扩大家庭的成员前来拜访或共度时光的期望而产生压力，从而提高产生角色冲突和婚姻冲突的可能性（见第3章）。

大家会看到一个人与其姻亲的关系越好，婚姻幸福的可能性就越高，且离婚的可能性就越低。如果已婚夫妻没有建立边界，那么家庭纽带也可能成为枷锁。以我的一个朋友为例，他妻子的父亲认为他的新女婿肯定很乐意在星期六花时间在岳父家里做家装工作，他妻子与其父亲的想法是一致的。我的朋友对他周末的活动受干扰很反感，并觉得他不能拒绝，但这却是他六年后决定离婚的原因之一。

如果已婚夫妻与其中一方（或双方）的朋友来往，参加他（她）的宗教活动或加入新的社区组织，那么他们还会增加更多的新角色。如果有些女性结婚时怀孕了，她们就必须承担起最苛刻的角色，即母亲的角色。一名男性也必须学会处理身为丈夫和父亲的多重角色。

（三）随着时间的推移，适应婚姻角色的变化

除了学习新的和更多的角色外，已婚夫妻还必须适应整个生命历程中的变化。你在第三章中曾看到有些婚姻性别角色是传统的，有些婚姻性别角色是平等的，许多婚姻性别角色处于中间的某个位置。在职夫妻在家务劳动上的性别差距有所缩小，部分原因在于如果妻子为了增加家庭收入而必须工作，那么原本有着关于婚姻角色的传统观念的丈夫会变得更加主动和做更多的家务活。

尽管如此，工作与家庭的冲突仍然是一个关键和悬而未决的问题。例如，尤其在有工作的和中产阶级的家庭中，照料孩子仍然是在职母亲的主要责任；非标准工作时间（如晚上工作、周末工作或轮班工作）不仅可能会增加父母中的一方白天与孩子相处的时间，也会增加母亲的压力和对日常家庭活动（如共进晚餐）的干扰；双职工夫妻还可能经历会降低婚姻关系质量的婚姻压力（Bianchi and Milkie，2010；也见第10章和第11章）。

在婚姻角色中的另一个重要变化是照料年迈的父母和亲戚。许多已婚夫妻不能在他们所期望的时候退休，因为他们必须继续工作以支持那些没有足够资源来雇用护士和家庭保健助理，或者因为"我不信任他们"而拒绝"外人"帮助的年迈的亲戚。成年子女也会待在他们年迈的双亲家中，帮他们跑腿，从工作时间当中抽空开车带父母去看病。大多数成年子女会慢慢适应这些压力，但这样做可能会降低他们自己的婚姻满意度（也见第14章）。

六、在整个生命历程中，婚姻是如何变化的 286

从一个发展的视角来看，当一段婚姻形成它自己的结构和身份时，人们会扮演不同的角色和学习新的任务。在整个生命历程中，我们都必须调整，调整，再调整，以达成特定目标、解决婚姻问题和应对意想不到的危机。这种调整从结婚的第一年开始，一直持续到我们逝世。

（一）婚姻早期

因为大多数夫妻并不了解对方，他们应该但并没有去参加一些婚前课程，所以他们也没有做好应对浪漫婚礼结束后会发生的各种事情的准备。

联系起来

- 成功婚姻的特征似乎是常识。那么，为何会有这么多的婚姻冲突呢？
- 你认为如果夫妻首先同居的话，那么习得婚姻角色是否更加容易？为何会或为何不会？

---

1. **安顿** 结婚的第一年包括一些基本调整。婚礼后，夫妻要扮演新的和不熟悉的婚姻角色。一些女性要花上一年的时间才能适应自己的新婚之名和作为妻子的新身份（Nissinen，2000）。

第二个调整包括将婚姻关系置于其他关系之上。在这样做的同时，夫妻也必须在他们与姻亲的关系和与配偶的关系之间取得平衡。那些害怕与他们的已婚子女失去联系的父母（尤其是母亲）有时会制造一些冲突，因为他们动辄打电话和上门，干涉了小两口的生活（Greider，2000；Viorst，2003）。

如果伴侣双方都在父母对彼此的情感需求有回应的家庭中长大，他们就有很好的角色榜样。尤其是在这种家庭中长大的新婚夫妻，他们在抵御婚姻压力方面更成功（Sabatelli and Bartle-Haring，2003；Umberson et al.，2005）。

2. **婚姻满意度** 五年后，近 10% 的初婚者会以离婚告终，25% 的人在结婚第十年就离婚了（Kreider and Ellis，2011b）。哪些人是高风险的新婚夫妻？一项对 464 对新婚夫妻进行了四年多的追踪调查的研究发现，那些婚姻满意度最低和离婚率最高的人有三个特征：（1）他们会将自己的某些人格特质，如喜怒无常、焦虑、易怒和身体上或言语上的虐待，以及低自尊带到婚姻中去；（2）他们经历了长期的压力，比如与家庭、姻亲和朋友的关系不佳，在学校和工作中有负面经历，存在财务问题，对他们自己或配偶的健康状况非常担忧；（3）他们愤怒而轻蔑，没有表现出幽默感、爱意，没有兴趣与配偶讨论问题（Lavner and Bradbury，2012）。因此，早期婚姻不满的一些原因从一开始就很明显，甚至可能在人们订婚之前就已见端倪。

双收入新婚夫妻——尤其是那些经历了长期独立后结婚的人——必须做出从"我的"钱到"我们的"钱的转变。适应有一个银行联名账户并不总是很容易，因为大多数人并不习惯把他们的钱放到一块儿。夫妻还必须就偿还大学贷款、信用卡债务、抵押贷款（如伴侣中的一方刚刚买了一套房子）和为了将来而储蓄等达成一致。而且，如果夫妻双方一个是挥霍者而另一个是节俭者呢？双方是否都同意做出必要的牺牲？

在婚姻早期，承担的债务越多，婚姻满意度越低。新婚夫妻可能最初对他们的关系持乐观态度，并能处理财务问题。然而，随着他们信用卡债务的增加，他们对财务状况的争论更多、共度的时间更少，并会认为他们的婚姻不公平，因为成本大于收益（Dew，2008）。

287

离婚率为何会在婚姻的第一个五年后增加？也许是因为有些新婚夫妻不再把一切看得太过美好。一项对 222 对初婚未育夫妻进行了婚后第一个三年的追踪调查的研究发现，那些对婚姻感到最满意的人坚持认为他们的配偶是理想伴侣而非他们不得不面对的现实（例如，认为配偶是自信的而非固执己见的）。因此，婚姻会继续下去，至少会度过第一个三年，因为配偶中的一方或双方，无论失望与否，通过确信自己是与理想伴侣缔结了婚姻而保护了这段婚姻（Murray et al.，2011）。

（二）婚姻与孩子

家庭的一项重要功能就是对孩子进行社会化训练，使之成为负责任的和对社会做出贡献的人（见第 1 章）。在有些国家，青少年很早就会结婚、生育孩子，被当作成人。在西方社会，包括美国，青少年在十几岁甚至 20 多岁的时候都还依赖父母。尽管推迟了婚姻，但大多数夫妻还是把婚后的大部分时间花在了养育子女上（见第 10 章）。

1. **年幼子女** 对孩子进行社会化训练需要付出大量时间和耐心。因此，一对夫妻在有了孩子后，婚姻满意度往往会降低。相比没有孩子的夫妻，大多数有孩子的夫妻会经历更为频繁的冲突和分歧。许多在他们的非婚生子女出生之前就结婚的夫妻会享受婚姻。相比那些未婚同龄人，在婚后第一年，他们的财务安全状况更佳、家庭生活更稳定，以及对成为好的父母持乐观态度（Timmer and Orbuch，2001；Whiteman et al.，2007；Kamp Dush et al.，2008）。

2. **青少年** 抚养青少年往往更为困难。除了所有与青春期生理变化和情感成熟有关的正常的发展任务外，当代青少年所面对的生活比以往任何时候都要复杂。父母与孩子可能都必须应对离婚、父母失业以及他们学校和社区里的暴力和毒品（Cotten，1999）。在第 10 章，我们将回到青春期问题。

随着青少年开始要求自主和独立，家庭压力产生的可能性通常会增加。有时冲突的发生并不一定是由于孩子，而是由于婚姻倦怠或沟通问题而导致的父母幸福感降低。有时，由于地理位置的变动，变化会突然发生。家庭成员可能不得不适应一个新的社区，形成新的友谊，这些都取决于家庭经济支柱（通常是父亲）的职业和职业生涯所处的阶段。

（三）婚姻与中年

和年轻夫妻一样，中年夫妻（45～65岁）必须不断适应新环境。最常见的适应包括代际关系、与姻亲的关系、空巢综合征和回巢族。

1. 代际关系 代际关系通常是积极的和具支持性的，但恼怒和矛盾也很常见。一项对22～49岁的黑人和白人成年子女的研究发现，父母们报告称他们的紧张情绪比孩子的更强烈，尤其是在孩子的工作、财务状况和家务习惯方面。父母双方与女儿所经历的冲突比与儿子的更多，可能因为女儿通常与她们的父母有着更亲密的关系和更多的联系，这些会增加分歧产生的概率。此外，儿子与女儿都会感到与母亲的关系比与父亲的更紧张，因为母亲更可能挑剔以及会主动提供一些建议（Birditt et al., 2009）。

2. 与姻亲的关系 在印度，一名新娘即使生在富裕的家庭，通常也要和一个扩大家庭生活在一起。在这个家中，婆婆被服从、被尊重，并支配她的儿媳和孙辈（Stanley, 2012）。相比之下，在美国，有许多关于岳母的笑话（"嘿，伙计们，想在母亲节给你们的岳母买件好礼物吗？为什么不把她的女儿送回去呢？"）。但我们却很少会听到关于岳父的笑话。

在一对夫妻结婚后，大多数冲突通常发生在已婚妇女和女性姻亲之间（Apter, 2009）。原因何在？首先，女性在家庭关系中起着核心作用。当一段新的婚姻形成，另一个女人进入家庭圈子时，一位母亲有理由相信，她在自己儿子的生活中可能没那么重要了，并且可能对放弃过去她所享受的与儿子的亲密关系感到矛盾。当妻子与她的姻亲关系亲密时，她可能会发现很难设定边界，而且随着时间的推移，她会开始把姻亲的建议或批评视为干涉（Orbuch et al., 2013）。

其次，美国文化并没有明确规定姻亲的角色——比如，许多亚洲和中东地区的国家会对老年女性表示尊重。相反，我们经常听到像这样的言论："我是与安迪结婚，而不是与他的父母。"这是一种误解，因为不管你喜欢与否，姻亲关系都是夫妻关系的一个重要组成部分，比重可能占到夫妻婚姻满意度的43%（Morr Serewicz, 2008）。

最后，由于代际差异，尤其在孙辈出生后，矛盾会加剧。当儿媳和更有经验的婆婆为照顾孩子而争斗时，冲突就出现了。当儿媳忽视婆婆关于正确育儿的可能是明智的建议（尽管是婆婆主动提供的）时，婆婆会感到被排斥。年青一代想要掌控自己的育儿方式，往往将这些建议视为过时的、不赞成的和打扰的而加以拒绝（Apter, 2009）。

3. 空巢综合征 社会科学家们过去常常把中年父母描述为正在经历"空巢综合征"——当子女离开家时，父母尤其是母亲抑郁且幸福感减少。一些父母，尤其是那些为了抚养孩子而奉献出自己的一生的母亲，当他们的孩子像鸟儿一样从巢里飞走时，他们可能会感到失落和自己无用。

事实上，孩子们的离开给许多已婚夫妻提供了放松、享受彼此的陪伴、探亲访友、旅行和追求他们自己的兴趣的机会。父母常常能体验到一种增强他们关系的自由感，以及责任感的减轻（Antonucci et al., 2001；也见第10章）。

有些悲伤孤独的父母可能会坐在家里等待子女打电话或拜访，但通常情况并非如此。例如，一项对100多名女性的婚姻满意度进行了长达18年以上的追踪调查的研究发现，在孩子离开后，她们的婚姻状况得到了改善。婚姻满意度的提高，主要是因为孩子们搬走后，配偶共度时光的质量提高，而不只是数量增加（Gorchoff et al., 2008）。

4. 回巢族（啃老族） 那些离开"巢穴"的子女有时还会回来。这种现象被称为*回巢族*——年轻人在独立生活一段时间后又搬回他们父母家里居住。在经济疲软、收入低下、离婚或住房成本高的情况下，许多年轻人搬回父母家里，或从一开始就未离开过。父母们试图把他们的孩子送入成人世界，但是，就像回旋镖一样，一些人又回来了（见第 10 章）。

回巢族在他们父母的婚姻生活中可能有积极或消极影响。相比初婚父母，共同居住对再婚父母的负面影响更大，这在很大程度上是因为子女与继父母之间的冲突（Mitchell and Gee，1996）。我们将在第 13 章审视这个问题。

如果一个孩子多次返回父母的家庭，那么父母的婚姻满意度也会降低。多次返回阻碍了一些父母享受更多的亲密、隐私和他们所期待的当他们的孩子离开家庭后他们能追求新兴趣的自由。不过，如果子女与他们的父母在共同居住期间有着良好的关系，那么父母的婚姻满意度会提升。孩子们能提供身体照料和家居维修服务、情感支持、建议和陪伴，所有这些都能改善家庭关系的整体质量（Willis and Reid，1999）。

（四）婚姻与晚年

许多老年夫妻将他们的婚姻描述为生命中最美好的时光。多年来，他们已经建立起了信任和亲密关系，享受彼此的陪伴，比年轻夫妻感到更幸福。然而，夫妻们会在晚年生活继续做出调整，退休和健康问题证明了这一点。

1. 退休 老年夫妻经常会报告婚姻幸福度有所上升。他们没有什么未解决的问题，能比年轻和中年夫妻更有效地解决冲突，并享受着长期友谊的回报。

退休通常能带来更多的时间去享受彼此的陪伴，但性别角色往往不会发生太大变化。男性继续做大部分传统的男性任务，并可能承担大型项目，如对家庭进行改造。男性也可能花更多的时间在购物上，但女性仍然将她们的大部分时间投入传统的女性任务中，如做饭、洗衣和家务，以及在子女去工作时照看孙辈（Charles and Carstensen，2002；也见第 10 章和第 14 章）。在晚年生活中，两性最大的变化是生理功能的下降。

2. 健康和幸福 老年夫妻的婚姻质量，无论一方或双方是否退休，在很大程度上都取决于双方的健康。健康状况的下降几乎总是会损害婚姻质量。

一项研究（也是此类研究的第一次）追踪了 1 700 多对老年夫妻 15 年来的情感史和生理史。参与者年龄范围为 76～90 岁，许多人的结婚时间已经超过了 40 年。研究者发现在"抑郁症状"（不快乐、孤独和不安）与"机能障碍"（身体无法完成诸如爬楼梯、捡东西、做饭和购物等基本任务）之间有强烈的关系。夫妻中的一方的抑郁症状与另一方的抑郁症状密切相关。夫妻中的一方的机能障碍不仅与自己的抑郁症状有关，而且与另一方的抑郁症状相关。夫妻中的一方抑郁症状的加重也与夫妻双方更多的机能障碍相关（Hoppmann et al.，2011）。因此，无论好坏，长期夫妻都会变得在情感上和身体上越来越相互依赖。

如果夫妻中的一方需要长期护理，无论是在家里还是在护理机构，照顾者都要承受巨大的压力。而且如果另一半过世，他或她还可能不得不建立一些新关系（见第 14 章）。

权力和沟通问题会影响整个生命历程中的婚姻质量。这些问题大部分是相似的，不管人们是已婚还是单身。

七、沟通：成功关系的关键

那些结婚时间很长的人谈到的他们婚姻成功的理由总是很相似："我们从不冲对方大喊大叫""我们保持着一种幽默感""我们互相尊重""我们努力保持耐心"。

（一）有效的沟通为何重要？

根据德国哲学家弗里德里希·尼采（Friedrich Nietzsche，1844—1900）的说法："当结婚时，问问你自己这个问题——你相信你直到晚年还能和眼前的这个人好好交谈吗？婚姻中的一切都是短暂的。"所有的亲密关系都是如此。沟通上的困难会导致很多严重的问题和关系的逐渐恶化。

一项研究对 136 对夫妻进行了长达 10 年的追踪调查，从他们结婚后的 6 个月内开始。所有夫妻都声称在结婚初期和四年后，他们的婚姻满意度水平很高。到了第十年末，15% 的夫妻已经离婚。没有任何一对夫妻在之前的研究中被确定有关系破裂的风险因素，如承诺摇摆不定、有负面的人格特质，或压力过大。能确定导致那些人最终选择离婚的唯一变量就是消极的互动模式——尤其是在讨论关系中的难题时的愤怒、蔑视、不支持的反应、责备和言语攻击。最终，消极的互动令人崩溃，导致了离婚（Lavner and Bradbury，2012）。

消极的沟通模式并不总是会终结婚姻或其他亲密关系。相反，充满敌意的交流（愤怒、批评、拒绝）会产生或增加抑郁、痛苦和自我怀疑（Proulx et al.，2009）。图 8-5 总结了在关系中沟通问题的其他一些负面影响。

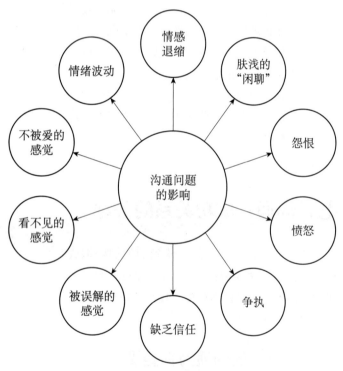

图 8-5　在关系中沟通问题的一些负面影响
资料来源：作者对 1990—2013 年间所发表的 23 项研究的汇总。

291 （二）有效沟通

虽然我们大多数的亲密关系发生在家庭内部，但善于倾听和表达思想感情是所有亲密关系的重要组成部分。有效沟通包括建立沟通目标和自我表露、肯定等过程。

1. 沟通目标　有效沟通的第一个重要目标

是发展明确的、非评判性的和非惩罚性的交流方式。第二个重要目标是通过解决问题而非强制或操纵来解决冲突。"如果有人告诉我们应该怎样去感受、我们应该如何去表现，或者我们应该如何对待我们的生活"，那么我们的收获会很少（Aronson，1995：404）。

有效沟通传达了我们和他人所感受到的东西。在解决——至少是减少——冲突方面，它也建立了一种信任和诚实的氛围。成功沟通非常重要的第一步就是自我表露。

2. 自我表露　*自我表露*是告诉别人关于自我的思想感情，以期待真正开放的沟通（见第 4 章）。在交换理论中，*相互的*自我表露增加了伴侣之间对彼此的好感和信任，消除了关系中的许多猜忌，并有助于平衡成本和收益。

自我表露在四种条件下是有益的（Derlega et al.，1993）：

- *对尊重的支持*可以减少一个人对烦心事的焦虑。如果倾听者持细心、同情和非批判的态度，那么自我表露可以促使人们改变他们生活中的重要方面。
- 倾听者也许能够通过建议和指导来提供*信息* *292* *支持*。例如，让那些承受压力的人知道他们的问题并不一定是由个人缺陷所导致的，从而使他们受益。
- 如果倾听者能提供具体的帮助，如去杂货店购物或分担照看孩子的责任，那么自我表露能提供*工具性支持*。
- 即使问题并不能轻易解决，倾听者也可以提供*激励性支持*。例如，一个丈夫因为失业而承受着巨大压力，他的配偶可以鼓励他去坚持，并使他确信"我们可以渡过这个难关"。

在什么时候自我表露有害？如果反馈是消极的，那么自我表露可能会强化一个人已经很低的自尊。（*自我表露*："我为自己没能坚持节食而生气。"*回复*："得了吧！如果你有坚持的话，今晚你就能找到衣服去参加聚会了。"）

因为自我表露是有风险的，所以许多人会对他们的伴侣保守秘密。例如，最近对已婚夫妻的一项全国性调查发现，近 50% 的男性和 41% 的女性承认自己对某些事情有所保留。目前尚不清楚到底有多少秘密是微不足道的或重要的，但有 25% 的男性说他们对妻子隐瞒了一些重要的秘密，如债务、赌博、酗酒或吸毒，以及婚外情（Bennetts，2008）。

许多夫妻不愿意自我表露，因为对方可以通过自我表露获得"信息权力"，然后他们就可以用这些信息来对付伴侣（"嗯，你有外遇，所以你没有权力抱怨任何事情"）。如果自我表露是单方面的，它传递的信息就是"我没有足够的信任来告诉你我的缺点"（Galvin and Brommel，2000）。如果信任受到侵犯，那么伴侣们在未来就不太可能透露自己的隐私信息了。

3. 肯定　　肯定是对持不同意见或观点的人所显示的一种尊重。例如，我们可以礼貌地同意分歧，而非攻击或嘲笑某人的意见。当我们烦恼、生气、沮丧、失望或受到伤害时，我们希望我们的爱人能够倾听而非打断，同情和允许我们发泄（"我理解你为何心烦意乱"）。

那些关心我们的人会因我们的痛苦而悲伤。因此，他们很有可能，并且满怀善意，试图通过提供建议来尽量减少我们的情感痛苦（"就让它去吧""不要让他们影响你""下面是你应该做的……"）。然而，这样的回答可能显得不屑一顾而非有实际帮助，因为我们想要的只是一个愿意听我们倾诉、理解我们为何心烦意乱，并且支持我们的人（Winch，2011）。

（三）沟通问题

尽管我们有着最好的意图，但我们大多数人并不能有效沟通。因为沟通涉及伴侣双方，所以我们虽然不能控制或改变我们伴侣的互动方式，但可以有意识地对我们自己的沟通方式做出一些改变。常见的沟通问题包括从不去倾听到沉默以对等各种问题。

1. 不去倾听　　伴侣双方可能都非常热衷于表达自己的观点，以致他们只是等待轮到自己发言而非倾听对方的意见。看看当我正在修订这本书时，我与丈夫的一次彼此心不在焉的讨论。

我："我在这次写作的最后期限前真的无法完成了。"

丈夫："我想你应该买一台新的笔记本电脑。这次买 Mac 怎样？"

我："我永远都完不成这些修订了。我真的需要一个克隆人。"

丈夫："如果你列一个清单，我明天就会去杂货店购物。"

这种日常交流说明了伴侣们谈话而非沟通的常见模式。沟通最重要的构成要素之一就是*真正地*聆听对方，而非当对方在讲话的时候在心里盘算我们自己打算说的话。当伴侣们讨论关系中所出的问题时，倾听和回应尤其关键。

2. 不去回应手头的问题　　如果伴侣们没有彼此聆听，他们就不能解决问题或困难。有三种错误的沟通模式。在*互相抱怨*的情况下，伴侣们会表达自己的抱怨而不去理会对方的问题：

配偶 1："我厌倦了把我所有的时间都花在做家务上。你没有尽到你的义务。"

配偶 2："如果你有效地利用了时间，你就不会累了。"（Gottman，1982：111）

在*持反对意见*的情况下，伴侣中的一方会忽视或拒绝另一方的建议并提出自己的想法（"谈判是荒谬的，因为他们永远也修不好窗户。我想把他们告上法庭"）。相比女性，这种*敷衍的拖延战术*在男性当中更为常见，伴侣中的一方可能会回答"嗯嗯嗯"，但他并非真正地在听或回应；这就好像伴侣已经变成了一堵石墙（Krokoff，1987；Gottman，1994；Wood，2011）。例如，如果伴侣中的一方沉迷于酒精或毒品，那么他可能会拒绝谈论这个问题：

每当有人提出他的[酗酒]问题时，他就会宣称他们大惊小怪，要么是为了抓住他的把柄，要么就是完全错的。无论在外人看来，酒精成瘾者的生活有多糟糕，他都固执地拒绝讨论这个问题。如果这不起作用，他就可能会站起来走出去。（Nowinski，1993：137）

3. 责备、批评和唠叨　　当不被倾听和理解时，伴侣们可能会感觉被忽视或不被欣赏。他们认为自己的配偶或伴侣放大了他们的缺点、贬低他们、冤枉他们，让他们觉得自己毫无价值和愚蠢。这种批评可能会因具体的抱怨（"今天银行给我打电话了，我真尴尬你的支票竟然被退回了[开空头支票]")而升级到更加全面的、带有批判性的嘲笑（"难道你不懂理财吗？！"）。

指责者总喜欢吹毛求疵，他们会毫不留情地批评并泛化："你从来就没做对过""你就像你妈妈/爸爸"。在责备与批评中，伴侣中的一方可能会使用复杂的沟通技巧来操纵更弱的另一方（Gordon，1993；Burleson and Denton，1997）。例如，如果我是一个有效的指责者，我可能就会使你确信我们出现预算问题是由于*你的*超支而非*我的*低薪。

4. 寻找替罪羊　寻找替罪羊是避免对问题进行坦诚沟通的另一种方式。通过指责他人，我们暗示，是我们的伴侣而非我们自己应该改变。我们可能不喜欢表达，因为我们是在一个冷漠疏离的家庭中长大的。或者我们可能会对信任他人心存疑虑，因为我们认为好朋友或亲密的伴侣也许会利用我们。无论何种原因，因为我们自己的问题，而去指责父母、老师、亲属、兄弟姐妹、朋友以及过去或现在的伴侣，只会使人越来越虚弱，并适得其反（Noller，1984）。

5. 攻击性　如果伴侣中的一方或双方都不控制自己的脾气，沟通就会中断。言语攻击（如侮辱、威胁、说一些恶意的话）会使人产生压力和愤怒（Lavner and Bradbury，2012；Webber，2012）。

294

6. 压抑　为了避免争吵，有时夫妻既不会透露他们的需要和需求，也不去解决困扰他们的问题。他们认为这个问题将会自动消失。但相反，未公开的不满情绪会膨胀并最终结束一段关系（Gadoua，2008）。

7. 拒绝　为了维持一段关系，人们经常会把问题撇在一边，试图把它们变成积极的东西："她每天都在唠叨我，但我欣赏她的诚实。"但否认或将问题合理化并不能使问题消失。最终，这些不满情绪将加剧，并达到一个临界点，使人崩溃（Diduch，2012：14）。

8. 胁迫或蔑视　伴侣可能会具惩罚性，他们会将自己的观点强加于其他人。如果这样做，与寻找替罪羊有关的胁迫行为就可以继续下去。蔑视可能是毁灭性的。最明显的蔑视迹象就是侮辱和谩骂、讥讽、带敌意的幽默、嘲笑，以及像翻白眼、冷笑这样的身体语言（Gottman，1994）。

正如你在本书第185页的文章《我正在走向婚姻倦怠吗？》中所看到的，一些胁迫和蔑视的危险信号包括：通过发脾气、暴力、暴力威胁或自杀威胁来控制伴侣。此外，伴侣中的一方还可能对另一方进行公开羞辱（"你能不能别一直烦我？！"）。

9. 沉默以对　人们即使沉默也能进行沟通。在不同背景下的沉默以及谈话中特定点上的沉默，对不同的人有不同的含义。有时，沉默可以使我们避免陷入胡言乱语的困境。不过，不与配偶或伴侣交谈会引起愤怒和敌意。最初，"冒犯者"可能会非常努力地让沉默的伴侣感到被爱和谈论一个问题。然而，最终，被沉默以对的伴侣可能会厌倦、放弃或另找他人（Rosenberg，1993）。

（四）关系中的权力与冲突

权力与冲突在亲密关系中很常见且不可避免，两者都能塑造沟通和决策模式。有权力做决策的人经常会影响婚姻和其他亲密关系中的许多动态。

社会学家们将**权力**界定为把自己的意志强加于他人的能力。无论是约会关系、家庭还是国家，一些个人或团体比其他人或其他团体拥有更多的权力。

1. 权力的来源　权力并不仅仅来源于金钱等有形的东西。例如，爱情是权力的一个重要来源。正如大家在第6章中所看到的，*最低兴趣原则*可以解释为何在约会关系中，感兴趣程度低的一方比给予承诺的一方拥有更多的权力。在婚姻中也相似，相比你的配偶，如果你对婚姻有更多的承诺，你的权力就更少。因此，你可能会顺从你配偶的意愿，做一些你并不想做的事情，或不去表达你的负面情绪（Olen and Blakeley，2009）。

权力的与婚姻无关的其他来源包括获取信息或特殊能力或才能。例如，丈夫们在如何用钱来买一些昂贵的东西，如房子或车子上有更多的决策权，因为他们通常对财务事项、投资和谈判合同有更多的了解。在传统家庭中，妻子可能比丈夫在装饰房子或抚养孩子方面有更多的权力，因为她通常会花更多的时间阅读相关信息材料、购物，或逐步熟悉邻居中的专业人士，如那些能提供重要服务的儿科医生和牙医。

2. 冲突和沟通 *冲突*是指互不关联的、个别的分歧以及长期的关系问题。所有伴侣，无论多么相互支持和关心，都会经历冲突。一项对已婚夫妻的研究发现，绝大多数参与者平均每月有一次或两次"不愉快的争执"（McGonagle et al.，1993）。

已故喜剧演员菲利斯·狄勒（Phyllis Diller）的俏皮话"不要生着气上床睡觉。熬夜吧，为了战斗！"相当有见地。冲突本身并不是坏事。如果伴侣们意识到冲突并积极尝试解决它，冲突就能增强一段关系。在研究应对技巧之前，让我们先看看导致夫妻经常吵架的一些问题。

八、夫妻争执的事情和他们如何处理冲突

当被问及影响彼此关系的最强的刺激因素时，男性抱怨女性总是对他们沉默以对，喜欢旧事重提，过于挑剔，发生分歧时过于固执、从不让步；女性则抱怨男性总忘记一些重要的日子（如生日和周年纪念日）、工作不够努力、大声打嗝或放屁，以及喜欢盯着其他女人看（Dixit，2009）。

这些刺激因素中有一些比其他的更令人恼火，但最严重的分歧是什么呢？金钱排在列表的首位。其他常见问题是家务劳动、忠诚和性、孩子，以及社交媒体（也见第13章中关于离婚的内容）。

（一）金钱

从全国范围来看，51%的美国人婚前不会谈论金钱。那么，70%的新婚夫妻表示在结婚的第一年，金钱问题是分歧的重要来源，这就不奇怪了（Ordoñez，2007；Coplan，2008）。

在另一项全国性调查中，31%的将财务状况合并在一起的夫妻有私房钱、隐藏账单，以及对所买的东西、银行账户、自己的欠债数额或他们的收入说过谎（National Endowment for Financial

Education，2011）。在已婚夫妻当中，80%的人会花他们的配偶不知道的钱（见表8-2），19%的人有他们的配偶不知道的信用卡。而且，38%的已婚夫妻担心如果配偶发现他们"财务出轨"，就可能导致分居或离婚（CESI Debt Solutions，2010）。事实上，有些理财顾问建议，人们应该找一个"财务上的灵魂伴侣"而非浪漫的恋人，因为婚姻，究其核心，是（或应该是）一个明智的金钱联盟（Bernard，2008）。

表 8-2　配偶所隐瞒购买的东西类型

35%	衣服和配饰
24%	食物/晚餐
20%	美容/个人护理用品
17%	礼物
13%	酒
10%	音乐/CD/MP3
9%	娱乐
9%	儿童保健/儿童物资

注：总数超过100%，因为回答者给出了多个回复。
资料来源：基于2010年联合国经济及社会理事会债务解决方案。

即使金钱并非冲突的主要原因，关于金钱的争论仍无处不在，很成问题，而且经常发生。相比其他冲突（如那些在习惯、亲戚、抚养孩子、休闲活动和沟通上发生的冲突），在金钱方面发生的争执持续时间更长，且更可能导致抑郁行为（如退缩和悲伤）和身体攻击（如喊叫、推搡和掌掴）（Papp et al.，2009）。

大多数的金钱之争始于相互指责——"你怎么能花300美元在这件新毛衣/蓝光播放器上？"——但这实际上是价值观之争（Dunleavey，2010：48）。财务价值观冲突的例子包括是为了将来而存钱还是活在当下，是奢侈消费还是适度消费，是购买设计师品牌还是无名品牌。

如果你不确定你的支出是否具有欺骗性，那么问问你自己：如果我的伴侣发现了我的购物花费，那么它会损害我们关系中的信任吗？我的购买习惯是否阻碍了我们实现共同目标的进程？其他危险信号包括隐藏账单、收据和购买的东

西，有一个你配偶不知道的银行账户，以及将孩子牵扯进你的欺骗中（"别告诉妈妈／爸爸"）（Dunleavey，2010）。

（二）家务劳动

人们在家务劳动上有相当大的争论，甚至包括对于它是否是个问题的分歧。例如，24%的丈夫（对应31%的妻子）认为家务琐事是摩擦产生的主要来源（Bennetts，2008）。在另一项全国性调查中，62%的夫妻（比1990年的47%有所上升）认为分担家务劳动对成功的婚姻很重要（Taylor et al.，2007）。如果夫妻没有就哪一方在家应该做什么达成一致，尤其是当夫妻双方都有全职工作时，紧张可能会加剧，争吵会变得更频繁。

（三）忠诚和性

在几乎每项全国性调查中，性不忠（婚外情）通常都排在夫妻为之争吵的事情的前列，仅次于金钱排在第二位或第三位，而且位次总是高于性生活频率。另一常见模式是女性视性不忠的严重性要高于男性，这也许是因为男性更可能不忠，且男性比女性更可能抱怨他们没有得到足够的性生活（Taylor et al.，2007；Bennetts，2008）。

对于未婚伴侣，最常见的背叛行为包括与关系之外的人发生性行为、想要与他人约会和欺骗伴侣。正如大家在第5章中看到的，许多人，尤其是女性，把婚外情和网络性爱视为最严重的背叛类型。已婚和未婚伴侣还会因其他违反信任和承诺的行为发生争吵，如撒谎、辜负信任和传播对方或亲戚的谣言（Jones and Burdette，1994；Metts，1994）。

（四）孩子

孩子既能增强关系，也能造成压力、紧张和冲突。除了因孩子的要求而感到压力之外，伴侣们还可能对诸如纪律、教导幼儿自我控制的重要性以及孩子应该承担的各种责任等问题有不同的

人生哲学。随着越来越多的伴侣在育儿方面进行合作，产生冲突的机会也越来越多。例如，一个妻子可能会希望丈夫承担更多的育儿任务，也可能会对丈夫决定孩子的玩伴、就寝时间或宵禁等感到不满。孩子们尤其可能成为再婚中冲突的来源（见第13章）。

（五）社交媒体

夫妻之间一种新的、不断增加的冲突来源就是社交媒体。例如：

亲爱的艾米：

我丈夫和我已经结婚24年了……他每个星期天，以及每周有两三个晚上在家。每当在家时，他就一直坐在我们的电脑前，回复上百封电子邮件和浏览脸谱网。当我看到他与别人保持良好关系时我感到无比孤独，而我所得到的却是一个疲惫不堪、压力重重和冷漠的丈夫……我想知道为何我要和他待在一起……我已经告诉了他我的感受——我们已经咨询过两次——但他却说如果我不喜欢这样，我应该离开……

龙丽

艾米告诉龙丽"管理你的孤独是你的责任，你要更多地参与到友谊和社区活动中去，而且你要去寻求个人咨询以处理让你痛苦的现实"（Dichinson，2010：5）。这不足为奇。

无论你是否赞同艾米的建议，由社交媒体的使用所导致的沟通问题越来越多。"如果夫妻中的一方不喜欢大肆宣扬一顿糟糕的晚餐或浪漫夜晚的细节……（以及一些就像房屋修缮一样看似不会引起争端的事情），脸谱网上的帖子或博客就可能会造成愤怒、尴尬、误解和自尊受伤。"（Holson，2012：E1）一种解决方法是在发布评论和照片之前征求伴侣的同意，但这样做也可能会导致冲突（"你是在告诉我该怎么做吗？！"）。

（六）夫妻如何处理冲突

我们一再重申的是冲突是生活中正常的一部分，不正常或不健康的是夫妻*如何*处理冲突。

1. 常见的冲突解决策略　亲密夫妻通常使

用四种技巧来结束——虽然不一定能解决——冲突：和解、妥协、僵持和撤退（Vuchinich，1987；Wilmot and Hocker，2007）。

- *和解*。一个人屈从于另一个人：当一个人同意另一个人或与他站到一边时，冲突就会终止。
- *妥协*。伴侣们在他们对立的位置之间找到了一个中间的立场：每个人都必须做出一点让步以接受妥协。折中的建议可以由伴侣中的一方或第三方提出。
- *僵持*。争议双方没有解决争论就放弃了：他们求同存异，然后继续其他活动。没有胜负之分，冲突以平局告终。
- *撤退*。当一个争论者撤退时，他会拒绝继续争论，要么三缄其口，要么离开房间。在四种应对技巧中，撤退是最无效的，因为冲突没有得到任何解决。

在这四种方法中，妥协是解决冲突的最有效方法。

2. 处理冲突的有效方法　关于人际关系最大的谬论之一就是认为"说出你的心里话"和"将隐私和盘托出"是可以的。一些伴侣会投放"情感上的重磅炸弹"（重大隐私）以"发泄压力"（Noller and Fitzpatrick，1993：178）。

在某些情况下，夫妻或许应该少说而非多说，因为过多的交谈会导致无休止的唠叨、批评和反复纠结于相同的问题。然而，如果伴侣试图改变对方的个性，那么即使是出于善意、不断努力的沟通也会是非常徒劳和令人沮丧的（Dixit，2009）。例如，安静或矜持的人一般不可能在聚会时为了取悦伴侣而突然变得活泼起来。

宣泄无处安放的愤怒、肆无忌惮地抨击和身体攻击都不是处理冲突的正常方式，否认冲突的存在也会损害一段关系。能正视他们问题的夫妻可能在短期内不开心，但从长远来看，这将有助于他们建立一段良好的关系。否则，愤怒和痛苦将会加剧。

研究者和家庭健康工作者都提出了处理愤怒和冲突的有效方式（见《公平战斗的基本规则》一文）。但这些规则并不能确保解决问题，因为它们是基于谈判和妥协的，不过，它们给伴侣们处理冲突提供了发展更具建设性的方式的机会。

九、富有成效的沟通模式

随着时间的推移，沟通问题会侵蚀亲密关系。培养良好的沟通技巧需要时间。

心理学家约翰·戈特曼（John Gottman）在20多年的时间里访谈和研究了200多对夫妻。他发现在持久婚姻与分裂婚姻之间有一个5∶1的"魔法比"——也就是说，伴侣之间的积极互动与消极互动之比为5∶1：

> 只要丈夫与妻子之间的积极情感和互动是消极情感和互动的五倍，那么婚姻就可能随时间的推移而稳定下来。相比之下，那些即将离婚的夫妻在积极互动方面做得太少，以致无法弥补他们之间日益增长的消极情绪（Gottman，1994：41）。

大喊大叫是最具破坏性的互动方式之一。我们很少朝客人、雇主、学生或教授大喊大叫。然而，我们经常对伴侣、配偶和家庭成员，对那些与我们有着最重要和最持久关系的人这样做。"大喊大叫就是我个性的一部分"并不能成为令人反感的行为和虐待行为的借口。日常礼仪时时刻刻都能在预防和减少关系冲突中发挥奇效。

按照研究者和家庭健康工作者的观点，夫妻们可以采用下列方法增加积极互动和减少消极互动：

- *询问信息*。如果你的伴侣有抱怨（"我从未得到机会与你交谈，因为你总是太忙了"），那么解决这个问题。不要具有防御性（"好吧，如果你经常在我身边，我们当然可以聊聊"）。找到你的伴侣不高兴的原因。
- *不要以偏概全*。像"你总是做什么什么事"这样的指责会增加愤怒和紧张。
- *聚焦于问题本身*。不要总是翻旧账。如果你们正在讨论消费习惯，就关注一下那些最近购买的物品。
- *要具体*。一个具体的抱怨要比一般的批评容易处理。"你从不与我交谈"的有效性要比"我希望我们每天晚上都有30分钟没有电视或孩子打扰的交流时间"低得多。
- *保持诚实*。诚实不仅意味着不撒谎，还意味

联系起来

- 想想在过去的一年里，你曾经历的与伴侣或配偶的冲突。冲突的焦点是什么？是重要的还是琐碎的事情？
- 当你和你的伴侣产生冲突时，你的反应如何？你的伴侣如何回应？你们是否解决了冲突？抑或它会慢慢积攒，直到下次爆发？

着不操纵他人。不要诉诸欺凌、欺骗、指责、支配或控制。不要成为一个长期遭受苦难的牺牲品。真实与真诚加强了相互的信任与尊重。

- *与人为善。* 有些人会使用"残酷的坦诚"作为残忍的借口。用积极的看法肯定你伴侣的坦诚性格。
- *表示感谢。* 感激你的伴侣所做的事情将有助于促进讨论与关系。
- *使用非语言沟通。* 非语言行为，如拥抱、微笑和牵手往往比你要说的任何话都更具有支持性。
- *最重要的是，倾听。* 通过对你伴侣说的话真正感兴趣，而非总是关注自己来提高你的情感沟通技巧（Knapp and Hall，1992；Gottman and DeClaire，2001）。

选择 公平战斗的基本规则

心理治疗专家、咨询师和研究者们认为讨论分歧比默默忍受更健康。为婚姻不幸的夫妻提供服务的临床医生提出了下列建议，希望能改变某些最具破坏性的互动模式（Crosby，1991a；Rosenzweig，1992）：

（1）不要抨击你的伴侣。如果你抨击他，那么他只会变得更具防御性和忙于准备一个好的反驳理由而听不进你的意见。

（2）避免下最后通牒，没人喜欢被逼到角落。

（3）说出你真正的意图，且不必为此感到抱歉。谎言是有害的，道歉的一方很少会被认真对待。

（4）避免指责和攻击，不要贬低或威胁。

（5）从你自己的感受开始。"我觉得"好过"你说"。聚焦于问题本身而非他人。

（6）明确而直接地陈述你的愿望和要求，不要进行操纵、防御或性诱惑。

（7）就事论事，仅限当前。避免翻旧账。

（8）拒绝恶性争吵：

- 不要积怨（gunny-sacking）或把个人的抱怨作为秘密埋在心底，以及把抱怨扔进一个想象的麻袋中，这种思想包袱会随时间的推移变得越来越重。
- 不要采用消极的攻击行为，或以批评、讽刺、唠叨或吹毛求疵的形式间接表达愤怒。
- 不要沉默以对，保持沟通渠道的畅通。
- 不要进行人身攻击。

（9）使用幽默和喜剧元素来进行调剂。嘲笑自己和自己的处境，但不要嘲笑你的伴侣。学会不那么严肃地对待自己，认识到自己的缺点，而非变得过于自我批判以致陷入羞愧或自怜中，这样才会减少冲突。

（10）在误解或分歧发生后，通过解决问题，争取尽快将事情了结。这防止了恶性争吵，并且更为重要的是，它使伴侣们为了兑现承诺而谈判，直到问题得到解决或缓和。

思考题

- "好的争吵对于建立一段良好的关系不可或缺。"你是否同意？抑或保持沉默和回避冲突能增进感情和尊重吗？
- 在你自己的关系中，为了公平战斗，你是否曾经使用过类似的规则？如果是，结果如何？

承诺关系和婚姻会在整个生命历程中发生改变。不同的选择有不同的后果。例如，决定在家务和育儿责任上有更多平等的分担可以减少夫妻在处理多个角色时所面临的约束。此外，决定更为诚实地互动可以带来更有效的沟通和更多的人际满意度。不管有多少约束，婚姻仍然是一种重要的仪式。另一个重要的仪式就是为人父母，我们将在接下来的两章关注它。

复习与思考

8.1 解释美国的结婚率如何以及为何发生变化。

1. 自 1960 年以来，美国的结婚率如何变化，尤其是对于种族或族裔群体而言？
2. 美国的结婚率为何下降？

8.2 探寻结婚的显性和潜在原因，并描述某些婚前和婚姻仪式。

3. 对于结婚而言，"正确"和"错误"的原因有哪些？
4. 婚礼和婚礼前的仪式的目的是什么？
5. 婚前协议的收益和成本有哪些？

8.3 比较异性婚姻和同性婚姻，并讨论一些跨文化变化。

6. 丘伯尔 – 哈罗夫的类型学是什么？它的优点和局限有哪些？
7. 同性婚姻与异性婚姻有何不同？
8. 美国的婚姻与其他国家的婚姻有何不同？

8.4 解释婚姻幸福、婚姻成功和健康是如何相互影响的。

9. 一段成功的婚姻最重要的特征是什么？
10. 总体说来，已婚人群为何比未婚人群更健康？
11. 婚姻如何影响人们的生理和心理健康？在性别与婚姻质量方面有哪些变化？

8.5 描述夫妻如何建立、协商和学习婚姻角色。

12. 学习婚姻角色的过程有哪些？
13. 建立婚姻的边界，以及随时间推移去适应婚姻变化的原因何在？

8.6 描述在整个生命历程中，婚姻是如何变化的。

14. 在婚姻初期，夫妻必须做出的调整有哪些？
15. 在中年和晚年期间的婚姻有何不同？

8.7 解释沟通、权力和冲突如何影响一段关系。

16. 在亲密关系中，沟通为何至关重要？
17. 自我表露和肯定如何影响沟通？
18. 最常见的沟通问题有哪些？
19. 权力如何影响冲突与沟通？

8.8 描述引起夫妻争执的最常见的问题以及他们如何处理冲突。

20. 夫妻通常发生争执的内容是什么？原因何在？
21. 解决冲突最无效和最有效的方式是什么？

8.9 找出加强夫妻关系的有效沟通模式。

22. 具体而言，夫妻如何改善他们的沟通风格？

第9章
做或不做父母：更多选择，更多约束

学习目标

当阅读和学习本章后，你将能够：

9.1 描述为人父母的收益、成本和影响。

9.2 解释出生率在美国以及全球正在发生怎样的变化及其原因。

9.3 描述意外怀孕和有意怀孕的影响，以及避孕措施的使用。

9.4 解释一下为何许多人在推迟生育，并讨论这种推迟的影响。

9.5 探析不孕不育的原因、人们的反应和现有的医学治疗措施。

9.6 对比公开和秘密收养、跨种族收养、被同性伴侣收养和国际收养。

9.7 描述一下流产的发生率，讨论流产女性的特点及其流产原因，并解释美国流产率为何有所降低。

9.8 解释一下为何有的人选择不生孩子。

- 在美国，**出生人口的数量**从1990年的420万**下降至**2012年的390万。
- **未婚美国女性的生育率**从1980年的18%上升至1994年的33%和2011年的41%；在青少年的新生儿中，86%是非婚生育的。
- 美国从其他国家**收养**的人数从2005年的近23 000人的历史最高点**跌**至2012年的8 668人。

- **在美国所有的妊娠中，19%是意外怀孕**，比1995年的9%有所上升。
- 在2009年，**20～29岁的流产者占所有流产者的57%**，相比之下，15～19岁的流产者占所有流产者的13%，30～39岁的流产者占所有流产者的21%。
- 40～44岁的**自愿无子女女性的数量**增加了一倍多——从1976

年的10%上升到2010年的22%。

资料来源：Chandra et al.，2005；Guttmacher Institute，2012；Hamilton et al.，2012；Martinez et al.，2012；Pozol et al.，2012；U.S. Department of State，2012；Federal Interagency Forum on Child and Family Statistics，2013；Shattuck and Kreider，2013.

一位50多岁的成功医生带着他80岁的母亲去芝加哥的公民歌剧院观看了表演。他们正走出大厅，走向医生的奔驰车，这时医生的母亲转身问医生："亲爱的，你需要去洗手间吗？"

正如这则轶事所示，父母的照顾永远不会结束。我们可以改换大学、买卖房子和车子、更换职业，结婚也可以不止一次，但为人父母却是一生的承诺。今天我们可以更自由地决定是否生育孩子、何时生和生多少。许多人尽管有怀孕问题，也可以成为父母。我们还可以决定不生孩子。

为人父母是个过程。*拥有孩子*——通过分娩或收养——并不等同于*抚养孩子*。本章主要关注成为（或不成为）父母的生物学、经济和社会方面的问题。下一章审视的是养育子女的角色、活动和成为父母的责任。让我们从为人父母的早期阶段开始本章的讲述。

一、为人父母

纵观所有类型的美国家庭（如已婚、从未结婚、离婚），60%的家庭有一个或更多孩子。在2011年，74%的18～29岁目前还没有孩子和未婚的人计划未来要生育孩子（Wang and Taylor，2011；U.S.Census Bureau Public

Information office，2012）。无论计划与否，一对夫妻的初次怀孕都是一个重要的里程碑。然而，夫妻双方的反应可能不同（Cowan and Cowan，2000：33-45）：

- *有计划者*会积极地讨论这个问题，共同决定生一个孩子。他们通常对怀孕感到欣喜至极。正如一名女性所说："当我发现我怀孕时，我非常激动，我想跑到街上告诉每一个我遇到的人。"
- *接受命运安排的夫妻*会惊喜而平静地欢迎孩子的到来，即使他们并没有计划怀孕。他们常常有意或无意地通过偶尔使用避孕方法或根本不使用避孕方法来就怀孕达成默契。
- *矛盾的夫妻*在怀孕前后都有复杂的情感，甚至进入怀孕期亦是如此。正如一名女性所指出的："我感到很困惑，心情忐忑复杂，既震惊又茫然。"这些夫妻决定要孩子是因为夫妻中的一方强烈地想要一个孩子，而另一方则顺从，或是因为意外怀孕，而夫妻中的一方或双方不相信流产。
- 在*同意–反对夫妻*中，夫妻中的一方可能并不想要孩子，即使是在怀孕后期。在通常情况下，无论孩子的父亲的想法如何，女性都会决定继续妊娠，这有时会导致分居或离婚。或者，就未婚伴侣而言，孩子父亲在自己的伴侣怀孕后可能就不去看她了。

303

无论是何种反应，为人父母都既有收益又要付出成本。

（一）生育子女的收益与成本

一些人会权衡生孩子的利弊。许多人不会这么做，因为它常常是一个情绪化的决定。无论是情感上还是实际上，为人父母的收益和成本是什么？

1. 收益 我们的 30 多岁的邻居最近有了他们的第一个孩子。当我问马特他们过得怎么样时，他欢呼道："简直没有比这更好的了！她是这个世界上最可爱的宝贝！"马特的反应相当典型。例如，在一项全美调查中，96% 的初为人父人母的人说，他们"深爱着"他们的宝宝，91% 的人声称变得"比以往任何时候都要幸福"（"Bringing up Baby", 1999）。

许多人相信，没有孩子，他们的生命将是不完整的。父母们经常说孩子带来了爱和感情，看着孩子成长是种乐趣，孩子带来了成就感和满足感（Gallup and Newport, 1990）。即使是那些被婴儿疝气痛（他们因腹痛而经常哭闹）折磨的新手父母，也会为宝宝的社会化及身体的发育而高兴。

2. 成本 亲子关系并非如天堂般美好。从一开始，生育和养育孩子就是昂贵的。图 9-1 显示

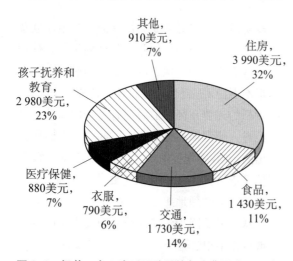

图 9-1　抚养一个 2 岁以下孩子的年度费用（2012）
注：在 2012 年，中等收入的已婚夫妻——他们的税前收入为 60 640 ～ 105 000 美元——在一个 2 岁以下孩子身上所花的费用为每年 12 710 美元。这个数目还不包括产前护理或分娩的费用。
资料来源：Lino, 2013, Table 1.

了已婚中等收入家庭抚养一个 1 岁或 2 岁孩子通常所需的年度费用。这些家庭一年的平均收入为 8.16 万美元，在最初的 2 年，他们要将自己收入的近 16% 花在一个孩子身上。到孩子 17 岁时，他们将花费 24.2 万美元（Lino, 2013）。

当一对夫妻有了更多孩子时，当孩子长大时，当孩子生活在城市，尤其是住在东北部和西部时，当一个孩子身患残疾、慢性疾病或需要特殊照顾，而医疗保险或福利金不能保障时，抚养孩子的成本也会增加。如果父母中的一方或双方遭到解雇，那么他们通常会失去自己和孩子的医疗福利（Lukemeyer et al., 2000；Lino, 2013）。

为人父母还有其他的经济和社会成本。许多女性要支付一种"妈妈税"：她们在家的无偿工作不被计入社会保障养老金，她们经常要放弃受教育机会，且她们在离婚后或年老时，比男性或无子女的女性更可能陷入贫穷（见第 11 章和第 14 章）。

（二）怀孕的欢乐与磨难

怀孕是令人激动和开心的，特别是在做好受孕计划和期待孩子到来时。对于未来的父母而言，当他们为了家庭未来而做计划时，怀孕会加深他们的爱和亲密感，拉近彼此的距离。与此同时，怀孕——尤其是初次或意外怀孕——会引起人们对正确照顾婴儿以及从经济上负担成长中的孩子的焦虑。

准妈妈通常会经历巨大的不适。在第一孕期 *304*（前三个月内），她可能常常会恶心、胃灼热、失眠、气短、乳房胀痛和疲劳。她可能还会时刻关注*胎儿*（从 8 周到分娩前的未出生的孩子）的健康，尤其是在她或胎儿的父亲曾有过任何高危行为的情况下（见《拥有更健康的宝宝》一文）。

第二孕期（妊娠中期）是令人兴奋的，因为随着胎儿变得更加活跃，母亲开始感知胎儿的运动，或曰*胎动*。*超声波*（高频声波诊断成像）能显示婴儿的形象和性别。该时期不利的一面在于背痛可能是个问题，而疲劳也会更快地出现。

在女性的第三孕期（妊娠晚期），由于疲劳和大腹便便所带来的行动不便，她可能对性开始失去兴趣。她开始水肿，并有可能觉得自己外表

已失去吸引力且变得笨拙。曾经简单的任务，如系鞋带或捡起地板上的东西，现在都变得让人望而生畏。

阴道分娩既可能很快发生，也可能漫长而令人疲惫。有时，如果无法阴道分娩，女性就要*剖宫产*（通过腹壁手术将婴儿从子宫中拿出），这对母亲来说更痛苦，需要更长的恢复期。无论是阴道分娩还是剖宫产，有些女性会持续流血数周。感染和发烧也很常见。

（三）亲子关系的一些影响

大家将在第 10 章中看到，随着时间的推移，婚姻满意度通常会降低。对于 70% ~ 90% 的夫妻而言，在他们的第一个孩子出生后的一年内，婚姻幸福指数会下降。对于父母有离婚史或冲突史的夫妻，婚后不久就有了孩子，孩子出生前就经常吵架、孩子出生后又争论育儿责任且收入较低的夫妻而言，亲子关系的负面影响往往更大

应用你所学的内容	**拥有更健康的宝宝**

大多数宝宝是健康的，但如果人们曾经有过高危行为，那么他们的孩子也可能产生各种各样的问题。许多问题的产生是由于父母的生活方式而非遗传性疾病或其他疾病。这里有几个例子。

吸烟

吸烟会切断胎儿大脑的氧气供应，损害胎儿的生长，此外，它还与自然流产、早产、出生体重不足和儿童疾病相关。吸烟女性的胎儿基因异常的概率是非吸烟女性的 3 倍。到这些孩子 2 岁时，他们比非吸烟母亲的孩子更可能出现问题行为，如反抗、攻击和社交技能差。其母亲和外婆在怀孕期间吸烟的女性的孩子在 5 岁时患上哮喘的概率几乎是其他人的 3 倍，并且孩子在青春期通常会成为烟民（Li et al., 2005; Wakschlag et al., 2006; Weden and Miles, 2012; Weinhold, 2012）。

饮酒

胎儿的大脑从母亲怀孕的第六个月开始急速增长，并一直持续到 2 岁。与孕期酒精暴露相关的先天缺陷在怀孕初期的 3 ~ 8 周就有可能出现，甚至发生在女性知道自己怀孕之前（Denny et al., 2009）。

多达 30% 的女性声称怀孕期间曾饮酒。发育中的胎儿的肝脏不能处理酒精；胎儿会吸收所有的酒精，且其血液中的酒精含量与母亲的血液中的酒精含量相同（National Organization on Fetal Alcohol Syndrome, 2012; Warren, 2012）。

怀孕期间饮酒可导致*胎儿酒精谱系障碍*（**FASD**），它是由母亲孕期饮酒所引起的一系列永久性出生缺陷。在美国，每年有 40 000 名婴儿出生时就患有与 FASD 相关的疾病；每 100 名婴儿中就有 1 名患有 FASD——几乎与自闭症的发病率相同。FASD 造成的残疾，包括智力缺陷、语言发育迟缓、社交技能缺乏、智力发育迟缓，以及先天性心脏缺陷和关节缺陷等生理异常会持续终生，这些疾病每年耗费的全美医疗费用高达 60 亿美元（National Organization on Fetal Alcohol Syndrome, 2012; Warren, 2012）。

其他药物

15 ~ 44 岁的怀孕女性中近 5% 的人服用过违禁药物（如海洛因、可卡因、吗啡和鸦片）。这些女性很可能生下成瘾的婴儿。婴儿可能会出现如产前中风、脑损伤、癫痫、早产、发育迟缓和身体畸形等问题（Substance Abuse and Mental Health Services Administration, 2006）。

每年大约有 14 000 名美国婴儿，或者说每小时有 1 名新生儿对母亲的止痛药和其他鸦片类药物上瘾。处于戒断状态（称*新生儿戒断综合征*）的新生儿往往比其他婴儿小，并且死亡风险更高。

肥胖与饮食失调

在怀孕前肥胖、超重或体重过轻的女性比体重正常的女性生下有先天缺陷如脊柱裂（脊柱上有个异常的开口）、心脏异常和其他问题的婴儿的风险更高。肥胖女性通常有营养问题——出于不良的饮食习惯——这会导致婴幼儿出现糖尿病和与健康相关的问题。饮食习惯不良的怀孕女性会损害胎儿的骨骼生长，因为胎儿没有得到足够的钙质（Watkins et al., 2003; Partington et al., 2009）。

（Doss et al.，2009）。

随着男性和女性承担起"父母"的角色，其他像"爱人"这样的角色就会退居次位。如果为人父母者仍沉浸在对浪漫的误解中，那么有孩子通常会给一段关系带来突然的压力，"对那些认为有孩子会使他们关系更亲密的夫妻而言，这尤其令人困惑和失望"（Cowan and Cowan，2000：18）。

这样的发现是否暗示没有孩子的夫妻会生活得更好？不。有些夫妻不应该生育孩子是因为他们会忽视和虐待孩子，但50%的美国人认为家庭中孩子的加入提升了他们的幸福感（Ali，2008）。

1. 母亲和新生儿 人们普遍认为，母亲和新生儿之间会立即建立起一种亲密关系（见第4章）。但在现实中——无论是在历史上还是在跨文化中——联系可能会也可能不会发生。许多成年人，不仅仅是母亲，很乐意养育自己的孩子。然而，由于看护婴儿的责任往往很大程度上落在新手妈妈身上，因此她们通常感到压力很大，且比父亲们更可能体验对婚姻的不满（Umberson et al.，2010）。

多达80%的女性在分娩后会经历小小的悲伤——所谓的产后忧郁，症状包括在为有了宝宝而快乐的同时，喜怒无常、眼泪汪汪、不知所措。产后忧郁是由胎盘中的雌激素和孕激素随其他胎盘组织一起被排出，导致这些激素水平突然下降而带来的化学因素失衡所引起的（Munk-Olsen et al.，2006；Friedman，2009）。

10%～30%的母亲会突然陷入**产后抑郁症（PPD）**，这是一种严重的疾病，它可能发生在分娩后的一年内，并需要药物治疗。患有产后抑郁症的女性会感到悲伤、焦虑、无望、毫无价值，且难以照顾宝宝。产后抑郁症出现的原因未知，但它们可能包括化学因素失衡，以及一系列如婴儿出生体重过低、吸烟或饮酒、身体虐待、怀孕前和怀孕期间的情感和经济压力等风险因素（Brett et al.，2008；Paulson and Bazemore，2010）。

父亲们也可能患上产后抑郁症。基于26 000对父母、近87 000对夫妻的医疗记录和43项实证研究的几项分析发现，4%～10%的父亲在他们孩子出生的第一年内出现了产后抑郁的症状。患上产后抑郁症风险最高的父母是那些有过抑郁症病史的父母、来自低收入家庭的父母、年轻的父母和其伴侣也曾抑郁的父母（Ramchandani et al.，2005；Davé et al.，2010；Paulson and Bazemore，2010）。实际上，并非所有的父亲都能代替抑郁的母亲。

尽管身体疼痛、心情忧郁，并且不知道她们能否再获得2个小时不受打扰的睡眠，但大多数母亲还是非常乐意与她们的宝宝在一起。许多新手妈妈（有时是爸爸）会花上数小时来描述宝宝 *306* 的饮食计划、每一个哈欠和面部表情，甚至是"你曾见过的最可爱、最聪明的宝宝"的排便。

2. 父亲和新生儿 我们的社会往往强调母亲的重要性，尤其是在照看婴儿方面，但父亲对婴儿的发展也很重要。例如，父亲同样能有效地安抚哭闹的婴儿并与他们玩耍（Diener et al.，2002）。

像母亲一样，许多父亲也很担心他们能否做一个好的家长。即使当他们感到焦虑时，许多男性也认为他们应该一直保持冷静、强壮和让人安心——这是一种性别刻板印象。他们总将自己的烦恼藏在心里的倾向可能会增加伴侣之间的紧张和距离（见第3章和第8章）。

为人父通常会促使男性成熟："做父亲可以改变男性对自己的看法。父亲的身份通常有助于男性澄清自己的价值观和设置优先顺序。"（Parke，1996：15）新手爸爸表达爱意和深情，这对他们和他们的孩子都有好处。许多父亲也与他们自己的父母建立了更密切的联系，他们的父母通常是支持他们的（Johnson and Huston，1998）。

从发展的视角来看，为人父是男性一生中重要的转变，但有些男性向父亲身份的转变是成问题的。他们可能会因经济责任的增加、新家庭角色的情感需求，以及为人父母所带来的独立性要求而变得具有虐待倾向（Schecter and Ganely，1995；也见第12章）。

为人父母看似是个人决定，但情况并非完全如此。虽然大多数人可以对怀孕做出选择，但生育模式也反映了宏观层面的变化。

二、美国和全球的出生率

社会必须生产出足够数量的孩子以维持其运行，但现在世界上 97% 的人口生活在出生率正在下降的国家（Last，2013）。让我们从出生率所发生的变化开始讲述。

（一）出生率如何变化

虽然一些发展中国家有很高的出生率，但全球出生率却一直在下降。具体而言，什么是出生率？

1. 出生率的测量　人口统计学家根据需要的具体程度，使用了几种出生率衡量指标。**总和生育率**（total fertility rate，TFR）是一个女性一生中所生孩子的平均数量。在 20 世纪初期，美国女性的平均总和生育率为 3.5；2012 年，这一数据为 1.9。在世界范围内，拉脱维亚和中国台湾地区有最低的总和生育率（1.1）；阿富汗和 9 个非洲国家的总和生育率最高（从 6.0 到 7.1）（Kent and Mather，2002；Haub and Kaneda，2012）。

一种更具体的出生率衡量指标是**生育率**（fertility rate），即每 1 000 名 15 ～ 44 岁的女性每年的活产婴儿数。除了 20 世纪 50 年代的婴儿潮时期之外，自 1930 年以来，美国的生育率稳步下降，从 20 世纪 70 年代到 90 年代，生育率一直趋于稳定，但在 2012 年又降至 63.0 的历史低点（见图 9-2）。

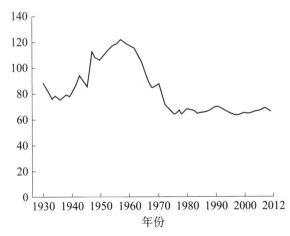

图 9-2　美国的生育率（1930—2012）
资料来源：Hamilton et al.，2009，2012，Figure 1.

2. 为何了解生育率很重要　为了维持人口稳定，1 个女性必须平均拥有 2 个小孩（总和生育率约为 2.1），这被认为是她和她伴侣的**替换生育率**（replacement fertility rate）。总和生育率为 2 以上，表明一个国家的人口规模正在扩大，人口的中位数年龄越来越小。总和生育率为 2 以下，意味着一个国家的人口规模正在缩减，且人口逐渐老龄化（CIA World Factbook，2013）。

一个国家的人口老龄化程度越高，支持那些活到 80 岁以上的人就越困难，这些人往往需要靠税收来支撑昂贵的医疗服务（见第 14 章）。为了提高 1.2 的低总和生育率，韩国卫生部出台了办公室熄灯计划，以便职员有更多时间回家"造人"。该部门还提供了其他鼓励措施，包括给予那些生育 2 个以上孩子的职员现金奖励（"S. Korea Orders…"，2010）。俄罗斯总统"呼吁该国女性每人至少生育 3 个子女"（Varadarajan，2012：9）。同样，在某些拉美国家，政府正越来越关注扭转生育率的下降和替换生育率的问题（Forero，2011）。

自 2007 年以来，美国许多女性群体——青少年和成年人、种族或族裔子群体、本土出生的女性和移民女性——的出生率已经降低。有两个例外：40 岁及以上女性和未婚女性的出生率是有所提升的（Ikramullah et al.，2011；Sutton et al.，2011；Livingston and Cohn，2012）。不久后你将看到由于辅助生殖技术和多胎分娩技术的成熟，年长女性（她们中大多数是已婚）的出生率出现极大增长。

3. 非婚生育　在 1950 年，全美仅有 3% 的新生儿由未婚女性所生。在 2011 年，此类新生儿的数量已经超过 160 万，占到全美新生儿总量的近 41%。因此，现在 10 个美国新生儿中就有超过 4 个属于非婚生育—— 一个新纪录（Hamilton and Ventura，2012；Martin et al.，2013）。

未婚女性的生育情况在不同的种族或族裔群体中差异很大。白人女性比其他群体有更多的非婚生子女。不过，按比例计算，非婚生育率在黑人女性中最高，在亚裔女性中最低（见图 9-3）。

在所有的非婚生育中，青少年占到 15%，相比之下，20 ～ 34 岁的女性占到 74%。因此，

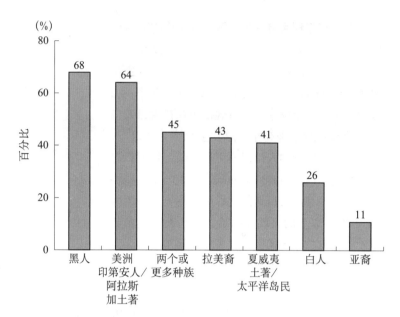

(%)
80

图 9-3　未婚女性生育百分比（按种族或族裔划分，2011）
资料来源：Shattuck and Kreider，2013，Table 2.

20～34 岁未婚女性的生育数目几乎是青少年的 5 倍之多。但是，在所有有过生育行为的青少年中，非婚生育者占到 86%，相比之下，20 多岁女性中的非婚生育者占到 60%，30～34 岁的女性中的非婚生育者占到 14%（Shattuck and Kreider，2013）。

（二）出生率为何变化

308

　　除了 20 世纪 50 年代以外，为何美国的生育率在 20 世纪的大部分时间里是下降的？这种下降在很大程度上是由宏观层面的社会因素和微观层面的个人实践相结合而造成的。

　　1. 宏观层面的因素　出生率变化的原因是多样的、复杂的和相互关联的。导致较低生育率的一些关键因素包括：

- 经济衰退导致的失业、房屋被收回及相关的收入问题往往会降低出生率。例如，在经济大萧条（20 世纪 30 年代）、能源危机（20 世纪 70 年代）和始于 2007 年的经济大衰退期间，出生率都是下降的（Livingston，2011；Jordan，2012；Mather，2012）。

- 移民女性——无论是否合法——往往比一般人群有更高的出生率。在美国，少数族裔尤其是年轻的拉美裔的出生率，现在已经超过

白人，但由于经济低迷、失业率高，以及由此导致的墨西哥移民减少，在外国出生的女性的出生率最近大幅下降（Bahrampour，2012；"Double Bind"，2012；Livingston and Cohn，2012；Passel et al.，2012）。

- 获得医疗保健可以降低女性在采取紧急避孕（EC）措施时的生育率。EC 能防止受精卵着床于子宫壁，有时也被称为"事后"避孕。紧急避孕措施在性交后立即采取最有效，它能阻止性交后 3 天以内的怀孕（Chandra et al.，2005；office on Women's Health，2011）。（正如大家不久将看到的，不应该将紧急避孕措施与服用"堕胎药"这种会阻止现有妊娠的方法相混淆。）

- 提供咨询和避孕药具的公共资助计划生育服务，特别是针对青少年和年轻人的项目，能减少意外怀孕和降低出生率（Kavanaugh et al.，2013）。

- 社会阶层和女性对劳动力市场的参与降低了出生率。例如，推迟生育减少了可能怀孕的年限；如果职业女性的伴侣有一份高薪工作，那么她们更有可能生孩子；有高薪工作的男性更可能有孩子；家庭年收入为 7.5 万美元或更多的美国人比较低收入家庭的美国人所生的孩子少，也许是因为前者在计算抚养孩子的成本上更为现实（Macunovich，2002；Saad，2011；Kaufman and Bernhardt，2012）。

　　2. 微观层面的因素　只有宏观层面的因素并不能解释出生率的变化。我们也会做出个人选择。例如：

- 正如大家在本章后面将看到的，选择不生孩子的夫妻数量有所增加。

- 约 58% 的美国成年人认为不超过 2 个是生育孩子的理想数目。这个数字自 1965 年以来发生了戏剧性的变化，当时 70% 的美国人认为有 3 个或更多的孩子是理想的家庭规模（Saad，2011）。

- 社会背景会影响出生率。例如，父母的受教育程度低于高中、与单亲父母生活在一起，以及他们的母亲在十几岁时就生了他们的青少年，他们生育孩子的概率要高两到三倍

- 推迟结婚会降低出生率。在 25 岁及以上的年龄结婚，尤其是受过大学教育的女性，她们会因为生育年限减少而生育率降低（Maitra，2004；Mather，2012）。

- *生育间隔*，即女性生孩子的频率也会影响出生率。在 2010 年，20% 的 15 ～ 19 岁的美国青少年有重复生育行为：86% 的青少年有第二个孩子，15% 的青少年有 3 ～ 6 个孩子（Gavin et al.，2013）。在第一孕期后才得到产前护理，或者根本没有得到产前护理的女性，比那些在怀孕早期就得到产前护理的女性在 18 个月内有第二个孩子的可能性要大。女性得到产前护理的时间越晚，她们产生重复生育行为的可能性就越大，生育的孩子就越多（Teitler et al.，2012）。

3. **宏观和微观层面的因素经常相交** 宏观和微观层面的因素通常会交织在一起。一个例子是一个国家的**婴儿死亡率**（infant mortality rate），即在某一特定年份的每 1 000 个活产婴儿中 1 岁以下婴儿死亡的数量。虽然美国是世界上富有的国家，但在 2012 年的 223 个国家中，美国因 6.0 的婴儿死亡率仅排在第 173 位，远远低于其他工业化国家，如日本（2.3）和瑞典（2.1）。美国的婴儿死亡率也高于某些发展中国家，如斯洛文尼亚（3.0）和古巴（4.5）（*CIA World Factbook*，2012；Haub and Kaneda，2012）。

在早产中，婴儿少于 37 周就被分娩出，而足月分娩需要 39 ～ 41 周。美国的早产率（每 8 个新生儿中就有 1 个）是工业化国家中最高的。早产并发症导致了美国 35% 的新生儿死亡（Save the Children，2013）。从全美范围来看，黑人女性所生婴儿在 1 岁前死亡的概率是拉美裔女性以及白人和亚裔女性所生婴儿的 2 倍多（Hoyert and Xu，2012；National Center for Health Statistics，2013）。美国在医疗保健上的支出比世界上任何其他国家都要多（Kaiser Family Foundation，2011）。那么，为何美国的婴儿死亡率，特别是非裔新生儿的死亡率，却如此之高？

就宏观层面的因素而言，低收入家庭——许多是非裔美国人——没有意识到产前护理的重要性或得到产前护理的机会不足，也没有在怀孕期间进行定期检查（Friedman，2012；Hoyert and Xu，2012）。就微观层面的因素而言，即使女性了解生下一个不健康婴儿的风险（见本书第 201 页的《拥有更健康的宝宝》一文），她们也可能做出不健康的选择，如抽烟和吸毒，而这些会导致妊娠并发症甚至是新生儿的死亡。

我们已经看到了导致美国和其他一些国家出生率下降的宏观和微观层面的因素。一个关键的问题是，如果人们还没做好为人父母的准备，那么他们应该如何防止怀孕。

联系起来

- 如果你还没有孩子，你计划未来生孩子吗？如果不，为何不？如果生，什么年龄生？生多少个孩子？
- 如果你已为人父母，那么对你来说，生孩子的收益和成本分别是什么？

三、防止怀孕

大家在本章开篇已看到，并非所有的夫妻都乐于为人父母。许多出生是意外的，怀孕的意图也各不相同，且许多人并没有使用避孕措施。

（一）意外怀孕

每年，美国几乎有一半的怀孕是意外的。**意外怀孕**是一种不合时宜（比预期更早发生）或不想要的怀孕。不合时宜的怀孕比不想要的怀孕更常见（见图 9-4）。在 20 ～ 29 岁的未婚女性当中，几乎 70% 的怀孕是意外怀孕（Zolna and Lindberg，2012；Finer and Kost，2011，for state variations）。

意外生育的次数有所增加，尤其是在黑人女性当中。例如，在 33 ～ 37 岁的女性之中，15% 的白人女性有两次或更多次意外生育，相比之下，拉美裔女性占 22%，黑人女性占 40%。造成这一现象的因素包括年轻黑人女性的避孕药具使用率较低，以及在低收入人群中，意外怀孕被

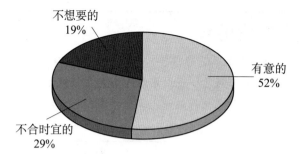

不想要的
19%

有意的
52%

不合时宜的
29%

图 9-4　美国人的怀孕

资料来源：Guttmache Institute，2012.

视为"一段认真关系的天然副产品"（Wildsmith et al.，2010：20）。

意外怀孕会产生情感上的代价，比如抚养不想要的孩子，或者一个男人抛弃自己怀孕的女朋友。一项全国性研究发现，意外生育增加了父亲的抑郁症状（感到悲伤、害怕和孤独），降低了母亲的幸福感。男性在抚养意外生育的孩子方面会经历经济压力；女性则在平衡工作和身为母亲的职责时，感到自己在抚养孩子方面的能力有限（Su，2012）。那些因意外怀孕所生孩子的父亲往往会对他们幼小的孩子漠不关心，孩子在认知和语言方面的发展会滞后，父母之间也会产生关系紧张。因为父亲并没有做好为人父的准备，所以夫妻和孩子的幸福都会受到影响（Bronte-Tinkew et al.，2009）。

人们也要付出宏观层面的成本。抚养孩子是很昂贵的（见第 200 页的图 9-1 和相关材料）。约 67% 的意外生育是受政府资助的，在某些州，这一比例高达 80%。在低收入家庭中，意外怀孕每年大约花费美国纳税人 110 亿美元，仅用于为女性提供医疗服务和第一年的婴儿保健费用——这些钱本可以被用来资助贫困社区的学前教育项目（Monea and Thomas，2011；Sonfield et al.，2011）。

（二）怀孕的意图

为何有如此多的意外怀孕？首先，正如大家在第 5 章中所见，许多青少年、年轻人和父母对性的了解并不像他们认为的那么多，许多学校也没有综合的性教育项目。

其次，并非所有的青少年都想要避孕。在

15～19 岁从未结过婚的青少年当中，22% 的少女妈妈说她们并不介意意外怀孕。在另一项对从未结过婚的青少年的全国性研究中，13% 的女性和 19% 的男性说如果自己或女伴怀孕了，他们将"有点高兴"或"非常高兴"（Martinez et al.，2011；Abma et al.，2010，for similar findings）。

最后，许多年轻人对意外怀孕有矛盾心理。例如，在 18～29 岁的未婚女性和男性当中，33% 的人认为避免意外怀孕并不太重要（Hayford and Guzzo，2013）。在那些有性关系的人当中，53% 的男性和 36% 的女性对意外生育持矛盾态度（Higgins et al.，2012）。对意外怀孕的矛盾心理和最小动机可能会导致避孕措施使用率低或随意使用。

（三）避孕措施的使用

虽然美国青少年的怀孕率已经下降，但其发生率仍是发达国家中最高的。近 80% 的青少年怀孕是意外怀孕，20～24 岁的年轻人的意外怀孕率最高（Finer and Zolna，2011；American Academy of Pediatrics，2012）。**避孕**是通过行为、机械或化学手段来防止怀孕。当避孕措施被正确和坚持使用时，意外怀孕率会降到 5%（Guttmacher Institute，2012）。 *311*

1. 避孕措施使用的变化　在 15～44 岁曾有过性行为的女性当中，99% 的人使用过至少一种避孕措施（通常是避孕套或避孕药），近 30% 的人使用过 5 种或更多避孕措施。此外，在 2010 年，这个年龄组女性中有 11% 的人使用过至少一次紧急避孕措施，在 1995 年该人群的此比例仅为 1%（Daniels et al.，2013a，2013b）。

几乎所有美国人都曾使用过避孕措施，但根据性别、初次性行为的年龄、种族或族裔、社会阶层和其他因素的差异而有所不同。例如：

- 在 14 岁及以下年龄就发生性行为的女孩避孕的可能性最低，推迟使用任何避孕措施的可能性最高（Finer and Philbin，2013）。
- 在 15～19 岁的未婚青少年当中，21% 的女性和 13% 的男性在初次性体验中不会采取避孕措施（Welti et al.，2011）。
- 对于从未结过婚的 15～19 岁的男女两性而

言，39% 的女性和 21% 的男性在最近一次性交行为中没有采取避孕措施，未采取的比例在拉美裔人群中最高（Martinez et al.，2011）。

- 在遭受意外怀孕风险的 15 ～ 44 岁的女性当中，没有采取避孕措施的拉美裔女性、白人女性和亚裔女性占到 9%，相比之下，黑人女性占到 16%（Scommegna，2012）。
- 在各个年龄层和各种族或族裔群体中，低收入女性采取有效避孕措施的可能性最低（Guttmacher Institute，2012）。

2. 使用避孕措施的障碍 多达 30% 的 15 ～ 44 岁的女性会停止使用一种或更多种避孕措施，因为她们认为这些措施并非总是有效或因为伴侣中的一方不喜欢使用避孕套（Daniels et al.，2013a）。在其他情况下，避孕措施——尤其是避孕套和避孕药——的使用经常不稳定或不正确。女性也会停止使用如宫内节育器（IUDs）这样长效的方法，因为它们费用太高（Scott et al.，2011；Warren et al.，2011；Finer et al.，2012；Marcell et al.，2013）。

近 31% 的 15 ～ 19 岁的女性认为她们不会怀孕。在 18 ～ 29 岁的未婚人群中，19% 的女性和 14% 的男性没有采取避孕措施，因为他们相信自己不孕不育（但可能仅有 6% 的人真的如此）（Kaye et al.，2009；Harrison et al.，2012；Polis and Zabin，2012）。

在一项对 71 名 18 ～ 49 岁有过亲密伴侣暴力史的女性进行访谈的研究中，53 名女性称自己经历过某种类型的生育控制。她们的伴侣阻止她们获得或使用避孕措施，或有目的地使她们怀孕（Moore et al.，2010）。

女性对避孕安全性的怀疑程度越高，避孕措施的使用率越低。而且，如果 15 ～ 24 岁的女性相信生育有好处，她们就会减少避孕措施的使用。根据一些女性的说法，有个孩子"意味着某人会爱我"或者"有助于我把宝宝的爸爸留在身边"（Rocca and Harper，2012；Rocca et al.，2013：29）。

四、推迟生育

在 2013 年，67 岁的喜剧演员史蒂夫·马丁（Steve Martin）和他 41 岁的第二任妻子初次为人父母。大多数男性在 67 岁之前就有了孩子，但许多美国人却在推迟生育。在 20 世纪 70 年代初期，仅有 4% 的女性会在 30 岁或更大年龄生第一个孩子，相比之下，2011 年这样的女性占到 40%，近 7 700 人是在 45 岁及以上的年龄生育初胎的（Ventura et al.，2000；Hamilton et al.，2012）。

312

（一）为何许多人推迟生育？

相比过去，现在人们在决定是否以及何时生育孩子方面有了更多选择。微观和宏观层面的因素都会影响他们推迟生育的决定。

1. 微观层面的因素 你们是否还记得，单身有许多吸引人的地方，包括独立、发展事业的机会和更多玩乐的时间（见第 7 章）。推迟为人父母，有着类似的微观层面的原因。例如：

- 许多单身女性不想自己怀孕或领养一个孩子。按照一名 43 岁女性的说法，她和她的兄弟姐妹都是由母亲抚养长大的，"这个世上你能做的最难的事就是做一个单身、工作的妈妈"（Peterson，2002：2D）。
- 正如大家先前所见，关于"理想"家庭规模的态度已经发生变化，导致生两个以上孩子的压力更小。
- 喜欢自己的职业以及需要钱去增加她们家庭收入的女性，通常并不情愿兼顾养育孩子和带薪工作（见第 11 章）。

2. 宏观层面的因素 宏观层面的经济和生殖因素在推迟为人父母方面也扮演着重要角色。例如：

- 许多年轻人正在推迟结婚和生小孩，因为自大衰退（2007—2010 年）以来，他们有很高的大学和信用卡债务，以及找到一份能支撑家庭的工作方面的问题（Goodale，2013）。
- 被我们的高离婚率困扰，一些年轻夫妻推迟了为人父母，直到他们相信自己的婚姻会成功为止（见第 7 章和第 13 章）。

- 正如大家即将所见，生殖技术的进步减少了许多女性对于她们的生物钟和在寻找伴侣方面的担心。
- 女性和男性都在推迟生育，因为美国——尤其与许多欧洲国家相比——家庭休假政策极为糟糕，没有全国性的儿童保健计划，而且工作时间表很死板（见第 11 章）。
- 大量的全国性研究显示，一个女性的受教育程度越高，她推迟生育的可能性越大（Isen and Stevenson，2010；Livingston and Cohn，2010；Martin et al.，2012；U.S.Census Bureau Public Information Office，2013）。例如，在 2011 年，几乎所有高中学历以下的女性在 25 岁之前都有过初次生育行为，相比之下，在 25 岁之前有过初次生育行为的大学或以上学历的女性仅占 3%（Livingston and Cohn，2013）。

（二）晚育父母的某些特点

我的父母在他们 40 多岁的时候才有了我。他们总是太累了，不能参加我学校的许多活动，也不能带我去看棒球比赛。

我的母亲在她 45 岁的时候才生了我，那是 1973 年。晚育母亲也是好的父母，我就是活生生的例子。

我的两名学生的评论表明我们许多人对生孩子的理想年龄有自己明确的意见。成为晚育父母既有优势又有劣势。

313　　**1. 优势**　在 22 ～ 34 岁初次生育的女性所生的孩子要比女性在青少年期间或 40 岁之后所生的孩子更健康。后者在怀孕时可能会遇到更多的问题。然而，未成年母亲要比晚育母亲更有可能生下有出生缺陷的孩子，以及经历婴儿死亡：未成年母亲通常缺乏营养、不能得到足够的产前护理，或有着包括吸烟、饮酒和吸毒等不健康的生活方式（Mirowsky，2005）。

晚育母亲更有可能已婚以及受教育程度较高。相比已婚母亲，未婚母亲平均而言较为年轻、受教育程度较低、收入也较低，且她们的孩

子更有可能发育不良，如语言能力较差和行为问题较多（Livingston and Cohn，2013；Shattuck and Kreider，2013）。

在 1980—2009 年，在 35 ～ 39 岁的年龄组中，美国的新爸爸比例上升了 47%；在 40 ～ 44 岁的年龄组中，美国的新爸爸比例上升了 61%；在 50 ～ 54 岁的年龄组中，美国的新爸爸比例甚至上升了 18%（Kluger，2013）。相比许多晚育母亲，推迟做父亲的男性收入更高，有较好的健康福利（见第 11 章），且不会在工作场所遭遇性别歧视。因此，他们担心晚年没有资源去抚养孩子的可能性较低。例如，根据我的一名学生的说法，有一位年长的父亲"让我的生活变得更美好"：

当我父亲退休时，我只有 7 岁。他花了大量时间陪我。他善于投资，做了许多对整个家庭都有利的财务决定。我认为他的年龄在使他的家庭更舒适，以及没有任何经济负担地抚养孩子方面起着重要作用。（作者的档案）

因为年长的父亲有较好的事业基础，他们可以更灵活地将非工作时间和周末花在家人身上。他们往往更放松，特别是当他们经济上有保障的时候，并能与他们的后代建立牢固的情感纽带（Carnoy and Carnoy，1997；Kluger，2013）。

2. 劣势　所有年龄段的男性所生的绝大多数孩子是健康的，但科学家们发现年长的父亲所生的孩子可能会面临较大的健康风险，包括自闭症和精神分裂症（Callaway，2012）。虽然精子的老化速度比卵子慢，但研究表明，生物钟可能对男性和女性都有影响。

虽然晚育父母可能更耐心、更成熟、经济上更安全，但推迟生育也有缺点。在 40 多岁才怀孕的女性比在 20 多岁和 30 多岁怀孕的女性所生的孩子患小儿唐氏综合征的风险更大。除了健康风险外，在晚年成为父亲也有一些实际的责任。例如，当父亲 55 岁时，他的孩子才开始上学前班，60 岁时需要教孩子踢足球，70 岁时要为孩子读大学的学费账单所累。并且，如果孩子也像父亲一样推迟结婚和建立家庭，"你就可能 80 岁时还要为孩子的婚礼买单，90 岁时还要照看你

的孙子孙女"（Wright，1997：E5）。

一些想等等再生孩子的女性发现现在想要多生孩子已经来不及了。在很多时候，很多中年父母被误认为是祖父母。有些人对此一笑置之，但也有人对这种错误感到恼火。那些老父亲已经过世的青少年和年轻人往往会失去上大学、买房子以及给他们孩子慷慨的旅行和礼物的经济资助（Crandell，2005；Kluger，2013）。此外，推迟生育可能还意味着父母永远不会有机会看到他们的孙辈。

推迟生育有许多原因。然而，数以百万计的美国人没得选择，因为他们不孕不育。

五、不孕不育

不孕不育是指缺乏怀孕的能力。这是一种经常无法确诊的情况，直到一对夫妻至少有一年没有采取避孕措施却没有怀孕，或直到一名女性经历多次流产的时候才可能被诊断出来。

不孕不育影响了大约15%的育龄夫妻。自20世纪60年代中期以来，不孕不育率一直相当稳定，但发病率会随人们年龄的增长而增长。例如，30～34岁的夫妻的不孕不育率比25～29岁的夫妻高出50%以上（Mosher and Pratt，1991；Chandra et al.，2005）。

（一）不孕不育的原因

男性和女性的问题导致不孕不育的比例大致相当；每种性别分别导致的病例占到约60%，男性和女性因素共同导致的病例占到约15%。将近25%的不孕不育夫妻被确诊为患有*原因不明性不孕症*（Expert Group on Commissioning...，2009；Kridel，2012），意思是医生们也不知道哪里出了问题。虽然女性的生殖器官要比她们身体的其他部分老化的速度快，但男性也有生育问题。

1. 女性不孕 女性不孕有两个主要的原因，分别是不排卵和输卵管阻塞。女性不*排卵*或每个月无法排出一个有活力的卵子可能出于许多原因，其中包括缺乏营养、慢性疾病和吸毒。偶尔，不排卵也可能由心理压力导致（Masters et al.，1992）。

输卵管携带卵子——无论它是否受精——从卵巢到子宫。管道可能被由**盆腔炎（PID）**引起的疤痕阻塞。盆腔炎是一种子宫的感染，它会扩散到输卵管、卵巢和周围组织。反过来，盆腔炎通常是由性传播疾病如衣原体引起的。

衣原体是一种性传播的细菌感染，通常被称作"安静的瘟疫"，因为它在女性和男性身上没有表现出任何症状。虽然衣原体是引发盆腔炎的一大原因，但一旦确诊，它可以用抗生素治愈（第5章有关于性传播疾病的更多信息）。

女性不孕的另一个原因是**子宫内膜异位症**，这是一种形成子宫内膜的组织（子宫内壁）在子宫外扩散并附着于其他盆腔器官（如卵巢或输卵管）的情况。子宫内膜异位症的原因未知，但有些研究者认为在6%～10%的病例中，子宫内膜异位症可能是由遗传导致的（Painter et al.，2011；Nyholt et al.，2012）。

2. 男性不育 男性不育通常是由于精子的活力不足或数量较少。化学污染物可能在男性不育中起着重大的作用，因为男性比女性更可能在会接触到有毒化学物质的环境中工作（Kenen，1993；Li et al.，2011）。

精子数量少的其他可能的原因包括：睾丸或阴囊损伤；在成年期感染流行性腮腺炎等；妨碍精子发育的睾丸静脉曲张；内分泌失调；过量饮酒、使用麻醉药品，甚至是一些处方药。母亲在怀孕期间吸烟和男性吸食大麻也与精子数量的减少有关（Wang，2013）。

长期频繁地进行桑拿浴、蒸气浴和使用热水浴缸也可能会有负面影响，因为精子的产生对温度非常敏感。就肥胖男性而言，生殖器部位的脂肪过多会提高睾丸的温度，降低精子的质量和数量。50岁以上男性的精子的质量和精子游向卵子的速度也会下降，从而降低了他们的生育能力（Bhattacharya，2003；Marcus，2003；Wang，2013）。

（二）对不孕不育的反应

人们对不孕不育的反应各不相同，但夫妻们

通常会崩溃。对于许多女性而言，不孕不育成了包括耻辱、心理压力、悲伤、内疚和受侵害意识在内的"一种突发的、不可预料的生活危机"。正如一个女性所说，"我觉得我被关在了监狱里……没有人能够明白这有多可怕"（Whiteford and Gonzalez，1995：29；McQuillan et al.，2003）。

尽管出于好意，但潜在的祖父母们的期望还是给传宗接代带来了压力（"你认为我死前会有个孙子吗？"）。当一个女性不能怀孕时，代际传承的终止可能会强化她是个失败者的感觉："自从我们[10年前]结婚的那天起，我婆婆就一直想要一个孙子。"（Whiteford and Gonzalez，1995：34）

许多担心人们会以一种新的破坏性的眼光看待她们的女性在致力于"信息管理"（Goffman，1963）。例如，她们可能会尽量避免这个话题，或者她们可能将问题归结于像糖尿病或肾病这样的疾病，从而将关注焦点从这些特定的生殖障碍上转移开。由于男性不育会被视为在男子气概方面有缺陷，因此女性有可能自己承担不孕不育的责任：

当我告诉他们我们不能生孩子时，我总想给人留下一种印象，那就是这是我的原因。我可能会嘀咕"你知道的，输卵管嘛"或"输卵管出问题了"。（Miall，1986：36）

如果女性责备自己或隐藏自己的感情，尤其是其伴侣在情感上不给予支持的话，她的婚姻满意度就会受到影响。如果男性通过将问题轻描淡写来避免牵涉自己，或表现出没有什么大不了的话，解决不孕不育问题就会变得相当困难（Peterson et al.，2006）。只有不到一半的有生育问题的女性会寻求医疗帮助。对于那些寻求医疗帮助的女性而言，在治疗开始后，男性伴侣会变得更有参与性（Johnson and Johnson，2009）。

（三）不孕不育常见的医疗处理

不孕不育最常见的医疗处理是人工授精和促孕药物。人工授精对于那些精子数量较少的男性是最常见的治疗方式。促孕药物可以提高不孕不育女性受孕的机会。

1. 人工授精 人工授精（AI），有时也被称为异配授精（DI），是一种在排卵期人工将精液引入阴道或子宫的医疗程序。取自该女性的丈夫或其他捐赠者的精液，可能是新鲜的，也可能是冷冻的。人工授精通常的花费为 2 000～3 000美元，一般不能通过健康保险报销（"Kan.Case Highlights…"，2013）。根据全美最大的精子库之一加利福尼亚州精子库的说法，在 2009年，它的客户中大约 33% 是女同性恋伴侣，十年前此比例则为 7%（Holson，2011）。

未来的父母可以浏览目录，按照眼睛和头发 *316* 颜色、国籍、血型、身高和职业选择精子的捐赠者。有着博士学位的男性每次捐精可以赚 500 美元；大学生每周捐精两次可以获得一年高达 1.2万美元的收入（Dokoupil，2011；Newton-Small，2012）。

根据一个南加利福尼亚州男性的说法，他通过在医学院捐赠精子以帮助支付生活费用，"'我'的孩子可以装满整个宴会大厅"（Romano，2006：A2）。在英国有一名男士，他捐赠精子超过 30 年，等于已经是 1 000 多个孩子的父亲了。由于捐精者通常是匿名的，同父异母的兄弟姐妹可能会相遇或成为配偶而不知道他们有同一亲生父亲，并且可能出现相同的遗传问题（Newton-Small，2012）。

2. 促孕药物 如果女性怀孕有困难，那么医生通常会使用**促孕药物**，即一些刺激卵巢产生卵子的药物。在 1997 年，一对来自艾奥瓦州卡莱尔的夫妻成为有史以来第一例活着的七胞胎的父母。而这位母亲就一直在服用促孕药物。出于宗教原因，这对夫妻拒绝接受一种被称为*选择性减胎*的过程，即放弃一些胎儿以给其他胎儿更好的机会充分发育。

促孕药物有很高的成功率——50%～70%。不过，一个主要的担忧是多胎分娩会增加婴儿早产和出生体重过低的概率。存活下来的婴儿也可能会有严重的健康问题和终身学习障碍，包括脑瘫、发育迟缓和出生缺陷。此外，母亲服用促孕药物所生的孩子患自闭症的可能性几乎是其他孩子的两倍（H.W.Jones，2007；Goodwin，2010）。

（四）高科技治疗不孕不育

辅助生殖技术（ART）是包括处理卵子和精子以建立妊娠的所有治疗和程序的总称。每年通过这项技术出生的婴儿占美国出生人口的1%以上（Sunderman et al.，2009）。

自1981年引进辅助生殖技术以来，活的辅助生殖技术出生率一直不高——总体上约为30%——如果母亲年龄在40岁及以上，多胎分娩概率显著下降。然而，使用辅助生殖技术的活产分娩数量却在稳步增加，从1996年的约14 500个增加到2010年的47 000个以上（Centers for Disease Control and Prevention, American Society for Reproductive Medicine…，2012）。最常见的辅助生殖技术是体外受精（试管婴儿）。

1.体外受精（试管婴儿） 体外受精（**IVF**）包括通过手术从女性的卵巢中取出卵子，在培养皿（一种形状特殊的玻璃容器）中与她丈夫或其他捐赠者的精子进行受精，然后将胚胎移植到女性的子宫中（这个*胚胎*是正在发育中的妊娠第八

周的有机体）。体外受精手术是在门诊基础上进行的，仅在美国的474个诊所进行。全世界有超过400万的儿童因为这种受精方法而出生（Centers for Disease Control and Prevention, American Society for Reproductive Medicine…，2012）。

大多数试管婴儿是健康的，但这种程序也有缺点。因为通常要植入一个以上的卵子以增加成功的机会，所以使用体外受精的女性中将近半数为多胎分娩。多胞胎婴儿出现早产、出生体重偏低，以及器官发育不良的可能性是单胞胎的十倍。随着促孕药物的使用，出生体重偏低会使婴儿遭受一些健康风险，如肺部疾病、脑损伤、19岁时患癌症的风险增加，甚至死亡（Mitchell，2002；Wood et al.，2003；Källén et al.，2010）。

体外受精费用很高（每次尝试费用高达25 000美元）、耗时、痛苦且耗费心力。尽管困难重重、费用很高，但卵子捐赠仍是一个不断发展的产业，甚至可以让那些已经进入更年期的女性怀孕（见《更年期后再为人母》一文）。

2.代孕 代孕是一个女性为另一个人或另

317

317

选择　更年期后再为人母

女性绝经后卵巢就会停止排卵，但她的其他生殖器官仍然保持活力。在晚年，通过使用年轻女性所捐赠的卵子，将其与她丈夫或其他捐赠者的精子受精后，老年女性也可以怀孕。

自1994年以来，有文献记载的60岁以上老年女性生孩子的案例就有12个，包括在加利福尼亚州的一位62岁的女性，此前她已经有11个子女了。在2007年，一位来自西班牙的67岁女性生下了一对双胞胎男孩。她在洛杉矶一家生育诊所接受了捐赠的卵子和精子，她对医生谎报了年龄，因为这项技术的截止年龄是55

岁。在孩子出生后不久，她就被诊断患了癌症，并于2009年过世（Pool and Bousada，2007；Daum，2009）。

全世界最年长的新晋妈妈可能是印度的一位女性，据说她2008年已经70岁（她准确的年龄未知），并生下了一对龙凤胎。她已经有两个已成年的女儿和5个外孙女，但她和丈夫希望能生个儿子。她的77岁高龄的丈夫——他很骄傲和高兴终于有了一个儿子做继承人——花光了他毕生的积蓄、抵押了他的土地、卖掉了他的水牛，还贷款支付了体外受精的费用（Daum，2009）。

有几个国家，包括法国和意大利，已经通过了禁止绝经女性接受人工授精的法律，因为他们认为这种做法不道德，而且对女性健康有害。

思考题

- 体外受精技术应该有年龄限制吗？应该或不应该的理由何在？
- 如果国家禁止女性在50多岁时怀孕，那么是否也应该要求在50多岁、60多岁或更大年龄时想做父亲的男性做输精管切除术？

第9章　做或不做父母：更多选择，更多约束　**211**

一对夫妻怀上和生下孩子的一种安排。代孕者可以用不孕女性丈夫的精子进行人工授精，将不孕不育夫妻的卵子和精子在试管中结合，然后将产生的胚胎植入代孕者体内，或者，在男女同性伴侣的情况下，他们的卵子或精子是捐赠的。在2011年，近1 600个婴儿是通过代孕方式出生的，在2004年，这个数字仅为738。代孕的成功率大约为31%（Carney，2010；Cohen，2013）。

越来越多的不孕不育夫妻，包括一些美国人，将印度作为代孕的首选目的地。印度的诊所对代孕过程所收取的费用大约为2万美元。在美国少数几个允许有偿代孕的州中，代孕一个孩子按照条款要支付的中介费、诉讼费、医疗费以及代孕报酬共为5万～12万美元（Saul，2009；Carney，2010）。

女性为何要做代孕者？一个主要原因就是钱，尤其是在印度。一个成功的代孕者能一次赚到5 000～6 000美元。大多数贫穷且来自农村地区的女性，会用这些钱来使家庭摆脱贫困以及支付她们孩子的教育费用（Carney，2010）。

有些人批评印度的代孕产业是一种"生殖旅游"，它靠"廉价地租用贫穷女性的子宫"来剥削她们，而且怀孕和分娩的可能并发症会危及她们的生命。也有人认为代孕可以提高印度家庭的生活水平（印度家庭年均收入大约为500美元），而且医生会提供高质量的护理（Chu，2006：A1）。

3. 卵子冷冻 卵子冷冻是一种相对较新但越来越流行的技术，允许女性储存未受精的卵子以备将来使用。这项技术通常不在保险的支付范围内，费用为8 000～18 000美元。全世界只有几千个婴儿是通过冷冻卵子出生的，但成千上万的美国女性已经冷冻了她们的卵子，因为她们都在推迟为人母的时间（Gootman，2012；Richards，2012）。

使用新鲜或冷冻卵子成功怀孕的概率大致相同。从冷冻卵子中受孕的婴儿并不会面对出生缺陷或发育问题增加的风险，但生育医生不知道这种辅助生殖技术是否会给孩子带来长期的健康并发症（Walker，2012）。尽管有这些未解的问题，一些潜在的（外）祖父母仍渴望为这一技术的使用支付费用。根据一名36岁的未婚女性的说法："我的母亲对我说：'你认为我们是宁愿把这笔钱

放在银行账户里，还是愿意将来有个外孙？'"（Gootman，2012：A1）

4. 产前检查 胚胎植入前遗传学诊断（PGD）是一种最近被广泛使用的辅助生殖技术，它使医生能够在胚胎被植入前，就在胚胎中识别出如囊胞性纤维症或小儿唐氏综合征等遗传性疾病。这项技术允许一对夫妻选择健康的胚胎植入一名女性的子宫中。

有些批评者担心当父母可以为他们的孩子定制"从组织类型到眼睛颜色、从宽肩膀到极其聪明"等任何东西时，由于有些胚胎不完美和通往"新优生学"大门的开启，流产率将会增加（Healey，2003：F1）。此外，许多研究者相信胚胎植入前遗传学诊断技术终将产生无致命疾病的胚胎（M.Jones，2003）。

（五）基因工程：它的收益与成本

基因工程是一系列通过操纵遗传物质来改变细胞结构，使生物体在某种程度上变得更好的技术。案例包括大家刚刚读到的关于不孕不育的医学和高科技治疗。有些人担心基因工程，因为它对自然的干预是违反伦理和对社会有害的。另一些人则认为它的收益超过成本。

1. 基因工程的收益 那些想要孩子但无法怀孕的夫妻可以选择使用基因工程去生下与自然受孕一样健康的孩子。此外，由于治疗癌症，有些女性会经历不孕不育，她们可以在化疗前冷冻她们的卵子，然后，医生可以为她们重新植入卵子以助其生下健康的婴儿（Hobson，2004；Shevell et al.，2005）。

除了帮助人们怀孕外，基因工程在检测产前遗传疾病和异常方面具有重要价值。已变得相当普遍的两种诊断程序是羊膜穿刺术和绒毛取样。

在怀孕第20周所进行的**羊膜穿刺术**中，医生将一根针插入腹腔的羊膜囊，抽取液体进行分析，以诊断胎儿是否有小儿唐氏综合征和脊柱裂等异常情况。

同样的信息在怀孕的第10周可以通过**绒毛取样（CVS）**来获得，它也是一种判断胎儿是否异常的产前检查。通过阴道插入的导管从**绒毛膜**（包裹羊膜囊的外膜）中移除一些绒毛（指

状突起）。在这些阶段发现异常的主要优点就是父母可以在怀孕早期就决定是否流产。羊膜穿刺术和绒毛取样有自然流产和致畸的风险，尽管这样的风险很低（约占所有病例的 1%～2%）（Boodman, 1992）。

319
　　2. 基因工程的成本　辅助生殖技术会增加出生缺陷的风险，尤其是在双胞胎或多胞胎分娩的情况下（Reefhuis et al., 2009）。针对不孕不育的医疗措施费用很高，且很少能被保险项目报销。例如，重复做体外受精的花费轻易就能超过10 万美元（Saul, 2009）。由于只有富人才能负担得起基因工程的费用，因此这项技术并不能让所有社会阶层的人都受益。

　　还有一些对诸如父母和科学家们是否有通过选择基因来确定孩子头发的颜色和身高这种"设计婴儿"的权利（"Designer Babies"，2012）、父母是否有拒绝不完美胎儿的权利、父母和胚胎两者的权利的担心。假设被冷冻的受精卵的父母都已死亡，那么谁来为这个被冷冻的胚胎负责？因为父母死亡，它就应该被销毁吗？它可以被送去收养吗？可以交给医生做医学研究吗？

　　在 2010 年，有 5 500 多例三胞胎、四胞胎和多胞胎孩子出生，这主要是因为体外受精技术（Martin et al., 2012）。多胞胎婴儿一年内死亡的概率是其他婴儿的 12 倍。许多人患有终身呼吸系统和消化系统疾病。他们还容易患上一系列神经系统疾病，包括失明、脑瘫和智力迟钝（Rochman, 2009）。

　　精子库虽然受到食品和药物管理局的监管，但也存在风险。携带严重遗传性疾病的精子被出售给数百名女性。例如，一对得克萨斯州夫妻在他们的孩子被证实患有囊胞性纤维症这种潜在的致命疾病后，起诉了精子库（Dokoubil, 2011；Newton-Small, 2012）。

　　最后，一个婴儿能有多少个父母呢？例如，如果女同性恋妈妈分手，那么谁拥有做父母的权利——精子捐赠者、卵子捐赠者、生出孩子的母亲，或这三者？精子捐赠者、卵子捐赠者、代孕母亲、收养孩子的继父母，谁是孩子的父母呢？

　　不孕不育夫妻有时可以通过与亲朋好友的子女接触来享受间接的亲子关系。其他一些人则越

联系起来

● 人们应该将他们为人父母的时间推迟到自己 30 多岁、40 多岁以及更晚一些吗？

● 在有些欧洲国家——包括英国、瑞典、挪威和荷兰——出售匿名捐赠人的精子是违法的。美国是否应该通过类似的法律，即使这样做可能会减少捐赠者的数量？

● 那些正在治疗不孕不育的女性通常会使用脸谱网的"隐藏"功能来避免阅读怀孕和出生公告（Shapira, 2010）。如果她们怀孕或有了孩子，你认为她们是会愿意发布自己的喜讯，还是会为避免伤害其他不孕不育夫妻而不发布？

来越多地寄情于工作，甚至开始将自己无儿无女视为一种优势。有些夫妻接受了不孕不育，将其作为一种无法改变的事实，并且保持着无儿无女的状态，但也有许多人转向了收养。

六、收养：解决不孕不育的传统方案

　　收养是指通过合法手段把一个孩子带入自己的家庭，并且将其当作自己亲生的孩子抚养。在 20 世纪 50 年代，80% 的美国非婚生子女被父母抛弃以及被收养。这个比例现在已经下降了大约 1%，因为今天大多数未婚妈妈会选择抚养自己的孩子。在所有被收养的孩子（包括那些被亲戚收养的）当中，仅有 6% 的孩子未满 3 岁（Vandivere et al., 2009；Smock and Greenland, 2010）。因此，许多养父母并不是儿童的主要社会化代理人（第 3 章）。

　　被收养的孩子仅占美国儿童人口比例的 2%，但他们的绝对数量很大——将近 180 万。在所有的家庭收养中，一半的孩子来自私人渠道，一半的孩子来自寄养机构。从寄养机构收养的孩子曾参与过儿童保护服务系统。这些孩子的亲生父母可能死亡、失踪、不能或不愿提供妥善的照顾（Child Welfare Information Gateway, 2009；Vandivere et al., 2009）。

　　无论我们是亲生的还是被收养的，我们都无　*320*

法选择自己的家庭。我们将审视收养的收益和成本，但让我们先来看看收养的几种类型。

（一）公开和秘密收养

公开收养是指在孩子的一生中，亲生父母和养父母之间都会分享信息和保持联系的做法。在 2006 年，美国有 23 个州提供获取收养记录的开放途径（National Adoption Information Clearinghouse，2006）。一项对在婴儿时期就被收养的成年人的纵贯研究发现，大多数人很高兴他们的公开收养让他们有机会见到自己的亲生父母和兄弟姐妹，即使有些接触是消极的或令人不舒服的（Siegel，2012）。

在**秘密收养**中，收养记录是保持密封的，亲生父母不介入被收养人的生活，孩子与亲生父母几乎没有任何联系，即使有，关于他们的信息也很少。因为社交网络，尤其是脸谱网，一些被收养的孩子已经找到并联系上了他们的生母。有些生母并不介意，但另一些生母对侵犯她们的隐私权感到不满，特别是如果孩子的出生是源于强奸

或暴力关系。被亲生子女联系可能会使生母再次想起过去所受的创伤，而这些创伤是她们很难克服的。然而，被收养的孩子认为，他们有权利知道自己的亲生父母是谁，并且想了解可能会影响他们自己孩子的遗传健康史（Collins，2005；Luscombe，2010）。

第三种收养方式——**半公开收养**，有时也被称为*中介收养*，它是指在被收养人和养父母及亲生父母之间存在沟通，但这种沟通只有通过第三方如社会工作者或律师才能进行。表 9-1 罗列了每种收养方式的利弊。

（二）跨种族收养

总的说来，40% 的被收养的孩子的种族、族裔或文化与他们的养父母不同（Vandivere et al.，2009）。1994 年的联邦《多种族安置法案》（MEPA）禁止公共儿童福利机构基于种族、肤色或国籍推脱或拒绝儿童的寄养或收养。虽然 MEPA 支持跨种族收养，但这项政策一直备受争议。

跨种族收养的倡导者认为，许多黑人小孩和

表 9-1　各收养类型的利弊

类型		秘密收养	半公开收养	公开收养
利		亲生父母有种解脱感，可以继续他们的生活	亲生父母可以在保护隐私的同时，提供某些信息	亲生父母能伴随孩子长大，与其发展关系
		养父母免受亲生父母干涉或不用与亲生父母共同抚养	养父母比在公开收养中有更大的控制感	养父母可以更好地了解孩子的历史
		被收养的孩子免受不稳定或情绪失调的亲生父母的伤害	被收养的孩子不会幻想自己的亲生父母	被收养的孩子不太可能感到被遗弃（他们可以知道自己被收养的原因），而且可以扩大支持他们的成年人的圈子
弊		亲生父母可能经历更多的痛苦，因为他们缺乏关于自己孩子健康幸福与否的信息	亲生父母可能会对这个决定感到更痛苦，因为他们与收养家庭有联系	如果收养家庭不符合他们的期望，亲生父母可能会失望
		养父母无法获得太多关于孩子的出生家庭的医疗信息	养父母可能不得不处理亲生父母与被收养的孩子之间沟通（书信、电子邮件）不畅的问题	养父母在与情绪失调的亲生父母打交道时有困难
		被收养的孩子可能会经历身份困惑，因为他们的身体特征与养父母的不一样	被收养的孩子想要获得更多的信息，而这些信息是第三方不愿意透露的	如果与亲生父母的接触终止，那么被收养的孩子可能会感到被拒绝，或他们可能将自己的出生家庭与收养家庭对立起来

资料来源：Grotevant，2001；National Adoption Information Clearinghouse，2002；Crea and Barth，2009.

　婚姻家庭社会学（第 8 版）

混血儿，尤其是那些有情绪问题或身体残疾的孩子，如果白人父母不收养他们，那么他们将在寄养家庭待到18岁。此外，寄养家庭的费用很高，且无法提供像收养那样的持久性和稳定性（Altstein，2006；Hansen and Pollack，2007）。

一些定性研究发现，跨种族收养的孩子将受益，如果他们的养父母致力于种族社会化。也就是说，养父母可以通过培养孩子在其种族或族裔群体中的自豪感，以及教他们管理偏见和歧视的策略，来减少种族歧视的负面影响（Leslie et al.，2013；Rollins and Hunter，2013）。

全美黑人社会工作者协会和儿童福利联盟等组织反对跨种族收养。主要的反对理由是孩子们"脱离了他们的文化渊源"和"脱离了他们的族群社区"（Kissman and Allen，1993：93）。

有些儿童权利倡导者也质疑把非裔美国儿童安排到那些可能不会给孩子提供处理日常种族主义、偏见和歧视所需策略的白人父母家庭是否明智（Herring，2007；Evan B. Donaldson Adoption Institute，2008）。即使白人父母在黑人或混血小孩的婴儿时期就收养了他们，仍然有些被收养者在成年期报告称，他们正在与扩大家庭成员的排斥进行抗争、因被白人抚养而被黑人同辈指责，以及不能完全融入黑人或白人朋友圈子（Samuels，2009）。

（三）被同性夫妻收养

美国儿科学会支持那些想要寄养或收养孩子的男女同性恋者："越来越多的科学文献表明，在1个或2个男/女同性恋父母身边长大的孩子与父母是异性恋者的孩子在情感、认知、社会和性功能方面的表现一样出色。"（Perrin，2002：341）约52%的美国人支持孩子被男女同性恋者收养，这个比例在1999年为38%（"Two-thirds of Democrats…"，2012）。

在孩子未满18岁的美国夫妻当中，有2%的同性伴侣收养了一个孩子，相比之下，仅有0.3%的异性伴侣会这样做。在2000—2010年，收养孩子的同性伴侣比例从9%上升至20%。这些家庭大多是女同性恋家庭，但男同性恋者在收养孩子的同性父母中所占比例越来越大——2010年占比近33%，高于2000年的20%。男女同性伴侣也比异性伴侣更愿意收养那些最难被安置的有特殊需要的孩子（Gates，2011；Movement Advancement Project et al.，2012；Swarns，2012）。

同性养父母往往是白人，收入和受教育水平都很高，但他们追求为人父母的原因与异性恋者相似。例如，男同性恋伴侣，收养孩子是因为他们喜欢小孩，认为养育孩子是生活的一个重要组成部分，并且想要通过提供一个好的家庭来改善孩子的生活，或者因为伴侣中的一方有强烈的想要为人父的愿望（Goldberg et al.，2012）。

322

（四）国际收养

由于收养一个来自海外的孩子所需等待的期限仅为1～2年（相比之下，收养一个美国国内的孩子则需要等待7～10年），因此许多美国人选择国际收养（也称作*跨国收养*）。在1999—2012年，美国人收养了将近243 000个来自至少20个国家的孩子（U.S. Department of State，2013）。

直到2004年，美国国际收养数量一直稳定增长，但接下来开始下降（见图9-5）。数量下降并非由于美国人失去了兴趣，而是因为一些东道国出于文化、政治和经济原因限制了国际收养。例如：

- 随着中国日渐繁荣，被遗弃孩子的数量减少。虽然女孩仍然占孤儿院儿童总数的95%，但中国已经加强了涉外收养规定，现在要求养父母年龄必须小于55岁、已婚、为异性恋者、收入高、不肥胖、不服用抗抑郁药物（Wingert，2008；Webley，2013）。

- 俄罗斯的孤儿数量超过60万。然而，总统弗拉基米尔·普京已经下令禁止俄罗斯儿童被美国家庭收养，以反击美国的一项新法律（该法律指控一些俄罗斯公民侵犯人权）（Loiko，2012；Khazan，2012）。

- 韩国的国际收养急剧减少。原因包括鼓励国内收养，从而确保有大量的年轻雇员可以支持老年人（见第14章），而且随着韩国经济的成功，大量的跨国收养会使政府感到尴尬（Kirk，2013）。

- 因为"普遍存在伪造文书、女性被付费以放弃她们的新生儿、婴儿从医院被绑架或从他们父母的怀中被抢走等现象"，以及一些律师从事非法、有利可图的收养活动，收养程序平均仅需 6 个月的危地马拉已经收紧了有关法律（Llana，2007；Webley，2013：37）。

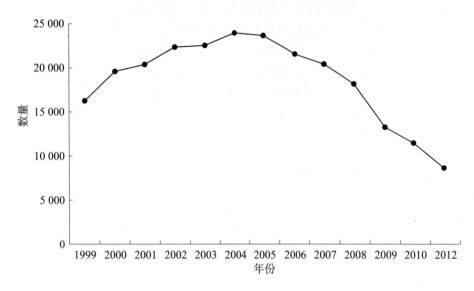

图 9-5　美国的国际收养数量（1999—2012）
资料来源：U.S. Department of State，2013.

（五）收养的收益与成本

大家在前面已经得知生育亲生子女既有收益又有成本。收养也同样如此。

1. 收养的收益　收养最明显的收益就是养父母和被遗弃的孩子找到了值得爱的人。大多数单亲父母是女性，她们倾向于收养女孩或年长儿童、少数族裔儿童或智障儿童。如果没有被收养，这些孩子当中的许多人就会在寄养家庭而非一个稳定的环境中长大。一些被收养的美国知名人士包括：

* 剧作家和作家（詹姆斯·米切纳和埃德加·艾伦·坡）。
* 美国总统和第一夫人（杰拉尔德·福特、赫伯特·胡佛和南希·里根）。
* 民权运动领导人和政治家（杰西·杰克逊和纽特·金里奇）。
* 企业家（史蒂夫·乔布斯，苹果电脑的联合创始人；汤姆·莫纳汉，达美乐披萨的创始人；戴夫·托马斯，温迪汉堡的创始人）。

大多数被收养的孩子比一般的孩子更可能拥有丰富的家庭经历。例如，年幼的孩子更有可能每天听父母阅读、唱歌、讲故事，学龄儿童则更可能参与课外活动（Vandivere et al.，2009）。与非收养家庭一样，那些热情、支持、鼓励对话和自我控制的养父母会与兄弟姐妹和其他家庭成员建立亲密关系（Samek and Rueter，2011）。

2. 收养的成本　收养也有一些不足之处。一次国际收养，包括手续费和旅行费在内，成本支出可能高达 50 000 美元。相比之下，国内收养的费用为 5 000 ～ 30 000 美元，并且收养一个被寄养的孩子的成本几乎为零（Dagher，2013；Webley，2013）。

在历史上，许多孩子，尤其是来自俄罗斯的孩子有严重的医疗和情绪问题。这些问题需要昂贵的专业治疗，且并非总能带来积极的结果（Pickert，2010；Ruggierro，2010）。

父母的恼怒在养父母当中比在一般人群中更常见（11% 比 6%）。虽然许多被收养的孩子表现得很出色，但他们比一般人群中的孩子更可能被诊断出患有抑郁症、注意缺陷障碍（ADD）和注意缺陷多动障碍（ADHD，俗称多动症），尤其是当他们是在 2 岁或更大年龄被收养时（Vandivere et al.，2009）。

一项针对 1 800 多位收养了 6 ～ 18 岁孩子的父母的研究发现，学习障碍本身并没有降低父母的收养满意度。然而，学习障碍会增加外化问题行为，如违反规则、逃跑、打架和威胁行为等的可能性，这些行为有时还可能导致收养关系的解除（Nalavany et al.，2009）。大约 3% ～ 8% 的收养关系因养父母无法应对孩子严重的外化问题行为而被解除（Festinger，2002）。

自 1990 年以来，非婚生育数量激增（见数据摘要）。但如果女性没有流产的机会，那么这个数字会高出许多。有些人视流产为罪恶；另一些人则认为流产是避免为人父母的一种负责任的方式，无论是在婚姻内部还是在婚姻外部。

七、流产

流产是指将胚胎或胎儿从子宫排出。它既可以自然发生，如*自然流产*，也可以用医学手段引起。

流产在所有社会中都是普遍存在的，并且持续了几个世纪，直到1869年才被天主教会禁止。美国在19世纪开始禁止流产，当时这种禁令在白人、已婚者、新教徒以及在美国出生的中上阶层女性当中被普遍推行。中上阶层的白人男性开始担心这个国家会因有着更高生育率的"低等"的新族裔群体成员的增加而出现人口过剩（Mohr，1981）。自从1973年美国联邦最高法院判决罗伊诉韦德案后，流产已经变得合法了。

（一）流产的发生和流行

大家在前面已经得知，在美国所有的怀孕者中，仅52%的人是有意怀孕的。每年，约40%的意外怀孕以流产告终。终其一生，33%的女性在45岁之前会有一次流产行为（Finer and Zolna，2011；Jones and Kavanaugh，2011）。

美国流产的数量已经自1990年（历史高点）的160万下降至2008年的120万——所有美国女性中有2%的人有过一次流产行为（Jones and Kooistra，2011）。*流产率*，即每1 000名15～44岁女性的流产数量，在20世纪70年代有所增长，然后开始减少（见图9-6）。

联系起来

- 你认为收养应该公开、半公开还是秘密进行？原因何在？
- 像安吉丽娜·朱莉和麦当娜这样的名人收养分别来自越南和非洲的孩子得到了广泛的宣传。你认为她们应该收养成千上万正在寄养家庭中受煎熬的在美国出生的孩子的其中之一吗？
- 在收养手续完成后，是否应该允许父母改变主意？

（二）谁会流产和为何流产?

决定流产既非随意也非冲动。有过流产行为的女性有着相似的人口统计特征和流产原因。

1. 一些人口统计特征 流产现象在年轻人（20多岁）、白人以及从未结过婚的女性中最常见（见图9-7）。然而，按比例计算，37%的流产是由黑人女性所为；34%的流产是由白人女性所为；22%的流产是由拉美裔女性所为；7%的流产是由亚裔、太平洋岛民、美洲印第安人和那些混血女性所为（Cohn，2008；Guttmache Institute，2008）。

所有曾经有过流产行为的女性中，60%的人已经有1个或更多孩子，69%的人的收入低于或接近贫困线，88%的人在怀孕最初的12周内进行了流产，73%的人有宗教信仰（Guttmacher Institute，2013）。在那些有宗教信仰的流产女性当中，28%的人是天主教徒（Jones et al.，

325

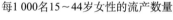

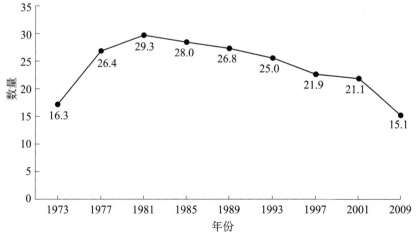

每1 000名15～44岁女性的流产数量

图9-6 美国的流产率（1973—2009）
资料来源：Guttmache Institute，2008，and Pazol et al.，2012，Figure 1.

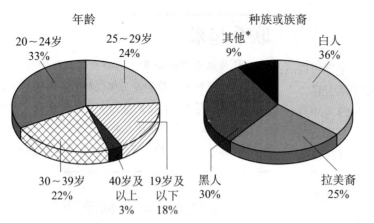
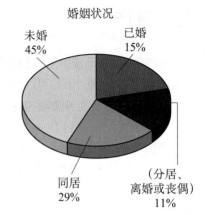

年龄
20~24岁 33%
25~29岁 24%
30~39岁 22%
40岁及以上 3%
19岁及以下 18%

种族或族裔
其他* 9%
白人 36%
黑人 30%
拉美裔 25%

婚姻状况
未婚 45%
已婚 15%
同居 29%
（分居、离婚或丧偶）11%

图 9-7　谁会流产？

* 其他指亚裔、太平洋岛民、美洲印第安人和阿拉斯加土著。

资料来源：Guttmache Institute，2013.

2010）。天主教教徒中的流产女性的比例可能更高，但她们也许并不愿意承认自己的宗教信仰，因为按照教义，她们是被禁止流产的。

2. 流产的一些原因　自 1987 年以来，流产的主要原因（占到所有案例的 74%）已经变成了在经济上无力抚养婴儿。许多低收入女性，尤其是那些已经有孩子的女性，认为这个不期而至的孩子会使她们陷入更深的贫困，并造成更多的养育问题。有些女性考虑过收养，但认为放弃一个孩子在感情上太痛苦（Finer et al.，2005；Jones et al.，2008）。

超过半数在 2008 年曾流产的女性在流产前一年至少经历过一次破坏性的生活事件。例如，相比那些远高于贫困线的女性（占比 49%），占比更高的贫困女性（63%）更可能报告这些事件，如：失业导致健康保险丧失，进而激素类避孕药物的获取受限；与伴侣分居；拖欠租金或抵押贷款；多次搬家；上一年生了一个孩子。相比较高收入女性，低收入女性也更有可能经历亲密伴侣的暴力，其中包括违背她们意愿使其怀孕的暴力行为（Jones et al.，2013）。

流产反对者通常声称应该减少流产的可能性，因为大多数女性并没有意识到流产的本质，也没有做出明智的决定。这种假设是错误的。对 5 100 名有过流产行为的女性的一项研究发现，几乎所有女性都确信自己的决定，因为相比有一个不期而至的或不想要的孩子，流产是一种更好的选择（Foster et al.，2012）。

（三）流产安全

反流产组织声称流产会危害女性的身心健康。这种说法准确吗？

1. 身体健康　在生理层面上，第一孕期（怀孕头 3 个月，最多 12 周）内的合法流产要比开车、踢足球、骑摩托车、注射青霉素或继续怀孕更安全。只有不到 0.3% 的流产者会经历需要住院治疗的并发症（Guttmacher Institute，2005，2011；Deprez，2013b）。

第一孕期的流产几乎不会对未来的妊娠造成任何长期风险，如不孕、自然流产、出生缺陷、早产或出生体重偏低。无论流产反对者如何声称，也没有证据显示流产行为会增加患乳腺癌、导致不孕不育，以及出现创伤后应激障碍、酒精和药物滥用或自杀的风险（Boonstra et al.，2006；Guttmacher Institute，2011；Sheppard，2013b）。

2. 心理健康　在 2012 年，第八巡回上诉法院维持了 2005 年南达科他州的一项法律，该法律要求医生们对那些寻求流产的女性提供建议，即她们会因流产而面临产生自杀念头和其他心理健康问题增加的风险（"Spurious Science..."，2012）。这一决定与其他州的决定一样，是基于一项在方法论上有缺陷的研究，该研究发现流产和随后出现的心理问题之间存在"因果关系"。相反，具有全国代表性的高质量研究得出结论，流产与随后出现的心理健康问题之间没有因果关系。例如：

326

- 相比怀孕但没有终止妊娠的女性，有过流产行为的少女和成年女性经历抑郁、自卑或心理健康问题的可能性并不会更高（Major et al., 2008; Warren et al., 2010）。
- 心理健康问题史，而非流产，是流产后心理健康问题的最强预测指标（Academy of Medical Royal Colleges, 2011; Steinberg and Finer, 2011）。
- 通过对美国、英国和其他国家进行的低质量和高质量实证研究的回顾，可以得出一个结论，就是意外怀孕而非流产，增加了产生心理健康问题的风险（Academy of Medical Royal Colleges, 2011）。
- 一项对 1995—2007 年在第一孕期有过初次流产行为的 8.6 万多名丹麦女性的研究发现，流产与随后出现的心理健康问题之间没有因果关系。这项研究在方法论上是非常强有力的，因为这些数据基于完整的病人医疗记录，而非回顾性的自我报告（Munk-Olsen et al., 2011）。

当女性经历流产后的忧伤、悲痛和抑郁时，这种情绪通常是由共同发生的因素引起的。这些因素包括贫穷（因为低收入母亲担心能否负担起一个孩子）、情感问题、药物或酒精滥用，以及对那些会将流产污名化的家人与朋友保守流产的秘密（Major et al., 2008）。

没有经历过亲密伴侣暴力的绝大多数美国女性（82%）报告称让她们怀孕的男性了解并支持其流产。这种支持极大地提升了女性流产后的幸福感（Jones et al., 2011）。流产前后的社会支持——来自男性伴侣、家庭成员和朋友——对女性的情绪状态非常重要，但在决定是否进行流产方面，女性自主权亦非常重要。例如，认为最终决定权在自己手中的女性，比那些觉得应该由男性伴侣、家人或朋友做出决定的女性，在流产后情绪上的表现更好（Kimport et al., 2011）。

（四）流产率为何已经下降

越来越多的女性不想要孩子（见数据摘要）。那么，为何流产率已经下降？原因有好几个，包括从个人态度到法律和政策等结构性因素。

1. 关于流产态度的变化 虽然在 10 个美国

人中就有 7 个反对推翻*罗伊诉韦德案*（Radnofsky and Jones, 2013）的判决，但流产仍是一个极具争议的问题。反流产的支持者认为，胚胎或胎儿并不仅仅是一大堆细胞，而是从受孕开始就是一个人，因此有生存的权利。相反，流产权的支持者认为受孕时的有机体缺乏大脑和其他具体而独特的人类属性，如意识和推理能力。流产权的支持者还认为，应由怀孕女性自己，而非政府或宗教团体做出决定。

自 1995 年以来，那些"赞成流产合法化"（支持流产）的美国人与"反对流产合法化"（支持生命）的美国人之间的人数差距已明显缩小（见图 9-8）。超过半数的美国人认为流产相比其他问题"并没那么重要"，但仅 28% 的人觉得在任何情况下，流产都应是合法的（*Roe V. Wade at 40...*, 2013; Saad, 2013）。

在那些每周都参与宗教活动的美国人中，半数想推翻*罗伊诉韦德案*的判决，并且有宗教信仰的人自称"反对流产合法化"。然而，随着收入和受教育程度的提高，宗教的重要性会降低，流产的可接受度会增加，并且人们更可能自称"赞成流产合法化"（"Abortion Views by Religious Affliation", 2009; *Roe V. Wade at 40...*, 2013; Saad, 2013）。因此，社会阶层在许多美国人的流产观念中是一个重要变量。

2. 避孕措施的有效使用 美国怀孕和流产人数整体下降的一个主要原因是避孕措施的更有效使用（Pazol et al., 2012; Ventura et al., 2012）。女性会采用避孕措施，因为这能让她们更好地照顾自己和家人，获得大学学位，实现经济安全（Frost and Lindberg, 2013）。当少女和年轻成年女性了解了所有控制生育的方法，并可以自由选择免费的避孕措施时，流产率、重复流产率和青少年生育率显著下降，且比全美平均水平低 6 倍（Peipert et al., 2012）。

自 1994 年以来，流产人数减少了 43%，这可以归因于紧急避孕的发展（Guttmacher Institute, 2005）。在 2011 年，联邦食品和药品管理局允许售卖没有医生处方的紧急避孕药给那些年龄在 15 岁及以上的人，降低了以前要 17 岁的限制。奥巴马政府否决了联邦食品和药品管

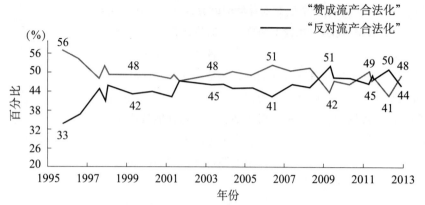

图 9-8　关于堕胎的美国成年人的立场
资料来源：Saad, 2013.

图中图例：
"赞成流产合法化"
"反对流产合法化"

局的决定。在 2013 年，一名联邦法官要求联邦食品和药品管理局允许在柜台为任何人提供紧急避孕药，而且没有年龄限制。几个月后，政府表示将遵守法庭的裁决，从而结束了一场"持续了十多年，并跨越两届白宫政府"的战斗（Dooren, 2013; Morin and Mohan, 2013; "Plan B Contraceptive…", 2013）。

紧急避孕药可以防止怀孕，人工流产药（以前叫 RU-486，现在又被称为米非司酮、*药物流产、医疗流产*）可以阻止怀孕的发展。米非司酮可以被用于上一次月经开始后的 63 天，即 9 周内的早期流产（Planned Parenthood Federation of America Inc., 2013）。

3. 较少的流产服务　由于流产服务的提供者越来越少，流产率随之降低。一项研究发现，42% 的注册助产士和 24% 的医师助理希望接受流产方面的培训。然而，由于反流产活动人士开展的国内恐怖主义，很少有医生会实施流产手术。例如，自 1982 年以来，流产服务的提供者人数减少 38%；美国 87% 的县没有流产设施；有 4 个州仅有一家流产诊所。如果一位女性没有资源前往其他州，那么除了生下这个她不想要或意外怀上的孩子，她几乎别无选择（Hwang et al., 2005; Jones and Kooistra, 2011; Pickert, 2013; Sheppard, 2013a）。

流产的反对者一直在大声疾呼，有时甚至会暴力地关闭流产诊所。自 1993 年以来，"反对流产合法化"的支持者们谋杀了 8 名流产服务提供者和工作人员。除此之外，还有 17 起谋杀未遂、

153 起袭击、3 起绑架、41 起爆炸、173 起纵火、91 起爆炸未遂和无数的破坏与非法入侵的威胁和事件（Burkhart, 2011）。在 2009 年年中，一个反流产活动者枪杀了乔治·提勒医生，后者是堪萨斯州威奇塔市的一位流产服务提供者，被枪击时他正在教堂做礼拜。谋杀案发生后，他的家人关闭了诊所（Slevin, 2009; Sulzberger, 2011）。

截至 2013 年，全美大约有 1 800 家流产诊所，相比之下，有 2 500 个建议孕妇不要流产的*危机怀孕中心（CPCs）*（Belluck, 2013）。这些中心的工作人员——通常是没有受过专业训练的志愿者——通过"播放血淋淋的胎儿视频、隐瞒怀孕测试结果，甚至强迫她们签署收养文件"来试图阻止女性流产（Kahsef, 2003: 18; Gibbs, 2007）。

大多数危机怀孕中心宣称自己为"妇女中心"和"诊所"。当女性期待获得全方位服务时，"工作人员"将告诉她们流产会增加患乳腺癌的风险，导致不孕不育、自杀和创伤后应激障碍——以上这些都是错误的（National Abortion Federation, 2006; U.S. House of Representatives, 2006）。

在一些州，药房和医疗机构中的有宗教信仰的雇员会拒绝提供避孕药和紧急避孕药，虽然这两者都不能终止妊娠。雇员和药剂师也可能拒绝提供任何他们"认为"可能会终止妊娠的药物（Marty, 2012; Seltzer, 2012）。

4. 限制性法律和政策　美国有着世界上最严格的流产政策，尤其是在工业化国家中，这些政策迫使女性继续进行违背她们意愿的妊娠（Barot, 2012）。在 2011—2012 年，30 个州通过了 135 项限制合法流产的新规定。单就 2013 年上半年而言，州议会就通过了 43 项限制流产的新规定（Masci, 2013; "State-Level Assault…", 2013）。例如：

- 10 个州已经禁止女性就堕胎或堕胎药向医生进行远程医疗咨询；这意味着农村地区的许多女性可能不得不驱车近 500 公里去看医生。
- 8 个州要求进行医学上不必要的超声波检查，这迫使女性在流产前必须去诊所 2 次。

- 18 个州要求给寻求流产的女性提供具有误导性的信息，如流产会"导致"增加罹患乳腺癌的风险和消极的心理健康后果。

- 20 个州通过州健康保险计划限制对流产的报销（"Laws Affecting…"，2012；Daniel and MaCann，2013；Deprez，2013a，2013b）。

自 2010 年共和党赢得了对 25 个州立法机构的控制权以来，女性流产的机会逐渐减少，诊所数量逐渐减少，为流产提供的资金和保险费用也在逐渐减少。因此，在所有正值生育年龄的美国女性中，有 55% 的人目前正居住在"对流产权持敌对态度"的州中（Gold and Nash，2012）。

八、不生孩子

并非人人都想生孩子。例如，那些 40～44 岁仍然没有孩子的女性的比例自 1976 年开始有所增长（见数据摘要）。另外，仅 59% 的已婚美国人和 44% 的未婚美国人认为生孩子是结婚的一个重要原因（Cohn，2013）。

（一）"无孩子"与"不生孩子"

如果女性打算将来再生孩子，那么她们就是*暂时无孩子*；由生育或其他生理问题导致的是*非自愿无孩子*；由于她们或她们的伴侣决定不要孩子，就是*自愿无孩子*。本节讨论的是自愿无孩子的女性，在 2010 年，这一群体在 40～44 岁的所有美国无孩子女性中，所占比例接近 22%（Martinez et al.，2012）。那些并非不能生育且选择不生孩子的人宁愿自称为*不生孩子*（child free），也不愿被称为*无孩子*（childless）。*无孩子*意味着缺乏或失去，而*不生孩子*则意味着一种选择（Paul，2001）。不过，研究者们经常将这两个术语交替使用（Allen and Wiles，2013）。

（二）人们为何选择不生孩子

美国作者埃德加·沃森·豪（Edgar Watson Howe）曾经说过，有孩子的家庭和没有孩子的家庭会互相同情。他的说法也许是对的，但人口

联系起来

- 你支持或反对流产的原因何在？
- 如果父母不流产他们所知的将有严重残疾、将永远依赖他人照顾，或者可能在很小的年龄就会死去的孩子，他们就是不负责任的吗？还是说所有胎儿都有出生的权利？

统计变量和个人选择有助于解释为何许多人不生孩子。

1. 人口统计变量　不生孩子的女性往往是那些从未结婚也未同居、有大学或更高学历、在双亲俱在的家庭中长大的白人女性（Martinez et al.，2012）。在 1992—2008 年，所有 40～44 岁的女性当中，白人女性是最可能不生孩子的，但不生孩子的黑人、拉美裔和亚裔女性的比例已有所上升（Livingston and Cohn，2010）。

受过大学教育的女性和职业女性比那些同龄男性更可能选择不生孩子。这一性别差异可能反映出女性意识到了平衡就业和为人父母的挑战，特别是因为女性在家务和照顾孩子方面仍比男性承担更多的责任（Koropeckyj-Cox and Pendell，2007；也见第 3 章、第 8 章和第 11 章）。

2. 个人选择　有些人决定不生孩子是因为他们的家族有乳腺癌和其他癌症、阿尔茨海默病和肌肉萎缩症等疾病史。一名年轻的已婚女性在测试表明她有 67% 的概率死于白血病（这是她姐姐 8 岁时死亡的原因）后，她决定"不再让这种生物缺陷有机会遗传下去"（不生孩子）（Handler，2009：11）。

由于生儿育女的社会压力已经减少，因此男女两性都能更自由地关注自己的目标和兴趣、重视自己的独立性、做自己想做的事情，而不必担心抚养孩子的问题（Valenti，2012；Lick，2013）。然而，不生孩子的女性也经历了相同的社会身份——非母亲，不同之处取决于是否为自愿无孩子。例如，相比那些非自愿无孩子但视母亲身份为重要的社会角色的女性，选择不生孩子以及并没有内化人母身份是一个女性社会身份的重要组成部分的信念的女性更幸福（McQuillan et al.，2012）。

许多人认为应该先有婚姻，再生孩子。有些

人在晚婚后决定不生孩子。正如一个丈夫所说，"我不想 65 岁的时候还和一个十几岁的孩子待在一起"（Fost，1996：16）。一项针对 63 ～ 93 岁的人群的研究得出的结论是，孩子并不是晚年生活满意所必需的。某些研究对象选择不生孩子是因为他们在暴力家庭中长大，不想重复相同的模式；另一些人则有由密友和同事组成的网络，他们从未想过要生孩子（Allen and Wiles，2013）。

有些不生孩子的人是教师或工作是与孩子打交道但想"回家后感到安静平和，并与我丈夫共度一个轻松夜晚"的专业人士（May，1995：205）。另外一些人则不愿意围绕孩子的活动和学校假期来安排自己的生活，并且不想担心孩子将会变成怎样，尤其是当他们能通过侄女、侄子和朋友的孩子间接地体验为人父母的感觉时（Rosenberg，2011）。

有些社会科学家"从孩子身上看到了社会退缩"，因为婚姻的意义和目的已经发生了变化："在法律上、社会上和文化上，婚姻现在主要被定义为一种伴侣关系，它致力于满足每个个体内心深处的需求和动力。"这种对陪伴关系的强调已经导致"养育孩子的贬值"，育儿需要牺牲、稳定、可靠和成熟——这些价值观已经不再主宰美国社会（Whitehead and Popenoe，2008：7，35-36）。

在生孩子上是否存在社会退缩仍然存在争议——现在存在数以百万计的有 3 个或更多孩子的家庭，辅助生殖技术产业迅速发展，还有关于父母在分手或离婚后哪一方能得到子女抚养权的激烈争论（见第 13 章）。此外，在那些 1977—1992 年出生的人当中，52% 的人说成为好的父母是生命中"最重要的事情之一"。只有 30% 的人认为拥有一段成功的婚姻也是如此（Wang and Taylor，2011）。

然而，许多记者注意到，许多美国人现在对宠物的打扮比对自己的要好，每年花在兽医身上的钱比儿科医生的要多，对待宠物比对他们的孩子更有爱心，而且通常养宠物（他们的"宝宝"）而非孩子（Brady and Palmeri，2007；Lynch，2007；and Piore，2007）。

约 41% 的美国人认为，不生孩子的人并不会"生活空虚"，这一比例比 1988 年的 61% 有所下降。此外，有 38% 的人认为不生孩子"是对社会有害的"（Livingston and Cohn，2010）。不生孩子的夫妻有时被认为任性、自私、以自我为中心、工作狂、情绪调整存在问题，也不像那些有孩子的人那样敏感而有爱心（Sandler，2013）。正如大家在下章所看到的，抚养孩子是一项艰巨的任务，父母通常感到不被感激。因此，没有孩子的生活可能是很有吸引力的。

本章小结

人们对为人父母的态度已经发生变化。今天比过去有更多的选择，包括推迟生育、即使不孕不育仍想方设法地受孕，以及非婚生育。然而，这些选择仍有约束，许多人对为人父母的期望是矛盾的。例如，国家大力发展那些有助于不孕不育夫妻怀孕的生殖技术，但对消除那些会增加人们不孕不育或生下终身身心残障婴儿的风险的危险工作环境所做的努力甚少。尽管有这样的矛盾，但大多数人仍期待抚养孩子——这是我们下一章的重点。

复习与思考

9.1 描述为人父母的收益、成本和影响。

1. 人们总是为有孩子而感到高兴吗？

2. 具体而言，什么是生育子女的收益和成本？

3. 为人父母的身份是如何改变女性和男性的？

婚姻家庭社会学（第 8 版）

9.2 解释出生率在美国以及全球正在发生怎样的
变化及其原因。

4. 社会科学家们如何测量出生率？生育率告
诉了我们什么？

5. 美国的出生率自20世纪初以来发生了怎
样的变化？有助于解释这些变化的宏观和
微观层面的因素是什么？

9.3 描述意外怀孕和有意怀孕的影响，以及避孕
措施的使用。

6. 为何有如此多的意外怀孕？

7. 许多人为何不采用避孕措施？

9.4 解释一下为何许多人在推迟生育，并讨论这
种推迟的影响。

8. 推迟生育的微观和宏观原因是什么？

9. 推迟生育的收益和成本是什么？

9.5 探析不孕不育的原因、人们的反应和现有的
医学治疗措施。

10. 有多少美国人是不孕不育的？女性不孕
和男性不育的原因何在？

11. 针对不孕不育的医学和高科技治疗措施
是什么？具体而言，这些治疗的收益和

成本是什么？

12. 为何对基因工程存在争议？

9.6 对比公开和秘密收养、跨种族收养、被同性
伴侣收养和国际收养。

13. 公开、秘密和半公开的收养方式有何不
同？每种方式的利弊各是什么？

14. 跨种族收养为何存在争议？被同性伴侣
收养与被异性伴侣收养有何不同？

15. 美国人的跨国收养为何会减少？收养的
收益和成本是什么？

9.7 描述一下流产的发生率，讨论流产女性的特
点及其流产原因，并解释美国流产率为何有
所降低。

16. 谁会流产，以及为何流产？

17. 流产安全吗？

18. 美国的流产率为何已经下降？

9.8 解释一下为何有的人选择不生孩子。

19. 不生孩子的人的数量为何有所增长？

20. 许多美国人是如何看待那些决定不生孩
子的人的？

第**10**章
抚养孩子：承诺和陷阱

学习目标

当阅读和学习本章后，你将能够：

10.1 描述为人父母的回报和困难，并对比理想和现实中的父母角色。

10.2 比较三种重要的儿童发展理论。

10.3 比较四种家庭养育方式，并描述最有效的管教方式。

10.4 根据种族、族裔和社会阶层差异来比较养育方式的区别。

10.5 比较同性家长和异性父母的养育方式。

10.6 描述整个生命历程中的养育方式。

10.7 描述家庭当前的孩子照顾安排。

10.8 描述可能影响孩子幸福感的三个当代社会问题。

- 有 69% 的美国人表示，家中有父亲对孩子的幸福而言至关重要；仅有比例稍微高一点（74%）的美国人说，家里有母亲亦是如此。
- 在孩子未满 18 岁的父母当中，64% 的父亲和 73% 的母亲表示他们作为父母做得很"优秀"或"非常好"。在职母亲（78%）比全职母亲（66%）更可能这样说。

- 在 18～65 岁的美国成年人当中，75% 的男性和 64% 的女性表示孩子有时候需要"好好打一顿屁股"。
- 在 2012 年，36% 的 18～31 岁的年轻人和他们的父母生活在一起；在 1981 年，这个比例为 31%。
- 超过 111 000 对同性伴侣正在抚养大约 17 万名亲生子女、继子女或被收养的孩子。
- 在 35 个全球最富有的发达国家当中，美国的儿童贫困程度排名第二。

资料来源：Livingston and Parker, 2011；Adamson, 2012；Child Trends Data Bank, 2012；Fry, 2013；Gates, 2013；Parker and Wang, 2013.

根据斯瓦希里的谚语，孩子既是宝石又是沉重的负担。养育孩子既令人兴奋又让人精疲力竭，是一项需要耐心、牺牲和不断调整的任务。它可能有许多回报，但并不能保证。本章审视了一些最具影响力的儿童发展理论、不同的父母教养方式、父母对孩子发展的影响，以及孩子是如何做的。让我们从了解当代的父母角色开始。

一、当代的父母角色

为人父母是人生的一大改变。在孩子出生前的数月，怀孕的母亲可能会放弃巨无霸汉堡，增加富含钙的乳制品和新鲜蔬菜的摄入量，以及戒烟、酒和其他药物。许多准父母会购买婴儿服装和婴儿室家具，育儿手册也会堆积在他们的床头柜上。

（一）孩子出生

婴儿在教育成年人去满足他们的需求上并没有浪费时间。婴儿在他们自己的发展中，不是被动的接受者，而是积极的参与者：

婴儿调整、调节和完善了照看者的活动……通过烦躁、不耐烦或满意的声音，通过愉悦、满足或警觉的面部表情，他……"告诉"了父母什么时候他想吃，什么时候他要睡，什么时候他想一起玩、被抱起来或改变位置……照看者然后就适应了他……（Rheingold, 1969：785-786）

人们并非简单地扮演父母的角色，而是将其*内化*为某种意义，即成为人母或人父是一个人自我认同的一部分。当他们向为人父母的身份转变时，夫妻双方会互相帮助学习扮演父母的角色，以及处理成为好的父母的那种不确定性要求。

养育子女并非自然而然就会的。它既不是本能，也不是天生就会。特别是对养育第一个孩子而言，我们大多数人是摸着石头过河的。对婴儿生理照料的建议是有价值的，但没有任何模板可以确保为人父母之路一帆风顺。

（二）父母养育的回报和困难 *334*

正如生育孩子既有收益也有成本，抚养孩子亦是如此："养育方式各不相同，有时令人感到非常满意，而且似乎很容易，有时也会让人感到困惑、困难和负担沉重。"（Arendell, 1997：22）媒体报道经常强调为人父母的困难，但它也能带来满满的幸福。

1. 孩子带来喜悦和满足　虽然养育和快乐并非总是相伴而行，但许多父母称有了孩子增强了他们的幸福感（White and Dolan, 2009；Keizer et al., 2010）。父母，与非父母相比，通常有着更积极的生活态度。在照顾孩子时，他们比在其他15种日常活动如看电视、做饭、工作和与朋友交往中更快乐（Nelson et al., 2013）。

2. 角色超载、角色冲突和角色紧张 大家是否还记得，角色是一组预期的行为模式、义务和特权（见第1章）。有工作的父母通常会经历**角色超载**，即感觉被多个承诺压得喘不过气来。特别是当父母双方都有全职工作时，他们几乎没有时间来扮演家庭角色。

角色超载与**角色冲突**——当两个或多个角色期望不相容时，一个人所经历的挫折和不确定性——密切相关。例如，当父母由于工作职责无法参加学校活动或家长会时，他们会经历角色冲突。

角色紧张涉及某人在一个角色*内*所感到的冲突。例如，当父母中的一方必须同时满足有不同时间表和不同兴趣的年幼子女和年长子女的需求时，他就会经历角色紧张。造成父母角色紧张的因素有四个：

（1）**不切实际的角色期望**。正如学生们会接受这样一个事实——有些教授要比另外一些更优秀，我们大多数人也会接受律师、护士以及其他专业人士偶尔犯的一些错误。然而，父母期望自己的每个孩子都能获得成功，如果他们"失败"了，父母就会感到内疚；"事实上，孩子的出路似乎成为我们文化用来评估父母是否'称职'的唯一标准"（Simon, 2008：44）。

（2）**被削弱的权威**。许多父母认为在抚养孩子方面，他们的权威比过去父母的更少。例如，父母在与孩子学校的官僚机构打交道时常常感到无助，因为这些机构既没有为孩子的未来做准备，也没有抵制教会他们孩子"不良"价值观的互联网文化（Taffel, 2012）。

（3）**增强的责任感**。如果父母抚养几个孩子，并且其中一个离家出走，那么亲朋好友可能会认为这对父母有个"坏孩子"。相反，许多专业人士（如精神病医生和社会工作者）经常自发假设孩子不会从好的家庭离家出走，从而推断问题可能出在父母身上。这种推断会增加父母的焦虑和角色紧张。

越来越多的州正在通过法律，增加父母对控制青少年在家饮酒的责任，无论父母是否意识到有未成年人饮酒。如果青少年醉酒导致了交通事故，特别是车祸致死，那么父母可能会在民事法庭被起诉赔偿数百万美元（Schwartz, 2007）。因此，父母——而非他们的孩子——通常要为孩子的不当行为负责，责任范围从涂鸦到车祸等。

（4）**高抚养标准**。相比我们为人父母时接受的培训，我们在拿到一本驾照前要接受的培训更多。与前几代人相比，父母现在被期望达到一个很高的标准，比如了解最新的医疗技术、密切观察孩子身体或精神异常的早期迹象，以及如果发现孩子的学习问题，要立即咨询专家。

父母有时会回击那些指责他们没有照顾好自己孩子的非难（Nelson, 2011）。因为父母的期望经常与现实相冲突，这种挫折感会增加。

（三）母亲：理想与现实角色

母亲，尤其是初为人母，常常会面临巨大的压力。那些认为女性天生就会做母亲的谬论会产生三个问题。首先，它假定一位称职的母亲只要遵循自己的本能就会是完美的。其次，它暗示问题出在母亲身上——如果她没有把100%的时间花在抚养孩子上。最后，它阻止了其他成年人，尤其是父亲的参与。

杂志封面通常以刊登那些明星妈妈（如安吉丽娜·朱莉和哈莉·贝瑞）的照片为特色，她们穿着别致的孕妇装，有着完美的发型和妆容，以及昂贵的婴儿用品，当然，还有保姆。然而对于典型的母亲而言，现实却大相径庭："真正的母亲会因睡眠不足而疲惫不堪，担心如何在受薪的工作和抚养孩子之间分配时间，以及如何照顾孩子。"（Fisher, 2005）

畅销书作家伊丽莎白·巴丹德（Elisabeth Badinter, 2012：14）宣称身为人母的现实往往为"幻想的光环"所掩盖。她说："将为人母的人往往会幻想爱情和幸福，而忽视养育孩子的其他方面——疲惫、沮丧、孤独，甚至抑郁，以及随之而来的负罪感。"根据巴丹德的说法，对完美母亲不切实际的期望和"过度以孩子为中心"的观念正在将女性送回20世纪50年代。在许多圈子里，人们都期望母亲将出生后最初的半年里的婴儿绑在胸前，持续地进行母乳喂养，喂食有机、家庭自制的婴儿食品，所有这些都将女性束缚在家中，阻止她们出去——或回去——工作（Kolhatkar，2012）。不过，并非所有的母亲都被束缚在自己孩子身上。例如，平均而言，有未满6岁孩子的家庭主妇每周仅会花25小时在照顾孩子上（Konigsberg，2011）。

向母亲身份的转变与婚姻满意度的下降有关，这主要是因为与女性分娩前的预期正好相反，她们认为对孩子的照料和增加的家务是不平等和不公平的（Dew and Wilcox，2011；Perry-Jenkins and Claxton，2011）。在所有的在职母亲中，62%的人有未满6岁的孩子（U.S.Census Bureau，Current Population Survey…，2012）。在该群体中，有全职工作的母亲每周会花15小时在照顾孩子上，相比之下，父亲们每周会花少于10小时。如果在职母亲认为她们的伴侣没有分担照顾孩子的工作，她们尤为可能感到不满和有压力（Konigsberg，2011）。

有些研究者将女性照顾孩子的时间更长归因于"母爱把关者"（maternal gatekeeping），这是一种鼓励或阻止父亲们参与家庭事务（尤其在养育婴儿和幼儿方面）的行为。固守母职既可以是有意的，也可以是无意识的，但学者们通常把这个概念与消极行为等同起来（Allen and Hawkins，1999；Fagan and Barnett，2003；Biehle and Mickelson，2012）。例子包括母亲重新做父亲换尿布的工作，因为父亲做的不符合她的标准，以及批评父亲的育儿方式。

当母亲们是消极的把关者时，她们打击了父母双方共同养育子女的积极性，因此，父亲们开始减少做家务和照顾孩子的时间。不过，父亲们有时会"因犹豫和明显的无能"而招致母亲来把关，"有时是由于真的缺乏经验，但其他时候……是为了逃避照顾孩子的责任"（Schoppe-Sullivan，2010：F26）。

336

（四）父亲：理想与现实角色

父亲与母亲一样，也会经历角色过载、角色冲突和角色紧张。许多想要参与照料孩子的父亲发现，成为一个父亲并非像他们所预期的那么容易。例如，公共广播系统的一位31岁的制片人

说，在他儿子出生后不久，他就经历了"男性产后抑郁症"："我的生活已逝。电影、睡眠、长时间的淋浴——一切都已成过去。我们变成了这个降临在我们家庭中的新生小生命的奴隶，我们没有回头路了。"帮助照顾婴儿会使人筋疲力尽，"因为我知道这一点，所以我[哀悼]自己生活的丧失"（Schwartzberg，2009：17）。

这种消极的情绪反应很正常——无论父亲多爱他的孩子——但我们很少听到这些抱怨。相反，就像女性，男性们对为人父母的浪漫化的观念往往是由父亲正抱着一个平安快乐的宝宝的媒体影像引发的。在以前的电视节目《奶爸当家》（*Guys with Kids*）中，3个父亲经常在酒吧里闲逛。宝宝们从不哭闹、从不大惊小怪，也不要求关注。观众们可能会意识到，这样的节目并不现实，但他们普遍存在一种误解，即认为做父亲不需要付出什么努力。

一般来说，父亲参与到照料孩子中的时间越多，他对自己新角色的适应以及伴侣间的关系就越好。一项纵贯研究跟踪调查了从怀孕到孩子14个月的已婚和同居伴侣。无论伴侣们是否有传统或平等的性别角色态度，如果父亲们在婴儿的日常照料中扮演了一个积极的角色（如换尿布或给婴儿洗澡）以及与婴儿发展了一种情感关系（如陪婴儿玩），那么伴侣双方通常会更快乐，并能更成功地适应他们初次为人父母的角色。这样做减轻了母亲们的压力，并减少了伴侣间的冲突（Riina and Feinberg，2012）。

问题的出现并非因为初为人父的男性照料孩子的时间较少，而是因为他们没有达到自己的另

联系起来

● 在你成长的过程中，谁做了大部分的育儿工作？如果你现在有了孩子，谁来做大部分的育儿工作？

● 一位母亲为报纸写了一篇关于她的孩子的小文章——《把我烦死》。她说，在所有的事情中，身为人母的工作是很乏味的，因为她讨厌每天换尿布、读睡前故事和开车带孩子参加无数的活动（Soriano，2006）。这位母亲是否不该有孩子？还是说父母应该对养育孩子的一些消极方面更为开放和诚实？

一半对育儿分工的期望。在一项对已婚和同居伴侣的研究中，伴侣双方一致认为他们愿意平等分担育儿任务。然而，在孩子出生后，母亲们做得会比她们预期的更多。当育儿期望遭到不止一次或两次的落空时，母亲们就会变得愤怒、沮丧和对父亲们不满（Biehle and Mickelson，2012）。

伴侣关系的质量也会影响父母的养育方式。当伴侣间的关系稳固时，父亲更有可能参与照料自己的孩子——这种行为对孩子、母亲和父亲自己都有利（Cowan et al.，2009）。

随着时间的推移，父母如何影响他们孩子的发展？对于这个问题，理论家们提供了不同的答案。

二、儿童发展理论

社会科学家们已经提出了许多理论去解释儿童发展。以下三种理论特别具有影响力。**乔治·赫伯特·米德**（George Herbert Mead，1934，1938，1964）把社会互动作为人类发展的核心。**让·皮亚杰**（Jean Piager，1932，1954，1960）对儿童的认知发展——思考、推理、分析和应用信息的能力感兴趣（见第3章）。**埃里克·埃里克森**（Erik Erikson，1963）把心理学和社会学的观点结合起来，创立了一个既包括成年期又包括儿童期的理论。参考表10-1，我们简要地看一下这些主要的理论。

（一）米德的社会自我理论

乔治·赫伯特·米德（1863—1931），一位符号互动论者，将*自我*视为人类的基础，并且自我不是从生理冲动发展而来，而是来自社会互动。对于米德而言，新生婴儿就是一块白板（*tabula rasa*），没有以任何特定方式行事的天生的倾向。米德说，只有当婴儿与他人互动时，他才开始发展必要的态度、信念和行为，以适应社会。

孩子首先通过模仿重要他人的言行来学习，这些人是在一个人的生命中很重要的人，如父母

或其他主要的照顾者和兄弟姐妹。随着孩子长大，他了解了**概念化他人**的角色，概念化他人即那些与孩子关系并不密切，但会影响这个孩子如何将社会规范和角色进行内化的人（例如，"让我们假装你是爸爸，我是妈妈"）。根据米德的看法，当孩子已经习得角色的重要性时，他就学会了对社会的期望做出反应（见第3章）。

（二）皮亚杰的认知发展理论

让·皮亚杰（1896—1980）感兴趣的是成长中的孩子努力了解自己的世界，学习如何适应这个世界，并发展出一个独立的身份。在该理论设立的四个主要发展阶段中，皮亚杰追溯了能力获取的过程，例如：将自己与外部世界区分开来，学习使用语言和符号，理解他人的观点，学会用抽象的术语来思考和推理过去、现在和未来。

皮亚杰相信孩子在学习、处理信息和寻求知识中扮演着积极的角色。他强调，即使有些孩子学得比其他人快，他们也必须在相同的年龄，以同样的顺序，经历相同的四个阶段（见表10-1）。一旦孩子掌握了一个阶段的任务，他们就会继续进入下一个更为困难的阶段。

（三）埃里克森的心理社会发展理论

埃里克·埃里克森（1902—1994）是为数不多的将对人类发展的解释涵盖整个生命期，而不仅仅是童年期和青春期的理论家之一。在埃里克森八阶段理论中的每一阶段，发展中的人都会面临一个特定的挑战或危机，它既是任务，也是风险。

每一个挑战的结果决定了个体能否成功地进入下一阶段。例如，一个人可能在离开第一阶段时，已经学会信任他人，如父母或照料者，也可能无法依赖任何人。对埃里克森而言，解决每一阶段的挑战是个体的责任，但成功的发展也反映了个体与家庭成员、同辈群体和其他人的社会关系。

以上这三个理论中的一个要点是，孩子通过学习如何应对新的期望和变化而成长和成熟。一个感到被爱和有安全感的孩子有很好的机会发展

表 10-1　发展和社会化的一些理论

社会自我理论 （乔治·赫伯特·米德）	认知发展理论 （让·皮亚杰）	心理社会发展理论 （埃里克·埃里克森）
第1阶段：模仿（大约从出生到2岁） 婴儿不会区分自我和他人 婴儿通过模仿重要他人（主要是父母，但也包括兄弟姐妹、老师和同龄人）来学习行为 **第2阶段：玩耍（大约3~6岁）** 随着孩子开始使用语言和继续与重要他人互动，他们在"自我"和"他人"之间进行了区分 孩子学习社会规范，特别是他被期望以某种方式行事。孩子通过"让我们假装"和其他类型的玩耍方式，开始明白他人的角色 **第3阶段：游戏（大约7岁及以上）** 随着孩子成长，以及与更大范围的人的互动，他们学会回应和扮演社会角色 他们学会扮演多重角色以及参与有组织的活动（"概念化他人"）	**感知运动阶段（从出生到2岁）** 孩子通过触觉、视觉、听觉和四处活动来对他的环境有一个身体上的了解 孩子学会了客体永久性的概念（如玩具即使在视线之外，也是存在的） **前运思阶段（3~7岁）** 孩子学会使用符号。例如，他们学会用一块积木来代表一辆车，并把它四处移动 他们学会使用语言去表达日益复杂的思想。不过，他们仍然很难从别人的角度看问题 **具体运思阶段（8~12岁）** 孩子学会辨别因果关系：他们可以预见到行动的可能后果，而不必去尝试 他们开始理解他人的观点 他们也能理解即使物体的形状或外形发生变化，数量仍然保持不变（例如，将一定量的液体倒入一个高而窄的玻璃容器内和倒入一个短而宽的玻璃容器内，液体总量是一样的，即使在不同形状的容器内看上去不同） **形式运思阶段（13岁及以上）** 孩子们可以使用抽象概念进行推理 他们可以了解未来的结果，并评估几种备选方案的可能结果 他们可以评估自己的想法以及思考重大的哲学问题，比如痛苦和困难为何存在	**I. 信任 vs. 不信任（从出生到1岁）** *任务*：建立对自己和他人的基本信任 *风险*：一种被抛弃的感觉可能会导致不信任和缺乏自信 **II. 自主感 vs. 羞怯、怀疑（2~3岁）** *任务*：学会自我控制和独立 *风险*：父母用羞辱来控制孩子可能会导致孩子自我怀疑 **III. 主动 vs. 内疚（4~5岁）** *任务*：学习新任务，积极追求目标 *风险*：因尝试被禁止的活动或过于激进而感到内疚 **IV. 勤奋 vs. 自卑（6~12岁）** *任务*：培养对创造性工作的兴趣，而不仅仅是玩 *风险*：失败或害怕失败可能导致自卑感 **V. 自我同一性 vs. 自我混乱（13~19岁）** *任务*：发展个性和在社会中占有一席之地的感觉 *风险*：做出重要决定可能会导致个人对自己是谁以及想成为什么样的人产生混淆 **VI. 亲密 vs. 孤独（20~30岁）** *任务*：与他人形成亲密关系以及履行承诺 *风险*：无法通过分享亲密关系来抓住机会可能导致不愿与人接近或孤立 **VII. 创造 vs. 自我专注（31~64岁）** *任务*：建立和引导下一代——特别是自己的孩子——去创造观念和产品 *风险*：不能生育或创造观念或产品可能导致停滞感 **VIII. 完善 vs. 绝望（65岁及以上）** *任务*：在自己所取得的成就中得到一种满足感和尊严 *风险*：失望和未竟的目标可能会导致疏远或绝望的感觉

成一个相当快乐和富有成效的社会成员，这是家庭的主要社会化功能之一（见第1章）。

虽然这些理论让我们对儿童发展有了一些了解，但它们对有效的家庭养育方式和管教方式所谈甚少。对于家庭养育方式和管教方式而言，哪些有效，哪些没用？

三、家庭养育方式和管教方式

339

有人曾经说过，孩子可能不会确切记住你所做过或说过的事情，但他们会永远记得你给他们的感觉。家庭养育方式和管教方式如何影响孩子以及他们对自己的感觉？让我们先看看一些一般的养育方式，然后讨论关于管教方式的明确信念。

（一）家庭养育方式

家庭养育方式会对孩子的成长产生重要影响。**家庭养育方式**是与孩子互动和管教孩子的一般方法。心理学家戴安娜·鲍姆林德（Diana Baumrind，1968，1989，1991）确定了四种家庭养育方式：专制型（专断型）、放纵型（溺爱型）、权威型（民主型）和冷漠型（忽视型）。

这四种方式在两个维度——支持和控制——上变化（见表10-2）。*支持*，有时也被称为回应，是指父母向孩子提供的爱、接受、温暖和关心的数量。*控制*，鲍姆林德将其称为要求，是父母在引导孩子行为时表现出的灵活性。控制范围可以从提供建议到身体虐待。

1. 专制型养育方式　使用**专制型养育方式**的父母往往要求苛刻、严格和具惩罚性。他们期望自己孩子的绝对服从，并且经常采取有力措施以控制孩子的行为。言语上的互让、互谅很少见，因为孩子被期望毫无疑问地接受父母的权威（"我这样说了，你就应该这样做"）。

专制型父母通常很少向他们的孩子表现出温暖和支持。由于收入低、夫妻冲突或药物滥用，父母可能正在承受压力。此外，像抑郁等心理因素会增加惩罚性的父母教养方式的可能性。来自这样家庭的孩子通常易怒、好斗和极度活跃（Bluestone and Tamis-LeMonda，1999；Gaertner et al.，2007；Meteyer and Perry-Jenkins，2009）。

2. 放纵型养育方式　在**放纵型养育方式**中，父母通常很热情，反应积极，但几乎没有要求。他们对子女的有序行为和做家务很少有要求。据一位观察者所言，被放纵的孩子（以及他们的父母）"非常令人讨厌"："我从未期望学步期的小孩在一家童装店里会有拘谨的公共行为，但令人吃惊的是，有许多学龄前儿童会把衣服从衣架上拉下来，拖到地板上，而他们的母亲则心不在焉地对他们笑。"（Klein，2006：B11）

放纵型父母纵容孩子而非设定界限。他们不会威逼或专横地对待自己的孩子，但在过于宽松的家庭环境中长大的青少年成年后往往不太成熟，责任心弱，不太能担任领导职务。他们也更可能叛逆、冲动，以及出现打架和发脾气等问题行为（Wolfradt et al.，2003；Aunola and Nurmi，2005）。

3. 权威型养育方式　依靠**权威型养育方式**的父母是有要求的。他们会强制实行行为的规则和标准，但他们也会回应和支持。这样的父母鼓励自主和自力更生，并倾向于使用正面的强化而非严厉的惩罚。不像专制型父母，权威型父母鼓励言语上的互让、互谅，并认为孩子也有权利。父母期望服从，但当需要时，他们也愿意在特定情况下讨论和改变规则。

最一致的研究结果之一是权威型养育方式会培养出自力更生、以成就为导向和在学校更成功的孩子。尤其是权威型父亲，有助于青少年抵制吸食毒品的同辈压力（Eisenberg et al.，2005；Hillaker et al.，2008）。

4. 冷漠型养育方式　在**冷漠型养育方式**中，父母既不支持也不要求，因为他们漠不关心。他们很少花时间与自己的孩子互动，对孩子的行踪或兴趣也知之甚少。冷漠型父母也可能是排斥的——他们通常会忽略孩子，只要孩子不干涉父母的活动。最极端的例子包括那些粗心的父母，他们将自己的孩子锁在卧室长达几个小时，而自己则拜访朋友或聚会去了（Meyer and Oberman，2001）。

表10-2　四种常见的家庭养育方式

	父母的支持	父母的控制	例子
专制型	低	高	"你不能在星期六开车，因为我是这么说的。"
放纵型	高	低	"当然可以，你想什么时候借车都行。"
权威型	高	高	"当你把你妹妹从足球训练场接走之后，你就可以借车。"
冷漠型	低	低	"我不在意你做什么，不要来烦我。"

来自这样的家庭的孩子往往不成熟、孤僻，或表现不佳。他们也可能有各种心理和行为问题，如吸毒和霸凌。因为他们习惯于做他们想做的事，当面对有要求的老师或其他权威人士时，他们有可能变得很叛逆（Pellerin，2005）。

5. 哪种家庭养育方式最有效？ 健康的儿童发展最有可能出现在权威型家庭。在这种家庭中，父母会将热情、监督和管教结合起来，且在养育方式上保持一致。相比有专制型、放纵型或冷漠型父母的青少年，来自权威型家庭的孩子有更好的心理社会发展状况、更高的学习成绩，而且不太可能受到有害的同辈压力（例如吸毒与酗酒）的影响（Gray and Steinberg，1999；Barnes et al.，2000；National Center on Addiction and Substance Abuse，2008）。

专制型、放纵型和权威型的家庭养育方式可以有所重合。例如，移民而来的中国母亲会采用综合性的家庭养育方式。她们可能看起来很专制，因为她们对孩子的学业成功抱有很高的期望，但她们也很热情、有教养，能支持孩子（Cheah et al.，2009；Chua，2011）。

家庭养育方式也反映了文化价值观。例如，在许多拉美裔和亚裔新移民中，专制型养育方式产生了积极的结果，如更好的成绩。这种家庭养育方式在保护那些在犯罪率高、贩毒的社区中长大的儿童也更有效（Brody et al.，2002；Pong et al.，2005）。

大多数美国人的研究强调在培养适应性良好和情感健康的孩子方面父母双方都参与的重要性。然而，在一些文化中，父亲在抚养孩子方面的作用有限（见《日本家庭中的父亲参与》一文）。

（二）管教方式

孩子必须学会遵守纪律，因为自我控制不是天生的。许多父母认为口头惩罚和体罚都是适当的管教方式。他们是正确的吗？

1. 口头惩罚 一项全国性的研究发现，所有社会经济群体中的大多数父母会使用语言和心理

跨文化和多元文化家庭 | 日本家庭中的父亲参与

在日本，强烈的社会性别刻板印象会鼓励丈夫养家糊口，妻子做家庭主妇。

如果只计算积极的父子互动（如辅导孩子做家庭作业），那么典型的日本父亲每天仅花17～30分钟的时间与他们的孩子在一起。相反，全职日本母亲每个工作日几乎花7个小时与孩子在一起，这在工业化国家和一些发展中国家中，都属于最多的。

有些人将日本家庭视为父亲缺失的家庭，因为维持家庭生计者的角色主宰了父亲的生活。这些父亲们往往被称为"7-11丈夫"，因为他们早上7点就离家，晚上11点才回到家。

许多日本父亲愿意更多地参与抚养孩子的工作，但他们面临着结构性的、文化的和社会的障碍。一个主要障碍是那种需要父亲长时间工作、下班后还要与同事社交，以及接受将妻儿抛在身后的工作调动的企业文化。

为了鼓励父亲更多地参与抚养孩子的工作，在1995年，日本政府通过了一项法律，保证了孩子出生后父亲长达一年的育儿假，补贴相当于雇员正常工资的50%，有时还可以免除加班。然而，只有不到1%的父亲已经休过育儿假或计划休育儿假。他们认为休育儿假会给他们的同事带来负担，办公室里的其他人不会休育儿假，

雇主们不支持他们休育儿假，并且他们也害怕失去工作。

资料来源：Retherford and Ogawa, 2006；Christiansen，2009；Porter and Sano，2009；Shatil，2010.

思考题

- 尽管男性在育儿方面的作用很有限，但日本孩子却说他们尊敬自己的父亲，并感谢他们辛勤工作以支撑家庭生计。那么为何许多家庭被认为父亲是缺失的呢？

- 你认为如果日本父亲能获得百分之百的正常工资或薪水，他们就会愿意休育儿假吗？

攻击去掌控或改变他们孩子的行为（Straus and Field，2003）。

- 足有50%的父母会冲着他们的婴儿和1岁的孩子吼叫、尖叫和大声嚷嚷，90%的父母会对他们4～17岁的孩子做同样的事情。
- 约33%的父母会咒骂他们的孩子，17%的父母承认用不好的词语称呼过他们的孩子（如"哑巴"或"懒鬼"）。
- 约20%的父母至少有一次威胁说要把孩子踢出家门。

这些比例可能比实际低，因为许多父母不想向研究者承认他们曾口头辱骂过他们的孩子。而且，因为这些事件如此常见，以至于父母不可能全部记得。

2. 体罚　在2007年，94%的美国父母为纠正自己学龄前孩子的不良行为而打他们，这个比例与1975年时大致相同，平均而言，打孩子会持续12年。大约35%的父母通过以下方式体罚自己的孩子：打手心或腿，捏，摇晃，用手、皮带或戒尺打屁股，或掌掴孩子的脸。超过50%的父母会打他们12岁的孩子；33%的父母会打自己14岁的孩子；13%的父母会打自己17岁的孩子。那些打过自己十几岁孩子的父母平均每年大约打6次（Straus and Stewart，1999；Straus，2008）。

与口头惩罚一样，现实中的体罚率可能更高。不过，父母们不想承认。特别是对于非常年幼的孩子，父母更可能打自己孩子的屁股而非使用其他管教方式，如暂停（time-outs）（Barkin et al.，2007）。

对婴幼儿的体罚在以下人群中更为常见：低收入父母；那些没有接受过高中教育的父母；南方的父母；男孩（尤其是长子）的父母；那些幼年时也曾遭受过身体虐待的母亲；未婚母亲，尤其是那些未满33岁的女性。母亲们很少有时间和金钱资源能让她们的孩子参与一些可以排解无聊的活动。与伴侣同居的母亲比那些只与自己的孩子生活在一起的母亲更可能打孩子屁股。居住方式的变化可能会增加母亲的压力，进而增加体罚的可能性（Guzzo and Lee，2008；Chung et al.，2009；Holden，2011）。

3. 体罚奏效吗？　体罚在短期内可以阻止错误行为，但通常会带来严重的长期消极后果。研究者在仔细分析了近20年的研究成果后得出结论：无论来自哪个国家或采用何种方法，"这些研究几乎无一例外地发现体罚与对父母、兄弟姐妹和配偶的较高程度的攻击性有关"（Durrant and Ensom，2012：1373）。

近期在对婴儿和儿童体罚方面的大部分研究揭示了与早期研究相同的结论：体罚增加了外化问题行为（如争吵、打架、撒谎、欺骗、偷窃、对人和动物进行攻击、发脾气、目中无人）。在1～5岁，外化问题行为变得更加严重；因此，在孩子6岁的时候，打屁股通常会变得更加严厉，从而形成一个恶性循环。当那些从小就遭受体罚的儿童进入幼儿园时，与没有被体罚过的同龄人相比，他们有更多的行为问题，如与老师顶嘴和与同学打架（Spieker et al.，1999；Gershoff，2002；Slade and Wissow，2004；Taylor et al.，2010；Gromoske and Maguire-Jack，2012；Lansford et al.，2012）。

体罚的消极作用会持续到青春期和成年期。那些在专制型家庭（在这种家庭中，父母将体罚作为一种管教方式）中长大的青少年，比在权威型家庭中长大的青少年更可能出现抑郁症状，如悲伤和焦虑，以及情绪波动和无价值感。相比没被体罚过的同龄人，他们更可能打他们的父母和其他孩子，以及对他们的恋爱和结婚对象、他们以后的亲生子女进行身体虐待。此外，2%～7%的成年期精神障碍与幼儿期所受的体罚有关（Christie-Mizell et al.，2008；Straus，2010；Afifi et al.，2012）。

因为这样的实证结果，许多（但并非所有）研究者和儿科医生认为体罚是一种无效的惩戒方法（见《打屁股是有效的还是有害的？》一文）。相反，他们推荐非体罚形式的惩罚，例如消除不良行为的诱惑、让规则变得简单、保持一致、树立一个好榜样、用爱和耐心而非愤怒去管教。

4. 父母要做什么？　大多数自助书籍和自称儿童专家的人教导父母要永远表扬孩子以让他们守规矩。这种建议是误导性的，因为它不受研究的支持。例如，最近一项研究回顾了41项针

选择 打屁股是有效的还是有害的？

迄今为止，全球有 31 个国家已经通过法律，禁止对儿童进行体罚（Durrant and Ensom, 2012）。美国并非其中之一。事实上，绝大部分美国人支持打孩子屁股（见数据摘要）。

一项对 14 个欧洲国家进行的研究发现，那些禁止对儿童进行体罚的国家与没有通过这种法律的国家相比，儿童被虐待致死的数量要低得多。起初，许多瑞典人反对通过反体罚的法律，预言孩子们会变得恣意妄为。但相反，年轻人的犯罪率、吸毒率和自杀率都降低了（Straus, 2007; Gracia and Herrero, 2008）。

在美国，有些提倡打屁股的人坚持认为打屁股这种方式是有效的，能让孩子为生活中的困难做好准备，并能防止不良行为。他们认为打屁股这种方式如果在合适的年龄进行，不会对孩子的身体造成伤害，而且它是被选择性地用来教导和纠正行为的，而非愤怒的表达，

因而是可以被接受的（Trumbull and Ravenel, 1999; Larzelere and Baumrind, 2010）。然而，研究者提供了许多不打屁股或不打孩子的理由。

- 体罚传递出这样一种信息：伤害你所爱的人或小而弱的人是可以的。打过孩子屁股的父母经常会说"我这样做是因为我爱你"，因此，孩子学会了暴力与爱可以并行不悖，并且打人是表达个人情感的一种合适的方式（Hunt, 1991）。
- 没有人能从那些打他的人那里感受到爱意。牢固的关系是建立在善意的基础上的。打人只会产生基于恐惧的暂时和表面上的良好行为（Marshall, 2002）。
- 体罚通常是由于父母的药物滥用而非孩子的不良行为。那些吸毒的父母往往是无效的照料者，因为毒品损害了他们的决策能力。他们也可能将时间花

在了获取和吸食毒品而非照顾他们的孩子上（Straus, 2007, 2008）。
- 打屁股对身体可能造成伤害。打屁股会损伤脊柱和神经，甚至导致瘫痪。有些孩子会在被戒尺不太重地击打后死亡，原因在于未确诊的医疗问题，如虚弱的下脊柱不能承受击打（American Academy of Pediatirics, 1998）。
- 体罚剥夺了儿童学习有效的问题解决方式的机会。体罚在教孩子如何处理冲突或分歧方面毫无作用（Straus, 2010）。

思考题

- 当你还是个孩子时，你父母打过你的屁股吗？打屁股是否改变了你的行为？
- 美国是否应该禁止打屁股？还是说这种法律会干涉父母的决定？

对 18 个月到 11 岁儿童管教策略的研究。研究者发现训斥和消极的非言语管教行为（如严厉的表情、暂停、取消特权）在改善孩子行为方面比不断的赞扬或非言语反应（如拥抱和像冰激凌这样的奖励）更有效。从长远来看，始终如一的应得（并非经常）的赞扬增强了亲子关系（Owen et al., 2012; Petersen, 2012）。

有效的管教方式不仅仅包括奖励和惩罚。如果要成为负责任的成年人，孩子们需要三种内在资源：对自己和他人的积极情感、对对与错的理解和解决问题的备选方案。《有效管教的基石》一文描述了父母可以用来开发孩子内在资源的 10 种基石。

四、不同种族、族裔和社会阶层家庭养育方式的差异

良好的家庭养育方式没有秘诀。相反，它在

联系起来

- 许多在专制型和放纵型家庭中被抚养长大的成年人成功、幸福而自信。那么，为何研究者认为权威型家庭养育方式是最有效的？
- 根据我的一个学生的说法，"如果在他们小时候就打他们屁股，他们后来就不会触犯法律了"。你同意这种说法吗？

当你读到这些建议时，想想在你的成长过程中曾经助益过你的一切。如果你是位家长，你认为这些建议中哪条最有效？在这个列表中，你还能加上些什么？

- **表现出你的爱意。** 你可以表达出你的爱，不仅可以通过温暖的面部表情、善意的语气和一个拥抱，而且可以通过与你的孩子共同做一些事情，如一起从事一个项目、让他们帮忙去杂货店购物和一起读他们最喜欢的书。当孩子感到被爱时，他们会想去取悦父母，而不太可能出现不良行为。

- **要保持一致。** 可预测的父母就像日历和时间表一样重要。一个被允许在某天做某事，但第二天就不行了的孩子可能会变得困惑，并开始挑战规则。

- **沟通清楚。** 问问孩子他们的兴趣和感受。只要有可能，就鼓励他们。不断地唠叨、提醒、批评、威胁、训诫、质疑和苛求会让孩子觉得自己很笨或不能胜任。

- **理解问题行为。** 观察问题行为，并寻求一个可以解释原因的模式。例如，当一个孩子疲倦或饥饿时，他会变得异常暴躁。孩子们也可能会有行为问题，因为他们的父母正在经历某件有压力的事件，如失业或离婚。

- **积极和有耐心。** 有时候孩子捣蛋是因为他们想引起关注。耐心以及对良好品行的认可会鼓励孩子重复积极行为。

- **建立一个安全的环境。** 孩子们好奇又渴望学习。消除危险可以缩短"不可以做的事情"的列表，改变玩耍地点可以缓解无聊以及防止出现破坏性行为。

- **制定现实规则。** 少制定规则，简单地说明，并密切监督。你的期望不要超过孩子的承受能力。例如，不要期望一个蹒跚学步的小孩能在漫长的宗教仪式期间老老实实地待着。

- **平息暴怒。** 尽量避免发脾气和高度紧张的对抗（例如，让发生争执的学龄前儿童参与其他活动，以分散他们的注意力）。

- **教授问题解决技巧。** 小于4岁的孩子在解决问题方面需要非常具体的指导，以及对接下来所提出的建议的正强化。

- **给予孩子合理选择。** 不要强迫孩子去做那些甚至是连你都不想做的事情（如逼他们吃讨厌吃的蔬菜）。当孩子们不守规矩时，把他们从游戏区带走并给他们参与其他活动的选择，往往要比责骂、吼叫或惩罚更有效。

资料来源：Goddard，1994；Rosemond，2000.

很大程度上依赖于一些变量，比如家里是否有一两个成年人、父母是否已婚或同居、需要父母花时间照看的孩子数量，以及亲子互动的程度和质量（Dye and Johnson，2007）。种族、族裔和社会阶层在塑造家庭生活中相互关联。

（一）跨种族家庭的养育方式

育儿的一个具体任务是花时间陪孩子，但是养育孩子的结果也与父母关系的质量有关。

1. 花时间陪孩子 一个孩子幸福的重要因素是孩子与父母间互动的类型与数量。互动包括给孩子读书以及带他们出去远足。

阅读是一项非常重要的活动：它能激发孩子的认知能力和智力，它是父母花时间陪自己的孩子的一种方式，并且为孩子上学前班做好了准备。在2007年，仅有26%的3～5岁的拉美裔孩子——相比至少44%的白人、黑人和亚裔美国孩子——具备认识字母表、数到20或更高数字以及读故事书等能力（U.S.Census Bureau，Current Population Survey...，2012）。

相比黑人父母、亚裔父母和白人父母，拉美裔父母不太可能给他们的幼儿读书（见表10-3）。然而，拉美裔父母（51%）与黑人父母（51%）一样——几乎等同于白人父母（56%）——比亚裔父母（48%）更希望自己的孩子从大学毕业（"Half of Young Children..."，2011）。虽然许多拉美裔父母对他们的后代抱有很高的教育期望，但他们并不总是有时间、英语能力或精力从事那些能为孩子获得高学历奠定基础的日常阅读活动。

表 10-3　父母给孩子读书的频率

每周给孩子阅读 7 次或更多次数的百分比		
孩子的种族或族裔	1~2岁的孩子	3~5岁的孩子
白人	64%	56%
亚裔	54%	51%
黑人	42%	42%
拉美裔	36%	38%

资料来源："Half of Young Children…", 2011, Table D9.

花时间陪孩子的另一种方式就是带孩子出去远足，如去公园、游乐场或动物园，或去探亲访友。这样的出行给父母提供了与孩子交谈、了解孩子和丰富孩子知识的机会。在 11 岁及以下的孩子当中，69% 的白人孩子每月与父母有 15 次或更多次的远足活动，相比之下，亚裔美国孩子有 55%，拉美裔孩子有 47%，黑人孩子有 43%（"Half of Young Children…," 2011）。

在父母带孩子阅读和远足方面出现的这些种族或族裔差异可能有几种解释。一种是婚姻状况。黑人孩子最有可能只与父母中的一位生活在一起，且通常是母亲。许多有工作的单亲父母很少有时间和精力与自己的孩子互动。在多代同堂的家庭——往往是黑人家庭、亚裔家庭和拉美裔家庭——中，母亲可能正照料年长的家庭成员并依靠她们的孩子（有时孩子才 8 岁）的帮助（见第 14 章）。此外，那些英语说得不好的新移民可能觉得不自在，或不知道外面有一些对公众免费的休闲娱乐机会。

2. 父母关系的质量　一项针对子女年龄为 6 ～ 17 岁的成人的全国性研究审视了父母关系的质量与养育孩子的结果之间的联系。研究者发现，几乎无一例外，那些描述夫妻关系幸福的父母报告称他们的孩子很少有行为问题、与同伴和老师相处和睦、在意在学校的表现是否良好，并会与父母讨论一些问题。父母关系的质量与养育孩子的积极结果之间的联系在所有种族或族裔家庭中都存在，且无论父母是否已婚或同居（Moore et al., 2011）。这样的发现并非意味着父母关系的质量好会引发适应良好的孩子的出现，因为社会阶层是对孩子有着长期影响的一个重要因素。

（二）家庭养育方式与社会阶层

社会科学家们通常使用**社会经济地位（SES）**来测量社会阶层，即基于收入、教育和职业，对一个人在社会中所处的地位进行综合排名。社会学家们已经在美国社会中划分出多达九种社会阶层（见 1941 年华纳和伦特所做的经典研究）。

出于我们的研究目的，*低社会经济地位家庭*是指那些处于经济阶梯底部的家庭，因为父母没有受过多少教育，没有什么职业技能，从事最低工资的工作，或者经常失业。大多数低社会经济地位家庭很贫穷，但其中大多数家庭中包含一对已婚夫妻，并且夫妻中至少一个人有全职或全年的工作（见第 11 章）。

在*中等社会经济地位家庭*中，父母有高中文凭和蓝领或白领工作。中等社会经济地位家庭也包括那些通常有大学学位以及从事半专业性职业，如护理、社会工作和教学等的父母。

在*高社会经济地位家庭*中，父母的职业——主要是专业性的和管理性的——通常需要商业、法律或医学方面的博士学位或其他很高的学历。这一群体也包括继承了财富的超级富豪家庭（如在马萨诸塞州的肯尼迪家族）以及那些赚了很多钱而非继承财富的家庭（如奥普拉·温弗瑞、马克·扎克伯格——脸谱网的联合创始人兼首席执行官）。

1. 低社会经济地位家庭　大多数低社会经济地位的父母，尤其是新移民，必须克服许多障碍。宏观层面的问题，如贫穷、失业和种族主义常常造成人际冲突。除了生活在犯罪高发区外，孩子们在家里几乎没有活动空间，而且通常上的是过于拥挤、资金不足，而且鲜有课外活动的学校（Fuligni and Yoshikawa, 2003; Vortuba-Drzal, 2003; Hernandez, 2011）。

由于贫穷的压力和感情的不幸，相比收入较高的母亲，经济上处于不利地位的母亲的抑郁程度更高。因为抑郁的母亲更可能使用严厉的管教策略或根本没有什么策略可言，所以她的孩子早在小学三年级时就更有可能在学校和社区中惹是生非（Moore et al., 2006）。

最脆弱的低社会经济地位家庭是那些由青少年组成的家庭。十几岁的父母通常没有技能去维持一段关系，在抚养孩子方面也缺乏强有力的育儿联盟（尤其是如果他们不再相爱的话），并且鲜有资源能确保他们孩子的健康发展。当年轻的父亲由于受教育水平低而面临就业问题，或当伴侣中的一方或双方另有非婚生子女时，问题就可能出现或恶化（Futris and Schoppe-Sullivan，2007；Chrisler and Moore，2012）。

尤其是在处境不利的单身母亲家庭中，孩子们很可能经历成人化，它是一种尽管过早并且通常并不合适，但孩子却承担了广泛的成人家庭角色和责任的发展过程（见第 14 章）。例如，当单身母亲有慢性疾病、精神健康问题或吸毒时，青春期前的孩子可能不得不抚养幼小的弟弟妹妹。成人化通常会导致辍学、学业表现不佳、感到焦虑或抑郁，甚至放弃婚姻。例如，这是一位 68 岁的非裔美国男性的想法：

自我 5 岁以来，我就一直在照顾我的家人，并且我的母亲告诉我，那是我应该做的。我从一栋房子到另一栋房子，不断去照顾新生宝宝和生病的亲属。我要去所有需要我的地方……根本没有时间结婚。（Burton，2007：342）

2. 中等社会经济地位家庭　中等社会经济地位的父母有更多资源（金钱、时间、教育能力）去增强他们孩子的情感、社会和认知发展。相比低社会经济地位的母亲，中等社会经济地位的母亲与她们的孩子交谈得更多，并且是以更复杂的方式。这些互动鼓励了孩子的自我表达和对词语的积累。相比低社会经济地位的父母，中等社会经济地位的父母也更可能去征求关于孩子健康发展的专业建议（Bornstein，2002；Goodman et al.，2008；Rowe and Goldin-Meadow，2009）。

家庭里有书会对孩子在学校的表现造成很大的影响。一项研究开展了 20 多年，在 27 个国家调查了 7 万多人。研究者发现，无论父母是否上过大学或是否从事蓝领工作，相比家庭里没有书的孩子，家庭里只有 25 本书的孩子多完成了两年的学业。家庭里的藏书越多，在教育上的益处就越大：当父母阅读睡前故事时，孩子们就可以学到更多

的单词并可以锻炼他们的阅读技巧（Evans et al.，2010）。公共图书馆里的图书是免费的，但中等社会经济地位的父母比低社会经济地位的父母更可能将图书作为礼物送给他们的孩子并一起阅读。

3. 高社会经济地位家庭　父母拥有的金钱越多，他们在教育、医疗保健、书籍和其他能提高他们孩子的生活水平和职业成功率的商品和服务上的花费越多。正如表 10-4 所示，从出生到 17 岁，一个高社会经济地位家庭在一个孩子身上的花费是一个中等社会经济地位家庭的两倍多。因此，高社会经济地位家庭的孩子能比中低社会经济地位家庭的孩子享受到更多的物质资源。

表 10-4　从出生到 17 岁的育儿支出（按社会阶层划分，2012）

	家庭年均收入	每个孩子的总支出
低社会经济地位家庭	38 790 美元	173 490 美元
中等社会经济地位家庭	81 600 美元	241 080 美元
高社会经济地位家庭	183 770 美元	399 780 美元

资料来源：Lino，2013，Table 1.

前面大家曾看到，大多数种族或族裔父母希望他们的孩子能获得一个大学学位。然而，与 88% 的年收入超过 7.5 万美元的父母相比，仅有半数年收入少于 2.5 万美元的父母*期望*他们的孩子能获得四年制大学学位。在教育连续统的下端，低收入父母期望孩子最多完成高中学业的可能性要比富裕的父母高出 8 倍多（分别为 19% 和 2%）。因为较高收入的父母会期望而非希望他们的孩子能从大学毕业，他们会谈论教室里发生的事情、给孩子提供课外学习的机会、培养孩子对学校的积极态度、为其学业成就鼓掌喝彩。因此，孩子会将包括获得大学学位等在内的个人目标进行内化（Child Trends Data Bank，2012）。

五、女同性恋家庭和男同性恋家庭的养育方式

生活在美国的将近 65 万对同性伴侣中，据估计有 18 岁以下孩子的家庭占 19%。在这些家庭中，27% 的家长是女同性恋者，近 11% 的家

长是男同性恋者（Gates，2013）。因此，大量的同性伴侣正在抚养孩子。

（一）同性家长和异性父母养育方式的相似之处

一项对100多种科学出版物超过30年的研究得出的结论是，孩子的幸福感更多受到他们与父母的关系、父母的能力和稳定性，以及父母的社会和经济支持，而非父母的性别或性取向的影响（Perrin and Siegel，2013）。在大多数时候，男女同性恋家庭和异性恋家庭一样：家长必须谋生并且要兼顾工作和家庭责任，家庭成员可能在利用空间或使用金钱方面无法达成一致，以及孩子和家长都必须培养解决问题的能力（Goldberg and Sayer，2006）。

一项开始于1987年的纵贯研究追踪调查了女同性恋母亲和她们的78个从出生到17岁的孩子（通过捐精所生）。研究者发现，孩子们都成长为健康、快乐和适应性强的青少年。被女同性恋母亲抚养长大的青少年与在异性恋家庭出生并长大的青少年之间在心理调适、性别认同和性别脚本方面没有什么差异。这些青少年成绩优异、享受亲密的友谊，并将他们的母亲作为行为榜样，给她们打高分。此外，近3%的青少年（他们都是男孩）认为自己是同性恋者，而在普通人群中这一比例则接近4%（Bos et al.，2012；Gartrelll et al.，2012；van Gelderen et al.，2012a）。

相比异性恋父母，男女同性恋家长往往更平等地共同养育孩子，但他们的劳动分工并不是"没有性别之分的"。家长中的一方倾向于更多地照料孩子和做家务，而提供家庭主要收入来源的一方则在做出财务决策方面有更多的权力。此外，与异性父母家庭的情况一样，男女同性恋家长更容易接受女儿而非儿子违反性别刻板印象（例如，女孩子打棒球没有问题，但男孩子玩芭比娃娃就不行）（Biblarz and Savci，2010）。

（二）同性家长和异性父母养育方式的差异之处

特别是幼儿，通常认为有同性家长"没什么大不了"。例如，据一个8岁孩子所说，"我只是说我有两个妈妈——'妈妈'和'雪莉妈妈'。除了她们两个人都是女孩外，她们同其他父母没有什么区别"（Gilgoff，2004：42）。不过，从全美范围来看，有35%的美国人认为男女同性伴侣抚养孩子"对社会而言是件坏事"，尽管该比例自2007年（50%）以来，已经有所下降（Kohut et al.，2011）。

由于这种负面的观点，男女同性恋家长面临着抚养孩子的重担。并且因为家长的性取向，这些孩子也经常遭受偏见和歧视。青少年最有可能被他们的同学污名化，而且会遇到来自老师、扩大家庭的成员、朋友的父母、雇主，有时甚至是陌生人的负面反应。这种污名化包括戏弄、嘲笑、反对、被问及有关他们家长的一些恼人的问题、被定性为"与众不同"，以及被社会和家庭活动排斥（van Gelderen et al.，2012a，2012b）。

男女同性恋家长不仅必须处理这种人际交往的污名化现象，而且要应对来自许多禁止同性婚姻的州的法律排斥（见第8章）。一些家长是女同性恋者、男同性恋者和双性恋者的青少年和年轻人，因为同性婚姻存在离婚等潜在的不利因素，而并不认可同性婚姻应该被合法化。不过，他们也认识到，他们和他们的家长并没有从一系列的法律保护中受益，从而使他们生活变得更容易（Goldberg and Kuvalanka，2012）。

我们大多数人把育儿与养育孩子和青少年联系在一起，但养育子女的过程其实跨越了人的一生。因为人们现在比过去寿命长得多，所以产生了许多多代同堂的家庭。

六、跨越一生的养育过程

随着时间的推移，将孩子从婴儿期抚养至成人期需要无数次调整。因为建设性的或有害的育儿方式可以传递给下一代，所以了解整个生命历程中所发生的变化可以改善家庭关系。

（一）婴幼儿的养育

婴儿期，即从出生到大约18个月之间的生

命阶段。它虽然仅占个人平均寿命的一小部分，但却是一个极度无助和生理与认知巨大发展的时期。对许多父母而言，谬论给他们带来了不必要的焦虑与负疚感，因为他们有错误的期望或不切实际的目标。

349

1. 关于婴儿的一些谬论 父母对孩子发展的一些想法，尤其是从自助书籍和脱口秀中了解到的，反映了有关婴儿早期的普遍误解。以下是一些关于婴儿的流传最广泛的谬论。

谬论1：你可以在他/她的婴儿时期就知道，一个孩子以后可能会有多聪明。 一个婴儿的早期成就——如伸手、坐、爬或说话——很少是显示这个孩子聪颖程度的好指标。例如，早期在使用积木或模仿说话方面的敏捷性与后来在学校的表现几乎没有关系（Segal，1989）。

谬论2：一个孩子得到的刺激越多越好。 那种带有侵扰声响的拨浪鼓、玩具或正在说话的脸会对婴儿感官造成不断的攻击，婴儿可能会受到过度刺激、烦躁不安，甚至会被吓得退缩。数以百万计的父母为那些才6个月大的孩子买来诸如闪存卡和教育软件等丰富产品——根据某些广告的说法："你的宝宝将能学会从1到20的数字！"宝宝DVD可能弊大于利，因为观看DVD的8～16个月大的婴儿所学到的单词比那些父母与其交谈、给他们讲故事，并让其接触到丰富词汇的婴儿要少（Zimmerman et al.，2007）。

谬论3：婴儿一哭，父母就抱起来哄，将会宠坏他们。 宠坏一个还不到1岁的孩子是不可能的。哭泣是一个婴儿能告诉父母他/她饿了、尿了、拉了或病了的唯一方式。父母应该尽可能多地抱他们的孩子，并且不必在孩子还很小的时候就担心管教问题（Bornstein，2002）。

谬论4：独特的天赋很早就会显现出来。 许多有天赋的孩子直到青春期或更晚才会意识到或发展自己的技能。例如，爵士音乐家路易斯·阿姆斯特朗（Louis Armstrong）就是一个被忽视和被抛弃的孩子。直到几年后，当他在新奥尔良的有色流浪少年之家学会吹小号时，他的天赋才被发掘出来。

谬论5：父母的冲突不会影响婴儿。 小到1岁的孩子就能明白围绕在自己身边的人的面部表情和语音语调，并会做出相应的反应。因此，父母的大喊大叫或争论会影响到婴儿（Mumme and Fernald，2003）。

2. 同床 *同床*，即一个婴儿或孩子与父母睡在同一张床上，这种现象在世界各地都很常见，但最近在美国，它引起了广泛的争议。一些团体和儿科医生主张同床。他们认为同床促进了亲子关系，使得夜间母乳喂养更容易，并让每个人夜晚都能睡个好觉。如果婴儿呼吸发生变化，母亲可能"本能地"就会醒过来。支持者还说，当母亲在外面有工作时，同床给了她们更多触摸和亲近婴儿的机会，这对一个婴儿的发展也是有益的（Sears et al.，2005）。

一项对同床母亲的研究，对"有意的同床者"（即赞成同床思想的父母）与"反应性的同床者"（即由于婴儿存在夜间问题而不情愿地同床的父母）进行了区分。研究者发现，反应性的同床者的婚姻满意度会降低，压力会上升（Messmer et al.，2012）。因此，同床对某些父母来说更有好处。

美国儿科学会和许多医疗服务人员并不鼓励与婴儿同床：如果婴儿从床上跌落，或被卡在墙和床垫之间，或被压在枕头下面，或当父母滚到婴儿身上时，可能会导致婴儿意外死亡。如果父母肥胖或饮酒或吸毒，那么婴儿尤其容易受到伤害。婴儿猝死综合征（SIDS）的风险在婴儿与父母同床的时候，会增长两倍到十倍，但医学研究者并不清楚原因（Ogilvie，2012）。350

另一个问题就是，在幼年就与父母同床的孩子往往会持续这样做，甚至直到他们11岁，因为他们做噩梦、害怕恶劣的天气或只为获得更多关注。一些父母正在花每小时高达400美元的费用咨询"睡眠顾问"，以学习如何把孩子从他们的床上赶走（P. Green，2007：D1）。

（二）儿童的养育

与成人和其他照料者的关系的质量对儿童发展有深远影响。不过，有些人想知道美国父母是否过分地卷入了孩子们的生活。

1. 日常交往 与婴儿说话增加了他们的词汇量。到孩子2岁时，那些知道更多单词的孩子有很好的语言技能，进而有助于他们在3岁及更大年龄时控制自己的行为。有较好的语言技能的孩子能说出他们的想法，并能更好地掌控局面，而非变得沮丧和发脾气（Vallotton and Ayoub，2011）。

大多数孩子与他们父母的互动相当多。约72%的孩子每天都能与父母中的一方或双方共进晚餐，57%的孩子一天能得到父母3次或更多次表扬，同样比例的孩子每天能与父母交谈或玩耍三次以上（"Half of Young Children...", 2011）。并且，正如大家先前所见，父亲对育儿的参与度已经增长。

2. 父母与孩子的投入　父母塑造了孩子的成长环境，但每一个孩子都有自己的基因、外貌、气质和个性。有些孩子更容易满足和抚慰，有着快乐的行为。另外一些孩子则更为谨慎和害羞。还有一些孩子很难被取悦，似乎总是不满意（Ambert，2001）。

同一家庭中孩子之间的个性和行为可能有相当大的差异，甚至在同卵双胞胎之间亦是如此。我的一个同事讲述了他的双胞胎女儿的故事，当她们3岁的时候，她们收到了完全相同的布娃娃。当同事问女儿她们给娃娃取了什么名字时，一个女儿叽叽喳喳地说这个娃娃的名字叫萝莉，她喜欢萝莉并且会好好照顾她；而另一个女儿喃喃自语道"她的名字叫傻瓜"，并把布娃娃扔到了角落里。到了青春期，同卵双胞胎可能在情感上完全不同，即使他们有相同的年龄、性别、族裔和社会阶层，生活在同一社区，就读于同一所学校，以及有着相同的基因特征（Crosnoe and Elder，2002；Lytton and Gallagher，2002）。

3. 儿童期是否过度医疗化？　在1952年，美国精神病协会出版了《精神障碍诊断与统计手册》的第一版，其中描述了儿童和成人的心理健康障碍。疾病的数量从1952年的106种增加至2013年的300多种，尤其是儿童疾病。

《精神障碍诊断与统计手册》不断变化的诊断和标签是**医疗化**的一个例子，医疗化指将非医疗状况或行为定义为需要医学治疗的疾病的过程。例如，有注意力和行为问题的儿童现在被定义为有注意缺陷多动障碍，并被允许使用药物来治疗。自20世纪90年代以来，医生开哌甲酯——一种用于治疗注意缺陷多动障碍的药物——的处方增加了900%（Waters，2011）。

许多研究者和政策分析人士担心，由于医疗化的增长，医生和家长越来越多地对儿童进行过度医疗。一项针对20万名2～4岁儿童的研究发现，将近2%的儿童正在接受兴奋剂（如哌甲酯）、抗抑郁药（如百忧解）或镇静剂的治疗。大约4%的5～14岁的儿童和青少年服用了哌甲酯。到了20岁，青少年可能正在服用一系列仅在成年人身上进行过测试的强效药物（Zito et al.，2003）。

在2002年，精神科医生给儿童和青少年开抗精神病药物的比例是1993的5倍。1/3的儿童——首先是白人男孩——被诊断为有"行为障碍"并接受了那些通常只适用于成年人的新型药物的治疗。因为这些药物大部分未经检测，所以没有人知道从长远来看，这些药物将如何影响儿童（Olfson et al.，2006）。

有些人认为《精神障碍诊断与统计手册》不过是一个极好的挡箭牌，因为它将过去被认为是正常的或只是不听话的儿童期行为进行了医疗化（Carey，2008）。然而，医疗化对医生、药剂师特别是医药公司来说，是有利可图的（Herzberg，2009）。它也有利于家长。例如，如果孩子被诊断为注意缺陷多动障碍、经常发脾气和烦躁（破坏性情绪失调障碍，DMDD）或其他《精神障碍诊断与统计手册》上的疾病，那么他们很可能获得由保险计划来报销费用的好处，或得到特殊待遇，如来自教师和健康专家的更多关注（Stetka，2013）。

4. 孩子们的日程安排过满吗？　心理学家戴维·艾尔金德（David Elkind，2007）批评了孩子们过于匆忙的生活，并斥责父母揠苗助长。他认为在过去的20年里，孩子们一周失去了12个小时的空闲时间，包括在家内外自由玩耍的时间。艾尔金德说，有组织的、久坐不动的活动已经取代了自由玩耍，而且不太可能丰富孩子们的想象力、好奇心、创造力和与同辈的互动。

另一些人则认为没有足够的自由玩耍时间被过分夸大了。有组织的活动提升了孩子们的自信，并提供了有价值的人际互动。仅有约6%的美国青少年一周会花20多个小时在高度组织的活动上。此外，有些社会科学家认为有组织的活动是令人兴奋和愉快的，并且它提供了新的技能

（如学习一项运动），提供了与同辈和成人互动的机会，减少了参与不健康的活动如吸烟、饮酒和吸毒等的可能性（Mahoney et al.，2006）。

（三）青少年的养育

青春期是一个发生巨大变化的时期。随着青少年的逐渐成熟和脱离父母的监督，他们正在建立他们的自我同一性和测试他们的自主权，这是人类发展中的一个健康的过程。

1. 亲子关系的变化　在青春期，良好的亲子关系可能会突然改变。随着青少年变得更独立和更信任朋友，父母可能会感到被拒绝和被怀疑。根据一些母亲们的说法，养育青少年最困难的部分就是处理他们的情绪和行为："她过去常常在汽车上喋喋不休；现在……'今天学校有什么新鲜事吗？'你问她。'没有。'她回答。"（Patner，1990：C5）一位母亲把她13岁的儿子拖到当地一家医院做了一系列测试：她确信他有听力问题，

352

因为他似乎对她所说的话没有一点反应（Shatzkin，2004）。随着青少年离开家庭，他们的父母试图与他们保持联系。有些父母则采取了更严厉的措施（见《父母应该追踪他们的孩子吗？》一文）。

多年来，人们把这种剧烈的变化归因于"愤怒的荷尔蒙"。科学家们现在认为青少年令人困惑的行为与他的大脑可能发生的变化之间的联系远比之前想象的要多。在青春期，大脑以不同的速度成熟。涉及基本功能（如处理来自感官的信息和控制身体运动）的区域最先成熟。大脑中负责控制冲动、避免风险行为和预先计划的区域——成人行为特征的部分——是最后成熟的（National Institute of Mental Health，2011）。

所以实际上，"青少年的大脑……是一辆涡轮增压汽车，它的一套刹车系统仍在建设中。它随时准备寻求回报和冒险"，尤其是当青少年与朋友在一起时（Monastersky，2007：A16，A17）。这也许可以部分解释为何当车上有其他乘客——通

353

约束　父母应该追踪他们的孩子吗？

车祸是青少年死亡和残疾的首要原因，青少年的死亡率是成人的四倍。造成这种情况的原因有很多，比如开车的经验不足、被手机和短信分散注意力，以及对他们的技术过分自信等，但三个最常见的原因是车速、醉酒以及与喝醉的人一起开车（Lyon，2009）。

父母们越来越多地使用高科技手段追踪孩子们开车到什么地方去、买什么东西，以及他们是否会去上课。一种小工具是传送位置数据的手机。另一种设备就是学校午餐柜台所使用的类似借记卡的卡片。汽车芯片和全球定位系统（GPS）被安装在车辆上，以监测速度、距离和驾驶习惯。

智能手机的广泛使用已经使父母们能比过去更为容易地追踪他们的孩子。例如，Life360，一种免费追踪App的注册用户从2010年的100万激增到2013年年初的近2 500万（"Chips off the Old Block"，2013；Brenoff，2013）。

父母认为这种高科技设备增加了他们孩子的安全性，尤其是如果孩子们知道他们正在被监视，他们就会更负责任地采取行动。有些青少年并不介意被监控，因为它减少了父母烦人的电话和短信。

然而，许多青少年和年轻人抱怨他们就像囚犯。"这很烦人，"一个在某些他不该出现的地方被抓住的15岁男孩发牢骚说，"这给

了父母太多的控制权。"当和朋友外出时，有些青少年会把自己带GPS功能的手机放在宿舍的床下（"High-Tech Gadgets…，"2005：B5）。

思考题

- 追踪设备是否会让青少年和年轻人更安全？还是说会侵犯他们的隐私？
- 父母对青少年的行为负有责任，甚至是法律上的责任。那么父母应该密切关注他们的孩子吗？还是说青少年和年轻人应该被允许像他们的父母那样从错误中吸取教训？

常是朋友时，青少年会更容易出现事故。例如，在2011年，在所有的青少年车祸中，80%的死者是乘客（Insurance Institute for Highway Safety，2013；Copeland，2013）。

2. "直升机父母"和"问题父母" 在儿童发展中，父母的参与通常是有益的，但"直升机父母"——那些像直升机一样盘旋在孩子头顶的父母则是过度介入的、干涉的和过度控制的。直升机式的养育方式可以发生在儿童或成人等任何阶段，但通常发生在青少年阶段。坊间的例子包括父母因为他们孩子的低分用言语攻击老师、在学年开始之前要求将他们的孩子转到另一个班、替孩子完成困难的家庭作业任务、在指导顾问的办公室里代替自己的孩子填写大学申请表，以及为孩子的考试或论文成绩与大学教授讨价还价（Krache，2008；Weintraub，2010；Rochman，2013）。

直升机式的养育方式削弱了青少年和年轻人发展决策制定和问题解决技能的能力。尽管是出于善意，但"直升机父母"增加了他们自己的压力，减少了他们孩子的自主性和能力感。反过来，不相信自己有能够成功地完成任务并实现自己目标的能力，会让年轻人感到焦虑、沮丧，对生活更加不满（Schiffrin et al.，2013）。直升机式的养育方式也降低了亲子沟通的质量，因为父母既不公开谈论自己的真实感受，也没有增加年轻人的权利意识（例如，"我应该得到额外的休息"或"我讨厌那些对我所说的话或所做的事不感兴趣的人"）（Segrin et al.，2012）。

另一个普遍的困境是一份报告中所描述的"问题父母"——那些通过他们的行动或不采取行动，从而增加了他们十几岁的孩子出现不良行为风险的父母（见表10-5）。该报告的结论认为"问题父母是如此多的青少年抽烟、饮酒、酗酒，以及滥用非法药物和处方药的一个重要原因"（National Center on Addiction and Substance Abuse，2008：iii）。

成为一个好的行为榜样要比简单地告诉青少年做或不做某事有效得多。在任何年龄，孩子们更关注的都是父母所做的事，而非他们说教的内容："即使是极为独立的青少年也会受到父母的严重影响，所以如果你过度饮酒或吸毒，那么如

表 10-5　父母是否会促进青少年的药物滥用？

根据美国国家成瘾和药物滥用中心（2008）的数据，许多父母并没有监管他们12～17岁孩子的行为，这增加了药物滥用的可能性。例如：

- 86%的父母认为，他们的孩子在上学日（星期一至星期四）的晚上10点以前总是在家，但46%的青少年说他们和朋友出去闲逛，上学日的晚上10点以前不在家。
- 76%的父母认为，期望他们的十几岁的孩子不抽烟是现实的；不到66%的父母对他们的孩子吸食大麻（它现在比抽烟更常见）有同感。
- 青少年用以获得快感的处方药中的50%来自父母的药柜。
- 25%的青少年知道他的同学或朋友的父母吸食大麻；10%的青少年说，父母会和孩子的朋友一起吸食大麻。

果你的孩子也这样做，你不要感到惊讶。"并且，尽管越来越多的人意识到了青少年处方药成瘾和过量服用的风险，但大多数父母仍确信*他们的*孩子不吸毒（Sack，2013）。

许多父母既享受着孩子的青少年时期，又期待着孩子抚养的结束。不过，在通常情况下，孩子在成年初期以及成年之后仍会回到父母家中。就像一个笑话所说的："我给自己的房子装了防儿童开启的安全锁，但他们还是进来了。"

（四）空巢家庭的养育

美国诗人罗伯特·弗罗斯特（Robert Frost）曾写道："家就是当你走投无路时，不得不收留你的那个地方。"那些18～31岁、与自己父母同住的近2 200万名女性和男性显然同意这一观点（Fry，2013）。

1. 最近的趋势 在20世纪60年代和70年代，社会学家们在描述家庭生命周期时使用了"空巢"一词（见第2章）。在这个阶段，父母通常50多岁，他们的孩子已经结婚、上大学或找到工作并搬出去了，他们独自在家。

今天年轻人在家生活的时间比过去要长。术语*回旋镖小孩*（boomerang children，也译作啃老族）和*归巢族*（boomerang generation）过去是指搬回家与父母同住的年轻人，但现在许多30多岁、40多岁或更年长的人——往往有配偶、

女友或男友，以及孩子——正搬回家住（Koss-Feder，2009；也见第8章）。

大多数年轻人在23岁时会离开自己父母的家庭，但那些25～34岁仍与父母生活在一起的人的比例已经从1960年的9%增至2011年的将近30%（Fields and Casper，2001；"More Young Adults…"，2011）。在18～34岁的年轻人当中，男性比女性更可能与他们的父母生活在一起（见图10-1）。

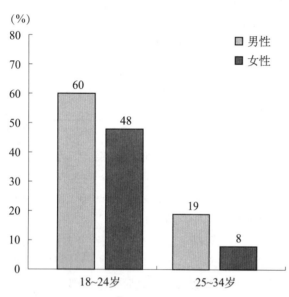

图10-1 与父母生活在一起的年轻人的比例
资料来源：U.S.Census Bureau, Current Population Survey…, 2012, Table A2.

招待一个住在家里的成年子女一年的花费为8 000～18 000美元，这取决于父母支付的额外费用，如旅行和娱乐的花费有多少。约26%的父母为支付成年子女的花费而承担了债务（Grind，2013）。

有些记者将"回旋镖小孩"称为"长不大的年轻人"（adultolescents），因为他们仍然"在向父母讨钱"而非靠自己生活，但这并不是美国独有的现象。英国称这样的年轻人为*口袋小孩*（kippers，即蚕食父母口袋里的退休储蓄金的小孩）。在德国，他们被称为*赖巢族*（nesthockers，直译为"占屋者"）。在意大利，他们被称为*妈妈的孩子*（bamboccioni，即仍然系在妈妈围裙上的那些长大了的"婴儿"）。在日本，他们被称为*飞特族*（freeter，即那些频繁跳槽和住在家中的年轻人）（van Dyk，2005；Alini，2007）。

2. 为何许多成年子女住在家里？ 在解释许多美国人向成年期过渡的延迟，特别是独立生活的延迟方面，微观层面因素和宏观层面因素相互交织。在微观层面，我的一个近30岁的男学生，可能是在这个年龄享受着自己父母家庭的舒适的其他男性的代表：

我的妈妈喜欢我和她住在一起。她喜欢做饭、打扫我的房间，或仅仅就是想我待在她身边。我不必承担任何家庭支出，但我们相处得很好，因为她不会为我的来来去去而烦恼。我有很多自由，而且不用担心账单。（作者的档案）

女性也会搬回家与溺爱她们的父母住在一起，她们的父母在经济上支持她们，并等待着她们的回归。一个32岁的职业女性搬回家与她的父母住在一起，因为她的父母几乎为她偿还了所有的信用卡费用。并且，当女儿抱怨上床睡觉被打扰后，她的父亲就改在晚上而非早上5点磨咖啡豆，并且她的母亲就停止了在清晨或深夜女儿睡觉时洗衣服，包括女儿的衣服（J.White，2005）。

宏观层面的因素，尤其是经济大衰退已经成为成年子女与父母住在一起或搬回家的主要原因。在2011年，39%的18～34岁的年轻人与父母同住或搬回家是出于经济原因。将近78%的25～34岁的人与父母同住，是因为他们没有足够的钱来过上他们想要的生活（Parker，2012）。

就业率下降、经济无保障、学费贷款债务、低薪、离婚、信用卡债务，以及不断跳槽直到找到自己喜欢的工作，这些都使得年轻的中产阶层的成年人更难维持他们父母创造的生活方式。并且，个人的职业水平和受教育程度越低，向独立的过渡就越艰难（Qian，2012；Parker，2012；Fry，2013）。

经济因素并非住在家里的唯一原因。相比1993年19%的父母，今天几乎1/3的父母认为在孩子25岁或更大年龄之前，都不应指望孩子在经济上独立（Taylor et al.，2012）。在那些18～24岁的人当中，87%的人住在家中，因为父母"让我很容易住下来"（Payne and Cobb，2013）。

由于态度的改变，传统上与住在家里的年轻

355

人有关的污名已经消失。这种现象变得很普遍，"被认为是社会可以接受的，而非年轻人个人失败的标志"（Danziger，2008：F8）。2011 年，在那些 25 ～ 34 岁住在家中的人当中，61% 的人说他们有搬回家与父母同住的朋友或家人（Parker，2012）。搬回家或不离开的含义（以及可能的理由）就是"许多人都这样做"。

3. 父母与回旋镖小孩的关系　有些父母认为他们可以容忍但并不喜欢他们的成年子女和自己生活在同一屋檐下。在衣着打扮、帮助他人、家庭轿车的使用，以及成年子女的生活方式等方面，他们都可能产生冲突。例如，"他们视而不见地走过垃圾溢出的垃圾桶，把脏盘子留给别人，让他们的灯和其他耗电设备一直开着，父母让他们做点事他们压根儿不理"（Sollisch，2012：35）。

在 19 ～ 22 岁的年轻人当中，60% 的人会从父母那里得到钱。高收入和低收入父母都会花他们家庭年收入的大约 10%（分别是 12 900 美元和 5 800 美元）来帮助他们的成年子女支付账单、房租、学费和买车的费用（Wightman et al.，2012）。这种财政支持会蚕食父母的退休储蓄。

有些受过大学教育的父亲对他们的孩子搬回家住尤为愤怒。这在某种程度上可能是由于父亲对子女成功的高期望，以及家庭为支付子女大学学费所做的牺牲。然而，另一些人则非常愿意支持他们的成年子女，这些子女有着自己"热爱"的低薪工作，比如摄影，而非那些不那么有趣（但有健康福利）的高薪工作（Shellenbarger，2008：D1）。

从积极的一面来看，仅 18% 的 18 ～ 34 岁的人认为在家生活或搬回家住会对他们与父母的关系有不好的影响（见图 10-2）。并且，在一项对成年子女与他们一起生活的 47 ～ 66 岁的父母的调查中，53% 的父母认为这样做比他们的孩子独自奋斗要好（Huber，2012/2013）。然而，这些数据表明，大部分年轻人和他们的父母更愿意切断这种回旋镖（啃老）式的纽带关系。

（五）父母晚年的养育

多代同堂（包括父母、25 岁或以上成年子女以及孙子女）的家庭数量已经激增——从 1980

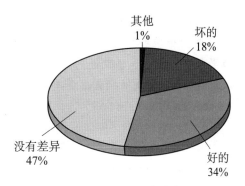

图 10-2　回旋镖小孩与家庭的关系
资料来源：Parker，2012.

年的 11% 增至 2010 年的 22%（Parker，2012）。

如果成年子女能够帮助支付部分家庭开支、承担诸如修剪草坪之类的体力劳动、照顾生病或需要帮助的年迈父母（例如开车带父母去看医生），亲子关系通常就会得到改善。然而，也有一些压力，因为成年子女、他们的父母或祖父母可能在孩子的抚养规则（如不要跳上家具或做家务）方面有巨大的差异（Fingerman et al.，2007；Koss-Feder，2009）。

一项针对欧洲 14 个国家的研究发现，在 40 岁出头而非 20 岁出头离开家的成年子女住得离年迈的父母更近一些，与父母保持着更频繁的联系，并且提供支持和获得父母支持的可能性一样大。这种支持包括成年子女帮助父母购物和处理财务事宜，以及父母照料孙辈（Leopold，2012）。

在美国，成年子女与父母之间的关系比较复杂。那些接受了父母的财力与情感支持的成年子女比没有接受这种支持的同龄人更幸福。然而，当成年子女做得很差，不得不依靠父母的财力和情感支持时，父母经常会感到有压力（Fingerman et al.，2012）。

由于伊拉克和阿富汗的战争，许多年老的美国父母被迫承担起他们未曾预料到的照顾者的角色。随着战争中幸存的士兵越来越多，许多新近退伍的军人现在依靠他们的父母——这些父母往往已五六十岁——来照顾他们，因为他们是单身，或他们的配偶不能或不愿照顾他们：

在全美范围内，最终由父母来擦洗成年子女烧伤的伤口、为切开的气管吸痰，并给他们洗澡。他们协助子女进行物理和职业治疗。他们为子女争取利益。他们处理子女的心理健康危机，帮助有脑损伤的子女重新学习技能。他们会开车前往退伍军人事务（VA）医院进行门诊预约。总而言之，他们将自己的生活搁置，全身心地为子女服务。（Yeoman，2008：62-63）

七、对孩子的照顾安排

据报道，杰西·杰克逊（Jesse Jackson）牧师说："你的孩子需要你的陪伴甚于你的礼物。"父母的陪伴可能是有限的，因为许多孩子与他们的父亲分开居住，挂钥匙的儿童必须自己照顾自己，并且，在许多家庭中，有工作的父母必须依靠家庭以外的儿童照料。

（一）父亲的缺位

在2010年，有27%的美国儿童与他们的父亲分开居住，该比例在1960年仅为11%（Livingston and Parker，2011）。奥巴马在他的父亲抛弃家庭后，主要是由他的外祖父母抚养长大的。在2009年的父亲节，他敦促父亲们留在子女的生活中：

当父亲们缺位时，当他们放弃自己对孩子的责任时，我们知道这对我们的家庭所造成的伤害。我这样说是因为我从小就没有父亲。这意味着在孩子的心里留下了一个洞，且这个洞政府永远无法填补。（Cooper，2009：10）

357 在那些从未完成高中学业的父亲当中，40%的人与他们的孩子分开居住，相比之下，这一

联系起来

- 思考一下你的父母是如何抚养你的，或你正如何抚养你的孩子。你认为母亲们对父亲们的养育方式过于挑剔吗？抑或父亲们对母亲们的意见过于敏感？
- 你认为父母是否应该张开双臂欢迎他们的成年子女（包括孙辈）回家居住？还是说他们应该享受他们的空巢，并告知他们的成年子女搬出去自己应对？

比例在那些大学毕业的父亲当中仅为7%。在跨种族或族裔家庭中，21%的白人父亲、35%的拉美裔父亲以及44%的黑人父亲没有与他们的孩子住在一起。约80%的黑人孩子的童年生活至少有一部分时间是与父亲分开居住的（Jones，2010；Livingston and Parker，2011）。

父亲的缺位出于许多因素，包括在青少年时期就生了孩子并且不能在经济上负担他们、抛弃了未婚妈妈、被监禁、有身体或精神残疾、吸毒、离婚，以及不支付孩子的抚养费（Fagan and Lee，2011；Scott et al.，2012）。无论何种原因，父母的缺位增加了他们孩子遭受经济和社会剥夺的可能性。

1. 经济剥夺 近47%的由单亲母亲抚养的孩子生活在贫困线以下，与之相比，处于贫困线下的双亲家庭只占13%（Children's Defense Fund，2012）。虽然许多单亲母亲家庭在父亲离开前已是贫困的，但父亲的离开进一步减少了孩子的经济资源。经济问题进而影响了一位母亲搬到有好的学校且没有充斥毒贩和帮派活动的社区、支付儿童保育费用，以及提供丰富的课后和暑期课程的能力（Zhang and Fuller，2012）。

2. 社会剥夺 除了经济影响之外，父亲的缺位还有其他更大的不利影响。相比双亲家庭，缺少父亲的家庭的孩子们会出现更多的行为问题、在学校表现不太好、有较高的药物和酒精使用率、身心健康状况较差，并且更有可能进入青少年司法系统（Jones，2010；也见第13章）。

单亲母亲有时也可能会得到来自"社会父亲"——孩子的爷爷和其他男性亲属以及母亲的男朋友，他们像父亲一样对待孩子——的经济和其他支持。特别是男性亲属，通过送给孩子们书籍、给他们讲故事和花时间陪伴他们，能增强孩子们的认知能力（Jayakody and Kalil，2002；Smith，2010）。然而，如果社会父亲们离开、搬走或过世，孩子们就会失去获得这种资源的机会。

（二）挂钥匙的儿童

人口统计学家有时将父母双方都全职工作的家庭称为杜克家庭（DEWKs，有孩子的双职

工）。随着杜克家庭比例的增加，挂钥匙的儿童的数量也在增加。

孩子独自在家并不是什么新鲜事。*挂钥匙的儿童*这个短语起源于 19 世纪初，当时负责照顾自己的年轻人把家里的钥匙用绳子穿起来挂在自己的脖子上。今天，**挂钥匙的儿童**是指那些放学后自己回家的孩子，在父母或其他成年人回家前，他们都独自在家。

自 20 世纪 70 年代以来，挂钥匙的儿童的数量已经翻了一番。超过 400 万 5～14 岁的孩子（占到该年龄组所有孩子的 11%）在上学前或放学后总是自己照顾自己。正如大家所料，孩子的年龄越大，他们就越可能成为挂钥匙的儿童。例如，13% 的进行自我照料的孩子为 5～11 岁，相比之下，33% 的进行自我照料的孩子为 12～14 岁（Laughlin，2013）。

家庭结构和劳动力参与都会影响孩子的自我照料。例如，在 5～14 岁的孩子当中，那些与分居、离婚或丧偶的母亲生活在一起的孩子（占 19%），比与已婚母亲生活在一起的孩子（占 13%），或与从未结婚的母亲生活在一起的孩子 *358* （占 7%）更可能进行自我照料。如果父母是双职工，孩子最有可能进行自我照料（Laughlin，2013）。

大多数孩子喜欢独自在家，享受独立。另一些孩子则对独处感到紧张、不会安排自己的时间、不做自己的家庭作业，或违反家规邀请朋友过来。有些研究者认为，大多数 6～9 岁的孩子还没有做好经常照顾自己的准备，当然比年龄更大一点的孩子处理家庭紧急情况的能力要差（Belle，1999；Vandivere et al.，2003）。

（三）谁在照顾孩子们？

儿童看护已成为美国生活和家庭中日益重要的一部分。因为大量的母亲处于劳动力市场中、父母可能还在上学、由于分居和离婚而产生了更多的单亲家庭，以及许多父母希望为学龄前儿童提供有利于其发展的结构化环境，所以对儿童看护的需求增加了。

1. 儿童看护的模式和特点　当母亲为雇员时，大多数小于 5 岁的孩子会接受非亲属，特别

是日托中心的照顾，但父亲也是儿童看护的一个重要来源（见图 10-3）。如果父亲上夜班和周末轮班，或如果他们失业，他们就更可能提供儿童看护。低收入家庭的父亲相比其他家庭的父亲，也更可能照料他们的学龄前孩子，因为儿童看护费用在贫穷家庭的预算中占很大比例（30%），而在其他家庭中占 8%（Laughlin，2013）。

较高收入家庭相比较低收入家庭更可能采用儿童看护安排，包括日托中心。从全美范围来看，小于 5 岁的孩子在日托中心的平均费用大约为 1 年 1 万美元。婴儿和居住在大都市的儿童的看护费用更高（Urban Institute，2008；Laughlin，2013）。在 37 个州和哥伦比亚特区，对学龄前儿童进行看护的年度费用超过了社区学院或四年制公立大学的年度学费（Children's Defense Fund，2010）。

2. 儿童看护对儿童和父母的影响　特别是那些持保守观点的人对把自己的孩子放在日托中心的在职母亲持批评态度。他们认为，在职母亲应对青少年犯罪、儿童在校表现不佳、儿童肥胖以及包括游乐场事故在内的一系列其他弊病负责（Eberstadt，2004）。

这样的指责增加了母亲们的负罪感，但它们有道理吗？没有。一个运营良好的儿童看护中心对儿童的社会和认知发展有积极影响。在高质量的日托服务中，即使是来自低收入家庭的孩子，在进入学前班时，在智商测试中的得分也超过了条件更好的孩子。在生命最初的三年，对于来自

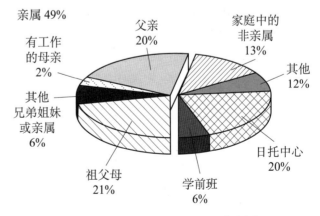

亲属 49%
父亲 20%
家庭中的非亲属 13%
有工作的母亲 2%
其他 12%
其他兄弟姐妹或亲属 6%
日托中心 20%
祖父母 21%
学前班 6%
非亲属 51%

图 10-3　谁在看护孩子？
注："其他"包括幼儿园和其他多种儿童看护安排。
资料来源：Laughlin，2013，Table 3.

贫困家庭和中产家庭的孩子而言，儿童看护的质量越高，儿童的语言能力以及计数和掌握字母表等学前技能就越强（NICHD, 2003; Loeb et al., 2005; Mollborn and Blalock, 2012）。

收效最好的日托中心规模小，而且员工与孩子的比值很高（见《我如何评估儿童看护的质量？》一文）。由于州预算的不断削减，许多低收入家庭没有资格享受儿童看护计划，经历了漫长的等待时间，而且要负担他们无法承受的高额的分摊费用。即使是世界上最富裕的国家，美国在儿童看护方面也远远落后于其他工业化国家——比如日本、法国、德国和瑞典——在这些国家，由政府开办学前教育和儿童看护中心，或支付高达90%的儿童看护费用（Forry and Walker, 2006; 也见第11章）。

八、当代的社会问题与儿童的幸福感

政府官员通常宣称儿童是我们最宝贵的资源，是未来的领袖，等等。公共政策与育儿行为是否与这种高尚的情感相矛盾？让我们来看看电子媒体对儿童的影响、儿童面临的一些风险，以及寄养照顾。

（一）电子媒体的冲击

计算机技术已经彻底改变了为人父母的方式。无论好坏，我们当中的许多人——实际上是从出生到成年——的大部分时间在盯着屏幕。

1. 婴儿、学步儿童和学龄前儿童 现在有成千上万的音乐、计数和字母学习应用程序是针对婴儿和学步儿童的（Kang and Tsukayama, 2012）。学步儿童的父母"对他们的孩子在苹果手机（iPhone）的屏幕上滑动胖乎乎的手指调出照片和他们所选择的应用程序的能力感到自豪"。这些应用程序包括教学步儿童阅读和拼写的闪存卡以及提醒他们该去"上厕所"的自动电话（Stout, 2010; ST1）。

有些父母吹嘘自己1岁、2岁或3岁的孩子比他们更熟悉iPhone或iPad。有一对父母的2岁的孩子"几乎在出生时"就有了一个推特账

问问你自己

我如何评估儿童看护的质量？

下面是一些将有助你评估儿童看护项目或你所访问的服务提供者的问题。当然，也要与那些正在使用或使用过该设施或服务的父母交谈。

1. *什么是员工与孩子的比例？* 最好的项目是有足够的员工给予孩子足够的关注。建议对于婴儿，员工与孩子比例是1:3；对于5～6岁儿童，员工与孩子的比例是1:10；对于6岁以上儿童，员工与孩子的比例是1:12。

2. *员工流失率是多少？* 如果每年有半数员工离开，那么这可能意味着他们的工资很低，或这个项目没有很好地运行。

3. *员工和孩子看起来怎么样？* 如果孩子们看起来不开心、流鼻涕且似乎很被动，以及如果员工看起来很冷漠或很懒散，那就去别处看看。

4. *设备设施如何？* 这里应该有能让孩子们进行选择的有趣的室内活动，以及带秋千、攀爬架和其他锻炼设备的宽敞的操场空间。如果没有邻近的户外区域，那么孩子们会定期去公园或游乐场吗？设施是否清洁有序？这里有各种各样的玩具、书籍、材料和活动吗？

5. *安全规则和卫生习惯怎么样？* 当孩子们到达和离开时，是否总能受到照顾？员工是否接受过急救培训？对于服用药物（如过敏药物）的儿童有什么政策？

6. *中心主任是否愿意让你与使用该中心的其他父母交谈？* 更好的是，该中心是否有摄像头，以便你从单位或家里登录观看？

号，并发送了"婴儿推文"（Wilson，2010）。（我也不知道"婴儿推文"是什么。）

许多父母确信智能手机和应用程序对学龄前儿童有益。而大多数儿科医生和教育工作者认为这些电子设备并不是教育性的，而是像电视那样的被动娱乐。因为儿童一直盯着屏幕看，他们既不会与身边的人互动，不会使用语言，也不会通过探索和游戏来体验更广阔的世界（Stout，2010）。

2. 学龄儿童 在 2012 年，有近 800 万 12 岁及以下的儿童使用过脸谱网。在这些孩子的父母中，有些还帮助他们的孩子伪造出生日期以便登录脸谱网，因为父母害怕他们的孩子发脾气（Siegal，2012）。

最近一项对 400 个流行的针对儿童的智能手机和平板电脑应用程序的测试发现，80% 的应用程序没有提供任何有关隐私政策的信息。此外，包含与隐私相关的任何信息披露的 20% 的应用程序，"很多与冗长、密集和技术性的隐私政策相关联，而这些隐私政策充斥着不相关的信息，对于大多数父母来说很难阅读和理解"（Federal Trade Commission，2012：8）。特别令人担忧的是，近 60% 的儿童应用程序与其他应用程序开发人员以及第三方（尤其是广告商）共享用户移动设备和个人数据（例如用户姓名、电子邮件地址、好友列表、地理位置）的信息。

3. 青少年 在美国青少年当中，互联网的使用已经发生变化。自 2006 年以来，95% 的青少年在上网，但 74% 的 12～17 岁的青少年目前是通过手机、平板电脑和其他移动设备进入互联网的（Madden et al.，2013）。这意味着许多青春期前的孩子和青少年有了更多的自主权，因为他们不再需要与其他家庭成员共享台式电脑和笔记本电脑。

对绝大多数青少年来说，社交和其他数字通信媒体已经成为他们日常生活的一部分：90% 的青少年曾使用过某种形式的社交媒体；87% 的青少年每天发短信；75% 的青少年在社交网站，通常是脸谱网上有个人资料。一小部分青少年（5%）表明互联网使他们感到更沮丧和更内向，36% 的青少年有时希望能回到没有脸谱网的时代。不过，大多数青少年（52%）认为使用社交媒体改善了他们与朋友的关系，并且 69% 的青少年说社交媒体有助于他们更好地了解他们学校的其他学生（Common Sense Media，2012）。

4. 父母 许多父母对电子媒体对孩子的影响持谨慎态度。例如，81% 的父母担心广告商能了解多少关于他们孩子在线行为的信息，72% 的父母对他们十几岁的孩子与他们不认识的人在网上互动感到不安，69% 的父母担心网上活动可能会对他们孩子的声誉或未来的学业或就业机会产生负面影响。尽管有这样的担忧，但仅有 31% 的父母帮助他们的孩子对社交网站进行了隐私设置（Madden et al.，2012）。

父母担心的另一个来源是**网络欺凌**，即通过电脑、手机或其他电子设备的蓄意伤害和重复伤害。针对孩子的网络欺凌始于 12 岁之前，但在青少年时期最常见。近 32% 的青少年经历过某种类型的在线骚扰（International Association of Chiefs of Police，2012）。

父母经常会批评他们的孩子花太多时间发短信和上网，然而他们自己可能是最大的科技滥用者。例如，40% 的父母承认他们的移动设备使他们在与孩子一起玩耍时分心，并且 41% 的青少年报告说，看到他们父母在开车时"一直"阅读或发送电子邮件或短信（AT&T，2012；Gibbs，2012）。小孩子们抱怨说他们厌倦了被妈妈用一只手推秋千，而妈妈的另一只手则用来读电子邮件；另一位妈妈在来学校接孩子时，她的目光从未从她的智能手机上移开过；父母们经常沉浸在电子邮件或短信中，以致很少关注到孩子（Shute，2011）。

（二）儿童面临的风险

许多美国孩子的生活正在改善。与 2000 年相比，今天他们抽烟和饮酒的人数越来越少，完成高中学业的人数众多，既不太可能死于机动车伤害，也不太可能在家里被动接触二手烟（Federal Interagency Forcum...，2009，2013）。但也有一些坏消息，例如：

- 将近 36% 的儿童和青少年超重或肥胖，在 1980 年该比例仅为 6%（"Childhood Obesity facts"，2013）。

- 在 1991—2007 年，有 18 岁以下子女的父母被监禁的人数增加了 79%（Glaze and Maruschak，2010）。
- 约 67% 的儿童（该比例在 2009 年为 59%）生活在一个或多个污染物超标的地区（Federal Interagency Forcum…，2012）。
- 在所有工业化国家中，美国的儿童贫困率最高，保护儿童免遭枪支暴力的记录最差（Children's Defense Fund，2012）。

如果儿童是我们最宝贵的资源，那么我们在浪费我们的资源（见《美国儿童生活中的一天》一文）。

（三）寄养照顾

362

寄养家庭明显的好处是许多孩子拥有了身体和情感上的安全感。贫困、虐待儿童和父母忽视是对儿童进行家庭外安置——包括由亲属、寄宿治疗机构和集体之家提供照顾——的一些主要原因。最常见的家庭外安置是**寄养家庭**，在那里，由成年人来抚养并非他们自己的孩子。

从全美范围来看，2002—2011 年间，美国寄养儿童的人数下降了 30%。在 2011 年，有 41 万名儿童在这一年的某个时刻被寄养；10.4 万名儿童正等待被收养（Children's Bureau，2012）。理论上，寄养家庭应该提供短期照料，直到儿童能够被收养或被送回其亲生父母身边。但事实上，许多儿童等待被收养的时间长达 5 年、经历多次安置，并一直被寄养到青春期后期。

虽然估计会因城市和州而异，但 36% ～ 52% 的大龄青年逃跑过至少一次，近 2/3 的人多次逃跑。与其他逃跑者不同，从寄养家庭逃跑的年轻人并非想逃避虐待或忽视，而是想与家庭或朋友，包括女朋友和男朋友在一起（Pergamit and Ernst，2011）。

在 18 岁时"超龄脱离"寄养照料制度的青少年当中，约有一半的人未完成高中学业，约有 1/3 的人被捕，约有 1/3 的人无家可归。仅有 38% 的年满 18 岁的人在离开寄养机构一年后受雇，并且在女性当中，约有半数的人在 12 ～ 18 个月内怀孕（Sittenfeld，2011）。

选择 美国儿童生活中的一天

儿童保护基金（Children's Defense Fund，2010）报道了许多美国儿童的残酷生活。例如，每天有——

2 位母亲死于分娩。

4 名儿童因虐待或忽视而死亡。

5 名儿童或青少年自杀。

9 名儿童或青少年被枪杀。

78 名婴儿在他们第一个生日之前就去世了。

202 名儿童因暴力犯罪而被捕。

377 名儿童因贩毒而被捕。

1 210 名婴儿由未婚少女妈妈所生。

1 240 名公立学校的学生受到体罚。

2 222 名高中生辍学。

4 498 名婴儿生来就贫穷。

18 493 名公立学校的学生被停学。

思考题

- 美国在国防和医疗支出、国民生产总值和亿万富翁的数量方面排名世界第一。那么，为何美国在所有工业化国家中贫困儿童的比例也排名第一呢？
- 你认为我们的许多儿童问题是应归因于宏观层面的变量（比如经济和政治体系），还是应归因于微观层面的变量（比如父母是否不负责任或不参与子女的抚养），抑或是有其他因素？

本章小结

养育子女的做法发生了许多变化。虽然许多父亲现在更多地参与到了抚养孩子的工作中，但社会中存在更多的高危儿童，对高质量日托的需求也普遍存在。社会阶层、种族、族裔和其他因素决定了人们的选择，但最严重的对养育方式的*约束*来自政治和经济条件。下一章将具体考察家庭的经济状况。

复习与思考

10.1 描述为人父母的回报和困难，并对比理想和现实中的父母角色。

    1. 具体而言，抚养孩子有哪些回报和困难？

    2. 母亲和父亲的角色与被大众媒体理想化了的角色有何不同？

10.2 比较三种重要的儿童发展理论。

    3. 米德、皮亚杰和埃里克森的儿童发展理论有哪些相似之处？又有哪些不同？

10.3 比较四种家庭养育方式，并描述最有效的管教方式。

    4. 为何许多父母在抚养孩子的过程中会出现问题？关于育儿的一些常见的谬论是什么？

    5. 专制型、放纵型、权威型和冷漠型的家庭养育方式有何不同？哪一种最有效？

    6. 在管教孩子方面，体罚是必要和有效的吗？

10.4 根据种族、族裔和社会阶层差异来比较养育方式的区别。

    7. 哪一个种族或族裔群体最有可能和最不可能花时间陪他们的孩子？原因何在？

    8. 具体而言，社会阶层如何影响孩子们的未来结果？

10.5 比较同性家长和异性父母的养育方式。

    9. 父母的性取向如何影响孩子？

    10. 男女同性恋者与异性恋者的养育方式有何相似之处？又有何不同？

10.6 描述整个生命历程中的养育方式。

    11. 养育婴幼儿、儿童和青少年涉及哪些问题？

    12. 为何许多成年子女仍然与他们的父母生活在一起或搬回家住？

10.7 描述家庭当前的孩子照顾安排。

    13. 父亲的缺位如何影响他们的孩子？

    14. 尤其是当母亲为雇员时，谁在照料学龄前儿童？

    15. 哪种儿童看护中心对孩子有最积极的影响？

10.8 描述可能影响孩子幸福感的三个当代社会问题。

    16. 电子媒体如何影响孩子和父母？

    17. 为何许多孩子"处于风险之中"？

    18. 寄养照顾的好处和问题有哪些？

第**11**章
经济与家庭生活

- 在 2012 年，**美国家庭年收入的中位数为 51 017 美元**：亚裔美国家庭为 68 636 美元，白人美国家庭为 57 009 美元，拉美裔美国家庭为 39 005 美元，非裔美国家庭为 33 321 美元。
- 在最近的盖洛普民意调查中，2% 的**美国人认为自己属于上层阶级**，13% 的美国人认为自己属于中上层阶级，42% 的美国人认为自己属于中产阶层，31% 的美国人认为自己属于工人阶级，10% 的美国人认为自己属于下层阶级。剩下 2% 的美国人不清楚或不愿意回答。
- **美国家庭贫困率从 2000 年的 9.6% 上升**至 2012 年的 13.1%。
- 在 1975 年，**孩子小于 3 岁的母亲**中有 34% 的人受雇，相比之下，在 2012 年，此比例为 55%。
- 约 51% 的美国人认为**母亲不外出工作对小孩子最好**。
- 在 190 个国家中，只有美国、巴布亚新几内亚和斯威士兰**没有全国性带薪产假政策**。

资料来源：Walsh, 2011；Dugan, 2012；DeNavas-Walt et al., 2013；"Happy Mother's Day...", 2013；Wang et al., 2013；*Women in the Labor Force...*, 2013.

马克·库珀（Mark Cooper）是亚利桑那州坦佩市一家财富 500 强公司的安全经理，负责监督 120 万美元的预算，年收入近 7 万美元。在 2007 年年底，当经济开始崩溃时，他失去了工作，开始为一个朋友的清洁公司打扫办公楼，每小时赚 12 美元。库珀很感激这份工作，但他说他每天都在与绝望、沮丧和抑郁做斗争（Luo, 2009）。这个例子说明了个体的个人生活与**经济**——决定一个社会如何生产、分配和消费商品和服务的社会制度——紧密联系。让我们简要地看一下为何工作在我们的生活中如此重要。

一、今天美国社会中的工作

工作是完成或生产某种物品或服务的体力或脑力活动。对我们大多数人而言，金钱是一个主要的动力，但工作还提供了其他好处。一般来说，工作能带来更好的健康状况、成就感和有用感，是许多人社会认同的主要来源。工作还提供了一种稳定感和有序感，以及我们从许多其他活动中无法得到的生命历程中的一种日常节奏（Mirowsky and Ross, 2007）。因此，除提供收入外，工作还具有社会意义。尤其引人注目的是，自 2007—2009 年的大衰退以来，经济和工作对家庭生活的改变非常大。

在俄亥俄州一家制造卡车零部件的工厂工作了 30 年后，杰弗里·埃文斯（Jeffrey Evans）的年收入超过 6 万美元。在 2008 年工厂关闭后，埃文斯只能找到零星的建筑工程的工作。他从底层重新做起，当了一名管工学徒，年收入约 2 万美元。"我失去了我一生中所付出的一切。"他说道（Eckholm, 2008：14）。埃文斯并非唯一一个觉得自己失去了毕生所付出的一切的人。数百万美国人最近经济条件下滑的原因有很多；即使是那些生活在温和环境中的人，也会因为去工业化、全球化、离岸外包和工会的削弱等宏观层面的变量而丧失经济基础。虽然经济形势有所改善，但自经济衰退以来，一半以上的就业增长来自餐饮和零售业，而这两个行业的工资都很低（Gasselman, 2013；"Labor Day 2013...", 2013）。

（一）去工业化、全球化、离岸外包和工会 *366*

1. **去工业化**　同许多其他人一样，埃文斯是**去工业化**的受害者，这是一种由于工业活动，特别是制造业的减少而产生的社会和经济变化的过程。自 2000 年以来，32% 的美国制造业的工作机会已经消失（Hargrove, 2011）。在 2012 年年中，美国有 30.4 万家制造厂正在运营，比 2007 年年底减少了 27 万家（Philips, 2012）。

这种减少的一个原因是，从20世纪60年代初开始，雇主很容易用自动化技术取代技能水平最低的工人——通常是流水线上的工人。从那时起，雇主花在机器上的钱比花在人身上的钱更多。根据一家制造塑料产品的大公司的一位经理的说法，机器不需要面试、药物测试、培训、医疗福利或养老金；它们一天工作24小时，并且毫无怨言（Lee and Mather，2008；Rampell，2011）。

2. 全球化 全球化——投资、贸易、生产、通信和新技术在世界各地的增长和传播——加速了去工业化进程。全球化的一个例子就是在美国组装的汽车，几乎所有零部件都是在德国、日本、韩国或发展中国家制造和生产的。

3. 离岸外包 离岸外包是指将任务或工作转移到另一个国家，以降低该公司在国内的成本。有时它也被称为*国际外包*或*跨国外包*。制造业工作岗位向海外转移最晚从20世纪70年代就开始了。

在2001—2011年间，美国公司将270多万个工作岗位外包到中国，其中77%为制造业岗位（Scott，2012）。大多数外包的工作流向了印度和中国，也有许多转移到了加拿大、匈牙利、墨西哥、菲律宾、波兰、俄罗斯、埃及、委内瑞拉、越南和南非。最初，大多数外包出去的工作是蓝领制造业工作。然而，在2000—2010年间，美国公司将28%的高层次、高薪的信息技术（IT）工作外包到海外，涉及会计、计算机科学和工程领域（National Science Board，2012）。公司每年可以从印度获得约2.3万美元的会计服务，而在美国这将花费7万美元。在墨西哥，通用汽车工人的平均工资和福利低于每小时4美元，相比之下，在美国则为每小时55美元。由于有如此巨大的工资差异，美国消费者可以低价购买产品和服务（Black，2010；Coy，2013；Guarino，2013）。

4. 工会 去工业化、全球化和离岸外包已经影响了**工会**——致力于改善工人工资、福利和工作条件的有组织的团体。工会成员已经急剧减少——从20世纪50年代中期劳动力的35%下降至2012年的11%。在20世纪50年代，75%

的美国人认可工会，相比之下，2012年此比例仅为52%（Jones，2012）。有5个州禁止成立工会，并且在2012年，有24个州极大地限制了集体谈判权（Shah and Casselman，2012）。

反对者认为工会的影响力太大，工会成员的薪酬过高，以及工会因养老金福利和诸如教师、护士、环卫工人、警察等公共部门雇员的高薪而使得州资源流失。批评人士还认为，工会限制了雇主在做出招聘和解雇决定方面的灵活性，并且不断增加的劳动力和医疗成本迫使雇主将他们的业务转移到海外，以保持竞争力（Rosenfeld，2010；Greeley，2011；Jones，2011；Kohut，2011；McKinnon，2011；Schlesinger，2011）。

支持者认为，工会对于许多工人和他们的家庭至关重要。有些人认为各州之所以出现预算赤字，是因为住房危机和由华尔街投机行为所导致的经济衰退，而且公共部门工会成员的薪酬并没有过高。另一些人还指出，工会成员做出了许多让步，比如降低工资和福利。最重要的是，从历史上看，工会通过坚持带薪假期和休假、提高工作场所安全性、加班工资，以及挑战那些在经济和政治中日益占主导地位的强大的公司，使几乎所有工人都受益（Allegretto et al.，2011；Klein，2011；Schlesinger，2011；Welch，2011；Gould and Shierholz，2012）。

（二）社会阶层、财富和收入

传统的观点认为金钱买不到幸福，但一项对155个国家（包括美国在内）的研究得出结论：越富有的人越幸福（Stevenson and Wolfers，2013）。这些研究结果涉及**社会阶层**，即一群基于财富、收入、教育、权力、声望和其他有价值的资源而具有相似地位或等级的人。

财富是个人或家庭拥有的金钱和经济资产。它包括财产（如房地产）、股票和债券、退休金和储蓄账户、个人财产（如汽车和珠宝）以及收入。**收入**通常是指一个人通过工资或薪水获得的金额，但也可以包括租金、储蓄账户利息、股票股息或企业收益。

衡量财富和收入的方法因变量和方式而异，但大多数研究者在以下三点上意见一致。首先，美国的财富和收入不平等比其他任何西方工业化国家都严重（Coy，2013）。其次，自20世纪60年代以来，美国的财富和收入不平等不断加剧（Mather，2012）。最后，富人越来越富有，中产阶级不断萎缩，下层阶级越来越穷（Mishel et al.，2012）。

1. 富人越来越富有 美国的财富和收入不平等状况令人震惊。正如图11-1所示，最富有的1%的美国人拥有所有财富的35%，前10%的美国人拥有所有财富的76%，相比之下，底层80%的美国人仅拥有12%的财富。收入不平等状况虽没那么明显，但也很严重。最富有的1%的美国人拥有所有收入的17%，前10%的美国人拥有所有收入的44%，而底层80%的美国人仅拥有所有收入的41%。

不管经济状况如何，富人都越来越富。在1983—2010年间，拥有1 000万美元或以上资产的美国家庭增加了426%。在2013年，美国有442个亿万富翁（比2011年的413个有所增加），这几乎占世界亿万富翁总数的1/3。这些超级富有的美国人平均每人43亿美元，并且控制着全国将近1.5万亿美元的财富。在1962年，最富有的1%的美国人仅拥有国民收入的8%，相比之下，2010年为17%（"Slowing Giant..."，2011；Wolff，2012；Kroll and Dolan，2013；Mac，2013）。

有些资产，如股票和债券，集中在一小部分家庭手上。在2010年，最富有的5%的家庭拥有所有股票的67%，而最贫穷的80%的家庭仅

拥有8%的股票（Mishel et al.，2012）。当股市波动时，富裕家庭比中产阶级家庭受低迷影响的可能性更低。

2. 中产阶级不断萎缩 略占多数（51%）的美国人认为自己是中产阶级，其中既包括46%的年收入超过10万美元的人，也包括35%的年收入低于3万美元的人（Taylor et al.，2012）。收入范围如此之广，是因为自我报告是主观的，基于比较（"我既不富裕，也不靠福利生活，所以我必然是中产阶级"），包括流动资产（如自有住房、汽车和退休收入）以及诸如子女上大学这样的愿望。

美国商务部（U.S. Department of Commerce，2010）将中产阶级定义为年收入为5.1万～12.3万美元，收入中位数为8.1万美元左右的双亲双子女家庭，而非依赖于自我报告中的社会阶层。确切地说，划分中产阶级的起点和终点并没有明确的答案，但因为超过87%的美国纳税人每年的应纳税收入少于10万美元，所以收入超过这个数额就表明一个家庭不是中产阶级（Pollack，2012）。

中产阶级的定义各不相同，但最近的一些研究表明，中产阶级家庭的数量一直在减少，而且它们越来越穷。例如，在1971—2011年间，生活在中等收入家庭中的成年人的比例急剧下降（见图11-2）。

有些中产阶级家庭的经济地位上升了，但许多中产阶级家庭却滑入了更低的阶层。例如：

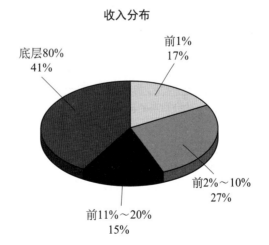

财富分布

底层80% 12%
前11%～20% 12%
前1% 35%
前2%～10% 41%

收入分布

底层80% 41%
前1% 17%
前11%～20% 15%
前2%～10% 27%

图 11-1 美国的财富和收入不平等
资料来源：Wolff，2012，Table 2.

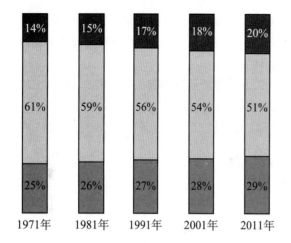

图 11-2 中产阶级逐渐萎缩
资料来源：Taylor et al., 2012, p.11.

较低收入 ■ 中等收入 ■ 较高收入

- 在 2000—2010 年间，家庭收入中位数下降了 6%——从超过 6.6 万美元下降至 6.23 万美元（Mishel et al., 2012）。

- 在 2007—2010 年间，家庭财富中位数暴跌 39%——从近 12.64 万美元跌至 7.73 万美元。这意味着许多中产阶级家庭回到了它们 1992 年的样子（Bricker et al., 2012；Gottschalck et al., 2013）。

- 中等收入家庭存钱的比例从 2001 年的 61% 下降至 2010 年的 50%（Bricker et al., 2012）。

- 大学教育提升了成为中产或更高阶层的可能性。然而，在 2011 年，23%（高于 2003 年的 18%）的拥有大学或更高学历的美国人认为自己是工薪阶层或下层阶级（Dugan, 2012）。

根据这些数据，社会科学家们最近将中产阶级描述为"正在崩溃""受挤压"，并形容该阶

段已经失去了十年的经济增长（Begala, 2012；Mishel et al., 2012；Wolff, 2012）。

许多个人理财顾问指责美国人挥霍无度，而非储蓄（Orman, 2008）。这种批评虽然在某些情况下是合理的，但忽视了影响家庭经济生活的人口和结构变量。例如，大多数中产阶级家庭——特别是在非裔美国人和拉美裔美国人中——依靠工资和薪水，而非长期积累并传给下一代的继承性财富度日。并且，当经济严重下滑时，中产阶级家庭可能不得不从退休账户中提取资金来支付日常开支。这种提款会耗尽储蓄，降低退休保障，并会带来可能高达提取金额的 1/3 的税金和罚金（Block and Petrecca, 2009）。

3. 工薪阶层和下层阶级几乎无法生存　在 2012 年，共和党总统候选人米特·罗姆尼（Mitt Romney）暗示 47% 的美国人是"吃白食者"，因为他们不缴纳所得税，这在全国引起了轩然大波。罗姆尼对"47%"的看法是正确的，但这一数字包括 50% 的因贫穷而不用缴纳所得税的家庭、20% 的因社会保障收入太低而无法向之征税的老年美国人、23% 的享受税收减免的富裕家庭，以及那些享受税收抵免的正在抚养子女的在职低收入父母。事实上，即使是收入最低的 20% 的美国工薪阶层也要缴纳 9% 的联邦税（Gale and Marron, 2012；Grier, 2012）。

在 2012 年，31%（大约与 2001 年的数字相同）的美国人把自己描述为工薪阶层，而 10%（比 2001 年的 3% 有所增长）的美国人则将自己描述为下层阶级（Dugan, 2012）。下层阶级已经壮大（见图 11-2）。正如表 11-1 所示，相比

369

表 11-1　日常生活中的社会阶层差异

每一社会阶层的美国人认为自己……的百分比			
	下层阶级	中产阶层	上层阶级
经济状况不如 10 年前	63%	42%	24%
担心退休后没有足够的收入	58%	32%	18%
付账单有困难	64%	29%	13%
经常感到压力	58%	37%	29%
相信努力工作会带来成功	45%	29%	27%

资料来源：Morin and Motel, 2012；Taylor et al., 2012.

中产和上层阶级，下层阶级虽然遭遇了更多的财务问题，但更可能相信努力工作会带来成功。

经济放缓影响着所有家庭，但为何如此多的家庭比他们的父辈、祖辈挣扎得更厉害？《美国不平等加剧的一些原因》一文可以提供一些解释。

我们已经审视了影响美国家庭的一些宏观经济变化。那么，家庭每天是如何应对这些变化的？

二、经济如何影响家庭

在2013年，57%的美国人认为经济是该国面临的最重要的问题，但持该观点的人口比例比2009年（那一年经济衰退正式结束）的86%有所下降（Jones，2013）。许多美国人相信经济正在复苏，但仍有数以百万计的美国人从事的是低薪工作、非标准工作时间的工作或兼职。如果这些策略失败，他们就会陷入失业的境地，进而可能导致贫困和无家可归。

（一）低薪工作和非标准工作时间的工作

一位作家形容美国是"一个只会生产简单快餐食品的国家"，因为低薪工作的激增（Levine，

370

约束　美国不平等加剧的一些原因

多种因素加剧了美国的贫富差距。一些社会分析人士认为，许多美国人正陷入财政困境，是因为在过去的几十年里，我们的文化已经从"节俭文化"转变为"债务文化"（Brooks，2008：19）。另一些人则认为美国的经济危机在很大程度上源于**公司福利**，即政府为企业创造的一系列直接补贴、税收减免和其他优惠待遇。例如：

- 美国纳税人为联邦政府救助管理不善的金融机构支付了12.2万亿美元。这些公司的高管仍然可以获得数百万美元的年薪和福利（"Adding up…"，2011；Mider and Green，2012；Sparshott，2013）。
- 美国企业所得税税率从1952年的53%降至2010年的11%。相反，一般雇员的税务负担为33%～41%（Anderson et al.，2011；Buffet，2011）。
- 有些公司根本不交税。在2010年，通用电气公司——美国最

大的公司——公布全球利润142亿美元，收到了联邦税收优惠32亿美元，支付给其首席执行官近1200万美元，并花费近4200万美元游说国会减税（Anderson et al.，2011；Kocie-niewski，2011；Lublin，2011；Niquette，2011）。

占领华尔街（OWS）运动始于2011年年中的纽约市华尔街金融区。抗议者的口号"我们是那99%"指的是美国最富有的1%和其他人口之间日益加剧的收入不平等。

为何这场运动很短暂？第一，美国人认为最富有的20%的人控制着约59%的财富，但这个实际数字接近84%。不清楚美国极端的贫富差距的现实，有助于解释为何人们不要求更大程度的经济平等（DeGraw，2011；Norton and Ariely，2011）。

第二，43%的美国人相信富人比一般人更聪明、更勤奋

（Parker，2012）。这种看法忽略了继承性财富的重要性，而强化了努力工作会带来成功的信念。

第三，在1990年和2012年，63%的美国人认为这个国家受益于富有阶层的人（Newport，2012；Trumbull，2012）。这种态度可能反映出许多美国人并没有看到结构性经济不平等与他们自身的财务状况之间存在联系（Norton and Ariely，2011）。

思考题

- 一些接受公司福利的高管——如比尔·盖茨、沃伦·巴菲特和商人乔治·索罗斯——已经捐赠了数十亿美元来改善美国和其他国家的教育、医疗和人权状况（Whelan，2011）。那么，公司福利对纳税人有利吗？
- 你认为努力工作会带来成功吗？

1994：E1）。为了生存，许多家庭成员还在夜间和周末以及非标准工作时间工作。

1. 低薪工作 仅有 30% 的美国雇员对他们的工资满意（Saad, 2012）。联邦最低工资从一小时 6.55 美元增加到 2009 年的一小时 7.25 美元，劳动力工资只增加了不到 4%。考虑到通货膨胀因素，今天拿最低工资的雇员比 1968 年基本时薪为 1.60 美元的雇员的境况更糟。目前联邦最低工资低于 19 个州和哥伦比亚特区的最低工资标准（Klein and Leiber, 2013）。

371 许多小企业的起薪是每小时 10 美元，但一些最富有的公司认为，提高联邦最低工资会导致消费成本大幅上升。然而，如果美国最大的低薪雇主沃尔玛（Wal-Mart）向它的 140 万美国雇员支付 12 美元的时薪，并将每一分钱的成本都转嫁给消费者，那么沃尔玛的顾客平均每次购物只需多付 46 美分，即每年大约 12 美元（Jacobs et al., 2011; Benner and Jayaraman, 2012）。

除了年薪中位数约为 6.5 万美元的注册护士外，到 2020 年，新增就业岗位最多的职业中有 7 个是低薪职业（最高年薪约为 2.4 万美元）。这些职业包括帮助老年人和残疾人的家庭保健助理和个人护理助理。其他快速增长但薪水很低的工作（年薪从 2.2 万美元到 3.1 万美元不等）包括零售业销售人员、办公室文员和护士助手（Sommers and Franklin, 2012; Maher, 2013）。

将近 23% 的美国穷人是**穷忙族**（贫困劳动者），即每年在劳动力市场上至少花 27 周（工作或寻找工作），但工资却低于官方贫困线的人。在有孩子的已婚夫妇家庭当中，超过 7% 的人是穷忙族（*A Profile of the Working Poor, 2010*, 2012）。

2. 非标准工作时间的工作 在许多国家，几乎 24 小时都需要工作人员，因为业务几乎每小时都在某个地方进行，包括周末在内。自 2004 年以来，20% 的美国雇员有非标准的工作时间表（工作到深夜、在清晨和周末工作）（Enchautegui, 2013）。1/3 的有孩子的双职工夫妻中至少一方有非标准工作时间的工作（Presser and Ward, 2011）。

大多数非标准工作时间的工作（通常被称为*轮班工作*）出现的原因反映了工作的性质。例如，警察、消防员、护士、卡车司机、保安、护

士助手、酒店员工，以及办公大楼和酒店的清洁工需要日夜工作，并且未来对这些雇员的需求预计还会增加。其他人工作时间不标准则因为个人偏好（12%），因为只有在那段时间里，才会有伴侣或亲属照顾孩子（16%），因为无法获得一份更好的工作（8%），或因为该工作提供的收入更高（7%）（McMenamin, 2007; Saenz, 2008）。

非标准工作时间表可能会产生问题，因为父母中的一方或双方陪他们孩子的时间更少（尤其是在周末和晚上），并且对孩子做家庭作业提供的监督和帮助更少。母亲们晚上工作的时间越长，她们就越容易感到疲倦和焦虑，陪孩子一起玩游戏和读书等刺激活动的时间就越少。一些负面影响包括儿童语言技能发展较慢、在学校表现不佳（和被停学），以及变得更加抑郁。如果夫妻没有时间在一起或共同参与家庭活动，那么非标准工作时间的工作还会增加离婚的风险（Kalil et al., 2010; Gassman-Pines, 2011; Grzywacz et al., 2011; Enchautegui, 2013）。

非标准工作时间表也有一些好处。因为父母中的一方白天或晚上工作，所以家庭花费的照看孩子的费用很少。父亲们有更多时间陪他们的孩子，从而能更好地了解他们。当学龄儿童和青少年上学或回家时，他们从事非标准工作时间的工作的父母可以在家。即使在青少年变得更加独立的情况下，从事非标准工作时间的工作的父母也能与那些工作时间标准的父母一样了解他们的 *372* 孩子的活动（Perry-Jenkins et al., 2007; Davis et al., 2008; Presser and Ward, 2011）。

（二）兼职雇员

在将近 2 700 万兼职人员（那些一周工作少于 35 小时的人）中，30% 的人是非自愿的，因为他们无法找到合适的全职工作或由于生意不景气，雇主削减了工时（BLS News Release, 2013）。传统上分配给低级别的小时工如收银员和行政助理的兼职工作，已经扩展到白领和专业部门，现在包括营销总监、工程师和财务人员（Davidson, 2011）。

雇主通过雇用更多（或全部）兼职雇员，可

以节省医疗保险、假期和失业保险等成本。不利之处包括较高的离职率，且雇员很少致力于生产更好的产品或提供更好的服务。尽管有20%的兼职者至少做两份工作来维持生活，但许多人仍很贫穷（Davidson，2011）。

（三）失业

美国的失业率在2008—2010年间激增，之后又开始下降（见图11-3）。在最近的经济衰退中，自2001年以来就业岗位的整体增长已经消失。自2010年以来，失业雇员的失业时间更长，经济快速复苏的可能性不大，因为社会所能提供的就业岗位比2001年更少（Shierholz，2009）。

失业问题非常严重，美国劳工统计局（Bureau of Labor Statistics）公布的大规模裁员数据显示，至少有50名被裁员工来自同一个雇主。仅在2013年的头几个月，就有近2 500次大规模裁员，导致近22.5万名雇员失业。最大规模的裁员发生在建筑业、制造业、批发和零售业（"Mass Layoffs…"，2013）。

失业给所有家庭都造成了广泛的经济困难，但对某些群体和部门的打击比对其他的更大。最近，失业情况在黑人和拉美裔、政府雇员、建筑和制造业，以及那些没有受过高中教育的人当中最严重。黑人和拉美裔最有可能长期失业，因为建筑和制造业所能提供的工作机会很少。并且，他们的失业救济金很低甚至没有，因为：由于工资太低，他们通常不符合州的资格规定；不知道可以领取失业救济金；或者雇主认为这些雇

员没有资格领取失业救济金，因为他们不是被解雇的，而是辞职了（Acs and Martinez-Schiferl，2012；Jacobe，2012；Nichols and Simms，2012；Gable，2013；Shierholz，2013）。

1. 丧失信心的雇员 丧失信心的雇员有时也被称为"隐性失业者"，他们是可以工作，也想去工作，但已放弃寻找工作的人，因为他们认为找工作是徒劳的。在2013年年中，几乎有100万美国人已经放弃寻找工作（BLS News Release，2013）。 *373*

人们为何会放弃？丧失信心的雇员包括那些认为自己因年龄歧视而无法找到工作的退休人员、那些一直照顾子女但进入就业市场后找不到合适工作的母亲们、那些拒绝为最低工资工作的人，以及那些高中辍学并且不具备许多雇主要求的必要学历或工作经验的24岁及以下的成年人（Davey and Leonhardt，2003；Cohany，2009）。

许多雇主说，由于公司找不到合格的雇员，大量的工作岗位空缺（Jacobe，2013）。全美数据显示，这种"技能缺乏"的解释与事实不符，因为在各教育层次上都存在大量的就业短缺现象。例如，拥有至少大学学历的人的失业率（8%）是2007年（4%）的两倍。因此，雇员们缺的是工作，而非技能（Shierholz，2013）。

2. 就业不足的雇员 失业率也具有误导性，因为它忽略了**就业不足的雇员**，即那些有兼职工作但想要全职工作，或工作要求低于他们的经验、技能和受教育水平的人。在2013年，估计有18%的美国雇员处于就业不足的状态，相比之下，在2007年这一比例仅有8%（Mishel et

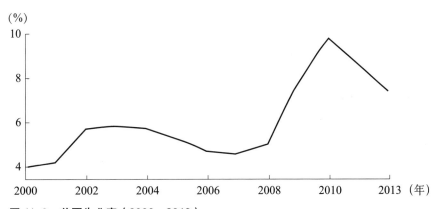

图11-3 美国失业率（2000—2013）
资料来源：美国劳工统计局2013年计算图表，网址：data.bls.gov/pdq/SurveyOutputServlet。

al., 2012；Gallup, 2013）。

就在本书付印时，美国联邦官方公布的7.3%的失业率是具有误导性的。如果它包括非自愿的兼职雇员，以及丧失信心和就业不足的雇员，那么失业率可能接近24%（Economic Policy Institute, 2013；Williams, 2013）。因为贫富之间的鸿沟已经扩大，经济问题还将继续存在，所以数以百万计的美国人仍很贫困。在进一步阅读之前，先做一个"你对贫困了解多少？"小测试。

（四）贫困

有两种方式可以界定贫困：绝对贫困和相对贫困。**绝对贫困**是没有足够的金钱去负担基本的生活需要，比如食物、衣服和住所（"我需要的"）。**相对贫困**是没有足够的金钱去维持平均生活水平（"我想要的"）。经历相对贫困的人可能会感到自己比社会上大多数人贫穷，但他们有生存的基本必需品。

1. **贫困线** 官方贫困测量（OPM）包括确定贫困线，即联邦政府认为满足基本生活所必需的最低收入水平。为确定贫困线，美国农业部估算了每年符合最低营养标准的食品成本，然后将这一数字乘以3，以支付服装、住房和其他必需

品的最低成本。任何收入低于这条线的人都被官方认定为贫困，有资格获得政府援助（比如食品券）。

在2012年，对于一个四口之家（两个成人和两个小孩）而言，贫困线为23 492美元，这个标准每年都会获得调整，以反映生活成本的增加。即使一个家庭的所得仅比贫困线多出1美元，这个家庭也不能被官方划定为贫困，从而也就没有资格获得公共援助。许多处于"极度贫困"的人的生活水平远远低于贫困线。例如，在2012年，44%的美国人的收入比贫困线的一半还少，一个四口之家的一年所得约为11 650美元。在2013年，24%的美国人无法负担他们家庭所需的食品（Shaefer and Edin, 2012；Annual Statistical Supplement, 2013；Stokes, 2013）。

有些人认为官方贫困线设定得太高。例如，他们辩称，许多人并不像表面上那样贫穷，因为贫困线不包括食品券、医疗服务（如医疗保险和医疗补助）、公共住房补贴和未申报的收入等非现金福利的价值（Eberstadt, 2009）。

另一些人则认为贫困线设定得太低，因为贫困线既不包括儿童看护费用和工作的交通费用，也不包括生活费用，特别是住房费用，这些费用在各州、各地区和城乡差别很大。一些人还

问问你自己

你对贫困了解多少？

真 假

□ □ 1. 自2000年以来，生活在贫困中的美国人数量已经减少。

□ □ 2. 如果大多数美国人工作更努力，他们就可以脱贫。

□ □ 3. 就绝对数字而言，美国的大多数穷人是白人。

□ □ 4. 根据联邦政府的说法，一个四口之家如果年收入少于2.6万美元，就属于贫困家庭。

真 假

□ □ 5. 美国的儿童贫困率比任何其他工业化国家都高。

□ □ 6. 单身父亲与单身母亲贫困的可能性一样大。

□ □ 7. 65岁及以上老年人的贫困率要低于任何其他年龄组。

□ □ 8. 大多数穷人住在市中心。

（这个测试的答案在第260页。）

认为，对贫困人口的估计值太低，因为它将数以百万计的生活在贫困线上，但依赖（救济贫民的）食物银行、流动厨房和服装旧货店生存的人排除在外（Fremstad，2012）。

为了解决这些问题，联邦政府已经制定了一项补充贫困测量方法（SPM），该测量方法扩展了OPM，但并没有取代OPM。SPM将住房、水电、儿童看护费用等开支，以及诸如食品券等家庭资源和其他实物类的州和联邦补贴考虑了进去。迄今为止，采用SPM得到的贫困率较高，但不同群体的情况有所不同，例如，与一个人的年龄和地理位置有关（Blank，2011；Short，2012）。

在2012年，官方公布的美国贫困率超过15%（465万美国人），但贫困并非随机的。无论是历史上还是现在，穷人都有一些共同的特点，包括年龄、性别、家庭结构以及种族或族裔。

2. 年龄 在2012年，将近22%的18岁以下儿童和青少年生活在贫困中（较2001年16%的低点有所上升），10%的18岁以下儿童和青少年生活在极度贫困中。贫困儿童数量是那些65岁及以上贫困老人数量的近2倍（见图11-4）。美国老年人的贫困率处于历史最低水平，并且低于其他任何年龄组，因为政府的长者项目，特别是医疗保险和医疗补助项目，通常能与通货膨胀率保持同步。相反，自1980年以来，许多针对贫困儿童的项目已被减少或取消。与父母生活在一起的25～34岁年轻人的贫困率仅有8%，但如果用个人收入来测量贫困，那么有45%的人可能属于官方界定的贫困（Mykyta and Macartney，2012）。

3. 性别和家庭结构 女性贫困率略高于男性（分别为16%和14%），但家庭结构是个重要因素。在2012年，6%的已婚夫妻家庭、31%的以女性为户主的家庭和16%的以男性为户主的家庭处于贫困状态（Gould，2012；DeNavas-Walt et al.，2013）。

研究者戴安娜·皮尔斯（Diana Pearce，1978）创造了**贫困女性化**一词来描述以女性为户主的家庭陷于贫困的可能性。相比那些经常有两个人赚取工资的已婚夫妻家庭，由于离婚、未婚生育和低薪工作的增加，单身母亲家庭贫穷的可能性要高4～5倍（Mishel et al.，2012）。

4. 种族或族裔 从绝对数量上看，贫困的白人（1900万）要多于贫困的拉美裔（1360万）、黑人（1100万）或亚裔（200万）（DeNavas-Walt et al.，2013）。不过，按比例来看，正如图11-5所示，白人和亚裔贫困的可能性比其他种族或族裔群体要低。

在种族或族裔群体中，也有相当大的差异。例如，在拉美裔当中，16%的古巴裔处于贫困状态，相比之下，各有26%的多米尼加裔和波多黎各裔处于贫困状态。在亚裔当中，贫困率

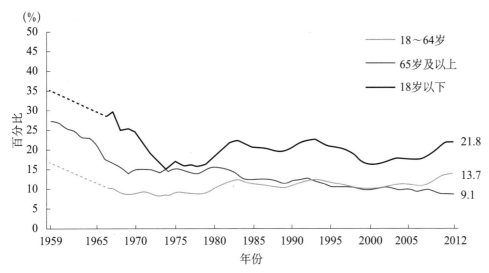

图 11-4　按年龄划分的美国贫困率（1959—2012）
注：虚线表示估计数据。
资料来源：DeNavas-Walt et al.，2013，Figure5.

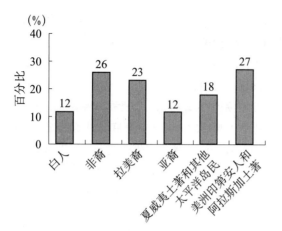

图 11-5 按种族或族裔划分的生活在贫困中的美国人比例（2007—2011）

资料来源：Marcartney et al.，2013，p.3.

从菲律宾裔的 6% 到韩裔和越南裔的 15% 不等（Marcartney et al.，2013）。

5. 人们为何贫困？ 社会科学家们关于贫困有大量的理论（Cellini et al.，2008）。有两种最常见的解释，一种是把失败归咎于穷人自己，另一种则是强调社会因素。

仍然有影响力的*贫困文化理论*的支持者认为，穷人是"有缺陷的"：他们有着与那些不贫困的人迥异的某些价值观、信仰和生活态度；他们在抚养子女方面更为纵容；他们更可能寻求及时行乐而非对未来进行规划（Lewis，1966；Banfield，1974）。这些价值观念代代相传的论断意味着穷人通过贫困的自我延续循环造成了自己的问题（所谓"有其父必有其子"）。

与指责穷人相反，大多数社会学家认为宏观层面的因素制造和维持了贫困。正如大家先前所见，经济政策使公司和已经非常富有的个人受益。大多数穷人贫困并非因为他们懒惰，而是因为经济状况，如收入低、失业、无法负担住房、有身体或精神残疾，或无力负担医疗保险（它反过来又会导致严重的健康问题，妨碍就业）。撇

开个体特征不谈，中产阶级也能通过面向残疾人、退伍军人、大学生、老年人和失业者的项目获得政府援助（Appelbaum and Gebeloff，2012；Kim et al.，2012；Mishel et al.，2012；Paletta and Porter，2013）。

（五）无家可归

贫困最具破坏性的后果之一就是无家可归。将近 160 万美国人至少有一晚是在紧急庇护所或过渡性住房中度过的，比 2009 年增加了 2.2 个百分点。家庭中无家可归者的人数在 2007—2010 年间增加了 20%。现在，在所有使用紧急庇护所的人当中，家庭所占的份额（35%）比以前大得多。绝大多数无家可归的家庭是带着年幼孩子的单身母亲家庭（U.S.Department of Housing and Urban Development，2011）。

一项针对全美最大的 25 个城市的年度调查显示，在 2012 年，有子女的家庭无家可归的三个主要原因，按照优先顺序依次是缺乏负担得起的住房、贫困和失业。紧接其后的原因是（因未交房租）被驱逐、家庭暴力和低薪工作。因为紧急庇护所没有足够的床位，所以在接受调查的 25 个城市中，有 16 个城市的官员不得不将无家可归的个人和带孩子的家庭拒诸门外（United States Conference of Mayors，2012）。

现在一些分析人士对*长期无家可归者*和*经济无家可归者*进行了区分。前者是指那些因患有精神疾病、吸毒或酗酒而长期流落街头的人；后者是指由于最近的经济衰退而被裁员、丧失抵押品赎回权或其他财务问题而新近流离失所的工薪阶层和中产阶级。无家可归现象在城市地区很常见，但是在郊区和农村地区，无家可归的家庭比例上升了 56%（Bazar，2009；U.S.Department of Housing and Urban Development，2011；

377

答案："你对贫困了解多少？"

1. 假。
2. 假。
3. 真。
4. 假。
5. 真。
6. 假。
7. 真。
8. 假。

所有答案都基于本章材料。

Kneebone and Berube，2013）。

这样的数字还是保守的，因为计算无家可归者的总数是一个持续存在的问题。并非所有的无家可归者都会向庇护所、流动厨房或定期安排的食品车寻求援助（Smith et al.，2012）。政府机构无法计算那些住在汽车里和露营地、有临时的住处（比如城市胡同里或桥下的箱子）、短期内与亲属住在一起，或挤在汽车旅馆的一个房间里——通常与另一个家庭共用——直到每个人的钱都花光的"不计其数的无家可归者"。

我们看到许多家庭在为生存而挣扎。如果女性没有工作，情况会更糟。

三、女性与男性的劳动力参与

在 2009 年，54% 的孩子未满 18 岁的父亲认为对于小孩来说，理想的情况是有一个不在外面工作的母亲。就在两年后，这个比例降到了 37%（Parker and Wang，2013）。这种态度影响了女性的劳动力参与，但男性就业率也发生了变化。

（一）劳动力的变化

20 世纪美国最显著的变化之一就是越来越多的女性加入了劳动力大军。尤其是自 1980 年以来，男性就业率下降，而女性就业率攀升。到 2000 年，女性几乎占劳动力人口总数的一半（见表 11-2）。

全职妈妈的数量急剧下降——从 1970 年的 60% 降 至 2012 年 的 24%（Hayghe，1984；"Mother's Day..."，2013）。有年幼子女的在职母亲的数量也相应增加。在 2012 年，58% 的孩子小于 6 岁的母亲在工作，相比之下，1975 年该比例为 39%（U.S.Department of Labor，2008；"Happy Mother's Day..."，2013）。

超过半数孩子未满 1 岁的美国母亲在工作，她们在怀孕期间的工作时间就很长，而且她们会更快地返回工作岗位。例如，58% 的女性在分娩后三个月内就返回了工作岗位，相比之下，在 1961—1965 年间，该比例为 17%（Johnson，2008；"Happy Mother's Day..."，2013）。

联系起来

- 在 2013 年，盖洛普民意测验的一个问题是问美国人"在你的社区之中，一个四口之家每年最少要赚多少钱才能维持生存"。平均而言，估计为 5.8 万美元（Saad，2013）。对于一个有两个成人和两个孩子的家庭而言，你如何回答这个问题？原因何在？

- 你认为做些什么可以减少无家可归家庭的数量？还是说不管做什么事情都不能减少？

（二）为何会有更多女性工作

一般来说，女性和男性外出工作都有两个基本原因——养活自己和家人，以及个人满足。获得成功并因能力而得到奖励的机会增强了自尊，进而提升了整体幸福感，特别是对喜欢自己工作的人而言（Mirowsky and Ross，2007）。 *378*

大家在先前曾看到，去工业化和离岸外包导致了失业，尤其是在以男性为主导的职业如制造业中。有些观察者也指责最近的经济衰退对男性就业率下降的影响："建筑业、制造业以及金融业一度萎缩，最终导致 750 万人失业，其中 3/4 是男性。"（Kolhatkar，2012：102）

然而，在经济衰退期间，失业的女性比男性多，并且在衰退后，19% 的男性重新获得了工作，而重新获得工作的女性仅有 6%（Mirabella，2011）。还要注意到，自 1960 年以来，男性的劳动力市场参与率也一直在稳步下降（见表 11-

表 11-2　劳动力市场中的女性和男性（1890—2012）			
年份	男性和女性在劳动力市场中的百分比（%）		女性占所有雇员的百分比（%）
	男性	女性	
1890	84	18	17
1900	86	20	18
1920	85	23	20
1940	83	28	25
1960	84	38	33
1980	78	52	42
2000	75	60	48
2012	70	58	47

资料来源：Bureau of Labor Statistics, 2013, and *Women in the Labor Force...*, 2013.

2）。在20世纪80年代，在25～54岁的男性当中，那些没有大学学位的男性的就业率在降低，尤其对白领工作而言。男性也比女性更可能在65岁时退休，因为他们有更高的社会保障金和养老金（Lee and Mather，2008）。因此，男性劳动力比例下降的原因既有宏观层面的变化（如去工业化和离岸外包），也有微观层面的变量（如受教育程度不够，无法胜任中等收入的工作）。

影响女性就业率上升的因素更为复杂。虽然绝大多数雇员需要薪水，但婚姻状况对女性的影响甚于男性。嫁给每周工作超过45个小时、收入高的男性的女性比那些分居、离婚或从未结过婚的女性，尤其是母亲，更有可能退出劳动力市场（Mattingly and Smith，2010；Shafer，2011；Gibbs，2012）。《在职母亲角色的变化》一文更仔细地研究了身为人母与就业问题的关系。

教育对男性和女性的影响也不同。绝大多数父亲无论教育背景如何都会被雇用（包括76%的没有受过大学教育的父母以及94%的拥有研究生学历的父亲）。相比之下，女性受教育程度越高，她就越有可能外出工作。例如，有48%的没有高中文凭的母亲受雇，而有大学学历的在职母亲比例为66%，有大学学历的在职母亲比例为75%，有研究生学历的在职母亲比例则

为84%（Saad，2012）。相比在劳动力市场中占8%的其他母亲，19%的全职母亲没有高中文凭（"Mother's Day…"，2013）。

与受教育年限较短的女性相比，在教育方面投入更多时间的女性对自己的职业有更大的投入，可以获得更高的薪水，有更多的工作经验。她们有资源购买儿童看护服务，尤其是如果她们的配偶也受雇的话（Cotter et al.，2007；Percheski，2008）。而且，在初次分娩的在职母亲当中，相比19%的高中未毕业的母亲，66%的至少有大学学历的母亲可以享受带薪休假（如产假、病假、其他假期）（Laughlin，2011）。

做一个有工作的妈妈或全职妈妈并非唯一的选择，还有能反映一对夫妻的经济资源和个人选择的其他可能性。

四、婚姻的经济角色

在第3章中，我们审视了传统的男性养家糊口的角色和女性家庭主妇的角色。婚姻中传统的劳动分工有了两种变化：夫妻中的一方的幕后工作和全职爸爸。

变化　在职母亲角色的变化

在职母亲反映了各种动机。以下是四类（Moen，1992：42-44）：

- 被迫者更愿意做全职的家庭主妇。这些母亲可能是独自赚钱养家糊口的单亲母亲、收入不足以养家糊口的蓝领工人的妻子，或是中产阶级的妻子，她们认为要维持理想的生活水平，就必须赚两份薪水。被迫工作的母亲们不情愿地留在了劳动力市场。
- 抵触者觉得她们的工作对子女

有害。她们很可能会在子女年幼时就离开工作岗位，许多人在配偶找到收入更高的工作后就会辞职。

- 应付者是那些子女年幼，所选择的工作具有足够的灵活性以满足家庭需要的女性。因此，她们往往满足于最低要求的工作，这些工作所提供的工资和福利更少。并且从长远来看，她们也会放弃晋升、资历优势和加薪。

- 承诺者既有很高的职业抱负，也有对婚姻和家庭生活的坚定承诺。然而，即使是在双收入家庭中，也只有少数母亲能负担得起良好的儿童看护费用，并能自由追求事业。

思考题

- 这些类别是否也可以用来形容在职父亲？
- 你认为母亲们的受教育水平会影响她们工作的动机吗？

（一）夫妻中的一方的幕后工作

在**夫妻中的一方的幕后工作**中，配偶中的一方在没有报酬或直接认可的情况下，在幕后参与到另一方的事业中。例如，许多大学教授的妻子，通过款待丈夫的同僚和学生、在图书馆做研究、帮助撰写和编辑期刊文章或书籍，以及给试卷评分等工作来支持丈夫的职业生涯。

大学校长及其配偶也经常是有一方参与另一方的幕后工作。无论校长是男性还是女性，其配偶都会花费相当多的时间在一些活动上，比如：接待，组织筹款事宜，参加校园活动，会见教职工、学生和工作人员，以及管理家庭和抚养子女（Oden，2008；Wilson，2008）。

380 夫妻中的一方的幕后工作的最好的公开例子就是通常享有相当大权力的第一夫人。南希·里根影响了丈夫的人事决策，芭芭拉·布什批评了丈夫的对手，希拉里·罗德姆·克林顿宣传她丈夫的国内政策，并在丈夫的性丑闻中为他辩护，劳拉·布什支持改善教学（Allgor，2002）。同样，米歇尔·奥巴马也花了很多时间向各种团体发表演讲，以及陪同丈夫出访外国，以支持政府的国内政策和外交政策。

军队对家庭生活提出了许多要求，这往往需要一方在幕后做出牺牲。无论是住在军事基地还是住在自己家里，现役军人的配偶都必须牺牲自己的利益来支持军人的角色（McFadyen et al.，2005）。大卫·彼得雷乌斯将军的妻子霍莉说，随着丈夫军衔的提升，她的家庭在37年内搬了24次家（Shapira，2012）。在长期或频繁分居期间，如果有朋友等非正式支持网络，并能获得经济援助、保健和心理健康服务以及娱乐和健身项目等正式支持服务，那么军人的配偶或伴侣的心理健康状况会得到改善（Orthner and Rose，2009）。

（二）全职爸爸

每年，媒体都会报道和称赞全职爸爸，但他们的数量其实微不足道。在2012年，有18.9万名父亲在照顾他们15岁以下的孩子，而他们的配偶则在外工作。在已婚夫妻当中，仅有约3%的

联系起来

- "家庭的经济需求越大，女性去工作的可能性就越大。"你是否同意这样的观点？
- 一个有大学学历的女性做全职家庭主妇是否是对她所受教育的一种"浪费"？

父亲在特定年份是全职爸爸（"Father's Day…"，2013）。

1. 原因 全职爸爸通常是由于失业或健康问题而暂时扮演的角色。还有一些人做全职爸爸是因为已经退休，或与比他年轻得多的职业女性再婚（Gutner，2001）。2012年，在18位担任财富500强公司首席执行官的女性中，有7位女性的丈夫全职在家。这些男性大多提前从高层管理职位退休，并且非常富有，他们缩减了自己的职业生涯，并雇用保姆帮助他们照顾孩子（Morris，2003；Hymowitz，2012）。

有时，那些受到自己在职的配偶经济支持的男研究生承担起了一个改良的家务管理者的角色，他们在上课与图书馆学习之间的空闲时间做家务。此外，特别是在资金雄厚的私立学院和大学，一些男教师利用一年的家庭假期照顾孩子，而他们的妻子则在外工作（Latessa，2005）。

2. 收益与成本 做一名全职爸爸是一件喜忧参半的事情。有些人觉得养育孩子是一种乐趣，因为他们可以更亲密地与孩子接触："我认识我儿子和我女儿的朋友。我知道他们喜欢和不喜欢的一切。我有机会在那儿回答他们的问题。"（Barovick，2002：B10）

相比母亲，全职爸爸们更倾向于让他们的孩子在操场上承担更多的风险、组织户外冒险、通过让幼儿自己解决问题来培养他们的解决问题的技能、使用应用程序来管理家务如去杂货店购物，并让孩子参与自己动手的（DIY）项目。例如，一名失业在家的全职爸爸为省钱决定改造家庭公寓。他带着他2岁的孩子"去逛家得宝（Home Depot），在这个旅程中，还在学步的孩子学习认识了不同种类的锤子，并学会了如何使用卷尺"（Shellenbarger，2013：D1）。

但是，一些全职爸爸会担心失去他们的商业

技能和职业地位，并且他们觉得自己没有得到在职配偶的赏识，她们有时会抱怨屋里一团糟。即使他们说这是他们曾有过的最有价值的经历之一，他们也常常因失业而感到被污名化和边缘化，因为他们对自己的认同大部分源于成为一个有力的家庭经济支柱。一名失去了在一家大型投资银行的工作的全职爸爸说："我就是无法摆脱与世界脱节的感觉。"（Blomfield，2009：22）

381

在大多数家庭中，父母并没有选择和孩子待在家里。相反，夫妻双方都有兼职或全职工作，有时甚至两者兼而有之。

五、双收入家庭

双收入家庭变得越来越普遍。目前有双职工和双事业夫妻、通勤婚姻以及那些妻子收入超过丈夫的婚姻。

（一）双职工和双事业夫妻

当夫妻双方均有全职工作时，家庭收入中位数可以是原来的两倍之高（见图11-6）。双收入家庭包括双职工夫妻和双事业夫妻。

1. 它们有何不同　在**双职工夫妻**（也被称为双收入夫妻、*两个挣钱者*、*两份薪水*或双员工夫妻）中，夫妻双方都在外工作。这种夫妻占到所有已婚夫妻数量的59%。平均而言，双职工夫妻中妻子一方将她们的家庭总收入提升了38%（比1970年的27%有所上升）。尽管双职工家庭有双份收入，但它们极少属于富裕家庭。仅有一小部分人有很多*可自由支配收入*，即在基本必需品如食品、房租、水电和交通费用付清之后还有结余的钱。许多双职工夫妻是中年人，他们正在为他们的孩子支付大学教育的费用、为自己退休而存钱，并且有时还会帮助低收入的年迈父母（Warren and Tyagi，2003；也见第14章）。

在**双事业夫妻**中，夫妻双方都担任着那些需要广泛培训、长期承诺和持续的专业发展的专业或管理职位。这些夫妻通常有博士学位，或法学、医学、商学硕士学位。他们的受教育程度越高，收入就越高，工作时间也越长。目前并没有关于双事业夫妻的全国性数据，但一项调查发现，在美国13所研究型大学的9 000多名全职教师中，36%的是双事业型的学术夫妻（Schiebinger et al.，2008）。

382

2. **性别角色和养育方式**　在一项全国性调查中，相比56%的65岁及以上的成年人，72%的

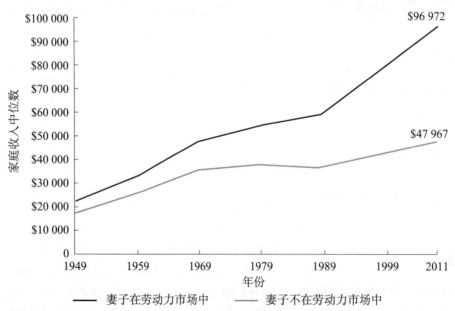

图11-6　妻子全职工作、全年工作或不工作时的家庭收入中位数（1949—2011）

资料来源：U.S. Census Bureau，2011；"Historical Income Table—Families"，Table F-13，www. census. gov（accessed August 20，2013）.

在 1977—1992 年间出生的人认为，夫妻双方都应该有工作，*并且*要照顾家庭和孩子（Wang and Taylor，2011）。因此，许多人支持关于家庭和工作职责方面平等的性别角色。不过，相当多的研究表明，人们的行为与态度并不一致，因为在许多双职工夫妻当中，养育方式仍然是性别化的。

尽管许多双职工夫妻说他们认同平等的性别角色，但仅 9% 的夫妻对家庭和事业的贡献相似。在 91% 的双职工夫妻当中，母亲对家务承担了更多的责任，尤其是在照料孩子方面（Hall and MacDermid，2009）。当工作和家庭责任之间发生冲突时，母亲比父亲更可能因为拒绝出差或加班、拒绝晋升和有趣的任务，以及重新安排工作时间而损害自己的职业生涯（Maume，2006）。

最近对双职工夫妻的一项调查发现，当把有偿工作、家务和照看孩子都考虑进去时，父母双方的"工作负荷"几乎相等——母亲每周工作 59 小时，父亲每周工作 58 小时。父亲花在有偿工作上的时间比母亲多 26%，但母亲花在家务和照看孩子上的时间几乎是父亲的两倍（Parker and Wang，2013）。

特别是在专业和管理工作方面，通常夫妻双方每周工作 60 小时。漫长的工作时间强化了家庭和工作场所之间的"隔离"，从而加剧了性别不平等。也就是说，当丈夫长时间工作时，他的妻子更有可能出于照顾孩子的责任而辞职，但妻子长时间的工作不会影响丈夫的就业状况或抚养子女的任务。尽管大多数受过高等教育的女性致力于发展她们的事业和长时间工作，但她们比男性同行在工作中晋升的可能性要小，因为文化期望和性别意识形态仍然支持男主外女主内（Cha，2009）。

3. 双收入家庭的一些收益和成本 有两个工薪族可以提高家庭的生活水平。它还减轻了父母中的一方作为供给者的一些压力，尤其是当女方或男方被裁员时。双收入父母认为他们为子女提供了负责任的成人榜样，并且他们的孩子比那些只有父母中的一方工作的孩子更独立，也没那么"贫困"（Barnett and Rivers，1996）。此外，正如大家在本章开头所见，工作除了提供收入外，还提供了许多好处。

对于双职工夫妻而言，最常见的问题是角色过载，尤其是当孩子年幼时。角色过载可能导致健康风险增加，工作效率降低，迟到、旷工和离职增多，以及工作士气低落（见第 10 章）。《**在双收入家庭中平衡竞争性需求**》一文为许多双职工夫妻应对所遇到的一些困难提供了建议。

（二）通勤婚姻

在**通勤婚姻**中，夫妻双方在不同的地理区域生活和工作，偶尔聚在一起，比如周末。在 2006 年（可用的最新数据），360 万对已婚夫妻是因婚姻不和以外的原因而分居的，这几乎占了美国所有婚姻的 3%（高于 2000 年的 2%）。这些数字可能已经增长，因为许多夫妻正在做的工作需要分居，有时因为全球化的原因，需要在国外工作（Kridel，2009；Long Distance Relationships，2013）。

1. 他们为何这样做？ 通勤婚姻出于几种原因。第一，当工作稀缺时，经济保障是促成通勤婚姻的一个重要因素。第二，如果伴侣中的一方认为搬迁会对其就业前景产生负面影响，那么他／她可能决定不搬迁。第三，如果伴侣双方在不同城市都有较好的事业，那么两人可能都不愿在婚后做出重大的工作牺牲。第四，通勤婚姻可以避免让十几岁的孩子和年迈的父母承受背井离乡的压力。

2. 通勤婚姻的一些收益和成本 通勤婚姻主要的收益是薪水，特别是当薪水较高的工作稀缺时。据一家大型投资公司的合伙人说："18 个月前，任何一个寻找新工作的人都会要求把他们的家安置在公司附近。现在他们来了，说'我已经准备好搬家了'，甚至，如果有必要，我可以不要家庭。"（Conlin，2009：1）

分居两地的夫妻认为，他们可以在一周内把更多的注意力放在工作上，并且学会欣赏和充分利用他们共度的时光。每个人都更加独立，可以利用时间单独追求另一半可能不喜欢的爱好或兴趣。正如一个通勤丈夫所指出的："我的妻子可以看她想看的所有外国电影，并且午餐和晚餐都能吃寿司。"（Justice，1999：12）

通勤婚姻也有一些不利之处，包括时间限制

和额外费用。频繁的飞机出行和维护两处住宅可能很昂贵："两处房屋抵押贷款、财产税账单、电费账单、取暖费账单、电话费账单、垃圾费账单、购物清单，车道要铲雪，院子要维护，还有两套房子要打扫。"（K.Smith，2009：F15）

通勤伴侣也可能会感到与社会隔绝，这种情况会导致伴侣中的任何一方的婚外情，或者如果之前发生过夫妻冲突，那么还可能会导致离婚。父母中留守家庭的一方可能会怨恨周末才能相见的另一方，因为后者几乎没有承担养育子女的责任。在其他情况下，留守家庭的一方，通常是妻子，有时并不期望通勤一方在周末来访，因为来访意味着他/她要准备更精心的晚餐和对孩子们更严格要求（Cullen，2007；Conlin，2009）。

无论双收入家庭是否涉及远距离的通勤，女性的收入都低于男性，这一点你将在本章后面看到。不过，妻子收入超过丈夫的家庭数量正在增长。

（三）当妻子收入更高时

在 2011 年，28% 的女性的收入超过了她们的丈夫，高于 1987 年的 18%。并且，在 2011 年，对于妻子是家庭主要收入来源的夫妻而言，家庭收入中位数将近 8 万美元，比主要靠丈夫来养家糊口的家庭高 2 000 美元（Bureau of Labor Statistics，2012；Wang et al.，2013）。

在 1970—2011 年间，收入最高的 10% 的女性的结婚率上升了，而收入最低的 70% 的女性的结婚率却下降了。那么，从一个经济的视角来说，许多男性受益于结婚而非单身。此外，妻子受教育程度越高，她对家庭收入的贡献就越大（Fry and Cohn，2010；Greenstone and Looney，2012）。

根据交换和资源理论，伴侣中有着更高收入的一方通常在一段关系中的权力更大（见第 2 章和第 8 章）。然而，数据是复杂的。一方面，在丈夫带来更多收入的家庭中，购买决策的制定大致平等，但如果妻子的收入高于丈夫，她通常做出的购买决策是丈夫的两倍（Mundy，2012）。另一方面，那些收入超过丈夫的妻子，相比收入与丈夫大致相当的妻子，在家务方面做得更多，而非更少。由于这些收入超过丈夫的妻子正在背离男性应该是家庭主要经济来源的文化期望，因

应用你所学的内容	在双收入家庭中平衡竞争性需求

当你看到这些有助于平衡工作和家庭生活的建议时，思考一些对你、你的父母或你的朋友有效的其他策略。

- **强调积极的一面**。专注于你从工作中获得的好处：个人成就感、更高的生活水平，以及为你的孩子提供更多的文化和教育机会。

- **设定优先顺序**。因为家庭和工作需求之间的冲突是不可避免的，所以要建立解决冲突的原则。例如，父母可以轮流待在家里陪生病的孩子。

- **妥协**。追求家庭和工作职责的完美是不现实的。相反，应该在你的各种活动中寻求最好的平衡，必要时做出妥协。例如，家不必完美无瑕。

- **将家庭和工作角色分开**。尤其是许多母亲在工作时会感到歉疚，因为她们没有陪孩子。而当她们在家时，她们又对没做办公室的工作感到内疚。如果你必须在家工作，那么为工作设定时间限制，并享受与家人在一起的剩余时间。

- **安排家务**。通过在成人和孩子之间更公平地进行家庭分工，解决家务负担过重的问题。许多家庭发现，编制一份每周或每月的工作图表，并在上面将每个人的任务都清楚地写下来是非常有用的。轮换作业也很有用，这样每个人都可以做"更好"和"更差"的工作。

- **培养分享的态度**。定期与你的伴侣坐下来，讨论在家里和工作中你们能做些什么来互相帮助。当我们的伴侣提供咨询意见或鼓励时，我们大多数人会更快乐。

- **在责任和享受之间保持平衡**。如果你俩都为了提高生活水平而工作，那么就使用一些额外的收入来享受生活。否则，你将没有多少精力去做那些使生活更愉快的活动。

资料来源：Beck，1988，and Crosby，1991b。

此她们可能会通过增加家务劳动时间来"抵消"这种偏差。这样做强化了家庭性别角色，不会威胁到丈夫的男子气概，不会招致家人和朋友开这个男人是"妻管严"的玩笑，并且减少了人际冲突的可能性（Greenstein，2000；Bittman et al.，2003；Tichenor，2005；Schneider，2011）。

联系起来

- 你认为双收入家庭是比单收入家庭享受更多的好处还是承受更多的压力？原因何在？
- 如果妻子的收入超过丈夫，那么丈夫应该做更多的家务和花更多的时间照料孩子吗？

六、职场上的不平等

从世界范围来看，男性比女性进入劳动力市场、全职工作，并且充分就业的可能性大得多（Marlar，2011）。在美国，在职女性与在职男性之间也有显著差异。让我们首先来看一下男女之

间和不同种族或族裔群体之间的收入差距。

（一）职场中的女性和少数族裔

不同种族或族裔群体之间存在收入差异，但这种差异在性别方面尤为显著。当你审视图11-7时，注意两个一般特征。第一，随着人们

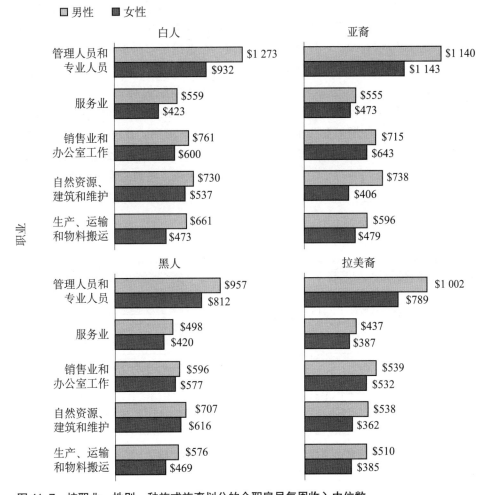

图 11-7　按职业、性别、种族或族裔划分的全职雇员每周收入中位数

资料来源：Based on Bureau of Labor Statistics, U.S. Department of Labor, *The Editor's Desk*, "Earnings and Employment by Occupation, Race, Ethnicity, and Sex, 2010", www. bls. gov/opub/ted/2011/ted_20110914. htm (accessed April 6, 2013).

在职业阶梯上的升迁，所有种族或族裔、性别群体的收入都会增加。例如，管理人员和专业人员的收入远远超过汽车修理工和卡车司机。但是，在*所有*职业中，男性的收入都高于同一种族或族裔群体的女性。位于职业阶梯底端的是黑人女性和拉美裔女性，她们的情况比任何其他群体都糟糕。因此，性别和种族都影响收入，所有种族或族裔群体和职业都存在性别收入差距。

385（二）性别收入差距

在 2012 年，全年全职工作的女性的收入中位数为 36 088 美元，而男性的为 45 500 美元。这意味着男性每赚 1 美元，女性仅赚 79 美分（同年，有学士学位的女性每年的收入仅略高于有副学士学位的男性——分别为 48 360 美元和 45 760 美元）（"Usual Weekly Earnings…"，2013；*Women in the Labor Force…*，2013）。换句话说，*一般女性每年必须多工作四个月才能获得与男性相同的工资。*

性别收入差距（有时也被称为*工资差距、薪水差距或性别工资差距*）是职场中女性和男性之间的总收入差异。收入差距从路易斯安那州的 69 美分到加利福尼亚州的 92 美分不等（U.S.Congress Joint Economic Committee，2012）。在一生中，全职

全年工作超过 40 年的普通女性会因性别收入差距而损失一大笔钱：高中毕业者会损失 70 万美元，大学毕业者会损失 120 万美元，具有商业、医学或法律等专业学位的女性会损失超过 200 万美元。较低的工资会减少女性的存款、购买力，降低女性的生活质量，并导致女性退休后社会保障金减少（Murphy and Graff，2005；Soguel，2009）。

1. 为何会产生性别收入差距？ 性别收入差 386 距从 1971 年的女性收入占男性收入的 60% 缩小至 2012 年的 79%。因此，花了 41 年时间，性别收入差距仅减少了 19 美分。如果性别收入差距继续扩大，那么女性将需要 45 年的时间才能赶上男性（Hegewisch and Matite，2013）。性别收入差距的解释范围从女性的选择到结构性歧视不一。

2. 女性的选择 女性倾向于选择收入较低的领域（比如医疗保健和教育），而男性则更可能选择高薪领域（比如工程和计算机科学）。然而，在考虑了多种变量，包括大学专业、职业、工作时间、GPA、年龄、地理区域和婚姻状况等后，收入差距仍有 7%，并且在大学毕业 10 年后，这一差距增至 12%（Corbett and Hill，2012；AAUW，2013；Damast，2012/2013；Lips，2013；and Tharenou，2013）。此外，即使女性选择高薪职业，她们的收入也低于男性，高薪工作的工资差距更大（见图 11-8）。

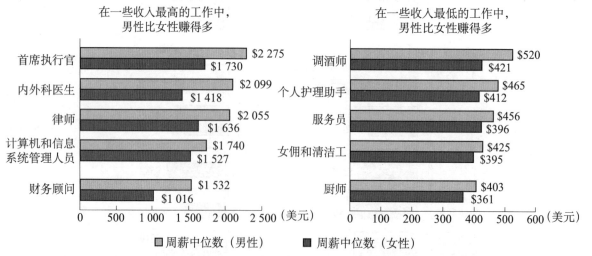

图 11-8　男性与女性的收入差距

注：男性和女性周薪中位数上的一些差异可能看起来很小，但每个数字都要乘以 52 周。因此，在年收入中，男性计算机和信息系统管理人员的平均年薪超过 9 万美元，而女性平均年薪仅为 7.9 万美元。

资料来源：Based on Bureau of Labor Statistics, U.S. Department of Labor, *The Editor's Desk*, "Earnings and Employment by Occupation, Race, Ethnicity, and Sex, 2010", www. bls. gov/opub/ted/2011/ted_20110914. htm (accessed April 6, 2013).

3. 晋升 脸谱网首席运营官雪莉·桑德伯格（Sheryl Sandberg）在其备受关注的著作《向前一步》（*Lean in*）中指责女性没有更严格地追求自己的事业，目标也不够高。她教导女性要通过更为努力工作来"向前一步"，承担起职业发展的责任，寻求新的机会而非退缩。批评人士则指出，这类建议忽视了数以百万计的职场女性，她们不像桑德伯格那样享有特权，她们没有两个哈佛学位、一个富有的 CEO 丈夫，以及足够的钱来支付照看孩子和家政服务的费用（Luscombe, 2013; Pearson, 2013）。

387 在 18 ～ 34 岁的人中，66% 的女性和 59% 的男性会将高薪职业或专业视为自己人生的重中之重（Patten and Parker, 2012）。这些人是否会放弃升职是值得怀疑的。29 岁以下的女性与同年龄的男性对需要承担更多责任的工作同样感兴趣，她们不会拒绝那些需要承担更多责任的职业上的晋升，而且，这一年龄组的母亲与那些没有孩子的女性之间几乎没有什么差别（Galinsky et al., 2009）。

许多女性会撞上**玻璃天花板，**这是一种阻碍女性晋升到领导岗位的态度和职场上的障碍。障碍的例子包括男性对女性在职场上的消极态度（见第 3 章）、女性被安排到那些没有晋升到高层的机会的岗位、缺乏指导、男性主管的偏见和破坏性评价，以及很少或根本没有机会接触知名的委员会或工作组（Barreto et al., 2009; Sandberg, 2013）。

相反，许多进入以女性为主导的职业（比如护理和教学）的男性会得到更高的工资和更快的晋升，这种现象被称为**玻璃扶梯。**例如，在 2011 年，男性仅占所有注册护士的 10%，但女性护士的平均收入为 5.11 万美元，比男性护士的平均收入 6.07 万美元低 16%。站在玻璃扶梯上的男性的待遇往往比在以男性为主导的职业中的男性的待遇更好；而在以女性为主导的职业中，他们也很容易晋升到监管职位（Dewan and Geveloff, 2012; Goudreau, 2012; Casselman, 2013）。

4. 母亲的惩罚 许多女性的收入会受到**母亲的惩罚**（也被称为*母亲的工资惩罚或妈咪的惩罚*）的影响，这是一种存在于已为人母的女性和还未做母亲的女性之间的收入差距。平均而言，相对于男性所赚的 1 美元，没有孩子的女性可以赚到 90 美分，普通母亲则能赚到 73 美分，而单身母亲只能赚到 60 美分（Rowe-Finkbeiner, 2012; Stevens, 2012）。

一项对母亲的惩罚的开创性研究发现，许多雇主认为，与非母亲相比，母亲对职场的忠诚度更低、更不可靠，能力也更差。即使这两组人的简历和工作经历都非常相似，作为母亲的女性获得的起薪也比非母亲的女性少 1.1 万美元。男性的起薪比女性高，但作为父亲的男性的起薪比非父亲的男性高 6 000 美元，即使这两组人的简历和工作经历也很相似。雇主们相信父亲们会更专注于这份工作，并且需要更高的起薪。那么实际上，父母身份惩罚的是在职母亲，但往往回报的是在职父亲（Correll et al., 2007; Glauber, 2007）。

5. 职业性别隔离 职业性别隔离是一种将女性和男性引至从事不同类型的工作的过程。虽然自 20 世纪 70 年代以来，职业性别隔离已经减少，但 40% 的女性仍然从事传统意义上的女性职业（例如，社会工作、教学、护理），而 44% 的男性仍从事传统意义上的男性职业（例如，航空航天工程、计算机程序设计、消防）（AAUW, 2013）。

职业性别隔离是造成收入差距的一个主要因素，因为以女性为主导的职业工资较低（Hegewisch and Matite, 2013）。例如，在 2012 年，在全职雇员当中，98% 的建筑、生产或运输行业的工人是男性；他们的年收入中位数大约为 3.9 万美元。银行出纳员——89% 是女性——的年收入中位数仅为 2.6 万美元（Bureau of Labor Statistics, 2013）。许多女性和一些男性还必须忍受职场上的虐待，比如性骚扰。

（三）性骚扰 388

在进一步展开阅读前，做一个"你了解性骚扰吗？"的小测试，以了解你对这个问题有多敏感。

你现在肯定知道性骚扰是违法的（见第 3 章）。在职场中，性骚扰是一种权力的展示，通常是由老板对同性或异性下属实施的。由于男性在权力上占主导地位，因此骚扰者更有可能是男

389

性而非女性。有些人声称在性骚扰、调情或仅仅是恭维之间存在着细微差别。错!如果有人说"住手",而肇事者却并不停止,那么这就是性骚扰。当你并不欢迎对方的性关注时,大多数人是知道的——无论是出于本能,还是因为对方的反应。

性骚扰无论在情感上还是在经济上都是代价高昂的。它构成了工资歧视,因为反复的被骚扰事件可能会导致受害者(通常是女性)离开或失去工作,从而丧失潜在的加薪和晋升机会。性骚扰的受害者还可能出现情感和行为问题,包括:影响到她们家庭的抑郁,对两性关系态度的改变,对家人、朋友或同事易怒,以及酗酒和吸毒(Rettner,2011)。

联系起来

- 男性和女性是否都接受性别收入差距?假设你是男性,如果你的母亲、女儿、妻子或伴侣的收入比处于同等地位的男性的收入低20%～30%,你会有什么感觉?

- 你、你的朋友或家人曾见过或经历过性骚扰吗?如果经历过,你或他们是怎么做的?

七、家庭和工作的政策

职场政策对"家庭"的态度有多"友好"?在 2013 年,雅虎(Yahoo!)新上任的首席执行官玛丽莎·梅耶尔(Marissa Mayer)取消了在家办公。她还宣布她将只休两周的产假。在婴儿出生后,她在办公室旁建了一家托儿所。梅耶尔在《财富》杂志举办的"最具影响力女性"的晚宴上对一个观众说:"生孩子比大家想象的要容易得多。"(Fuller,2012)我们很快就会谈到产假问题,但职场妈妈们尤其不满于梅耶尔对产假以及在家工作的那种不屑一顾的态度。

(一)弹性工作制

弹性工作制是一种允许员工更改他们每日到达和离开时间的计划安排。有些员工支持弹性工作制,因为它减少了因送孩子上学而迟到或因接孩子放学回家而提早离开所造成的工作上的拖沓现象。此外,轮班工作的员工可以接待更多的客户,特别是在不同时区的客户。不过,女性比男性享受弹性工作制的可能性更小,因为男性更有可能获得能提供这种选择的高收入职位和管理职位（Payne，2013）。

员工拥有的灵活性越大，他们的工作满意度就越高，离开公司的可能性也就越小（Hill et al.，2010）。灵活的工作安排减少了工作-家庭冲突，进而减少了疲惫、压力、抑郁、离职、旷工以及对家庭成员易怒的可能性。女性、单亲父母和那些照顾孩子和家务负担重的人尤为可能受益于职场的灵活性，而且对雇主来说成本也很低（Matos and Galinsky，2011；Jang et al.，2012）。

（二）远程办公

远程办公通过电子设备将远程工作联网到办公室，是一种可以让父母把工作和育儿结合起来的灵活的选择。根据一些调查，80%～86%的员工希望有机会远程办公（Saddath，2013）。

一些政策分析人士鼓励雇主扩大远程办公。这样做将降低公司的能源成本，减少污染（因为开车上班的人更少），减少遇到交通问题（尤其是在城市和郊区之间）的可能性，通过减少上班次数来提高生产效率，通过减少办公空间的面积来减少间接成本，并增加获得更多合格员工的机会（Cox，2009；DeGray，2012）。

在2010年，1340万人（将近10%的美国雇员）每周至少在家工作一天，高于1997年的920万人（7%的美国员工）。在2000—2010年间，在家专职或兼职从事计算机、工程和科学工作的人数增长了69%——从25.2万人增加到了43.2万人。既远程办公也在工作现场工作的员工的家庭年收入中位数（9.6万美元）高于专门远程办公的员工（7.4万美元）或专门在工作现场工作的员工（6.6万美元），这可能是因为远程办公人员往往受过高等教育（Mateyka et al.，2012；"Working at Home Is on the Rise"，2013）。《**远程办公的一些好处和风险**》一文提出了远程办公的一些收益和成本。

（三）怀孕歧视

1978年的《怀孕歧视法案》规定，雇用15名以上员工的雇主对已怀孕的员工进行解雇、降职或惩罚是违法的。一些州的法律将这种保护扩大到只有4名员工的公司。尽管有这些法律，但欧洲经济委员会报告说，怀孕歧视指控近年来至少上升了33%。仅2011年一年，就有将近5 800名女性投诉说，当雇主得知她们怀孕时，她们就被解雇、降职或被剥夺了一些职权（U.S.Equal Employment Opportunity Commission，2011）。这只是冰山一角而已，因为只有一小部分遭遇怀孕歧视的女性采取了行动——许多人没有意识到自己的权利，而其他人没有足够的资源来进行冗长的诉讼。

（四）家庭和医疗休假政策

1993年的《家庭和医疗休假法案》允许符合条件（子女出生或收养一个孩子，照顾病重的家庭成员，员工处于患病后的康复阶段）的员工休12周的无薪年假，并继续享有健康福利。《〈家庭和医疗休假法案〉之旅》一文对这些权利提供了更为详细的讲解。

1.《家庭和医疗休假法案》的好处 家庭和医疗休假政策最明显的好处就是员工不会因为生病、分娩或休产假而失业。此外，大多数员工在休假回来后可以得到相同或同等的职位。《家庭和医疗休假法案》将"同等"职位定义为薪酬、福利、工作条件相同，职责和职权"基本上相似"的职位。最重要的是，因为《家庭和医疗休假法案》是一项法律，所以员工不必依赖主管的意愿和心情来请假。

2.《家庭和医疗休假法案》的局限 《家庭和医疗休假法案》有几个问题。

第一，休假是没有薪水的。

第二，《家庭和医疗休假法案》仅适用于通常需要住院治疗的重大疾病。但在大多数情况下，孩子们常见的疾病只持续几天。许多正在工作的父母考虑到生活的费用或被解雇的风险而无法进行任何无薪休假（Phillips，2004）。

第三，在只有不到50名员工的美国公司工作的员工，不在《家庭和医疗休假法案》的适用范围之内，而且许多即使适用该法案的人也无法承担无薪假期（Bernard，2013）。此外，数以从远程办公的积极方面来看，如果员工每个工作周在家工作一半的时间，那么每年可以节省近7 000美元的汽油费、午餐和衣着打扮的费用。除了可以减少照看孩子的成本外，一些人还报告称，在家办公可以使家庭更加亲密：当孩子放学回家时，父母就在身边，并且家庭成员有时也会参与到远程办公者的工作中。

远程办公还能提高生产率，因为它提升了士气（例如，人们可以更多地控制自己的时间和安排）。员工们更少浪费时间（比如在饮水机旁与同事闲聊）、更少感到疲倦，因为他们不用往返于家和办公室之间。在家工作的人往往会投入更多的时间工作，因为他们不必把所有的事情都塞进朝九晚五的工作日程中完成。

就消极的方面而言，一些远程办公者会感到个人和职业上的隔绝和孤独。即使是部分时间远程办公的员工，与他们在办公室工作的同事相比，也会因"面对面的时间"（在同一物理空间与同事和主管互动）更少，而面临加薪幅度更小、绩效评估更差和晋升机会更少的风险。因此，他们可能在晚上或周末加班。此外，30%的主管相信远程办公人员可能会"偷懒"。

远程办公还会降低家庭工作时间的质量。有些父母讨厌在家里工作时被打扰或分心，或者发现他们很难把家庭和事业分开。来自邻居、孩子、宠物以及家用电器的噪声也可能降低生产率，并造成家庭关系紧张。

资料来源：Hill et al., 2010; Price, 2011; DeGray, 2012; Elsbach and Cable, 2012; Suddath, 2013; Zimmerman, 2013.

思考题

- 63%～66%的雇主报告称远程办公人员的工作效率提高了，且缺勤率降低了（Zimmerman, 2013）。那么，为何远程办公并没有被更为广泛地推广？

- 远程办公人员——包括那些几乎完全在家工作的人——可以用哪些方法增加自己和他人面对面的时间？

百万计的兼职、临时职位的员工（大部分是女性）被排除在家庭和医疗休假政策之外。

第四，员工和雇主可能对什么是"同等"工作或"基本上相似"的职权无法达成共识。例如，如果某份工作需要多开30分钟车去一个不太理想的地方的一个陌生的办公室办公，那么这个人获得的是一份同等的工作吗？

第五，《家庭和医疗休假法案》不包括照顾老人。约79%的公司表示，他们给员工提供了无薪休假以使其照顾年迈的父母，且不影响他们的工作，但这并没有保证（Bond et al., 2005）。

3. 各州的家庭和医疗休假政策　仅11%的私营部门员工和17%的公共部门员工可以享受带薪休假。那些受益者都是在有100名或更多员工的公司中处于管理或专业职位的高薪员工（Houser and Vartanian, 2012）。一些母亲会将带薪假期（如病假和假期）合并起来，用于几周或更长时间的分娩和婴儿护理。然而，白人女性、已婚女性和受过大学教育的女性这样做的可能性更高。超过83%的只有高中或更低学历的女性在孩子出生后会离职（Laughlin, 2011）。

加利福尼亚州和新泽西州的员工最多可以休6周的假，工资为个人平均周薪的55%～66%。这些项目的资金完全由短期残疾保险和从0.06%到1%不等的小额工资税来支付。夏威夷、纽约和罗德岛提供了临时残疾保险方案，以弥补女性在怀孕期间和怀孕后立即休假而损失的部分工资。由于员工流失率下降，大多数公司不用承担任何额外费用，并且节省了资金（Houser and Vartanian, 2012）。

4. 与其他国家的比较　在190个国家中，178个国家提供了某种形式的带薪产假，54个国家保证为父亲提供带薪陪产假。美国、巴布亚新几内亚和斯威士兰是没有全国性带薪产假政策的少数几个国家。瑞典有着世界上最慷慨的产假政策之一——16个月的带薪产假。荷兰、法国和西班牙提供16周的全薪产假，丹麦提供18

了解《家庭和医疗休假法案》的员工更可能利用这种福利。

它适用于哪些人？ 在至少有50名员工的公司或工作场所工作的任何员工，只要在12个月内至少工作1 250小时——约等于每周工作25小时，就有资格享受12周的休假。然而，如果薪酬最高的10%的员工缺席会对雇主造成"重大而严重的经济伤害"的话，就不能保证他们休假回来还能得到这份工作。

休假的目的是什么？ 一名员工可能因分娩或收养孩子以及照顾新生儿，照顾生重病的配偶、孩子或父母，或因患重病无法工作后进行康复而采取家庭或医疗休假。

谁为休假买单？ 员工。公司可能规定或允许员工申请带薪休假和病假，享受12周的探亲假，

但不必向休假的员工支付工资。

何时应通知雇主？ 在可预见的情况下（例如分娩、收养孩子或有医疗计划），需要提前30天口头或书面通知。当这些不可能时（例如，宝宝比预想的要提前出生），员工必须尽快通知雇主，一般在一两个工作日内。雇主可以要求员工提供必须休假的医疗证明。

必须把假期一次性休完吗？ 不用。例如，当员工希望在孩子出生后减少工作时间时，假期可以用来缩短每周的工作时间。病假也可以零零碎碎地休（例如，每周安排化疗预约）。

如果你认为你的权利受到了侵犯，怎么办？ 美国劳工部的工资和工时司（就业标准管理局）的任何地方或地区办事处都接受投诉，这些投诉必须在指称的侵

权行为发生后的两年内提出。私人诉讼也必须在侵权行为发生后的两年内提出。

根据美国联邦最高法院的一项裁决（内华达州人力资源部起诉希布斯案），该州雇员现在可以起诉违反《家庭和医疗休假法案》的机构。

思考题

- 美国是唯一一个不提供带薪产假的工业化国家。它是否应该提供，即使这意味着增加工资税？

- 现在有许多美国雇主在残疾保险的名目下支付了一些带薪产假（但没有陪产假）的保险费用。怀孕为何是一种"残疾"？并且男性为何被排除在这种"残疾保险"之外？

周的全薪产假，印度提供12周的全薪产假，爱尔兰提供12周的带薪产假（薪水是员工工资的80%）。一些国家——比如比利时、希腊、法国、芬兰、冰岛、以色列和斯洛文尼亚——还提供4周～3个月的带薪陪产假，薪水为员工工资的80%～100%（Walsh, 2011; Weber, 2013）。

答案："你了解性骚扰吗？"

1. 是，因为如果重复发生会造成攻击性和敌对的工作环境。
2. 是。
3. 否。
4. 否。
5. 否，如果没有其他人在场，而且谈话是双方自愿的话。如果一个路人觉得这样的谈话很无礼，那么就可能构成性骚扰。
6. 否，如果这些评论是针对两性的，而非有意贬损或有辱他人人格的话。
7. 否。
8. 是，这会造成敌对的工作环境。
9. 是。
10. 否，但这是一句性别歧视言论。

本章小结

很多家庭在经济上挣扎，但没有多少选择，比如兼职或全职工作。宏观层面的经济变化包括，特别是自 2008 年以来，参与劳动力市场的女性、母亲和双职工夫妻的数量增加了。数以百万计的家庭遭受着失业、低工资、职场不平等以及少得可怜的家庭和医疗休假政策等的约束。许多相同的经济力量也会对家庭暴力产生影响，这是我们下一章将要审视的主题。

复习与思考

11.1　解释美国社会中的工作如何以及为何发生变化。

1. 去工业化、全球化、离岸外包和工会如何影响雇员和他们的家庭？
2. 具体而言，经济是如何影响社会阶层的？进而，社会阶层又是如何影响家庭的？

11.2　解释经济影响家庭的五种方式。

3. 贫困的雇员、丧失信心的雇员和就业不足的雇员之间有何差异？
4. 哪些人处于贫困之中？原因何在？

11.3　比较男性和女性的劳动力参与程度。

5. 自 20 世纪 80 年代以来，男性和女性在劳动力市场参与方面如何以及为何发生变化？
6. 教育如何影响女性和男性的劳动力市场参与？

11.4　描述经济因素塑造婚姻角色的两种方式。

7. 夫妻中的一方的幕后工作如何不同于传统的男主外女主内的婚姻？
8. 成为全职爸爸的收益和成本有哪些？

11.5　描述双收入家庭的三种变化。

9. 双职工夫妻、双事业夫妻和通勤婚姻之间有何差异？
10. 双收入家庭的收益和成本有哪些？

11.6　解释职场不平等如何以及为何影响家庭。

11. 性别收入差距产生的原因何在？它的后果是什么？
12. 母亲的惩罚和职业性别隔离如何影响女性的收入？

11.7　描述对家庭有利或不利的四种职场政策。

13. 弹性工作制与远程办公有区别吗？对于雇主和员工而言，远程办公的收益和成本有哪些？
14. 《家庭和医疗休假法案》的好处和局限是什么？美国在带薪产假方面与其他国家相比如何？

第**12**章
家庭暴力与其他家庭健康问题

394

学习目标

当阅读和学习本章后，你将能够：

12.1 定义和描述三种类型的亲密伴侣暴力，解释为何有些女性仍选择留在虐待关系中，并讨论单向与双向暴力。

12.2 定义、说明和描述四种类型的儿童虐待行为，并解释成人虐待儿童的原因。

12.3 描述和说明兄弟姐妹和青少年的虐待情况，以及这类虐待的发生率和后果。

12.4 定义、说明和描述老年虐待，并解释老年虐待发生的原因。

12.5 描述同性伴侣和种族或族裔群体中家庭暴力的普遍程度，并解释为何会发生这种情况。

12.6 比较解释家庭虐待和暴力的五种理论。

12.7 描述影响家庭健康的三种生活方式及其流行情况，并解释家庭成员为何会经历抑郁和自杀。

12.8 描述和说明防治家庭暴力和其他家庭健康问题的两种方法。

- 在 1994—2011 年间，儿童虐待的比例从每 1 000 名儿童 15.2 人降至 9.1 人；在一生中，20% 的美国儿童曾遭受过某种形式的虐待。
- 将近 33% 的美国女性和 10% 的美国男性曾遭受过强奸、身体暴力或被亲密伴侣跟踪。
- 将近 35% 的美国儿童生活在暴力家庭中。
- 每年，据估计 65 岁及以上的美国老年人中有 8%～10% 的人遭受过某种形式的虐待。
- 在 2011 年，大约 2 300 万 12 岁或以上的美国人（占总人口的 9%）使用过大麻、可卡因、海洛因、迷幻药等非法药物；71% 的高中生饮过酒、45% 的高中生抽过烟。
- 在 1962—2010 年间，肥胖美国成年人的比例从 13% 上升到 36%。

资料来源：Catalano, 2007；Black et al., 2011；"Child Maltreatment", 2012；Eaton et al., 2012；National Center on Elder Abuse, 2012；Ogden et al., 2012；Substance Abuse and Mental Health Services Administration, 2012；U.S.Department of Health and Human Services, 2012a.

在我们的一生中，我们更有可能被家人而非陌生人殴打或杀害（Truman and Planty, 2012）。例如，失去意识的将近 3 岁的安德鲁被他的父亲——一名计算机系统工程师送到急诊室后不久就去世了。这个蹒跚学步的孩子被踩蹭得遍体鳞伤，其中一些伤口已经持续了一段时间。这个男孩的饥饿程度十分严重，他的大脑和心脏开始萎缩，肌肉更是萎缩得厉害，以致他无法行走。安德鲁的房间里溅满了他的血。他的母亲是一名全职家庭主妇，还有另外 5 个孩子。她说安德鲁的伤是由他抓伤自己和从楼梯上摔下来所致（Barnhardt and Scharper, 2007；Madigan, 2009）。

本章审视了家庭暴力的不同形式、其他与家庭相关的健康问题，以及一些预防和干预策略。让我们从亲密伴侣的暴力和虐待这样一个困扰数百万美国人的严重问题开始。

一、亲密伴侣的暴力和虐待

亲密伴侣暴力是指发生在处于亲密关系中的两个人之间的虐待行为。*亲密伴侣*是指现任和前任配偶、同居的情侣、现任或前任男友或女友。第 6 章讨论的是约会暴力，而本章主要关注的是其他有过亲密伴侣暴力的夫妻。有些社会科学家经常将亲密伴侣暴力与家庭暴力这两个术语交替使用，而另一些人则用*亲密伴侣暴力*来专门指对那些涉及密切个人关系的人的暴力。当涉及包括对孩子、兄弟姐妹和其他年长的家庭成员的虐待时，我们将更多使用家庭暴力一词。

（一）亲密伴侣暴力的类型

亲密伴侣暴力的范围从偶尔一次到持续性虐待不一。它包括三种类型的行为：

- **身体虐待**是指威胁、试图伤害或使用身体力量伤害伴侣。例子包括投掷物体、推搡、抓挠、掌掴、踢蹬、咬、撞击、殴打和使其窒息。
- **性虐待**是指威胁或强迫伴侣在不同意的情况下发生性行为。最常见的例子是强迫一个人进行性交（法律术语为*强奸*）或不想要的性活动（如肛交或口交）。
- **情感虐待**是指威胁、监视或控制伴侣的攻击性行为。例子包括辱骂、恐吓、阻止伴侣见朋友和家人，以及威胁伴侣的亲人。这种心理和言语上的虐待同样有害，因为轻蔑、批评、嘲笑或把伴侣与其家人和朋友隔离开来，可能在情感上造成严重伤害。

亲密伴侣暴力往往始于情感虐待，可能升级为身体虐待或性虐待。这几种类型的亲密伴侣暴力行为也可能一起出现，正如一个人用语言痛骂其伴侣，同时还打伴侣。在测量亲密伴侣暴力的

396

发生率时，美国疾病控制和预防中心认为亲密伴侣暴力还包括跟踪和控制女性的生殖行为（例如，男子拒绝戴避孕套，或者在女性不想怀孕时故意试图让她怀孕）（Black et al.，2011；也见第4章、第7章和第9章）。

（二）亲密伴侣暴力的普遍程度与严重性

亲密伴侣暴力现象在美国社会非常普遍。就全美范围而言，36%的女性与29%的男性表示在他们生命中的某段时间曾经是亲密伴侣暴力的受害者。在2011年，有超过100万的亲密伴侣暴力的受害者，但这个数字还是保守的。据估计，有42%的受害者不会向警察报告所遭受的亲密伴侣暴力，因为他们羞于启齿、认为没有人可以提供帮助，或害怕遭到报复。无论亲密伴侣暴力被报告与否，它每年都会影响1 200多万美国人，包括家庭成员、雇主、律师和卫生保健提供者（Black et al.，2011；Truman and Planty，2012）。

1993—2010年，美国的亲密伴侣暴力的总发生率在女性和男性群体中都有所下降（见图12-1）。然而，在这期间，将近86%的受害者是女性。

据估计，亲密伴侣暴力每年会导致1 200名女性死亡、200万名女性受伤，相比之下，男性死亡330人、受伤近60万人（Catalano，2007；

Black and Breiding，2008）。当受害者在袭击中幸存下来时，女性比男性更有可能出现严重的心理问题（如抑郁、紧张、无望感和无价值感），并企图自杀。女性心理健康功能较差的原因是她们更可能遭受反复虐待，尤其是身体和性虐待（Edwards et al.，2009；Black et al.，2011）。

相比男性，女性也更可能遭受严重的身体伤害，因为她们通常比她们的伴侣矮小，并且更可能使用拳头而非武器。女性亲密伴侣被枪杀的可能性（53%）比其他所有手段加起来还要大（Cooper and Smith，2011）。在2008年，配偶所犯凶杀案的比例几乎等于男/女朋友所犯凶杀案的比例（见图12-2）。然而，在2010年发生的713起夫妻谋杀案中，85%的受害者是妻子（Federal Bureau of Investigation，2011）。

婚姻凶杀案数量下降的原因尚不清楚，但这可能是由于有更多的女性参与劳动力市场，她们有财务能力摆脱一段虐待关系。此外，许多女性推迟了婚姻和生育，这些都会减少暴力发生的可能性，因为伴侣年龄更大、更成熟，具有更好的解决冲突的技能（见第8章、第10章和第11章）。

（三）虐待和暴力家庭的一些特征

谁是施虐者？虽然没有"典型的"施虐者，但施虐者有一些共同的特征（见表12-1）。有些与宏观层面的因素有关，比如失业与贫困；而另一些则是出于如药物滥用等微观层面的选择。风

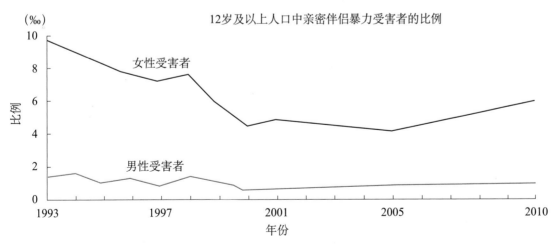

图12-1　亲密伴侣暴力（按性别分类，1993—2010）
资料来源：Catalano，2012，Appendix Table 1.

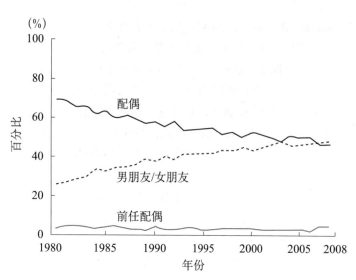

图 12-2 亲密伴侣凶杀案中受害者与罪犯的关系（1980—2008）
资料来源：Cooper and Smith，2011，Figure 28.

398

表 12-1　与亲密伴侣暴力相关的风险因素

- 女性教育程度或收入水平比男性高。
- 伴侣正在同居或分居而非已婚、离婚或丧偶。
- 伴侣的种族或族裔不同。
- 男性是施虐狂，好斗或过于嫉妒。
- 伴侣中的任何一方或双方在青少年时期有过暴力行为。
- 伴侣中的一方或双方在成长过程中看到过父母或其他亲密伴侣中的一方打另一方。
- 男性失业而女性在业。
- 家庭收入在贫困线以下。
- 男性年龄小于 35 岁。
- 伴侣中的任何一方或双方滥用酒精或其他毒品。
- 男性攻击过家庭以外的人或犯过其他暴力罪行。
- 这个家庭在社交上与邻居、亲属和社区隔离。

资料来源：R.S.Thompson et al.，2006；Herrenkohl et al.，2007；Blackand Breiding，2008；Edwards et al.，2009；Wiersma et al.，2010；Berger et al.，2012；Catalano，2012.

险因素越多，虐待和暴力发生的可能性就越大，但亲密伴侣的暴力行为会因性别、年龄、种族或族裔以及社会阶层而异。

　　1. **性别**　在一生中，女性比男性更有可能遭受亲密伴侣的暴力，而无论其年龄、种族或族裔、家庭收入和受教育水平如何，但男性也可能是受害者（见表 12-2）。14% 的男性和 24% 的女性在一生中遭受过由亲密伴侣实施的*严重身体虐待*（例如，被用拳头或其他坚硬的东西打、被殴打、被对着某物猛烈撞击、因窒息而受伤或窒息而死、被故意烧伤或被刀或枪指着）。几乎半

表 12-2　曾遭受过亲密伴侣暴力的 18 岁及以上美国人的百分比（%）

	女性	男性
总计	26	12
年龄		
18 ～ 24 岁	24	18
25 ～ 34 岁	30	21
35 ～ 44 岁	30	18
45 ～ 54 岁	31	16
55 ～ 64 岁	27	13
65 岁及以上	13	6
种族或族裔		
白人	27	16
拉美裔	21	16
黑人	29	23
美洲印第安人 / 阿拉斯加土著	39	19
亚裔	10	8
混血	43	26
家庭年收入		
少于 15 000 美元	36	21
15 000 ～ 24 999 美元	29	20
25 000 ～ 34 999 美元	31	16
35 000 ～ 49 999 美元	27	16
50 000 美元及以上	24	14
教育		
高中未毕业	28	16
高中毕业	25	16
某一学院	32	19
大学毕业	23	14

注：这项调查将亲密伴侣暴力定义为由现任或前任亲密伴侣威胁、未遂或已遂的身体虐待、性虐待或情感虐待。
资料来源：Black and Breiding，2008，Table 1.

数的男女遭受过情感虐待（如辱骂、侮辱、人身伤害威胁和控制行为），但男性遭受身体虐待、跟踪和强奸等多种形式暴力的可能性要比女性小（Black et al.，2011）。

男性也比女性更有可能在企图自杀或自杀前先**弑亲**，即谋杀配偶、前配偶、子女或其他亲属。弑亲的人有时也被称为家庭毁灭者。这类犯罪每年占所有凶杀案的 2%。家庭毁灭者通常是白人、男性、中年人、濒临灾难性经济损失或被解雇的家庭经济支柱，他们从未表现出任何抑郁、焦虑或敌意的迹象，行为正常，策划谋杀他们的家人有时长达数月（Callahan，2009）。

2. 年龄 亲密伴侣暴力在生命早期就开始了。在初次遭受由亲密伴侣实施的强奸、身体虐待或跟踪的人当中，22% 的女性和 15% 的男性年龄为 11～17 岁，47% 的女性和 39% 的男性年龄为 18～24 岁（Black et al.，2011）。相比其他年龄组，50 岁及以上的女性遭受亲密伴侣暴力的概率最低（Catalano，2012）。晚年的亲密伴侣暴力发生率较低的原因可能是受害者的死亡。例如，由现任或前任亲密伴侣所制造的凶杀案是女性在怀孕期间或分娩后一年内死亡的主要原因（Cheng and Horon，2010）。在其他情况下，男性可能会因犯另一种罪行而被监禁，或者一些女性会设法离开一段虐待关系。

3. 种族或族裔 在所有种族或族裔群体中，相比男性，女性在一生中都更有可能成为亲密伴侣暴力的受害者。混血和美洲印第安人 / 阿拉斯加土著女性报告的虐待率最高（分别为 43% 和 39%），亚裔美国女性报告的虐待率最低（10%）。一项包括跟踪在内的全国性研究发现，46% 的美洲印第安人 / 阿拉斯加土著女性和 54% 的混血女性在一生中遭受过亲密伴侣暴力（Black et al.，2011）。

混血女性有最高的亲密伴侣暴力发生率的原因尚不清楚。对于美洲印第安人 / 阿拉斯加土著女性中亲密伴侣暴力发生率高的原因的解释包括以下因素的组合："没有一个地方……会比阿拉斯加那些偏远的村庄更危险，那里没有道路进出，而且不可靠的电话、电力和互联网服务进一步切断了人们与外界的联系。"在美洲印第安人的卫生服务医院，训练有素的护士太少，无法进行强奸检查，而强奸检查通常是将案件提交审判所必需的；那里没有任何关于亲密伴侣暴力和酗酒的讨论；而在一些保留地，被大量罪行搞得分身乏术的当地警察通常会劝阻女性举报和起诉亲

密伴侣暴力（Williams，2012：A1）。

4. 社会阶层 亲密伴侣暴力在所有社会阶层都会发生，但在低收入家庭中更常见（或报告得更频繁）。生活在年收入低于 7 500 美元的家庭中的女性遭受亲密伴侣暴力的可能性是生活在年收入至少 75 000 美元的家庭中的女性的近 7 倍（Macomber，2006）。

社会阶层自身并不会"导致"亲密伴侣暴力，因为在所有年龄段的亲密伴侣暴力中，犯罪者和受害者都包括来自所有收入水平和受教育水平的人（Catalano，2007；也见表 12-2）。不过，在社会经济上处于不利地位的女性和男性比其他人更有可能在虐待家庭中长大、同居、失业、生活贫困、意外怀孕或生更多超出他们负担能力的子女——所有这些都增加了亲密伴侣暴力发生的可能性（Frias and Angel，2005；O'Donnell et al.，2009；Jones et al.，2013）。

除了弑亲，在中产阶级家庭中还有许多其他亲密伴侣暴力的例子。例如，亲密伴侣暴力在警察家庭中的发生率是一般家庭的 2～4 倍。受害者尤其容易受到伤害，因为施虐者有枪、知道受虐女性庇护所的位置、很少受到其所在部门的惩罚，而且知道如何操纵刑事司法系统以避免惩罚（National Center for Women and Policing，2009）。

社会经济地位高的家庭中的女性也会遭受亲密伴侣暴力。我们经常看到一些好莱坞男明星和美国国家橄榄球联盟的球员的前任和现任女朋友或妻子指控他们实施家庭暴力的新闻（Thompson and Barker，2010；Wilson，2012；Richter，2013）。一部广受欢迎的犯罪类电视剧《宅邸墙后》（*Behind Mansion Walls*）讲述的就是富人和特权阶层的家庭暴力。

2007 年，在佛罗里达州的那不勒斯，一所女性庇护所增加了一个新的项目——"富裕的女性"（Women of Means），专门针对那些受过教育的、专业的或富裕的亲密伴侣暴力受害者。该项目提供高级服务，比如水疗和美容沙龙，以及一系列的律师、医生、精神科医生、牙医和其他专业人士的服务（Green，2007）。富裕的女性是否应该得到特殊待遇可能有争议，但该项目显示出亲密伴侣暴力并不仅限于低收入群体。

（四）婚内强奸

婚内强奸（有时也被称作**强奸配偶**或**强奸妻子**）是指一名男性强迫他的妻子进行她不想要的性交的一种虐待行为。自1993年以来，婚内强奸在所有州都属于犯罪行为。它在美国是一种最常见的强奸类型，但有些州将其定义为比陌生人强奸更轻的罪行（Polisi，2009）。

据估计，全美有25%的女性曾被她们的配偶强奸过，但很少有人报案。一个相信自己别无选择，只能履行"人妻责任"的传统妻子可能会接受这种情况，特别是当她的丈夫并没有使用武器或以身体伤害威胁她时（Michael et al.，1994；Polisi，2009）。

当女性报案时，施暴者很少受到起诉。如果一个妻子没有受到身体上的伤害，比如瘀伤或骨折，那么让她去证明自己被丈夫强奸几乎是不可能的。有些丈夫会倚仗体力，但许多人依靠的是其他形式的胁迫，比如威胁要离开或欺骗妻子（Hines and Malley-Morrison，2005）。

（五）家庭暴力循环

自1978年以来，各州州长赦免了数百名因杀害了施虐者而被指控的女性。这些女性基于对**受虐妇女综合征**的辩护而得以赦免，这种病症描述了那种遭受了多年身体虐待但感觉无法离开伴侣的女性。为了在绝境中保护自己，女性有时会杀死施虐者。

受虐妇女综合征存在争议，因为有些人认为，受虐待的女性可以选择离开施虐者，而非杀死他们。另一些人则认为，一个众所周知的家庭暴力循环理论支持了对受虐妇女综合征的辩护（Walker，1978，2000）。家庭暴力循环涉及三个阶段。

1. 阶段一：紧张－建立阶段 在周期的第一阶段，当"轻微"的殴打事件发生时，女性试图通过迎合或避开伴侣的方式来减少伴侣的愤怒。与此同时，被殴女性通常认为她的伴侣施虐是事出有因的："当丈夫把她为其准备的晚餐扔到厨房的地板上时，她解释说，可能是因为她不小心把它煮过头了。当她收拾他的烂摊子时，她可能会

认为他的反应有点极端，但她通常会非常感激这只是一个相对较小的事件，所以她决定不生他的气。"（Walker，1978：147）受害者希望情况会有所改变，但紧张局势通常会升级，并导致殴打事件。

2. 阶段二：急性殴打事件 施虐者往往有化身博士（杰基尔博士和海德先生）的人格特质，在这种人格中，理性而温和的杰基尔博士会不可预测地变成不讲道理的、残忍的海德先生。在第二阶段，海德先生出现了，他会大发雷霆，殴打或虐待他的伴侣。因此，女性的情感发生了波动："我对斯图有两种反应，因为我在回应两个不同的人，或者说一个人的两个不同的部分。一个斯图是非常体贴、温和、善良的，而另一个斯图是残忍和充满敌意的。"（Strasser，2004：210）

一些长期遭受虐待的女性会预见到这一阶段，并会引发暴力事件以结束这一阶段。例如，一个想和丈夫一起去参加家庭聚会，却感觉到一场严重的殴打事件即将发生的女性，会故意在一周内挑起事端，这样到了周末，她的丈夫就会乐意参加这场聚会（Walker，1978）。

3. 阶段三：平静（"蜜月阶段"） 在第三阶段，海德先生变成了善良的杰基尔博士，他乞求女性的原谅，并保证他永远不会再打她："他……会放弃喝酒，不再见其他女人，或不再做任何引发他内心焦虑状态的事情。他的诚意是可信的。"（Walker，1978：152）

如果受害者因为所受的身体伤害而住院，那么这个男人会用鲜花、糖果、祝福卡片和礼物欺骗她。他还可能让自己的家人、亲属和朋友告诉她，父亲不应该和孩子分开，以此来加重受害者的内疚感。因为许多受虐女性对爱情和婚姻持有传统的价值观，所以她们说服自己，*这次他会真正改变*。

因为这个男人现在是仁爱善良的，所以被殴女性相信她爱的这个"好男人"会兑现他含泪所做的要改变的承诺。但过不了多久，那些平静而充满爱意的行为就被殴打事件取代，而这个循环又重新开始，通常包括婚内强奸。

（六）为何女性仍选择留下？

沃克（Walker，2000）的理论认为家庭暴

力循环往往会导致*习得性无助感*：女性变得消沉、失去自尊，并感到无法寻求帮助或无法逃离这种虐待关系。不过，目前尚不清楚这些人格特质是女性在遇到施虐者前就已经具有的，还是由施虐造成的，抑或是两者兼而有之（Rathus and O'Leary，1997）。

然而，显而易见的问题是：这些女性为何仍选择留下？尽管人们普遍认为受虐女性是被动的出气筒，但许多受虐女性会抵制或试图改变这种状况。其中一些策略包括：反击，联系当地的家庭暴力庇护所，报警，获得限制/保护令，向家人、朋友、邻居或同事披露其被虐待经历，以及终止这段关系（Hamby and Bible，2009）。

有些女性——像我的一个学生——只有当她们突然意识到虐待已经蔓延到自己的孩子身上时，她们才有勇气离开：

> 约翰从没碰过我们的女儿雪莉一根指头，但他在她面前打了我……一天下午，当我听到从雪莉房间传来的砰砰声和叫喊声时，我冲向她的房间……雪莉正在打她的洋娃娃，喊着四个字母的单词（脏话），这是她经常听到她的父亲对我大喊的那个单词。她才刚开始说话，这就是她学到的东西。那一刻永远改变了我们的生活……那天晚上我离开了约翰，再也没有回去过。（作者的档案）

这个学生离开了她的丈夫，因为她有一些资源——在机动车管理局的一份好工作、大学学历、她自己的支票和储蓄账户，以及为她和雪莉提供临时住房和情感鼓励的支持性的家人。而大多数虐待的受害者没有那么幸运。

没有任何单一的理由可以解释为何有些女性不会离开暴力关系。相反，有多种相互重叠的解释。

1. 消极的自我概念与低自尊 大多数施虐者会让他们的伴侣相信自己毫无价值、愚蠢和恶心："在一扇紧闭的门后，有一个男人叫女人'荡妇'和'婊子'。他告诉这个女人，她太胖、太性感或太老土，她是'她母亲造出的一个劣质产品'，是一块毫无价值的泥土。"（Goode et al.，1994：24）并且，根据一名有两个孩子的33岁母亲的说法："他很少对我说好话。食物太

凉了或太烫了，孩子太吵了……我太胖了或太瘦了。不管我做什么，他都说那没什么好的。他告诉我，我很幸运地嫁给了他，因为没有别人会娶我。"（Gelles and Straus，1988：68）

这种暴行之所以有效，是因为在许多文化中，包括我们的文化在内，许多女性的自我价值仍然取决于是否拥有一个男人（见第5章和第6章）。有时女性愿意付出任何代价来维系这段关系，是因为她们相信没有其他人会爱她们。

2. 相信施虐者会改变 当我问一个我认识的女性（她脸颊上还留着丈夫殴打造成的伤痕）为何不离开时，她说："我仍然爱着他，我知道只要他解决了那些困扰他的事情，他就会改变。"因此，有些女性仍然留在暴力关系中，是因为她们被灰姑娘的幻想诱惑。这些女性相信，施虐者迟早会改变，她和她的王子从此会过上幸福的生活。数以百万计的女性还处于虐待关系中，是因为她们希望自己能使这个男人"恢复"，而非拆散家庭（Sontag，2002）。

一位大学教授与施虐者一直保持婚姻关系长达12年，因为她相信她的丈夫最终会变回一个好男人："在我们结婚前，我的丈夫似乎是一个完美的男人——善良、温柔、浪漫、钦佩我和我的学术成就。"她坚持这种幻想十多年，尽管殴打在她婚后三周（当时她刚得知自己怀孕了）就开始了（Bates，2005：C1）。

3. 经济困难和无家可归 如果受虐女性没有在外工作，或如果她们鲜有谋生技能，那么她们一旦离开施虐者，似乎就无法在经济上生存下来。许多施虐者用经济的镣铐锁住了他们的伴侣。女性的名下没有任何东西——支票或储蓄账户、汽车或房子。因为大多数施虐者将受害者与亲友隔离开来，所以这些女性无人可以求助。此外，那些想对受虐女性施以援手、提供一个住处的人担心她们可能会危及自己的家庭。如果没有资源，那么一些确实离开了虐待关系的受虐女性会变得无家可归（Browne，1993；Choice and Lamke，1997）。

受虐女性往往无处可去。由于过度拥挤和资金不足，数百人被庇护所拒诸门外（Gonnerman，2005）。因此，离开一个男人或对他提出指控可能

会使一个女性和她的孩子陷入贫困。

4. 出于子女抚养的需要 许多女性认为，即使伴侣具有虐待性，也比没有伴侣好得多。正如我的一名学生——一个曾经被虐待的妻子，她最终离开了她的丈夫——曾经在课堂上所说的："这个男人提供了家庭的大部分收入。没有他，你付不起房租，买不了日常用品，也付不起电费账单。如果他进了监狱，他可能就会失去工作。然后，你和孩子怎么办？"

5. 羞耻感或内疚感 强烈的文化因素也可能使女性无法离开施虐者。特别是在一些亚裔美国人的社区中，有强大的压力要求她们不暴露家庭暴力等会使家庭蒙羞或感到耻辱的问题。移民女性可能会因害怕被驱逐出境，而对报告亲密伴侣的暴力感到犹豫不决。这种担心是没有根据的，因为非移民签证允许亲密伴侣暴力的受害者合法地留在美国（American College of Obstetricians and Gynecologists，2012）。

6. 自责 受虐女性往往认为，不知何故，她们给自己带来了暴力。殴打她们的男性可能是受人尊敬的职业运动员、社区领袖或律师。女性开始认为，因为这些男性有良好的声誉，所以这种虐待一定是她们的错（Parameswaran，2003）。

如果女性目睹过她们的母亲或（外）祖母遭受类似的待遇，那么上述情况尤其可能发生："一个遭受丈夫殴打后的瘀伤仍清晰可见的女性被她的（外）祖母告诫：'你一定不要再激怒他。你有两个孩子，底线是你无处可去。如果他叫你闭嘴，你就闭嘴！'"（Goode et al.，1994：27）

因此，一种虐待的传统得以传承。女性认为她们有责任防止男性暴力，如果她们不成功，那么她们必须接受后果。此外，一些神父、牧师和拉比（犹太教祭司）会提醒这个女人，"无论好坏"，她已经结婚了。信仰宗教的女性可能会因有想要离开的念头而感到内疚和有罪恶感（R.K.Jones，1993；Hines and Malley-Morrison，2005）。

7. 恐惧 恐惧是留在一段虐待关系中的一个主要原因。如果女人试图逃离，有些男人就会威胁要杀死她、她的亲属和她的孩子。几所受虐女性庇护所的负责人告诉我，丈夫从千里之外追踪妻子和她的家人，并用暴力威胁妻子回家，这并不罕见。

即使法官发布了保护令，保护令也只是暂时的，施虐者仍然可以在家里（即使门锁已经换了）、工作单位和公共场所（如停车场等）殴打他们的伴侣。因为这个男人以前曾经实施过虐待，所以报复的威胁是真实的，许多受害者生活在持续的恐惧之中。

所有这些因素都有助于解释为何许多女性仍留在一段虐待关系中："留下来也许意味着被虐待和暴力，但离开可能意味着死亡。一个官僚机构可能会承诺安全，但它不能保证安全。对许多受虐女性而言，这是她们无法承担的风险。"（Englander，1997：149-150）

此外，正如许多社会科学家所指出的那样，离开一个有虐待倾向的伴侣并不像看上去那么简单。它往往是一个漫长的*过程*，涉及许多变化，比如考虑离开、准备离开（例如，试图建立秘密的储蓄和支票账户）、采取行动（比如向顾问咨询），以及试图改善关系。在所有这些阶段中，女性可能会对维持一段并未受到虐待波及的父子关系，以及对自己和子女没有多少可用资源感到矛盾（Khaw and Hardesty，2009）。

亲密伴侣暴力虽有不同的形式，但目标总是一样的：通过恐惧和恐吓控制伴侣。《**亲密伴侣暴力的一些警告信号**》一文提供了潜在暴力的例子。

（七）虐待男性的女性

社会学家迈克尔·约翰逊（Michael Johnson，2005，2008）假定有两种类型的亲密伴侣暴力。在*亲密恐怖主义*中，主要施虐者是男性，他使用多种形式的虐待，并不断加强控制，以支配其伴侣。在*情境性伴侣暴力*中，伴侣双方都是施虐者。他们不一定寻求控制，但暴力是冲突的结果，冲突演变为分歧，升级为争论、言语虐待，最终演变为身体暴力。

社会学家默里·施特劳斯（Murray Straus，2011，2013）认为，就另一方面而言，女性也会参与亲密恐怖主义，因为许多伴侣之间的暴力是相互的。他指出，200多项研究表明，女性与男性一样有可能实施不分性别的人身攻击。施特劳对于潜在的亲密伴侣暴力有许多线索可循。在你或你朋友的关系中，你能发现多少这样的危险信号？

- **言语虐待**：不断批评、无视你说的话、嘲笑、辱骂、叫喊和咒骂。
- **性虐待**：强迫或要求进行你不想要的性行为。
- **不尊重**：打断你的话，告诉你你应该想些什么，在别人面前贬低你，说你朋友和家人的坏话。
- **隔离**：试图切断你与家人和朋友的联系，监控你的来电，阅读你的电子邮件或手机短信，控制你去哪里，拿走你的车钥匙和手机。
- **情感忽视**：不表达情感，不给予赞美，不尊重你的感情和意见。
- **嫉妒**：占有欲很强，经常打电话或突击检查（查岗），检查你的汽车行驶里程，不希望你工作，因为"你也许会遇到某人"。
- **不切实际的期望**：期望你能成为完美的配偶，满足他/她的所有需求。

- **把问题归咎于别人**：如果事情搞砸了，那么总是你的错。
- **刻板的性别角色**：期望你侍奉、服从，并永远待在家里。
- **极端的情绪波动**：在几分钟之内就能从甜蜜转变为辱骂和暴力，或者第一天非常友善，第二天就变得非常恶毒。
- **虐待动物和儿童**：残忍地杀害或惩罚宠物，期望孩子做远远超出他们能力范围的事情，或戏弄他们，直到他们哭。
- **暴力威胁**：说一些诸如"我会折断你的脖子"这样的话，然后用"我不是说真的"或"每个人都这样说"来为自己开脱。
- **破坏财产**：毁坏家具，用拳头打墙或门，扔东西，打碎盘子或其他家用物品。
- **自我毁灭行为**：吸毒或酗酒，威胁自残或自杀，同别人打架，在工作中制造问题（比如训斥老板）。

斯坚持认为，受害情况调查（见第277页的图12-1、第278页的表12-2以及相关讨论）严重低估了女性伴侣的暴力行为。由于男性伴侣的攻击更有可能导致伤害，因此女性比男性更有可能向警方和研究人员报告袭击事件。施特劳斯还质疑女性参与亲密伴侣暴力是为了自卫的说法，因为数十项研究发现，30%～73%的暴力事件是由女性引发的。此外，男性受害者不太可能报警，因为他们受伤并不严重、害怕被逮捕或不好意思报案（Felson and Paré，2005）。

无论亲密伴侣暴力是单方面的还是相互的，它常常会发展为对儿童的暴力行为。多达70%的法院案件涉及亲密伴侣暴力和虐待儿童同时发生的事件（Aycock and Starr，2010）。

二、儿童虐待

虐待或杀害儿童并不是现代才有的罪行。在清教徒中，男性并非唯一的罪犯：在1638年，多萝西·塔尔比（Dorothy Talbie）就"因谋杀了她自己的女儿——一个3岁的孩子——而在波士顿被绞死"（Demos，1986：79）。

在1946年，在观察了多年来自己所见到的不明原因的儿童骨折后，小儿放射科医师约翰·卡菲（John Caffey）认为这些儿童遭受了虐待。医生C.亨利·肯普（C. Henry Kempe，1962）和他的同事发表了一篇关于受虐儿童综合征的文章，这可能是关于这个主题的第一篇正式

联系起来

- 习得性无助感与对受虐妇女综合征的辩护有矛盾吗？也就是说，如果一个女人感到自己被打得太惨而无法离开被虐待的处境，那么她又为何会杀死施虐者或雇用其他人这样做？
- 回顾《亲密伴侣暴力的一些警告信号》一文。这些特征中有没有任何一种可以描述目前你与亲密伴侣的关系？如果有的话，你打算做些什么？

论文。不过，*儿童虐待*一词直到20世纪80年代才变得家喻户晓。

（一）何谓儿童虐待？

儿童虐待（通常与虐待儿童交替使用）包括一系列使儿童面临严重危险或对儿童造成严重伤害的行为。这些行为既包括有害行为，也包括由亲生父母、继父母、寄养父母和收养父母实施的不负责任的行为。其他照顾者包括神职人员、教练、教师和保姆。儿童虐待最常见的类型是身体虐待、性虐待、忽视和情感虐待（Leeb et al., 2008）。

1. 身体虐待 *身体虐待*是指对儿童使用可能或确实会造成身体伤害的武力。它涵盖的范围从不会给孩子留下身体痕迹的行为到导致残疾、毁容或死亡的行为。例子包括击打、拳打、殴打、推搡、拉、拖曳、摇晃、窒息、烫伤和严重的体罚。

2. 性虐待 *性虐待*是指向犯罪者提供性满足或经济利益等的涉及儿童性行为的任何情况。例子包括让儿童观看性行为、抚摸儿童的生殖器、让儿童卖淫、强奸儿童（与未成年人发生性行为）、强迫儿童参与色情活动和乱伦的性行为。

3. 忽视 *忽视*是指未能满足儿童基本的身体、情感、医疗或教育需求。例如，不与孩子交谈、玩耍，或不愿从事那些能促进儿童认知发展的活动；情感反应迟钝；不为儿童寻求必要的医疗照顾；允许儿童在无正当理由的情况下缺课。

4. 情感虐待 *情感虐待*（也被称为*心理虐待*）是指照顾者向儿童传达他是有缺陷的、毫无价值的、不被人爱的或不受欢迎的。情感虐待既可以是持续性的，也可以是由特定情形引发的。例子包括不断批评、贬低和讽刺。情感虐待还包括*拒绝*（用言语和非言语拒绝儿童）、*恐吓*（威胁要伤害、杀害或抛弃儿童）、*隔离*（剥夺儿童在家庭内外与同龄人或成年人互动的机会），以及*利用*或*腐蚀*（照顾者成为一个不良的行为榜样，以及允许或鼓励儿童的反社会行为）（Hart et al., 2003）。

（二）儿童虐待的普遍程度和特征

虽然自2007年以来，美国儿童虐待的发生率有所下降（见数据摘要），但许多案例并未被发现。例如，根据地方和州儿童保护服务机构的说法，估计有9%的儿童在2010年受到虐待。同年，53%的接受调查的成年人表示，他们在童年时期曾遭受过身体虐待、情感虐待或性虐待（Bynum et al., 2010；U.S. Department of Health and Human Services, 2010a；除非另有说明，本部分的大部分材料基于后一份报告）。

1. 受害者 从出生到17岁，遭受虐待的女孩（51%）可能稍多于男孩（49%）。虐待最常见的形式是忽视（见图12-3），但最脆弱的儿童，即3岁以下的儿童，占所有受害儿童的27%。除了性虐待之外，正如大家不久后将会见到的，儿童受害情况会随年龄的增长而减少。

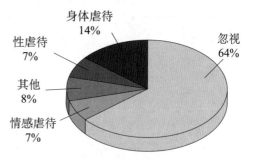

图12-3 儿童虐待类型（2011）

注："忽视"包括医疗忽视（在这些案例中占近2%）。"其他"包括一些州上报的类别，如父母吸毒/酗酒。

资料来源：U.S. Department of Health and Human Service, 2012a, Table 3-8.

总的来说，44%的受害者是白人、22%的受害者是黑人、22%的受害者是拉美裔。不过，黑人、美洲印第安人/阿拉斯加土著和混血儿童受害率最高（见图12-4）。也就是说，儿童虐待比例在白人当中最高，但在一些少数族裔中更为普遍。

2. 施虐者和死亡人员 超过81%的受害者是被父母中的双方或一方虐待，在37%的案例中，施虐者是母亲。另外7%的施虐者是亲属或父母的亲密伴侣（通常是男友）。

他杀是婴儿死亡的主要原因。在2011年死于虐待的1 570名儿童中，近43%的儿童年龄未满1周岁，82%的儿童年龄在4岁以下。实际上，

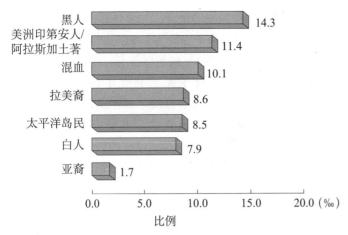

图 12-4　按种族或族裔分类的儿童受害率（2011）

资料来源：U.S. Department of Health and Human Service，2012a，Table 3-6.

每天大约有 5 名儿童因为虐待而死亡。

大约 78% 的儿童死亡是由儿童的父母中的一方或双方造成的，但 61% 的凶杀案涉及母亲一人、母亲和父亲两个人，以及母亲的男友（见图 12-5）。婴儿出生的头两个月通常是最容易死亡的。一个年轻的母亲可能对为人父母知之甚少，无法应对正常婴儿不断的哭闹。正如我的一名学生所说："我女儿得了疝气病，哭了整整三个月，我想我要疯掉了。"

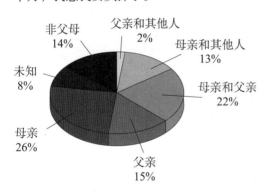

图 12-5　谁杀害了儿童？

注：在非父母当中，行凶者最多的是亲属（3.2%）和父母的男女朋友（3.4%）。

资料来源：U.S. Department of Health and Human Service，2012a，Exhibit 4-E.

许多研究人员认为官方公布的儿童凶杀案的统计数字太低了。例如，据科罗拉多州和北卡罗来纳州的研究估计，多达 50% ～ 60% 的由虐待或忽视导致的儿童死亡被记录为事故。产生漏报的原因有许多，包括死亡调查人员的培训不足、死亡证明资料不准确、父母隐瞒其子女因虐待而死亡，以及对婴儿骨骼的检查不足（Child Welfare Information Gateway，2008；Perez-Rossello et al.，2010）。

（三）性虐待与乱伦

由陌生人实施的儿童性虐待获得了大量的媒体报道，但 90% 的儿童性虐待罪行是由家庭成员、家庭成员的朋友和儿童认识的其他人犯下的（Gilgun，2008）。大约 3% 的婴儿和学步儿童遭受过性虐待，性虐待会一直持续到儿童 14 岁时（见图 12-6），并且 95% 的犯罪者是男性。在所有情况下，10% 的犯罪者是家庭成员（通常是父亲和兄弟）、64% 的犯罪者是家庭成员的朋友、孩子的朋友或受雇的看护人（Finkelhor et al.，2008）。

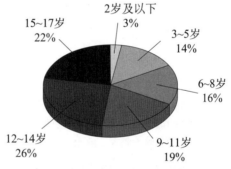

图 12-6　按儿童年龄分类的性虐待（2011）

资料来源：U.S. Department of Health and Human Service，2012a，Exhibit 3-G.

2009 年，流行音乐团体"布朗五兄妹"中的三姐妹向有关部门报警，说她们的父亲——一名受过大学教育的严格的摩门教教徒——在 1990—1998 年间曾对她们进行过性虐待。两年后，他承认了犯有强奸罪的指控。该团体的经纪人曾形容这名父亲是"你一生中曾遇到的最可爱、最和善的人"（Tresniowski et al.，2011：76）。正如该例子所说明的，乱伦在不同种族或族裔群体、宗教传统和社会阶层之中都有可能发生。

对自己的孩子进行性虐待的男人通常会在孩子 8 ～ 12 岁时开始这样做，尽管在某些情况下，孩子还穿着尿布。这个父亲可能只选择一个孩子（通常是大女儿）作为他的受害者，但几个

第12章　家庭暴力与其他家庭健康问题　**285**

女儿相继或同时成为受害者也是很常见的。乱伦罪犯们会使他们的女儿相信，这些攻击是对情感的表达（"这就是爸爸表达爱的方式"）。另一些人则以对受害者和其他家庭成员进行人身报复的威胁来恐吓受害者。他们威胁说，如果有人告发乱伦，他们就会被捕或使家庭破裂。孩子们会出于恐惧和内疚而保持沉默，因为他们相信自己对这种虐待负有某种责任（Allan，2002；Wilson，2006）。虽然施虐者的人格特质各不相同，但他们有一些共同的特点："他们往往是有很大权力的、以自我为中心的、有控制欲的男人，他们利用孩子来满足自己的情感需求。他们经常控制自己的女儿（或儿子），并将女儿（或儿子）视为己物。"（Bancroft，2002：245-246）

童年时期的乱伦关系往往会导致不信任、对亲密感的恐惧以及成年后的性功能障碍。表12-3概述了儿童正在被虐待和需要保护的一些身体和行为迹象。

表 12-3　儿童虐待迹象

	身体迹象	行为迹象
身体虐待	不明原因的瘀伤（处于不同的愈合阶段）、伤口、人的咬痕、秃斑 不明原因的灼伤，尤指香烟灼伤或浸入式灼伤 不明原因的骨折、割伤或擦伤	有自残行为 性格孤僻好斗，表现出极端行为 很早就去学校或在学校待到很晚，好像害怕待在家里 对于身体接触感到不适 表现出慢性失控行为（在青少年时期） 抱怨疼痛或走动时不舒服 穿不合适的衣服来掩盖瘀伤
忽视	遗弃 医疗需求无人注意 父母监管缺失 持续的饥饿、不得体的衣着、糟糕的卫生习惯 长虱子、肚子胀大、消瘦	疲惫、无精打采、困倦 偷食物、向同学乞讨 报告说没有看护人在家 经常缺席或迟到 辍学（在青少年时期）
性虐待	被撕破的、弄脏的或带血的内衣裤 生殖器疼痛或瘙痒 行走或坐立困难 外生殖器瘀伤或出血 性病 尿频或酵母菌感染	退缩或长期抑郁 过于性感 表现出角色颠倒，过分关心兄弟姐妹 表现出缺乏自尊 经历剧烈的体重增加或减少 表现出歇斯底里或缺乏情绪控制 突然出现学习困难 玩性游戏或表现出对性的过早理解 感觉受到来自亲密关系的威胁，与同龄人相处有困难 滥交 企图自杀（特别是在青少年时期）
情感虐待	语言障碍 身体发育迟缓 药物滥用 溃疡、哮喘、严重过敏	表现出习惯障碍（吮吸、摇晃） 表现出反社会特征，实施破坏行为 表现出神经质特征（睡眠障碍、抑制玩耍） 在被动行为和攻击行为之间摇摆 表现出违法行为 显示出发育迟缓

资料来源：American Humane Association, 2001, and Child Welfare Information Gateway, 2007.

（四）多重受害

多重受害是指遭受多种伤害，如身体虐待、性虐待和成年人当中的亲密伴侣暴力。受害既可以是直接的（父母的情感虐待），也可以是间接的（目睹家庭暴力）。大约49%的17岁及以下的儿童曾经历过两种或更多类型的伤害（直接伤害和间接伤害都有），并且有8%的儿童经历过7种或7种以上的伤害（Finkelhor et al., 2011）。

一项针对美国5个州的成年人的研究发现，60%的人在童年时期至少遭遇过一次"逆境"，比如：言语虐待、性虐待或身体虐待，父母因离婚而缺位，目睹家庭暴力，与酗酒者、滥用街头毒品或处方药的人生活在一起。近9%的人报告过3次这样的经历，7%的人报告过4次这样的经历，9%的人报告过5次或更多这样的经历。在经历过5次或更多逆境的人中，没有高中学历的受访者所占比例最高，并且受害现象会发生在所有种族或族裔群体中（Bynum et al., 2010）。这类研究有助于解释为何许多经历过多重伤害的儿童在成年后出现多种身心问题。

（五）成人为何会虐待儿童?

人们往往把虐待儿童的人视为精神病患者，但据说仅有不到10%的人属于这种情况（Goldman and Salus, 2003）。虐待儿童的一些原因包括药物滥用、压力、贫困、伴侣暴力和离婚。

1. 药物滥用 那些父母酗酒和吸毒的儿童被虐待的可能性是父母正常的儿童的3倍，被忽视的可能性几乎是父母正常的儿童的5倍。滥用药物的父母往往育儿技能也很差：他们通常不会给自己的孩子提供情感支持或监管自己的孩子（U.S.Department of Health and Human Services, 2009）。

大约900万美国儿童——几乎占所有美国儿童的13%——生活在父母或其他成年人使用、制造或分销非法药物的家庭中。在81%的被报告的儿童虐待案例中，药物滥用被认为是家庭中最严重或次严重的问题（U.S.Department of Justice, 2011）。这是一名18岁的女孩对她第一次被性虐待的事件的描述：

在我6岁时，我母亲的丈夫猥亵了我。然后，在我8岁时，他就强奸了我。我不知道为何我没开口说起，但我就是没有。我以为我母亲会知道我有问题，但她却和她的男人在吸毒。他会殴打我的母亲，而她会接受。（与新泽西州伯灵顿县学院的雷蒙德·克罗威尔教授的私人通信）

2. 压力 压力也会增加虐待儿童的可能性。正如大家先前所见，亲密伴侣暴力、未婚青少年父母的身份和患疾气病的婴儿都会使压力加剧。在2011年，超过11%的受虐儿童有精神残疾、视觉或听觉障碍、学习或行为问题，以及身体残疾。应对残疾可能会增加父母的压力和虐待儿童的可能性（U.S. Department of Health and Human Services, 2012a）。

3. 贫困 经济问题尤为可能加剧对儿童的虐待。社会工作者、儿童福利机构和医务人员表示，在2008年年底，当父母开始失去工作和家庭时，虐待儿童的案件大量增加（St.George and Dvorak, 2008；Lindo et al., 2013）。

贫困是儿童虐待和忽视的单一最佳预测指标。虽然大多数贫困的父母不是施虐者，但来自贫困家庭的儿童被虐待或忽视的可能性是来自较高收入家庭儿童的22倍。当父母遭遇药物滥用和家庭暴力等问题时，贫困和虐待儿童往往会同时发生（Children's Defense Fund, 2005）。

4. 伴侣暴力 儿童虐待在那些女性被虐待的家庭中也更为常见。对伴侣实施的暴力越多，儿童虐待发生的可能性就越大（尤其是由男性实施的）。女性的受害、对伴侣的恐惧和疲惫也会导致儿童虐待。因为经历过伴侣暴力的女性会变得抑郁，她们的养育方式会变得充满敌意和惩罚性。母亲们也很有可能仿效男性伴侣的暴力行为来控制自己的孩子。内疚和羞愧可能会阻止受虐母亲向家人、朋友或社会服务机构寻求帮助（Damant et al., 2010；Gustafsson and Cox, 2012）。

5. 离婚 离婚前后的那段时间可能会增加儿童虐待发生的可能性，因为父母之间的冲突非常多，家庭关系紧张的程度非常高。例如，监护儿童的父母可能正在更换住所、工作时间更长，并经历着更多的混乱。那些承受了很多压力的父母可能会对婴儿做出粗暴的举动，而这些婴儿因为受到了父母情绪状态的影响，所以变得越来越易怒，越来越难以抚慰。离婚家庭中的儿童往往会被卷入成年人的冲突之中，成为父母愤怒的受害者（见第 13 章）。

例如，在 2006 年，当马里兰州的一名女性针对与她分居的丈夫寻求保护令时，她告诉法官，丈夫曾威胁要杀了孩子来惩罚她，"把我单独留在这个世界上"。在经历了痛苦的离婚后，这个父亲得到了孩子的无监督探视权。两年后，他将三个孩子——分别为 2 岁、4 岁和 6 岁——淹死在了浴缸里（Fuller and Gencer，2008：A1）。

6. 综合因素 儿童虐待涉及多重受害和其他各种因素。在一项对因杀害子女而入狱的 40 名母亲进行访谈的研究中，这些女性列举了多年累积起来的许多相互关联的问题。最常见的原因包括在一个疏忽或暴力的家庭中长大、没有可以作为良好育儿榜样的母亲、遭受伴侣的虐待、贫困、早孕和药物滥用（Oberman and Meyer，2008）。

当存在多种风险因素时，即使是出于善意的父母们也会虐待他们的孩子。这些风险因素包括：还没有准备好抚养孩子的年轻父母，不堪重负的单亲父母，因贫困、离婚、孩子残疾或失业而感到压力的家庭，药物滥用，精神健康问题，以及在危险的社区居住（Finkelhor et al.，2011；White and Lauritsen，2012；Child Welfare Information Gateway，2013）。

（六）虐待如何影响儿童？

无论儿童遭受的是身体虐待、情感虐待还是性虐待，他们都经常会出现各种各样的生理、社会和情感问题，包括头痛、尿床、慢性便秘、沟通困难、学习障碍、在学校表现不佳和各种精神障碍。来自暴力家庭的儿童往往比来自非暴力家庭的儿童更具攻击性。在儿童时期受到虐待或忽视的人，在青少年时期被逮捕的可能性增加了59%，在成年时期被逮捕的可能性增加了28%，因暴力犯罪而被逮捕的可能性增加了30%（Widom and Maxfield，2001；Currie and Tekin，2006；Carrell and Hoekstra，2009；Zimmerman and

Pogarsky，2011，and Hibbard et al.，2012）。

遭受虐待的青少年比他们未被虐待的同龄人更有可能过早发生性行为、意外怀孕、情绪和饮食失调、酗酒和吸毒，以及实施违法行为。在成年时期，儿童时期遭受过虐待的人失业和被救济的可能性是没有这种经历的人的两倍。他们也更有可能对亲密伴侣实施暴力行为（Ehrensaft et al.，2003；Zielinski，2005；Conway and Hutson，2008；Yun et al.，2011）。

目睹家庭暴力使儿童出现攻击性、不听话和违法等行为障碍的可能性增加了近 3 倍（Meltzer et al.，2009）。然而，许多儿童不仅仅是家庭虐待的被动观察者。根据一项全国性研究，半数孩子会对父母大喊大叫以阻止暴力，24% 的孩子会报警求助（Hamby et al.，2011）。

儿童时期被虐待和忽视的遭遇与严重的终身问题联系在一起。例如，受害者患抑郁症的可能性至少增加了 5 倍，自杀的可能性至少增加了 12 倍。遭受身体虐待的青少年出现酗酒和吸毒问题的可能性增加了 12 倍，遭受性虐待的青少年滥用药物的可能性增加了 21 倍。多达 2/3 的接受药物治疗项目的人报告说，他们小时候受过虐待（Putnam，2006）。此外，经历过童年时期的身体虐待会对成年期的伴侣关系产生负面影响：受害者的社会技能很差，难以与伴侣相处，并且有可能与虐待他们的人牵扯在一起（Larsen et al.，2011）。

三、隐藏的受害者：兄弟姐妹和青少年

兄弟姐妹之间的暴力和青少年虐待很少被注意到，这主要是因为当局很少接到此类报告。然而，这种虐待与其他形式的家庭暴力一样有害。

（一）兄弟姐妹的虐待

兄弟姐妹间的冲突非常普遍，因此许多父母认为这是正常的。但事实上，兄弟姐妹间发生的身体虐待、情感虐待和性虐待可能会产生持久的

411

情感创伤。根据最近的一项全国性调查，兄弟姐妹之间的攻击（欺凌、财产损失和肢体冲突）会增加儿童持续多年的抑郁、焦虑和愤怒（Jenkins Tucker et al.，2013）。

1. 身体和情感虐待 虽然几乎所有年幼的孩子偶尔都会与兄弟姐妹打闹，但习惯性的攻击是有问题的。在2009年，将近39%的2～17岁的孩子至少遭遇过一次姐姐或哥哥的身体攻击。在那些6～12岁的孩子当中，72%的人曾遭遇过人身攻击。在所有事件中，有24%的事件严重到足以报警（Finkelhor et al.，2010）。

虽然大多数兄弟姐妹之间的冲突不会涉及武器，但冲突可能会带来创伤。一些最常见的兄弟姐妹的虐待的形式包括以下几种（Wiehe and Herring，1991）。

- **辱骂和嘲笑**：一名女性到现在仍然很痛苦，因为她的哥哥们在她童年的大部分时间里叫她"胖子"和"不倒翁"。另一名女性说："我的姐姐会让她的朋友们唱关于我有多丑的歌。"

- **退化**："我经历过的最糟糕的情感虐待是，当我走进房间时，我的兄弟会假装他看到我就呕吐。随着我年龄增长，他经常会假装我不在那里，他说话时也好像我根本不存在似的，即使是在我父亲和我母亲面前。"

- **恐吓**：一名40多岁的女性仍然记得（并且怨恨）她的兄弟姐妹带着她和她妹妹去地里采浆果时发生的事情。"当我们听到狗的叫声时，他们会告诉我们这是野狗，然后他们会跑走，让我们自己找路回家。那时我们才五六岁，根本不认识回家的路。"

- **折磨或杀死宠物**："我的二哥开枪打死了我深爱的小狗。它爱我——只爱我一人。我在它坟前哭了好几天。20年过去了，我才可以缓过神来照顾另一只狗。"

- **损坏个人物品**："我哥哥会把我的布娃娃的眼睛、耳朵、嘴巴和手指剪掉，然后递给我。"

许多孩子报告说，他们的父母很少认真对待由兄弟姐妹实施的身体虐待或情感虐待："'你一定是做了一些导致他们这么做的事情。'父母可能会这样说。当我哥哥嘲笑我时，我的父母似乎觉得这很可爱。对他们而言，一切都是开玩笑。

联系起来

- 有些人认为情感虐待——无论是对儿童还是成人——比身体虐待的伤害要小一些。你是否同意这种观点？

- 当儿童被忽视发生在社会经济地位较低的家庭或经济衰退期间，谁该对此负责？

他们会笑话我。通常他们的回复是让我停止抱怨：'你会克服的。'"（Wiehe and Herring，1991：22，73）

父母可能会以不同的方式对待孩子或者表现出偏袒，从而使暴力升级。他们可能会把一个孩子描述为"聪明的孩子"或"懒惰的孩子"。这种标签化会阻碍兄弟姐妹之间的相互尊重并使他们产生怨恨。被偏爱的孩子可能会将不太被喜欢的兄弟姐妹作为虐待的目标，特别是在父母不在场的时候（Updegraff et al.，2005）。

兄弟姐妹的攻击比许多父母认为的更危险。家庭中约10%的谋杀案是**同胞谋杀案**，即杀死了一个兄弟或姐妹，这占到全美所有谋杀案的2%以上。同胞谋杀案受害者的平均年龄是33岁——成年早期和中期，而非人们所预料的青春期。男性比女性更有可能成为犯罪者（88%）或受害者（84%）。同胞谋杀最常见的原因是犯罪者与受害者之间的争论（Dawson and Langan，1994；Fox and Zawitz，2007）。

对兄弟姐妹的虐待的忽视或短暂干预并不能教会儿童在一生中调节自己的行为所需的技能。儿童认识到，攻击不仅在兄弟姐妹之间，而且日后在他们自己的配偶和子女身上都是可以被接受的。这种观念增加了校园欺凌，以及在朋友或约会关系中实施攻击行为的可能性。在家庭之外，同伴、教师、雇主和同事很少会容忍冲动和消极行为，因为一个团队的稳定性和工作效率需要问题解决技巧、愤怒管理、协商、合作和妥协（Simonelli et al.，2002；Smith and Ross，2007；Kennedy and Kramer，2008）。

2. 性虐待 兄弟姐妹间的性虐待很少是一个孤立事件。在大多数情况下，这些事件会随时间的推移而持续下去。它们通常伴随着身体虐待和情感虐待，并可能升级。根据一个女性的说法："我不能确切地记住性虐待是如何开始的，但在我还小的时候，有很多尝试。我哥哥会对我做一些事情，比如把他的手指插进我的阴道里。然后，随着我长大，他会给我口交。"（Wiehe，1997：72）

施虐者经常会用暴力威胁受害者："那时我大约 12 岁。我哥哥对我说，如果我不脱掉衣服，他就会拿起棒球棍打我的头，我就会死。我知道他会这么做，因为他曾经让我进过医院。然后，他强奸了我。"（Wiehe and Herring，1991：55）大多数儿童并不会向父母告发兄弟姐妹的性虐待行为，因为他们害怕报复或认为自己的父母不会相信他们。

在大多数兄弟姐妹乱伦的案例中，是哥哥骚扰妹妹。女孩一般认为自己不如她们的兄弟强大。由于这种基于性别的权力差异，哥哥和妹妹是发生兄妹乱伦的最大风险人群。正如一个女性所解释的：

413

> 我哥哥是这个家庭的英雄。他是长子，作为一名男性，他受到了极大的重视。我父亲总是和他谈论家族生意而忽视我们这些女孩。我母亲会将哥哥说的每个字都听进心里去……如果他将事情搞砸或做错什么，我的父母很快就会原谅他并忘记那件事。当我十几岁时，我将肖恩骚扰我的事情最终告诉了他们，起初，他们并不相信我。后来，他们只是建议我把它忘掉。（Caffaro and Conn-Caffaro，1998：53）

（二）青少年虐待

虽然家庭暴力和儿童凶杀案产生的风险会随儿童年龄的增长而降低，但许多父母（或他们的亲密伴侣）会虐待青少年。就像童年时期一样，青少年时期的受害是他们以后生活中许多问题的根源。

1. 青少年虐待的普遍程度 当青少年未能达到父母的期望时，父母有时会使用武力——包括打屁股、击打和揍——以维持控制（见第 10 章）。在所有受害的孩子中，23% 的孩子年龄为 12 ~ 17 岁。在这一年龄组中，56% 的孩子曾遭受忽视，18% 的孩子遭受过身体虐待，16% 的孩子曾遭到家庭成员或成人亲属的性侵犯（U.S.Department of Health and Human Services，2012a）。

2. 青少年虐待的一些后果 一些青少年会在身体和言语上进行反击。另一些青少年会反叛、离家出走、退缩、酗酒和吸毒、从事青少年卖淫和色情活动，甚至自杀（Estes and Weiner，2002）。

与非受害者相比，受虐青少年在成年时成为其他暴力犯罪的受害者、家庭暴力施虐者和药物滥用者的可能性要高一倍。他们实施严重财产和暴力罪行的可能性也几乎要高两倍。相比 17% 的非受害男孩，48% 的曾遭受性侵的男孩会实施违法行为。大约 20% 的曾遭受性侵的女孩会违法犯罪，相比之下，与她们同龄的非受害女孩违法犯罪的比例为 5%（Kilpatrick et al.，2003；Wasserman et al.，2003；Herrenkohl et al.，2007）。

四、老年虐待

婴儿潮一代常被称为**三明治一代**，因为他们不仅要照顾自己的孩子，还要照顾年迈的父母（见第 1 章）。三明治一代中的大多数人非常善于满足年轻人和老年人的需要。但也有一些人会虐待他们的孩子、他们年迈的父母和亲属，或两者兼而有之。

（一）何谓老年虐待？

老年虐待，又被称为**虐待老年人**，是指照顾者采取的一次或多次已遂或未遂的对老年人造成伤害或有伤害的风险的行为。老年虐待包括下列行为：

- 身体虐待（例如，殴打或掌掴）。
- 忽视（例如，护理不足）。
- 经济剥削（例如，偷钱或借钱且从不归还）。 *414*
- 情感虐待（例如，原本是自己的问题，却咒骂或指责老年人）。
- 剥夺其基本必需品，如食物和取暖。
- 将其与朋友和家人隔离。

- 不给其服用所需药物。

在我的班级担任客座讲师的警官们描述了一些虐待或忽视老年人的可怕案件。有些老年人死于饥饿，他们的尸体在一年或更长的时间内都没有被发现。一位 71 岁的老年女性卧床太久，以致她的褥疮上布满了蛆虫。一项针对 60 岁及以上老年人的全国性研究发现，将近 12% 的人至少经历过以下一种类型的虐待：情感虐待（4.6%）、身体虐待（1.6%）、性虐待（0.6%）、经济剥削（5.2%）和忽视（6%）（Acierno et al.，2009；Laumann，2011）。

（二）谁是受害者？

近 83% 的老年虐待的受害者是白人；受害者平均年龄为 76 岁；76% 的受害者是女性；84% 的受害者住在自己家里；86% 的受害者有慢性病或其他健康问题；57% 的受害者已婚或在同居；53% 的受害者没有高中文凭；50% 的受害者患有痴呆、阿尔茨海默病或其他精神疾病；46% 的受害者感到被社会孤立；受害者家庭年平均收入少于 3.5 万美元（Acierno et al.，2009；Jackson and Hafemeister，2011）。

（三）谁是施虐者？

大多数施虐者是成年子女、配偶、其他家庭成员或同居伴侣（见表 12-4）。不到 1/3 的施虐者是熟人、邻居或家庭服务的提供者。施虐者的平均年龄是 45 岁；77% 的施虐者是白人；61% 的施虐者是男性；82% 的施虐者仅有高中或更低的文凭；50% 的施虐者酗酒或吸毒；46% 的施虐者有犯罪记录；42% 的施虐者在经济上依靠老年人；37% 的施虐者与老年人生活在一起；29% 的施虐者长期失业；25% 的施虐者有心理健康问题（Jackson and Hafemeister，2011）。

415 ## （四）施虐者为何这样做？

家庭成员为何会虐待老年人？一些微观和宏观风险因素会增加老年虐待和忽视的可能性（Jackson and Hafemeister，2013）。

1. 生活安排 共同的生活环境是老年虐待的主要风险因素。住在一起增加了接触、不能简单地通过离开来缓解的紧张情绪，以及在日常生活中发生冲突的机会（Bonnie and Wallace，2003；Jackson and Hafemeister，2011）。

2. 社会支持低 当家庭成员没有强大的由亲属、朋友和邻居所构成的社会支持网络时，老年虐待现象更有可能发生。如果护理提供者没有支持性网络使其偶尔能从护理活动中解脱出来，他们就会感到有压力，并可能对年迈的父母或亲属产生暴力倾向（Kilburn，1996；Acierno et al.，2010）。

3. 酗酒 酗酒现象在犯罪者当中很常见。虐待老年人的人每日饮酒的可能性是不虐待老年人的人的两倍多（Reay and Browne，2001；Bonnie and Wallace，2003；Acierno et al.，2009）。

4. 照料者或接受照料者的伤害 正在照顾自己 90 岁父母的 70 岁的"孩子"——这种情形在今天很常见——可能身体虚弱、生病或有精神障碍，且并没有意识到他正在实施虐待或忽视行为。有认知障碍的老年人受到虐待的比例要高于没有认知障碍的老年人。认知障碍可能是由于中风后的痴呆（恶化的精神状况）、额颞痴呆（FTD，一种大脑额叶的逐渐退化）或阿尔茨海默病的发病（见第 14 章）。一些患有阿尔茨海默病的人可能会掐捏、猛推、咬伤、踢蹬或攻击他们的照料者。对衰弱性疾病知之甚少的照料者可能会反击（Acierno et al.，2009；Jackson and Hafemeister，2011；Heisler，2012）。

5. 对照料者的依赖 那些因为太穷而无法独立生活，只能与他们的子女住在一起的老年人

表 12-4　老年虐待的施虐者与受害者之间的关系

	情感虐待	身体虐待	性虐待	忽视
配偶 / 伴侣	25%	57%	40%	28%
成年子女 / 孙子女	19%	10%	—	39%
其他亲属	13%	9%	12%	7%
熟人	25%	19%	40%	23%
陌生人	9%	3%	3%	—
拒绝回答	9%	2%	5%	3%

资料来源：Acierno et al.，2009，Exhibits 2-5.

联系起来

● 想想你（或你的朋友）现在或过去与你（或他们）的兄弟姐妹的关系。这种关系具有虐待性吗？父母是否认真对待过兄弟姐妹的虐待？

● 你认为大多数老年受害者为何不举报虐待老年人的行为？

还可能患有失禁、严重的疾病或精神残疾。他们在身体和经济上都依赖于照顾他们的人。如果老年人要求很高，那么照料者可能会感到愤怒或怨恨。

施虐者与受害者之间的依赖性往往是相互的。例如，配偶可能为了陪伴而彼此依靠。在成年子女和父母的情况中，作为施虐者的子女可能需要父母的钱或住房，父母可能需要子女帮忙做家务或缓解孤独感。那些仍然依赖老年父母提供住房或经济资助的成年子女可能会通过虐待父母以弥补权力的缺失或丧失（Acierno et al., 2009; Jackson and Hafemeister, 2011）。

6. 经济压力 必须为老年亲属支付医疗费用可能会引发虐待。不像低收入人群，中产阶级家庭没有资格使用某些公共设施。很少有人负担得起家庭护理、优质疗养院以及其他上层家庭能承担得起的服务费用。结果，拥挤的居住环境和高昂的费用增加了照料者的压力。成年子女和亲属还可能出于自己的目的而挪用老人的资金，特别是当他们处于困难时期或失业时（Acierno et al., 2009; Jackson and Hafemeister, 2011）。

7. 人格 有时，老年人的人格特质也会增加被虐待的风险。长期的言语攻击和敌意会引起照料的配偶、伴侣或成年子女的身体或言语虐待（Comijs et al., 1998; Jackson and Hafemeister, 2011）。

五、同性伴侣和种族或族裔群体当中的暴力

416

大家已经看到很多家庭经历过冲突。性取向和种族都不能阻止虐待、暴力和忽视的发生。

（一）同性伴侣

同性伴侣比异性伴侣打孩子的屁股或体罚自己孩子的可能性更低（见第10章）。然而，在成长过程中，那些自称"男性"（butch，外表和行为都具有男子气概）的女同性恋者会比自称"女性"（femme，外表和行为都很女性化）的女同性恋者遭受更多的身体虐待和忽视（Lehavot et al., 2012）。

同性伴侣的成年生活怎么样？针对该人群的首次全国性调查发现，女同性恋者会比男同性恋者遭受更多的亲密伴侣暴力。女双性恋者和女异性恋者遭受亲密伴侣暴力的比例也高于男双性恋者和男异性恋者（见表12-5）。

表12-5 按性取向和性别分类的亲密伴侣强奸、身体暴力和/或跟踪行为的终生流行率（2010）

女性		男性	
女同性恋者	44%	男同性恋者	26%
女双性恋者	61%	男双性恋者	37%
女异性恋者	35%	男异性恋者	29%

资料来源：Walters et al., 2013, Table 3 and 4.

将近30%的女同性恋者、50%的女双性恋者和24%的女异性恋者在一生中遭受过至少一种形式的来自亲密伴侣的严重身体暴力。相比之下，有16%的男同性恋者和14%的男异性恋者会遭受类似的来自亲密伴侣的严重身体暴力（男双性恋者的数量因太少而无法报告）（Walters et al., 2013）。

目前还不清楚为何异性恋者的受害率比女同性恋者和男同性恋者的受害率低。这可能是因为许多同性恋者在学校遭受过相当大的羞辱、欺凌和排斥，从而增加了成年后使用暴力的可能性。在同性关系中，如果伴侣将恐同症作为心理武器，威胁将同性恋关系暴露给父母或雇主，那么也会增加虐待行为（Andersen and Witham, 2011; Ard and Makadon, 2011）。

一项研究发现，同性亲密伴侣暴力是出于两种相关的压力源：*内化的恐同症*（即因社会对同性恋的排斥而对女同性恋者或男同性恋者产生负面情绪），以及*异性恋主义者的歧视*（即因同性恋取向而受到不公平的对待）。该研究得出结论：无论是内化的恐同症，还是异性恋主义者的歧视，都会增加同性亲密伴侣暴力发生的可能

性，因为那些"怀有他们应该受到虐待的信念"的男女同性恋者会留在虐待关系中（Balsam and Szymanski，2005：266）。

这类研究有助于解释同性亲密伴侣暴力发生率高的原因，但无法解释为何在女同性恋群体中的发生率高于在男同性恋群体中的发生率。这也许是因为男性，无论性取向如何，都比女性更有可能少报或漏报亲密伴侣的暴力行为。此外，这种差异还可能缘于年龄、种族或族裔、社会阶层以及男女同性恋者在童年或青少年时期遭受的虐待等变量——所有这些因素都尚未在国家层面上获得过研究（Walters et al.，2013）。

（二）种族或族裔群体

在所有种族或族裔群体中，女性的受害率都比男性高，但女性也可能成为施虐者（见图 12-7）。受害情况因社会经济地位、种族、外部压力源（如歧视）和其他因素而异。例如，在拉美裔中，当同居者和已婚夫妻生活在犯罪率高的社区，以及伴侣中的一方或双方酗酒时，亲密伴侣之间相互发生暴力的可能性更大（Cunradi，2009）。

亚裔夫妻与其他种族或族裔夫妻存在一些差异，反映了性别角色和就业状况等其他变量的影响。例如，如果妻子违反了传统的性别角色的要求（比如，她们挑战了丈夫在家务、抚养孩子和财务方面的决策权），那么其丈夫实施虐待的可能性更大。当妻子的收入与丈夫一样多，或超过丈夫，并因此想要获得更多的家庭决策权时，有些丈夫——特别是那些年纪较大的丈夫——可能会变得具有虐待性，以重新确立他们的控制和权威（Chung et al.，2008）。

最近一项全国性研究发现，亲密伴侣之间相互发生暴力的可能性在异族通婚夫妻和黑人夫妻中比在白人夫妻中更高，在同居者中比在已婚夫妻中更高。研究者将异族通婚夫妻中的亲密伴侣暴力发生率更高归因于文化和交流差异等压力源，以及外界、朋友和家人对这段关系的消极态度。虽然黑人夫妻不会面临像异族通婚夫妻一样的障碍，但他们比白人夫妻更可能遇到种族歧视、失业和晋升机会少等问题——这所有的一切都会增加压力，以及暴力发生的可能性（Martin et al.，2013）。

六、解释家庭虐待和暴力

家庭虐待为何会发生？有许多基于医学、政治学、心理学和犯罪学模型的竞争性解释。让我们简要地回顾一下五种有影响力的理论——女性

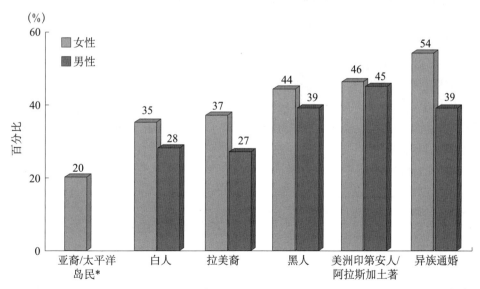

图 12-7　按种族或族裔和性别分类的亲密伴侣强奸、身体暴力和跟踪行为的终生流行率（2010）
＊案例数量太少而无法报告估计数。
资料来源：Black et al.，2011，Table 4.3 and 4.4.

主义理论、社会学习理论、资源理论、社会交换理论和生态学理论（你可能需要参考本书第26页的图2-1来唤起对这些理论的记忆）。

（一）女性主义理论

根据*女性主义理论*，男性对女性和儿童的侵犯在男性拥有权力、地位和特权的父权制社会中很常见。在这种社会中，女性被边缘化，并被期望接受男性统治。女性的日益独立导致一些男性使用暴力以重建他们在这段关系中的权威（Russell，2011；Winstok，2011）。

女性主义学者并不否认女性也可能有暴力行为，但她们相信女性经常诉诸武力是为了抵抗男性的控制和支配。女性主义理论认为女性的身体暴力导致伤害的可能性要比男性的小。此外，当一对夫妻相互使用暴力时，女性比男性更可能服从伴侣的命令（Johnson，2011；Anderson，2013）。

（二）社会学习理论

根据*社会学习理论*，我们通过观察别人的行为来学习。有些人试图避免他们过去曾遭遇过的行为。然而，儿童时期持续遭受虐待和暴力增加了一个人成年后既是攻击者又是受害者的可能性（Busby et al.，2008；Cui et al.，2013）。

当一个家庭的成人之间既有身体虐待又有情感虐待时，儿童倾向于模仿并参与对兄弟姐妹的虐待，而非学习解决冲突的技能（Whiteman et al.，2011）。一项对平均结婚时长为20年的近1 300对夫妻的研究发现，随着时间的推移，夫妻双方在人格特质上（比如深情、善于交际或雄心勃勃）并没有变得更相似。攻击性是唯一得以改变的人格特质：当配偶中的一方有攻击性时，另一方会随着时间的推移而变得更有攻击性。研究者推测，"通过带有敌意的人际交往，个人可能会加强攻击倾向"（Humbad et al.，2010：828）。然而，目前尚不清楚为何夫妻不会互相模仿诸如善于交际和雄心勃勃之类的行为。

（三）资源理论

根据*资源理论*，由于男性通常比女性拥有更多的经济、教育和社会资源，因此男性拥有更多的权力。资源最少的男性最有可能实施虐待。例如，一个没有受过多少教育、声望和收入水平都很低，并且沟通能力差的男性，可能会使用暴力来维持他在一段关系或家庭中的主导地位。许多女性不能坚持自己的主张，仅仅是因为她们比她们的伴侣拥有的资源还要少（Babcock et al.，1993；Atkinson et al.，2005）。

除了缺乏资源之外，资源的减少也可能增加压力，以及暴力发生的可能性。如果丈夫对收入的贡献相对于妻子而言减少，或丈夫经历了一段时间的失业，那么妻子更有可能遭受虐待。如果生活在一个贫困的社区、有大量的孩子，或妻子拒绝在外工作更长的时间，那么情况可能会更糟（Fox et al.，2002）。

419

（四）社会交换理论

根据*社会交换理论*，施虐者和受害者都会容忍暴力行为，因为他们认为收益大于成本。你可能记得，许多受虐女性出于经济原因而选择仍然留在一段虐待关系中。对施虐者的酬赏包括释放愤怒和受挫感，以及积累权力和控制。他们在监狱里待的时间往往很短，并且受虐女性通常会把他们带回去（Sherman，1992）。

暴力也是需要付出代价的。首先，受害者有可能反击。例如，无论是出于报复还是出于其他原因，父母被他们其中一个孩子杀害的比例从1980年的9.7%上升至2008年的13%（Cooper and Smith，2011）。其次，一次暴力袭击有可能导致被捕或被监禁，以及失去在家人和朋友当中的地位。最后，施虐者还可能使家庭破裂（Gelles and Cornell，1990）。不过，如果父权制社会容忍男性对女性和儿童的控制，那么这些代价微不足道。

（五）生态学理论

*生态学理论*是通过分析个人与较大的系统，如经济、教育、国家机构和社区之间的关系来解释家庭暴力的。例如，当微观和宏观变量相结合时，老年虐待的现象最严重：照料者吸毒或资源

有限，而且承受着压力；老年人出现身体或精神残疾；照料者和老年人在身体和社会上与更大的社区隔离；能提供高质量照料服务的社会服务机构很少（Jackson and Hafemeister，2013）。

此外，那些贬低或贬损女性和儿童的文化价值观——包括电视节目和电影——助长和强化了虐待行为。例如，嘻哈音乐，尤其是"帮派饶舌（隐含暴力等的冈斯特说唱乐）"，实际上并没有对女性造成身体虐待，但其歌词"往往冷酷地支持强奸和暴力"（Hill，2005：185；也见第3章）。

（六）综合性理论视角

研究者很少仅依赖一种理论，因为人类行为，包括亲密伴侣暴力和家庭暴力的原因是复杂的。例如，资源理论表明，收入低的男性比收入高的男性更容易对伴侣施暴。交换理论认为，人们愿意维持这种虐待性关系是因为收益大于成本。女性主义理论认为女性较为低下的社会地位助长了男性的攻击性（Anderson，2010）。如果我们将人格变量和社会交换因素考虑进去，那么对家庭暴力的解释甚至会变得更为复杂。

七、其他家庭健康问题

家庭虐待是毁灭性的，但其他与健康相关的问题也可能造成危机。生活方式的选择通常会导致疾病和死亡，并且许多家庭必须应对抑郁和自杀。

（一）生活方式的选择

美国虽然属于全球最富有的国家，但远非最健康的国家。相比其他16个高收入国家，美国在包括肺病和心脏病、凶杀和性传播疾病在内的9个与健康相关的关键领域排名垫底或接近垫底（Institute of Medicine，2013）。虽然没有一个单一因素能全面解释为何与其他高收入国家的人相比，许多美国人年纪轻轻就会濒临死亡，但美国人健康状况较差，在很大程度上是由于生活方式的选择，尤其是吸烟、肥胖和药物滥用。

1. 吸烟 就世界范围内和美国而言，烟草的使用，主要是吸烟，是导致可预防性疾病、残疾和死亡的主要原因。在美国每年的死亡中，由吸烟造成的死亡约占1/5，平均而言，吸烟者比不吸烟者要早13～14年死亡。吸烟会导致癌症、心脏病、中风和肺病（包括肺气肿和支气管炎），以及每年超过1 930亿美元的生产力损失和医疗保健支出（"Smoking and Tabacco Use"，2012）。

青少年和成年人的吸烟人数虽有所降低（见图12-8），但仍然很高。每天有3 800多名青少年第一次吸烟，其中1 000多名会变成日常吸烟者。绝大多数在青少年时期每天吸烟的美国人成年后会对尼古丁产生依赖。几乎所有每天吸烟的成年人都是在26岁或更小的年龄开始吸烟的（U.S.Department of Health and Human Services，2012b）。

在高中阶段曾有过吸烟史的学生当中，男性吸烟率（46%）略高于女性（43%），白人和拉美裔学生的吸烟率高于黑人学生（分别为44%、49%和39%）。就全美范围而言，超过6%的高中生每天吸超过一包烟——白人学生占8%、拉美裔学生占4%、黑人学生占3%（Eaton et al.，2012）。因此，白人男学生出现这种高风险行为的可能性最高。

在成年人当中，自1965年以来，吸烟率也有所下降（见图12-8）。2000—2010年间，在那些25～64岁的人群当中，吸烟率已经从26%降至22%，尤其是在有大学或更高学历的人群当中。在这10年间，无论受教育水平如何，65岁及以上的成年人吸烟率（将近10%）没有变化（National Center for Health Statistics，2012）。人们可能会假设，美国老年人的吸烟率并没有减少是因为尼古丁上瘾、依赖吸烟来减轻压力，或有更多可自由支配的收入（见第11章），但研究者并不确定。

吸烟的预防是很困难的，因为烟草业每年会花费近100亿美元来推销其产品、13岁以下儿童可以观看的所有电影中半数含有吸烟场景、半数州继续允许在公共场所吸烟，以及杂志中、互联网上和青年经常光顾的零售店内的图片和信息都在使烟草的使用正常化。在2011年，各州从烟草税和法律和解中征收了250多亿

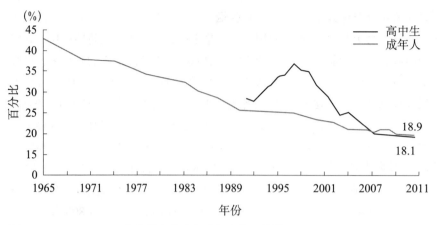

图 12-8　1965—2011 年美国高中生和成年人的吸烟情况
资料来源：2012 年疾病控制和预防中心数据。

美元，但其中仅 2% 的费用被用于烟草预防项目（U.S.Department of Health and Human Services, 2012b; Shadel et al., 2012）。

2. **肥胖**　肥胖是导致残疾和死亡的第二大原因。最常用的衡量体重状况的指标是体重指数（BMI），它是一种基于个人身高和体重的比的简单计算。对于成人而言，BMI 值为 25 ～ 29 被认为是超重，30 ～ 39 是肥胖，40 及以上是极度肥胖（Ogden and Carroll, 2010b）。

自 20 世纪 70 年代以来，肥胖的美国人的比例有所增长。在 1971—2010 年间，2 ～ 19 岁的孩子当中，肥胖率从 5% 上升至 17%。在 1971 年，20 岁及以上的美国成年人中，15% 的人肥胖，1% 的人极度肥胖；到 2010 年，36% 的人肥胖，6% 的人极度肥胖（Ogden and Carroll, 2010a, 2010b; Ogden et al., 2012; Brown, 2013）。

在 1990 年，没有一个州的肥胖率超过 15%。但在 2012 年，所有州的肥胖率都在 20% 以上，并且其中 12 个州的肥胖率已经等于或大于 30%。自 1988 年以来，肥胖率在所有收入和教育水平的成年人当中都有所增长（Ogden et al., 2012）。按照目前的速度，一些医学研究者预测，到 2030 年，42% 的美国成年人将会肥胖（见图 12-9），其中 25% 的人将会严重肥胖（Finkelstein et al., 2012）。

肥胖会增加一个人罹患心脏病、高血压、中风、糖尿病、骨质疏松症和几种类型的癌症的风险。许多人声称超重是由他们的基因所致。然而，超过半数的美国人承认他们吃得过多和吃

得不健康，尽管有 91% 的人说他们可以在自己的社区买到负担得起的水果和蔬菜（Cochrane, 2012）。86% 的肥胖的全职雇员至少患有一种慢性病，或有着高缺勤率，每年会导致 1 530 亿美元的生产力损失（Witters and Angrawal, 2011）。

通常，肥胖是由于**暴饮暴食**，即消耗了异乎寻常的大量食物，并感到饮食失控。暴饮暴食在美国是一种最常见的饮食紊乱现象，影响了约 4% 的女性和 2% 的男性。大多数暴饮暴食者年龄为 46 ～ 55 岁（Hudson et al., 2007; "Binge Eating Disorder", 2008）。

暴饮暴食者报告的健康问题、压力、肌肉和关节疼痛、头痛、月经问题、睡眠问题和自杀念头比那些不暴饮暴食的人要多。暴饮暴食可能会

20 ～ 74 岁的肥胖成年人的百分比

年份	百分比
1962	13
1980	15
1991	23
2000	31
2010	36
2030*	47

图 12-9　自 1962 年以来，美国成年人肥胖率
* 射影图
资料来源：Ogden and Carroll, 2010b; Finkelstein et al., 2012; Ogden et al., 2012.

引发许多这样的问题。一些早期的研究表明，暴饮暴食可能与基因有关，因为暴饮暴食通常发生在家庭内部，但研究者对此并不能确定（"Binge Eating Disorder"，2008）。

神经性厌食症（通常简称为厌食症）是一种危险的进食障碍。它的特征是对肥胖恐惧、坚信自己肥胖、体重明显减轻、拒绝在正常年龄和身高范围内保持体重。**贪食症**是一种周期性的暴饮暴食模式，随后就是自我诱导呕吐、禁食、过度运动或使用泻药。

虽然研究结果各不相同，但在生命中的某个阶段，估计有 4% 的美国女性患有厌食症，另有 7% 的美国女性患有贪食症。90% 的厌食症和贪食症患者是女性。饮食失调会影响所有年龄段的人，但 86% 的人报告说，他们在 20 岁以前就患上了厌食症或贪食症（Berkman et al.，2006；National Mental Health Association，2006）。

422

厌食症可能会导致心跳减慢、血压下降、心搏骤停、脱水、皮肤异常、体温过低、嗜睡、缺钾和肾功能不全。通过治疗，约半数的厌食症患者会好转，约 40% 的厌食症患者仍然长期患病，10% 的厌食症患者会死于与疾病相关的原因（Fichter et al.，2006）。

贪食症的暴饮暴食和狂泻的循环会导致疲劳、癫痫发作、肌肉痉挛、心律不齐以及骨质疏松症。反复呕吐会损害食道和胃，引起唾液腺肿胀，使牙龈萎缩，并腐蚀牙釉质。

患厌食症的风险约一半可能与遗传易感性和大脑化学物质的综合作用有关（Frank et al.，2005；Bulik et al.，2006）。然而，因为饮食失调通常会与其他问题（比如抑郁和性虐待等）同时发生，所以基因与饮食失调之间的关系仍然是不确定的。

3. 药物滥用 对某些药物的过度使用——无论是否合法——会导致**药物滥用**，即对那些有损于个人身心健康的某种药物或某些化学物质的过度使用和依赖。过量饮酒是美国第三大与生活方式有关的死亡原因。每年有将近 8 万美国人因过度饮酒而死亡、160 多万美国人因过度饮酒而住院治疗、400 多万美国人因与饮酒相关的问题而到急诊室就诊（"Alcohol Use and Health"，2011；

Kanny et al.，2012）。

过量饮酒包括*狂饮*，即在过去 30 天内，至少 1 天在同一场合喝五杯或更多酒，以及*重度饮酒*，即在过去 30 天内，有 5 天或 5 天以上的时间在同一场合喝五杯或更多酒（Substance Abuse and Mental Health Services Administration，2012：31）。在 1993—2011 年间，狂饮的发生率从 14% 上升到 17%，重度饮酒的发生率从 3% 上升到 6%（"Alcohol Use and Health"，2011；Substance Abuse and Mental Health Services Administration，2012）。

在 2011 年，71% 的高中生有过饮酒行为。那些 12～20 岁的人的饮酒量达到美国所有酒精消耗量的 11%，并且其中 90% 以上的酒精是通过狂饮消耗的。每年，21 岁以下发生致命车祸的年轻人中有 38% 的人当时处于醉酒状态（Crowe et al.，2012；Eaton et al.，2012；National Institute on Alcohol Abuse and Alcoholism，2012）。

过量饮酒会导致无数的直接和长期健康风险。它们包括意外伤害、暴力、风险性行为、流产和死产、出生缺陷、酒精中毒、失业、精神问题、心脏病、几种类型的癌症，以及肝病。对于青少年和 25 岁以下的年轻人而言，饮酒会不可逆转地损害大脑中涉及记忆、学习和社会互动的区域（"Alcohol Use and Health"，2011；Crowe et al.，2012）。

*非法药物*包括大麻、可卡因、海洛因、迷幻剂（比如摇头丸和五氯苯酚）、吸入剂，以及任何非医疗用途的处方类型的精神治疗药物（比如兴奋剂和镇静剂）。估计有 9% 的 12 岁及以上的美国人（将近 2 300 万人）在使用非法药物（Substance Abuse and Mental Health Services Administration，2012）。相比女性（7%），非法药物的使用在男性（11%）当中更常见，在 18～25 岁的人群（21%）、失业人群（17%）、高中没有毕业的人群（17%）当中最常见，在亚裔美国人当中最不常见（4%）（Substance Abuse and Mental Health Services Administration，2012；"Prescription Painkiller Overdoses"，2013，关于"越来越多的女性死于药物过量"的内容）。

大麻是最常被使用的非法药物。在 2007—2011 年间，使用大麻的人数从近 1 600 万增加至 1 800 多万（占到全美总人口的 7%）。在 2011 年，23% 的高中生在使用大麻——比 1991 年的 15% 有所上升（Eaton et al., 2012; Substance Abuse and Mental Health Services Administration, 2012）。

在 2012 年，科罗拉多州和华盛顿州将大麻合法化。哥伦比亚特区和 15 个州出于医疗原因或已经将大麻合法化，或计划在未来颁布此类法律。约 2% 的大麻使用者会上瘾，但大多数使用者只有在高压时期，尤其是在失业期间才会吸食大麻（Van Gundy and Rebellon, 2010; Caulkins et al., 2012）。一项针对青少年罪犯的治疗方案的研究发现，那些戒除包括酒精和大麻在内的药物达 12 个月及以上的青少年，与他们戒除药物 6 个月及以下的同龄人相比，更有可能获得工作，有更高的工资，以及有更低的逮捕率（Griffin et al., 2011）。

强力处方止痛药如奥施康定和维柯丁比过去更难得到。在 2010 年，美国当局和一些州开始严厉打击疼痛管理中心，因为那里的一些医生在不进行身体检查或不需要受伤证据的情况下，就会开出强力麻醉剂和多次补充剂（Gwynne, 2011; Martin, 2013）。

然而，处方药滥用率已有所增加，这部分由于非法互联网药店的增长。2008 年，在 365 个销售麻醉止痛药的网站中，只有 2 个是有资质的。在剩下的 363 个网站中，85% 的网站不需要处方，15% 的网站只需要传真处方（使得客户可以伪造处方或多次使用同一处方），而且没有网站限制向青少年销售药物（National Center on Addiction and Substance Abuse at Columbia University, 2008; Jena and Goldman, 2011）。

在互联网之外，对处方止痛药更严格的限制导致了海洛因使用的激增。含麻醉成分的处方止痛药每片（80 毫克）售价高达 80 美元，而海洛因一剂售价为 9 美元。海洛因已变得非常容易得到，在美国的许多地方，"经销商向郊区送货，并经营特色服务，以吸引年轻、专业、高收入的客户"。根据北卡罗来纳州一家医疗中心的负责药物滥用患者的主管的说法，"我们的海洛因患者来自美国的五个最好的社区"（Leger, 2013）。

使用非法药物与过量饮酒有着相同的健康风险，但使用非法药物还可能带来直接威胁生命的后果，包括死亡。此外，与非使用者相比，非法药物使用者有更高的精神疾病、自杀念头和行为、重度抑郁发生率，并会损害一个人在学校、家庭或工作中的表现能力（Substance Abuse and Mental Health Services Administration, 2012）。

（二）抑郁和自杀

许多家庭经历的另外两个严重问题就是抑郁和自杀。两者都有负面的后果，可能会影响亲属和朋友的整个生命历程。

1. 抑郁 抑郁是一种以持续的悲伤和对日常活动的兴趣丧失为特征的精神障碍。抑郁会干扰工作、学习、睡眠、进食和享受以前能带来愉快的活动的能力（见表 12-6）。那些被诊断为患有抑郁症的美国雇员每年会损失大约 6 800 万天的工作时间。旷工会使雇主每年损失 230 亿美元的生产力（Witters et al., 2013）。

14% 的青少年和 15% 的成年人在一生中至少会经历一次严重的抑郁发作（时间至少持续两周），但只有不到一半的人曾去寻求治疗（Bostic and Miller, 2005）。抑郁是青少年报告的最常见的精神障碍类型，通常始于 14 岁。虽然抑郁症状在女孩（36%）中比在男孩（22%）中更常见，但有些原因相似，比如荷尔蒙变化、药物滥用、欺凌（既包括受害者，也包括施虐者）、性虐待或身体虐待、父母离异和有精神障碍的家族史（Murphey et al., 2013）。

表 12-6 抑郁的一些症状

- 持续地悲伤、焦虑，或有一种"空虚"的感觉。
- 有无价值、内疚、无助、无望的感觉。
- 对通常的爱好和活动（包括性）失去兴趣或乐趣。
- 在注意力集中、记忆和做出决定方面有困难。
- 疲劳与能量损失。
- 烦躁不安、易怒。
- 食欲和体重变化（体重减轻或增加）。
- 睡眠障碍（失眠或大部分时间在睡觉）。
- 有自杀念头或自杀企图。
- 有持续的身体问题，比如头痛、其他疼痛和对治疗无反应的消化系统疾病。

在成年时期，在所有年龄组中，女性都比男性更有可能经常感到抑郁，但抑郁症的患病率在45～64岁的人群当中最高（见图12-10）。该年龄组抑郁率高的原因有很多：人们面临着重大的生活压力，如离婚、失业或亲人去世；更年期女性正在经历荷尔蒙的变化；成为抚养孩子、帮助成年子女和照顾年迈父母的三明治一代的一部分；为没有实现自己的"青春梦想"而感到悲伤（Weinstock，2010：120）。与青少年的情况一样，许多医学研究人员认为有遗传倾向或家族抑郁症病史的成年人更容易患上抑郁症，但不清楚为何女性的发病率更高，以及为何在中年时，男女两性的发病率都很高。

2. **自杀** 抑郁可能会导致*自杀*，即夺取一个人的生命。以下是一些关于自杀的一般事实：

- 在2010年，死于自杀的美国人比死于车祸的美国人更多。
- 在2010年，超过38 000名美国人自杀——平均每天105人。
- 男性自杀率几乎是女性的4倍，占美国自杀率的79%。
- 对男性而言，自杀率在75岁及以上的人群中最高；对女性而言，自杀率在45～54岁的人群中最高。

- 自杀是25～34岁人群的第二大死亡原因，也是15～24岁人群的第三大死亡原因。
- 在2011年，将近13%的高中生有过自杀企图。
- 在2002—2012年间，有更多的美国军人——无论是现役军人还是退伍军人——自杀，自杀人数比死于伊拉克战争和阿富汗战争的人数都多。
- 在2010年，近900万18岁及以上的成人（约占该年龄组人口总数的4%）曾认真考虑过自杀（Center for Behavioral Health Statistics and Quality，2012；Griffis，2012；"Suicide"，2012；Dao and Lehren，2013；Cloud，2013；Sullivan et al.，2013）。

1999—2010年，自杀率在35～64岁的美国人当中增长了近30%——高于其他年龄组。最显著的增长出现在50多岁的男性和60～64岁的女性当中（Sullivan et al.，2013）。在所有年龄组中，自杀率"都被严重低报"（Parker-Pope，2013：A1），原因可能包括家庭成员内疚或羞耻，以及人寿保险不会为自杀死亡支付赔偿费用。

研究者对最近自杀事件的激增（尤其是在五六十岁的人群中出现）感到困惑。他们推测，这种增长可能出于以下几个原因：始于2007年年末的经济衰退，加剧了许多家庭的动荡；如果有目

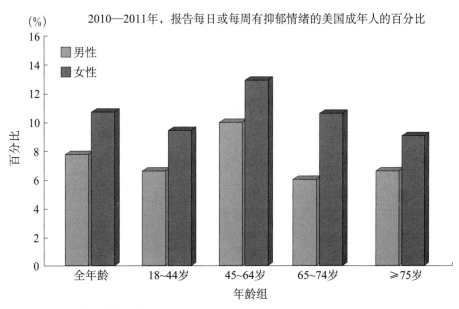

图 12-10　女性比男性更有可能感到抑郁

资料来源：Clark and Blackwell，2013：138.

的地大剂量服用，就可能会致命的阿片类药物（如奥施康定）泛滥；男性在遇到问题时不愿意寻求帮助；女性无法应对成为三明治一代中的成员的压力（Parker-Pope，2013；Sullivan et al.，2013）。

虽然自杀的原因很复杂，但自杀与一些因素是有关联的，比如抑郁症或其他精神疾病的家族史、药物滥用、身体疾病、孤独感、与吸毒者一起生活、容易获得枪支和毒品、在青少年中的欺凌和同伴受害现象、性虐待或身体虐待，以及与现役和退伍军人的压力有关的问题（Srabstein et al.，2008；Kaminski and Fang，2009；Crowe et al.，2012；Thompson，2012；Bandy et al.，2013）。表12-7提供了一些常见的自杀征兆。

表12-7　一些常见的自杀征兆

- 离开家人或朋友。
- 口头表达（甚至当作一个笑话说出来）自杀的念头或企图。
- 基本性格产生变化。
- 睡眠或饮食习惯产生变化。
- 吸毒或酗酒。
- 注意力难以集中。
- 暴力或叛逆爆发。
- 逃走。
- 亲属或朋友最近有自杀行为。
- 被男朋友或女朋友拒绝。
- 无法解释的、突然的功课质量或运动兴趣下降。
- 赠送或扔掉珍贵的财产。
- 对朋友或日常活动突然缺乏兴趣。
- 极度和突然忽视外表。
- 饮食失调（体重减轻或增加）。

426 八、防治家庭暴力和其他家庭健康问题

实际上，本章引用的每一项研究和政府报告都会建议如何减少，亲密伴侣暴力、虐待儿童、滥用药物和自杀。最有效的两种策略是预防和干预。

（一）预防

预防家庭暴力要从家庭开始。你如何阻止一个30岁的男人殴打他的妻子？"当他12岁的时候，就要和他谈，"一位新闻学教授写道，"并尽可能经常地告诉他，不要虐待女孩。"（Voss，2003）对女孩也是一样，因为正如大家先前所见，夫妻暴力通常是相互的。家庭暴力是亲密伴侣暴力从童年到老年的最佳预测指标之一。家庭暴力的减少可以通过成年人不具攻击性地解决冲突以及教育儿童"无论是女性还是男性，施暴都是不可接受的"来实现（Straus，2009；Rhatigan et al.，2011）。

同样，预防药物滥用也要从家庭开始，例如：

- 从父母（而非朋友）那里了解毒品和酒精的儿童，酗酒和使用其他药物的可能性要低50%（Partnership at Drugfree.org，2013）。
- 如果父母酗酒，那么青少年更有可能饮酒（Crowe et al.，2012）。
- 与父母一言不发的青少年相比，父母"强烈反对"的青少年中吸食大麻的比例要低得多（Substance Abuse and Mental Health Services Administration，2012）。
- 仅14%的青少年与他们的父母讨论过滥用处方药的问题；20%的父母曾给他们的孩子服用过一种不是开给孩子吃的药；29%的父母相信注意缺陷多动障碍药物可以提高他们孩子的学业或测试成绩，即使孩子没有患注意缺陷多动障碍（MetLife Foundation and the Partnership at Drugfree.org，2013）。
- 不管测试结果如何，许多父母都否认*他们的*孩子正在使用非法药物；父母还谎报自己使用或滥用可卡因、海洛因和麻醉性镇痛药（如维柯丁和奥施康定）等药物的情况（Delaney-Black et al.，2010）。

虽然同伴、兄弟姐妹、学校和社交媒体都会影响青少年，但父母可能会在无意中增加孩子的

联系起来

- 怀疑自己的孩子滥用药物的父母是否应该使用家庭药物检测试剂盒？还是说这样做会在亲子关系中引起反叛和更多的问题？
- "帮助抑郁的人的最好的方式就是努力让他振作起来。"你同不同意这种说法？原因何在？

药物滥用概率，因为他们自己就是糟糕的行为榜样或对酒精和其他药物持宽容态度（Shih et al.，2010；也见第3章和第10章）。

（二）干预

数以千计的美国项目和法律旨在干预家庭危机。《防止对妇女施暴法案》自1994年通过以来，被认为将受虐妇女的凶杀率降低了65%（AAUW，2013）。一家成立于宾夕法尼亚州的非营利组织 the Watchful Shepherd（www.watchful.org）通过电子设备保护有危险的儿童，当儿童感到威胁或害怕被虐待时，可以使用这些设备与医院急救人员联系。一种令人意想不到的积极结果是，那些担心自己失控，除非有人干预，否则就可能会伤害孩子的父母也在使用这种电子设备。

427　　许多项目是无效的，因为工作人员超负荷工作，许多机构资金不足，或警察和法官并不执行有关家庭暴力的法律。不过，一些干预措施也取得了成功。例如：

- 获得永久（而非临时）法院保护令的受虐女性再次受到攻击的可能性降低了80%。

- 咨询通常对施虐者的态度或行为没有什么影响。逮捕、限制令和警方的严密监视要有效得多。
- 凯萨医疗中心（Kaiser Permanente）——一家全国性的健康维护组织启动了一个成功的方案，即在急诊室对家庭暴力受害者进行筛查和治疗，并向警察报告虐待情况。
- 在怀孕期间接受药物滥用治疗的女性比没有产前护理的女性生下健康婴儿的可能性更高。
- 护士和训练有素的志愿者探访低收入的少女妈妈，并向她们传授育儿技能，可减轻少女妈妈的孤立感，并可减少多达40%的儿童虐待行为（Jackson et al.，2003；Vesely，2005；Middlemiss and McGuigan，2005；Paris and Dubus，2005）。

美国司法部和非营利组织发布了一些报告，介绍了在施虐者、儿童福利机构、执法人员和司法系统间进行协调的最有希望的方案（Lowry and Trujillo，2008；Klein，2009）。一个主要问题是国会很少通过法律来支持国家工作组打击家庭暴力和滥用药物的建议（U.S.Department of Justice，2012）。

本章小结

数以百万计的美国家庭正在经历消极的变化，比如家庭暴力以及在初中生和青少年当中的高吸毒率。随着对这些和其他问题的了解越来越多，人们在获得支持性的社区资源和法律干预机构的帮助方面有了更多的*选择*。这些选择有时会为一些*制约因素*所掩盖。法律并非总是能得以执行，我们的社会仍然容忍暴力，而且社会服务机构因人手和资金不足，也无法处理大多数问题。许多家庭还必须在分居、离婚和再婚的动荡中生活，这将是下一章的主题。

复习与思考

12.1　定义和描述三种类型的亲密伴侣暴力，解释为何有些女性仍选择留在虐待关系中，并讨论单向与双向暴力。

1. 自1993年以来，按性别分类，美国亲密伴侣暴力的发生率发生了怎样的变化？
2. 具虐待性的家庭在性别、年龄、种族或族裔和社会阶层方面有何不同？
3. 女性比男性更少实施亲密伴侣暴力吗？

12.2　定义、说明和描述四种类型的儿童虐待行为，并解释成人虐待儿童的原因。

4. 在儿童虐待中，谁是受害者和施虐者？

儿童受虐待的一些最重要的原因是什么?

5. 多重受害如何影响儿童?

6. 具体而言,家庭暴力如何影响儿童?

428 **12.3 描述和说明兄弟姐妹和青少年的虐待情况,以及这类虐待的发生率和后果。**

7. 兄弟姐妹的虐待常见吗? 它的后果有哪些?

8. 青少年虐待有多普遍? 它的后果有哪些?

12.4 定义、说明和描述老年虐待,并解释老年虐待发生的原因。

9. 具体而言,谁是老年虐待中的受害者和施虐者?

10. 具体而言,老年虐待的原因是什么?

12.5 描述同性伴侣和种族或族裔群体中家庭暴力的普遍程度,并解释为何会发生这种情况。

11. 同性和异性家庭暴力有何不同? 原因何在?

12. 为何不同种族或族裔群体的家庭暴力发生率不同?

12.6 比较解释家庭虐待和暴力的五种理论。

13. 女性主义理论、社会学习理论、资源理论、社会交换理论和生态学理论在解释家庭暴力方面有何不同?

14. 为何研究者很少仅依赖一种理论去解释亲密伴侣暴力和家庭暴力?

12.7 描述影响家庭健康的三种生活方式及其流行情况,并解释家庭成员为何会经历抑郁和自杀。

15. 按照优先顺序,具体而言,生活方式的选择如何影响了许多家庭的健康?

16. 抑郁和自杀的一些主要原因是什么?

12.8 描述和说明防治家庭暴力和其他家庭健康问题的两种方法。

17. 为何许多父母在预防家庭暴力和他们孩子的药物滥用方面,是糟糕的行为榜样?

18. 联邦和州的旨在减少家庭暴力的干预政策和项目效果如何?

第13章
分居、离婚、再婚与再婚家庭

学习目标

当阅读和学习本章后，你将能够：

13.1 描述分居的阶段和后果。

13.2 描述离婚的过程以及解释离婚率有所降低的原因。

13.3 解释离婚的微观层面和宏观层面的原因。

13.4 解释离婚如何以及为何影响成年人。

13.5 解释离婚如何以及为何影响孩子。

13.6 描述再婚率和再婚的过程，并解释再婚与第一次婚姻如何以及为何不同。

13.7 描述并解释再婚家庭的多样性和复杂性。

13.8 描述并解释再婚家庭与核心家庭有何不同。

- 在 2013 年，68% 的 18 岁及以上的美国人认为**离婚在道德上是可以接受的**，比 2001 年的 59% 有所增长。
- 平均而言，以离婚告终的第一次婚姻会持续约 8 年时间。
- 离婚后，82% 的获得监护权的一方是母亲。这一比例自 1994 年以来一直保持不变。
- **离婚和再婚的间隔时间大约是 4 年。**
- 约 12% 的男性和女性已经结过**两次婚**，3% 的男性和女性已经**结婚三次或三次以上**。
- 在美国成人当中，**42% 的人至少有一个继亲属。**

资料来源：Grall，2011；Kreider and Ellis，2011b；Pew Social and Demographic Trends，2011；Newport and Himelfarb，2013.

据统计，在美国，每 5 个阅读本章的学生中可能就有 2 个来自离异家庭，几乎每 4 个阅读本章的学生中就有 1 个是在再婚家庭中长大的。大家将看到离婚、再婚是一个过程而非单一事件，所有这些家庭结构对成人和儿童而言，都有成本和收益。让我们从通常发生在离婚之前的分居开始讲述。

一、分居：过程和结果

分居可能意味着几件事情。它也许是一个临时的暂停，在此期间，夫妻会考虑是否继续这段婚姻，并且一方可能会搬出去生活。如果夫妻双方的宗教信仰不允许离婚，那么分居也可能成为一种永久的安排。或者一对夫妻可以寻求合法分居——大多数州在批准离婚前要求有暂时分居期。

（一）分居的过程

分居通常是一个漫长而痛苦的过程，包括四个阶段：预分居、分居早期、分居中期、分居晚期（Ahrons and Rodgers，1978）。无论夫妻是否经历了所有四个阶段，他们在做出最后的分手决定之前，往往都会痛苦数月甚至数年。

1. 预分居 在预分居阶段，一对夫妻会经历逐渐的情感疏离。结束一段婚姻（尤其是有孩子的婚姻）时的经济代价是重要的考虑因素，但与不幸婚姻中的情感和心理上的劣势相比，它们往往也没那么重要（Hewitt，2009）。夫妻们经常在公开场合营造一种他们没有出现什么问题的假象，比如一起参加家庭聚会和社交活动、在公共场合牵手等。

2. 分居早期 在分居早期阶段，除了对离开一段婚姻感到矛盾之外，一对夫妻还会被许多既重要又琐碎的问题困扰：应该如何告诉家人和朋友？应该通知孩子的老师吗？新车归谁？60 英寸等离子电视和家具归谁？夫妻双方还必须面对经济问题，比如支付账单和分担新旧开支。

3. 分居中期 在分居中期阶段，维持两个家庭和满足孩子的情感和生理需要的压力越来越大，负担越来越重。出于这些问题以及家庭破裂的内疚感，这对夫妻可能会经历一次"伪和解"，并重新搬到一块儿住。这种团聚很少能持续。很快，导致第一次分居的潜在问题再次浮出水面，冲突再次出现，这对夫妻再次分居（Blakeley，2013）。

4. 分居晚期 在分居晚期阶段，夫妻必须学会如何再次回归单身生活，比如要做所有的家务和家庭维修工作。有些朋友可能会避开夫妻双方；另一些朋友则可能会偏袒一方，这将迫使分居的夫妻发展新的个人友谊。最重要的是，夫妻必须帮助他们的孩子应对焦虑、愤怒、迷茫和悲伤。

（二）婚内分居的结果

并非所有的分居都会以离婚告终。有时，人们会和解并试图给他们的婚姻第二次机会：

在我父母结婚25年后，我父亲有一天搬走了，并在另一个州住了将近3年。然后有一天他们和解了，就是这样。他们从未讨论过这件事，但……我的父母最近刚庆祝完他们31周年的结婚纪念日。（作者的档案）

1. 分居与和解 根据一项全国性研究，大约10%的曾分居的已婚美国夫妻已经复合了（Wineberg and McCarthy，1993；Wineberg，1996）。在学习过必要的育儿课程的离婚夫妻中，10%的夫妻对和解感兴趣，但没有关于夫妻是否和解的数据（Doherty et al.，2011）。

2. 没有离婚的分居 有些人分居，甚至做了必要的文书工作，但从未正式离婚。例如，在加利福尼亚州，80%的离婚人士自己处理离婚事宜，以避免高额的律师费用。大约1/3的人没有完成离婚手续，因为他们没有意识到，在向法院提交离婚文件后，他们必须接受法官的判决。那么，实际上，有些夫妻虽然分居，但并没有合法地离婚（Garrison，2007）。

3. 分居并离婚 在大多数情况下，分居会以离婚，即合法和正式地解除婚姻告终。分居和离婚之间的平均时长约为22个月（Payne and Gibbs，2011）。

二、离婚：过程和概率

许多以离婚告终的婚姻持续了8年（见数据摘要）。不管离婚什么时候发生，它通常都是一个痛苦的过程。

（一）离婚的过程

就像分居一样，很少有离婚是自发的、一时冲动的行为。相反，许多人经历了许多阶段。一个被广泛引用的阶段是博安南（Bohannon，1971）的离婚六"站"（层面）：情感上的离婚、法律上的离婚、经济上的离婚、共同养育上的离婚、社区的离婚和精神上的离婚。

1. 情感上的离婚 情感上的离婚始于人们采取任何法律步骤之前。在*开始阶段*，夫妻感到幻灭，但希望婚姻能有所改善。在*中间阶段*，他们的受伤害或愤怒的情绪增加。不幸福的夫妻开始评估离开一段婚姻的收益和成本。在*最后阶段*，夫妻中的一方停止了对另一方的关心，并在情感上与另一方分离。冷淡和漠不关心取代了爱和亲密的感觉（Kersten，1990；Hopper，2001）。有些夫妻会将离婚推迟至少五年，主要是因为担心会伤害他们的孩子（Montenegro，2004），但大多数人仍会寻求法律建议来结束婚姻。

2. 法律上的离婚 *法律上的离婚*是对一段婚姻的正式解除。由于离婚是一种对抗性的程序，在此程序中，夫妻双方的律师都试图占上风，因此离婚过程中很少会没有麻烦。一些冲突可能涉及**赡养费**（有时也被称为*配偶扶养费*），即离婚后前任配偶中的一方支付给另一方的金钱。其他冲突涉及**子女抚养费**——由未获监护权的一方向监护权的一方支付金钱，以帮助其支付抚养子女的费用。双方经常在什么是公平和公正的问题上意见不一，他们可能会用金钱来操纵对方，使其做出更多的让步（"如果你同意卖掉房子并平分收益，我愿意支付孩子的抚养费"）。

3. 经济上的离婚 在*经济上的离婚*期间，这对前任配偶可能会争论应由谁来支付过去的债务、房产税，以及新的开支，比如孩子矫正牙齿的费用。因此，在法律问题解决之后，有关财务问题的冲突可能会持续很久。如果离婚时子女还很小，父母中的一方违反了支付子女抚养费的规定，抑或前任配偶想要改变关于退休金和其他资产的原始协议，那么双方可能会在经济上的离婚方面纠缠几十年。

4. 共同养育上的离婚 *共同养育上的离婚*涉及关于孩子经济资助的法律责任、孩子的日常照料，以及获得监护和未获监护的父母权利的协议。冲突既可能是短期的，也可能是长期的，这取决于双方的关系。

5. 社区的离婚 一对前任配偶还会经历*社区的离婚*。在该过程中，他们会通知朋友、家人、孩子的老师和其他人他们已离婚。在该阶段中，祖父母辈和孙子女辈之间的关系往往会继续，但姻亲关系可能会断绝。这对前任配偶还可能会结交新的朋友，并且通常会重新开始约会。

6. 精神上的离婚　在最后的阶段，一对前任配偶还会经历一场*精神上的离婚*。在该过程中，双方在情感上彻底分离，并会建立各自的生活。这对前任配偶中的一方或双方都可能会经历悲痛的过程。有些人从未完成这个阶段，因为他们不能对前任配偶造成的痛苦、愤怒和怨恨释怀，即使是在他们再婚之后。

并非所有离婚夫妻都会经历博安南的离婚六"站"。此外，有些离婚夫妻可能会经历某些阶段，比如情感上的离婚和经济上的离婚同时发生。重要的一点是，离婚是一个涉及很多人的过程，而不仅仅涉及离婚夫妻，并且可能需要花费很多时间来完成。

（二）离婚率

美国的婚姻持续的时间越来越长。在 2009 年，55% 的夫妻已经结婚至少 15 年了，35% 的夫妻已经到达了他们结婚 25 周年的纪念日，6% 的夫妻已经结婚 50 年甚至更长时间。这些百分比比 1996 年高出了几个百分点（Kreider and Ellis，2011b）。婚姻持续时间越来越长的一个原因就是离婚率的下降。

1. 离婚率已经降低　脱口秀主持人和许多记者经常声称美国的每两次婚姻中就有一次是以离婚告终的。这类说法具有误导性，因为它意味着在某一年里，结婚的人与离婚的人是同一个人。例如，在 2012 年，有 10% 的美国人处于离婚状态。有 43%～46% 的美国人的婚姻是以离婚告终的（Schoen and Canudas-Romo，2006；"America's Families and living Arrangements，"2012）。

美国的离婚率在整个 20 世纪都在稳步增长（见图 13-1）。它在 20 世纪 60 年代至 70 年代间攀升并趋于稳定，并在 1995 年开始明显下降。事实上，美国今天的离婚率要低于 30 年前的离婚率。

离婚率降低的一个主要原因是许多人在推迟结婚。例如，在 2009 年，大约 1/3 的 25～29 岁的男女从未结

过婚（Kreider and Ellis，2011b）。许多在试婚时同居的伴侣会分手，而非结婚后再离婚（Yin，2007；也见第 7 章和第 8 章）。正如大家在下文中将见到的，人们的受教育程度越高，维持婚姻的可能性就越大。

2. 同性离婚　我们对于同性离婚所知甚少，因为美国允许同性婚姻的法律才出台不久。在 2004 年，马萨诸塞州成为第一个将同性婚姻合法化的州，其他州紧随其后，但有些州直到 2013 年才实行了这一政策（见第 7 章和第 8 章）。一项针对 11 个州（这些州的同性伴侣已经有某种形式的合法伴侣关系）的研究发现，每年仅有超过 1% 的同性伴侣解除了婚姻，相比之下，异性已婚伴侣的离婚率则接近 2%（Badgett and Herman，2011；Bialik，2013）。

一项针对挪威和瑞典这些承认同性婚姻已有较长一段时间的国家的关于同性离婚的研究发现了几种模式。与年长的伴侣相比，那些结婚时还很年轻的伴侣离婚的可能性更大。女同性恋者离婚的可能性是男同性恋者的两倍多（但研究者无法解释其原因）。同性伴侣的离婚率较异性伴侣的更高，可能是因为即使在挪威和瑞典，与异性伴侣相比，同性伴侣获得的使婚姻正常运作的来自社区的支持和来自家人及朋友的鼓励也少得多（Andersson et al.，2006）。

许多同性伴侣如果想在一个不承认同性婚姻

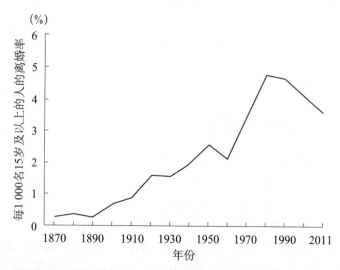

图 13-1　美国的离婚率（1870—2011）
资料来源：Plateris，1973；U.S.Census Bureau，2008，Table 77；and "National Marriage and Divorce Rate Trends"，2013.

的州离婚，那么也会遇到困难。例如，一对在马萨诸塞州结婚，但搬到南卡罗来纳州（该州禁止同性结婚）的伴侣，不能在南卡罗来纳州离婚。有些州，比如马里兰州，最近承认了同性婚姻但还没有通过关于同性离婚的法律。在其他一些州，比如马萨诸塞州，只有在那里居住一年及以上的人才能申请离婚。此外，因为同性婚姻仍然是一个相对较新的法律概念，所以同性伴侣离婚比异性伴侣离婚的费用更高。律师们必须花更多的时间来解决诸如同性伴侣的法律承诺何时开始以及谁拥有哪些资产等问题（van Eeden-Moorefield et al., 2011；Siegal, 2012；Bialik, 2013；Williams, 2013）。因此，无论是同性伴侣还是异性伴侣，离婚都远比结婚要更困难。

三、人们为何离婚？

美国的离婚率和其他国家的不同，因为它是由三个相互关联的原因造成的：宏观或社会的原因、人口统计的原因以及微观或人际关系的原因。正如图 13-2 所示，宏观层面原因影响了人口统计变量，进而可能会导致结束婚姻的人际关系问题。

（一）离婚的宏观层面原因

宏观层面的变量可能会提高或降低离婚率。让我们从离婚法的效力开始讲述。

1. 离婚法　所有的州都有**无过错离婚法**，因此夫妻中的任何一方都不需要证明对方有罪或有过错。在无过错离婚法出现以前，那些提出离婚的一方必须证明另一方是因通奸、遗弃或身心虐待而导致该婚姻破裂的罪魁祸首。夫妻现在可以简单地把"不可调和的分歧"或"合不来"作为离婚的正当理由。此外，大量律师和免费法律事务所也使得离婚变得更加容易和价格低廉。

2. 经济　经济对离婚的影响是复杂的。一些研究显示，经济困难（例如失业、低收入、丧失房屋赎回权）增加了婚姻压力，提高了离婚的风险。此外，经济困难也可能会减少离婚现象的发生：分居成本可能过高，配偶中的一方可能会

联系起来

● 基于你自身或你朋友的经历，博安南的离婚六"站"对离婚的描述是否准确？例如，你是否可以添加其他阶段？或是你是否认为有些阶段比其他阶段更重要？

● 根据一名离婚律师的说法，即使是幸福的夫妻也应该为离婚做好准备，尤其是在经济上。一个例子包括定期将钱存入配偶不会注意到的私人账户（Fogle, 2006）。这样的建议是愤世嫉俗的还是实事求是的？

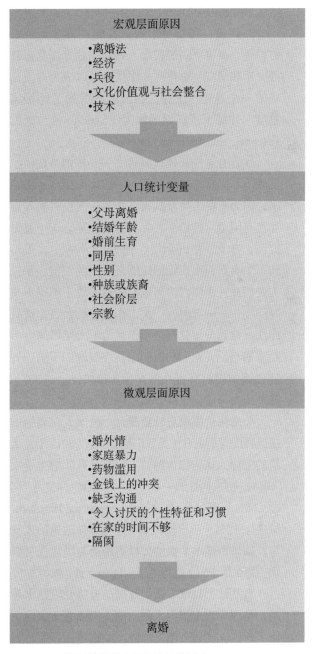

图 13-2　哪些因素影响了美国的离婚率？

失去健康福利，并且离婚本身也可能是费用昂贵的。例如，在2007—2009年的经济衰退期间，离婚率是下降的，而当经济开始复苏时，离婚率上升，这大概是因为许多人推迟了离婚（Cohn，2012；Chowdhury，2013）。

经济还可能影响婚姻的质量。随着越来越多的夫妻必须在非标准工作时间长时间工作，他们会经历更多的压力和紧张，在一起的时间也越来越少。令人疲劳、苛刻的育儿责任和工作不稳定（比如跳槽或只能找到兼职工作）都可能增加离婚的可能性（Ahituv and Lerman，2004；Kalil et al.，2010）。

3. 兵役　当新兵学到新技能、晋升到更高的军衔、获得更高的薪水，并利用教育福利来获得大学和研究生学位时，服兵役可以成为向上流动的一个途径。所有这些因素都增加了婚姻满意度，并减少了离婚的风险（Lundquist，2006；Teachman and Tedrow，2008）。

尽管有这些好处，但兵役——特别是在伊拉克战争和阿富汗战争期间——被认为提高了离婚率，因为有些士兵及其家属在延长服役时间和调动上有困难。离婚率在男兵（而非军官）中逐渐提高，在女兵中却激增。到2007年年中，美国陆军中女兵提出离婚的比例是男兵的三倍。平民丈夫们往往不明白为何他们的军人妻子不得不长时间工作——有时，一次工作就持续数月，而且往往一接到通知就要去工作。与军人结婚的女兵经常抱怨说，她们的配偶总是怀疑她们不忠，并且会嫉妒她们有更高的军衔（LaPlante，2007）。这种压力可能会导致分歧和婚姻不稳定。

4. 文化价值观与社会整合　美国人对离婚的接受程度有所上升（见数据摘要）。在2013年，大量的美国人认为相比赌博（64%）、有非婚生子女（60%）、男女同性恋关系（59%）、流产（42%），离婚（68%）更容易被接受（Newport and Himelfarb，2013）。在另一项全国性调查中，67%的美国人认为，如果婚姻不幸福的父母离婚而非继续保持婚姻，那么孩子们会过得更好（Taylor et al.，2007）。

有些社会科学家认为离婚的被接受度越来越高，是因为许多美国人强调个人幸福胜于家庭责任（Popenoe and Whitehead，2009）。成千上万的关于如何离婚的自助书籍传达出一个信息——

"离婚是可以的"，而且诸如《离婚法庭》这样的电视节目和许多情景喜剧都强化了这样一种观点：离婚是一种正常的、每天都会发生的事情。

文化价值观的变化和个人主义的高涨都降低了**社会整合**——人们与他人以及整个社会的联系。较低的社会整合会增加离婚率。例如，与2000年相比，现在夫妻们不太可能互动以及花时间在一起，他们更倾向于追求自己的而非共同的兴趣。此外，已婚人群可能重视自己的隐私，更喜欢单独活动——比如看电视或使用社交媒体——而非与配偶和子女互动或与朋友交往（Amato et al.，2007）。

5. 技术　技术进步使离婚变得更加容易。许多人现在上网申请离婚，以节省金钱和时间以及避免在律师办公室发生情感冲突。上网申请离婚仅需50美元，就可以获得所有必要的法庭表格和文件。

虽然没有全国性的数据，但一些研究者怀疑，那些由在线约会发展而来的婚姻极有可能以离婚告终。许多在线约会者可能会冲动行事，因为他们想要结婚。他们通常在彼此不太了解的情况下就仓促结婚，然后发现他们没有什么共同之处，或者其中一方对自己的背景撒了谎（Gamerman，2006；也见第6章）。

（二）人口统计变量与离婚

人口统计变量也有助于解释为何有些夫妻容易离婚。让我们从有离婚的父母开始讲述。

1. 父母离婚　如果夫妻中的一方或双方的父母在他们年幼时就离了婚，那么他们也更可能离婚。父母离婚的人相比那些父母没有离婚的人，通常更不愿意容忍不幸福的婚姻。很多父母离婚的人也很难做出婚姻成功所必需的承诺，这可能是因为他们没有无论出现什么问题，都要坚持婚姻的行为榜样（Glenn，2005；Wolfinger，2005）。

2. 结婚年龄　夫妻结婚时年龄越小，他们离婚的可能性就越大。早婚——尤其是在18岁以前结婚——是离婚最有力的预测指标之一。例如，在结婚10年后，48%的初婚年龄小于18岁的女性的婚姻会解体，相比之下，结婚时至少25岁的初婚女性离婚的比例为24%（Kurdek，1993；Bramlett and Mosher，2002）。

那些将结婚推迟到20多岁的人通常比十几岁的青少年要更成熟，能更好地应对婚姻生活中的挑战。此外，青少年的婚姻往往是由婚前怀孕而仓促所致，这是另一个会增加离婚可能性的高风险因素。不过，如果一个人是出于婚姻市场的萎缩而随便找一个配偶"安顿下来"，那么在二十几岁（或更晚）结婚也并不能保证婚姻幸福（Glenn et al.，2010；也见第6章）。

3. 婚前生育 婚前怀孕或生育的女性比婚后才怀孕或生育的女性的离婚率更高。离婚现象在那些一般缺乏教育或收入难以维持稳定家庭生活的青少年父母当中，尤其可能发生（Garfinkel et al.，1994；Teachman，2002）。

4. 同居 如果同居的伴侣结婚的话，他们离婚的概率更大，但离婚风险最高的是那些先后与不同伴侣同居的人。同居者往往更容易接受离婚，他们对婚姻的承诺较少，并且处理婚姻问题的技能也更少（Lichter and Qian，2008；Popenoe and Whitehead，2009；Tach and Halpern-Meekin，2012）。不过，正如大家在第7章中所见，同居前的婚姻承诺（例如，订婚、有明确的结婚计划）可降低消极互动和离婚的可能性。最近的一些研究还显示，在已结婚的同居者当中，离婚率因人的态度和婚姻期望以及种族或族裔和社会经济地位而异（Stanley et al.，2010；Copen et al.，2012；Manning and Cohen，2012）。

5. 性别 女性提出离婚的可能性是男性的两倍，这主要是因为丈夫们对于关系出了问题没有反应（Montenegro，2004；Amato et al.，2007）。在所有年龄组中，如果处于不幸婚姻中的女性自己能养活自己，那么她们离婚的可能性更大。然而，持有存款和股票等共同资产会降低许多不幸福的妻子离婚的可能性，因为她们预计，离婚后她们的生活水平会降低。就交换理论而言，共同资产"实际上会限制女性对离婚的选择"（Dew，2009：29）。

6. 种族或族裔 最一致的研究结果之一是，就人口规模和结婚率而言，黑人比其他任何种族或族裔群体中的人更可能离婚。亚裔美国女性的离婚率最低（见图13-3）。这些差异持续存在于所有收入、年龄、教育水平和职业水平的人群中（Saluter，1994；Elliott and Simmons，2011；

Kreider and Ellis，2011b；Kim，2012）。

种族或族裔并不会"导致"离婚。由于宏观因素、人口统计变量和微观因素的综合作用，离婚现象在黑人中更为普遍，这些因素包括：青少年婚前怀孕率较高，结婚年龄小，连续同居，以及贫困、经济紧张和男方失业。亚裔美国人离婚率低也反映出这些变量的综合作用。例如，即使发生了家庭暴力，亚裔新移民也可能赞同那些鼓励维持婚姻的传统价值观。此外，亚裔美国女性非婚生育率也较低——它是减少离婚风险的另一因素（Willie and Reddick，2003；Costigan et al.，2004；Montenegro，2004；Amato，2010）。

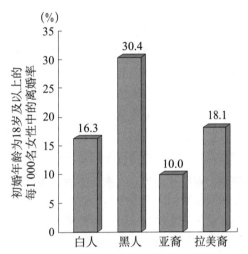

图13-3 种族或族裔群体当中的离婚率（2010）
资料来源：Gibbs and Payne，2011，Figure2.

7. 社会阶层 一般而言，离婚率在那些拥有四年制大学学历的人群中最低，那些受过社区大学（两年制课程或不完整的四年制课程）教育的人的离婚率最高，而那些只受过高中或更低水平教育的人的离婚率则介于以上两组之间（Isen and Stevenson，2010；Gibbs and Payne，2011）。例如，在2009年，在25岁及以上的离婚女性当中，16%的人有四年制大学学历，相比之下，高中毕业的人占26%，受过社区大学教育的人占39%（Elliott and Simmons，2011）。

有四年制大学学历的人的离婚率更低，是因为他们更聪明吗？不是。而是因为获得四年制大学学历会推迟结婚，其结果就是当大学毕业生结婚时，他们往往更成熟，并更能应对个人危机。他们有更高的收入、更好的医疗条件，这些都有助于减少经济压力。此外，完成四年制大学学业所需的一些特征（比如毅力、可靠性和责任感）也增加了婚姻稳定的可能性（Glenn，2005；Isen and Stevenson，2010）。

教育与收入密切相关，收入则是离婚可能性的另一个预测指标。例如，在 2009 年，57% 的家庭年收入少于 5 万美元的女性离婚了，相比之下，家庭年收入在 7.5 万美元及以上的女性离婚的比例为 23%（Elliott and Simmons，2011）。收入水平相近的人对婚姻所持的价值观相似、选择婚姻伴侣的标准相似、所经历的关系问题也相似。然而，经济问题在那些收入较低的夫妻当中更常见，并增加了压力、争吵和离婚的可能性（Trail and Karney，2012）。

8.宗教　强烈的宗教信仰和行为既可能加强也可能削弱婚姻。一方面，与几乎没有宗教信仰的夫妻相比，离婚风险在那些宗教信仰一致（例如，属于同一信仰或教派）、定期参加相同的宗教仪式、对女性和男性在家庭中的角色有类似的性别意识形态的夫妻当中要低得多。另一方面，如果夫妻的宗教信仰不同、夫妻中的一方比另一方更常参加宗教活动、夫妻中的一方在神学观点上比另一方更保守（例如，认为《圣经》总是对的），他们离婚的可能性就高。这种夫妻间的差异助长了关于家庭中传统性别角色与平等性别角色、奉献给教会时间还是金钱等的争论，并迫使伴侣改变信仰或更频繁地参加宗教活动（Amato et al.，2007；Vaaler et al.，2009）。

（三）离婚的微观层面原因

人们会因许多原因而分开。离婚最常见的一些微观层面的原因如下：

- 人们往往对婚姻抱有*不切实际的期望*，这是因被那些总是有着美好结局的电视节目和电影误导而产生的（见第 1 章、第 3 章和第 8 章）。

联系起来

- 想想你所知道的那些已经离婚的人。导致他们离婚的原因是宏观的、人口统计的、微观的还是综合的？
- 你还能在离婚的微观层面原因的列表中增加些什么？

- 一项对新婚夫妻的调查发现，有过*婚前疑虑*的 19% 的女性和 14% 的男性在结婚 4 年后就离婚了（Lavner et al.，2012）。
- 相比家务、共度时光、性或姻亲关系等问题所引起的争吵，*经济问题和意见不合*是更强有力的离婚预测指标。
- 一项关于前任配偶的全国性研究发现，42% 的女性和 9% 的男性认为*言语虐待、身体或情感虐待*是"离婚最重要的原因"（Glenn，2005；也见第 12 章）。
- *婚外情*是离婚的首要原因之一。出现婚外情的人几乎总是会后悔，但不忠终会毁掉一段感情（Glenn，2005；Olver，2013）。
- *沟通问题*（例如，长期抱怨、批评、吼叫、退缩、指责）和无法解决冲突都会导致对婚姻的不满和离婚。离婚的一个强有力的预测指标是配偶*婚前*的消极互动（Gottman，1994；Birditt et al.，2010；也见第 8 章）。
- *药物滥用*通常也会导致离婚，因为药物滥用者关注的是获取和使用药物，而忽视了婚姻和家庭（McWade，2013；Olver，2013）。
- 在*如何抚养和管教孩子*的问题上持续存在的分歧会增加对婚姻的不满，并引发离婚（Hetherington and Kelly，2002；Montenegro，2004）。

50 岁及以上人口的离婚率已从 1990 年的不到 10% 上升到 2009 年的 25% 以上（Brown and Lin，2012；Lin and Brown，2012）。原因何在？人们可能决定离开一段长期不幸的婚姻；他们希望拥有更令人满意的生活，因为他们意识到残疾和死亡即将来临。在其他情况下，随着人们的改变，他们优先考虑的事也会改变，导致夫妻之间逐渐疏远（Ross，2011；Stevens，2012；Olver，2013）。例如，一个妻子也许决定去攻读一个大学里的学位，而她的丈夫则决定将他的大部分时间奉献给宗教集会。

四、离婚如何影响成年人？

离婚会影响前任配偶的生理、情绪、心理和

经济上的幸福感。父母们还必须处理子女监护和子女抚养安排问题。

（一）生理、情绪和心理影响

离异人士通常比已婚人士情况更糟糕。他们报告称有更多的健康问题、更严重的社会孤立、更多的压力、更少的社会支持和更多的抑郁（Waite et al.，2002；Amato et al.，2007）。

1. 身体健康 一般而言，离婚和健康之间是负相关的。例如，在2011年，70%的美国离异人士和78%的美国已婚人士报告称有肥胖、经常感冒、流感和头痛等健康问题。此外，60%的离异人士表示他们抽烟、每周不锻炼，也不吃健康食品，而在已婚人士中，该比例为66%（Brown and Jones，2012）。（该段数据疑有误。——译者注）

一项考察了1972—2003年的全国性数据的研究发现，在过去的31年里，离异人士的自评健康状况与已婚人士的相比有所恶化，并且女性比男性更糟。研究者们得出的结论是："结婚增加了最终婚姻破裂的风险，婚姻解体对自评健康状况的影响似乎比过去30年的任何时候都要严重。"（Liu and Umberson，2008：252）

在那些50岁以上的人群当中，离异人士比已婚人士的身体健康状况更差。那些离婚时间较长的人报告的慢性健康问题（比如心脏病、糖尿病和癌症等），以及诸如爬楼梯困难等行动不便问题要多出20%。因此，离婚"可能会损害健康"（Hughes and Waite，2009：356；Zhang and Hayward，2006）。

这些研究并非意味着或得出了离婚"导致"健康问题的结论。相反，健康状况不佳，尤其是心理健康状况不佳可能会降低婚姻满意度，增加分居或离婚的可能性（Hughes and Waite，2009）。此外，离婚后健康状况恶化的原因可能是离婚过程造成或放大了情绪和心理问题。

2. 情绪和心理健康 正如前文所述，精神上的离婚可能会持续很多年。即使夫妻双方都知道他们的婚姻已无法挽救，他们对离婚也可能是矛盾的。他们可能在失落感和自由感之间摇摆；他

们可能会有一段时间的抑郁，不时伴随着幸福感的迸发。《你认识有离婚后遗症的人吗？》一文研究了刚离婚的人所面临的一些调整。

相比离异人士（73%），更多的已婚人士（81%）报告称他们情绪健康（Brown and Jones，2012）。离婚通常会导致社会支持网络的初步衰落，因为当伴侣中的一方或双方更换住所时，会失去与姻亲、已婚朋友和邻居的联系。其他压力源包括父亲与子女接触较少、母亲面临育儿问题和家庭收入较低（Amato and Hoffman，2010；Kamp Dush，2013）。

情绪和心理痛苦的程度各不相同。当人们摆脱一段长期充斥着冲突、敌对和暴力的不幸婚姻时，他们比那些仅仅对婚姻不满意的人经历的抑郁和压力要少得多。子女还年幼的父母的心理健康问题最严重。离婚对没有年幼子女的成年人的负面心理影响较少（Kalmijn and Monden，2006；Williams and Dunne-Bryant，2006；Amato and Hohmann-Marriott，2007）。

成年子女的利益也会影响他们父母的幸福。如果父母，尤其是母亲强烈支持婚姻制度，那么当他们的成年子女分居或离婚时，他们可能会经历抑郁的情绪，如悲伤和紧张。与对婚姻持更开明态度的父母相反，那些持传统观念的父母可能会因没有以"正确的方式"抚养孩子而感到羞愧和失败。当他们的子女离婚时，这些情绪进而可能会降低父母的幸福感（Kalmijn and De Graaf，2012）。

（二）经济影响

离婚常常导致经济受挫。这对夫妻的财富会减少，在赡养费上会产生分歧，并且离婚后女性的经济状况通常比男性差。

1. 财富 婚姻通常会积累财富，而离婚会耗尽一切。平均而言，在41～49岁的人群当中，一对夫妻的财富婚后每年增长约16%。相反，离异夫妻在离婚后的五年内就会损失约77%的共有财富（Zagorsky，2005）。已婚夫妻能够比单身人士积累更多的财富，这出于许多原因：他们维持着一个家庭，有更多的存款，对收入进行更多的投资，可能为了支付子女的教育费用而更努力工作和寻求晋升。离婚使所有好处都化为乌

有。前任配偶们通常要承担两笔抵押贷款或房屋租金、两套家庭开支，也很少将财产放在一起来支付子女的教育费用。

2. 赡养费 每年，估计有 42 万美国人收到赡养费，有的是永久的，有的是特定年限的。传统上是由男性给前任配偶支付赡养费，因为他们是单身或收入更高的人，但这种情况正在改变。在全美范围内，47% 的离婚律师表示有越来越多的女性支付赡养费，因为她们的收入超过了她们的前任配偶（Reaney, 2012; Luscombe, 2013）。

在 28 个州和哥伦比亚特区中，"婚姻过失"仍然是裁定赡养费的一个相关因素。各州的赡养费法律各不相同，法官有很大的自由裁量权，"赡养费的数额和期限往往相差很大"（Luscombe, 2013: 47）。赡养费增加了前任配偶的痛苦和压力。

在大约 12 个州中，一场声势浩大的，通常是由在职的第二任妻子带头发起的运动正在推动废除终身赡养费。第二任妻子认为，许多前妻有能力养活自己，因为她们没有孩子，或者全职妈妈不再有孩子住在家里，或者第一任妻子正在与那些在经济上可以支持她们的人同居。另一些人则认为，取消赡养费，特别是对缺乏工作经验的女性而言，将会使她们陷入贫困（Alcindor, 2012; Campo-Flores, 2013; Luscombe, 2013）。

3. 性别 在 2009 年，刚离婚的女性贫困的可能性是刚离婚的男性的两倍（分别为 22% 和 11%）。将近 27% 的女性（与 17% 的男性相比）的家庭年收入少于 2.5 万美元，并且尽管女性的劳动参与率很高，但她们比男性更有可能获得公共援助（Elliott and Simmons, 2011）。

女性财务紧张的一个主要原因是，在 82% 的离婚案例中，子女是与母亲生活在一起的（Grall, 2011）。就全美范围而言，约 5% 的离异母亲能够通过再嫁给一名成功的男性、找到高收入的工作或两者兼而有之，来改善她们的经济状况。然而，大多数女性会有经济问题，即使是在搬去与父母或兄弟姐妹一起住后。因为她们缺乏获得高薪工作的市场技能，即使有赡养费、子女抚养费或公共援助，一般也很少（Ananat and Michaels, 2008）。正如一位会计所说："男人通

应用你所学的内容　你认识有离婚后遗症的人吗？

离婚后，前任配偶中的一方或双方可能会患上"离婚后遗症"（Walther, 1991; Everett and Everett, 1994）。在下列每一项陈述中，填上你认识的刚经历过离婚的人的名字。了解这些离婚后遗症的症状，可以帮助克服与离婚相关的压力。

- **讽刺** 当有人提及前任配偶时，____是讽刺的，或对前任配偶肆意抨击。讽刺可能集中在婚姻上，或者是一些没有根据的概括，比如"所有的男人都会在妻子 40 岁时离开"。
- **利用孩子** ____试图使孩子相信离婚完全是另一方的错，并可能盘问孩子有关另一方的信息。
- **猛烈抨击** ____可能会试图维护自己的控制权（比如对一位邀请前任配偶参加聚会或其他社交活动的朋友大发雷霆）。
- **麻痹** ____似乎无法通过重返学校、找到新工作或结交新朋友来使生活回到正轨。有时，对____而言，甚至连早上起床上班、打扫房间或回电话都是

很困难的。
- **留住** 前任配偶的照片仍然挂在____的墙上，他的衣服或其他财产都在眼前，使得____的日常生活中仍然保持前任配偶的存在。
- **扔掉一切** ____可能会扔掉有价值的东西——甚至是珠宝、艺术品或昂贵的收藏品，因为这些东西都能使他想起前任配偶。
- **责备和发现错误** ____坚持认为，婚姻或离婚中出现的一切问题都是别人（如前任配偶、家人、朋友、孩子、老板等）的错。
- **过度内疚** ____对离婚感到内疚，不管是哪一方先离开对方。____会给子女买任何他们想要的东西，并对子女或前任配偶的要求让步，无论这些要求多么不合理。
- **依赖** 为了填补前任配偶留下的空缺，____会严重依赖其他人，特别是新的恋人。

常会带着最有价值的资产——赚钱能力离开，而女人则带着最耗费现金的东西——孩子和房子离开。"（Gutner，2000：106）

（三）子女监护权

孩子们常常被卷入监护权之争：

马克（8岁）："我并不认为他们中的任何一方应该得到我。他们曾做的一切就是争吵和对彼此吼叫。我宁愿与我的奶奶生活在一起。"

罗宾（7岁）："妈妈想要我和她住在一起，爸爸也想要我和他住在一起。但我想要和他们共同住在一起。为何我必须做出选择？我只是想让我们再次快乐起来。"（Everett and Everett，1994：84-85）

监护权是法院授权的一项裁决，规定了离异父母的哪一方对子女的抚养负有主要责任。子女与获得监护权的父母生活在一起，但可以根据具体探视时间表见未获监护权的父母。在某些情况下，父亲会默认获得子女的监护权：亲生母亲不想抚养子女、儿童保护机构寻求父亲的参与，或子女想要和父亲生活在一起。

有三种类型的监护权：独立监护权、分割监护权和共同监护权。在**独立监护权**中，由父母中的一方负责抚养子女，另一方有指定探视权。父母可以就日程安排或假期等问题进行非正式协商。如果他们有分歧，法定监护人有权做出最后的决定。在**分割监护权**中，子女在父母之间按性别（母亲得到女儿、父亲得到儿子）或按选择（子女被允许选择他们想要与之一起生活的父母中的一方）划分归属。在**共同监护权**（有时也被称为*双住所监护权*）中，子女在父母之间分配时间，由父母共同决定孩子的成长。

有两种类型的共同监护权。在*共同法定监护权*中，父母双方共同享有对有关子女的问题，如子女的教育、医疗保健、宗教训练等的决策权。在*共同生活监护权*中，由法院规定子女可以在父母双方家中待多久。

由于共同法定监护权及共同生活监护权极为罕见，因此许多没有监护权的父亲正在推动*共同养育*，即离异父母们更平等地分享共同法定监护

权和共同生活监护权。共同养育并不意味着离异父母们必须面对面地互动，但它涉及父母之间有关育儿问题的沟通（Markham et al.，2007；Amato and Hoffman，2010）。

虽然共同养育不是监护权的法律类型，但越来越多的州开始要求父母们提交共同养育计划，并将其作为离婚过程的一部分（Segal et al.，2009）。如果父母们对子女的管教问题彼此沟通，如果父亲富有责任心（比如准时接孩子放学），如果父亲分担与子女相关的费用（即使没有法院的支付孩子抚养费的命令），如果父母双方共享有关子女的信息，如果父母中的一方并不控制或限制子女与另一方联系的电子邮件和手机短信，那么共同养育是最有效的方式（Ganong et al.，2012；Markham and Coleman，2012）。

（四）子女抚养费

当夫妻分居或离婚时，子女抚养费通常是一个关键问题。让我们从谁支付和获得子女抚养费开始讲述。

1. 谁支付和获得子女抚养费？ 在2009年，将近1 400万父母拥有2 200万子女的监护权，而父母中的另一方则住在其他地方（暂住的父母）。在所有这些有监护权的父母中，大多数人（51%）有某种类型的关于子女抚养费的法律协议。不寻求法律裁决的首要原因是有非正式协议，父母双方都会尽可能提供支持，以及相信没有监护权的父母付不起任何费用（Grall，2011）。

正如图13-4所示，如果父母中的一方至少具有大学学历，已经离婚（而非没有结婚的分手），年龄在40岁或以上，且整年都有全职工作，那么他或她最有可能收到法院下令对方支付的全额子女抚养费。而最不可能获得子女抚养费的监护人是30岁以下的未婚黑人母亲，她们连高中文凭都没有，并依赖公共援助（Grall，2011）。因此，那些有着更多资源比如大学学历的人能够获得更多的经济支持。这些人可能有可以提供更多支持或可以更积极地履行法律裁决的前夫（有时也可能是前妻）。

将近30%的有监护权的父母得到的子女抚养费比他们预想的少，还有30%的有监护权的

联系起来

- 法官在离婚诉讼中有很大的自由裁量权，这种自由裁量权因州而异，因案件而异。美国法律协会建议法院应根据父母离婚前照顾子女的时长比例，来给予他们子女监护权。你是否同意这个建议？
- 在低收入家庭中，无监护权的父母是否应该有探视权，即使他们无法（或没有）支付子女抚养费？为何应该或不应该？

父母什么都得不到。平均而言，母亲们所得的子女抚养费约为一年 3 700 美元，父亲们所得的为一年 3 100 美元。即使父母（大多数为母亲）得到了法院要求的全额抚养费，每年的平均数额也不到 6 000 美元，并且如果父亲只有高中或更低文凭、贫困或失业，那么这一数额大约只有 1/3（Grall，2011）。这些支付费用虽然很少，但在 2008 年却使 100 万成人和儿童摆脱了贫困（Sorensen，2010）。

有些无监护权的父母提供的是非现金支持。约 56% 的有监护权的父母，通常是母亲，会收到生日礼物、节日礼物或其他礼物，孩子的衣物

或尿布（40%），食品和杂货（28%），医疗保险以外的医疗援助（18%），或儿童保育或夏令营的部分或全部费用（10%）（Grall，2011）。然而，443 如果母亲和新伴侣有了一个孩子，这种非现金支持就会减少（Meyer and Cancian，2012）。

2. 子女抚养费和探视 在 2011 年，83% 的收到子女抚养费的母亲有孩子父亲的探视安排（Grall，2011）。当涉及共同养育时，子女抚养费通常会增加，但情况并非总是如此（见《为何有 444 些父亲是赖账的父亲？》一文）。

许多中产阶级父母，尤其是父亲会逃避支付子女抚养费，因为他们就探视权无法达成一致，或坚信他们的前任配偶就是为了钱来压榨他们。另一些人很少去看他们的孩子，因为他们为履行抚养子女的义务而长时间工作（Huang，2009）。在收入较低的父亲当中，许多人"身无分文"，而非"赖账的父亲"。由于收入较低，父亲们很难支付法院下令支付的子女抚养费，因为这些可能会耗费他们一半的工资（Martinson and Nightingale，2008）。于是，他们断绝了与子女的一切联系。

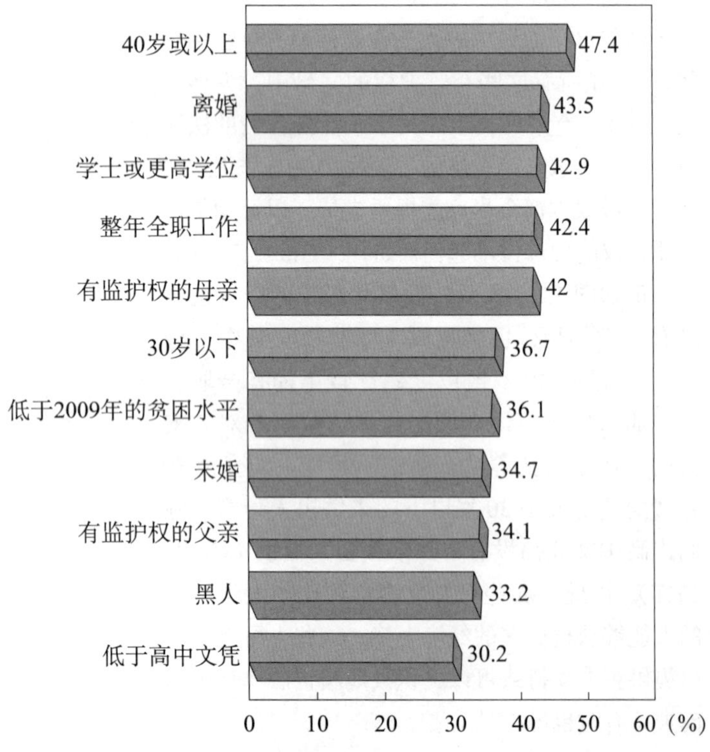

五、离婚如何影响孩子？

每年有超过 100 万的美国儿童经历父母的分手，并且 40% 的儿童在成年之前就经历了父母的离婚（Amato，2007；Elliott and Simmons，2011）。离婚对成年人来说几乎总是一个充满压力的过程，但有些孩子比其他孩子更易恢复和适应。

（一）离婚之前、离婚期间和离婚之后，孩子会受到什么伤害？

许多研究显示，相比已婚家庭的孩子，来自离异家庭的孩子会经历各种各样的困难，包括学业成绩较差、有行为问题、自我概念较低，以及某些长期的健康问题（Furstenberg and Kiernan，2001；Osborne and McLanahan，2007；Cavanagh and Huston，2008；Amato et al.，2011；Kim，2011；Parcel et al.，2012）。

图 13-4 2009 年领取全额子女抚养费的有监护权的父母的百分比
资料来源：Grall，2011，Figure 5.

	百分比 (%)
40岁或以上	47.4
离婚	43.5
学士或更高学位	42.9
整年全职工作	42.4
有监护权的母亲	42
30岁以下	36.7
低于2009年的贫困水平	36.1
未婚	34.7
有监护权的父亲	34.1
黑人	33.2
低于高中文凭	30.2

大多数无监护权的父亲表示他们爱自己的孩子，但却可能逃避支付子女抚养费的命令。这些不支付子女抚养费的父亲通常可以分为以下类别（Nuta，1986）：

- 不负责任的父亲，这是逃避抚养孩子的人中的大多数，他们根本没有认真对待自己身为人父的职责。他可能期望其他人去照料他的家庭（"福利可以支付费用"或"她的家庭比我更有钱"），或他认为照顾自己比去负担自己子女的成长更重要。不负责任的父亲通常包括那些有心理问题和药物滥用问题的

没有监护权的父亲，他们不想找工作或不能保住工作（Dion et al.，1997）。

- 负担过重的父亲，他们的经济义务过重（"我负担不起"）。为了尽快摆脱婚姻，他可能会同意支付比他所能承受的更多的抚养费。他可能会再婚，无法支持两个家庭，也负担不起他初婚时的子女的成长（Manning et al.，2003）。
- 处于痛苦中的父亲可能会觉得被排斥在家庭之外，并感到自己在身体或情感上与他的孩子疏远。他甚至会将这种疏远合

理化（"她让孩子们反对我"）。另一些父亲如果认为他们的探视协议不公平，就会愤怒。

- 报复心强的父亲把子女抚养费作为一种控制手段。他可能会用不给抚养费来改变探视协议或惩罚他提出离婚的妻子（"她得到的是她应得的"）。

思考题

- 你认为这些父亲中的任何人或所有人都有正当理由不支付子女抚养费吗？
- 你认为为何我们几乎听不到"赖账的母亲"的说法？

离婚的某些负面影响是短期的，但另外一些影响却会持续很长时间。为何有些孩子比其他孩子能更好地适应父母的离婚？让我们从离婚前的困难开始讲述。

1. 离婚前的父母问题 在通常情况下，离婚是长期存在的家庭问题累积的结果，而非离婚造成了家庭问题。也就是说，离婚的夫妻很可能在分居或离婚发生前育儿技能就很差、有着高度的婚姻冲突或持续的经济压力（Furstenberg and Teitler，1994；Doyle and Markiewicz，2005；Lansford，2009）。

处于离婚前家庭的孩子有着更多的内在问题（例如，感到悲伤、孤独）、更多的外在问题（例如，冲动、脾气暴躁）和更差的社交能力（例如，与同龄人相处不好）。这些问题增加了父母离婚前孩子至少有三年学业成绩不佳的可能性（Sun，2001；Potter，2010）。即使在父母提出离婚诉讼，但随即就改变主意的情况下，孩子在学校的考试成绩也会下降，纪律问题也会增多（Hoekstra，2006）。

2. 持续的父母冲突和敌意 通常并不是离

婚本身，而是父母在离婚期间和离婚之后的态度影响了孩子的行为。高度冲突的婚姻的结束通常会提升孩子的幸福感。从焦虑、压力和抑郁中解脱出来，孩子的心理健康得到了改善，反社会行为也会减少。事实上，与处于高度冲突的婚姻中的父母生活在一起的孩子成年时会比那些来自高度冲突的婚姻但以离婚收场的家庭的孩子表现得更糟。当父母争吵时，后者不太可能感到夹在中间，左右为难，也不太可能感到要选择站在哪一边的压力，并且当不和的父母最终分手时，他们所承受的压力也更小（Amato and Afifi，2006；Yu et al.，2010）。

一些研究者认为解除低度冲突的婚姻的离婚可能会对孩子产生负面影响。这种离婚是意想不到的、不受欢迎的，也是孩子生活动荡不安的根源。由于近 2/3 的离婚终结的是低度冲突的婚姻，因此一些学者质疑这些婚姻是否应该结束（Amato，2003；Strohschein，2005；Glenn and Sylvester，2006）。

然而，这在很大程度上取决于低度冲突的婚姻的质量。那些"为了孩子着想"而继续不幸婚姻

445

的父母可能会疏远、抑郁或酗酒。回顾过去，40%的在完整家庭长大的年轻人相信，如果父母分手，他们的家庭可能会过得更好。孩子对不幸福的父母（通常是母亲）为他们所做的牺牲或经历的苦难而感到内疚或觉得要负责任（Gerson，2010）。

3. 养育的质量 孩子对离婚的适应在很大程度上取决于婚姻结束后的养育质量。正如我的一名学生在课堂上所说："给我留下最痛苦伤疤的并非我父母离婚，而是他们在这之后没有成为称职的父母。"离婚后，当父母双方定期沟通，在两个家庭中保持相似的规则，并相互支持对方的权威时，合作的养育方式有益于孩子的幸福。相比那些父母不和，以及与父母中不同他们住在一起的一方（其中大多数是父亲）关系更亲密的孩子，这些孩子的行为问题更少（Ahrons，2011；Amato et al.，2011）。

在他们父母离婚20年后，62%的子女说随着时间的推移，他们与没有监护权的父亲之间的关系有所改善或保持稳定。因此，影响关系质量的并非监护权本身，而是离婚前和离婚后的综合因素，尤其是父母之间的持续冲突、离婚后父亲对子女生活的参与程度低，以及父亲的快速再婚（Kelly and Emery，2003；Ahrons，2004）。

4. 经济困难 离婚可以减少父母间的冲突，但经济问题通常会增加，尤其是对母亲而言。离婚后，母亲的收入通常下降1/3左右。男性的收入通常会增加，估计增幅为8%～41%。男性收入的增加出于许多原因：没有得到孩子的监护权、不遵守支付子女抚养费的命令、有比他们的前任配偶收入更高的工作，以及离婚后通常带走了一些家庭财富——比如股票和债券（Sun and Li，2002；Barber and Demo，2006；Sayer，2006）。

在离婚后的最初两年，对于白人孩子而言，家庭收入下降30%，而黑人孩子的家庭收入则下降53%。造成这种差异的一个主要原因是白人母亲得到的子女抚养费是黑人母亲的10倍。对于黑人母亲而言，离婚的长期经济代价尤为明显，因为她们再婚的可能性更小，再婚后离婚的可能性更大（Page and Stevens，2005）。

到了18岁时，如果青少年经历了父母的多次转变，比如多次恋爱、同居、再婚或再婚后离婚，那么他们经历负面经济后果的概率会增加一倍（Sun and Li，2008）。因此，实际上，父母离婚后的稳定性高，会增加子女成年后的经济福祉。

5. 离婚的相互关联和累积效应 离婚通常会降低孩子当时和整个人生的幸福感。对孩子而言，父母收入的减少、住处的改变和就读学校的更换可能比离婚本身更有害。孩子不仅失去了稳定的环境、情感和经济上的安全感，也失去了随时可以接近父母双方的机会。这种有压力的转变可能会破坏孩子的自信，并使孩子在日后形成和维持令人满意的亲密关系时产生困难（Amato and Hoffman，2010；Coontz，2010；Neuman，2013）。

在离异家庭中长大的孩子结束自己婚姻的可能性是其他人的2倍。尽管存在争议，但这种*离婚的循环*或*离婚的代际传递*假定了孩子会模仿他们父母的冲突关系，并在父母离婚后经历不良的后果（Wolfinger，2005，2011；Li and Wu，2008）。例如，当祖父母离婚时，第二代人的受教育程度较低，关系也会出现问题："这些后果进而成为第三代人出现类似问题的原因。"（Amato and Cheadle，2005：204）

（二）离婚之前、离婚期间和离婚之后，什么能够帮助孩子？

根据许多研究者和家庭医生的说法，父母可以采用许多方式减少离婚带来的一些负面影响：

- 父母可以向子女保证，父母双方将继续爱和关心子女，强调他们将继续积极地参与子女的活动，以及子女可以自由地爱父母双方。

- 父母应该谈谈自己的感受，以鼓励父母与孩子之间开放的沟通。父母可以讨论他们的不幸福，甚至是他们的愤怒，但他们*永远都不应该*责怪另一方，因为责怪另一方会迫使孩子去表明立场（选择站在谁的一边）。

- 父母应该强调子女不必为父母之间出现的问题负责，并指出每个成年人都可能会与另一个成年人离婚，这不是子女的错。父母还应该向子女保证，子女可以继续去看望他们的

446

表亲、祖父母和其他父母双方的亲属。

- 父母应该与子女保持持续的关系，在制定和遵守家庭规则上保持一致，永远不要抱怨经济问题，尤其是子女抚养费方面的问题。
- 父母应该鼓励自己的子女自由、开放地与那些他们生命中的重要人物，如祖父母、教师、教练和牧师等谈论他们的感受和经历（Barber，1994；Harvey and Fine，2004；Denham，2013；Pescosolido，2013）。

研究一致表明，如果离婚后共同养育孩子的父母持礼貌、合作的态度，共同努力改善子女的福祉，那么经历离婚的儿童和青少年所遭受的困难可能会减少。根据一项研究，即使在父母离婚20年后，当子女已经成年并有了他们自己的孩子时，他们最想要的仍仅仅是父母能够和睦相处："有一些特殊的场合，如毕业典礼、婚礼和孙子孙女的生日，大多数成年子女想和父母双方一起分享。"（Ahrons，2006：59）

（三）离婚对儿童和成年人的积极影响

离婚最大的益处就是它减少了处于高度冲突、争吵家庭中的孩子所承受的压力，在这样的家庭中，成年人会大喊大叫、扔东西，或者用情感虐待或身体虐待来破坏气氛。一般而言，如果前任配偶与他们的子女以及彼此之间能够保持良好的沟通，如果子女住在父母双方的家中都感到很舒服，如果子女可以花大量时间与他们没有监护权的父母相处，如果父母的搬家不会影响孩子的日常生活，那么离异家庭的儿童和青少年会过得很好（Fabricius，2003；Warshak，2003）。

无监护权的父亲们可能比他们离婚前与子女相处的时间更多。此外，当青少年和年轻人——尤其是那些缺乏教育或职业资源的人——觉得自己可以从父亲那里获得经济上的支持和解决意外怀孕或年纪轻轻就要结婚等问题的建议时，无监护权的父亲与他们子女的关系会改善（Scott et al.，2007）。对于成年人而言，离婚主要的一个积极结果就是可以结束一段高度冲突的婚姻。那些摆脱了一段暴力性或虐待性婚姻的人，身心都会变得更强，并因此更有可能与他们的子女建立一种更健康的关系（Yu et al.，2010）。

在离婚两年后，男女双方都得到了一些好处，但女性比男性更有可能得到好处。女性尤其可能会说，她们享受重新获得的自由，发展自己的自我认同，并且不必去回应一个专横的丈夫。离异男士也可能报告他们获得的一些好处，比如可以把更多的钱花在自己身上或自己的爱好上、经济上更宽裕（特别是如果他们不用负担他们的前任配偶或子女的话）、有更多的休闲时间，以及能和无数人约会（Montenegro，2004；Friedman and Martin，2011）。

尽管离婚率很高，但大多数人对婚姻并没有幻灭。许多人会再婚，有的人会再婚不止一次，由此产生的家庭关系可能错综复杂。我们将分别审视再婚和再婚家庭。

六、再婚：概率、过程和特征

许多人甚至在离婚得到最终判决之前就开始重新约会了。恋爱期通常很短暂，因为在初婚后离婚的所有女性和男性中，半数人在4年内就再婚了（Kreider and Ellis，2011b）。在其他情况下，同居（无论是短期的还是长期的）取代了约会。

半数的再婚始于同居。事实上，同居在离婚后比在初婚前更常见（Xu et al.，2006）。同居可以加速婚姻，因为大多数成年人在再婚前只经历了很短的时间。同居也可以推迟再婚。如果同居者从一种关系转变到另一种关系花费了数年，那么选择一个婚姻伴侣可能需要很长时间。或者，如果一方或双方都不愿结婚，那么同居可能会变成一种长期的关系，包括从前一段婚姻中带来的孩子以及同居期间伴侣所生的孩子（Ganong et al.，2006；Xu et al.，2006）。

联系起来

- 如果父母有18岁以下的子女，那么离婚是否会更艰难？为何会或为何不会？
- 你认为美国是否应该每两年续签一次结婚证？

（一）再婚有多普遍？

在 2010 年，仅 29% 的离异成年人表示他们想要再婚。在丧偶的男性和女性当中，仅 8% 的人愿意再婚。在所有离异和丧偶的人当中，54% 的女性表示她们不想再一次步入婚姻殿堂，相比之下，此类男性比例为 31%（Pew Research Center，2010；Cohn，2013）。

虽然许多美国人并不打算再婚，但再婚仍然很常见。在 2009 年，结了 2 次婚的人占到所有已婚者人数的 12%，那些结了 3 次甚至更多次婚的人占 3%（Kreider and Ellis，2011b）。美国的再婚率居世界首位，离婚与第二次婚姻之间的间隔时间很短（见数据摘要），并且数以百万计的美国人已经结了 3 次或更多次婚。因此，再婚已经催生出一个庞大的服务、杂志和图书行业。例如，一本流行杂志《二度新娘》（*Bride Again*），瞄准的就是那些结婚不止一次的"返场新娘"。

就像离婚，再婚也是一个过程而非一次性的行为。并且，就像离婚，再婚也包括一系列阶段。

（二）再婚是一个过程

再婚过程可能涉及与大家先前所见的离婚六"站"相似的一系列步骤（Goetting，1982）。与离婚一样，再婚的阶段并不一定是连续的，也不是每一对夫妻都会经历所有这些阶段或强度相同。不过，如果伴侣们能成功应对每一个阶段，那么他们更有可能以一对新人的身份出现。

*情感上的再婚*阶段通常是一个缓慢的过程。除了身体上的吸引力之外，离过婚的人还必须对新的伴侣做出承诺和建立信任。再婚在情感上也很复杂，因为角色不明确。例如，配偶对新姻亲的责任是什么？

在*精神上的再婚*阶段中，人们的身份从一个单身个体转变为夫妻中的一方。对于许多男性而言，婚姻状况的改变并不要求个人身份的极端改变。而对于传统女性而言，再婚意味恢复了作为妻子的这种有价值的身份。此外，一个非传统女性则可能会担心失去她高度珍视的独立性。

在*社区的再婚*阶段，人们往往会断绝离婚后建立的一些亲密关系，失去宝贵的友谊。再婚夫妻可能会搬到另一个社区，在那里他们需要结识新的邻居，去不同的地方做礼拜，更换孩子的学校。

*共同养育上的再婚*阶段涉及发展伴侣与新配偶的子女之间的关系。尤其是当伴侣中的一方或双方有来自前一段婚姻的子女时，他们可能没有多少时间来培养可行和舒适的婚姻关系，以及巩固夫妻关系。相反，成年人必须解决同时扮演夫妻和父母角色的困难。

在*经济上的再婚*阶段，夫妻重建了作为一个经济单位的婚姻家庭。资源的分配可能存在摩擦。例如，如果父母在孩子年幼时再婚，那么谁来负责孩子的开支，尤其是大学费用——是只有亲生父母负责，还是那些在抚养孩子和鼓励他们上大学方面扮演重要角色的继父母们负责？

由于法律制度没有具体规定再婚责任，人们在*法律上的再婚*阶段必须处理一些新问题。例如，再婚会引发一些问题，比如：哪位妻子应该得到一个男人的人寿和意外保险、医疗保险、退休福利、养老金和财产——是在财产的建立上曾扮演过重要角色的前妻，还是现任妻子？即使在遗嘱中提到继子女，许多州的继承法也不承认继子女作为合法继承人的地位。即使继父母将遗产或其他资产留给了继子女，继子女也可能不得不诉诸法庭，与亲生子女打官司。

（三）再婚夫妻的一些特征

初婚与再婚在许多方面存在差异。年龄、性别、种族或族裔和社会阶层等变量在理解再婚特征和比例方面是相互关联的。

1. 年龄和性别 离婚后的单身不会持续很久。在初婚离婚后的美国人中，有半数在 4 年之内就再婚了；女性第一次再婚的平均年龄为 33 岁，男性为 36 岁（Kreider and Ellis，2011b）。正如图 13-5 所示，再婚率在那些 49 岁及以下的人当中更低。相反，大约 1/5 的年龄为 50 ~ 69 岁的男性和女性结过两次婚。在 60 岁及以上的人群当中，男性比女性更有可能结 3 次或更多次婚。

最有可能再婚的女性是那些初婚时很年轻

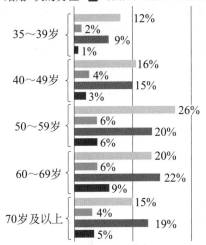

图 13-5　按性别分类的 35 岁及以上已再婚的美国人的百分比
注：这些数据的总体为 2009 年 15 岁及以上的已婚人士。
资料来源：Kreider and Ellis，2011b，Table 6.

的女性，她们的受教育程度较低，鲜有市场技能，并且想要孩子。她们对那些想要一个传统妻子的老年离异或丧偶男性尤其具有吸引力。再婚在受过大学教育的女性当中不太常见：她们会推迟结婚、离婚率较低，并且与受教育程度较低的女性相比，她们不太可能依赖男性获得经济资源（Isne and Stevenson，2010）。

通常，女性的年龄越大，再婚就越难。在每一个年龄组中，由于男性倾向于选择更年轻的女性，而女性往往选择年龄更大的男性，因此，能找到合适（以及可接受的）伴侣的婚姻市场，对男性而言是扩大的，对女性而言则是缩小的（见第 5 章和第 6 章）。女性再婚率较低（尤其是在 60 岁及以上的女性当中）的另一个原因就是她们想要更多的自由，而老年男性再婚通常是为了在他们年老时能有一个照顾者（Sweeney，2010）。

2. 性别和种族或族裔　美国白人的再婚（包括结婚 3 次或以上）率最高，亚裔美国人的再婚率则最低。在种族或族裔群体内部，男女的再婚率极为相似（见图 13-6）。

不同种族或族裔群体再婚率的差异由几个相互交织的原因造成。首先，正如大家在第 7 章和第 8 章中所见，黑人的结婚率最低，这就意味着他们再婚的可能性也很小。其次，黑人的同居率最高。同居率最高的人群最有可能推迟结婚或根本不结婚，这也会影响再婚率（Wu and Schimmele，2005）。最后，拉美裔和亚裔美国人，尤其是新移民们，会鼓励结婚，劝阻同居和离婚。因此，文化价值观会减少他们再婚的可能性。

3. 社会阶层　一般而言，受教育程度最低的男性和受教育程度最高的女性再婚的可能性都

450

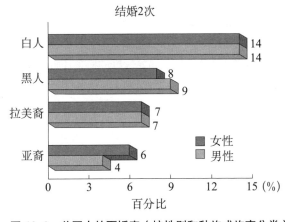

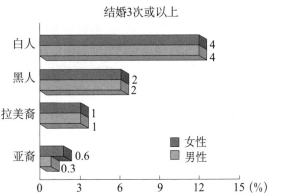

图 13-6　美国人的再婚率（按性别和种族或族裔分类）
注：这些数据的总体为 2009 年 15 岁及以上的已婚人士。
资料来源：Based on data in U.S. Census Bureau，Survey of Income and Program Participation（SIPP），2008 Panel，Wave 2 Topical Module，Table 1，2011，http：//www.census.gov/hhes/socdemo/marriage/data/sipp/2009/tables.html（accessed June 30，2013）.

最小。如果社会经济地位低下的女性嫁给一个有工作的男性，那么她们可以改善自己的经济状况，但社会经济地位低下的男性不会从再婚中获得任何经济收益，因为适合他们的伴侣通常也是失业的。受过大学教育的女性没有什么再婚的动机，因为她们通常在经济上是独立的（Shafer and James，2013）。

在婚姻市场中，男性往往比同龄的女性更有价值，因为他们的经济状况通常更好。同时，离异女性通常有严重的财务问题。那么，对于许多女性而言，避免或摆脱贫困的最可靠方法就是再婚。因此，年轻、受教育程度低、收入低的离异女性比年长、受教育程度高、经济独立的离异女性更有可能再婚（Folk et al.，1992；Wu，1994；Ganong and Coleman，1994）。

（四）再婚满意度

虽然有一首老歌告诉我们"第二次恋爱更美好"，但有关再婚满意度的数据是喜忧参半的。虽然初婚的人比再婚的人所报告的婚姻满意度更高，但它们之间的差异很小。特别是如果再婚父母有着稳定的关系，并且母亲感到孩子们的生活过得很好的话，再婚母亲在心理上会从再婚中受益，因此比离异母亲更幸福（Demo and Acock，1996；Whitton et al.，2013）。

有些研究者报告称再婚夫妻比初婚夫妻更有可能挑剔、生气和易怒。尤其是在再婚的最初几年，压力可能会反映出导致之前离婚的糟糕的沟通和解决问题的技能。再婚还可能由于青少年继子女的行为问题而承受更大的压力（Bray and Kelly，1999；Coleman et al.，2002）。

（五）再婚稳定性

初婚和第二次婚姻的平均持续时间约为 8 年，而以离婚告终的第三次婚姻通常持续约 5 年的时间。总之，相比 45% 的初婚，60% 的再婚是以离婚告终的（Kreider and Ellis，2011b）。

为何再婚的离婚率比初婚的离婚率更高？首先，那些在青少年时期结婚并在年轻时再婚的人在第二次结婚后离婚的可能性更大（Wilson and Clarke，1992）。这也可能反映出缺乏解决问题的技能，或在处理婚姻冲突上的不成熟。

其次，将离婚视为解决婚姻问题的一种快速方法的人最有可能再次离婚。在经历过一次离婚后，他们相信另一场离婚是对不幸婚姻的一种补救。因此，他们可能不会为再婚付出太多努力，或可能不愿意投入时间和精力来尝试解决问题（Booth and Edwards，1992；Pyke，1994；Whitton et al.，2013）。

再次，在两次婚姻之间生育了孩子的女性离婚的可能性更大。这种非*婚*生育可能要求新婚夫妇去照料婴儿，而非花时间处理他们的关系（Wineberg，1991）。

最后，再婚夫妻必须比初婚夫妻应对更多的边界维护问题。例如，那些再婚者通常不得不保护自己免受前任配偶和前任姻亲的打扰。再婚夫妻还必须更加努力地与新的家庭成员和新的亲属建立边界，特别是伴侣中的一方是有监护权的父母的话（Browning，1994）。

451

七、再婚家庭的多样性和复杂性

再婚家庭有多种形式和规模。我们先来看看不同类型的再婚家庭，考虑一下男女同性恋家庭所面临的独特挑战，然后审视再婚家庭与核心家庭的一些不同之处。让我们从再婚家庭的概念开始讲述。

联系起来

- 如果你、你的父母或朋友已再婚，再婚的哪个阶段最容易产生问题？原因何在？
- 一方面，许多理财规划师和律师建议再婚夫妻设立三个独立的储蓄和支票账户——他的、她的和他们的。这种做法可以避免在不同的消费方式上发生争执，并有助于伴侣在第二次离婚的情况下照顾好自己。另一方面，许多婚姻顾问认为独立的资金账户表现出信任的缺乏，并会引发婚姻问题（Palmer，2007）。你同意哪一方的看法？原因何在？

（一）何谓再婚家庭？

再婚家庭是一种身为亲生父母或养父母，并带有来自先前关系的小孩的两个成年人（异性恋者、男同性恋者或女同性恋者）结婚或同居的家庭类型。与对家庭进行界定的情况一样（见第1章），并非每个人都同意这一定义，因为它包括了同居者。不过，这一定义更具包容性。它包含了非传统的再婚家庭，因为"关于再婚家庭的概念和研究往往反映的是出白人、中产阶级、异性恋夫妻的经历"（Stewart，2007：209）。

有时，记者和社会科学家们会将诸如*重组家庭*和*双核心家庭*等术语与*再婚家庭*互换使用。然而，*重组*和*双核心*是令人尴尬和困惑的术语，很少被家庭社会学家们使用（Ganong and Coleman，2004）。有些研究者会将*混合家庭*与*再婚家庭*互换使用，但有些再婚家庭组织的领导者却不同意这种做法。例如，根据美国再婚家庭协会的前任主席马乔里·恩格尔（Margorie Engel，2000）的说法，再婚家庭不是"混合"的。相反，再婚家庭中有更多的父母、孩子在忠诚对象的选择上处于两难的境地，并且再婚家庭必须为它的所有成员

（包括成年人和孩子）发展新的和不熟悉的角色。

（二）再婚家庭类型

当一对夫妻组建了一个再婚家庭时，新的家庭网络就会出现。这些新的网络往往是通过*基因图*——家庭成员之间的生物关系图来追踪的。图13-7中的基因图显示了当离异夫妻再婚时所产生的复杂的家庭系统。

尽管再婚家庭在亲子关系方面各不相同，但有三种基本类型：

- 在**母亲－继父家庭**中，所有的孩子都是母亲的亲生子女和父亲的继子女。
- 在**父亲－继母家庭**中，所有的孩子都是父亲的亲生子女和母亲的继子女。
- 在**联合的再婚家庭**中，至少有一个孩子是父母双方的亲生子女，至少有一个孩子仅是父母中的一方的亲生子女和另一方的继子女，并且不存在其他类型的子女。

再婚家庭甚至有可能更为复杂。在一个复杂的*再婚家庭*中，两个成年人都有来自以前婚姻的孩子。在*联合的继－收养家庭和联合的亲生－*

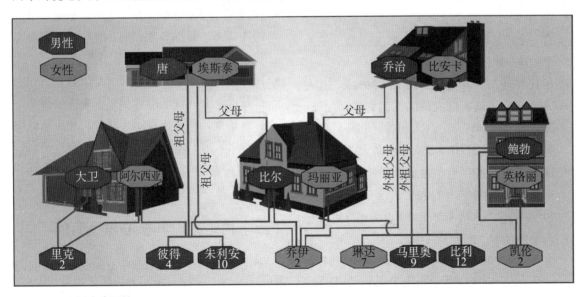

图13-7 再婚家庭网络

注：我们的目标夫妇比尔和玛丽亚，他们各自的父母都至少是两组孩子的（外）祖父母。例如，玛丽亚的父母是她和前夫鲍勃的孩子（比利、马里奥和琳达）以及她与比尔的孩子（乔伊）的外祖父母。然而，根据比尔与他的前妻阿尔西亚保持的亲密关系，玛丽亚的父母对比尔和阿尔西亚的儿子们彼得和朱利安来说，可能也扮演着外祖父母的角色。

数字代表了孩子的年龄。

资料来源：Everett and Everett，1994，p.132.

继-收养家庭中，至少有一个孩子是父母中的一方的亲生子女和另一方的继子女，并且父母中的一方或双方曾收养过至少一个孩子。*复杂的再婚家庭*这一术语也没有考虑到同居者之间的关系，他们中的一人或两人可能结过婚，并有来自以前婚姻的孩子。

再婚家庭可以相当简单，只由一个亲生父母及其孩子和一个继父母组成。它也可以是复杂的。孩子们可能突然发现自己有了**继兄弟姐妹**——共享一个亲生父母或养父母以及一个继父母的兄弟或姐妹。另一些孩子是**同父异母或同母异父的兄弟姐妹**——共享一个亲生父母或养父母的兄弟或姐妹。孩子们还可能获得继祖父母、继姨妈和许多其他继亲属。

（三）再婚家庭的人口学特征

约42%的美国成年人至少有一个继亲属——继父母、继兄弟姐妹或同母异父/同父异母的兄弟姐妹，或继子女。不过，再婚家庭有一些不同的人口统计模式，因年龄、种族或族裔和社会阶层而异。例如：

- 在30岁以下的成年人当中，52%的人至少有一个继亲属，相比之下，65岁及以上的人中的这一比例仅有34%。
- 相比拉美裔（46%）或白人（39%），黑人（60%）有再婚家庭成员的比例更高。此外，黑人男性（24%）比白人男性（15%）或拉美裔男性（7%）有继子女的概率大得多。
- 仅有33%的大学毕业生至少有一个继亲属，而在没有大学学历的人中，这一比例则为46%。约36%的年收入为7.5万美元或更高的人至少有一个再婚家庭成员，而在年收入少于3万美元的人中，这一比例则为50%（Pew Research Social&Demographic Trends，2011）。

这些差异反映了态度和家庭结构的变化。年轻人比年长的成年人更有可能在离异家庭中长大或跟随未婚父母长大；黑人的结婚率自20世纪60年代以来有所下降；大学毕业生可能会推迟结婚，并且他们的离婚率也较低（见第7章、第8章和第9章）。所有这些因素都有助于解释为

何有些群体比其他群体更可能再婚。

（四）男同性恋和女同性恋再婚家庭

男女同性恋再婚家庭与异性恋再婚家庭相似，会遇到许多相同的问题，比如管教子女，以及给他们提供必要的资源，让他们快乐健康地成长（Stewart，2007）。然而，通常的困难往往会因男女同性恋再婚家庭的三重污名化而加剧。首先，他们经常受到谴责，因为许多人认为同性恋是不道德的。其次，与核心家庭相比，男女同性恋再婚家庭仍经常被认为是有缺陷的，因为它们没有两性成人的行为榜样。最后，由于仅有少数州允许同性婚姻，因此同性伴侣可能无法得到在异性婚姻期间所生子女的监护权（Berger，2000；也见第5章、第9章和第10章）。

尽管存在这些障碍，但同性恋再婚家庭仍然具有很强的适应能力，并且与异性恋再婚家庭一样多样化。几乎没有对以同性伴侣为主的再婚家庭的研究（Amato，2010；Sweeney，2010）。不过，一项针对女同性恋再婚家庭的研究发现了三种不同的继父母角色（Wright，1998）：

- 在*共同父母家庭*中，非亲生母亲是亲生母亲的支持者、帮助者和顾问，是孩子的积极家长，也是一个尽职尽责的家庭成员。
- *同性恋继母家庭*与异性恋继母家庭相似。也就是说，女同性恋继母承担了大部分传统的育儿任务，而亲生母亲（就像异性恋家庭中的亲生父亲）保留了大部分决策权。
- 在*共同母亲家庭*中，两位母亲在日常决策和抚养子女的任务中有平等的权利和责任。

（五）再婚家庭和核心家庭有何不同

再婚家庭可能看起来像核心家庭，因为它们由生活在同一家庭的成年人与孩子组成。然而，从再婚家庭的结构到再婚家庭成员的模糊角色等一系列原因使继父母的养育更为困难。

（1）*再婚家庭的结构是复杂的。*再婚家庭创建了新的角色：继父母、继兄弟姐妹、同母异父或同父异母的兄弟姐妹以及继（外）祖父母。这种结构并不会使再婚家庭比核心家庭更好或更

差，它们只是不同而已。

（2）*再婚家庭必须完成独特的任务。*继父母可能很难克服排斥，因为孩子可能仍在为父母离婚而悲伤，或继父母可能在管教和家庭规则上与孩子的亲生父母意见不一（Hetherington and Kelly，2002）。

最常见的任务之一就是重新定义和重新协商家庭界限。这可能包括让"来访"的孩子感到受欢迎，并解决"地盘"问题：

> 试想一下，父亲前一段婚姻中的三个孩子每隔 3～4 天就会重新回到家里小住几天。房子很小，住在家里的母亲的三个孩子不得不变换他们睡觉的地方、变换他们放衣服的地方、变换他们可以去放松或独处的地方，以安置额外的家庭成员……持续的混乱给每个人都带来了紧张和不稳定。（Visher and Visher，1993：241）

在这种情况下，很难对每个家庭成员的财产权利和私人空间制定明确和一致的规则。

（3）*再婚家庭通常会经历更多压力和冲突。*造成紧张的一个主要原因是家庭成员必须立即做出调整，而非像在核心家庭中那样逐步进行调整。压力可能来自几个方面：更多的人会提出更多的要求，父母在如何管教子女方面可能存在分歧，伴侣中的一方可能感到被排斥在另一方与其亲生子女的关系之外，或者没有足够的资源来满足更大家庭的需要（Whitsett and Land，1992）。

（4）*再婚家庭的融合通常需要数年而非数月。*正如《再婚家庭的周期》一文所示，一对夫妻可能需要长达 8 年的时间来巩固他们的家庭和作为一个团队工作。并且，如果再婚夫妻有了一个孩子或出现了意想不到的问题，如失业或死亡，那么这个过程可能需要更长的时间。

（5）*重要的关系可能会突然中断或终止，而其他的关系则会在一夜之间形成。*正如大家先前所见，许多没有监护权的父亲在离婚后就与他们的孩子失去了联系。此外，在监护权协议中被父母分开的兄弟姐妹可能很少见面。如果父母中的一方的结婚声明突然到来，孩子们会特别难过。根据研究者和家庭医生的看法，新伴侣与孩子应该在一两年的时间里逐步互相了解：他们应该一

起去度假、一起吃饭，或就在房子周围闲逛以增进互相了解（Bray and Kelly，1998；Knox and Leggett，1998）。

（6）*有连续的转变和调整，而非稳定。*在一个再婚家庭中，生活在家里的人可能会不断地变化。再婚家庭成员间的界限有时是模糊的。例如，父母中没有子女监护权的一方的新配偶是孩子家庭的一分子吗？如果孩子的父母已再婚或同居，那么他们可能很难兼顾个人需求、家庭传统和多达四个家庭之间的情感联系。

（7）*再婚家庭比核心家庭或单亲家庭的凝聚力弱。*继子女通常觉得与亲生父母比与继父母更亲近。如果未获监护权的父母不探视或联系孩子们，或因为"不公平"的经济资助（比如只有再婚家庭中的某些孩子在大学期间得到了资助），孩子们可能会感到疏离。他们也可能对继祖父母的不平等的礼物和遗产分配感到不满（Stewart，2010）。

（8）*再婚家庭在日常行为上的灵活性较差。*不同的监护和居住安排需要不同的日常或每周例程。此外，在家庭内部，预期的家庭运作方式可能并不适用。例如，到了艾米去妈妈家住的日子，但那天她在爸爸家里，他们准备去打迷你高尔夫球，这将会导致什么事情？

虽然对灵活性的需求可能会随着时间的推移而减少，但可能需要不寻常的解决方案和安排的情况（比如婚礼、出生、死亡和假期）经常会出现。例如，一个很少探视女儿的未获监护权的父亲是否应该为他女儿的婚礼支付费用？女儿的继父呢？谁应该在女儿的婚礼上陪她走过红毯，是他们中的一个还是两个？

（9）*再婚家庭成员通常会有不切实际的期望。*再婚家庭往往将自己与核心家庭进行比较，并会产生理想化的期望。除了新近再婚的成年人之外，再婚家庭成员没有理由应该自发感受到任何形式的家庭关系或亲情。再婚家庭在生理和情感上都不可能与核心家庭一样，因为它包含太多的角色扮演者和太多的新关系。正如大家在《再婚家庭的周期》一文中所见，再婚家庭必须建立自己的规则和身份认同。

（10）*没有共同的家族史。*再婚家庭包含一

群人，他们必须发展出有意义的共同经历。要做到这一点，他们必须学习对方的语言和非语言的沟通模式，并学会以不同的方式互动。新的再婚家庭成员有时会觉得自己好像置身于一个陌生的环境中。例如，用餐时间和餐食本身都可能与过去的习惯不同。

456

一种缓解这种陌生感的方法是设计仪式。在一个再婚家庭中，当一个重要的假期即将来临时，家庭成员被要求推荐自己最喜欢的食物。通过准备和供应这些菜肴，新家庭尊重了以前家庭的一些传统（Imber-Black and Roberts，1993）。

（11）可能存在忠诚冲突。爱父母中的一方胜过另一方的指责通常在所有家庭中都会出现，但在再婚家庭中，关于忠诚的冲突会加剧。例如，假设再婚家庭中的孩子觉得与未获监护权的父母及其新配偶的关系比获得了监护权的亲生父母及

变化　再婚家庭的周期

在一项众所周知的研究中，家庭医生帕特丽夏·帕帕诺（Patricia Papernow，1993：70-231）把成立再婚家庭的过程分为三个主要阶段。早期阶段的特点是幻想、困惑，并慢慢了解其他家庭成员；在中间阶段，家庭开始重组；在后期阶段，家庭实现了自己的身份认同。

早期阶段：开始时有困扰
阶段1：幻想

大多数的再婚夫妇是怀着这样的幻想开始的：他们会爱他们所爱之人的孩子，并为孩子所爱，他们会为一个现成的家庭所接纳（Hetherington and Kelly，2002）。

处于新的再婚家庭中的孩子也怀有交织着希望与恐惧的幻想。有些孩子仍希望他们的亲生父母能重聚。或者如果他们爱上了继父母，他们就可能会害怕失去或伤害自己亲生父母中的另一方。

阶段2：沉浸

混乱与困惑往往是这个阶段的特点。亲生父母、孩子以及继父母可能会看到不同的问题。继父母可能感到被排斥在亲生父母－子女的关系之外，并有可能经历

嫉妒和怨恨。

亲生父母往往被夹在中间。有些人会竭尽全力满足每个人的需要，让再婚家庭运转；另一些人则会忽视困难。孩子们也可能感到失落或被拒绝。有些孩子会以愤怒的爆发进行回应，另一些孩子则会退缩。

阶段3：认识

再婚家庭成员会逐渐相互了解。继父母可以了解孩子的好恶、孩子的朋友，以及在不影响孩子的情况下了解孩子的记忆。孩子们应该被鼓励去看再婚家庭的积极方面，比如父母的爱。

中间阶段：重组家庭
阶段4：动员

许多再婚家庭会在这一关键阶段分崩离析。继父母的任务是确定一些基本的变革策略（比如举行家庭会议以处理一些困难问题）。

亲生父母的任务是在支持继父母和解决继父母的担忧的同时，表达自己的子女和前任配偶的需求。孩子们也应该表达自己的需要，以减轻他们相互冲突的忠诚所带来的压力。

阶段5：行动

在这一阶段，再婚家庭可以

开始对家庭做出一些共同的决定。继父母开始在家庭中发挥更为积极的作用，亲生父母觉得没有必要满足所有人的所有需要。

后期阶段：巩固再婚家庭
阶段6：接触

在这一阶段，家庭成员开始越来越频繁地互动。家庭成员越来越少地退缩，越来越多地承认彼此的努力。继父母与伴侣有着牢固的关系，并且至少已经与部分继子女建立了更亲密、更真实的关系。

阶段7：解决

人际关系开始令人感到舒适。继父母的角色很明确、很稳固。继父母成为一些继子女的导师。其他一些继父母与继子女的关系已经达到了彼此合适的距离。在这一阶段，再婚家庭最终有了自己的身份感。

思考题

- 你认为无论是作为成人还是作为孩子，男女两性的再婚家庭周期会有所不同吗？为何会，或者为何不会？
- 为何你认为许多家庭无法越过阶段4？

其新配偶的关系更亲近，这些关系是否应该被培养，而不管有监护权的父母或继父母是否不满？

（12）再婚家庭成员的角色通常是模糊的。角色模糊的一个积极方面是它提供了选择的自由，因为一个成年人可以与孩子和其他成年人一起扮演各种角色。例如，当孩子与有监护权的亲生父母发生冲突时，愿意成为孩子的朋友，而非成为严厉的家长的继父母可以扮演调解者的角色。不过，模糊也会造成问题，因为人们并非总是知道他人对自己的期望。例如，伴侣可能希望配偶在自己管教孩子时给予支持。

八、生活在再婚家庭中

当成年人出现问题时，孩子也一样。如果成年人有弹性和适应能力，那么孩子亦是如此。更具体而言，再婚家庭影响孩子的方式是什么？

（一）再婚家庭的养育方式

约 16% 的 18 岁以下的美国儿童生活在再婚家庭中（Kreider and Ellis，2011a）。生活在再婚家庭中的亚裔美国儿童的比例最小（见图 13-8），这可能是因为亚裔女性的非婚生育率和离婚率最低（见第 3 章和第 9 章）。

大多数再婚家庭在试图合并两个家庭时会面临许多问题，包括称谓、性界限、法律问题，以及对经济资源和情感资源的分配。

1. 称谓 对于亲生家庭中的关系，英语中有相当明确的术语，比如父亲、母亲、哥哥、弟弟、女儿等。然而，假设继子女想要称呼他们的

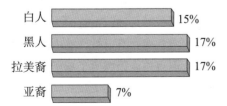

白人   15%
黑人   17%
拉美裔   17%
亚裔   7%

图 13-8 生活在再婚家庭中的儿童的百分比
注：根据最新的可用数据，在 1996 年，有 21% 的美洲印第安人 / 阿拉斯加土著儿童生活在再婚家庭中。
资料来源：Kreider and Ellis，2011a，Table 6.

联系起来

- 你或你所认识的某人是在再婚家庭中长大的吗？回顾刚刚介绍的再婚家庭的 12 个特征。对你或你认识的人而言，哪些是最大的困难？
- 相比核心家庭，在再婚家庭中长大的好处和不利之处是什么？

继父"爸爸"。这时，如果亲生子女没有接受继兄弟姐妹为"真正的"家人，那么他们可能会感到威胁和烦恼。我的一个朋友承认，当她的儿子称继母为"妈妈"时，她会感到愤怒和嫉妒。

一个继母因被她三个年幼的继子女直呼名字（就像她丈夫那样）而感到很不舒服，因为这看起来既缺乏人情味，也不尊重她。她想出了一个管用的名字——"Smom"。"甚至我丈夫的前妻也这么叫我。有时，孩子们还有不同的叫法，像'Smommy'或'Smama'。我很开心，他们也很开心。"（Ann Landers，2000：C11）

孩子们称呼继父的方式——无论他与孩子的母亲是结婚还是同居——对男人而言，有着特殊的意义。听到自己被称呼为"爸爸"而非自己的名字或"继父"，是接受和归属的标志。许多继父仍然记得初次听到继子女叫"父亲"（Daddy）或"爸爸"（Dad）的激动人心的重大时刻，因为亲属称谓的使用与真正父亲身份的感觉是密切相关的（Marsiglio and Hinojosa，2006）。

2. 性界限 我们的法律禁止亲生家庭的兄弟姐妹之间以及父母与子女之间发生性关系。然而，对继子女之间或继父母与继子女之间的性关系几乎没有任何法律限制。因此，继兄弟姐妹可能会陷入浪漫关系，从而损害家庭关系。虽然对再婚家庭虐待儿童程度的估计各不相同，但研究者一致认为，如果儿童与非亲生父母的成年人生活在一起，那么他们遭受身体虐待和性虐待的风险更大。当性虐待发生时，施虐者通常是男性，并且往往是继父（Ganong and Coleman，2004；Reading，2006；也见第 12 章）。

3. 法律问题 财务问题在再婚家庭中比在初婚家庭中更复杂。除非有婚前协议允许新的配偶放弃其遗产份额，否则前一次婚姻的子女可能被剥夺继承权，即使这并非父母的本意。有些亲生

子女可能对自己所继承的遗产被继兄弟姐妹分割感到不满。在其他情况下，当年迈的父亲有了一个新妻子，并改变了他的遗嘱，将已故母亲的大部分珠宝和其他私人物品留给了他的继子女时，成年子女会感到伤心欲绝（Cohn，2005）。

法律专家建议设立一个信托基金来保护亲生子女或孙子女的遗产。信托允许父母在生前或死后将礼物和遗产传给他们选择的任何人。此外，为了尽量减少家庭摩擦，律师建议伴侣与他们的亲生子女和继子女讨论他们的遗产计划（Ebeling，2007）。

4. 分配经济资源 再婚父亲的子女如果与他们有监护权的母亲生活在一起，那么通常会在经济上处于劣势。与他们的再婚父亲生活在一起的继子女可能会得到更多的支持，比如贷款、礼物和健康保险。失去经济支持会使亲生子女陷入贫困，并产生敌意。

在再婚家庭中，伴侣们必须决定是否汇集他们的资源以及如何这样做。如果对以前的家庭负有经济义务（比如子女抚养费、抵押贷款或未偿还的债务），那么他们可能会感到压力和怨恨。分歧可能包括一些看似琐碎的问题，比如给亲属的生日礼物应该花多少钱，是否应该存钱，等等。

因为男性通常比女性拥有更多的经济资源，所以继父在新家庭中可能有更多的决策权。有时，男性会使用金钱去控制他们的妻子和继子女的行为（"如果你不规矩点，下次就只能你自己为你的车险买单"），但这种操控会制造敌意。

5. 分配情感资源 诸如时间、空间和感情这样的资源也必须被公平分配，以便使所有家庭成员对新的生活安排感到满意。母亲们有时会因把大量时间和精力花在共处的继子女身上，却很少能得到回报而感到愤怒："我丈夫的孩子并没有把我当作他们的母亲……因为我真的不算什么。我可以为孩子们做事，但功劳会记到我丈夫身上，而不是我身上。在那些时刻，我讨厌他们，我讨厌他。"（Vissing，2002：193-194）有监护权的母亲可以通过鼓励孩子们与继父共度时光来增进他们的感情。正如一个母亲所说："我会送他们去看电影或去公园。他们必须在没有我介入的情况下建立关系。"（Wolcott，2000：16）

（二）继父母与继子女的关系

由于再婚家庭比亲生家庭更加多样化，继父母与继子女的关系也大不相同。四个重要的问题是性别角色、继子女-继父母关系的发展、管教和亲密，以及代际关系。

1. 性别角色 相比继父，与继子女的相处对于继母而言往往更困难。如果继母在家的时间比丈夫多，那么她可能被期待更为积极地参与家庭事务，包括抚养继子女。在塑造家庭动力方面，无监护权的母亲和继母通常比无监护权的父亲和继父发挥着更为重要的作用。女性通常是家族负责人（kinkeepers），由她们来安排家人之间的探访、准备生日和节日的问候和礼物、给予孩子爱和情感上的支持。当她们鼓励无监护权的父亲与亲生子女建立关系或切断联系时，她们也是有影响力的*把关者*（gatekeepers）（Schmeeckle，2007；Ganong et al.，2011）。

2. 继子女-继父母关系的发展 如果继父母从继子女婴儿期或幼儿时期就开始抚养他们，如果孩子们从一开始就喜欢继父母，因为他们有共同的兴趣并且会共度愉快的活动时光，如果继父母（通常是继父）带来了以前家庭负担不起的物质商品（例如零花钱、假期、更好的房子和社区），继子女就不太可能经历冲突。此外，如果继父与孩子的母亲结婚而非同居，那么那些与有监护权的母亲生活在一起的孩子与继父的关系会更好（King，2009；Ganong et al.，2011）。

3. 管教和亲密 特别是在继父与青少年继子女之间，在他们形成牢固的纽带之前，孩子们通常不喜欢被继父管教（Ganong et al.，2011）。青少年们抱怨说："他不是我的父亲！我不必听从他！"继父们往往对不被服从感到不满，这既是因为他们认为自己是权威人物，也是因为他们在努力养家。母亲们常常感到自己被夹在中间。她们爱自己的丈夫，但也可能因嫁给了孩子们不喜欢的人而感到内疚，还可能抱怨丈夫的管教方法（Hetherington and Stanley-Hagan，2002）。

当父母与新伴侣的子女建立起牢固的关系时，他们可能会觉得自己背叛了自己的亲生子女。同样，如果孩子们发现自己喜欢继父

458

母胜于亲生父母，因为继父母更有趣、更理解他们或更容易相处，那么他们可能会感到内疚（Papernow，1993；Ganong et al.，2011）。

友谊可能是增进继父母与继子女关系的最佳方式。如果继父母慢慢接近继子女，特别是青少年继子女，他们就有更好的机会建立纪律或制定规则。有些继父母扮演了*准亲属*的角色———一种介于父母和朋友之间的中间角色。也就是说，他们承担了父母的一些职能，但让亲生父母对自己的孩子做出最后决定（Coleman et al.，2001）。

459

对非居住（探视）儿童扮演准亲属角色要比对监护儿童扮演更容易，对年龄较大的孩子扮演准亲属角色要比对年龄较小的孩子扮演更容易。这一角色在继父中比在继母中也更常见，因为后者经常负责日常的监督和管教。

再婚伴侣有时也会有孩子，他们希望新生命的加入可以巩固再婚家庭的纽带。同父异母或同母异父的兄弟姐妹的出生能够促进家庭团结。然而，继父母如果把所有注意力都转移到新生儿身上，可能就会减少对那些同样需要他们照料的青春期前儿童的关注（Stewart，2005；Ganong et al.，2011）。

4. 代际关系 在那些既有父母又有继父母的成年人当中，85% 的人觉得有义务帮助他们的亲生父母，相比之下，56% 的人对继父母有同样的感觉（Pew Research Social&Demographic Trends，2011）。然而，那些同居或再婚以及有新的亲生子女或继子女的老年离异父亲（平均年龄为 65 岁）与来自先前婚姻的成年子女的联系很少，也不太可能为他们提供经济支持（Noël-Miller，2013）。言外之意就是，在代际关系中，相比那些已经再婚的亲生父亲对自己孩子的帮助，孩子们觉得自己更有义务帮助自己的亲生父母。

几代人之间，尤其是与（外）祖父母和继（外）祖父母的关系，既可以是亲密的、充满爱意的，也可以具破坏性和侵扰性。父母离婚或再婚后，在许多其他事情发生变化时，（外）祖父母可以为孩子们提供一种重要的连续性感觉。即使孩子们不像对自己的亲（外）祖父母那样依恋他们的继（外）祖父母，他们也可能对那些似乎忽视或排斥他们（例如，亲孙辈比继孙辈得

到更多的圣诞礼物）的继（外）祖父母感到不满（Everett and Everett，1994）。这种行为减少了继（外）祖父母与继孙辈之间的联系和亲密度（Spitze et al.，1994；也见第 14 章）。

（三）再婚家庭如何影响孩子

再婚家庭对孩子是有益的还是有害的？除其他因素外，其结果因家庭的社会阶层和父母冲突的程度而异。

1. 孩子们过得怎样 数据显示，孩子们的生活状况喜忧参半，但从总体而言，研究表明，再婚家庭中孩子的情况不如亲生家庭中孩子的情况好。他们在学业上往往会遇到更多问题，比如较低的测试分数、较低的学校出勤率和高中毕业率。即使再婚后家庭的经济资源有所增加，在学年期间更换居住也会增加孩子辍学或与校方发生冲突的风险（Bogenscheider，1997；Pong，1997；Tillman，2007；Menning et al.，2007）。

孩子们的生活状况在很大程度上取决于他们与他们的有监护权的和无监护权的父母以及继父母之间的关系。与继父、无监护权的父亲和无监护权的母亲的关系亲密同更好的青春期结果有关，比如减少外化问题（例如犯罪、暴力、酗酒和吸毒，以及非婚生育）和内化行为（例如抑郁、消极的人生观和低自尊）产生的可能性。在子女成年后，那些与子女有联系的无监护权的父亲同子女的关系比那些失去联系的父亲更密切。此外，如果继父和无监护权的父亲与子女的关系是合作而非竞争的，那么会增加子女的幸福感（Aquilino，2006；Canong et al.，2006；King，2006，2007；Marsiglio，2007；Sweeney，2010）。因此，就像在已婚和离异家庭中一样，当成年人相处融洽时，孩子会受益（见第 10 章）。

460

2. 再婚家庭对子女的影响的理论解释 大约有十几种关于再婚家庭对孩子的影响的理论解释。四种最常见的理论分别是家庭压力理论、风险和抗逆力理论、社会资本理论和累积效应假说。

*家庭压力理论*表明，生活在再婚家庭中会给孩子和其他家庭成员带来许多困难。压力很大的事件包括可能会搬到另一个家庭或社区（因而进入一所新学校）、在父母再婚后要适应各种继

联系起来

- 继父母是否应该是父母、朋友、准亲属或这些角色的某种组合？
- 对继子女和继父母而言，再婚家庭可以采用什么样的传统、仪式和庆祝活动来建立其新的身份？

亲属、遵循不同的规则和日程安排、经历离异父母之间持续存在的敌意，以及会降低婚姻质量的经济问题（Stewart，2007；Shapiro and Stewart，2011；Schramm and Adler-Baeder，2012）。这些和其他因素都使得孩子更有可能产生外化和内化问题。

*风险和抗逆力理论*认为，再婚对孩子的影响既涉及成本（风险），也涉及收益（提高了抗逆力的资源）。再婚可以使许多单身母亲摆脱贫困。如果孩子与继父和无监护权的父亲有良好的关系，那么他们所经历的问题与来自核心家庭的孩子一样多。然而，如果前任配偶的"愤怒和尖酸刻薄破坏了家庭成员的幸福、健康和适应"，孩子们的抗逆力就会降低（Hetherington and Stanley-Hagan，2000：177；White and Gilbreth，2001；Rodgers and Rose，2002）。

根据*社会资本理论*，再婚家庭中的子女会比核心家庭中的子女出现更多的问题，因为继父母在抚养子女方面投入的时间和精力往往较少。如果孩子们的社会资本包括那些参与学校活动和家庭作业、重视学习的父母，如果成年人之间的紧张关系缓解，孩子们就会茁壮成长（Pong，1997；Kim et al.，1999）。然而，在许多再婚家庭中，孩子的社会资本会因父母的不善养育、有监护权的父母或继父母的把关，以及成年人之间的冲突而减少。

在*累积效应假说*中，那些父母随着时间推移有过几任伴侣的孩子会比与只再婚过一次的父母生活在一起的孩子表现出更多的内化和外化问题。经历过多次变迁的孩子由于"问题雪球"越滚越大，因此会遭遇更多的情感和行为困难（Kurdek and Fine，1993；Cherlin，2009）。

（四）成功的再婚家庭的特征

儿童和成年人体验到温暖的人际关系和满足感的再婚家庭有六个常见的特征。如你所料，这些特征中的某些与我们先前研究的问题正好相反。

- 成功的再婚家庭会*有现实的期望*。它们拒绝瞬间喜爱的神话，因为它们意识到强行建立友谊或喜爱根本行不通。此外，它们不会试图复制亲生家庭，因为它们接受了一个事实，即再婚家庭是"在建工程"。那些开始反抗权威的青少年对成年人的监管特别敏感。就像一个再婚家庭中的青少年所说的那样："父母两人就足够了，我不需要另一个人告诉我该怎么做。"（Visher and Visher，1993：245）

- 成功的再婚家庭中的成年人会*让孩子们哀悼他们的损失*，因为他们对父母离婚后孩子的悲伤和抑郁很敏感。继父母们也接受孩子们的恐惧、困惑和愤怒情绪的表达，既不惩罚他们，也不把他们的反应理解为拒绝。

- 运转良好的再婚家庭中的成年人会*建立牢固的夫妻关系*。这样做提供了稳定，因为它减少了孩子们对父母可能会再次分手的焦虑。它还为孩子们提供了夫妻可以作为一个团队一起有效工作并理性解决问题的行为榜样（Kheshgi-Genovese and Genovese，1997）。

- 只有在有年幼的孩子在场时，继父母才会*逐渐扮演管教的角色*。正如我的一个学生所说："我的继父从来不会管教我，这很好，因为如果他试图管教我，我就会生气。"亲生父母应该是严格纪律的执行者，而继父母则支持亲生父母的规则。在成功的再婚家庭中，成年人会意识到继父母和继子女之间的关系可能有所不同：继父母可能是某些孩子的父母，可能是其他孩子的同伴，或者只是所有孩子的好朋友。并且，即使没有温暖的人际关系，家庭成员能相互容忍和尊重也足够了。

- 成功的再婚家庭会*发展出他们自己的仪式*。它们认识到，洗衣服、烤火鸡或庆祝生日的方法不止一种。成功的再婚家庭会参考以前分担家务的方式，或为他们周末一起做的事情制定新的时间表。最重要的标准是灵活性和合作。

- 运转良好的再婚家庭会*在孩子们的家庭之间*

做好安排。在孩子们的生日、假期、毕业典礼和婚礼等家庭活动中，成年人不一定非要彼此喜欢才能好好相处。最成功的再婚家庭有两对父母，但只有一套规则。他们会在学校活动、家长会和课外活动中进行合作。例如，如果每个孩子的背包里都有一张清单，那么当孩子从一家搬到另一家时，两对父母都可以清点项目（比如家庭作业、乐器、运动短裤等）。

沟通在成功的再婚家庭中至关重要。如果成年人的关系紧张，那么依靠电子邮件或短信就能"消除沟通中的'情感因素'。你可以简单地把事实记录下来，而不必和那个人说话"（Cohn, 2003: 13; Braithwaithe et al., 2006; Brimhall et al., 2008; Saint-Jacques et al., 2011）。相反，在继子女 – 继父母的沟通中，面对面的互动则至关重要。

本章小结

在 20 世纪末和 21 世纪初，离婚被更广泛地接受使得家庭结构产生了变化。很大一部分成年人口再婚或同居，并形成了子女和成年人必须适应和共同生活的再婚家庭。人们在离开一段不幸的婚姻方面有了更多的选择，并且通过再婚和组建再婚家庭，人们可以建立一种令人满意的家庭生活。选择也会受到约束：离异父母和他们的孩子通常会经历情感上的痛苦和经济上的困难，再婚家庭也必须解决在建立一个新家庭方面的困难。这些家庭结构的变化会影响到晚年生活中的家庭，这是下一章的主题。

462 复习与思考

13.1 描述分居的阶段和后果。

1. 分居从早期到晚期有何不同？
2. 和解有多普遍？为何许多人不完成他们的分居？

13.2 描述离婚的过程以及解释离婚率有所降低的原因。

3. 为何离婚是一个过程而非一个快速事件？
4. 为何今天的离婚率比 20 世纪六七十年代要低？

13.3 解释离婚的微观层面和宏观层面的原因。

5. 离婚的微观层面和宏观层面的原因有何不同？
6. 具体而言，哪些人口统计变量有助于解释离婚率？

13.4 解释离婚如何以及为何影响成年人。

7. 离婚对成年人的生理、情绪、心理和经济的影响有哪些？
8. 子女监护权有哪些不同的类型？谁来支付或谁获得子女抚养费？

13.5 解释离婚如何以及为何影响孩子。

9. 具体而言，离婚之前、离婚期间和离婚之后，孩子会受到哪些伤害？什么能够帮助孩子？
10. 对于儿童和成年人而言，离婚有哪些积极影响？

13.6 描述再婚率和再婚的过程，并解释再婚与第一次婚姻如何以及为何不同。

11. 为何再婚是一个过程？为何再婚后的

离婚率比初婚后的离婚率要高？

12. 再婚率如何以及为何因年龄、性别、种族或族裔和社会阶层的差异而有所不同？

13.7　描述并解释再婚家庭的多样性和复杂性。

13. 具体而言，再婚家庭的类型有哪些？

14. 再婚家庭如何以及为何比核心家庭更复杂？

13.8　描述并解释再婚家庭与核心家庭有何不同。

15. 再婚家庭遭遇的问题具体有哪些？

16. 再婚家庭对孩子是有帮助的，还是有伤害的？成功的再婚家庭的特征有哪些？

第**14**章
晚年生活中的家庭

学习目标

当阅读和学习本章后，你将能够：

14.1 描述并解释美国的预期寿命和老年人口如何以及为何发生变化。

14.2 描述并解释身心健康和年龄歧视如何以及为何会影响老年人。

14.3 解释老年人的工作模式和退休收入为何会不同。

14.4 比较隔代养育方式，并描述祖父母与孙辈的关系。

14.5 描述晚年生活中的兄弟姐妹关系。

14.6 描述人们如何处理临终、死亡和丧亲之痛。

14.7 对比女性和男性的丧偶。

14.8 描述晚年生活中的家庭照料，并解释照料类型的不同之处和原因。

14.9 解释为何在照顾我们日益老龄化的人口方面存在着对资源的竞争。

- 美国的平均预期寿命在 1900 年为 47 岁、在 1950 年为 68 岁、在 2010 年为将近 79 岁（女性为 81 岁，男性为 76.2 岁）。

- 美国 65 岁及以上的人口的百分比一直在稳步增长：在 1900 年为 4%、在 1920 年为 5%、在 1940 年为 7%、在 1960 年为 9%、在 2011 年为 13.3%。到 2020 年，会增长至 17%。

- 65 岁及以上的少数民族和族裔在美国人口中的百分比将从 2010 年的 20% 增至 2050 年的 42%。

- 与祖父母生活在一起的儿童数量从 2006 年的 610 万增至 2012 年的 710 万。

- 每个 65 岁及以上接受医疗保险的老年人的**平均年度医疗保健费用**从 1992 年的 9 850 美元增至 2008 年的 15 709 美元。

- 到 2015 年，在世界范围内，65 岁及以上的人口数量历史上首次超过了 5 岁以下儿童的数量。

资料来源："Grandparents Day 2008 ...", 2008；U.S.Census Bureau, 2008；Kinsella and He, 2009；Administration on Aging, 2012；Federal Interagency Forum on Aging-Related Statistics, 2012；National Center for Health Statistics, 2013；"National Grandparents Day...", 2013.

100 岁时，阿斯特丽德（Astrid）还在她儿子的保险公司每周工作 40 个小时，负责账簿和复核计算。她同时也是一个酷爱阅读和编织的人——并且不是简单的样式。"我们都有各种病痛，"阿斯特丽德说，"但我没有时间去考虑这些。"（Hobson，2010：36）

像阿斯特丽德这样的人是大多数美国老年人的典型吗？可能不是，但随着我们进入 21 世纪，越来越多的老年人精力充沛，工作富有成效。在大家进一步阅读之前，请做一个"你对老龄化了解多少？"的小测试，来看看大家对老龄化人口的了解程度。

一、我们的老龄化社会

我的一个 53 岁的朋友在一家快餐店点餐，当工作人员人喊道"一份老年餐"时，他备感震

问问你自己

你对老龄化了解多少？

这一小测试针对的是 65 岁及以上的人。

真假

☐ ☐ 1. 老年人通常比年轻人更抑郁。

☐ ☐ 2. 人们随着年龄渐长，社会交往日益增多。

☐ ☐ 3. 大多数老年人对自己的童年和青春记忆犹新。

☐ ☐ 4. 人的五种感官（视觉、听觉、味觉、触觉、嗅觉）在老年时都趋于衰弱。

☐ ☐ 5. 大多数完全由祖父母抚养的孩子是非裔美国人。

真假

☐ ☐ 6. 退休通常对于女性而言比对于男性而言更困难。

☐ ☐ 7. 我年纪越大，病痛就越多。

☐ ☐ 8. 老年人通常比年轻人更有耐心。

☐ ☐ 9. 85 岁以上的人死于阿尔茨海默病的可能性比死于其他任何疾病的可能性都大。

☐ ☐ 10. 老年人比青少年或年轻人自杀的可能性更大。

（这个测试的答案在第 335 页。）

惊和侮辱。《巴尔的摩太阳报》（2012）最近报道了一位"老人"在一场房屋火灾中死亡，享年62岁。

（一）什么时候算"老"？

研究者通常将 elderly（老年人）、aged（老年人）和 older people（老年人）三个术语交替使用，但当你听到老（old）这个单词时，脑海里会浮现出什么样的画面？我的母亲曾说："这真是很奇怪。当我照镜子时，我看到一个老年妇女，但我几乎不认识她。我知道我已经85岁了，但我觉得自己至少年轻30岁。"我的母亲知道自己的身体正在衰退，然而就像许多老年人的身份一样，她的身份来自内心，而不管她的实际年龄如何。

"老年"是一种社会结构。在那些由于疾病，人们很少能活到50岁以上的社会中，40岁的人就已经算老了。在工业化社会里，平均每个人至少能活到75岁，40岁的人还被认为是年轻的。我们对老年的看法和定义也取决于我们的年龄。例如，在一项全国性调查中，18～29岁的美国人说60岁就算老年；而那些50～64岁的人则认为72岁才算老年（Taylor, Morin, et al., 2009）。

不管我们的感受如何，社会通常按照实际年龄来定义老年。在美国，65岁、66岁或67岁的人通常就被认为是老年人，因为他们可以退休，并有资格享受医疗保险和全额社会保障福利。

老年学家——研究衰老的生物学、心理学和社会方面的科学家——强调老年人不应该被归为一个群体，因为**低龄老年人**（65～74岁）、**中龄老年人**（75～84岁）和**高龄老年人**（85岁及以上）在独立生活和工作的能力以及健康需求方面存在显著差异。

（二）预期寿命

预期寿命是指一个人可以期望的平均寿命。例如，在2010年出生的美国儿童的预期寿命将近79岁，而在1900年和1970年分别为47岁和71岁（National Center for Health Statistics,

2013）。然而，预期寿命会因性别、种族或族裔和社会阶层而异。

1.因性别、种族或族裔和社会阶层而产生的差异 历史和现状都表明，女性的寿命比男性长，预期寿命的性别差距预计到2050年仅会略有缩小（Vincent and Velkoff, 2010）。在三个最大的种族或族裔群体中，女性的预期寿命都比男性长，而且拉美裔女性的预期寿命最长（见图14-1）。女性在35岁左右时人数开始超过男性，在70岁时差距会明显扩大（He et al., 2005; National Center for Health Statistics, 2013）。

2003—2008年间，白人和黑人之间的预期寿命差距缩小了约2年，部分原因在于黑人的健康状况有所改善，并且对这两类群体而言，死于心脏病、癌症和艾滋病的人数都有所减少。不过，差距缩小的主要原因是由过量服用强力处方药（如奥施康定和维柯丁），以及因使用非法药物（如鸦片、海洛因、可卡因）而引起的意外中毒导致的白人死亡人数（无论男女）激增（Harper et al., 2012; "Prescription Painkiller Overdose's", 2013）。

吸烟、酗酒、使用枪支、从事危险职业的比例较高，以及在娱乐和驾驶中冒险是男性死亡率较高的原因。死亡通常由于肺癌、事故、自杀和凶杀。不过，性别差距已经在缩小。自20世纪90年代以来，女性抽烟、饮酒、吸毒、肥胖（会增加高血压和心脏病的风险），以及与多重角色（如就业、照料子女和老年家人）相关的压力都有所增加（Yin, 2007; "Catching up", 2013）。

在几乎所有的种族或族裔群体中，较高的社会经济水平都会增加预期寿命（而不论性别如何）。一般而言，有着大学及更高学历的人更有可能就业、避免经济困难，以及有与就业相关的健康保险。相比受教育较少的成年人，他们也更有可能去锻炼、不抽烟、适度饮酒和保持健康的体重。一个例外就是拉美裔人，他们的受教育程度和家庭收入最低，但有着最长的预期寿命。

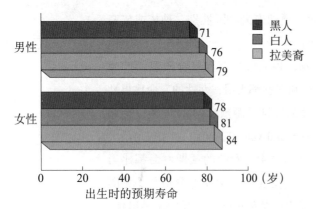

图 14-1 按性别和种族或族裔分类的美国人出生时的预期寿命（2010）
注：其他组的最新数据不可用。然而，在 2006 年，亚裔美国女性有最高的预期寿命（85.8 岁）。
资料来源：National Center for Health Statistics，2013，Table18.

研究人员假设拉美裔人的预期寿命更长，一方面是因为只有最健康的人才会移民到美国，另一方面是因为许多在美国之外出生的拉美裔人在生病后返回了原籍国。此外，与白人相比，出生在美国的拉美裔人抽烟的可能性更小，更有可能拥有能在自己生病时提供帮助的强大的社会支持网络（Miech et al.，2011；Olshansky et al.，2012；Montez and Zajacova，2013；Pollard and Scommegna，2013；也见第 11 章的内容）。

2. 美国人的预期寿命落后 尽管美国人的预期寿命已达到创纪录的高水平，但它仍低于其他 16 个工业化国家的预期寿命，而且这一差距自 20 世纪 90 年代以来一直在扩大。研究者将美国人较短的寿命归因于肥胖和糖尿病发病率高、车祸、心肺疾病、凶杀、酗酒和其他药物滥用，以及婴儿死亡率高等因素（Institute of Medicine，2013）。

（三）与日俱增的老年人口

自 1900 年以来，美国的老年人口一直在稳步增长（见数据摘要）。"老龄化的美国"对美国社会有几个重要的影响，尤其是年轻人口不断减少，以及由此导致的老年抚养比日益增长。

1. 美国的年轻人口不断减少 美国老年人的数量在迅速增长，而年轻人的比例在不断下降。到 2030 年，年轻人的数量只会略高于老年人（见图 14-2）。因此，许多成年子女将照料年

迈的父母，并且许多幼儿可能不仅有曾祖父母，而且有曾曾祖父母。

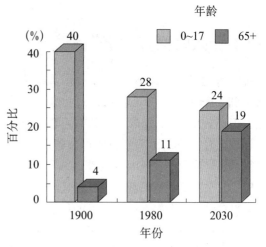

图 14-2 1900—2030 年美国的年轻人与老年人
资料来源：U. S. Senate Special Committee on Aging et al.，1991：9，and Vincent and Velkoff，2010，Table A-1.

增长最快的群体之一是高龄老年人，其人口从 1900 年的 10 万人增至 2010 年的将近 600 万人。在 2010 年，近 5.34 万美国人是**世纪老人**——100 岁或以上的人，并且 80% 的世纪老人是女性。世纪老人在美国比在法国或日本稀有得多，但该人口在 1980—2010 年间增长了 66%，相比之下，一般人口的增长率为 36%（Vincent and Velkoff，2010；Meyer，2012）。随着老年人口的数量增长，老年抚养比亦日益提高。

2. 美国日益增长的老年抚养比 老年抚养比（有时也被称为*老年支持比*）是指对 65 岁及以上的每个非劳动力人口而言，18 ～ 64 岁的劳动适龄人口数量。实际上，该比反映了劳动适龄人口对 65 岁及以上未就业人口进行供养的负担。

正如图 14-3 所示，自 1990 年以来，每 1 个老年人所对应的劳动适龄人口数已大大减少。到 2030 年，仅有 3 个劳动适龄人口可以支持每个未就业的老年人，而在 1900 年，该数字为 13.6。因此，许多人将不得不支付更高的联邦税和州税来支持我们的老龄化人口。

虽然高比例的年轻移民已经稳定了老年抚养比，但他们也会变老。从事低收入工作的低技能工人为慢性病寻求早期治疗的可能性最低，但随着年龄的增长，他们将需要医疗护理（Population Reference Bureau，2008）。

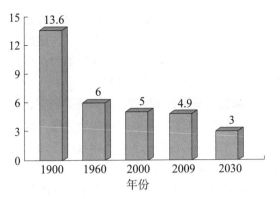

图 14-3　美国每 1 个老年人所对应的劳动适龄人口数
（1900—2030）

资料来源：Jacobsen et al.，2011，Figure 10.

（四）种族或族裔多样性不断增强

随着美国人口老龄化的加剧，它在种族或族裔上也变得更加多样化。正如图 14-4 所示，到 2050 年，老年美国白人将只占美国老年人口的 58%，低于 2010 年的 80%。相反，其他所有种族或族裔群体中的老年人口都将有所增长。到 2050 年，预计老年拉美裔人数将超过老年黑人人数。

造成老年白人占比下降的一个重要原因是，美国的移民率是世界上最高的。此外，因为有些种族或族裔群体——尤其是拉美裔——是年轻时移民过来的，他们的出生率高于白人、黑人和亚

裔，他们比其他人的预期寿命更长，所以到 2050 年，他们的子女将增加老年人口的比例（Jacobsen et al.，2011；Bloom and Lorsch，2012）。

在所有种族或族裔群体中，长寿造就了数以百万计的**晚年家庭**——超过育儿年限，子女均已离家的家庭，或开始计划退休的无子女家庭。随着晚年家庭成员的老龄化，他们会经历各种各样的生理和社会变化。

二、健康和歧视

我们经常听到这样一句话："年龄只是一个数字。"言外之意是人们的态度、个性、行为和其他特征比他们的实际年龄更重要。这是真的吗？让我们先看看生理和心理健康，然后再看看关于老年人的刻板印象。

（一）生理健康

在 2011 年，近 41% 的 65 岁及以上的美国人报告其身体状况良好或极好，67% 的 85 岁及以上的美国人说自己健康状况良好（Federal Interagenc、Forum on Aging-Related Statistics，2012；Kramarow，2013）。当然，有些老年人的身体确实比其他人健康，但随着年龄的增长，身体衰弱是正常和不可避免的。一个人的身体逐渐退化的过程始于 30 岁后期，影响到身体的所有系统：反射变慢、听力

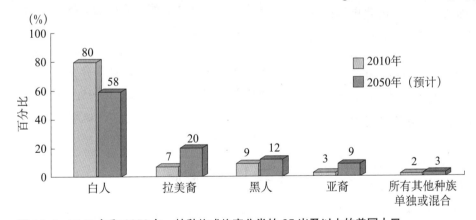

图 14-4　2010 年和 2050 年，按种族或族裔分类的 65 岁及以上的美国人口

注："所有其他种族单独或混合"包括仅美洲印第安人和阿拉斯加土著，仅夏威夷土著和其他太平洋岛民，以及所有报告过的两个或两个以上种族的人口。

资料来源：Federal Interagenc、Forum on Aging-Related Statistics，2012，p.4.

468

答案："你对老龄化了解多少？"

奇数表述为假，偶数表述为真。答案基于本章的材料。

和视力减退、耐力和肌肉力量下降。不管我们把身体保养得多好，这些部分最终都会磨损。

1. 死亡和身体残疾　在 65 岁及以上的美国人当中，对于男女和所有种族或族裔群体而言，心脏病和癌症是导致死亡的两大主要原因。虽然自 1981 年以来，心脏病和中风的死亡率下降了 50% 以上，但有数以百万计的美国老年人患有*慢性疾病*，即那些正在发展，并且很少能被治愈的长期疾病。例如，对于 65 岁及以上的所有种族或族裔群体而言，糖尿病的患病率从 1998 年的 13% 上升至 2010 年的 21%（Federal Interagenc、Forum on Aging-Related Statistics，2012）。

一些最常见且治疗费用高昂的慢性疾病（例如心脏病、中风、癌症、糖尿病）可以被预防或延缓。慢性疾病因性别和种族而异。在 2010 年，女性患哮喘、关节炎和高血压的比例更高，而男性患心脏病、癌症和糖尿病的比例更高。相比白人，黑人患高血压的比例更高，并且黑人和拉美裔都有更高的患糖尿病的比例（Federal Interagenc、Forum on Aging-Related Statistics，2012）。

慢性病增加了身体残疾的可能性，使人们无法进行日常活动，如购物和做饭（我们很快就会研究不同类型的身体残疾）。在 20 世纪 80 年代和 90 年代期间，美国老年人的身体残疾率有所下降，但最近又有所上升，尤其是在婴儿潮一代和那些比婴儿潮一代年轻 10 岁的人当中。虽然较高的残疾率可能反映出医生对健康状况有更多的认识和更好的诊断，但数据显示，婴儿潮一代比其上一代更有可能肥胖、患糖尿病或高血压（Scommegna，2013）。

老年人身体状况衰退、残疾和死亡的原因反映了影响他们预期寿命的原因。也就是说，一个人的受教育程度和收入越高，健康状况越好。因为，一般而言，白人比其他种族或族裔群体有更多资源，他们更有可能长寿、在老年时更健康，以及在遇到慢性健康问题和残疾时有能力支付援助费用（Kramarow，2013；Mendes，2013；Pollard and Scommegna，2013）。

一些老年学家认为，是否长寿取决于许多变量：约 50% 关乎生活方式，30% 关乎基因，20% 关乎其他因素，特别是社会阶层（Schneider，2002）。我们既不能改变我们的基因，往往也不能改变我们的社会阶层，但我们可以通过改变我们的生活方式而活得更长和更好。

2. 如何活得更长和更好　许多医学研究者从人们 70 多岁就开始关注他们的健康状况，并得出了类似的结论。他们的发现可以被提炼为一些关于老年生活和保持相对健康的规则：

- *身体锻炼*。锻炼增加了流向大脑的血液和氧气含量，从而清理了身体的杂质，减少了疾病和死亡的风险。
- *精神锻炼*。大脑就像肌肉，会随着使用而变得越来越强。你可以通过从事增加思考的行为，比如玩棋盘游戏、乐器和需要快速决定的"认知"电脑游戏来保持大脑的灵活性。
- *减肥和不吸烟*。吸烟和肥胖与糖尿病、心脏病、某些癌症和关节炎等多种疾病有关。
- *注意你的饮食*。吃包括水果、蔬菜、全谷类和坚果在内的食物，同时避免含有饱和脂肪酸的食物，这样在任何年龄都会促进健康。在我们 65 岁之前，脂肪聚集在重要器官周围，会增加患病的风险。
- *控制你的血压，避免糖尿病*。高血压会增加中风、心脏病发作和肾衰竭的可能性。影响身体内每一器官的糖尿病可能会导致失明、肾衰竭和心脏衰竭。
- *建立强大的社会网络*。社会关系会降低血压（这会减少中风的可能性）并减少压力、焦虑和抑郁（Tucker et al.，2005；Manini et al.，2006；Hall，2008；Yates et al.，2008；Reddy，2013）。

（二）心理健康

老年人当中最常见的两种健康问题就是抑郁症和痴呆。抑郁症比痴呆更容易诊断和治疗，但两者对个人及其家庭都有负面影响。

1. 抑郁症　*抑郁症*是一种精神障碍（见第 12 章），影响到 14% 的 65 岁及以上的美国人。随着人们年龄的增长，抑郁症发病率会增加——从 70～74 岁人群中 12% 的占比增至 85 岁及以上人群中 18% 的占比（Federal Interagency Forum

科学家们认为抑郁症由基因、个人历史和环境因素的综合作用所致。经历多重生活压力或危机（比如离婚、失业或持续的健康和经济问题）的老年人更有可能患抑郁症。由于身体的生理变化，中风、心脏病、癌症、帕金森综合征和内分泌失调等医学疾病都可能导致抑郁症。抑郁症也可能是由一些药物的副作用所致（Strock，2002；Caspi et al.，2003）。

2. 痴呆　痴呆是最常在晚年发生的一种智力的丧失。近15%的71岁及以上的美国人（近400万人）患有痴呆。到2040年，这一数字预计将猛增至910万。每位痴呆患者的医疗费用为每年约5.6万美元，超过了治疗心脏病和癌症的费用（Hurd et al.，2013）。

65岁及以上人群痴呆的发生率在那些受过良好教育的人当中较低。研究者认为，受教育程度较高的人更有可能控制自己的血压和胆固醇，这两种做法都能降低会增加痴呆风险的轻微中风和其他血管损伤的可能性（Kolata，2013）。

最令人衰弱的痴呆形式是**阿尔茨海默病**，它是攻击大脑并损害记忆、思维和行为的一种渐进、退化的疾病。在2013年，估计有520万各年龄段的美国人患有阿尔茨海默病，并且其中11%的人在65岁及以上：4%的人在65岁以下（英文原文如此，疑误。——译者注）、13%的人为65～74岁、44%的人为75～84岁、38%的人在85岁及以上。根据一些估计，由于美国人的寿命越来越长，患阿尔茨海默病的人的数量在2025年将达到710万（增加40%），在2050年更将达到1 600万（Alzheimer's Association，2013；Hebert et al.，2013）。

在65岁及以上的人群当中，阿尔茨海默病"只是"第五大死因。这种疾病已经引起了大量的研究，因为患者在该病确诊后平均活了10年，并且家庭成员所付出的情感和经济代价可能是毁灭性的。根据一些估计，到2050年，对阿尔茨海默病的治疗每年将花费超过1万亿美元（McDermott，2007；Hebert et al.，2013）。

没有人知道阿尔茨海默病的病因，但医学研究者已经将其与基因联系起来，这些基因导致了一种叫作"斑块"的蛋白质和碎片的密集沉积，以及扭曲的蛋白质"缠结"，这种蛋白质"缠结"杀死了大脑的神经细胞。阿尔茨海默病蔓延迅速，随着病情的发展，会破坏越来越多的脑细胞。两年后，该病会吞噬某些病人的几乎整个大脑（Reilly，2000；Thompson et al.，2003）。

阿尔茨海默病不仅无法治愈，并且是致命的，但有几种很有希望的实验药物（在正在测试的数十种药物当中）似乎能减缓该病的进展、减少记忆丧失，并可能阻止会破坏脑细胞的"斑块"的形成（Park，2010）。

我们所有人都经历过记忆失误，比如把车钥匙或手机放错地方、忘记了某人的名字，或无法记起我们几周前看过的电影的名字。阿尔茨海默病的症状要严重得多（见《阿尔茨海默病的十个警告信号》一文）。许多研究报告称，在一生中（尤其是在中年期间）经常锻炼和避免肥胖，可以预防或至少推迟痴呆，甚至是常与正常衰老相关的健忘的发作（Whitmer et al.，2005；Simon et al.，2006；Wang et al.，2006；Baldauf，2010）。

（三）年龄歧视与刻板印象

抗衰老美容产品和服务充斥于商店和互联网网站。抗衰老网站经常告诉访问者"任何想要更年轻的外表的人都可以拥有"或"衰老是一种可以被减缓或逆转的可治疗状况"（Calasanti，2007：342）。

抗衰老产品管用吗？不。例如，食品和药物管理局警告雅芳公司停止宣称其抗皱护肤霜有刺激细胞或"加强皮肤层之间的连接"的作用（Dooren，2012：B2）。根据科学家们的说法，没有已知的方式可以阻止、减缓或逆转人类的衰老。尽管如此，我们每年仍会花费数十亿美元在那些承诺青春永驻的"抗衰老的江湖骗术、小贩推销和万灵油"上（Perls，2004：B682；Olshansky et al.，2004a，2004b；Weintraub，2010）。

1. 年龄歧视　罗伯特·巴特勒（Robert Butler，1975）医生在他的经典著作《为何存活：身为美国老年人》中创造了**年龄歧视**一词，指的是基于年龄对人的歧视，特别是对老年人的歧阿尔茨海默病协会（www.alz.org）提供了一份值得医学评估的症状列表。你是否在家人或朋友身上见过这些症状？

1. 记忆丧失　尽管忘记名字或电话号码很正常，但痴呆患者更经常忘记这类事情，并且后来也不会记起（例如，"我从未预约过那个医生"）。

2. 执行熟悉的任务困难　不知道准备一顿饭、使用家用电器或参与终生爱好所涉及的步骤。

3. 语言出现问题　忘记简单的词语。例如，当一名阿尔茨海默病患者不能找到他的牙刷时，他可能会问"我嘴里那个东西去哪儿了"。

4. 对时间和地点的迷失　在自家所在的街道迷路，忘记自己在哪儿以及是如何到达那里的，并且不知道如何回家。

5. 判断力差或缺乏判断力　穿着上不考虑天气，比如天气炎热时穿几件毛衣或天气寒冷时穿得却很少。表现出对金钱缺乏判断力，比如把大量的钱给了电话推销员或为自己不需要的房屋维修或产品支付费用。

6. 抽象思维出现问题　例如，在对账时，患有阿尔茨海默病的人可能会完全忘记数字是什么，以及该如何处理这些数字。

7. 乱放东西　把东西放在不寻常的地方，比如把熨斗放到冰箱里或把手表放到糖碗里。

8. 情绪或行为的变化　表现出快速的情绪波动——从平静到流眼泪或愤怒，并且没有明显的原因。

9. 性格发生变化　变得极度困惑、怀疑、恐惧，或突然非常依赖某个家庭成员。

10. 丧失主动性女　变得非常被动，比如坐在电视机前几个小时、大部分时间在睡觉，或不想参加日常活动。

视。此外，巴特勒还指出了"衰老谬论"的持续存在——如果老年人表现出健忘、困惑和疏忽，他们就是老了。

当一个16岁的男孩不记得他为何去冰箱那儿时，我们会说他"心不在焉"或恋爱了；当他79岁的祖父忘记自己为何去冰箱那儿时，我们可能就会说他老了。我们的语言中充满了年龄歧视的词汇和短语，它们都是对老年人怀有刻板印象和普遍贬低老年人的——例如，*biddy*（唠叨的老太婆）、*old bat*（疯老太婆）、*old bag*（丑老太婆）、*old fart*（傻老头）、*old fogey*（老顽固）、*old goat*（老色鬼）、*dirty old man*（老色鬼）、*geezer*（怪老头）和 *over the hill*（过时）（Palmore，1999）。老年人对他们认为的贬低自己的年龄歧视性语言尤为恼火。《不要称呼我为'甜心''亲爱的'，以及'年轻女士'！》一文考察了一些这种贬低性语言。

2. 刻板印象　当你打开电视时，你会看到什么样子的老年人？可能是那些正在抱怨自己的健康问题，比如膀胱问题、假牙、糖尿病和其他疾病的老年人。年仅5岁的儿童常常会对老年人抱有刻板印象——认为老年人无能（Kwong

See and Rasmussen，2003）。年轻人也对老年人抱有刻板印象。例如，一项全国性调查发现，在18～29岁的人群中，63%的人认为大多数老年人会经历记忆丧失，但实际上，在65岁及以上的人群中，仅25%的人有时会记忆丧失（Taylor，Morin，et al.，2009）。

一种常见的刻板印象就是老年人总是停留在过去，他们的兴趣和技能都过时了。然而，在2012年，69%的65岁及以上的美国人拥有手机，53%的65岁及以上的美国人使用互联网或电子邮件；在2013年，43%的65岁及以上的美国人使用像脸谱网这样的社交网站（Zickuhr and Madden，2012；Brenner and Smith，2013；File，2013）。老年人不上网的一个主要原因是计算机和每月高速上网的费用，而非对新技术不感兴趣或恐惧（Morales，2009）。

3. 衰老与个性　最常见的刻板印象之一就是随着年龄的增长，人们的脾气会变得越来越古怪。事实上，大多数人的性格在一生中相当稳定（Belsky，1988）。如果你在75岁时脾气暴躁或令人讨厌，那么你极有可能在15岁、35岁和

472

一位70多岁的女士去一家大型的自助家居装修店,为她的马桶水箱买一个替换零件。她在前台停了下来,想知道在哪儿能找到那个零件。"一个30多岁的店员看着我,然后用扩音器喊道:'水管部的人请护送这位年轻女士到14号过道,好吗?'"当这位女士意识到店员说的"这位年轻女士"指的就是她时,她对他"带有优越感的傲慢的描述"感到愤怒(Immel,2006:18)。

她并非唯一经历这种傲慢态度的人。许多老年人,尤其是女性说,当店员、服务员和其他人称呼她们为"亲爱的"、"甜心"或"年轻女士"时,她们会很生气。"人们认为他们是好心,"一位83岁的女性说,"但当我听到'亲爱的'时,我感到愤怒。"(Leland,2008:A1)

一位68岁的警察心理学家表示,当人们称她为"年轻女士"时,她会大发雷霆,她将其称为"嘲弄和虚伪"。为了阻止这种贬损,她说当她和不认识她的人在一起时,她经常用脏话来表达自己的看法:"这使他们认为我是一个需要被认真对待的人。有点锋芒似乎是有帮助的。"(Leland,2008:A1;Dickinson,2011)

撰写退休和老龄化问题的记者们在如何提及人的中年和晚年的问题上进退两难,因为他们意识到,他们使用的词语会促使我们以积极和消极两种方式来定义和塑造自己的态度。最好的选择似乎是 older(年长的人),其次是 seniors(长辈)。boomers(婴儿潮一代)很好,但 baby boomers(婴儿潮一代)不行,因为这一代人已经不再是婴儿了(Gardner,2007:15)。

思考题

- 你是同意那些被称呼为"亲爱的"或"年轻女士"的老年人认为自己被冒犯了,还是觉得他们太过敏感?
- 老年人可以做些什么来抵制他们觉得有辱人格的单词和短语?
- 你认为我们应该如何称呼老年人?

55岁时就是脾气暴躁或令人讨厌的。虽然工作、婚姻和其他生活经历会影响人们,但通常那些在20多岁就充满敌意、焦虑或以自我为中心的人,在老年时也可能是充满敌意、焦虑或以自我为中心的。

虽然人的性格在整个生命历程中相当稳定,但人的行为却可以发生变化。例如,与人们普遍认为的随着年龄的增长,人会变得越来越固执相反的是,老年人通常比年轻人更灵活。当出现人际关系问题时,老年人更有可能避免对抗,并且更有耐心。在许多紧张的状况下,老年人比年轻人和中年人更可能什么都不做,而非争吵或叫喊(Briditt et al.,2005;Briditt and Fingerman,2005;Dawson,2011)。当老年人"突然"显得固执和目中无人时,他们可能只是为了摆脱一些长期的压抑:

成为一名70岁的女性,最令人兴奋的事情之一就是能够自由地表达我的真实想法。在我年轻时,我是如此怕伤害别人或担心他们会怎么看我,所以我……闭上了嘴。现在,当我不喜欢什么时,我会大声说出来……年龄使我变得更真实……而且我现在对自己的感觉比在生命中的任何时候都要好。(Belsky,1988:65-66)

随着人们年龄的增长,他们的家庭角色也会发生变化。对于大多数老年人而言,退休是一个重大的转变,但他们是否会重新进入劳动力市场取决于许多因素,尤其是社会阶层和健康状况。

联系起来

- 科学家现在可以预测阿尔茨海默病,准确率约为80%(Roe et al.,2013)。你想被检测吗?为何想或为何不想?
- 当老年人在结账队伍中摸索着付款或开车比你慢时,你有时会不耐烦或小声嘀咕吗?

三、工作和退休

许多 18～29 岁的美国年轻人对*退休*，即退出有偿劳动力市场持乐观态度：37% 的年轻人希望在 65 岁之前退休，66% 的年轻人认为他们在退休后会过得很舒服（Brown, 2013a；2013b）。相反，62% 的 45～60 岁的人计划推迟退休，高于 2010 年 42% 的占比。在一般人口中，85% 的美国人担心自己的退休问题，且将近 50% 的美国人对于自己会有足够的钱舒适地退休几乎没有或完全没有信心（Helman et al., 2013；Oakley and Kenneally, 2013；Weber, 2013）。出于这些担忧，许多美国人的工作时间比他们预期或计划的要长。

（一）工作到65岁之后

人类学家玛格丽特·米德（Margaret Mead）曾经说过："迟早我都会死，但我不会退休。"米德恪守诺言，在她 77 岁去世之前，她撰写并与人合著了几本书。和米德一样，许多人直到去世前都一直在工作。

473   许多美国人 65 岁时会停止工作。在 2013 年，有 7% 的人会选择这样做，但 47% 的人发现自己比预计的要提前退休，原因包括健康问题和残疾、公司裁员、不得不照顾配偶或其他家庭成员，或与工作相关的原因，比如他们的工作所需的技能发生了变化（Helman et al., 2013）。

无论是出于选择还是出于需要，许多美国人在推迟退休。在 2013 年，将近 18% 的 65 岁及以上的人在工作——高于 1985 年的 11% 和 2000 年的 14%（Kromer and Howard, 2013；Bureau of Labor Statistics Economic News Release, 2013）。大家在第 11 章中曾看到过，65 岁及以上美国人的贫困率一直在稳步下降，现在比包括儿童在内的任何其他年龄组的贫困率都要低。那么，为何如此多的美国老年人在过了 65 岁之后还在全职或兼职工作？原因包括以下几点：

- **社会保障**是联邦政府管理的一种公共退休养老金制度，它为 90% 以上的美国老年人提供了收入，但福利金额取决于人们在劳动力市场中工作的时间有多长和所赚的钱有多少。由于社会保障福利金额仅为老年人退休前平均收入的 42%，因此许多老年人还必须继续工作（Munnell and Soto, 2005）。

- 1943—1954 年间出生的人领取全额社会保障福利的退休年龄从 65 岁提高到了 66 岁，1959 年后出生的人的领取年龄则提高到了 67 岁。因此，美国人必须工作更长时间才能获得全额退休福利（Mermin et al., 2008a）。

- 大衰退（见第 11 章）摧毁了 40% 的美国人的个人财富。自那时起，许多老年人处于失业状态；他们的医疗费用和债务激增；他们的储蓄利率直线下降；他们已动用自己的退休储蓄来支付日常开支；在那些咨询专业财务顾问的即将退休的雇员中，仅 27% 的人遵循了有关投资的建议（Brandon, 2013；Fletcher, 2013；Helman et al., 2013）。

- **医疗保险**创建于 1965 年，是一项面向 65 岁及以上人群的联邦医疗保险计划，它提供了几乎覆盖全民的医疗保险。然而，一个人的退休收入越高，他每月的保费就越高。此外，医疗保险不覆盖牙科和眼科护理、长期护理，并且对处方药的覆盖面也很小。这意味着低收入和中等收入的退休人员必须自己支付这些费用或推迟退休（Lei, 2009）。

- 自 20 世纪 90 年代初以来，许多公司（尤其是钢铁、航空和汽车行业）减少或取消了雇员养老金计划。因此，许多老年人计划无限期地继续工作（Mermin et al., 2008a；Helman et al., 2013；"Who Pays the Bill？", 2013）。

（二）退休收入的变化

在 2011 年，以 65 岁及以上者为户主的家庭的收入中位数接近 4.86 万美元（Administration on Aging, 2012）。然而，退休收入因性别、种族或族裔、婚姻状况和社会阶层的不同而差异很大。

1. 性别   在每个年龄组中，女性的收入中位数都比男性的低。对于 65 岁及以上的女性而言，2011 年的收入中位数为 15 362 美元，相比之下，同一年龄组中男性的收入中位数则为 27 707 美元。同年，生活在贫困线以下的老年女性（11%）几乎是老年男性（6%）的两倍（Administration on Aging，2012；Gould and Cooper，2013）。

474 在退休期间，女性收入较低有许多相互关联的原因。例如，相比男性，女性——

- 赚得更少，即使工作类似也是如此（见第 3 章和第 11 章）。
- 因为所承担的育儿责任，在劳动力市场花的时间较少或从未进入过劳动力市场。
- 没有做出足够多的贡献来获得公司匹配（company match），匹配比例通常为 1 美元匹配 50 美分，直至收入的 6%。
- 投资更加保守并且较晚才开始储蓄。
- 没有进行足够的投资，因为 90% 的女性不确定如何管理她们的财务。
- 退休前取出资金。
- 在换工作时，将退休储蓄变现，而非将其用于其他投资（Fleck，2007；"Women Live Longer But…"，2008；Rix，2013）。

平均而言，女性的寿命有可能比男性的长 6～14 年。因此，相比男性，她们更有可能在晚年耗尽财务资源（Yin，2008）。

2. 种族或族裔 无论年龄组如何，老年白人和老年亚裔的收入中位数都高于老年黑人和老年拉美裔（见图 14-5）。老年黑人和老年拉美裔的生活状况不太好出于多种原因，比如受教育程度较低、工作薪水低、就业经验较少，以及与工作有关的歧视（见第 11 章）。

在各种种族或族裔群体当中，晚年收入在不同的子群体之间差别很大。例如，一项针对六个年龄在 65 岁及以上的亚裔美国人群体的研究发现，老年日裔美国人的收入最高，并且与老年白人的收入非常相似，而最贫困的则是老年韩裔和越南裔美国人。研究者将这种差异归因于受教育程度、家庭规模和近期移民等。因此，老年日裔美国人收入最高，是因为他们的受教育程度高、家庭规模小（这使得支出较少和储蓄更多），以及在美国已经生活了至少六代人（Sharpe，2008）。

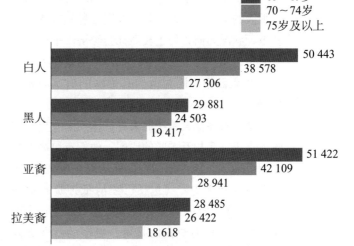

图 14-5 按年龄、种族或族裔划分的老年美国人的收入中位数（美元）（2011）
资 料 来 源：U. S. Census Bureau，Current Population Survey. 2012. Annual Social and Economic Supplement，detailed tables，Table HINC-02，www.census.gov/hhes/www/cpstables（accessed July 12，2013）.

3. 婚姻状况 已婚夫妻的收入中位数几乎是单身男性的两倍，是单身女性的两倍多。这一差异在每个年龄组都存在。即使是在 75 岁及以上的年龄，当许多人消耗了大部分积蓄时，已婚夫妻的年收入也达到了近 41 076 美元，而单身男性的年收入为 23 211 美元，单身女性的年收入则 为 17 217 美 元（U.S.Census Bureau，Current Population Survey，2012 Annual…，2012）。

离异或分居的老年女性是最脆弱的，因为她们的收入较低，经济资源也较少。结婚和保持婚姻建立了家庭财富，而离婚则会将其耗尽。因此，推迟结婚、同居或离异的中年女性在 65 岁以后收入和财富明显减少（Addo and Lichter，2013）。

65 岁及以上的寡妇比离异或已婚女性过得更好，主要是因为她们通常会获得配偶和遗属津贴，可以将已故丈夫的一份或多份人寿保险单进行兑现，并继承其他财产，如房屋——最大的中产阶级资产——以及汽车、珠宝和其他产业。相 *475* 反，离异女性，尤其是当她们没有得到房子或有利的法律判决时，她们通常会被切断与前夫的财产的联系（Favreault，2005；Yin，2008）。

4. 社会阶层 社会阶层可能是影响退休收

入的最重要的因素，因为它对人们的身心健康有着很大的影响。无论年龄、性别、种族或族裔以及婚姻状况如何，处于较高社会经济水平的老年人通常比那些处于低社会经济水平的老年人要更长寿和更健康，因为他们有更多的财富（见第11章）。

处于较高社会阶层的人在退休期间有更多的收入出于许多相互关联的原因：他们有更高的社会保障收入（因为他们有更高的终生收入），更多储蓄，更多财产（包括已还清抵押贷款的房屋），在雇主资助的退休计划（比如401[k]，即企业年金）中有更高的投资，更多的就业养老金，以及他们或他们的配偶仍然在高收入的专业岗位上工作。相反，那些收入较低的人、没有大学学历的人和大部分少数族裔没有多少财富，并依赖社会保障作为他们的退休收入（Mermin et al., 2008b；Jones, 2013；Linn, 2013）。

退休是一个重要的角色转换过程。然而，退休前许多成年人还扮演着另一个重要角色——祖父母。

四、隔代养育

在许多方面，祖父母（含外祖父母，下同——译者注）是维系家庭关系的黏合剂。他们通常代表了家庭关系的稳定，以及家庭仪式和价值观的连续性。祖父母经常会帮助成年子女养育小孩（比如照看婴儿）和在紧急情况或危机期间（包括生病和离婚时）提供支持（Szinovacz, 1998；Smith and Drew, 2002有关跨种族或族裔群体隔代养育的概述）。

联系起来

- 许多女性为了抚养孩子或照顾生病或年老的亲戚而退出劳动力市场。这样做会减少她们晚年的社会保障福利。当这些女性到了65岁时，政府是否应该对她们进行补偿？
- 你计划何时退休？你做了多少退休计划？你是否有足够的财富以支撑自己在67岁、66岁、65岁或更早退休？如果你已经退休，你的收入够用吗？

（一）隔代养育方式

祖父母们通常以含饴弄孙为乐。祖父母的这种新角色常常使他们的生活充满活力，并为他们提供了新的体验。不过，有许多不同的隔代养育方式。其中最常见的是遥远或分离、陪伴和支持、参与和有影响力、咨询和权威，以及文化传递者。

1. 遥远或分离　在遥远或分离关系中，祖父母与孙辈相隔甚远且彼此很少见面，在很大程度上维持着一种仪式性的象征关系。例如，一些祖父母仅在假期或特殊场合才会见到他们的孙辈。在其他情况下，祖父母遥远或分离是因为他们正在经历健康问题。遥远或分离关系可能是亲切的，但无关紧要且转瞬即逝（Thompson and Walker, 1991；Davies and Williams, 2002）。

祖父母可能与某一个孙辈亲近，但与其他孙辈疏远。有时，祖父母会因某个孙辈的个性、成就或对自己的尊重而将其视为"特别的"一个。那么，毫不奇怪，祖父母有时会花更多的时间与某些孙辈而非其他孙辈在一起（Smith and Drew, 2002；Mueller and Elder, 2003）。

2. 陪伴和支持　*陪伴和支持*是最常见的一种隔代养育方式。支持孙辈的祖父母经常与孙辈见面，和孙辈一起做事，并给孙辈提供情感与工具性支持（比如给孙辈钱），但他们不会在孙辈的生活中寻求权威地位。这些祖父母通常是家庭中的母亲，更年轻，收入也比其他祖父母多，但他们会避免参与到父母的育儿决策中（Mueller and Elder, 2003）。

如果父母与其父母关系良好，那么祖父母与孙辈的关系会特别密切，即使在孙辈成年后亦是如此。此外，母亲比父亲更有可能影响祖父母-孙辈关系。因此，母亲在鼓励或阻止祖父母-孙辈关系上发挥着关键的亲缘关系保持作用（Monserud, 2008）。

3. 参与和有影响力　在*参与*和有影响力的隔代养育方式中，祖父母在他们孙辈的生活中发挥着积极的作用。他们既可能率真好玩，也可能对他们的孙辈施加实质性的权威，强加明确的——且有时是严厉的——规则。特别是非裔美国祖母说，她们关心的是向自己的孙辈灌输教育的价值、提供情感支持，并让孙辈参与到扩大家庭和社区的活动中来（Gibson，2005）。

与过去的几代人相比，今天的许多祖父会更多地参与孙辈的日常活动。例如，根据一位儿童保健中心主任的说法："我们过去只在特殊事件或紧急情况下才能见到祖父。但现在，每天都是祖父们一起拼车、背背包以及和老师聊天。"外祖父对单亲母亲家庭特别有影响。当外祖父参与单亲母亲家庭时，孩子（尤其是男孩）会出现较少的社会问题，更自信，并且在学业上表现更好（Zaslow，2006：D1）。

4. 咨询和权威 在第四种隔代养育方式——*咨询和权威*中，祖父母充当顾问，是"家庭智慧的宝库"（Neugarten and Weinstein，1964）。祖父既可能是家庭的家长，也可能是家庭经济的支持者，而祖母则往往在孙辈的生活中扮演着至关重要的顾问角色。

父母患有身体或精神疾病的学龄儿童，患抑郁症、有不良行为、药物滥用和学习困难等一系列问题出现的风险相对较高。当父母经历心理健康问题、贫困或压力时，那些与孙辈有强烈的情感联系，并且是孙辈的知己的祖父母们可以减少上述问题产生的可能性（Silverstein and Ruiz，2006）。

即使父母有健康的育儿技能，许多青少年也会向他们的祖父母寻求建议或理解。据一名17岁的男孩所说："我们与爷爷讨论的通常是科技问题。但有时也会讨论其他问题。他告诉我如何拒绝与其他男孩一起喝酒。"一名16岁的女孩说她经常和祖母出去散步，并补充道："我可以告诉她一切。"（Tyszkowa，1993：136）有时角色会颠倒，十几岁的孙辈会帮祖父母跑腿或做家务。

5. 文化传递者 咨询和权威的隔代养育方式往往会与第五种方式重叠，在第五种方式中，祖父母是价值观和规范的*文化传递者*。例如，在美洲印第安家庭中，祖母经常教孙辈做家务、责任和纪律，这些都反映了部落传统。祖父则可能通过讲故事来传递部落历史和文化习俗的知识（Woods，1996）。

许多最近的亚洲移民生活在扩大家庭中，并且比其他任何群体（包括拉美裔）都更可能这样做。在这种共同居住的情况下，祖父母们往往是"历史学家"，即使有语言障碍，他们也会把价值观和文化传统传递给孙辈。例如，美籍华裔祖父母通过教孙辈中文、在节假日期间传播传统习俗，以及强化诸如尊重父母和其他长辈的文化价值观来帮助培养孙辈的民族认同感（Tam and Detzner，1998；Tan，2004）。

（二）祖父母作为代理父母

祖父母有时会作为代理人，因为他们会定期照顾或抚养孙辈。最常见的三种代理祖父母类型是监护祖父母、同住祖父母和日托祖父母（Jendrek，1994）。

1. 监护祖父母 *监护祖父母*通过收养和监护与孙辈有法律关系。然而，在许多情况下，由于父母吸毒、（母亲）在未成年时怀孕、离婚、失业、患有精神疾病、忽视或遗弃儿童，以及死亡或被监禁，祖父母非正式地成为主要照料者。

无论监护权是合法的还是非正式的，在2012年，都有将近150万儿童是由没有父母住在家里的祖父母抚养的，该数字低于2009年的180多万（Kreider and Ellis，2011a；U.S.Census Bureau，Current Population Survey，2012；Ellis，2013）。在近150万完全由祖父母抚养的儿童中，许多是白人（见图14-6）。

对于监护祖父母而言，再次为人父母是值得的，因为他们爱他们的孙辈。例如，根据一位64岁祖母的说法："我丈夫和我都深深地爱着我们的孙子；我们无法想象没有他，我们的生活会怎样。"（Weiss，2013：R6）但是，相比无人需其照料的同龄人，监护祖父母更有可能贫穷，有更多的健康、情感和经济问题，经历更多的婚姻困难，以及为了负担孙辈的生活而重新工作（Smith and Hancock，2010；Baker and Mutchler，2010；Scommegna and Mossaaad，2011）。

一方面，那些由祖父母单独抚养长大的孙辈们会爱自己的祖父母，并为自己没有在寄养家庭长大而感恩。另一方面，他们也报告了许多因在

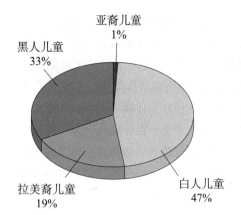

亚裔儿童
1%

黑人儿童
33%

拉美裔儿童
19%

白人儿童
47%

图 14-6　由祖父母抚养儿童的情况（2012）
资料来源：U. S. Census Bureau, Current Population Survey, 2012.Annual Social and Economic Supplement, "Families and Living Arrangements", http://www.census.gov/hhes/families/data/cps2012.html, Table C4（accessed July 10, 2013）.

着装、约会、家务和休闲活动等方面的严格规定上的代沟所产生的冲突。由于祖父母有限的经济资源和较少的学业监控，由祖父母抚养的孩子的受教育程度也低于那些由父母抚养的孩子（Dolbin-MacNab and Keiley, 2009；Monserud and Elder, 2011；Scommegna, 2012）。

年迈的监护祖父母也担心孩子的长期照料问题。一位非裔美国祖父说："我活不到她长大的时候，因为她（孙女）还是个婴儿。我妻子可能还在，但我不可能一直在世帮助她。这让我很担心。"（Bullock, 2005：50）

2. 同住祖父母　*同住祖父母*通常让孙辈住在家中，或者和孙辈的父母住在一起。同住祖父母承担起育儿责任，要么是因为他们的子女还没有搬出家门，要么是因为青少年父母或成年父母负担不起自己与年幼孩子一起生活的费用。这些生活安排增加了**多代家庭**，即有三代或更多代人共同居住的家庭的数量。这类家庭几乎占了所有美国家庭数量的6%（Lofquist, 2012）。

在2012年，10%（710万）的儿童与祖父母生活在一起——高于1990年的5%——并且这些儿童中的绝大多数住在祖父母的家里（Ellis, 2013；"National Grandparents Day...", 2013）。多代家庭因种族和族裔而异。白人儿童与祖父母和父母住在一起的可能性（7%）小于亚裔（15%）、黑人（14%）和拉美裔（13%）儿

童。然而，仅有25%的亚裔儿童住在祖父母（而非父母的）家中，相比之下，拉美裔儿童为60%，白人儿童为71%，黑人儿童为76%（Ellis, 2013）。

亚裔儿童生活在多代家庭而非父母家庭的高比例反映了其文化和社会阶层。正如大家在第11章中所见，许多亚裔美国成年人认为他们应该照料自己年迈的父母，并且祖父母会教孙辈文化价值观和传统。相比一般人群，亚裔美国人有更高的受教育程度，从而意味着成年人不必依赖自己的父母来提供财务援助（包括买房子）。

关于多代家庭的影响的数据是复杂的。一方面，与自己的成年子女和孙辈住在一起的祖父母可能会提供至关重要的经济支持。另一方面，如果多代家庭经济困难，如果祖母还需要抚养她自己的子女，如果外祖母怨恨自己的女儿年纪轻轻就怀孕却又不能独立抚养这个孩子，如果母亲-外祖母存在冲突，那么（外）祖父会出现情感问题，包括更少的幸福感和更多的压力、担忧和愤怒（Barnett et al., 2012；Pilkauskas, 2012；Deaton and Stone, 2013）。

3. 日托祖父母　由于日托的成本很高（见第11章），因此*日托祖父母*承担起了照顾孙辈（通常是女儿的孩子）的责任，直到孩子的父母下班回家。日托祖父母通过不收取托儿费来帮助他们的成年子女省钱。他们还提供其他好处，比如为他们的孙辈做饭、当孩子生病时提供照料，以及允许孩子的父母工作到很晚或在周末出差以促进他们的事业发展（McGuire, 2011）。

一项针对2岁和3岁儿童的全国性研究发现，那些在父母工作期间由祖父母照顾的儿童中受伤需要医疗照顾的人数，只有其他环境中同类情况儿童的一半。即使与有组织的日托中心、母亲或亲属的照料相比，有祖母照看的孩子也能减少受到伤害（Bishai et al., 2008）。

许多祖母享受照顾她们孙辈的乐趣，但她们常常把照顾孙辈和事业结合起来，并表达出从喜悦和满足到疲劳和怨恨的各种情绪。正如一位祖母所说："很可悲的是在全职工作了一辈子之后，祖父母还要再做一份无偿照顾孙辈的全职工作……这是很悲哀的。"（Gardner, 2002：16）

478

（三）祖父母的离婚

在传统上，离婚意味着祖父母可能不得不与子女的前任配偶或孙辈的继父母建立新的关系。最近，家庭关系已经发生变化，因为祖父母自己也离婚了。

自1990年以来，美国的整体离婚率已经有所降低（见第13章）。然而，对50岁及以上的成年人而言，离婚率已经翻了一番多——从1990年的10%上升至2009年的25%，创该年龄组的历史新高，并且该比例预计还会上升（Brown and Lin, 2012; Lin and Brown, 2012）。由于离婚率在老年人中不断上升，许多孙辈将经历他们祖父母的分手。

479

当祖父母分手时，他们和他们的孙辈都可能会受苦。离婚的祖父母和他们的孙辈没有太多的接触，觉得与孙辈的关系没那么亲密，并且认为祖父母的角色在他们的生活中也没那么重要。特别是离异的祖父与他们的孙辈接触更少，这要么是因为祖母们不再鼓励祖父们与他们的孙辈在一起，要么是因为离婚后成年人的亲子关系（可能本来就已经很脆弱）逐渐减弱。如果父母争论离婚后由哪一方父母、继父母或其他长辈提供经济支持，那么孙辈与离异祖父母的联系也可能会减少（Barnett et al., 2010; Doyle et al., 2010; Taylor, 2012）。

五、晚年生活中的兄弟姐妹关系

亲子关系和兄弟姐妹关系往往很复杂，因为它们经常涉及**代际矛盾**，即由亲属关系角色和个人情感所引起的矛盾。例如，我们社会对家务劳动的性别分工使得女性要履行照顾年迈的双亲和姻亲的义务。在这种照顾情况下，女儿或儿媳既可能会觉得自己与年迈的父母或姻亲的关系亲密，也可能会怨恨他们的批评或苛刻行为（Wilson et al., 2003; 也见第3章）。

约80%的老年人有兄弟姐妹。因为兄妹（姐弟）关系通常比任何其他家庭关系持续的时间更长，所以兄弟姐妹可能是陪伴和情感支持的重要来源。

根据一位医学社会学家德博拉·戈尔德（Deborah Gold, 1989, 1990）的说法，晚年生活中的兄弟姐妹关系一般分为五类，其中最后两类是消极的：

- *亲密的兄弟姐妹*关系密切，他们认为彼此是最好的朋友和亲密的知己。他们无论做什么都互相帮助，并联系紧密。

- *志趣相投的兄弟姐妹*感觉很亲密并视彼此为好朋友，但他们觉得与配偶或成年子女更亲密。他们每周或每月联系彼此，但只有在不与他们对配偶或子女的义务发生冲突时才会给予对方帮助。

- *忠诚的兄弟姐妹*的关系基于家庭纽带而非亲情或亲密。分歧不会损害兄弟姐妹的关系，因为他们相信家庭纽带是很重要的，无论家庭成员是否彼此喜欢。

- *冷漠的兄弟姐妹*彼此漠不关心，既很少考虑对方，也很少联系对方。

- *敌对的兄弟姐妹*相互又气又恨，长期以来一直保持着消极的关系。他们会花相当多的时间互相贬低，并为过去、继承等事情而争论不休。

兄弟姐妹关系会随时间的推移而发生变化，尤其是在家庭危机期间。例如，多年来，我的一些四五十岁的学生说，当他们的父母、祖父母或曾祖父母生病且需要持续照顾时，他们的兄弟姐妹关系开始由冷漠变为温暖。在其他情况下，离异和丧偶往往会使冷漠的兄弟姐妹变得更亲近（Russo, 2013）。

无论老年夫妇是否有子女和孙辈，他们都可以享受多年的共同生活，因为我们的预期寿命比以前更长了。然而，家庭成员迟早必须应对另一件重要的人生大事——亲人的去世。

联系起来

- 你的家庭中的隔代养育方式有哪些？例如，它们是否因祖父母的年龄和性别而有所不同？
- 年迈的祖父母是否不应该离婚，以维持与他们的成年子女和孙辈的亲密关系？

六、临终、死亡和丧亲之痛

在1900年，当美国平均预期寿命为49岁时，在所有生命阶段——从婴儿到成年——死亡都是日常生活中正常的一部分。今天，大多数死亡发生在中龄老年人和高龄老年人当中，并且死亡通常发生在机构（比如医院、临终关怀中心和疗养院）中而非家中（Federal Interagency Forum on Aging-Related Statistics，2012）。

（一）经历死亡和临终

我们如何经历死亡取决于我们是治疗病人的医护专业人员、病人的家人或朋友，还是病人本人。每个人对于死亡和临终可能都有不同的看法。

1. 医护专业人员 死亡轨迹是一个人死亡的速度。在*拖延轨迹*——例如，癌症等绝症导致的死亡——中，医护专业人员会尽一切可能来治疗病人，但最终还是以监护为主。相反，*快速轨迹*是由心脏骤停或严重事故所引起的严重危机。医护专业人员通常会竭尽全力地工作，以保护病人的生命和福祉（有时候会成功）。

当老年人身患癌症晚期等绝症时，医护专业人员预计病人将拖延多日才会过世。特别是工作过度劳累的医院工作人员，可能对病人的要求反应更慢，将病人安置在更偏远的病房，甚至连给他们洗澡和喂饭的频率也更低。与此相反，家庭成员通常期望他们的老年亲属能像其他病人一样得到精心治疗（Atchley and Barusch，2004）。

2. 病人、病人的家人或朋友 在关于死亡过程的几种视角中，最著名的可能是精神病学家伊丽莎白·库伯勒-罗斯（Elisabeth Kübler-Ross，1969）的观点。基于对200名中年癌症患者的研究，库伯勒-罗斯提出了死亡的5个阶段：*否认*（"医生肯定是搞错了"），*愤怒*（"为何是我？"），*讨价还价*（"如果你让我活得更久，上帝，我保证会成为一个更好的人"），*抑郁*（"与家人或朋友见面没有意义"），以及*接受*（"我不妨把我的财务记录整理好"）。

许多人批评了这一基于阶段的理论。有些人争辩说，并非每个人都会经历这些阶段，或以同一顺序经历这些阶段。另一些人则指出这些阶段并不适用于老年人，因为他们多年来一直都在思考死亡的可能性。特别是那些高龄老人，他们可能会欢迎死亡，而非否认死亡。许多人多年来已经目睹自己的配偶和朋友逝世，并且往往把死亡看作慢性疼痛、社会孤立、依赖和孤独的终结。因此，高龄老人可能并不会经历库伯勒-罗斯的5个阶段，因为他们已经经历了多年的"社会死亡"（Retsinas，1988）。

库伯勒-罗斯的阶段论还忽略了许多家庭成员在至亲死后获得的那种解脱感。"这些人包括患有慢性身体疾病的人、癌症不断复发的人，以及早在几年前就已'去世'的阿尔茨海默病的受害者，当时他们已不认识家人。"因此，至亲之死可以结束家庭成员长期忍受的痛苦（Elison，2007：18）。

（二）临终关怀

临终关怀是照顾末期病人的，通常是在死亡即将来临时（一般预后为6个月或更短时间）。临终关怀可以在多种环境下进行：病人家中、医院、疗养院或其他住院设施。

在理想情况下，医生、护士、社会工作者以及与临终关怀有关的神职人员可以作为一个团队来工作，以满足患者及其家人的生理、情感和精神需求。临终关怀提供疼痛控制，给濒死的人提供有关他们状况的全面而准确的信息，帮助家人和朋友处理他们的悲伤。

在现实生活中，医疗保险和医疗补助（面向穷人的联邦政府计划）所覆盖的临终关怀服务通常并没有被使用，部分原因是文化和语言障碍。例如，一项针对美国最具种族多样性的州——加利福尼亚州的研究发现，只有4%的亚裔、6%的黑人和15%的拉美裔死于临终关怀机构中，相比之下，白人有74%。这些差异的部分原因是种族或族裔群体的信仰，即人们应该在家中而非某个机构如临终疗养院中死去。此外还有一些结构性障碍。尤其是在许多拉美裔和亚裔美国人当中，老年移民没有资格享受联邦和州的医疗保健福利，身患绝症的病人及其家人由于语言障碍，与临终疗养院工作人员沟通有困难，或者他们发现工作人员提供的护理质量很低（Crawley and Singer，2007）。

（三）有尊严地死去的权利

老年男性，特别是那些 75 岁及以上的男性，有着最高的自杀率（见表 14-1）。65 岁及以上的白人男性尤其如此，他们的自杀率几乎是全美自杀率的 3 倍（National Center for Health Statistics，2013）。老年白人男性的自杀率如此之高，且在 65 岁以后还会增长的原因目前尚不清楚。一些原因可能包括社会孤立、孤独、无助感、经济困难、多次失去亲人、慢性疾病和疼痛。白人男性，特别是那些来自较高社会经济水平的白人男性还可能害怕成为他人的负担，并担心随着他们的精神和身体机能的衰退而失去控制和尊严（DeSpelder and Strickland，2005；也见第 12 章）。

表 14-1　按年龄和性别分类的美国自杀率（2010）

每 10 万人中的自杀死亡人数

年龄组	男性	女性
15～24 岁	12	4
25～34 岁	23	5
35～44 岁	25	8
45～54 岁	30	9
55～64 岁	28	8
65～74 岁	24	5
75～84 岁	32	4
85 岁及以上	47	3
所有年龄	20	5

资料来源：National Center for Health Statistics，2013，Table 35.

一些人认为如果人们有合法的权利以自己的方式有尊严地死去，那么老年男性的自杀率可能会降低。无论是在历史上还是在现在，最具争议性的问题之一都涉及生命终结决定。俄勒冈州于 1998 年将医生协助自杀（PAS）合法化，但严格禁止注射致命药物或安乐死。在 2008—2013 年间，蒙大拿州、佛蒙特州和华盛顿州模仿俄勒冈州的《尊严死亡法》，将医生协助自杀（有时也被称为*医生协助死亡*）合法化。

俄勒冈州的法律允许精神上有能力并已被两名医生独立诊断为患有绝症的成年人以书面形式声明自己的意图，在等待 15 天之后，自己口服有医生处方的致命药物。《尊严死亡法》的反对者预言会出现大规模的医生协助自杀的死者。然而，在 1998—2013 年间，仅有 1 050 名病人接受了致命的处方（Bendavid，2013）。《**医生协助自杀应该在每个州都合法化吗？**》一文进一步研究了这个问题。

（四）应对死亡

丧亲是我们在亲近的某人过世后的康复过程。悲痛和哀悼是丧亲的两种常见表现形式。

1. 悲痛和哀悼　**悲痛**是对失去的情感反应。它通常涉及悲伤、渴望、困惑、痛苦、自怜、愤怒、内疚、孤独，以及解脱等各种不同情感的组合。

悲痛的过程可能持续几个月，也可能持续一生。无论持续多久，悲痛通常都包括生理反应、行为反应和情感反应。就行为反应而言，丧亲者可能会不断地谈论死者和死亡的情况。还有一些人可能会谈论除了他们的失去以外的一切，因为谈论失去太痛苦了（DeSpelder and Strickland，2005）。

哀悼是悲痛的惯常外在表现。哀悼的范围从正常的悲痛到可能导致身体疾病或抑郁的病理性忧郁不一。无论是孩子、父母还是祖父母的死亡，大多数人都不会"恢复"并结束哀悼。相反，他们会调适和改变，比如将死者的衣服捐给慈善机构和建立新的关系（Silverman，2000）。

不同文化的种族或族裔群体应对死亡的方式各不相同。许多美国的种族或族裔群体保持着加强家庭联系和宗教习俗的传统仪式（见《**种族或族裔群体中的死亡和丧葬传统**》一文）。

2. 悲痛的阶段　悲痛有几个阶段（Hooyman and Kiyak，2002）。人们*最初*的反应是震惊、麻木和不相信。例如，在我的一位叔叔过世后，我年迈的婶婶拒绝处理掉他的任何衣服，因为"他回来时可能需要这些衣服"。因为一种无所不在美国人如何看待医生协助自杀？它取决于对这一问题的措辞。根据最近的盖洛普民意测验，51%的美国民众认为医生应该被允许"协助病人自杀"，而有70%的美国民众认为医生应该被允许"使用一些无痛的方法结束病人的生命"。因此，不使用*自杀*一词会得到更多的支持，尽管对于病人而言，结果是一样的。

从理论上看，美国人可以通过**生前遗嘱**，即规定了个人在丧失行为能力后希望得到的医疗服务的一种法律文件，来决定他们的临终关怀。类似地，一份**持久的医疗保健委托书**允许由病人指定的人做出临终决定。

在现实中，生前遗嘱和持久的医疗保健委托书存在几个问题。第一，不到1/3的18～64岁的美国人有持久的医疗保健委托书。因此，老年已婚夫妻往往是根据他们自己的而非伴侣的愿望做出临终决定的（Moorman and Inoue, 2013）。

第二，来自较高社会经济阶层的人比那些来自较低社会经济阶层的人准备生前遗嘱和持久的医疗保健委托书的可能性要大得多（Carr, 2012）。因此，即使是死亡也反映了社会阶层。

第三，在社会各阶层中，白人比黑人和拉美裔更有可能准备生前遗嘱和持久的医疗保健委托书。这类文件的有限使用与黑人和拉美裔的信念有关，即家庭应该对临终关怀做出决定，而且法律指令是不必要的，因为"只有上帝才能决定死亡的时间和性质"（Pollard and Scommegna, 2013: 7）。

第四，法律文件不能保证得到履行。如果医生和医院的政策支持不惜任何代价来延长寿命，如果家庭成员对生前遗嘱提出异议，或者如果在起草遗嘱时病人的精神能力有任何问题，那么医生和医院有可能拒绝履行生前遗嘱。

第五，即使是在医生协助自杀已合法化的少数州，医生、护士也没有法律义务去协助要求死亡的病人（Gershman, 2013）。

此外，至少67%的心脏骤停发生在家中或公共场所。虽然家庭成员可能知道患者已经签署了"不复苏令"（DNR），但由于家庭成员无法出示文件，病人通常会被进行复苏（Grudzen et al., 2009）。有些病人会康复，但许多人，即使他们的大脑功能已无法运行，也可能还要连着饲管多年。

思考题

- 你在医生协助自杀上的立场是什么？原因何在？
- 在65岁及以上的人群当中，35%的人从未和他们的子女谈论过临终医疗决定（Parker, 2009）。你是否与你的父母、祖父母或年迈的亲属讨论过这样的问题？为何讨论过或为何未讨论过？

的悲哀，悲痛的人可能无法入睡、对食物失去兴趣、无法接听电话，甚至无法读慰问卡。

在悲痛的*中间阶段*，人们常常把已逝的亲人理想化，甚至可能会积极寻找他们。一个寡妇可能在人群中看到她丈夫的面孔。刚成为寡妇或鳏夫的人还可能会感到内疚，后悔每一次的失误："为何我没有更多地理解他？""为何我们要在早上吵架？"遗属也可能会变得愤怒，以一种看似不合理的方式对孩子和朋友发火。

悲痛、恢复和重新振作的*最后阶段*可能在几年后才会发生，尽管许多人在大约6个月后就开始调适了。在晚年，悲痛往往比年轻时更复杂，因为一个老年人可能会在几年内经历许多重要的人的死亡。

3. 悲痛的持续时间和强度 死亡对老年人的影响与对年轻人的不同。一项针对65岁及以上夫妻的全国性研究发现，多达22%的配偶会在丧偶后的一年内死亡。这种"鳏夫效应"（配偶在丧偶后不久就死亡）可能反映在遗属行为的变化上，比如睡得更少、服用安眠药更频繁、饮酒更多，以及体重减轻。即使是每天的例行事务，如四处走动、做饭和做家务，在身体和情感上都可能变得更加困难（Christakis and Allison, 2006；Pienta and Franks, 2006；Utz, 2006）。

484

在家庭如何应对死亡上存在文化、宗教和族裔的差异。这些差异包括仪式、适当的哀悼时间、周年活动的庆祝，以及对来世的信仰。例如，许多非裔美国人家庭会给逝者一个"好的送别礼"，包括购买家人能负担得起的最好的棺材，以及举行用动人的歌曲和悼词来送别的葬礼。

在许多中东家庭中，人们通常要用至少一年的时间来哀悼亲人的去世。他们会在亲人去世后的第3天、第40天和1周年的日子组织亲朋好友的大型聚会。

尽管葬礼仪式各不相同，但对于墨西哥裔美国人和其他拉美裔家庭而言，葬礼仪式以几种方式加强了家庭价值观和联系：

- 人们普遍认为，参加葬礼几乎比参加任何其他家庭活动都更重要。在葬礼期间，家庭和社区会提供情感和精神支持。

- 对于死亡的社会化始于幼年。孩子们会定期参加守灵和葬礼，并在葬礼结束后参加纪念活动和家庭聚会。

- 许多墨西哥裔美国人通过仪式活动，比如诵经、弥撒、扫墓仪式，以及每年11月2日的"万灵节"，也就是俗称的"死亡日"纪念活动来应对死亡。

最近，许多墓地和殡仪馆——其管理者通常是白人——已根据移民的风俗习惯调整了服务。一些殡仪馆设有可移动位置的长凳，以便信仰印度教和佛教的哀悼者可以坐在地板上。殡仪馆还提供香烛和公共房间，以便当葬礼持续几天时，哀悼者可以聚集在那里吃零食和聊天。

资料来源：Sharifzadeh，1997；Willis，1997；Murray，2000；Martinez，2001；Brulliard，2006.

思考题

- 这些仪式中的某些与你的家庭中的仪式有何差异？它们又有何相似之处？

- 与你们学校或班上的一些国际学生聊聊。他们的家庭如何应对死亡？他们会举行什么样的仪式？原因何在？

然而，在大多数情况下，失去亲人的老年人还是很有韧性的。例如，将近半数的人会接受配偶死亡的事实，将其作为生活的一部分，并从他们的回忆中得到极大的安慰。约10%的人在配偶去世后会得到解脱，因为他们陷入的是一段糟糕的婚姻，或多年来一直在提供压力重重的照料服务。约16%的人经历了超过18个月的慢性悲痛，但24%的人显示出在伴侣去世后一年左右的时间里，他们的心理健康状况即有所改善（Mancini et al.，2006）。

一个人悲痛的持续时间和强度取决于一系列因素，包括逝去关系的质量、逝者的年龄、死亡是突发的还是预期的，以及病危者在临终时所得到的护理质量（Carr et al.，2006）。许多家庭现在转向互联网去表达他们的悲痛。他们的网站上有死者的视频剪辑、葬礼或追悼会的网络直播、临终病人准备的供死后发布的音频信息，以及哀悼或分享逝者记忆的空间（Harris，2007）。

七、晚年丧偶

配偶的死亡是一个人一生中最痛苦的事件之一；它往往不仅意味着失去一个生活伴侣，而且意味着一种生活方式的结束。友谊可能会改变甚至结束，因为在婚姻中的许多亲密关系是建立在

联系起来

- 大多数人会使用委婉语（比如走了、去世、故去、逝世、离开我们）来代替死亡一词。原因何在？这类委婉语是否有助于我们应对死亡？抑或它们是否暗示了死亡并非正常生活的一部分？

- 你认为建立有关过世家人的互联网网站是个好主意吗？抑或你是否认为悲痛应该是私事而非公共事务？原因何在？

- 贺曼公司现在正在生产"慰问"卡寄给那些知道自己即将死去的人（"The American Way of Death"，2013）。你会寄这样的卡片吗？

夫妻关系的基础上的。有些联系，比如与姻亲的关系可能会受到削弱或损害。丧偶者也可以通过约会、同居和再婚建立新的关系。

（一）晚年丧偶女性多于丧偶男性

在 2012 年，65 岁及以上的男性结婚的可能性比同龄女性大得多——分别为 72% 和 45%。女性丧偶的可能性是男性的 3 倍，离婚或分居的可能性也比男性高（见图 14-7）。同年，寡妇（近 900 万）的数目是鳏夫（210 万）的 4 倍（Administration on Aging，2012）。即使在高龄老人（85 岁及以上）当中，也仅有 36% 的男性丧偶，而有 73% 的女性丧偶。

丧偶上的性别差异主要出于 5 个原因。第一，女性的寿命往往比男性更长（见数据摘要），这增加了她们成为寡妇的可能性。第二，通常妻子的年龄比她们的丈夫小 3 ～ 4 岁，这也增加了她们比丈夫活得更久的可能性。第三，在 65 岁及以上的人群中，每 100 名女性对应着 77 名男性（"U. S. Census Bureau Projections…，" 2012）。这意味着在婚姻市场（见第 6 章）中，老年男性比他们的同龄女性更有优势。第四，在 50 岁及以上的女性和男性当中，63% 的男性想要与更为年轻的女性约会，相比之下这样的女性仅有 22%。并且，老年男性与更为年轻的女性约会的可能性更大（Akitunde，2013）。第五，65 岁及以上的鳏夫再婚的可能性是女性的 8 倍。特别是当他们拥有吸引新伴侣的资源时，而且鉴于有大量适合的女性（那些年轻的、丧偶的、离婚的或从未结婚的女性）以及男性的短缺，老年男性比老年女性更容易再婚（Lin and Brown，2012；也见第 13 章）。

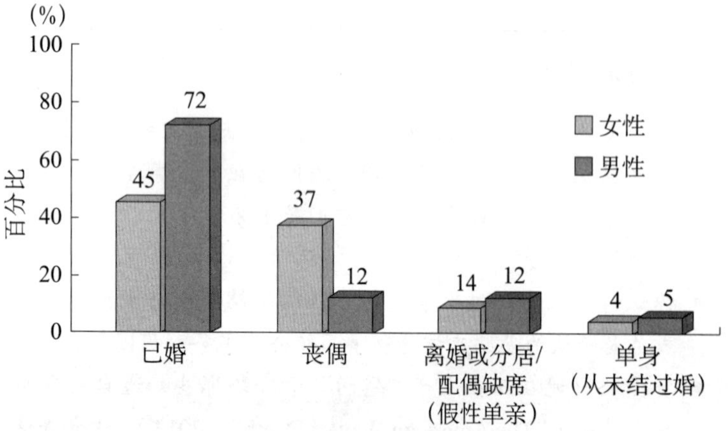

（二）面对丧偶

有些刚丧偶的老年人有失眠、食欲不振、对自己不满等抑郁症状。然而，正如大家先前所见，许多人通常会在一年左右的时间恢复，特别是如果他们不再经历照料临终配偶或伴侣的压力的话。

如果老年人身体健康，并且在经济上能自给自足，那么大多数美国老年人（包括丧偶者）会珍视自己的独立性，宁愿独自生活也不愿和子女住在一起。另一些人可能会感到孤立，特别是当孩子或亲属住在很远的地方或很少来访时。有些人会搬去与成年子女一起住，以帮助照顾孙辈，从而形成多代家庭。

丧偶如何影响家庭关系？一项全国性研究发现，这在很大程度上取决于晚年丧偶父母的性格。与那些贫困、抑郁和依赖性强的寡居母亲的成年子女相比，性格外向（例如泼辣）、兴趣广泛、情绪稳定并且自立的寡居母亲的成年子女与母亲的关系更差。也许，根据研究者的说法，成年子女对寡居母亲"缺乏适当的悲痛"感到不满（Pai and Ha，2012）。

另一项全国性研究调查了 65 岁及以上的人在配偶过世后的 6 个月和 18 个月时的社会网络。最初，丧偶者得到了成年子女和亲属相当多的支持，他们提供了工具性帮助（比如安排葬礼和协助搬家）以及情感支持（比如倾听和使丧偶者感到被爱和被照料）。然而，18 个月后，朋友们作为知己则发挥着更重要的作用，他们与丧偶者分享着私人感情和关切（Ha，2008）。因此，随着个人对丧偶的适应，社会网络和支持也会随时间的推移而发生变化。

（三）建立新的关系

一些寡妇和鳏夫在配偶死后几年内开始约会。许多家庭成员可能不同意，但陪伴是约会最

图 14-7　65 岁及以上美国人的婚姻状况（2012）
资料来源：Administration on Aging，2012，Figure.

重要的原因。与年轻人一样，老年人希望有在紧急情况下可以联系的志同道合的朋友。在丧偶后，得到了来自家人和朋友的情感支持的老年人比那些更为孤立的老年人想要约会或再婚的可能性更小（Carr，2004）。

如果老年丧偶者建立了恋爱关系，那么他们通常会认真考虑是只约会、同居，还是要再婚。正如大家先前在第 13 章中所见，如果再婚，许多丧偶的老年人可能会增加他们的所得税，并减少或失去前任配偶的社会保障福利或养老金。

在那些 65 岁及以上的人群当中，34% 的女性认为她们享受单身生活，因为她们不必再为另一个人收拾残羹剩饭，相比之下，持该观点的男性仅占 14%。此外，该年龄组中有 17% 的女性喜欢自己睡一张床，相比之下，男性则为 7%（PR Newswire，2013）。许多寡妇并不渴望为年迈的第二任或第三任丈夫提供照料，因为她们曾经这样做过。所有这些问题都会阻碍再婚，尤其是对老年女性而言。尽管如此，随着我们年龄的增长，照料者在提供情感帮助和身体帮助方面仍然是至关重要的。

八、晚年生活中的家庭照料

*三明治一代*是由正在照料年迈父母、抚养 18 岁以下子女或支持成年子女的中年男性和中年女性组成的；在三明治一代中，71% 的人年龄为 40 ～ 59 岁（Parker and Patten，2013；也见第 1 章和第 11 章）。*照料者*是指那些照顾老人、病人或残疾人的人，无论是有偿的还是无偿的。从全美范围来看，39% 的美国人是家庭照料者；16% 的美国人会为一位或多位 65 岁及以上的家庭成员提供照料（Bureau of Labor Statistics American Time Use Survey，2013；Fox et al.，2013）。

（一）谁是受照料者和照料者？

年龄越大，我们给予和接受帮助的可能性就越大。大多数 65 岁及以上的人随着年龄的增长

会出现残疾，并且最终需要靠帮助才能完成基本的日常任务。而且，正如大家所预料的，人们的年龄越大，需要的帮助越多。

1. **受照料者** 在 65 岁及以上的人群中，41% 的人（大约 1 700 万美国人）需要帮助，因为他们有一个或多个生理的、心理的、情感的或记忆的问题。这些困难会影响到日常生活活动或日常生活的工具性活动。

日常生活活动包括穿衣、穿过房间、坐浴或淋浴、吃东西（比如咬碎食物）、上床或下床，以及使用马桶（包括坐下和站起来）。日常生活的工具性活动包括准备餐食、购物、打电话、服药和理财（比如支付账单和记录开销）。在日常生活活动和日常生活的工具性活动方面越有障碍，对照料者的依赖程度就越高。

随着人们年龄的增长，身体机能问题会增加，但老年女性（49%）比老年男性（35%）有日常生活活动和日常生活的工具性活动方面的问题的人数更多。对于 85 岁及以上的老年人而言，53% 的女性与 40% 的男性，至少有一种需要得到照料的身体限制。

2. **照料者** 美国的照料者一般是 49 岁左右 在外工作的女性，她们为自己的父母，通常是母亲提供将近 5 年、每周将近 20 小时的无偿护理。约 67% 的家庭照料者为女性，受照料者的平均年龄为 77 岁（Feinberg et al.，2011）。表 14-2 提供了老年人护理提供者的人口概况。

在所有种族或族裔群体中，绝大多数照料者是女性——妻子、女儿、儿媳和女性邻居与朋友

表 14-2　谁为老年家庭成员提供照料？

- 67% 的人是女性。
- 54% 的人年龄在 50 岁及以上，30% 的人年龄在 65 岁及以上。
- 76% 的人是白人。
- 59% 的人已婚。
- 53% 的人没有大学学历。
- 56% 的人家庭年收入为 5 万美元或更高。
- 61% 的人有全职或兼职工作。
- 70% 的人住在郊区或农村地区。

注：受照料者年龄在 50 岁及以上。
资料来源：National Alliance for Caregiving/AAPR，2009：45-47，and Fox et al.，2013.

（Johnson and Wiener, 2006; National Alliance for Caregiving/AAPR, 2009; Fox and Brenner, 2012）。在那些有全职或兼职工作的人中，女性（20%）比男性（16%）成为家庭成员或65岁及以上亲属的照料者的可能性略高一些（Cynkar and Mendes, 2011）。

根据某些学者的看法，这些性别差异反映出赋予女性照料任务的广泛的文化规范，人们认为女性天生比男性更会养育，并且认为她们应该为子女和年迈的父母提供更多的照顾（见第3章）。女性也比男性更有可能去帮助老年家庭成员，因为女性会发展非正式的支持网络（朋友、邻居），必要时她们可以依靠这些网络（Kahn et al., 2011）。

其他人则认为性别差异反映了就业等结构性因素。也就是说，女性给老年人提供更多的照料是因为相比男性，她们获得高薪、高要求或令人满意的工作的可能性更小。因此，从事高收入工作的男性更有可能购买照料服务，而非利用不提供带薪休假的《家庭和医疗休假法案》（Sarkisian and Gerstel, 2004; Neal and Hammer, 2007; 也见第11章）。

（二）照料类型

虽然家庭会以各种方式——经济上、身体上和情感上——来帮助他们的老年成员，但大部分援助是由成年子女提供的。我们中的许多人是和兄弟姐妹一起长大的，兄弟姐妹是如何分担照料责任的？马修斯和罗斯纳（Matthews and Rosner, 1988）发现了照料年迈父母的五种主要类型，有些类型比其他类型更具合作性。

1. 日常帮助 *日常帮助*是照料老年父母的支柱。成年子女将帮助纳入其正在进行的活动，并定期提供帮助。日常帮助可以包括广泛的活动：家务活、与人联系、郊游、跑腿、理财和探访。

2. 后援 在第二种类型中，兄弟姐妹可以充当*后援*。由一个人给年迈的父母提供日常帮助，兄弟姐妹可以在需要时介入。例如，一个妹妹解释道："我按照姐姐说的去做。"她回应她姐姐的

要求，但并不积极主动地参与照料。在其他情况下，当父母拒绝做日常照料者认为必要的事情（比如每天服药，不管费用如何）时，兄弟姐妹可能会联系父母"最爱的孩子"。

3. 有限 *有限*类型是可预测的，并会在兄弟姐妹之间达成一致。例如，一位受访者谈到她的兄弟时说，"他每周会打一次例行电话"，这是父母热切期待的。然而，父母并不指望她这位兄弟能多提供照料。

采用这种照料类型的兄弟姐妹可以被指望提供帮助，但他们已明确表示，他们的能力是有限的。例如，在一个家庭中，一个做医生的儿子提供了医疗建议，但没有人指望他能承担任何其他责任。

4. 零星 与前三种照料类型相比，*零星*类型描述的是成年子女在自己方便时才为父母提供服务。正如一个女儿所说："当我兄弟想在星期天带妈妈出去时，他就会过来，但这不是一个计划中的事情。"有些兄弟姐妹不介意这种行为，但另一些人则对那些逃避最艰巨任务的兄弟姐妹表示不满：

[我的姐姐和我] 曾经一直很亲密，但现在我们不再亲密……她能打电话来，就是很了不起的事了（反语）：这和每天花3～4个小时完全不同……她不会开车送我妈去看医生，她不会把妈妈抱上车，她也不会监督女佣做事。（Abel, 1991: 154）

5. 逃避 在*逃避*类型中，照料者们都知道他们根本不能指望兄弟姐妹。兄弟姐妹会利用地理距离、就业和其他家庭责任作为不承担照料责任的借口。然而，这种理由可能会增加那些提供照料服务的人的不满（Ingersoll-Dayton et al., 2003）。

不平等的照料负担会造成兄弟姐妹之间的隔阂（"他从未提供过帮助"或"我想帮忙，但她拒绝了我所有的提议"）。但当兄弟姐妹出于父母的缘故而联合在一起时，他们有时会克服过去的怨恨。他们可能会为生活在退休社区的年迈父母做出共同决定，分享有关父母健康状况的信息，并为居住的地理位置分散的兄弟姐妹制定探访时

488

间表（Russo，2010）。

（三）照料满足感和压力

交换理论表明，照料者既有成本又有收益。照料老年家庭成员的成本有时会超过收益，尤其是对有全职工作的三明治一代中的女性而言，但照料也能带来满足感。

1. 照料满足感　有些人喜欢照料，认为家庭关系可以通过帮助老年家庭成员而得以恢复或加强。出于一直存在于家庭中的那种强烈的感情，他们将照料视为一种爱的劳动。对于另一些人而言，照料提供了一种有用和被需要的感觉。正如一个女儿所说："对我来说，这就是生活的真谛！"（Guberman et al.，1992：611；Saldana and Dassori，1999）

满足感各不相同。当受照料者鲜有问题行为（例如藏匿物品、咒骂、生气）或能提供回报（例如给钱、给予情感上的支持）时，当其他照料者能提供帮助、家庭成员会表示感激，且受照料者并不完全依赖照料者时，成年照料者会报告说正面的经历多于负面的经历（Lin et al.，2012）。

489

2. 照料压力　照料也会造成紧张和压力。老年人通常在子女的生活复杂而苛刻的时候需要帮助。家庭往往对照料老年人所涉及的问题毫无准备。被夹在中间的照料者们的生活质量往往较差，因为其日常生活被打乱，并且父母与成年子女的冲突可能会增加。有智力障碍、无法完成日常基本自理任务或有破坏性行为的父母是最难照料的（Dilworth-Anderson et al.，1999；Rubin and White-Means，2009）。

最常见的困难包括总是感到匆忙、社会孤立、精疲力竭、花在照料上的平均支出超过年收入的10%，以及失去工作，而这反过来又会降低工资、退休储蓄和社会保障收入。此外，照料长期患病的老年家庭成员的在职人员会出现更多的诸如高血压、体重增加或减少、睡眠问题、持续焦虑和抑郁等生理和心理问题（Feinberg et al.，2011；Mendes，2011；Witters，2011；Fox et al.，2013；Parker and Patten，2013）。

九、稀缺资源的竞争

当美国国会于1935年通过《社会保障法案》时，美国的预期寿命略低于62岁，而如今的预期寿命已将近79岁。在未来的岁月里，持续增长的美国老年人数量将对国家的医疗保健服务和退休收入计划造成巨大的压力。我们的老龄化社会将付出哪些财政成本？有什么解决办法？

（一）老龄化社会的财政成本

许多美国人的寿命正越来越长，但正如大家先前所见，他们并非总是更健康。例如，在1990年至2010年期间，65岁及以上的人因慢性残疾而花费的时间从9年增加到10年（Murray et al.，2013）。一年的差异似乎不算太多，但如果乘以近4 000万65岁及以上的美国人，医疗费用就会很高。

美国老年人口的规模（13%）大约是18岁以下未成年人口（26%）的一半。然而，联邦政府主要通过社会保障和医疗保险将31%的支出用在了老年人身上，而用在儿童身上的支出仅占10%（Isaacs et al.，2012）。人们的年龄越大，医疗费用就越高。例如：

- 慢性病患者仅占人口总数的5%，其花费却几乎占美国所有医疗支出的50%（Schoenman and Chockley，2011）。
- 在2008年，85岁及以上医疗保险受益人的年均医疗费用将近2.4万美元，相比之下，65～74岁的人口的该项费用为1.2万美元（Federal Interagency Forum on Aging-Related Statistics，2012）。
- 美国最顶尖的医疗中心在每名患者生命的最后两年中，每年为其花费3万～9.4万美元，并且所有费用都由医疗保险或医疗补助支付（Wennberg et al.，2008）。
- 患者生命最后一年的医疗保健费用占年度医疗保险支出的1/4以上（Carr，2012）。
- 一项对2008年去世的180万医疗保险受益人的研究发现，1/3的人在生命的最后一年接受过手术，近1/5的人在生命的最后一个月接

联系起来

- 你会接受医学治疗以延长你的寿命到 120 岁吗？为何会或为何不会？
- 你是否认为较长的寿命将对经济有帮助，因为人们可以工作的时间也更长？还是认为这将使得国家的医疗资源紧张？

受过手术，近 1/10 的人在生命的最后一周接受过手术。在那些接受过临终手术的人当中，将近 60% 的人年龄在 80 岁及以上（Kwok et al.，2011）。

- 治疗晚期前列腺癌的患者平均要花费 9.3 万美元；这种治疗平均延长了患者 4 个月的生命（Beil，2012）。

490　　我们老龄化社会的财政成本预计未来还会增加。到 2020 年，每年都在增长的医疗保健费用将消耗经济收入的 1/5（Centers for Medicare & Medicaid Services，2012）。

到 2030 年，婴儿潮一代中的半数人将患关节炎，髋关节置换的人数将是现有的 4 倍，膝关节置换的人数将是现有的 8 倍；33% 的人将会肥胖（这会导致许多健康问题）；20% 的人将患有糖尿病，这与肥胖一样，会产生相当大的健康成本。而且，由于婴儿潮一代的受教育水平高于前几代人，他们可能需要越来越昂贵的医疗保健服务（American Hospital Association，2007）。

老年人拥有相对慷慨的医疗保险的一个主要原因是，他们是全国规模最大、政治上组织最完善的团体之一。他们投票人数众多，对议题仔细关注，通常还会参加国会听证会，并为捍卫自己的立场做好了充分准备。美国退休人员协会是一个特别有影响力的团体。它至少包括 50 万名选民，是美国国会中最有影响力的游说团体之一，它支持来自两党的政治家。当面临削减医疗保险或社会保障的威胁时，美国退休人员协会几乎不用花多少时间就可以动员其成员，并向立法者发送成千上万的信件和电子邮件（Donnelly，2007；K.Johnson，2011）。

据一些分析人士说，年青一代未来不能指望由联邦政府资助的医疗和退休福利。医疗保险基金预计将维持到 2026 年，社会保障基金将维持到 2033 年（The Board of Trustees…，2013），但也不能保证。

尽管医疗费用不断上升，但仍有 69% 的美国人希望活到 79 ～ 100 岁——其均值比美国人当前将近 79 岁的平均预期寿命约长 11 岁（见数据摘要）。此外，38% 的人希望得到能让他们活到至少 120 岁的医疗服务（Lugo et al.，2013；Lipka and Stencel，2013）。

（二）有什么解决办法？

一个问题是高龄老人是否得到了过多的治疗。有些人认为，我们为将生命垂危的老年人的生命延长几周或几个月而提供的照料浪费了宝贵的资源。这些病人中许多人大部分时间待在重症监护病房，被连接着饲管和氧气罐。由于医生和家庭成员都知道这种临终治疗是徒劳的，因此资金是否应该被转用于儿童保健和其他改善学校状况、减少家庭暴力的项目？

要解决美国老年人日益增加的医疗费用问题并不容易，但可能有个解决办法是重新定义老年。例如，如果把老年的定义和强制退休的时间推迟到 70 岁或更晚，许多有生产力的美国老年人就可以继续工作，并为社会保障做出贡献。这样，支持老龄人口的负担就不会完全落在就业人口身上。

分析师提出了其他控制医疗成本的方法：改革移民法，以允许更多人合法工作和纳税；要求较高收入人群支付更大份额的医疗保险费用；在全国范围内统一医疗费用；减少欺诈和浪费；密切监控医生和其他医疗专业人员的不必要治疗和故意增加的账单（Schulte et al.，2012；Trumbull，2013）。为人们尤其是婴儿潮一代提供对健康行为的激励——包括减少吸烟和肥胖——也将降低未来的医疗保健成本。

本章小结

正如本章所示，一些主要的变化包括人口老龄化和多样化、多代家庭的增长和更长时间的隔代养育。由于预期寿命的增加，我们许多人在如何度过晚年方面有更多的选择。此外，我们也将面临约束，比如照料年迈的家庭成员、应对我们自己的残疾以及管理不断增加的医疗费用。

复习与思考

14.1 描述并解释美国的预期寿命和老年人口如何以及为何发生变化。

1. 美国的预期寿命如何因性别、种族或族裔和社会阶层而异？原因何在？
2. 老年抚养比为何会增长？它的影响是什么？
3. 美国的老年人口在种族或族裔上如何变得更加多样化？原因何在？

14.2 描述并解释身心健康和年龄歧视如何以及为何会影响老年人。

4. 在美国老年人当中，死亡和身体残疾最常见的原因是什么？
5. 抑郁、痴呆和阿尔茨海默病有何区别？
6. 年龄歧视和刻板印象是如何相互关联的？

14.3 解释老年人的工作模式和退休收入为何会不同。

7. 为何许多老年人仍在工作？
8. 具体而言，退休收入如何因性别、种族或族裔、婚姻状况和社会阶层而异？原因何在？

14.4 比较隔代养育方式，并描述祖父母与孙辈的关系。

9. 五种隔代养育方式是什么？
10. 监护祖父母、同住祖父母和日托祖父母与孙辈之间的关系有何不同？

14.5 描述晚年生活中的兄弟姐妹关系。

11. 晚年生活中最常见的五种兄弟姐妹关系是什么？

14.6 描述人们如何处理临终、死亡和丧亲之痛。

12. 库伯勒－罗斯的死亡五阶段包括什么？为何学者们批评了她的理论？
13. 为何医生协助自杀存在争议？
14. 丧亲、悲痛和哀悼有何不同？

14.7 对比女性和男性的丧偶。

15. 丧偶的女性为何比丧偶的男性更多？
16. 具体而言，丧偶如何影响美国的老年人？原因何在？

14.8 描述晚年生活中的家庭照料，并解释照料类型的不同之处和原因。

17. 在晚年生活中，谁是受照料者？谁是照料者？
18. 具体而言，五种照料类型是什么？
19. 具体而言，照料的满足感和压力有哪些？

14.9 解释为何在照顾我们日益老龄化的人口方面存在着对资源的竞争。

20. 老龄化社会的经济成本有哪些？
21. 有任何办法可以降低美国老年人的医疗费用吗？

参考文献

A

A profile of the working poor, 2010. 2012. Bureau of Labor Statistics, March.

AARP. 2012. To be a bride again at 100. *AARP Bulletin*, February 22, 4.

AAUW. 2013. The simple truth about the gender pay gap.

AAUW. 2013. Violence Against Women Act finally reauthorized. *Outlook* (Spring/Summer): 6.

ABDULRAHIM, R. 2008. A match-making tradition with an up-to-date twist. *Los Angeles Times*, December 26.

ABEL, E. R. 1991. *Who cares for the elderly? Public policy and the experience of adult daughters.* Philadelphia: Temple University Press.

ABMA, J. C., G. M. MARTINEZ, AND C. E. COPEN. 2010. Teenagers in the United States: Sexual activity, contraceptive use, and childbearing, National Survey of Family Growth 2006–2008. *Vital Health Statistics* 23 (30): 1–57.

ABORTION VIEWS BY RELIGIOUS AFFILIATION. 2009. January 15.

ABRAHAMS, G., AND S. AHLBRAND. 2002. *Boy v. girl? How gender shapes who we are, what we want, and how we get along.* Minneapolis: Free Spirit.

ABUDABBEH, N. 1996. ARAB FAMILIES. In *Ethnicity and family therapy*, 2nd ed., eds. M. McGoldrick, J. Giordano, and J. K. Pearce, 333–46. New York: Guilford.

ACADEMY OF MEDICAL ROYAL COLLEGES. 2011. Induced abortion and mental health: A systematic review of the mental health outcomes of induced abortion, including their prevalence and associated factors. National Collaborating Centre for Mental Health, December.

ACEVEDO, B. P., AND A. ARON. 2009. Does a long-term relationship kill romantic love? *Review of General Psychology* 13 (March): 59–65.

ACIERNO, R., M. HERNANDEZ, A. B. AMSTADTER, H. S. RESNICK, K. STEVE, W. MUZZY, AND D. G. KILPATRICK. 2010. Prevalence and correlates of emotional, physical, sexual, and financial abuse and potential neglect in the United States: The national elder mistreatment study. *American Journal of Public Health* 100 (February): 292–97.

ACIERNO, R., M. HERNANDEZ-TEJADA, W. MUZZY, AND K. STEVE. 2009. National elder mistreatment study. National Criminal Justice Reference Service, March.

ACKERMAN, D. 1994. *A natural history of love.* New York: Random House.

ACS, G., AND M. MARTINEZ-SCHIFERL. 2012. Identifying those at greater risk of long-term unemployment. Urban Institute Unemployment and Recovery Project, June.

ACUNA, R. 1988. *Occupied America: A history of Chicanos*, 3rd ed. New York: Harper & Row.

ADAMS, B. 1980. *The family.* Chicago: Rand McNally.

ADAMS, B. N. 2004. Families and family study in international perspective. *Journal of Marriage and Family* 66 (December): 1076–88.

ADAMS, B. N., AND R. A. SYDIE. 2001. *Sociological theory.* Thousand Oaks, CA: Pine Forge Press.

ADAMS, J. S. 2012. Federal judge forwards racially charged email about Obama. *Great Falls Tribune*, March 1.

ADAMSON, P. 2012. Measuring child poverty: New league tables of child poverty in the world's rich countries. UNICEF, Report Card 10, May.

Adding up the government's total bailout tab. 2011. *New York Times*, July 24.

ADDO, F. R., AND D. T. LICHTER. 2013. Marriage, marital history, and black-white wealth differentials among older women. *Journal of Marriage and Family* 75 (April): 342–62.

ADIMORA, A., AND V. SCHOENBACH. 2005. Social context, sexual networks, and racial disparities in rates of sexually transmitted infections. *Journal of Infectious Diseases* 191, S115–S122.

ADLER, S. M. 2003. Asian-American families. In *International encyclopedia of marriage and family*, 2nd ed., Vol. 2, ed. J. J. Ponzetti, Jr., 82–91. New York: Macmillan.

ADMINISTRATION ON AGING. 2012. A profile of older Americans: 2012.

AFIFI, T. O., N. P. MOTA, P. DASIEWICZ, H. L. MACMILLAN, AND J. SAREEN. 2012. Physical punishment and mental disorders: Results from a nationally representative US sample. *Pediatrics* 130 (August): 184–92.

AHITUV, A., AND R. LERMAN. 2004. Job turnover, wage rates, and marital stability: How are they related? The Urban Institute, November.

AHRONS, C. 2004. *We're still family.* New York: HarperCollins.

AHRONS, C. R. 2006. Family ties after divorce: Long-term implications for children. *Family Process* 46 (March): 53–65.

AHRONS, C. R. 2011. Commentary on "Reconsidering the 'good divorce.'" *Family Relations* 60 (December): 528–32.

AHRONS, C. R., AND R. H. RODGERS. 1987. *Divorced families: A multidisciplinary developmental view.* New York: Norton.

AINSWORTH, M., ET AL. 1978. *Patterns of attachment: A psychological study of the strange situation.* Hillsdale, NJ: Erlbaum.

AIZENMAN, N. C. 2005. In Afghanistan, new misgivings about an old but risky practice. *Washington Post*, April 17, A16.

AJROUCH, K. 1999. Family and ethnic identity in an Arab-American community. In *Arabs in America: Building a new future*, ed. M. W. Suleiman, 129–39. Philadelphia: Temple University Press.

AKERS, A. Y., E. B. SCHWARZ, S. BORRERO, AND G. CORBIE-SMITH. 2010. Family discussions about contraception and family planning: A qualitative exploration of black parent and adolescent perspectives. *Perspectives on Sexual and Reproductive Health* 42 (September): 160–67.

AKERS, A. Y., M. A. GOLD, T. COYNE-BEASLEY, AND G. CORBIE-SMITH. 2012. A qualitative study of rural black adolescents' perspectives on primary STD prevention strategies. *Perspectives on Sexual and Reproductive Health* 44 (June): 92–99.

AKITUNDE, A. 2013. Single baby boomers love dating and their freedom (study). *Huffington Post*, February 13.

ALBAS, D., and C. ALBAS. 1987. The pulley alternative for the wheel theory of the development of love. *International Journal of Comparative Sociology* 28 (3–4): 223–27.

ALBERT, B., S. BROWN, AND C. M. FLANNIGAN, EDS. 2003. 14 and younger: The sexual behavior of young adolescents. The National Campaign to Prevent Teen Pregnancy.

ALCINDOR, Y. 2012. Should alimony laws be changed? *USA Today*, January 5.

ALCOHOL AND PUBLIC HEALTH. 2011. Centers for Disease Control and Prevention, October 28.

ALCOHOL USE AND HEALTH. 2011. Centers for Disease Control and Prevention, October 28.

ALFORD, J. R., P. K. HATEMI, J. R. HIBBING, N. G. MARTIN, AND L. J. EAVES. 2011. The politics of mate choice. *Journal of Politics* 73 (April): 362–79.

ALI, L. 2008. Having kids makes you happy. *Newsweek*, July 7/July 14, 62–63.

ALINI, E. 2007. In Italy, hard to get the kids to move out. *Christian Science Monitor*, November 15, 7.

AL-JADDA, S. 2006. Seeking love, American Muslim style. *Christian Science Monitor*, February 14, 9.

Al-JASSEM, D. 2011. Women in polygamous marriages suffering psychological torture. March 8, ArabNews.

ALLAN, J. 2002. *Because I love you: The silent shadow of child sexual abuse.* Charlottesville, VA: Virginia Foundation for the Humanities Press.

ALLEGRETTO, S. A., K. JACOBS, AND L. LUCIA. 2011. The wrong target: Public sector unions and state budget deficits. UC Berkeley Labor Center, October.

ALLEN, J. 2012. Partners' main source of happiness around the globe: Poll. Reuters, February 14.

ALLEN, K. R., E. H. HUSSER, D. J. STONE, AND C. E. JORDAL. 2008. Agency and error in young adults' stories of sexual decision making. *Family Relations* 57 (October): 517–29.

ALLEN, R. E. S., AND J. L. WILES. 2013. How older people position their late-life childlessness: A qualitative study. *Journal of Marriage and Family* 75 (February): 206–20.

ALLEN, S. M., AND A. J. HAWKINS. 1999. Maternal gatekeeping: Mothers' beliefs and behaviors that inhibit greater father involvement in family work. *Journal of Marriage and the Family* 61 (February): 199–212.

ALLGOR, C. 2002. *Parlor politics: In which the ladies of Washington help build a city and a government.* Charlottesville: University of Virginia Press.

ALSEVER, J. 2007. In the computer dating game, room for a coach. *New York Times*, March 11, 5.

ALTON, B. G. 2001. You think being a dad is a good deal? *Business Week*, April 2, 20.

ALTONJI, J. G., S. CATTAN, AND I. WARE. 2010. Identifying sibling influence on teenage substance use. National Bureau of Economic Research, October.

ALTSTEIN, H. 2006. For adoption, leave race out of the discussion. *Baltimore Sun*, January 25, 15A.

ALVAREZ, L. 2006. (Name her) is a liar and a cheat. *New York Times* (February 16): E1–E2.

ALVEAR, M. 2003. The annual rite: Dumbing down love. *Christian Science Monitor*, February 14, 11.

ALZHEIMER'S ASSOCIATION. 2013. 2013 Alzheimer's disease facts and figures.

AMATO, P. 2004. The future of marriage. In *Vision 2004: What is the future of marriage?* eds., Paul Amato and N. Gonzalez, 99–101. Minneapolis, MN: National Council on Family Relations.

AMATO, P. R. 2003. Reconciling divergent perspectives: Judith Wallerstein, quantitative family research, and children of divorce. *Family Relations* 52 (October): 332–339.

AMATO, P. R. 2007. Divorce and the well-being of adults and children. *Family Focus* 52 (December): F3–F4, F18.

AMATO, P. R. 2010. Research on divorce: Continuing trends and new developments. *Journal of Marriage and Family* 72 (June): 650–66.

AMATO, P. R., A. BOOTH, D. R. JOHNSON, AND S. J. ROGERS. 2007. *Alone together: How marriage in America is changing.* Cambridge, MA: Harvard University Press.

AMATO, P. R., AND B. HOFFMAN. 2010. Divorce and the well-being of adults and children. *Family Focus*, Winter, F11–F13.

AMATO, P. R., AND B. HOHMANN-MARRIOTT. 2007. A comparison of high- and low-distress marriages that end in divorce. *Journal of Marriage and Family* 69 (August): 621–38.

AMATO, P. R., J. B. KANE, AND S. JAMES. 2011. Reconsidering the "good divorce." *Family Relations* 60 (December): 511–24.

AMATO, P. R., AND J. CHEADLE. 2005. The long reach of divorce: Divorce and child well-being across three generations. *Journal of Marriage and Family* 67 (February): 191–206.

AMATO, P. R., AND T. D. AFIFI. 2006. Feeling caught between parents: Adult children's relations with parents and subjective well-being. *Journal of Marriage and Family* 68 (February): 222–35.

AMBERT, A.-M. 2001. *The effect of children on parents*, 2nd ed. New York: Haworth.

AMBROSE, E. 2010. All you need is love . . . and a healthy credit report. *Baltimore Sun*, February 14, 18.

AMBROSE, E. 2010. Some good financial reasons for getting married. *Baltimore Sun*, December 19, 1, 3.

AMERICAN ACADEMY OF PEDIATRICS. 1998. Guidance for effective discipline. *Pediatrics* 101 (April): 723–728.

AMERICAN ACADEMY OF PEDIATRICS. 2001. Children, adolescents, and television. *Pediatrics* 107 (February): 423–26.

AMERICAN ACADEMY OF PEDIATRICS. 2012. Policy statement: Emergency contraception. *Pediatrics* 130 (December 1): 1174–82.

AMERICAN COLLEGE OF OBSTETRICIANS AND GYNECOLOGISTS. 2012. Intimate partner violence. *Obstetrics & Gynecology* 119 (February): 412–17.

AMERICAN COUNCIL ON EDUCATION. 2010. *Minorities in higher education: Twenty-fourth status report 2010.*

AMERICAN HOSPITAL ASSOCIATION. 2007. When I'm 64: How boomers will change health care.

AMERICAN HUMANE ASSOCIATION. 2001. Answers to common questions about child abuse and neglect.

AMERICAN INDIAN AND ALASKA NATIVE HERITAGE MONTH: NOVEMBER 2012. 2012. U.S. Census Bureau News, CB12-FF.22, October 25.

AMERICAN KENNEL CLUB. 2006. AKC survey finds dog owners looking for canine qualities in human partners. January 30.

AMERICAN LAW INSTITUTE. 2002. *Principles of the law of family dissolution: Analysis and recommendations.* New York: Matthew Bender & Company.

AMERICAN PSYCHOLOGICAL ASSOCIATION. 2011. Answers to your questions: About transgender people, gender identity, and gender expression.

AMERICAN RHETORIC ONLINE SPEECH BANK. 2004. Bill Cosby—address at the NAACP on the 50th anniversary of *Brown v. Board of Education*. May 17.

AMERICAN SOCIETY FOR AESTHETIC PLASTIC SURGERY. 2012. Cosmetic surgery national data bank statistics.

AMERICAN SOCIOLOGICAL ASSOCIATION. 1999. *Code of ethics and policies and procedures of the ASA committee on professional ethics.*

AMERICAN WAY OF DEATH, THE. 2013. *The Economist*, June 29, 30.

AMERICA'S FAMILIES AND LIVING ARRANGEMENTS. 2012. U.S. Census Bureau, Detailed tables.

AN, R., AND R. STURM. 2012. School and residential neighborhood food environment and diet among California youth. *American Journal of Preventive Medicine* 42 (February): 129–35.

ANANAT, E. O., AND G. MICHAELS. 2008. The effect of marital breakup on the income distribution of women and children. *Journal of Human Resources* 43 (3), 611–29.

ANDERSEN, M., AND D. H. WITHAM. 2011. *Thinking about women*, 9th ed. Upper Saddle River, NJ: Pearson.

ANDERSON, C. A., et al. 2003. The influence of media violence on youth. *Psychological Science in the Public Interest* 4 (December): 81–110.

ANDERSON, E. 1999. *Code of the street: Decency, violence, and the moral life of the inner city.* New York: Norton.

ANDERSON, J. Q., AND L. RAINIE. 2010. The future of social relations. Pew Research Center, July 2.

ANDERSON, K. L. 2010. Conflict, power, and violence in families. *Journal of Marriage and Family* 72 (June): 726–42.

ANDERSON, K. L. 2013. Why do we fail to ask "why" about gender and intimate partner violence? *Journal of Marriage and Family* 75 (April): 314–18.

ANDERSON, S., C. COLLINS, S. KLINGER, AND S. PIZZIGATI. 2011. Executive excess 2011: The massive CEO rewards for tax dodging. Institute for Policy Studies, August 31.

ANDERSSON, G., T. NOACK, A. SEIERSTAD, AND H. WEEDON-FEKJAER. 2006. The demographics of same-sex marriages in Norway and Sweden. *Demography* 43 (February): 79–98.

ANN LANDERS. 2000. *Washington Post*, May 9, C11.

ANNUAL STATISTICAL SUPPLEMENT. 2013. Appendix C: Poverty data.

ANOREXIA NERVOSA AND RELATED EATING DISORDERS, INC. 2006. Statistics: How many people have eating disorders? January 16.

ANTONUCCI, T. C., H. AKIYAMA, AND A. MERLINE. 2001. Dynamics of social relationships in midlife. In *Handbook of midlife development*, ed. M. E. Lachman, 571–98. New York: Wiley.

APPELBAUM, B., AND R. GEBELOFF. 2012. Even critics of safety net increasingly depend on it. *New York Times*, February 11.

APTER, T. 2009. *What do you want from me?: Learning to get along with in-laws.* New York: W. W. Norton.

AQUILINO, W. S. 2006. The non-custodial father-child relationship from adolescence into young adulthood. *Journal of Marriage and Family* 68 (November): 929–46.

ARAB AMERICAN INSTITUTE FOUNDATION. 2012a. Demographics. Washington, DC.

ARAB AMERICAN INSTITUTE FOUNDATION. 2012b. Quick facts about Arab Americans. Washington, DC.

ARD, K. L., AND H. J. MAKADON. 2011. Addressing intimate partner violence in lesbian, gay, and transgender patients. *Journal of General Internal Medicine* 26 (August): 930–33.

Are high house prices hurting women more than men? 2013. *The Economist*, July 13, 39–40.

ARENDELL, T. 1997. A social constructionist approach to parenting. In *Contemporary parenting: Challenges and issues*, ed. T. Arendell, 1–44. Thousand Oaks, CA: Sage.

ARIÈS, P. 1962. *Centuries of childhood.* New York: Vintage.

ARMARIO, C. 2005. More Muslims find online dating a good match. *Christian Science Monitor*, January 19, 16.

ARMSTRONG, E. 2004a. Gay marriages unite, and divide, families. *Christian Science Monitor*, May 20, 4–5.

ARMSTRONG, E. 2004b. Should she pop the question? *Christian Science Monitor* (February 13): 1, 11.

ARMSTRONG, E. A., L. HAMILTON, AND P. ENGLAND. 2010. Is hooking up bad for young women? *Contexts* 9 (Summer): 23–27.

ARMSTRONG, E. A., P. ENGLAND, and A. C. K. FOGARTY. 2012. Accounting for women's orgasm and sexual enjoyment in college hookups and relationships. *American Sociological Review* 77 (June): 435–62.

ARONSON, E. 1995. *The social animal*, 7th ed. New York: W. H. Freeman.

ASHBURN, E. 2007. A race to rescue native tongues. *Chronicle of Higher Education*, September 28, B15.

ASHBURN, E. 2007. A race to rescue native tongues. *Chronicle of Higher Education*, September 28, B15.

ASI, M., AND D. BEAULIEU. 2013. Arab households in the United States: 2006–2010. American Community Survey Briefs, U.S. Census Bureau, May.

ASIAN/PACIFIC AMERICAN HERITAGE MONTH: MAY 2013. 2013. U.S. Census Bureau News, CB13-FF.09, March 27.

ASIANS FASTEST-GROWING RACE OR ETHNIC GROUP IN 2012, CENSUS BUREAU REPORTS. 2013. Newsroom, June 13.

ASK AMY. 2008. Ring on finger isn't the kind she wants. *Baltimore Sun*, January 18, 6C.

ASSOCIATED PRESS. 2010. 2010 Census, extreme edition: Remote housing requires creative transportation. Published in *Washington Post*, March 23, B3.

ASTHMA IN THE U.S. 2011. Centers for Disease Control and Prevention, May.

ASWAD, B. C. 1997. Arab American families. In *Families in cultural context: Strengths and challenges in diversity*, ed. M. K. DeGenova, 213–47. Mountain View, CA: Mayfield.

ASWAD, B. C. 1999. Attitudes of Arab immigrants toward welfare. In *Arabs in America: Building a new future*, ed. M. W. Suleiman, 177–91. Philadelphia: Temple University Press.

AT&T. 2012. 3% of teens say they text & drive; 77% say adults warn against risks, but text & drive "all the time." May 14.

ATCHLEY, R. C., AND A. S. BARUSCH. 2004. *Social forces and aging: An introduction to social gerontology*, 10th ed. Belmont, CA: Wadsworth.

ATKINSON, M. P., T. N. GREENSTEIN, AND M. M. LANG. 2005. For women, breadwinning can be dangerous: Gendered resource theory and wife abuse. *Journal of Marriage and Family* 67 (December): 1137–48.

AUD, S., W. HUSSAR, F. JOHNSON, G. KENA, E. ROTH, E. MANNING, X. WANG, AND J. ZHANG. 2012. *The condition of education 2012.* U.S. Department of Education, National Center for Education Statistics, Washington DC.

AUMANN, K., E. GALINSKY, AND K. MATOS. 2011. The new male mystique. Families and Work Institute.

AUNOLA, K., AND J.-E. NURMI. 2005. The role of parenting styles in children's problem behavior. *Child Development* 76 (November/December): 1144–59.

AUSTER, C. J., AND C. S. MANSBACH. 2012. The gender marketing of toys: An analysis of color and type of toy on the Disney store website. *Sex Roles* 67 (October): 375–88.

AUSTRALIAN PASSPORTS NOW OFFER "M" FOR MALE, "F" FOR FEMALE OR "X." 2011. *Baltimore Sun*, September 18, 24.

Authorities crack down on rogue pain clinics. 2010. National Public Radio, July 15.

AVELLAR, S., AND P. SMOCK. 2005. The economic consequences of the dissolution of cohabiting unions. *Journal of Marriage and Family* 67 (May): 315–27.

AYCOCK, S., AND Z. R. W. STARR. 2010. Balancing the risk and safety needs of domestic violence victims. CASA for Children, October.

B

BABBIE, E. 2013. *Social research counts.* Belmont, CA: Wadsworth.

BABCOCK, J. C., J. WALTZ, N. S. JACOBSON, AND J. M. GOTTMAN. 1993. Power and violence: The relation between communication patterns, power discrepancies, and domestic violence. *Journal of Consulting and Clinical Psychology* 61 (1): 40–50.

BACA ZINN, M. 2000. Feminism and family studies for a new century. *Annals of the American Academy of Political and Social Science* 571 (September): 42–56.

BACA ZINN, M., AND A. Y. H. POK. 2002. Tradition and transition in Mexican-origin families. In *Minority families in the United States: A multicultural perspective*, 3rd ed., ed. R. L. Taylor, 79–100. Upper Saddle River, NJ: Prentice Hall.

BACHMAN, J. G., K. N. WADSWORTH, P. M. O'MALLEY, L. D. JOHNSTON, AND J. E. SCHULENBERG. 1997. *Smoking, drinking, and drug use in young adulthood: The impacts of new freedoms and new responsibilities.* Hillsdale, NJ: Erlbaum.

BACK, M. D., S. C. SCHMUKLE, AND B. EGLOFF. 2010. Why are narcissists so charming at first sight? Decoding the narcissism-popularity link at zero acquaintance. *Journal of Personality & Social Psychology* 98 (January): 132–45.

BADGETT, M. V. L., AND J. L. HERMAN. 2011. Patterns of relationship recognition by same-sex couples in the United States. The Williams Institute, November.

BADINTER, E. 2012. *The conflict: How modern motherhood undermines the status of women.* New York: Metropolitan Books.

BAHRAMPOUR, T. 2012. Immigrants lead record tumble in U.S. birthrate. *Baltimore Sun*, December 2, 25.

BAILEY, B. 1988. *From front porch to back seat: Courtship in twentieth-century America.* Baltimore: Johns Hopkins University Press.

BAILEY, W., M. YOUNG, C. KNICKERBOCKER, AND T. DOAN. 2002. A cautionary tale about conducting research on abstinence education: How do state abstinence coordinators define "sexual activity"? *American Journal of Health Education* 33 (September/October): 290–96.

BAKER, C. R., AND S. M. STITH. 2008. Factors predicting dating violence perpetration among male and female college students. *Journal of Aggression, Maltreatment & Trauma* 17 (September): 227–44.

BAKER, L. A., AND J. E. MUTCHLER. 2010. Poverty and material hardship in grandparent-headed households. *Journal of Marriage and Family* 72 (August): 947–62.

BALDAUF, S. 2010. Afraid you'll get Alzheimer's? How to lower the odds. *U.S. News & World Report*, February 10, 48–49.

BALDAUF, S. 2010. In Africa, new heat on gays. *Christian Science Monitor*, December 13, 12.

BALSAM, K. F., AND D. M. SZYMANSKI. 2005. Relationship quality and domestic violence in women's same-sex relationships: The role of minority stress. *Psychology of Women Quarterly* 29 (September): 258–69.

Baltimore Sun. 2012. Elderly man dies in fire at single-family home. December 9, 5.

BANCROFT, L. 2002. *Why does he do that? Inside the minds of angry and controlling men.* New York: Berkley Trade.

BANDURA, A., AND R. H. WALTERS. 1963. *Social learning and personality development.* New York: Holt, Rinehart & Winston.

BANDY, T. 2012. What works for male children and adolescents: Lessons from experimental evaluations of programs and interventions. Child Trends Research Brief, August.

BANDY, T., M. TERZIAN, AND K. A. MOORE. 2013. Measuring associations between symptoms of depression and suicide in adolescence and unhealthy romantic relationships in young adulthood. Child Trends, Research Brief, April 11.

BANERJEE, A., E. DUFLO, M. GHATAK, AND J. LAFORTUNE. 2009. Marry for what: Caste and mate selection in modern India. National Bureau of Economic Research, Working Paper 14958.

BANERJEE, N. 2006. Clergywomen find hard path to bigger pulpit. *New York Times*, August 26, A1, A12.

BANFIELD, EDWARD C. 1974. *The unheavenly city revisited.* Boston: Little, Brown.

BANNER, L. W. 1984. *Women in modern America: A brief history*, 2nd ed. New York: Harcourt Brace Jovanovich.

BARASH, D. P. 2002. Evolution, males, and violence. *Chronicle of Higher Education*, May 24, B7–B9.

BARASH, D. P. 2012. The evolutionary mystery of homosexuality. *Chronicle Review*, November 21, B4–B5.

BARBER, B. K. 1994. Cultural, family, and personal contexts of parent-adolescent conflict. *Journal of Marriage and the Family* 56 (May): 375–86.

BARBER, B. L., AND D. H. DEMO. 2006. The kids are alright (at least, most of them): Links between divorce and dissolution and child well-being. In *Handbook of divorce and relationship dissolution*, eds. M. A. Fine and J. H. Harvey, 289–311. Mahwah, NJ: Lawrence Erlbaum.

BARKIN, S., B. SCHEINDLIN, E. H. IP, I. RICHARDSON, AND S. FINCH. 2007. Determinants of parental discipline practices: A national sample from primary care practices. *Clinical Pediatrics* 46 (January): 64–69.

BARNES, C. 2006. China's "kingdom of women." *Slate*, November 17.

BARNES, G. M., A. S. REIFMAN, M. P. FARRELL, AND B. A. DINTCHEFF. 2000. The effects of parenting on the development of adolescent alcohol misuse: A six-wave latent growth model. *Journal of Marriage and the Family* 62 (February): 175–86.

BARNES, R. 2011. Limits on video games rejected. *Washington Post*, June 28, A1.

BARNETT, M. A., L. V. SCARAMELLA, T. K. NEPPL, L. ONTAI, AND R. D. CONGER. 2010. Intergenerational relationship quality, gender, and grandparent involvement. *Family Relations* 59 (February): 28–44.

BARNETT, M. A., W. R. MILLS-KOONCE, H. GUSTAFSSON, AND M. COX. 2012. Mother-grandmother conflict, negative parenting, and young children's social development in multigenerational families. *Family Relations* 61 (December): 864–77.

BARNETT, R. C., AND C. RIVERS. 1996. *She works, he works: How two-income families are happy, healthy, and thriving.* Cambridge, MA: Harvard University Press.

BARNETT, R. C., A. STEPTOE, AND K. C. GAREIS. 2005. Marital-role quality and stress-related psychobiological indicators. *Annals of Behavioral Medicine* 30: 1 (36–43).

BARNHARDT, L., AND J. SCHARPER. 2007. Dead tot bruised, underfed, police say. *Baltimore Sun*, December 29, 1A, 9A.

BAROT, S. 2012. Governmental coercion in reproductive decision making: See it both ways. *Guttmacher Policy Review* 15 (Fall): 7–12.

BAROVICK, H. 2002. Domestic dads. *Time*, August 15, B4–B10.

BARRET-DUCROCQ, F. 1991. *Love in the time of Victoria: Sexuality, class and gender in nineteenth-century London.* New York: Verso.

BARRETO, M., M. K. RYAN, AND M. T. SCHMITT, EDS. 2009. *The glass ceiling in the 21st century: Understanding barriers to gender equality.* Washington, DC: American Psychological Association.

BARRINGER, H. R., R. W. GARDNER, AND M. J. LEVIN. 1993. *Asians and Pacific Islanders in the United States.* New York: Russell Sage Foundation.

BARTLETT, T. 2007. "I suffer not a woman to teach." *Chronicle of Higher Education*, April 13, A10–A12.

BASKEN, P. 2011. U. of Pennsylvania professor accuses colleagues of slanted research. *Chronicle of Higher Education*, July 12.

BATALOVA, J. 2011. Asian immigrants in the United States. Migration Information Source, May 24.

BATES, M. 2005. Tenured and battered. *Chronicle of Higher Education*, September 9, C1–C4.

BATTAN, M. 1992. *Sexual strategies.* New York: Putnam.

BAUM, K., S. CATALANO, AND M. RAND. 2009. Stalking victimization in the United States. U.S. Department of Justice, Bureau of Justice Statistics, January, NCJ 224527.

BAUM, S., AND K. PAYEA. 2011. Trends in student aid 2011. College Board Advocacy & Policy Center.

BAUMEISTER, R. F., AND K. D. VOHS. 2004. Sexual economics: Sex as female resource for social exchange in heterosexual interactions. *Personality and Social Psychology Review* 8 (4): 339–63.

BAUMEISTER, R. F., AND S. R. WOTMAN. 1992. *Breaking hearts: The two sides of unrequited love.* New York: Guilford.

BAUMRIND, D. 1968. Authoritarian versus authoritative parental control. *Adolescence* 3, 255–72.

BAUMRIND, D. 1989. Rearing competent children. In *Child development today and tomorrow*, ed. W. Damon, 349–78. San Francisco: Jossey-Bass.

BAUMRIND, D. 1991. The influence of parenting styles on adolescent competence and substance use. *Journal of Early Adolescence* 11 (February): 56–95.

BAZAR, E. 2009. Economic casualties pile into tent cities. *USA Today*, May 5.

BAZELON, E. 2009. 2 kids + 0 husbands = family. *New York Times Magazine*, February 1, 30.

BEADLE, A. P. 2012. Teen pregnancies highest in states with abstinence-only policies. ThinkProgress, April 10.

BEARAK, B. 2006. The bride price. *New York Times Magazine*, July 9, 45–49.

BECK, A. T. 1988. *Love is never enough: How couples can overcome misunderstandings, resolve conflicts, and solve relationship problems through cognitive therapy.* New York: Harper & Row.

BECK, M. 2012. Boys starting puberty much sooner. *Wall Street Journal*, October 20, A3.

BECKLES, G. L., AND B. I. TRUMAN. 2011. Education and income—United States, 2005 and 2009. *MMWR* 60 (Suppl, January 14): 13–18.

BEEDE, D., T. JULIAN, D. LANGDON, G. MCKITTRICK, B. KHAN, AND M. DOMS. 2011. Women in STEM: A gender gap to innovation. Economics and Statistics Administration, Issue Brief #04-11, August.

BEGALA, P. 2012. Middle class, R.I.P. *Newsweek*, June 25, 22.

BEGLEY, S. 2009. Ignoring the evidence. Why do psychologists reject science? *Newsweek*, October 12, 30.

BEHNKE, A. O., S. M. MACDERMID, S. L. COLTRANE, R. D. PARKE, AND K. F. WIDAMAN. 2008. Family cohesion in the lives of Mexican American and European American parents. *Journal of Marriage and Family* 70 (November): 1045–59.

BEIL, L. 2012. How much would you pay for three more months of life? *Newsweek*, September 3, 40–44.

BELL, K., M. A. TERZIAN, AND K. A. MOORE. 2012. What works for female children and adolescents: Lessons from experimental evaluations of programs and interventions. Child Trends Research Brief, August.

BELLAH, R. N., R. MADSEN, W. M. SULLIVAN, A. SWIDLER, AND S. M. TIPTON. 1985. *Habits of the heart: Individualism and commitment in American life.* Berkeley: University of California Press.

BELLE, D. 1999. *The after-school lives of children: Alone and with others while parents work.* Mahwah, NJ: Erlbaum.

BELLUCK, P. 2010. As H.I.V. babies come of age, problems linger. *New York Times*, November 5, A1.

BELLUCK, P. 2013. Pregnancy centers gain influence in anti-abortion arena. *New York Times*, January 5, A1.

BELSKY, J. K. 1988. *Here tomorrow: Making the most of life after fifty.* Baltimore: Johns Hopkins University Press.

BENASSI, M. A. 1985. Effects of romantic love on perception of strangers' physical attractiveness. *Psychological Reports* 56 (April): 355–58.

BENDAVID, N. 2013. For Belgium's tormented souls, euthanasia-made-easy beckons. *Wall Street Journal*, June 15–16, A1, A12.

BENNER, C., AND S. JAYARAMAN. 2012. A dime a day: The impact of the Miller/Harkin minimum wage proposal on the price of food. The Food Labor Research Center at the University of California, Berkeley, and the Food Chain Workers Alliance & the Restaurant Opportunities Centers, October 24.

BENNETT, J. 2009. Tales of a modern diva. *Newsweek*, April 6, 42–43.

BENNETT, J., AND J. ELLISON. 2010. "I don't": The case against marriage. *Newsweek*, June 21, 42–45.

BENNETT, R. L., ET AL. 2002. Genetic counseling and screening of consanguineous couples and their offspring: Recommendations of the National Society of Genetic Counselors. *Journal of Genetic Counseling* 11 (April): 97–119.

BENNETTS, L. 2008. The truth about American marriage. *Parade Magazine*, September 21, 4–5.

BENOKRAITIS, N. V., AND J. R. FEAGIN. 1995. *Modern sexism: Blatant, subtle, and covert discrimination*, 2nd ed. Upper Saddle River, NJ: Prentice Hall.

BENOKRAITIS, N. V., ED. 2000. *Feuds about families: Conservative, centrist, liberal, and feminist perspectives.* Upper Saddle River, NJ: Prentice Hall.

BERDAN, S. N. 2012. The world has changed. *New York Times*, January 30.

BERGER, A., E. WILDSMITH, J. MANLOVE, AND N. STEWARD-STRENG. 2012. Relationship violence among young adult couples. Child Trends Research Brief, June.

BERGER, A., J. MANLOVE, E. WILDSMITH, K. PETERSON, AND L. GUZMAN. 2012. What young adults know—and don't know—about women's fertility patterns: Implications for reducing unintended pregnancies. Child Trends, September.

BERGER, E. M. 2008. Postnups. *Forbes Life Executive Woman*, Spring, 54–55.

BERGER, R. 2000. Gay stepfamilies: A triple-stigmatized group. *Families in Society* 81 (5): 504–16.

BERGMAN, P. M. 1969. *The chronological history of the Negro in America.* New York: Harper & Row.

BERK, B. R. 1993. The dating game. *Good House-keeping* (September.): 192, 220–21.

BERKMAN, N. D., ET AL. 2006. Management of eating disorders. Evidence Report/Technology Assessment No. 135. Rockville, MD: Agency for Healthcare Research and Quality.

BERLIN, I. 1998. *Many thousands gone: The first two centuries of slavery in North America.* Cambridge, MA: Belknap Press of Harvard University.

BERMUDEZ, E. 2008. Central American immigrants adopt Mexican ways in U.S. *Los Angeles Times*, November 3.

BERNARD, T. S. 2008. The key to wedded bliss? Money matters. *New York Times*, September 10, SPG-5.

BERNARD, T. S. 2013. In paid family leave, U.S. trails most of the globe. *New York Times*, February 22, B1.

BERNHARD, L. A. 1995. Sexuality in women's lives. In *Women's health care: A comprehensive handbook*, eds. C. I. Fogel and N. F. Woods, 475–95. Thousand Oaks, CA: Sage.

BERNIER, J. C., AND D. H. SIEGEL. 1994. Attention-deficit hyperactivity disorder: A family and ecological systems perspective. *Families in Society: The Journal of Contemporary Human Services* (March): 142–50.

BERNSTEIN, D. E. 2011. Overt vs. covert. *New York Times*, May 22.

BERNSTEIN, E. 2013. Small acts, big love. *Wall Street Journal*, February 12, D1, D4.

BERSAMIN, M. M., D. A. FISHER, S. WALKER, D. L. HILL, AND J. W. GRUBE. 2007. Defining virginity and abstinence: Adolescents interpretations of sexual behaviors. *Journal of Adolescent Health* 41 (August): 182–88.

BERSCHEID, E., K. DION, E. WALSTER, AND G. W. WALSTER. 1982. Physical attractiveness and dating choice: A test of the matching hypothesis. *Journal of Experimental Social Psychology* 1, 173–89.

BHATTACHARYA, S. 2003. Obesity breaks up sperm DNA.

BIALIK, C. 2013. For gays, breaking up is hard to do—Or measure. *Wall Street Journal*, May 4–5, A2.

BIANCHI, S. M., AND M. A. MILKIE. 2010. Work and family research in the first decade of the 21st century. *Journal of Marriage and Family* 72 (June): 705–25.

BIBLARZ, T. J., AND E. SAVCI. 2010. Lesbian, gay, bisexual, and transgender families. *Journal of Marriage and Family* 72 (June): 480–97.

BIEHLE, S. N., AND K. D. MICKELSON. 2012. First-time parents' expectations about the division of childcare and play. *Journal of Family Psychology* 36 (1): 36–45.

BINGE EATING DISORDER. 2008. National Institute of Diabetes and Digestive and Kidney Diseases. June.

BIRDITT, K. S., AND K. L. FINGERMAN. 2005. Do we get better at picking our battles? Age group differences in descriptions of behavioral reactions to interpersonal tensions. *Journals of Gerontology: Psychological Sciences and Social Sciences* 60 (May): P121–P128.

BIRDITT, K. S., E. BROWN, T. L. ORBUCH, AND J. M MCILVANE. 2010. Marital conflict behaviors and implications for divorce over 16 years. *Journal of Marriage and Family* 72 (October): 1188–1204.

BIRDITT, K. S., K. L. FINGERMAN, AND D. M. ALMEIDA. 2005. Age differences in exposure and reactions to interpersonal tensions: A daily diary study. *Psychology and Aging* 20 (June): 330–40.

BIRDITT, K. S., L. M. MILLER, K. L. FINGERMAN, AND E. S. LEFKOWITZ. 2009. Tensions in the parent and adult child relationship: Links to solidarity and ambivalence. *Psychology and Aging* 24 (June): 287–95.

BIRNS, B. 1999. Attachment theory revisited: Challenging conceptual and methodological sacred cows. *Feminism & Psychology* 9 (February): 10–21.

BIRO, F. M., et al. 2010. Pubertal assessment method and baseline characteristics in a mixed longitudinal study of girls. *Pediatrics* 126 (September): e583–e590.

BISHAI, D., ET AL. 2008. Risk factors for unintentional injuries in children: Are grandparents protective? *Pediatrics* 122 (November): e980–e987.

BISSON, M. A., AND T. R. LEVINE. 2009. Negotiating a friends with benefits relationship. *Archives of Sexual Behavior* 38 (February): 66–73.

BITTMAN, M., P. ENGLAND, N. FOLBRE, L. C. SAYER, AND G. MATHESON. 2003. When does gender trump money? Bargaining and time in household work. *American Journal of Sociology* 109 (July): 186–214.

BLACK, M. C., AND M. J. BREIDING. 2008. Adverse health conditions and health risk behaviors associated with intimate partner violence—United States, 2005. *MMWR Weekly*, 57 (February 8): 113–17.

BLACK, M. C., K. C. BASILE, M. J. BREIDING, S. G. SMITH, M. L. WALTERS, M. T. MERRICK, J. CHEN, AND M. R. STEVENS. 2011. *The national intimate partner and sexual violence survey (NISVS): 2010 summary report.* National Center for Injury Prevention and Control, Centers for Disease Control and Prevention.

BLACK, T. 2010. More car jobs shift to Mexico. *Bloomberg Businessweek*, June 28–July 4, 10–11.

BLAKELEY, K. 2013. 7 things you should consider before getting back together with your ex. *Huffington Post*, March 8.

BLANK, R. M. 2011. The supplemental poverty measure: A new tool for understanding U.S. poverty. *Pathways* (Fall): 11–14.

BLAU, P. M. 1986. *Exchange and power in social life*, rev. ed. New Brunswick, NJ: Transaction.

BLOCK, S., AND L. PETRECCA. 2009. For many minorities, saving isn't so easy. *USA Today*, July 6.

BLOMFIELD, J. 2009. Branded with the "Scarlet U." *Newsweek*, March 23, 22.

BLOOM, D. E., AND J. W. LORSCH. 2012. Viewing U.S. economic prospects through a demographic lens. *The Reporter* 44 (December): 12–17.

BLOOMBERG NEWS. In China's dating scene, women get pickier. 2012. *Bloomburg Businessweek*, June 18–24, 12, 14–15.

BLS NEWS RELEASE. 2013. The employment situation—April 2013. Bureau of Labor Statistics, May 3.

BLUESTEIN, G. 2005. 78-year-old accused of killing ex-flame. *Washington Post*, June 25, A2.

BLUESTONE, C., AND C. S. TAMIS-LE MONDA. 1999. Correlates of parenting styles in predominantly working- and middle-class African American mothers. *Journal of Marriage and the Family* 61 (November): 881–93.

BLUMENSTYK, G. 2009. Company says research it sponsored at Pitt and Hopkins was fraudulent. *Chronicle of Higher Education*, September 4.

BLUMSTEIN, P. W. 1975. Identity bargaining and self-conception. *Social Forces* 53 (3): 476–85.

BOARD OF TRUSTEES, THE. 2013. *The 2013 annual report of the board of trustees of the federal old-age and survivors insurance and federal disability insurance trust funds.*

BOBROFF-HAJAL, A. 2006. Why cousin marriages matter in Iraq. *Christian Science Monitor*, December 26, 9.

BODNAR, J. 1985. *The transplanted: A history of immigrants in urban America.* Bloomington: Indiana University Press.

BOGENSCHNEIDER, K. 1996. An ecological risk/protective theory for building prevention programs, policies, and community capacity to support youth. *Family Relations* 45 (April): 127–38.

BOGENSCHNEIDER, K. 1997. Parental involvement in adolescent schooling: A proximal process with transcontextual validity. *Journal of Marriage and the Family* 59 (August): 718–33.

BOGENSCHNEIDER, K., AND T. J. CORBETT. 2010. Family policy: Becoming a field of inquiry and subfield of social policy. *Journal of Marriage and Family* 72 (June): 783–803.

BOGLE, K. A. 2008. *Hooking up: Sex, dating, and relationships on campus.* New York: New York University Press.

BOHANNON, P. 1971. *Divorce and after.* New York: Doubleday.

BOLTON, E. 2012. Fighting the birth control backlash. AAUW *Outlook*, Spring/Summer, 20–21.

BOND, J. T., ELLEN G., STACY S. KIM, AND E. BROWNFIELD. 2005. 2005 National study of employers. Families and Work Institute.

BONILLA-SILVA, E. 2009. *Racism without racists: Color-blind racism and the persistence of racial inequality in the United States*, 2nd ed. Boulder, CO: Rowman & Littlefield.

BONNIE, R. J., AND R. B. WALLACE, EDS. 2003. *Elder mistreatment: Abuse, neglect, and exploitation in an aging America.* Washington, DC: The National Academies Press.

BOODMAN, S. G. 1992. Questions about a popular prenatal test. *Washington Post Health Supplement*, November 3, 10–13.

BOONSTRA, H. D. 2009. Advocates call for a new approach after the era of "abstinence-only" sex education. *Guttmacher Policy Review* 12 (Winter): 6–11.

BOONSTRA, H. D. 2012. Progressive *and* pragmatic: The national sexuality education standards for U.S. public schools. *Guttmacher Policy Review* 15 (Spring): 2–7.

BOONSTRA, H. D., R. B. GOLD, C. L. RICHARDS, AND L. B. FINER. 2006. Abortion in women's lives. Guttmacher Institute.

BOORSTEIN, M. 2011. Church for single Mormons in Crystal City comes with pressure to marry. *Washington Post*, May 28.

BOOTH, A., AND J. N. EDWARDS. 1992. Starting over: Why remarriages are more unstable. *Journal of Family Issues* 13 (June): 179–94.

BOREN, C. 2010. Tiger Woods' ex-wife Elin Nordegren: "I've been through hell." *Washington Post*, August 25.

BORGERHOFF MULDER, M. 2009. Serial monogamy as polygyny or polyandry? Marriage in the Tanzanian Pimbwe. *Human Nature* 20 (Summer): 130–50.

BORLAND, D. M. 1975. An alternative model of the wheel theory. *Family Coordinator* 24 (July): 289–92.

BORNSTEIN, M. H. 2002. Parenting infants. In *Handbook of parenting*, 2nd ed., Vol. 1: Children and parenting, ed. M. H. Bornstein, 3–43. Mahwah, NJ: Erlbaum.

BOS, H., N. GOLDBERG, N. VAN GELDEREN, AND N. GARTRELL. 2012. Adolescents of the U.S. National Longitudinal Lesbian Family Study: Male role models, gender role traits, and psychological adjustment. *Gender & Society* 26 (August): 603–38.

BOSMAN, J. 2010. Lusty tales and hot sales: Romance e-books thrive. *New York Times*, December 8, A1.

BOSTIC, J. Q., AND M. C. MILLER. 2005. When should you worry? *Newsweek*, April 25, 60.

BOWE, J. 2010. *Us: Americans talk about love.* London: Faber & Faber.

BOWLBY, J. 1969. *Attachment and loss*, Vol. 1: Attachment. New York: Basic Books.

BOWLBY, J. 1984. *Attachment and loss*, Vol. 1, 2nd ed. Harmondsworth, UK: Penguin.

BRADSHAW, C., A. S. KAHN, AND B. K. SAVILLE. 2010. To hook up or date: Which gender benefits? *Sex Roles* 62 (May): 661–69.

BRADY, D., AND C. PALMERI. 2007. The pet economy. *Business Week*, August 6, 45–54.

BRAITHWAITE, D. O., P. SCHRODT, AND L. A. BAXTER. 2006. Understudied and misunderstood: Communication in stepfamily relationships. In *Widening the family circle: New research on family communication*, eds. K. Floyd and M. T. Moorman, 153–170. Thousand Oaks, CA: Sage.

BRAMLETT, M. D., AND W. D. MOSHER. 2002. Cohabitation, marriage, divorce, and remarriage in the United States. Centers for Disease Control and Prevention, Vital and Health Statistics.

BRANDER, B. 2004. *Love that works: The art and science of giving.* West Conshohocken, PA: Templeton Foundation Press.

BRANDON, E. 2013. Why more Americans are working past age 65. *U.S. News & World Report*, February 11.

BRAUND, K. E. H. 1990. Guardians of tradition and handmaidens to change: Women's roles in Creek economic and social life during the eighteenth century. *American Indian Quarterly* 14 (Summer): 239–58.

BRAVIN, J. 2013. Historic win for gay marriage. *Wall Street Journal*, June 27, A1, A4.

BRAY, J. H., AND J. KELLY. 1998. *Stepfamilies: Love, marriage, and parenting in the first decade.* New York: Broadway.

BREHM, S. S. 1992. *Intimate relationships*, 2nd ed. New York: McGraw-Hill.

BREHM, S. S., R. S. MILLER, D. PERLMAN, AND S. M. CAMPBELL. 2002. *Intimate relationships*, 3rd ed. Boston, MA: McGraw-Hill.

BRENNER, J., AND A. SMITH. 2013. 72% of online adults are social networking site users. Pew Research Center, August 8.

BRENOFF, A. 2013. How I spy on my kids online. *Huffington Post*, March 22.

BRETT, K., W. BARFIELD, AND C. WILLIAMS. 2008. Prevalence of self-reported postpartum depressive symptoms—17 states, 2004–2005. *MMWR Weekly* 57 (April 11): 361–66.

BRICKER, J., A. B. KENNICKELL, K. B. MOORE, AND J. SABELHAUS. 2012. Changes in U.S. family finances from 2007 to 2010: Evidence from the survey of consumer finances. *Federal Reserve Bulletin* 98 (June): 1–80.

Bringing up baby. 1999. *Public Perspective* 10 (October/November): 19.

BRINK, S. 2007. This is your brain on love. *Los Angeles Times*, July 30.

BRITTINGHAM, A., AND G. P. DE LA CRUZ. 2005. We the people of Arab ancestry in the United States. Census 2000 Special Reports, CENSR-21, March.

BRIZENDINE, L. 2006. *The female brain.* New York: Morgan Road Books.

BROADWATER, L. 2012. Wells Fargo settles bias suit for $175M. *Baltimore Sun*, July 13, 1, 11.

BRODERICK, C. B. 1988. To arrive where we started: The field of family studies in the 1930s. *Journal of Marriage and the Family* 50 (August): 569–84.

BRODERICK, C. B. 1993. *Understanding family process: Basics of family systems theory.* Thousand Oaks, CA: Sage.

BRODY, G. H., S. DORSEY, R. FOREHAND, AND L. ARMISTEAD. 2002. Unique and protective contributions of parenting and classroom processes to the adjustment of African American children living in single-parent families. *Child Development* 63 (January–February): 274–86.

BRONFENBRENNER, U. 1979. *The ecology of human development: Experiments by nature and design.* Cambridge, MA: Harvard University Press.

BRONFENBRENNER, U. 1986. Ecology of the family as a context for human development: Research perspectives. *Developmental Psychology* 22: 723–42.

BRONNER, E. 2012. Adultery, an ancient crime that remains on many books. *New York Times*, November 15, A12.

BRONTE-TINKEW, J., M. E. SCOTT, AND A. HOROWITZ. 2009. Male pregnancy intendedness and children's mental proficiency and attachment security during toddlerhood. *Journal of Marriage and Family* 71 (November): 1001–1025.

BROOKS, D. 2008. The culture of debt. *New York Times*, July 22, 19.

BROTHERSON, S. E., AND W. C. DUNCAN. 2004. Rebinding the ties that bind: Government efforts to preserve and promote marriage. *Family Relations* 53 (October): 459–68.

BROWN, A. 2013. Snapshot: U.S. obesity rate ticking up. Gallup, June 21.

BROWN, A. 2013a. Americans more optimistic about a comfortable retirement. Gallup, May 30.

BROWN, A. 2013b. In U.S., average retirement age up to 61. Gallup, May 15.

Brown, A., and J. M. Jones. 2012. Separation, divorce linked to sharply lower wellbeing. Gallup, April 20.

Brown, E., T. L. Orbuch, and J. A. Bauermeister. 2008. Religiosity and marital stability among black American and white American couples. *Family Relations* 57 (April): 172–85.

Brown, J. D., J. R. Steele, and K. Walsh-Childers, eds. 2002. *Sexual teens, sexual media: Investigating media's influence on adolescent sexuality.* Mahwah, NJ: Lawrence Erlbaum.

Brown, P. L. 2012. This prom has everything, except for boys. *New York Times*, May 2, A13.

Brown, P. M. 1995. *The death of intimacy: Barriers to meaningful interpersonal relationships.* New York: Haworth.

Brown, S. L. 2004. Family structure and child well-being: The significance of parental cohabitation. *Journal of Marriage and Family* 66 (May): 351–67.

Brown, S. L., and I-F. Lin. 2012. The gray divorce revolution: Rising divorce among middle-aged and older adults, 1990–2009. National Center for Family & Marriage Research, March.

Brown, S. L., and W. D. Manning. 2011. Counting couples, counting families. National Center for Family & Marriage Research.

Brown, S. L., J. R. Bulanda, and G. R. Lee. 2012. Transitions into and out of cohabitation in later life. *Journal of Marriage and Family* 74 (August): 774–93.

Browne, A. 1993. Family violence and homelessness: The relevance of trauma histories in the lives of homeless women. *American Journal of Orthopsychiatry* 63 (July): 370–84.

Browning, S. W. 1994. Treating stepfamilies: Alternatives of traditional family therapy. In *Stepparenting: Issues in theory, research, and practice*, eds. K. Pasley and M. Ihinger-Tallman, 175–98. Westport, CT: Greenwood.

Brulliard, K. 2006. Last rites, tailored to immigrant customs. *Washington Post*, April 24, A1.

Brulliard, K. 2009. Which Mrs. Zuma will be South Africa's first lady? *Washington Post*, May 9.

Bryant, C. M., K. A. W. Wickrama, J. Bolland, B. M. Bryant, C. E. Cutrona, and E. E. Stanik. 2010. Race matters, even in marriage: Identifying factors linked to marital outcomes for African Americans. *Journal of Family Theory & Review* 2 (September): 157–74.

Buffet, W. 2011. Stop coddling the super-rich. *New York Times*, August 14, B21.

Buhi, E. R., E. M. Daley, A. Oberne, S. A. Smith, T. Schneider, and H. J. Fuhrmann. 2010. Quality and accuracy of sexual health information Web sites visited by young people. *Journal of Adolescent Health* 47 (August): 206–08.

Buhle, M., T. Murphy, and J. Gerhard. 2008. *Women and the making of America*, vol. 2. Upper Saddle River, NJ: Prentice Hall.

Bulik, C. M., et al. 2006. Prevalence, heritability, and prospective risk factors for anorexia nervosa. *Archive of General Psychiatry* 63 (March): 305–12.

Bullock, K. 2005. Grandfathers and the impact of raising grandchildren. *Journal of Sociology and Social Welfare* 32 (March): 43–59.

Bureau of Labor Statistics. 2012. Wives who earn more than their husbands, 1987–2011. November 20.

Bureau of Labor Statistics. 2013. Labor force statistics from the Current Population Survey, Table 2, household data.

Bureau of Labor Statistics American Time Use Survey. 2013. American time use survey—2012 results. June 20.

Bureau of Labor Statistics Economic News Release. 2013. Employment situation, July 5.

Bureau of Labor Statistics News. 2011. American time-use survey—2010 results. Bureau of Labor Statistics, June 22.

Burgess, E. W., and H. J. Locke. 1945. *The family: From institution to companionship.* New York: American Book Company.

Burgess, E. W., H. J. Locke, and M. M. Thomes. 1963. *The family from institution to companionship.* New York: American Book Co.

Burkhart, J. A. 2011. The birth police—Rights of pregnant women and their families. Women's Media Center, April 5.

Burleson, B. R., and W. H. Denton. 1997. The relationships between communication skill and marital satisfaction: Some moderating effects. *Journal of Marriage and the Family* 59 (November): 884–902.

Burr, W. R. 1995. Using theories in family science. In *Research and theory in family science*, eds. R. D. Day, K. R. Gilbert, B. H. Settles, and W. R. Burr, 73–90. Pacific Grove, CA: Brooks/Cole.

Burt, S. A., M. B. Donnellan, M. N. Humbad, B. M. Hicks, M. McGue, and W. G. Iacono. 2010. Does marriage inhibit antisocial behavior? An examination of selection vs. causation via a longitudinal twin design. *Archives of General Psychiatry* 67 (December): 1309–15.

Burton, L. 2007. Childhood adultification in economically disadvantaged families: A conceptual model. *Family Relations* 56 (October): 329–45.

Burton, L. M., and C. B. Stack. 1993. Conscripting kin: Reflections on family, generation, and culture. In *Family, self, and society: Toward a new agenda for family research*, eds. P. A. Cowan, D. Field, D. A. Hansen, A. Skolnick, and G. E. Swanson, 115–42. Hillsdale, NJ: Erlbaum.

Burton, L. M., D. Bonilla-Silva, V. Ray, R. Buckelew, and E. H. Freeman. 2010. Critical race theories, colorism, and the decade's research on families of color. *Journal of Marriage and Family* 72 (June): 440–59.

Busby, D., M. Brandt, C. Gardner, and N. Taniguchi. 2005. The family of origin parachute model: Landing safely in adult romantic relationships. *Family Relations* 54 (April): 254–64.

Busby, D. M., T. B. Holman, and E. Walker. 2008. Pathways to relationship aggression between adult partners. *Family Relations* 57 (January): 72–83.

Bushman, B. J., R. F. Baumeister, S. Thomaes, E. Ryu, S. Begeer, and S. G. West. 2009. Looking again, and harder, for a link between low self-esteem and aggression. *Journal of Personality* 77 (April): 570–78.

Buss, D. M. 2000. *The dangerous passion: Why jealousy is as necessary as love and sex.* New York: Free Press.

Buss, D. M., and D. P. Schmitt. 1993. Sexual strategies theory: An evolutionary perspective on human mating. *Psychological Review* 100 (April): 204–32.

Buss, D. M., R. J. Larsen, and D. Westen. 1996. Commentary: Sex differences in jealousy: Not gone, not forgotten, and not explained by alternative hypotheses. *Psychological Science* 7 (November): 373–75.

Bussey, K., and A. Bandura. 1992. Self-regulatory mechanisms governing gender development. *Child Development* 63 (October): 1236–50.

Byers, E. S., and H. A. Sears. 2012. Mothers who do and do not intend to discuss sexual health with their young adolescents. *Family Relations* 61 (December): 851–63.

Bynum, L., et al. 2010. Adverse childhood experiences reported by adults—Five states, 2009. *Morbidity and Mortality Weekly Report* 59 (49): 1609–13.

Byrd, A. 2013. The single girl's second shift. *Marie Claire*, July, 87–89.

Byron, E. 2012. A truce in the chore wars. *Wall Street Journal*, December 5, D1–D2.

C

Cacioppo, J. T., et al. 2002. Loneliness and health: Potential mechanisms. *Psychosomatic Medicine* 64 (May/June): 407–17.

Caffaro, J. V., and A. Conn-Caffaro. 1998. *Sibling abuse trauma: Assessment and intervention strategies for children, families, and adults.* New York: Haworth.

Cahill, S., M. Botzer, and G. Cheung. 2007. Black, Latino, Asian same-sex couples have most to gain, lose from marriage fight. *Peacework* 34.

Calasanti, T. 2007. Bodacious Berry, potency wood and the aging monster: Gender and age relations in anti-aging ads. *Social Forces* 86 (September): 335–55.

Caldwell, M. A., and L. A. Peplau. 1990. The balance of power in lesbian relationships. In *Perspectives on the family: History, class, and feminism*, ed., C. Carlton, 204–15. Belmont, CA: Wadsworth.

Callahan, M. 2009. The rise of "familycide:" What's behind the shocking trend. *Washington Post*, April 26, 23.

Callaway, E. 2012. Fathers bequeath more mutations as they age. *Nature* 488 (August 23): 439.

Callis, R. R., and L. B. Cavanaugh. 2009. Census Bureau reports on residential vacancies and homeownership. U.S. Census Bureau News, CB09-57, April 27.

Calvert, S. 2006. South Africans defend the price of tying the knot. *Baltimore Sun*, July 24, 1A, 10A.

Camarillo, A. 1979. *Chicanos in a changing society: From Mexican pueblos to American barrios in Santa Barbara and southern California, 1848–1930.* Cambridge, MA: Harvard University Press.

Camp Dush, C. M. 2013. Marital and cohabitation dissolution and parental depressive symptoms in fragile families. *Journal of Marriage and Family* 75 (February): 91–109.

Campo-Flores, A. 2013. New checks on alimony pay. *Wall Street Journal*, April 17, A3.

Cancian, F. M. 1990. The feminization of love. In *Perspectives on the family: History, class, and feminism*, ed. C. Carlson, 171–85. Belmont, CA: Wadsworth.

Caplan, J. 2005. Metrosexual matrimony. *Time*, October 3, 67.

Card, D., and L. Giuliano. 2011. Peer effects and multiple equilibria in the risky behavior of friends. National Bureau of Economic Research, May.

Carey, B. 2004. Long after Kinsey, only the brave study sex. *New York Times*, November 9, F1.

Carey, B. 2005. Experts dispute Bush on gay-adoption issue. *New York Times*, January 29, A16.

Carey, B. 2008. Psychiatrists revise the book of human troubles. *New York Times*, December 18, 1.

CARLSON, K. S., AND P. F. GJERDE. 2009. Pre-school personality antecedents of narcissism in adolescence and young adulthood: A 20-year longitudinal study. *Journal of Research in Personality* 43 (August): 570–78.

CARLSON, M., S. MC LANAHAN, AND P. ENGLAND. 2004. Union formation in fragile families. *Demography* 41 (May): 237–61.

CARMALT, J. H., J. CAWLEY, K. JOYNER, AND J. SOBAL. 2008. Body weight and matching with a physically attractive romantic partner. *Journal of Marriage and Family* 70 (December): 1287–96.

CARMON, I. 2011. Why does everything seem to be going wrong for women's progress? AlterNet, December 21.

CARNAGEY, N. L., AND CRAIG A. ANDERSON. 2005. The effects of reward and punishment in violent video games on aggressive affect, cognition, and behavior. *Psychological Science* 16 (November): 882–89.

CARNEY, S. 2010. Cash on delivery. *Mother Jones*, March/April, 69–73.

CARNOY, M., AND D. CARNOY. 1997. *Fathers of a certain age: The joys and problems of middle-aged fatherhood.* Minneapolis, MN: Fairview Press.

CARPENTER, C. 2008. "Tough love" pervades self-help books. *Christian Science Monitor*, February 7, 17.

CARPENTER, D., T. FULLER, AND L. ROBERTS. 2013. Wikileaks and Iraq body count: The sum of parts may not add up to the whole. A comparison of two tallies of Iraqi civilian deaths. *Prehospital and Disaster Medicine* 28 (June): 223–29.

CARPENTER, S. 2008. No recession for online dating sites. *Los Angeles Times*, December 28, www.latimes.com (accessed December 29, 2008).

CARR, D. 2004. The desire to date and remarry among older widows and widowers. *Journal of Marriage and Family* 66 (November): 1051–68.

CARR, D. 2010. Cheating hearts. *Contexts* 9 (Summer): 58–60.

CARR, D. 2012. The social stratification of older adults' preparations for end-of-life health care. *Journal of Health and Social Behavior* 53 (3): 297–312.

CARR, D., C. B. WORTMAN, AND K. WOLFF. 2006. How older Americans die today: Implications for surviving spouses. In *Spousal bereavement in late life*, eds. D. Carr, R. M. Nesse, and C. B. Wortman, 49–78. New York: Springer.

CARRASQUILLO, H. 2002. The Puerto Rican family. In *Minority families in the United States: A multicultural perspective*, 3rd ed., ed. R. L. Taylor, 101–13. Upper Saddle River, NJ: Prentice Hall.

CARRELL, S. E., AND M. L. HOEKSTRA. 2009. Domino effect. *Education Next*, Summer, 59–63.

CARRELL, S. E., M. HOEKSTRA, AND J. E. West. 2010. Is poor fitness contagious? Evidence from randomly assigned friends. National Bureau of Economic Research, November.

CARTER, M., D. HENRY-MOSS, L. HOCK-LONG, A. BERGDALL, AND K. ANDES. 2010. Heterosexual anal sex experiences among Puerto Rican and black young adults. *Perspectives on Sexual and Reproductive Health* 42 (December): 267–74.

CARTER, S., AND J. SOKOL. 1993. *He's scared, she's scared: Understanding the hidden fears that sabotage your relationships.* New York: Delacorte.

CASLER, L. 1974. *Is marriage necessary?* New York: Human Sciences Press.

CASPI, A., ET AL. 2003. Influence of life stress on depression: Moderation by a polymorphism in the 5-HTT gene. *Science* 301 (July 18): 386–89.

CASSELMAN, B. 2013. Low wages blur job picture. *Wall Street Journal*, August 3–4, A1–A2.

CASSELMAN, B. 2013. Male nurses earn more. *Wall Street Journal*, February 26, A2.

CATALANO, S. 2007. Intimate partner violence in the United States. Bureau of Justice Statistics.

CATALANO, S. 2012. Intimate partner violence 1993–2010. Bureau of Justice Statistics, November.

CATALANO, S. 2012. Stalking victims in the United States—Revised. Bureau of Justice Statistics, September.

CATALYST. 2013. Women CEOs of the Fortune 1000. May 8.

CATCHING UP. 2013. *The Economist*, January 12, 67–68.

CATE, R. M., AND S. A. LLOYD. 1992. *Courtship.* Thousand Oaks, CA: Sage.

CAULKINS, J. P., A. HAWKEN, B. KILMER, AND M. A. R. KLEIMAN. 2012. Important facts about marijuana legalization. RAND, July 13.

CAVAN, R. S., AND K. H. RANCK. 1938. *The family and the Depression: A study of one hundred Chicago families.* Chicago: University of Chicago Press.

CAVANAGH, S. E., AND A. C. HUSTON. 2008. The timing of family instability and children's social development. *Journal of Marriage and Family* 70 (December): 1258–69.

CAVANAGH, S. E., S. R. CRISSEY, AND R. K. RALEY. 2008. Family structure history and adolescent romance. *Journal of Marriage and Family* 70 (August): 698–714.

CDC FACT SHEET. 2011. 10 ways STDs impact women differently from men. Centers for Disease Control and Prevention, April.

CDC FACT SHEET. 2013. Incidence, prevalence, and cost of sexually transmitted infections in the United States. Centers for Disease Control and Prevention, February.

CDC NATIONAL PREVENTION INFORMATION NETWORK. 2012. STDs today. Centers for Disease Control Prevention, October 16.

CDC VITAL SIGNS TOWN HALL TELECONFERENCE. 2012. Binge drinking transcript. Centers for Disease Control, January 17.

CECH, E., B. RUBINEAU, S. SILBEY, AND C. SERON. 2011. Professional role confidence and gendered persistence in engineering. *American Sociological Review* 70 (October): 641–69.

CELLINI, S. R., S. MCKERNAN, AND C. RATCLIFFE. 2008. The dynamics of poverty in the United States: A review of data, methods, and findings. *Journal of Policy Analysis and Management* 27 (Summer): 577–605.

2010 census mail participation rate map. 2010. U.S. Census Bureau, 2010.

CENSUS BUREAU RELEASES ESTIMATES OF SAME-SEX MARRIED COUPLES. 2011. September 27.

CENTER FOR AMERICAN WOMEN AND POLITICS. 2013. Women in elective office 2013.

CENTER FOR BEHAVIORAL HEALTH STATISTICS AND QUALITY. 2012. 8.6 million adults had suicidal thoughts in past year. *Data Spotlight*, Substance Abuse and Mental Health Services Administration, September.

CENTERS FOR DISEASE CONTROL AND PREVENTION, AMERICAN SOCIETY FOR REPRODUCTIVE MEDICINE, SOCIETY FOR ASSISTED REPRODUCTIVE TECHNOLOGY. 2012. *2010 Assisted reproductive technology fertility clinic success rates report.* Atlanta, GA: U.S. Department of Health and Human Services.

CENTERS FOR DISEASE CONTROL AND PREVENTION. 2010. Diagnoses of HIV infection and AIDS in the United States and dependent areas, 2010. *HIV Surveillance Report*, vol. 22.

CENTERS FOR DISEASE CONTROL AND PREVENTION. 2012. Trends in current cigarette smoking among high school students and adults, United States, 1965–2011. December 7.

CENTERS FOR DISEASE CONTROL AND PREVENTION. 2012. Understanding teen dating violence.

CENTERS FOR DISEASE CONTROL AND PREVENTION. 2012a. HIV in the United States: At a glance. July.

CENTERS FOR DISEASE CONTROL AND PREVENTION. 2012b. *Sexually transmitted disease surveillance 2011.* Atlanta, GA: U.S. Department of Health and Human Services.

CENTERS FOR MEDICARE & MEDICAID SERVICES. 2012. National health expenditure projections: 2010–2020. April 11.

CENTRAL INTELLIGENCE AGENCY. 2012. *The world factbook: Sex ratio.*

CENTRAL STATISTICS ORGANIZATION AND UNICEF. 2012. Afghanistan multiple indicator cluster survey 2010–2011. Final Report. Kabul.

CESI DEBT SOLUTIONS. 2010. National survey reveals truth about marriage and credit cards. July.

CHA, Y. 2009. Reinforcing the "separate spheres" arrangement: The effect of spousal overwork on the employment of men and women in dual-earner households. *American Sociological Review*, forthcoming.

CHADWICK MARTIN BAILEY. 2013. The evolution of dating: Match.com and Chadwick Martin Bailey behavioral studies uncover a fundamental shift. April 20.

CHAFE, W. H. 1972. *The American woman: Her changing social, economic, and political roles, 1920–1970.* New York: Oxford University Press.

CHAMBERS, A. L., AND A. KRAVITZ. 2011. Understanding the disproportionately low marriage rate among African Americans: An amalgam of sociological and psychological constraints. *Family Relations* 60 (December): 648–60.

CHAMBERS, V. 2003. *Having it all? Black women and success.* New York: Doubleday.

CHAN, S. 1997. Families with Asian roots. In *Developing cross-cultural competence: A guide for working with children and families*, 2nd ed., eds. E. W. Lynch and M. J. Hanson, 251–353. Baltimore: Paul H. Brookes.

CHAN, S. 1999. Families with Asian roots. In *Developing cross-cultural competence: A guide for working with children and their families*, 2nd ed., eds. E. W. Lynch and M. J. Hanson, 251–344. Baltimore: Paul H. Brookes.

CHANDRA, A., G. A. MARTINEZ, W. D. MOSHER, J.C. ABMA, AND J. JONES. 2005. Fertility, family planning, and reproductive health of U.S. women: Data from the 2002 national survey of family growth. *Vital and Health Statistics* (Series 23, No. 25). Hyatsville, MD: National Center for Health Statistics.

CHANDRA, A., W. D. MOSHER, AND C. COPEN. 2011. Sexual behavior, sexual attraction, and sexual identity in the United States: Data from the 2006–2008 National Survey of Family Growth. *National Health Statistics Reports*, no. 36, March 3.

CHAO, R., AND V. TSENG. 2002. Parenting of Asians. In *Handbook of parenting*, 2nd ed., Vol. 4: Social conditions and applied parenting, ed. M. H. Bornstein, 59–93. Mahwah, NJ: Erlbaum.

CHARLES, K. K., E. HURST, AND A. KILLEWALD. 2011. Marital sorting and parental wealth. National Bureau of Economic Research, January.

CHARLES, M. 2011. What gender is science? *Contexts* 10 (Spring): 22–28.

CHARLES, S. T., AND L. L. CARSTENSEN. 2002. Marriage in old age. In *Inside the American couple: New thinking/new challenges*, eds. M. Yalom and L. L. Carstensen, 236–54. Berkeley: University of California Press.

CHARLES, V. E., C. B. POLIS, S. K. SRIDHARA, AND R. W. BLUM. 2008. Abortion and long-term mental health outcomes: A systematic review of the evidence. *Contraception* 78 (December): 436–50.

CHEAH, C. S. L., C. Y. Y. LEUNG, M. TAHSEEN, AND D. SCHULTZ. 2009. Authoritative parenting among immigrant Chinese mothers of preschoolers. *Journal of Family Psychology* 23 (June): 311–20.

CHELALA, C. 2002. World violence against women a great unspoken pandemic. *Philadelphia Inquirer*, November 4.

CHEN, J., AND D. T. TAKEUCHI. 2011. Intermarriage, ethnic identity, and perceived social standing among Asian women in the United States. *Journal of Marriage and Family* 73 (August): 876–88.

CHEN, Z.-Y., AND H. B. KAPLAN. 2001. Intergenerational transmission of constructive parenting. *Journal of Marriage and Family* 63 (February): 17–31.

CHENG, D., AND I. L. HORON. 2010. Intimate-partner homicide among pregnant and postpartum women. *Obstetrics & Gynecology* 115 (June): 1181–86.

CHENG, Y. A., AND N. S. LANDALE. 2010. Adolescent overweight, social relationships and the transition to first sex: Gender and racial variations. *Perspectives on Sexual and Reproductive Health* 43 (March): 6–15.

CHERLIN, A. J. 2009. *The marriage-go-round: The state of marriage and the family in America today*. New York: Alfred A. Knopf.

CHERLIN, A. J. 2010. Demographic trends in the United States: A review of research in the 2000s. *Journal of Marriage and Family* 72 (June): 403–19.

CHESHIRE, T. C. 2001. Cultural transmission in urban American Indian families. *American Behavioral Scientist* 44 (May): 1528–35.

CHESHIRE. T. 2006. American Indian families: Strength and answers from our past. In *Families in global and multicultural perspective*, 2nd ed., eds. B. B. Ingoldsby and S. D. Smith, 315–27. Thousand Oaks, CA: Sage.

CHESLER, P. 2006. The failure of feminism. *Chronicle of Higher Education*, February 26, B12.

CHESLEY, N., AND B. FOX. 2012. E-mail's use and perceived effect on family relationship quality: Variations by gender and race/ethnicity. *Sociological Focus* 45 (1): 63–84.

CHESNEY-LIND, M., AND L. PASKO. 2004. *The female offender: Girls, women, and crime*, 2nd ed. Thousand Oaks, CA: Sage.

CHILD MALTREATMENT. 2012. Centers for Disease Control and Prevention.

CHILD TRENDS DATA BANK. 2012. Attitudes toward spanking: Indicators on children and youth. October.

CHILD TRENDS DATA BANK. 2012. Dating. May.

CHILD TRENDS DATA BANK. 2012. Parental expectations for their children's academic attainment: Indicators on children and youth. July.

CHILD WELFARE INFORMATION GATEWAY. 2007. Recognizing child abuse and neglect: Signs and symptoms.

CHILD WELFARE INFORMATION GATEWAY. 2008. Child abuse neglect fatalities: Statistics and interventions. March.

CHILD WELFARE INFORMATION GATEWAY. 2009. Foster care statistics. U.S. Department of Health and Human Services, Administration for Children and Families. February.

CHILD WELFARE INFORMATION GATEWAY. 2013. Preventing child maltreatment and promoting well-being: A network for action.

Childhood Obesity Facts. 2013. Centers for Disease Control and Prevention, February 19.

CHILDREN'S BUREAU. 2012. Trends in foster care and adoption—FY 2002–FY 2011. U.S. Department of Health and Human Services, Administration on Children, Youth, and Families.

CHILDREN'S DEFENSE FUND. 2005. *State of America's children 2005*. Washington, DC: Children's Defense Fund.

CHILDREN'S DEFENSE FUND. 2010. *State of America's children*. Washington, DC.

CHILDREN'S DEFENSE FUND. 2012. *State of America's children handbook*. Washington, DC.

CHIN, E. 2001. *Purchasing power: Black kids and American consumer culture*. Minneapolis: University of Minnesota Press.

Chips off the Old Block. 2013. *The Economist*, January 12, 53–54.

CHMIELEWSKI, D. C., AND C. ELLER. 2010. Disney restyles "Rapunzel" to appeal to boys. *Los Angeles Times*, March 9.

CHO, W., AND S. E. CROSS. 1995. Taiwanese love styles and their association with self-esteem and relationship quality. *Genetic, Social, and General Psychology Monographs* 121: 283–309.

CHOICE, P., AND L. K. LAMKE. 1997. A conceptual approach to understanding abused women's stay/leave decisions. *Journal of Family Issues* 18 (May): 290–314.

CHOWDHURY, A. 2013. 'Til recession do us part: Booms, busts and divorce in the United States. *Applied Economics Letters* 20 (3): 255–261.

CHRIQUI, E. 2013. Make my Valentine's Day jewelry conflict-free. *Huffington Post*, February 8.

CHRISLER, A., AND K. A. MOORE. 2012. What works for disadvantaged and adolescent parent programs: Lessons from experimental evaluations of social programs and interventions for children. Child Trends Fact Sheet, August.

CHRISTAKIS, E. 2012. The overwhelming maleness of mass homicide. *Time*, July 24.

CHRISTAKIS, N. A., AND J. H. FOWLER. 2007. The spread of obesity in a large social network over 32 years. *New England Journal of Medicine* 357 (July 26): 370–79.

CHRISTAKIS, N. A., AND P. D. ALLISON. 2006. Mortality after the hospitalization of a spouse. *New England Journal of Medicine* 354 (February 16): 719–30.

CHRISTIAN, L., S. KEETER, K. PURCELL, AND A. SMITH. 2010. Assessing the cell phone challenge to survey research in 2010. Pew Research Center, May 20.

CHRISTIANSEN, S. 2009. The changing culture of Japanese fatherhood. *Family Focus* 54 (Spring): F12, F14.

CHRISTIE-MIZELL, C. A., E. M. PRYOR, AND E. R. B. GROSSMAN. 2008. Child depressive symptoms, spanking, and emotional support: Differences between African American and European American youth. *Family Relations* 57 (July): 335–50.

CHRISTINA, G. 2011. Puritan pundits should chill out—Here are 5 reasons I'm happy I've had lots of casual sex. *AlterNet*, August 28.

CHRISTINA, G. 2011. Wealthy, handsome, strong, packing endless hard-ons: The impossible ideals men are expected to meet. Independent Media Institute, June 20.

CHRISTOPHER, F. S. 2001. *To dance the dance: A symbolic interactional exploration of premarital sexuality*. Mahwah, NJ: Erlbaum.

CHRISTOPHER, F. S., AND T. S. KISLER. 2004. Sexual aggression in romantic relationships. In *The handbook of sexuality in close relationships*, eds. J. Harvey, A. Wenzel, and S. Sprecher, 287–409. Mahwah, NJ: Lawrence Erlbaum.

CHU, H. 2006. Wombs for rent, cheap. *Los Angeles Times*, April 19, A1.

CHU, K. 2013. China factories try karaoke, speed dating to keep workers. *Wall Street Journal*, May 3, B1.

CHU, K., AND E. RAMSTAD. 2012. Asian women fight barriers. *Wall Street Journal*, July 2, B4.

CHUA, A. 2011. *Battle hymn of the tiger mother*. New York: Penguin Press.

CHUNG, E. K., L. MATHEW, A. C. ROTHKOPF, I. T. ELO, J. C. COYNE, AND J. F. CULHANE. 2009. Parenting attitudes and infant spanking: The influence of childhood experiences. *Pediatrics* 124 (August): e278–e286.

CHUNG, G. H., M. B. TUCKER, AND D. TAKEUCHI. 2008. Wives' relative income production and household male dominance: Examining violence among Asian American enduring couples. *Family Relations* 57 (April): 227–38.

CIA World Factbook. 2012. Country comparison: Infant mortality rate.

CIA World Factbook. 2012. Literacy. October 4.

CIA World Factbook. 2013. Country comparison: Total fertility rate.

CLARK, A. 2008. Tribes strive to save native tongues. *Christian Science Monitor*, May 23, 2.

CLARK, C. L., P. R. SHAVER, AND M. F. ABRAHAMS. 1999. Strategic behaviors in romantic relationship initiation. *Personality and Social Psychology Bulletin* 25: 707–20.

CLARK, J. M. 1999. *Doing the work of love: Men & commitment in same-sex couples*. Harriman, TN: Men's Studies Press.

CLARK, M. 2011. Shocking Congo rape statistics obscure key points: Husbands rape more than soldiers, rebels do. *Christian Science Monitor*, May 12.

CLARKE, J. N. 2010. The domestication of health care: Health advice to Canadian Mothers 1993–2008 in *Today's Parent*. *Family Relations* 59 (April): 170–79.

CLARKE, T. C., AND D. BLACKWELL. 2013. Quickstats. *Morbidity and Mortality Weekly Report* 62 (7): 38.

CLARK-FLORY, T. 2012. How risky is oral sex? *Salon*, August 19.

CLEARFIELD, M. W., AND N. M. NELSON. 2006. Sex differences in mothers' speech and play behavior with 6-, 9-, and 14-month-old infants. *Sex Roles* 54 (January): 127–37.

CLEMENT, S. 2011. Workplace harassment drawing wide concern. *Washington Post*, November 16.

CLIFTON, D. 2012. Most women in Afghanistan justify domestic violence. Population Reference Bureau, September.

CLIFTON, D., AND A. FROST. 2011. The world's women and girls: 2011 data sheet. Population Reference Bureau.

CLIFTON, D., AND C. FELDMAN-JACOBS. 2011. 2011 international day of zero tolerance to female genital mutilation/cutting. Population Reference Bureau, February.

CLOKE, B. 2012. Why do men have such trouble with intimacy? AlterNet, August 7.

CLOUD, D. S. 2013. On base, suicide a team fight. *Baltimore Sun*, April 14, 21.

CLOUD, D. S. 2013. Pentagon adds benefits for same-sex couples. *Baltimore Sun*, February 12, 6.

CLUNIS, D. M., AND G. D. GREEN. 2000. *Lesbian couples: A guide to creating healthy relationships*. Seattle: Seal.

COATES, T-N. 2008. This is how we lost to the white man. *Atlantic Monthly*, May.

COBB, M. 2012. *Single: Arguments for the uncoupled*. New York: New York University Press.

COCHRANE, M. 2012. Fewer Americans report healthy eating habits in 2011. Gallup, April 11.

COHAN, C. I., AND S. KLEINBAUM. 2002. Toward a greater understanding of the cohabitation effect: Premarital cohabitation and marital communication. *Journal of Marriage and Family* 64 (February): 180–92.

COHANY, S. 2009. Ranks of discouraged workers and others marginally attached to the labor force rise during recession. Issues in Labor Statistics, U.S. Bureau of Labor Statistics, April.

COHEN, D. L. 2013. A pricier path to parenthood. *Baltimore Sun*, April 21, 2.

COHEN, J. 2013. Gay marriage support hits new high in Post-ABC poll. *Washington Post*, March 18.

COHEN, N. 2011. Define gender gap? Look up Wikipedia's contributor list. *New York Times*, January 31, A1.

COHEN, P. N. 2012. Recession and divorce in the United States: Economic conditions and the odds of divorce, 2008–2010. Maryland Population Research Center, April.

COHEN, S. A. 2008. Abortion and women of color: The bigger picture. *Guttmacher Policy Review* 11 (Summer): 2–5, 12.

COHN, D. 2011. India census offers three gender options. Pew Research Center, February 7.

COHN, D. 2013. Love and marriage. Pew Research Center, February 13.

COHN, D., J. S. PASSEL, W. WANG, AND G. LIVINGSTON. 2011. Barely half of U.S. adults are married—A record low. Pew Research Center, December 14.

COHN, L. 2003. One child, four parents. *Christian Science Monitor*, February 19, 11–13.

COHN, L. 2005. Remarriage after retirement. *Christian Science Monitor*, June 8, 11–12.

COLAPINTO, J. 1997. The true story of John/Joan. *Rolling Stone*, December 11, 54–73, 92–97.

COLAPINTO, J. 2001. *As nature made him: The boy who was raised as a girl*. New York: Harper Perennial.

COLAPINTO, J. 2004. What were the real reasons behind David Reimer's suicide? *Slate*, June 3.

COLE, M. G., AND N. DENDUKURI. 2003. Risk factors for depression among elderly community subjects: A systematic review and meta-analysis. *American Journal of Psychiatry* 160 (June): 1147–56.

COLEMAN, M., AND L. NICKLEBERRY. 2009. An evaluation of the remarriage and stepfamily self-help literature. *Family Relations* 58 (December): 549–61.

COLEMAN, M., L. H. GANONG, AND S. WEAVER. 2001. Relationship maintenance and enhancement in remarried families. In *Close romantic relationships: Maintenance and enhancement*, eds. J. H. Harvey and A. Wenzel, 255–76. Mahwah, NJ: Erlbaum.

COLEMAN, M., L. H. GANONG, AND M. FINE. 2002. Reinvestigating remarriage: Another decade of progress. In *Understanding families into the new millennium: A decade in review*, ed. R. M. Milardo, 507–26. Minneapolis: National Council on Family Relations.

COLEMAN, T. F. 2007. Single women take large share of homebuyer market. Unmarried America, April 30.

COLL, STEVE. 2008. *The Bin Ladens: An Arabian family in the American century*. New York: Penguin.

COLLIER, J. 1947. *The Indians of the Americas*. New York: Norton.

COLLINS, C. 2005. N.H. adoptees gain access to records. *Christian Science Monitor*, Januaary 13, 11–12.

COLLINS, J., AND F. LIDZ. 2013. The gay athlete. *Sports Illustrated*, May 6, 34–41.

COLLISON, M. N.-K. 1993. A sure-fire winner is to tell her you love her; women fall for it all the time. In *Women's studies: Thinking women*, eds. J. Wetzel, M. L. Espenlaub, M. A. Hagen, A. B. McElhiney, and C. B. Williams, 228–30. Dubuque, IA: Kendall/Hunt.

COMIJS, H. C., A. M. POT, H. H. SMIT, AND C. JONKER. 1998. Elder abuse in the community: Prevalence and consequences. *Journal of the American Geriatrics Society* 46 (7): 885–88.

COMMON SENSE MEDIA. 2012. Social media, social life: How teens view their digital lives. Summer.

CONFER, J. C., AND M. D. CLOUD. 2011. Sex differences in response to imagining a partner's heterosexual or homosexual affair. *Personality and Individual Differences* 50 (January): 129–34.

CONGRESSIONAL HEARING EXPLORES HIGH SUICIDE RATES AMONG AMERICAN INDIAN YOUTH. 2009. Kaiser Family Foundation, March 3.

CONKLIN, K. 2012. Standards, standoffs, and the hidden curriculum: A summary report on sexuality education controversies, 2011–2012. SIECUS.

CONLIN, J. 2009. Living apart for the paycheck. *New York Times*, January 2, 1.

ConsumerReports.org. 2009. 6 top reasons for not having sex, February.

CONWAY, T., AND R. Q. HUTSON. 2008. Healthy marriage and the legacy of child maltreatment: A child welfare perspective. CLASP Policy Brief, May, 1–13.

COOK, B., AND Y. KIM. 2012. *The American college president 2012*. Washington, DC: American Council on Education.

COOLEY, C. H. 1909/1983. *Social organization: A study of the larger mind*. New Brunswick, NJ: Transaction Books.

COONTZ, S. 1992. *The way we never were: American families and the nostalgia trap*. New York: Basic Books.

COONTZ, S. 2005. *Marriage, a history: How love conquered marriage*. New York: Penguin.

COONTZ, S. 2010. Divorce and dissolution: Recognizing reality. *Family Focus*, Winter, F3–F5.

COOPER, A., AND E. L. SMITH. 2011. Homicide trends in the United States, 1980–2008: Annual rates for 2009 and 2010. Bureau of Justice Statistics, November.

COOPER, H. 2009. President delivers exhortation to fathers. *New York Times*, June 20, 10.

COOPERMAN, A. 2010. Ask the expert. Pew Research Center, December 29.

COPELAND, L. 2013. Rash of fatal teen wrecks puts focus on parents. *USA Today*, March 15.

COPEN, C. E., A. CHANDRA, AND G. MARTINEZ. 2012. Prevalence and timing of oral sex with opposite-sex partners among females and males aged 15–24: United States, 2007–2010. *National Health Statistics Reports*, August16.

COPEN, C. E., K. DANIELS, AND W. D. MOSHER. 2013. First premarital cohabitation in the United States: 2006–2010 National Survey of Family Growth. *National Health Statistics Reports*, Number 64, April 4.

COPEN, C. E., K. DANIELS, J. VESPA, AND W. D. MOSHER. 2012. First marriages in the United States: Data from the 2006–2010 National Survey of Family Growth, *National Health Statistics Reports*, Number 49, March 22.

COPLAN, J. H. 2008. Reconcilable differences. *Working Wealth*, Winter, 16–21

CORBETT, C., AND C. HILL. 2012. Graduating to a pay gap: The earnings of women and men one year after college graduation. AAUW, October.

COSBY, B., AND A. F. POUSSAINT. 2007. *Come on people: On the path from victims to victors*. Nashville, TN: Thomas Nelson.

COSE, E. 2005. Does Cosby help? *Newsweek*, January 3, 66–69.

COSTIGAN, C. L., D. P. DORIS, AND T. F. SU. 2004. Marital relationships among immigrant Chinese couples. In *Vision 2004: What is the future of marriage?* eds. P. Amato and N. Gonzalez, 41–44. Minneapolis, MN: National Council on Family Relations.

COTT, N. F. 1976. Eighteenth century family and social life revealed in Massachusetts divorce records. *Journal of Social History* 10 (Fall): 20–43.

COTT, N. F. 1977. *The bonds of womanhood*. New Haven, CT: Yale University Press.

COTT, N. F., AND E. H. PLECK, EDS. 1979. *A heritage of her own: Toward a new social history of American women*. New York: Simon & Schuster.

COTTEN, S. R. 1999. Marital status and mental health revisited: Examining the importance of risk factors and resources. *Family Relations* 48 (July): 225–33.

COTTER, D., P. ENGLAND, AND J. HERMSEN. 2007. Trends in mothers' employment and which mothers stay home. Council on Contemporary Families, May 10.

COUGHLIN, P., AND J. C. WADE. 2012. Masculinity ideology, income disparity, and romantic relationship quality among men with higher earning female partners. *Sex Roles* 67 (September): 311–22.

COVEL, S. 2003. Cheating hearts. *American Demographics* 25 (June): 16.

COWAN, C. P., AND P. A. COWAN. 2000. *When partners become parents: The big life change for couples*. Mahwah, NJ: Erlbaum.

COWAN, P. A., C. P. COWAN, M. K. PRUETT, AND K. PRUETT. 2009. Six barriers to father involvement and suggestions for overcoming them. *Family Focus* 54 (Spring): F1, F2, F4.

COX, R. R. JR., B. BURR, A. J. BLOW, AND J. R. PARRA CARDONA. 2011. Latino adolescent substance use in the United States: Using the bioecodevelopmental model as an organizing framework for research and practice. *Journal of Family Theory & Review* 3 (June): 96–123.

COX, W. 2009. Executive summary: Improving quality of life through telecommuting. Information Technology & Innovation Foundation, January.

COY, P. 2013. The gap between rich and poor widens. *Bloomberg Businessweek*, October 15–21, 80.

COY, P. 2013. What happened to work? *Bloomberg Businessweek*, May 13–19, 10–11.

CRANDELL, S. 2005. Oh, baby. *AARP Magazine*, September/October, 108–18.

CRAWFORD, D. W., R. M. HOUTS, T. L. HUSTON, AND L. J. GEORGE. 2002. Compatibility, leisure, and satisfaction in marital relationships. *Journal of Marriage and Family* 64 (May): 433–49.

CRAWLEY, L., AND M. K. SINGER. 2007. Racial, cultural, and ethnic factors affecting the quality of end-of-life care in California: Findings and recommendations. California HealthCare Foundation, March.

CREA, T. M., AND R. P. BARTH. 2009. Patterns and predictors of adoption openness and contact: 14 years postadoption. *Family Relations* 58 (December): 607–20.

CRISPELL, D. 1992. Myths of the 1950s. *American Demographics* (August): 38–43.

CRITTENDEN, D. 1999. *What our mothers didn't tell us: Why happiness eludes the modern woman.* New York: Simon & Schuster.

CROSBY, A. E., L. ORTEGA, AND M. R. STEVENS. 2011. Suicides—United States, 1999–2007. *MMWR* 60 (Suppl, January 14): 56–59.

CROSBY, F. J. 1991a. *Illusion and disillusion: The self in love and marriage,* 5th ed. Belmont, CA: Wadsworth.

CROSBY, F. J. 1991b. *Juggling: The unexpected advantages of balancing career and home for women and their families.* New York: Free Press.

CROSNOE, R., AND A. KALIL. 2010. Educational progress and parenting among Mexican immigrant mothers of young children. *Journal of Marriage and Family* 72 (August): 976–990.

CROSNOE, R., AND G. H. ELDER. 2002. Adolescent twins and emotional distress: The interrelated influence of nonshared environment and social structure. *Child Development* 73 (November/December): 1761–74.

CROSS, T. L. 1998. Understanding family resiliency from a relational world view. In *Resiliency in Native American and immigrant families,* eds. H. I. McCubbin, E. A. Thompson, A. I. Thompson, and J. E. Fromer, 143–57. Thousand Oaks, CA: Sage.

CROUSE, K. 2007. Fatherhood puts game in perspective. *New York Times,* November 2, 1.

CROWE, A. H., T. G. MULLINS, K. A. COBB, AND N. C. LOWE. 2012. Effects and consequences of underage drinking. *Juvenile Justice Bulletin,* Office of Juvenile Justice and Delinquency Prevention, September.

CROWE, E. 2010. Measuring what matters: A stronger accountability model for teacher education. Center for American Progress, July.

CROWELL, J. A., AND E. WATERS. 1994. Bowlby's theory grown up: The role of attachment in adult love relationships. *Psychological Inquiry* 5 (1): 31–34.

CRUZ, J. 2013. Marriage: More than a century of change. National Center for Family & Marriage Research.

CUBER, J., AND P. HAROFF. 1965. *Sex and the significant Americans.* Baltimore: Penguin.

CUI, M., M. GORDON, K. UENO, AND F. D. FINCHAM. 2013. The continuation of intimate partner violence from adolescence to young adulthood. *Journal of Marriage and Family* 75 (April): 300–13.

CULLEN, L. T. 2007. Till work do us part. *Time,* October 8, 63–64.

CULLEN, L. T., AND C. MASTERS. 2008. We just clicked. *Time,* January 28, 86–89.

CUNNINGHAM, J. D., AND J. K. ANTILL. 1995. Current trends in nonmarital cohabitation: In search of the POSSLQ. In *Under-studied relationships: Off the beaten track,* eds. J. T. Wood and S. Duck, 148–72. Thousand Oaks, CA: Sage.

CUNNINGHAM, M., AND A. THORNTON. 2005. The influence of union transitions on white adults' attitudes toward cohabitation. *Journal of Marriage and Family* 67 (August): 710–20.

CUNRADI, C. B. 2009. Intimate partner violence among Hispanic men and women: The role of drinking, neighborhood disorder, and acculturation-related disorders. *Violence and Victims* 24 (January): 83–97.

CURRIE, J., AND E. TEKIN. 2006. Does child abuse cause crime? Cambridge, MA: National Bureau of Economic Research, Working Paper 12171.

CUTRONA, C. E. 1996. *Social support in couples: Marriage as a resource in times of stress.* Thousand Oaks. CA: Sage.

CYNKAR, P., AND E. MENDES. 2011. More than one in six American workers also act as caregivers. Gallup, July 26.

D

D'ONOFRIO, B. M., AND B. B. LAHEY. 2010. Biosocial influences on the family: A decade review. *Journal of Marriage and Family* 72 (June): 762–82.

DADIGAN, M. 2011. What makes a tribe? *Christian Science Monitor,* August 15 & 22, 30–31.

DAGHER, V. 2013. Adopting? Prepared to be surprised. *Wall Street Journal,* February 25, R9.

Daily Mail Reporter. 2011. The world's biggest family: The man with 39 wives, 94 children and 33 grandchildren. February 19.

DALLA, R. L., AND W. C. GAMBLE. 1997. Exploring factors related to parenting competence among Navajo teenage mothers: Dual techniques of inquiry. *Family Relations* 46 (April): 113–21.

DAMANT, D., S. LAPIERRE, C. LEBOSSE, S. THIBAULT, G. LESSARD, L. HAMELIN-BRABANT, C. LAVERGNE, AND A. FORTIN. 2010. Women's abuse of their children in the context on domestic violence: Reflection from women's accounts. *Child and Family Social Work* 15 (February): 12–21.

DAMAST, A. 2012/2013. She works hard for less money. *Bloomberg Businessweek,* December 24–January 6, 31–32.

DANG, D. T. 2008. Be wary in doing online survey. *Baltimore Sun,* June 10, 1D, 5D.

DANIEL, J., AND A. MCCANN. 2013. Fighting *Roe v. Wade. Bloomberg Businessweek,* January 21–27, 56–57.

DANIELS, K., J. JONES, AND J. ABMA. 2013b. Use of emergency contraception among women aged 15–44: United States, 2006–2010. NCHS Data Brief, No. 112, February.

DANIELS, K., W. D. MOSHER, AND J. JONES. 2013a. Contraceptive methods women have ever used: United States, 1982–2010. *National Health Statistics Reports,* Number 62, February 14.

DANIS, F. S., AND K. A. ANDERSON. 2008. An underserved population and untapped resource: A preliminary study of collegiate sorority response to dating violence. *Journal of Aggression, Maltreatment & Trauma* 17 (3): 336–51.

DANZIGER, S. 2008. The price of independence: The economics of early adulthood. *Family Focus* 53 (March): F7–F8.

DAO, J. 2011. After combat, the unexpected perils of coming home. *New York Times,* May 29, A1.

DAO, J., AND A. W. LEHREN. 2013. Baffling rise in suicides plagues the U.S. military. *New York Times,* May 16, A1.

DAUM, M. 2009. Moms in their 60s—oh, baby! *Los Angeles Times,* July 23.

DAUM, M. 2009. The age of friendaholism. *Los Angeles Times,* March 7.

2006 Dating Trends Survey. 2006. He says/she says: The real scoop on dating. America Online.

DAVÉ, S., I. PETERSEN, L. SHERR, AND I. NAZARETH. 2010. Incidence of maternal and paternal depression in primary care: A cohort study using a primary care database. *Archives of Pediatrics and Adolescent Medicine* 164 (November): 1038–44.

DAVEY, M., AND D. LEONHARDT. 2003. Jobless and hopeless, many quit the labor force. *New York Times,* April 27.

DAVIDSON, P. 2011. Season of part-time jobs kicks off with holidays. *USA Today,* November 25–27, A1–A2.

DAVIES, C., AND D. WILLIAMS. 2002. *The grandparent study 2002 report.* AARP.

DAVIS, K. D., W. B. GOODMAN, A. E. PIRRETTI, AND D. M. ALMEIDA. 2008. Nonstandard work schedules, perceived family well-being, and daily stressors. *Journal of Marriage and Family* 70 (November): 991–1003.

DAVIS, K. E. 1985. Near and dear: Friendship and love compared. *Psychology Today* 19: 22–30.

DAVIS, P. W. 1996. Threats of corporal punishment as verbal aggression: A naturalistic study. *Child Abuse & Neglect* 20 (4): 289–304.

DAWSON, E. 2011. Baltimore research benefits people 50+. *AARP Bulletin,* July–August, 44.

DAWSON, J. M., AND P. A. LANGAN. 1994. *Murder in families.* Washington, DC: Bureau of Justice Statistics.

DAY, R. D. 1995. Family-systems theory. In *Research and theory in family science,* eds. R. D. Day, K. R. Gilbert, B. H. Settles, and W. R. Burr, 91–101. Pacific Grove, CA: Brooks/Cole.

DAY, R. D., AND A. ACOCK. 2013. Marital well-being and religiousness as mediated by relational virtue and equality. *Journal of Marriage and Family* 75 (February): 164–177.

DE LA CANCELA, V. 1994. "Coolin": The psychosocial communication of African and Latino men. In *African American males: A critical link in the African American family,* ed. D. J. Jones, 33–44. New Brunswick, NJ: Transaction.

DE ROSA, C. J., et al. 2010. Sexual intercourse and oral sex among public middle school students: Prevalence and correlates. *Perspectives on Sexual and Reproductive Health* 42 (September): 197–205.

DEARDOFF, J., J. M. TSCHANN, E. FLORES, AND E. J. OZER. 2010. Sexual values and risky sexual behaviors among Latino youths. *Perspectives on Sexual and Reproductive Health* 42 (March): 23–32.

Death penalty for 10 for "honor killings" in India; they killed couple who wed within clan. 2011. *Washington Post,* June 9.

DEATON, A. S. 2009. Aging, religion, and health. National Bureau of Economic Research, August.

DEATON, A., AND A. A. STONE. 2013. Grandpa and the snapper: The wellbeing of the elderly who live with children. National Bureau of Economic Research, June.

DEBIAGGI, S. D. 2002. *Changing gender roles: Brazilian immigrant families in the U.S.* New York: LFB Scholarly Publishing.

DEE, T. S. 2006. The why chromosome. *Education Next* No. 4 (Fall): 69–75.

DEGLER, C. 1981. *At odds: Women and the family in America from the Revolution to the present.* New York: Oxford University Press.

DEGLER, C. N. 1983. The emergence of the modern American family. In *The American family in social-historical perspective,* 3rd ed., ed. M. Gordon, 61–79. New York: St. Martin's.

DEGRAW, D. 2011. Americans don't realize just how badly we're getting screwed by the top 0.1 percent hoarding the country's wealth. AlterNet, August 14.

DeGray, B. 2012. The perks and perils of telecommuting. *Washington Post*, May 5.

Delaney-Black, V., L. M. Chiodo, J. H. Hannigan, M. K. Grenwald, J. Janisse, G. Patterson, M. A. Huestis, J. Ager, and R. J. Sokol. 2010. Just say "I don't": Lack of concordance between teen report and biological measures of drug use. *Pediatrics* 126 (November): 887–93.

delCastillo, R. G. 1984. *La familia: Chicano families in the urban Southwest, 1848 to the present.* Notre Dame, IN: University of Notre Dame Press.

DeLeire, T., and A. Kalil. 2005. How do cohabiting couples with children spend their money? *Journal of Marriage and Family* 67 (May): 286–95.

DeLong, D. 2011. Beloved wife day: Hug your wife at 8:09! Japanapalooza, January 31.

DeMaris, A. 2001. The influence of intimate violence on transitions out of cohabitation. *Journal of Marriage and Family* 63 (February): 235–46.

DeMaris, A., and W. MacDonald. 1993. Premarital cohabitation and marital instability: A test of the unconventionality hypothesis. *Journal of Marriage and the Family* 55 (May): 399–407.

Demo, D. H., and A. C. Acock. 1996. Singlehood, marriage, and remarriage. *Journal of Family Issues* 17 (May): 388–407.

Demos, J. 1970. *A little commonwealth: Family life in Plymouth colony.* New York: Oxford University Press.

Demos, J. 1986. *Past, present, and personal: The family and the life course in American history.* New York: Oxford University Press.

DeMunck, V. C. 1998. Lust, love, and arranged marriages in Sri Lanka. In *Romantic love and sexual behavior: Perspectives from the social sciences*, ed. V. C. de Munck, 295–300. Westport, CT: Praeger.

DeNavas-Walt, C., B. D. Proctor, and J. C. Smith. 2012. *Income, poverty, and health insurance coverage in the United States: 2011.* U.S. Census Bureau, Current Population Reports, P60-243. Washington, DC: U.S. Government Printing Office.

DeNavas-Walt, C., B. D. Proctor, and J. C. Smith. 2013. *Income, poverty, and health insurance coverage in the United States: 2012.* U.S. Census Bureau, Current Population Reports, P60-245, September.

Denham, E. 2013. Keeping kids out of the middle. *Huffington Post*, February 22.

Denizet-Lewis, B. 2004. Friends, friends with benefits and the benefits of the local mall. *New York Times*, May 30, F30.

Denny, C. H., J. Tsai, R. L. Floyd, and P. P. Green. 2009. Alcohol use among pregnant and nonpregnant women of childbearing age—United States, 1991–2005. *MMWR Weekly* 58 (May 22): 529–32.

DePaulo, B. 2006. *Single out: How singles are stereotyped, stigmatized, and ignored, and still live happily ever after.* New York: St. Martin's Griffin.

DePaulo, B. 2012. Are you single at heart? *Psychology Today*, January/February, 54–55.

Deprez, E. E. 2013a. Chipping away at *Roe v. Wade. Bloomberg Businessweek*, April 22–28, 26–27.

Deprez, E. E. 2013b. For abortion pills, you must "see" your doctor. *Bloomberg Businessweek*, February 18–24, 25–26.

Dereseiwicz, W. 2009. Faux friendship. *The Chronicle Review*, December 11, B6–B10.

Derlega, V. J., S. Metts, S. Petronio, and S. T. Margulis. 1993. *Self-disclosure.* Thousand Oaks, CA: Sage.

Desai, S. D., D. Chugh, and A. P. Brief. 2012. Marriage structure and resistance to the gender revolution in the workplace. Social Science Research Network.

Designer Babies. 2012. *Christian Science Monitor Weekly*, June 25, 33.

DeSilver, D. 2013. 5 fast facts about moms. Pew Research Center, May 10.

DeSimone, J. S. 2010a. Binge drinking and risky sex among college students. National Bureau of Economic Research, April.

DeSimone, J. S. 2010b. Binge drinking and sex in high school. National Bureau of Economic Research, June.

DeSpelder, L. A., and A. L. Strickland. 2005. *The last dance: Encountering death and dying*, 7th ed. New York: Mc-Graw Hill.

DeSteno, D., M. Y. Bartlett, J. Braverman, and P. Salovey. 2002. Sex differences in jealousy: Evolutionary mechanism or artifact of measurement? *Journal of Personality and Social Psychology* 83 (November): 1103–16.

Dew, J. 2008. Debt change and marital satisfaction change in recently married couples. *Family Relations* 57 (January): 60–71.

Dew, J. 2009. The gendered meaning of assets for divorce. *Journal of Family and Economic Issues* 30 (March): 20–31.

Dew, J., and W. B. Wilcox. 2011. If momma ain't happy: Explaining declines in marital satisfaction among new mothers. *Journal of Marriage and Family* 73 (February): 1–12.

Dew, J., S. Britt, and S. Huston. 2012. Examining the relationship between financial issues and divorce. *Family Relations* 61 (October): 615–28.

Dewan, S., and R. Gebeloff. 2012. More men enter fields dominated by women. *New York Times*, May 21, A1.

Diamond, M., and K. Sigmundson. 1997. Sex reassignment at birth: Long-term review and clinical implications. *Archives of Pediatrics & Adolescent Medicine* 15 (March): 298–304.

Dickinson, A. 2010. Ask Amy. *Baltimore Sun*, March 4, 5.

Dickinson, A. 2011. Ask Amy. *Baltimore Sun*, February 14, 7.

Dickinson, A. 2011. Dear Amy. *Baltimore Sun*, March 29, 7.

Diduch, M. 2012. Advance warning. *Psychology Today*, July/August, 14.

Diener, M. L., S. C. Mangelsdorg, J. L. McHale, and C. A. Frosch. 2002. Infants' behavioral strategies for emotion regulation with fathers and mothers: Associations with emotional expressions and attachment quality. *Infancy* 3 (May): 153–74.

Dilman, I. 1998. *Love: Its forms, dimensions, and paradoxes.* New York: St. Martin's.

Dilworth-Anderson, P., L. M. Burton, and W. L. Turner. 1993. The importance of values in the study of culturally diverse families. *Family Relations* 42 (July): 238–42.

Dilworth-Anderson, P., S. W. Williams, and T. Cooper. 1999. The contexts of experiencing emotional distress among family caregivers to elderly African Americans. *Family Relations* 48 (October): 391–96.

Dion, M. R., S. L. Braver, S. A. Wolchik, and I. N. Sandler. 1997. Alcohol abuse and psychopathic deviance in noncustodial parents as predictors of child-support payment and visitation. *American Journal of Orthopsychiatry* 67 (January): 70–79.

Diversity Inc. 2008. Fortune 500 black, Latino, Asian CEOs. July 22.

Dixit, J. 2009. You're driving me crazy! *Psychology Today*, March/April, www.psychologytoday.com (accessed April 27, 2009).

Do, D. D. 1999. *The Vietnamese Americans.* Westport, CT: Greenwood.

Dodson, L., and W. Luttrell. 2011. Families facing untenable choices. *Contexts* 10 (Winter): 38–42.

Doherty, R. W., E. Hatfield, K. Thompson, and P. Choo. 1994. Cultural and ethnic influences on love and attachment. *Personal Relationships* 1: 391–98.

Doherty, W. J., B. J. Willoughby, and B. Peterson. 2011. Interest in marital reconciliation among divorcing parents. *Family Court Review* 49 (April): 313–21.

Dokoupil, T. 2009. Men will be men. *Newsweek*, March 12, 50.

Dokoupil, T. 2011. The coffee shop baby. *Newsweek*, October 10 & 17, 44–47.

Dolbin-MacNab, M. L., and M. K. Keiley. 2009. Navigating interdependence: How adolescents raised solely by grandparents experience their family relationships. *Family Relations* 58 (April): 162–75.

Donnelly, D. A., and E. O. Burgess. 2008. The decision to remain in an involuntarily celibate relationship. *Journal of Marriage and Family* 70 (May): 519–35.

Donnelly, S. B. 2007. Growing younger. *Time*, January, A13–A14.

Dooren, J. C. 2012. FDA warns Avon on wrinkle claims. *Wall Street Journal*, October 17, B2.

Dooren, J. C. 2013. FDA lowers age for emergency contraceptive to 15. *Wall Street Journal*, May 1, A6.

Doss, B. D., G. K. Rhoades, S. M. Stanley, and H. J. Markman. 2009. The effect of the transition to parenthood on relationship quality: An 8-year prospective study. *Journal of Personality and Social Psychology* 96 (March): 601–19.

Double Bind. 2012. *The Economist*, December 15, 31.

Douglas, J. D., and F. C. Atwell. 1988. *Love, intimacy, and sex.* Beverly Hills, CA: Sage.

Downs, E., and S. L. Smith. 2010. Keeping abreast of hypersexuality: A video game character content analysis. *Sex Roles* 62 (June): 721–33.

Doyle, A. B., and D. Markiewicz. 2005. Parenting, marital conflict, and adjustment from early- to mid-adolescence: Mediated by adolescent attachment style? *Journal of Youth and Adolescence* 34 (April): 97–110.

Doyle, M., C. O'Dywer, and V. Timonen. 2010. "How can you just cut off a whole side of the family and say move on?" The reshaping of paternal grandparent–grandchild relationships following divorce or separation in the middle generation. *Family Relations* 59 (December): 587–98.

Doyle, R. P. 2012. Books challenged or banned in 2010–2011. American Library Association.

Drexler, P. 2012. The new face of infidelity. *Wall Street Journal*, October 21, C3.

Dubberley, E. 2007. *I'd rather be single than settle: Satisfied solitude and how to achieve it.* London: Vision Press.

Duck, S. 1998. *Human relationships*, 3rd ed. Thousand Oaks, CA: Sage.

Dugan, A. 2012. Americans most likely to say they belong to the middle class. Gallup, November 30.

Duncan, M. 2011. It takes a village to fix up a child. *Baltimore Sun*, February 18, 4.

Dunleavey, M. P. 2010. Take the lid off secret spending. *Money*, December, 48.

Durrant, J., and R. Ensom. 2012. Physical punishment of children: Lessons from 20 years of research. *Canadian Medical Association Journal* 4 (12): 1373–77.

Dush, C., M. Kamp, and P. R. Amato. 2005. Consequences of relationship status and quality for subjective well-being. *Journal of Social and Personal Relationships* 22 (October): 607–27.

DUSTER, T. 2005. Race and reification in science. *Science* 307 (February 18): 1050–51.

DUVALL, E. M. 1957. *Family development.* Philadelphia: Lippincott.

DYBALL, R. 2008. Will Smith: "Divorce is not an option." May 27.

DYE, J. L., AND T. D. JOHNSON. 2007. A child's day: 2003 (selected indicators of child well-being). Current Population Reports, P70-109. Washington, DC: U.S. Census Bureau.

DYSON, M. E. 2005. *Is Bill Cosby right? Or has the middle class lost its mind?* New York: Basic Civitas Books.

E

EARLE, A. M. 1899. *Child life in colonial days.* New York: Macmillan.

EAST, P. L., AND T. S. WEISNER. 2009. Mexican American adolescents' family caregiving: Selection effects and longitudinal associations with adjustments. *Family Relations* 58 (December): 562–77.

EATON, A. A., AND S. M. ROSE. 2012. Scripts for actual first date and hanging-out encounters among young heterosexual Hispanic adults. *Sex Roles* 67 (September): 285–99.

EATON, A. A., AND S. ROSE. 2011. Has dating become more egalitarian? A 35 year review using *Sex Roles*. *Sex Roles* 64 (June): 843–62.

EATON, D. K., ET AL. 2008. Youth risk behavior surveillance—United States, 2007. *MMWR* 57, June 5, No. SS-4.

EATON, D. K., ET AL. 2012. Youth risk behavior surveillance—United States, 2011. *Morbidity and Mortality Weekly Report* 61 (June 8): 1–162.

EBELING, A. 2007. The second match. *Forbes*, November 12, 86–89.

EBERSTADT, M. 2004. *Home-alone America: The hidden toll of day care, behavioral drugs, and other parent substitutes.* New York: Penguin.

EBERSTADT, N. 2009. Poor statistics. *Forbes*, March 2, 26.

EBLING, R., AND R. W. LEVENSON. 2003. Who are the marital experts? *Journal of Marriage and Family* 65 (February): 130–42.

ECKHOLM, E. 2008. Blue-collar jobs disappear, taking families' way of life along. *New York Times*, January 16, 14.

ECKLAND, B. K. 1968. Theories of mate selection. *Eugenics Quarterly* 15 (1): 71–84.

ECONOMIC POLICY INSTITUTE. 2013. A more comprehensive measure of slack in the labor market. *The state of working America*, March 8.

EDIN, K., AND L. LEIN. 1997. *Making ends meet: How single mothers survive welfare and low-wage work.* New York: Russell Sage Foundation.

EDIN, K., AND M. KEFALAS. 2005. Unmarried with children. *Contexts* 4 (Spring): 16–22.

EDMONSTON, B. 1999. The 2000 census challenge. *Population Reference Bureau* 1 (February): 1.

EDWARDS, V. J., M. C. BLACK, S. DHINGRA, L. MCKNIGHT-ELLY, AND G. S. PERRY. 2009. Physical and sexual intimate partner violence and reported serious psychological distress in the 2007 BRFSS. *International Journal of Public Health* 54 (June): 37–42.

EGGEBEEN, D. J. 2005. Cohabitation and exchanges of support. *Social Forces* 83 (May): 1097–1110.

EHRENREICH, B. 2009. *Bright-sided: How the relentless promotion of positive thinking has undermined America.* New York: Metropolitan Books.

EHRENSAFT, M. K., ET AL. 2003. Intergenerational transmission of partner violence: A 20-year prospective study. *Journal of Consulting and Clinical Psychology* 71 (August): 741–53.

EISENBERG, M. E., L. H. BEARINGER, R. E. SIEVING, C. SWAIN, AND M. D. RESNICK. 2004. Parents' beliefs about condoms and oral contraceptives: Are they medically accurate? *Perspectives on Sexual and Reproductive Health* 36 (March/April): 50–57.

EISENBERG, N., ET AL., 2005. Relations among positive parenting, children's effortful control, and externalizing problems: A three-wave longitudinal study. *Child Development* 76 (September/October): 1055–71.

ELIOT, L. 2012. *Pink brain, blue brain: How small differences grow into troublesome gaps—And what we can do about it.* Oxford, England: Oneworld Publications.

ELISON, J. 2007. The stage of grief no one admits to: Relief. *Newsweek*, January 29, 18.

ELKIND, D. 2007. *The power of play: Learning what comes naturally.* New York: De Capo Press.

ELLINGWOOD, K. 2009. Kissing ban sparks a Mexican revolution. *Baltimore Sun*, February 15, 16.

ELLIOTT, D. B., AND T. SIMMONS. 2011. Marital events of Americans: 2009. American Community Survey Reports, ACS-13, August, U.S. Census Bureau.

ELLIOTT, S. 2012. *Not my kid: What parents believe about the sex lives of their teenagers.* New York: New York University Press.

ELLIS, A. 1963. *The origins and the development of the incest taboo.* New York: Lyle Stuart.

ELLIS, L., P. E. GAY, AND E. PAIGE. 2001. Daily hassles and pleasures across the lifespan. Paper presented at the Annual American Psychological Association meetings, San Francisco.

ELLIS, R. 2013. Changes in coresidence of grandparents and grandchildren. *Family Focus*, Summer, F13, F15, F17.

ELLISON, C. G., A. M. BURDETTE, AND W. B. WILCOX. 2010. The couple that prays together: Race and ethnicity, religion, and relationship quality. *Journal of Marriage and Family* 72 (August): 963–75.

ELSBACH, K., AND D. CABLE. 2012. Why showing your face at work matters. *MIT Sloan Management Review* 53 (Summer): 10–12.

Employment characteristics of families, 2012. 2013. Bureau of Labor Statistics, *The Editor's Desk*, April 30.

ENCHAUTEGUI, M. E. 2013. Nonstandard work schedules and the well-being of low-income families. Urban Institute, July.

ENGEL, M. 2000. Stepfamilies are not blended. Stepfamily Association of America.

ENGLAND, P., AND R. J. THOMAS. 2009. The decline of the date and the rise of the college hook up. In *Family in transition*, 15th ed., eds. A. S. Skolnick and J. H. Skolnick, 141–52. Boston: Pearson Higher Education.

ENGLAND, P., E. F. SHAFER, AND A. C. K. FOGARTY. 2007. Hooking up and forming romantic relationships on today's college campuses. Unpublished paper.

ENGLANDER, E. K. 1997. *Understanding violence.* Hillsdale, NJ: Erlbaum.

ENNIS, S. R., M. RIOS-VARGAS, AND N. G. ALBERT. 2011. The Hispanic population: 2010. 2010 Census Briefs, May.

EPSTEIN, G. A. 2005. Matchmaking is just a walk in park. *Baltimore Sun* (August 3): 1A, 11A.

EPSTEIN, R. 2008. Same-sex marriage is too limiting. *Los Angeles Times*, December 4, 2008.

EPSTEIN, R. 2010. How science can help you fall in love. *Scientific American Mind*, January/February, 26–33.

EQUALITY MAINE. 2013. Marriage, civil union, and domestic partnerships: A comparison.

ERICKSON, R. J. 1993. Reconceptualizing family work: The effect of emotion work on perceptions of marital quality. *Journal of Marriage and the Family* 55 (November): 888–900.

ERIKSON, E. 1963. *Childhood and society.* New York: Norton.

ESPELAGE, D. L. 2011. Research meeting on longitudinal data on teen dating violence. Commissioned paper for National Institute of Justice.

ESPIRITU, Y. L. 1995. *Filipino American lives.* Philadelphia: Temple University Press.

ESPOSITO, J. L., AND D. MOGAHED. 2007. *Who speaks for Islam? What a billion Muslims really think.* New York: Gallup Press.

ESSED, P., AND D. T. GOLDBERG, EDS. 2002. *Race critical theories: Text and context.* Malden, MA: Blackwell Publishers.

ESTES, R. J., AND N. A. WEINER. 2002. The commercial sexual exploitation of children in the U.S., Canada, and Mexico. University of Pennsylvania, School of Social Work.

EVAN B. DONALDSON ADOPTION INSTITUTE. 2008. Finding families for African American children: The role of race & law in adoption from foster care. May.

EVANS, M. D. R., J. KELLEY, J. SIKORA, AND D. J. TREIMAN. 2010. Family scholarly culture and educational success: Books and schooling in 27 nations. *Research in Social Stratification and Mobility* 28 (June): 171–79.

EVERETT, C., AND S. V. EVERETT. 1994. *Healthy divorce.* San Francisco: Jossey-Bass.

EXNER-CORTENS, D. J. ECKENRODE, AND E. ROTHMAN. 2013. Longitudinal associations between teen dating violence victimization and adverse health outcomes. *Pediatrics* 131 (January): 71–78.

EXPERT GROUP ON COMMISSIONING NHS INFERTILITY PROVISION. 2009. Regulated fertility services: A commissioning aid. Department of Health, June.

F

FABRICIUS, W. V. 2003. Listening to children of divorce: New findings that diverge from Wallerstein, Lewis, and Blakeslee. *Family Relations* 52 (October): 385–96.

FAGAN, J., AND M. BARNETT. 2003. The relationship between maternal gatekeeping, paternal competence, mothers' attitudes about the father role, and father involvement. *Journal of Family Issues* 24 (November): 1020–43.

FAGAN, J., AND Y. LEE. 2011. Do coparenting and social support have a greater effect on adolescent fathers than adult fathers? *Family Relations* 60 (July): 247–58.

FAGAN, J., M. F. SCHMITZ, AND J. J. LLOYD. 2007. The relationship between adolescent and young fathers' capital and marital plans of couples expecting a baby. *Family Relations* 56 (July): 231–43.

FAGUNDES, C. P. 2011. Implicit negative evaluations about ex-partner predict break-up adjustment: The brighter side of dark cognitions. *Cognition and Emotion* 25 (January): 164–73.

FAIOLA, A. 2010. Kate Middleton's "commoner" status stirs up Britons' old class divide. *Washington Post*, December 19.

FALBA, T. A., AND J. L. SINDELAR. 2008. Spousal concordance in health behavior change. *Health Services Research* 43 (February): 96–116.

FARAGHER, J. M. 1986. *Sugar Creek: Life on the Illinois prairie*. New Haven, CT: Yale University Press.

FARBER, B. 1972. *Guardians of virtue: Salem families in 1800*. New York: Basic Books.

FARHI, P. 2012. Adam Lanza, and others who committed mass shootings, were white males. *Washington Post*, December 20.

FARR, R. H., S. L. FORSSELL, AND C. J. PATTERSON. 2010. Gay, lesbian and heterosexual adoptive parents: Couple and relationship issues. *Journal of GLBT Family Studies* 6 (April): 199–213.

FARRELL, D. M. 1997. Jealousy and desire. In *Love analyzed*, ed. Roger E. Lamb, 165–88. Boulder, CO: Westview.

FARRELL, E. F., AND E. HOOVER. 2005. Getting schooled in student life. *Chronicle of Higher Education*, July 29, A36.

FARRIS, C., T. A. TREAT, R. J. VIKEN, AND R. M. MCFALL. 2008. Perceptual mechanisms that characterize gender differences in decoding women's sexual intent. *Psychological Science* 19 (April): 348–54.

FASS, A. 2004. The dating game. *Forbes* (July 5): 137, 139.

Father's day: June 16, 2013. 2013. U.S. Census Bureau News, CB13-FF.13, April 18.

FAUSSETT, R. 2011. Alabama sets new standard. *Baltimore Sun*, June 10, 6.

FAVREAULT, M. M. 2005. Women and Social Security. The Urban Institute, December.

FEDERAL BUREAU OF INVESTIGATION. 2011. *Crime in the United States, 2010*.

FEDERAL BUREAU OF INVESTIGATION. 2012. FBI releases 2011 hate crime statistics. December 10.

FEDERAL INTERAGENCY FORUM ON AGING-RELATED STATISTICS. 2012. *Older Americans 2012: Key indicators of well-being*. June.

FEDERAL INTERAGENCY FORUM ON CHILD AND FAMILY STATISTICS. 2009. *America's children: Key national indicators of well-being, 2009*. Washington, DC: U.S. Government Printing Office.

FEDERAL INTERAGENCY FORUM ON CHILD AND FAMILY STATISTICS. 2012. *America's children in brief: Key indicators of well-being*. Washington, DC: U.S. Government Printing Office.

FEDERAL INTERAGENCY FORUM ON CHILD AND FAMILY STATISTICS. 2013. *America's children in brief: Key indicators of well-being*. Washington, DC: U.S. Government Printing Office.

FEDERAL TRADE COMMISSION. 2012. Mobile apps for kids: Disclosures still not making the grade. December.

FEENEY, J., AND P. NOLLER. 1996. *Adult attachment*. Thousand Oaks, CA: Sage.

FEHR, B. 1999. Laypeople's conceptions of commitment. *Journal of Personality and Social Psychology* 76 (January): 90–103.

FEINBERG, L., S. C. REINHARD, A. HOUSER, AND R. CHOULA. 2011. Valuing the invaluable: 2011 update, the growing contributions and costs of family caregiving. AARP Public Policy Institute.

FEINGOLD, A. 1988. Matching for attractiveness in romantic partners and same-sex friends: A meta-analysis and theoretical critique. *Psychological Bulletin* 104 (September): 226–35.

FELDMAN, H. 1931. *Racial factors in American industry*. New York: Harper & Row.

FELICIANO, C., R. LEE, AND B. ROBNETT. 2011. Racial boundaries among Latinos: Evidence from Internet daters' racial preferences. *Social Problems* 58 (May): 189–212.

FELSON, R. B., AND P.-P. PARÉ. 2005. The reporting of domestic violence and sexual assault by nonstrangers to the police. *Journal of Marriage and Family* 67 (August): 597–610.

FERNANDEZ, S. 2005. Getting to know you. *Washington Post* (May 30): C1.

FERREE, M. M. 2010. Filling the glass: Gender perspectives on families. *Journal of Marriage and Family* 72 (June): 420–39.

FESTINOER, T. 2002. After adoption: Dissolution or permanence. *Child Welfare* 81: 515–33.

FETSCH, R. J., R. K. YANG, AND M. J. PETTIT. 2008. The RETHINK parenting and anger management program: A follow-up validation study. *Family Relations* 57 (December): 543–52.

FETTO, J. 2003. Love stinks. *American Demographics* 25 (February): 10–11.

FEW, A. L., AND K. H. ROSEN. 2005. Victims of chronic dating violence: How women's vulnerabilities link to their decisions to stay. *Family Relations* 54 (April): 265–79.

FICHTER, M. M., N. QUADFLIEG, AND S. HEDLUND. 2006. Twelve-year course and outcome predictors of anorexia nervosa. *International Journal of Eating Disorders* 39 (March): 87–100.

FIELD, A. E., ET AL. 2005. Exposure to the mass media, body shape concerns, and use of supplements to improve weight and shape among male and female adolescents. *Pediatrics* 116 (August): 214–20.

FIELDS, J. 2004. America's families and living arrangements: 2003. Current Population Reports, P20-553. Washington, DC: U.S. Census Bureau.

FIELDS, J., AND L. M. CASPER. 2001. America's families and living arrangements: 2000. U.S. Census Bureau, Current Population Reports, P20-537.

FILE, T. 2013. Computer and Internet use in the United States. U.S. Census Bureau, Population Characteristics, May.

FINCHAM, F. D., AND S. R. BEACH. 2010. Marriage in the new millennium: A decade in review. *Journal of Marriage and Family* 72 (June): 630–49.

FINER, L. B., AND J. M. PHILBIN. 2013. Sexual initiation, contraceptive use, and pregnancy among young adolescents. *Pediatrics* 31 (May): 886–91.

FINER, L. B., AND K. KOST. 2011. Unintended pregnancy rates at the state level. *Perspectives on Sexual and Reproductive Health* 43 (2): 78–87.

FINER, L. B., AND M. R. ZOLNA. 2011. Unintended pregnancy in the United States: Incidence and disparities, 2006. *Contraception* 84 (November): 478–85.

FINER, L. B., J. JERMAN, AND M. L. KAVANAUGH. 2012. Changes in use of long-acting contraceptive methods in the United States, 2007–2009. *Fertility and Sterility* 98 (October): 893–97.

FINER, L. B., L. F. FROHWIRTH, L. A. DAUPHINEE, S. SINGH, AND A. M. MOORE. 2005. Reasons U.S. women have abortions: Quantitative and qualitative perspectives. *Perspectives on Sexual and Reproductive Health* 37 (September): 110–18.

FINGERMAN, K. L., E. L. HAY, C. M. CAMP DUSH, D. E. CICHY, and S. HOSTERMAN. 2007. Parents' and offspring's perception of change in continuity when parents transition to old age. *Advances in Life Course Research* 12 (June): 275–306.

FINGERMAN, K. L., Y-P CHENG, E. D. WESSELMANN, S. ZARIT, F. FURSTENBERG, AND K. S. BIRDITT. 2012. Helicopter parents and landing pad kids: Intense parental support of grown

children. *Journal of Marriage and Family* 74 (August): 880–96.

FINK, D. 1992. *Agrarian women: Wives and mothers in rural Nebraska, 1880–1940*. Chapel Hill: University of North Carolina Press.

FINKEL, E. J., P. W. EASTWICK, B. R. KARNEY, H. T. REIS, AND S. SPRECHER. 2012. Online dating: A critical analysis from the perspective of psychological science. *Psychological Science in the Public Interest* 13 (January): 3–66.

FINKELHOR, D., H. HAMMER, AND A. J. SEDLAK. 2008. Sexually assaulted children: National estimates and characteristics. U.S. Department of Justice, Office of Justice Programs, August.

FINKELHOR, D., H. TURNER, R. ORMROD, AND S. L. HAMBY. 2010. Trends in childhood violence and abuse exposure. March.

FINKELHOR, D., H. TURNER, S. HAMBY, AND R. ORMROD. 2011. Polyvictimization: Children's exposure to multiple types of violence, crime, and abuse. *Juvenile Justice Bulletin*, Office of Juvenile Justice and Delinquency Prevention, October.

FINKELSTEIN, E. A., O. A. KHAVJOU, H. THOMPSON, J. G. TROGDON, L. PAN, B. SHERRY, AND W. DIETZ. 2012. Obesity and severe obesity forecasts through 2030. *American Journal of Preventive Medicine* 42 (June): 563–70.

FISHER, H. 2004. *Why we love: The nature and chemistry of romantic love*. New York: Henry Holt.

FISHER, H. 2008. Of lost love and old bones. *Chronicle of Higher Education*, June 6, B5.

FISHER, H. E., L. L. BROWN, A. ARON, G. STRONG, AND D. MASHEK. 2010. Reward, addiction, and emotion regulation systems associated with rejection in love. *Journal of Neurophysiology* 104 (May): 51–60.

FISHER, L. 2005. New gloss on motherhood, but few changes. Women's e-news, February 18.

FITZPATRICK, J., E. A. SHARP, AND A. REIFMAN. 2009. Midlife singles' willingness to date partners with heterogeneous characteristics. *Family Relations* 58 (February): 121–33.

FLECK, C. 2007. Two steps forward, one step back. *AARP Bulletin*, October, 24.

FLEISHMAN, J. 2010. An unwilling Afghan bride's defiance leads to death. *Los Angeles Times*, March 25.

FLEMING, C. B., H. R. WHITE, AND R. F. CATALANO. 2010. Romantic relationships and substance use in early adulthood: An examination of the influences of relationship type, partner substance use, and relationship quality. *Journal of Health and Social Behavior* 51 (2): 153–67.

FLETCHER, G. 2002. *The new science of intimate relationships*. Malden, MA: Blackwell.

FLETCHER, M. A. 2013. Fiscal trouble ahead for most future retirees. *Washington Post*, February 16.

FLORES, G., AND J. BROTANEK. 2005. The healthy immigrant effect: A greater understanding might help us improve the health of all children. *Archives of Pediatrics & Adolescent Medicine* 159 (3): 295–97.

FOLAN, K. L. 2010. *Don't bring home a white boy: And other notions that keep black women from dating out*. New York: Gallery Press.

FOLK, K. F., J. W. GRAHAM, AND A. H. BELLER. 1992. Child support and remarriage: Implications for the economic well-being of children. *Journal of Family Issues* 13, 142–57.

FOMBY, P., AND A. ESTACION. 2011. Cohabitation and children's externalizing behavior in low-income Latino families. *Journal of Marriage and Family* 73 (February): 46–66.

FONG, M. 2009. It's cold cash, not cold feet, motivating runaway brides in China. *Wall Street Journal*, June 5, A1.

FONG, T. P. 2002. *The contemporary Asian American experience: Beyond the model minority*, 2nd ed. Upper Saddle River, NJ: Prentice Hall.

FORD, A. 2011. *The soulmate secret: Manifest the love of your life with the law of attraction*. New York: HarperOne.

FORD, P. 2009. Foreign men lose appeal. *Christian Science Monitor*, April 19, 5.

FORERO, J. 2011. Birth plummets in Brazil. *Washington Post*, December 29.

"For richer or poorer." 2005. *Mother Jones* 30 (January/February): 24–25.

FORRY, N. D., AND S. K. WALKER. 2006. *Public policy, child care, and families in the United States*. National Council on Family Relations, Family Focus on Families and Public Policy, March, F5–F6.

FORSYTH, J. 2011. Leader of polygamist sect given life term. *Baltimore Sun*, August 10, 8.

FORWARD, S. 2002. *Obsessive love: When it hurts too much to let go*. New York: Bantam.

FOST, D. 1996. Child-free with an attitude. *American Demographics* 18 (April): 15–16.

FOSTER, D. G., H. GOULD, J. TAYLOR, AND T. A. WEITZ. 2012. Attitudes and decision making among women seeking abortions at one U.S. clinic. *Perspectives on Sexual and Reproductive Health* 44 (June): 117–124.

FOX, G. L., AND V. M. MURRY. 2001. Gender and families: Feminist perspectives and family research. In *Understanding families into the new millennium: A decade of review*, ed. R. M. Milardo, 379–91. Lawrence, KS: National Council on Family Relations.

FOX, G. L., M. L. BENSON, A. A. DE MARIS, AND J. VAN WYK. 2002. Economic distress and intimate violence: Testing family stress and resources theories. *Journal of Marriage and Family* 64 (August): 793–807.

FOX, J. A., AND M. W. ZAWITZ. 2007. Homicide trends in the United States. Bureau of Justice Statistics.

FOX, S. 2011. The social life of health information, 2011. Pew Research Center, May 12.

FOX, S., AND J. BRENNER. 2012. Family caregivers turn to Internet for information and guidance. Pew Research Center, July 12.

FOX, S., M. DUGGAN, AND K. PURCELL. 2013. Family caregivers are wired for health. Pew Research Center, June 20.

FRANK, G. K., ET AL. 2005. Increased dopamine D2/D3 receptor binding after recovery from anorexia nervosa measured by positron emission tomography and [11C] raclopride. *Biological Psychiatry* 58 (December): 908–12.

FRANTZ, O., AND N. BRAND. 2012. What about the men? Why our gender system sucks for men, too. The Good Men Project, July 11.

FRAZIER, E. F. 1939. *The Negro family in the United States*. Chicago: University of Chicago Press.

FRECH, A., AND K. WILLIAMS. 2007. Depression and the psychological benefits of entering marriage. *Journal of Health and Social Behavior* 48 (June): 149–63.

FREDRICKSON, B. 2013. *Love 2.0: How our supreme emotion affects everything we feel, think, do, and become*. New York: Penguin Books.

FREESE, J. 2008. Genetics and the social science explanation of individual outcomes. *American Journal of Sociology* 114 (Suppl.): S1–S35.

FREITAS, D. 2008. *Sex and the soul: Juggling sexuality, spirituality, romance, and religion on America's college campuses*. New York: Oxford University Press.

FREMSTAD, S. 2012. The poverty rate is higher than the federal government says it is. Center for Economic and Policy Research, September 21.

FRIEDAN, B. 1963. *The feminine mystique*. New York: Norton.

FRIEDEN, T. R. 2011. Forward. *MMWR* 60 (Suppl, January 14): 1–2.

FRIEDMAN, H. S. 2012. US infant mortality rate higher than other wealthy countries. *Huffington Post*, June 25.

FRIEDMAN, H. S., AND L. R. MARTIN. 2011. *The longevity project: Surprising discoveries for health and long life from the landmark eight-decade study*. New York: Hudson Street Press.

FRIEDMAN, L. F. 2011. Intelligent intercourse. *Psychology Today*, July/August, 41–42.

FRIEDMAN, M. 2011. How do I love thee? Let me tweet the ways. *Time*, March 28, 62, 65.

FRIEDMAN, R. A. 2009. Postpartum depression strikes fathers, too. *New York Times*, December 8, D6.

FROMM, E. 1956. *The art of loving*. New York: Bantam.

FROST, J. J., AND L. D. LINDBERG. 2013. Reasons for using contraception: Perspectives of US women seeking care at specialized family planning clinics. *Contraception* 87 (April): 465–72.

FROST, J. J., L. D. LINDBERG, AND L. B. FINER. 2012. Young adults' contraceptive knowledge, norms, and attitudes: Associations with risk of unintended pregnancy. *Perspectives on Sexual and Reproductive Health* 44 (June): 107–16.

FRY, R. 2012. No reversal in decline of marriage. Pew Research Center, November 20.

FRY, R. 2013. A rising share of young adults live in their parents' home. Pew Research Center, August 1.

FRY, R. 2013. Young adults after the recession: Fewer homes, fewer cars, less debt. Pew Research Center, February 21.

FRY, R., AND D. COHN. 2010. New economics of marriage: The rise of wives. Pew Research Center, January 19.

FRY, R., AND D. COHN. 2011. Living together: The economics of cohabitation. Pew Research Center, June 27.

FRYAR, C. D., R. HIRSCH, K. S. PORTER, B. KOTTIRI, D. J. BRODY, AND T. LOUIS. 2007. Drug use and sexual behaviors reported by adults: United States, 1999–2002. Advance Data from Vital and Health STATISTICS, no. 384. Hyattsville, MD: National Center for Health Statistics.

FRYER, R. G. Jr., D. PAGER, AND J. L. SPENKUCH. 2011. Racial disparities in job finding and offered wages. National Bureau of Economic Research, September.

FUCHS, D. 2003. In Spain's lonely country side, a Cupid crusade. *Christian Science Monitor*, June 10, 1, 14.

FULIGNI, A. J., AND H. YOSHIKAWA. 2003. Socioeconomic resources, parenting, and child development among immigrant families. In *Socioeconomic status, parenting, and child development*, eds. M. H. Bornstein and R. H. Bradley, 107–24. Mahwah, NJ: Lawrence Erlbaum.

FULLER, B. 2012. Yahoo CEO Marissa Mayer: Please don't minimize being a working mom. Huffington Post, November 28.

FULLER, N., AND A. GENCER. 2008. Father admits he drowned kids. *Baltimore Sun*, April 1, 1A, 4A.

FURSTENBERG, F. F., AND K. E. KIERNAN. 2001. Delayed parental divorce: How much do children benefit? *Journal of Marriage and Family* 63 (May): 446–57.

FURSTENBERG, F. F., JR., AND J. O. TEITLER. 1994. Reconsidering the effects of marital disruption: What happens to children of divorce in early adulthood? *Journal of Family Issues* 15 (June): 173–90.

FUTRIS, T. G., AND S. J. SCHOPPE-SULLIVAN. 2007. Mothers' perceptions of barriers, parenting alliance, and adolescent fathers' engagement with children. *Family Relations* 56 (July): 258–69.

G

GABLE, M. 2013. Ongoing joblessness: A national catastrophe for African American and Latino workers. Economic Policy Institute, May 29.

GADOUA, S. P. 2008. *Contemplating divorce: A step-by-step guide to deciding whether to stay or go*. Oakland, CA: New Harbinger Publications.

GAERTNER, B. M., T. L. SPINRAD, N. EISENBERG, AND K. A. GREVING. 2007. Parental childrearing attitudes as correlates of father involvement during infancy. *Journal of Marriage and Family* 69 (November): 962–76.

GAGER, C. T., AND L. SANCHEZ. 2003. Two as one?: Couples' perceptions of time spent together, marital quality, and the risk of divorce. *Journal of Family Issues* 24 (January): 21–50.

GAGER, C. T., AND S. T. YABIKU. 2010. Who has the time? The relationship between household labor time and sexual frequency. *Journal of Family Issues* 31 (February): 135–63.

GAGNON, J. 2011. The lonely hearts club. *Bloomburg Businessweek*, January 24–30, 107.

GAILEY, J. A. 2012. Fat shame to fat pride: Fat women's sexual and dating experiences. *Fat Studies* 1 (1): 114–127.

GALE, W., AND D. MARRON. 2012. What's the truth about the 47 percent? *Washington Post*, September 12.

GALINSKY, E., K. AUMANN, AND J. T.BOND. 2009. Times are changing: Gender and generation at work and at home. Families and Work Institute.

GALLUP HISTORICAL TRENDS. 2013. Marriage. Gallup.

GALLUP, G., JR., AND T. NEWPORT. 1990. Virtually all adults want children, but many of the reasons are intangible. *Gallup Poll Monthly* (June): 8–22.

GALLUP. 2013. U.S. employment (weekly). Gallup.

GALVIN, K. M., AND B. J. BROMMEL. 2000. *Family communication: Cohesion and change*, 5th ed. New York: Addison-Wesley-Longman.

GAMACHE, D. 1990. Domination and control: The social context of dating violence. In *Dating violence: Young women in danger*, ed. B. Levy, 69–118. Seattle: Seal.

GAMERMAN, E. 2006. Dating Web sites now trying to prevent divorce. *Wall Street Journal*, April 3, (accessed April 5, 2006).

GANEVA, T. 2012. Is your sex life really private? The truth about online dating sites. AlterNet, March 6.

GANONG, L. H., AND M. COLEMAN. 1994. *Remarried family relationships*. Thousand Oaks, CA: Sage.

GANONG, L., M. COLEMAN, AND J. HANS. 2006. Divorce as prelude to stepfamily living and the consequences of redivorce. In *Handbook of divorce and relationship dissolution*, eds. M. A. Fine and J. H. Harvey, 409–34. Mahwah, NJ: Lawrence Erlbaum.

GANONG, L. H., AND M. COLEMAN. 2004. *Stepfamily relationships: Development, dynamics, and interventions.* New York: Kluwer Academic/Plenum Publishers.

GANONG, L. H., M. COLEMAN, AND T. JAMISON. 2011. Patterns of stepchild–stepparent relationship development. *Journal of Marriage and Family* 73 (April): 396–413.

GANONG, L. H., M. COLEMAN, R. FEISTMAN, T. JAMISON, AND M. S. MARKHAM. 2012. Communication technology and postdivorce coparenting. *Family Relations* 61 (July): 397–409.

GARBARINO, J. 2006. *See Jane hit: Why girls are growing more violent and what can be done about it.* New York: Penguin.

GARCÍA, A. M. 2002. *The Mexican Americans.* Westport, CT: Greenwood Press.

GARCÍA, C. Y. 1998. Temporal course of the basic components of love throughout relationships. *Psychology in Spain* 2(1): 76–86.

GARCIA, M. T. 1980. La familia: The Mexican immigrant family, 1900–1930. In *Work, family, sex roles, language,* eds. M. Barrera, A. Camarillo, and F. Hernandez, 117–40. Berkeley, CA: Tonatiua-Quinto Sol International.

GARDNER, M. 2002. Grandmothers weigh in on providing child care. *Christian Science Monitor,* August 14, 16.

GARDNER, M. 2007. Whatever you do, don't say "elderly." *Christian Science Monitor,* August 8, 15.

GARFINKEL, I., S. S. MC LANAHAN, AND P. K. ROBINS, EDS. 1994. *Child support and child well-being.* Washington, DC: Urban Institute.

GARIETY, B. S., AND S. SHAFFER. 2007. Wage differentials associated with working at home. *Monthly Labor Review* 130 (March): 61–67.

GARRISON, J. 2007. Do-it-yourself doesn't always sever ties. *Los Angeles Times,* January 1.

GARRISON, M. M., AND D. A. CHRISTAKIS. 2005. A teacher in the living room? Educational media for babies, toddlers and preschoolers. Kaiser Family Foundation, December.

GARTRELL, N., H. M. W. BOS, H. PEYSER, A. DECK, AND C. RODAS. 2012. Adolescents with lesbian mothers describe their own lives. *Journal of Homosexuality* 59 (9): 1211–29.

GASSMAN-PINES, A. 2011. Low-income mothers' nighttime and weekend work: Daily associations with child behavior, mother-child interactions, and mood. *Family Relations* 60 (February): 15–29.

GATES, G. J. 2011. Family formation and raising children among same-sex couples. National Council on Family Relations, *Family Focus,* Winter, F1–F4.

GATES, G. J. 2011a. How many people are lesbian, gay, bisexual, and transgender? Williams Institute, April.

GATES, G. J. 2011b. Gay people count, so why not count them correctly? *Washington Post,* April 7.

GATES, G. J. 2013. LGBT parenting in the United States. The Williams Institute University of California School of Law, February.

GATES, G. J., AND F. NEWPORT. 2012. Special report: 3–4% of U.S. adults identify as LGBT. Gallup, October 18.

GATES, G. J., AND J. OST. 2004. *The gay & lesbian atlas.* Washington, DC: The Urban Institute Press.

GAUNT, R. 2006. Couple similarity and marital dissatisfaction: Are similar spouses happier? *Journal of Personality* 74 (October): 1401–20.

GAVIN, L., ET AL. 2013. Self-reported hypertension and use of antihypertensive medication among adults—United States, 2005–2009. *Morbidity and Mortality Weekly Report* 62 (April 5): 248–255.

GAY AND LESBIAN ALLIANCE AGAINST DEFAMATION. 2012. 2011: Where are we on TV?

GAY and Lesbian Rights. 2012. Gallup, November.

GEER, J. H., AND G. M. MANGUNO-MIRE. 1996. Gender differences in cognitive processes in sexuality. *Annual Review of Sex Research* 7: 90–124.

GELLES, R. J., AND C. P. CORNELL. 1990. *Intimate violence in families,* 2nd ed. Thousand Oaks, CA: Sage.

GELLES, R. J., AND M. A. STRAUS. 1988. *Intimate violence.* New York: Simon & Schuster.

GENOVESE, E. D. 1981. Husbands and fathers, wives and mothers, during slavery. In *Family life in America: 1620–2000,* eds. M. Albin and D. Cavallo, 237–51. St. James, NY: Revisionary Press.

GERSHMAN, J. 2013. Lawmakers in Vermont approve assisted suicide. *Wall Street Journal,* May 15, A7.

GERSHOFF, E. T. 2002. Corporal punishment by parents and associated child behaviors and experiences: A meta-analytic and theoretical review. *Psychological Bulletin* 128 (July): 539–79.

GERSON, K. 2010. *The unfinished revolution: Coming of age in a new era of gender, work, and family.* New York: Oxford University Press.

GERSTEL, N., AND N. SARKISIAN. 2006. Marriage: The good, the bad, and the greedy. *Contexts* 5 (Fall): 16–21.

GETTLEMAN, J. 2011. For Somali women, pain of being a spoil of war. *New York Times,* December 28, A1.

GIBBS, L. 2012. Women's employment rate, 2010. National Center for Family and Marriage Research, December 20.

GIBBS, L., AND K. K. PAYNE. 2011. First divorce rate, 2010. (FP-11-09). National Center for Family & Marriage Research.

GIBBS, N. 2007. Abortion in America: 1 woman at a time. *Time,* February 26, 23–31.

GIBBS, N. 2012. Your life is fully mobile. *Time,* August 27, 32–39.

GIBSON, C. L., AND H. V. MILLER. 2010. Crime and victimization among Hispanic adolescents: A multilevel longitudinal study of acculturation and segmented assimilation. U.S. Department of Justice, November.

GIBSON, M. 2012. Celebrities offering scientific "facts"? Just say no. Time Newsfeed, January 3.

GIBSON, P. A. 2005. Intergenerational parenting from the perspective of African American grandmothers. *Family Relations* 54 (April): 280–97.

GIBSON-DAVIS, C. M., K. MAGNUSON, L. A. GENNETIAN, AND G. J. DUNCAN. 2005. Employment and the risk of domestic abuse among low-income women. *Journal of Marriage and Family* 67 (December): 1149–68.

GILES, L. C., G. F. V. GLONEK, M. A. LUSZCZ, AND G. R. ANDREWS. 2005. Effect of social networks on 10-year survival in very old Australians: The Australian longitudinal study of aging. *Journal of Epidemiology and Community Health* 59 (May): 574–79.

GILGOFF, D. 2004. The rise of the gay family. *U.S. News & World Report,* May 24, 40–45.

GILGUN, J. F. 2008. Child sexual abuse: One of the most neglected social problems of our time. *Family Focus* 53 (December): F5–F7.

GILGUN, J. F. 2012. Enduring themes of qualitative family research. *Journal of Family Theory & Review* 4 (June): 80–95.

GILLES, K., AND C. FELDMAN-JACOBS. 2012. When technology and tradition collide: From gender bias to sex selection. Population Reference Bureau, September.

GILLIS, J. R. 1996. *A world of their own making: Myth, ritual, and the quest for family values.* New York: Basic Books.

GILLIS, J. R. 2004. Marriages of the mind. *Journal of Marriage and Family* 66 (November): 988–91.

GILLMORE, M. R. ET AL. 2002. Teen sexual behavior: Applicability of the theory of reasoned action. *Journal of Marriage and Family* 64 (November): 885–97.

GINTY, M. M. 2011. Cyberstalking turns Web technologies into weapons. Women's eNews, May 2.

GIORDANO, P. C., M. A. LONGMORE, AND W. D. MANNING. 2006. Gender and the meanings of adolescent romantic relationships: A focus on boys. *American Sociological Review* 71 (April): 260–87.

GLASS, S. 2002. *Not "just friends": Protect your relationship from infidelity and heal the trauma of betrayal.* New York: Free Press.

GLASS, S. P., AND J. C. STAEHELI. 2004. *Not "just friends": Rebuilding trust and recovering your sanity after infidelity.* New York: Free Press.

GLAUBER, R. 2007. Marriage and the motherhood wage penalty among African Americans, Hispanics, and whites. *Journal of Marriage and Family* 69 (November): 951–61.

GLAUBER, R., AND K. L. GOZJOLKO. 2011. Do traditional fathers always work more? Gender ideology, race, and parenthood. *Journal of Marriage and Family* 72 (October): 1133–48.

GLAZE, L. E., AND L. M. MARUSCHAK. 2010. Parents in prison and their minor children. Bureau of Justice Statistics Special Report, revised March 30.

GLENN, E. N., AND S. G. H. YAP. 2002. Chinese American families. In *Minority families in the United States: A multicultural perspective,* 3rd ed., ed. R. L. Taylor, 134–63. Upper Saddle River, NJ: Prentice Hall.

GLENN, N. 2005. With this ring . . . : A national survey on marriage in America. National Fatherhood Initiative.

GLENN, N. D. 1991. Quantitative research on marital quality in the 1980s. In *Contemporary families: Looking forward, looking back,* ed. A. Booth, 28–41. Minneapolis: National Council on Family Relations.

GLENN, N. D. 2002. A plea for greater concern about the quality of marital matching. In *Revitalizing the institution of marriage in the twenty-first century,* eds. L. D. Wardle and D. O. Coolidge, 45–58. Westport, CT: Praeger.

GLENN, N. D., J. UECKER, AND R. W. B. LOVE, Jr. 2010. Later first marriage and marital success. *Social Science Research* 39 (September): 787–800.

GLENN, N., AND T. SYLVESTER. 2006. The denial: Downplaying the consequences of family structure for children. Institute for American Values.

GLYNN, L. M., N. CHRISTENFELD, AND W. GERIN 2002. The role of rumination in recovery from reactivity: Cardiovascular consequences of emotional states. *Psychosomatic Medicine* 64 (September/October): 714–26.

GOBLE, P., C. L. MARTIN, L. D. HANISH, AND R. A. FABES. 2012. Children's gender-typed activity choices across preschool social contexts. *Sex Roles* 67 (October): 435–51.

GODDARD, H. W. 1994. *Principles of parenting.* Auburn, AL: Auburn University, Department of Family and Child Development.

GODFREY, S., C. L. RICHMAN, AND T. N. WITHERS. 2000. Reliability and validity of a new scale to measure prejudice: The GRISMS. *Current Psychology* 19 (March): 1046–1310.

GODOFSKY, J., C. ZUKIN, AND C. VAN HORN. 2011. Unfulfilled expectations: Recent college graduates struggle in a troubled economy. Work Trends, May.

GOETTING, A. 1982. The six stations of remarriage: Developmental tasks of remarriage after divorce. *Family Relations* 31 (April): 231–22.

GOFFMAN, E. 1959. *The presentation of self in everyday life.* New York: Doubleday Anchor Books.

GOFFMAN, E. 1963. *Stigma: Notes on the management of spoiled identity.* Upper Saddle River, NJ: Prentice Hall.

GOFFMAN, E. 1969. *Strategic interaction.* Philadelphia: University of Pennsylvania Press.

GOLD, D. T. 1989. Sibling relationships in old age: A typology. *International Journal on Aging and Human Development* 28 (1): 37–51.

GOLD, D. T. 1990. Late-life sibling relationships: Does race affect typological distribution? *The Gerontologist* 30 (December): 741–48.

GOLD, R. B., AND E. NASH. 2012. Troubling trend: More states hostile to abortion rights as middle ground shrinks. *Guttmacher Policy Review* 15 (Winter): 14–19.

GOLDBERG, A. E., AND A. SAYER. 2006. Lesbian couples' relationship quality across the transition to parenthood. *Journal of Marriage and Family* 68 (February): 87–100.

GOLDBERG, A. E., AND K. A. KUVALANKA. 2012. Marriage (in)equality: The perspectives of adolescents and emerging adults with lesbian, gay, and bisexual parents. *Journal of Marriage and Family* 74 (February): 34–52.

GOLDBERG, A. E., J. B. DOWNING, AND A. M. MOYER. 2012. Why parenthood, and why now? Gay men's motivations for pursuing parenthood. *Family Relations* 61 (February): 157–74.

GOLDIN, C., AND M. SHIM. 2004. Making a name: Women's surnames at marriage and beyond. *Journal of Economic Perspectives* 18 (Spring): 143–60.

GOLOMBOK, S., AND F. TASKER. 1996. Do parents influence the sexual orientation of their children? Findings from a longitudinal study of lesbian families. *Developmental Psychology* 32 (1): 3–11.

GONNERMAN, J. 2005. The unforgiven. *Mother Jones*, July/August, 38–43.

GONZAGA, G. C., B. CAMPOS, AND T. BRADBURY. 2007. Similarity, convergence, and relationship satisfaction in dating and married couples. *Journal of Personality and Social Psychology* 93 (July): 24–48.

GONZÁLEZ, R. 1996. *Muy macho: Latino men confront their manhood.* New York: Anchor.

GONZALEZ-BARRERA, A., AND M. H. LOPEZ. 2013. A demographic portrait of Mexican-origin Hispanics in the United States. Pew Hispanic Center, May 1.

GOO, S. K. 2012. Facebook: A profile of its "friends." Pew Research Center, May 16.

GOODALE, G. 2013. Behind a looming baby bust. *Christian Science Monitor*, February 4, 21–23.

GOODE, E. 1990. *Deviant behavior*, 3rd ed. Upper Saddle River, NJ: Prentice Hall.

GOODE, E., ET AL. 1994. Till death do them part? *U.S. News & World Report*, July 4, 24–28.

GOODE, W. J. 1963. *World revolution and family patterns.* New York: Free Press.

GOODING, G. E., AND R. M. KREIDER. 2010. Women's marital naming choices in a nationally representative sample. *Journal of Family Issues* 31 (5): 681–701.

GOODMAN, E. 2008. What we demand of a political wife. *Baltimore Sun*, March 14, 21A.

GOODMAN, W. B., A. C. CROUTER, S. T. LANZA, AND M. J. CR0. 2008. Paternal work characteristics and father-infant interactions in low-income, rural families. *Journal of Marriage and Family* 70 (August): 640–53.

GOODWIN, J. 2010. IVF, fertility drugs might boost autism risk. *U.S. News*, May 19.

GOODWIN, J. 2010. Many girls now begin puberty at age 7, 8. *U.S. News & World Report*, August 9.

GOODWIN, R., AND C. FINDLAY. 1997. "We were just fated together." Chinese love and the concept of yuan in England and Hong Kong. *Personal Relationships* 4: 85–92.

GOOTMAN, E. 2012. So eager for grandchildren, they're paying the egg-freezing clinic. *New York Times*, May 14, A1.

GORCHOFF, S. M., O. P. JOHN, AND R. HELSON. 2008. Contextualizing change in marital satisfaction during middle age: An 18-year longitudinal study. *Psychological Science* 19 (November): 1194–1200.

GORDON, L. H. 1993. Intimacy: The art of working out your relationships. *Psychology Today* 26 (September/October): 40–43, 79–82.

GOSE, B. 1994. Spending time on the reservation. *Chronicle of Higher Education*, August 10, A30–A31.

GOTTLIEB, L. 2010. *Marry him: The case for settling for Mr. Good Enough.* New York: Dutton.

GOTTMAN, J. M. 1982. Emotional responsiveness in marital conversations. *Journal of Communication* 32, 108–20.

GOTTMAN, J. M. 1994. *What predicts divorce? The relationships between marital processes and marital outcome.* Hillsdale, NJ: Erlbaum.

GOTTMAN, J. M., AND J. DE CLAIRE. 2001. *The relationship cure: A five-step guide for building better connections with family, friends, and lovers.* New York: Crown.

GOTTSCHALCK, A., M. VORNOVYTSKY, AND A. SMITH. 2013. Household wealth in the U.S.: 2000 to 2011. U.S. Census Bureau, March 21.

GOUDREAU, J. 2012. A new obstacle for professional women: The glass escalator. *Forbes*, May 21.

GOULD, E. 2012. Two in five female-headed families with children live in poverty. Economic Policy Institute, November 14.

GOULD, E., AND D. COOPER. 2013. Financial security of elderly Americans at risk. EPI Briefing Paper, Economic Policy Institute, June 6.

GOULD, E., AND H. SHIERHOLZ. 2012. Average worker in "right-to-work" state earns $1500 less each year. Economic Policy Institute, December 13.

GRABE, S., L. M. WARD, AND J. S. HYDE. 2008. The role of the media in body image concerns among women: A meta-analysis of experimental and correlational studies. *Psychological Bulletin* 134 (May): 460–76.

GRACIA, E., AND J. HERRERO. 2008. Is it considered violence? The acceptability of physical punishment of children in Europe. *Journal of Marriage and Family* 70 (February): 210–17.

GRAHAM, L. O. 1996. *Member of the club: Reflections on life in a racially polarized world.* New York: HarperCollins.

GRALL, T. S. 2011. Custodial mothers and fathers and their child support: 2009. U.S. Census Bureau, Current Population Reports, December.

GRANDPARENTS DAY 2008: Sept 7. 2008. U.S. Census Bureau Newsroom, Facts for Feature, July 7, 2008.

GRANT, J. M., L. A. MOTTET, J. TANIS, J. HARRISON, J. L. HERMAN, AND M. KEISLING. 2011. Injustice at every turn: A report of the national transgender discrimination survey. Washington, DC: National Center for Transgender Equality and National Gay and Lesbian Task Force.

GRAVES, J. L., JR. 2001. *The emperor's new clothes: Biological theories of race at the millennium.* New Brunswick, NJ: Rutgers University Press.

GRAY, M. R., AND L. STEINBERG. 1999. Unpacking authoritative parenting: Reassessing a multidimensional construct. *Journal of Marriage and the Family* 61 (August): 574–87.

GRAY, P. S., J. B. WILLIAMSON, D. R. KARP, AND J. R. DALPHIN. 2007. *The research imagination: An introduction to qualitative and quantitative methods.* New York: Cambridge University Press.

GREELEY, B. 2011. The union, jacked. *Bloomberg Businessweek*, February 28–March 6, 8–9.

GREEN, J. 2011. The silencing of sexual harassment. *Bloomberg Businessweek*, November 21–27, 27–28.

GREEN, J. 2012. The boardroom's still the boys' room. *Bloomberg Businessweek*, October 29–November 4, 25–26.

GREEN, M. T. 2007. Florida shelter offers hope to women of means. Jewish Women International, June.

GREEN, P. 2007. Whose bed is it anyway? *Baltimore Sun*, March 11, D1, D6.

GREENBERG, I. 2006. After a century, public polygamy is re-emerging in Tajikistan. *New York Times*, November 13, A10.

GREENBERG, J., AND M. RUHLEN. 1992. Linguistic origins of Native Americans. *Scientific American* 267: 94.

GREENSTEIN, T. N. 2000. Economic dependence, gender, and the division of labor in the home: A replication and extension. *Journal of Marriage and the Family* 62 (May): 322–35.

GREENSTEIN, T. N. 2006. *Methods of family research*, 2nd ed. Thousand Oaks, CA: Sage.

GREENSTONE, M., AND A. LOONEY. 2012. The marriage gap: The impact of economic and technological change on marriage rates. Brookings Institution, February 3.

GREIDER, L. 2000. How not to be a monster-in-law. *Modern Maturity* (March/April): 57–59.

GREIDER, L. 2004. Unmarried together. *AARP Bulletin*, October, 14–16.

GRIECO, E. M., AND E. N. TREVELYAN. 2010. Place of birth of the foreign-born population: 2009. U.S. Census Bureau, American Community Survey Briefs, October.

GRIECO, E. M., Y. D. ACOSTA, G. P. DE LA CRUZ, C. GAMBINO, T. GRYN, L. J. LARSEN, E. N. TREVELYAN, AND N. P. WALTERS. 2012. The foreign-born population in the United States: 2010. May.

GRIER, P. 2012. Briefing: Who are the "47 percent"? *Christian Science Monitor*, October 1, 12.

GRIFFIN, B. A., R. RAMCHAND, M. O. EDELEN, D. F. MCCAFFREY, AND A. R. MORRAL. 2011. Associations between abstinence in adolescence and economic and educational outcomes seven years later among high-risk youth. *Drug and Alcohol Dependence* 113 (2-3): 118–124.

GRIFFIS, M., ED. 2012. Casualties in Iraq. Anti-War.com, February 11.

GRIND, K. 2013. Mother, can you spare a room? *Wall Street Journal*, May 4–5, B1, B10.

GRISKEVICIUS, V., J. M. TYBUR, J. M. ACKERMAN, A. W. DELTON, T. E. ROBERTSON, AND A. E. WHITE. 2012. The financial consequences of too many men: Sex ratio effects on saving, borrowing, and spending. *Journal of Personality and Social Psychology* 102 (1): 69–80.

GRISWOLD, R. L. 1993. *Fatherhood in America: A history.* New York: Basic Books.

GROMOSKE, A. N., AND K. MAGUIRE-JACK. 2012. Transactional and cascading relations between early spanking and children's social-emotional development. *Journal of Marriage and Family* 74 (October): 1054–68.

GROSE, T. K. 2008. When "I do" is an order, not a choice. *U.S. News & World Report*, May 26/June 2, 13.

GROTEVANT, H. D. 2001. Adoptive families: Longitudinal outcomes for adolescents. Report to the William T. Grant Foundation. http://fsos.che.umn.edu (accessed August 17, 2003).

GROVES, E. R. 1928. *The marriage crisis.* New York: Longmans, Green.

GRUDZEN, C. R., W. J. KOENIG, J. R. HOFFMAN, J. BOSCARDIN, K. A. LORENZ, AND S. M. ASCH. 2009. Potential impact of a verbal prehospital DNR policy. *Prehospital Emergency Care* 13 (2): 166–72.

GRUNWALD, M. 2012. One nation on welfare: Living your life on the dole. *Time*, September 17, 28–37.

GRZYWACZ, J. G., S. S. DANIEL, J. TUCKER, J. WALLS, AND E. LERKES. 2011. Nonstandard work schedules and developmentally generative parenting practices: An application of propensity score techniques. *Family Relations* 60 (February): 45–59.

GUARINO, M. 2013. Auto jobs are back, too, but at lower wages. *Christian Science Monitor*, May 13, 22–23.

GUBERMAN, N., P. MAHEU, AND C. MAILLE. 1992. Women as family caregivers: Why do they care? *The Gerontologist* 32 (5): 607–17.

GUEST, J. 1988. *The mythic family.* Minneapolis: Milkweed.

GUILAMO-RAMOS, V., J. JACCARD, P. DITTUS, A. BOURIS, B. GONZALEZ, E. CASILLAS, AND S. BANSPACH. 2011. A comparative study of interventions for delaying the initiation of sexual intercourse among Latino and black youth. *Perspectives on Sexual and Reproductive Health* 43 (December): 247–54.

GUILMOTO, C. Z. 2007. Sex-ratio imbalance in Asia: Trends, consequences and policy responses. In *Sex-ratio imbalance in Asia: Trends, consequences and policy responses. Executive Summary, Regional Analysis*, 1–12. United Nations Population Fund.

GUNDERSON, E. A., G. RAMIREZ, S. C. LEVINE, AND S. L. BEILOCK. 2012. The role of parents and teachers in the development of gender-related math attitudes. *Sex Roles* 66 (August): 153–66.

GUSTAFSSON, H. C., AND M. J. COX. 2012. Relations among intimate partner violence, maternal depressive symptoms, and maternal parenting behaviors. *Journal of Marriage and Family* 74 (October): 1005–20.

GUTMAN, H. 1976. *The black family in slavery and freedom, 1750–1925.* New York: Pantheon.

GUTMAN, H. G. 1983. Persistent myths about the Afro-American family. In *The American family in socio-historical perspective*, 3rd ed., ed. M. Gordon, 459–81. New York: St. Martin's.

GUTNER, T. 2000. Getting your fair share in a divorce. *Business Week*, May 29, 250.

GUTNER, T. 2001. Househusbands unite! *Business Week*, January 22, 106.

GUTTMACHER INSTITUTE. 2005. An overview of abortion in the United States. 2005. Physicians for Reproductive Choice and Health and the Guttmacher Institute, June.

GUTTMACHER INSTITUTE. 2008. Facts on induced abortion in the United States. July.

GUTTMACHER INSTITUTE. 2011. Facts on induced abortion in the United States. August.

GUTTMACHER INSTITUTE. 2012. Facts on American teens' sexual and reproductive health. August.

GUTTMACHER INSTITUTE. 2012. Facts on unintended pregnancy in the United States. January.

GUTTMACHER INSTITUTE. 2013. U.S. women who have abortions. Infographics.

GUZZO, K. B., AND H. LEE. 2008. Couple relationship status and patterns in early parenting practices. *Journal of Marriage and Family* 70 (February): 44–61.

GWYNNE, K. 2011. Drug company profiteering, pill mills and thousands of addicts: How Oxycontin has spread through America. Alternet, June 20.

H

HA, J-H. 2008. Changes in support from confidants, children, and friends following widowhood. *Journal of Marriage and Family* 70 (April): 306–18.

HACKER, A. 2003. *Mismatch: The growing gulf between women and men.* New York: Scribner.

Half of young children in the U.S. are read to at least once a day, Census Bureau reports. 2011. Newsroom, August 11.

HALL, J. A., AND M. CANTERBERRY. 2011. Sexism and assertive courtship strategies. *Sex Roles* 65 (December): 840–53.

HALL, K. S., C. MOREAU, AND J. TRUSSELL. 2012. Associations between sexual and reproductive health communication and health service use among U.S. adolescent women. *Perspectives on Sexual and Reproductive Health* 44 (March): 6–12.

HALL, S. S., AND S. M. MACDERMID. 2009. A typology of dual earner marriages based on work and family arrangements. *Journal of Family and Economic Issues* 30 (September): 215–25.

HALL, W. J. 2008. Centenarians: Metaphor becomes reality. *Archives of Internal Medicine* 168 (February 11): 262–63.

HALPERIN, D. M. 2012. How to be gay. *Chronicle Review*, September 7, B13–B17.

HALPERN-MEEKIN, S., W. D. MANNING, P. C. GIORDANO, AND M. A. LONGMORE. 2013. Relationship churning, physical violence, and verbal abuse in young adult relationships. *Journal of Marriage and Family* 75 (February): 2–12.

HAMBURG, M., AND K. HILL. 2012. *Commitment.* Kennebunkport, ME: Cider Mill Press.

HAMBY, S., AND A. BIBLE. 2009. Battered women's protective strategies. Applied Research Forum: National Online Resource Center on Violence Against Women, July.

HAMBY, S., D. FINKELHOR, H. TURNER, AND R. ORMROD. 2011. Children's exposure to intimate partner violence and other family violence. *Juvenile Justice Bulletin*, Office of Juvenile Justice and Delinquency Prevention, October.

HAMILTON, B. E., AND P. D. SUTTON. 2012. Recent trends in births and fertility rates through June 2012. CDC National Center for Health Statistics, December.

HAMILTON, B. E., AND S. J. VENTURA. 2012. Birth rates for U.S. teenagers reach historic lows for all age and ethnic groups. NCHS Data Brief, No. 89, April.

HAMILTON, B. E., J. A MARTIN, AND S. J. VENTURA. 2009. Births: Preliminary data for 2007. *National Vital Statistics Reports*, vol. 57, no 12. Hyattsville, MD: National Center for Health Statistics.

HAMILTON, B. E., J. A. MARTIN, AND S. J. VENTURA. 2012. Births: Preliminary data for 2011. *National Vital Statistics Reports* 61 (5): 1–19.

HAMMOND, R. J., AND B. BEARNSON. 2003. *The marriages and families activities workbook.* Belmont, CA: Wadsworth.

HAMPTON, K. N., L. S. GOULET, L. RAINIE, AND K. PURCELL. 2011. Social networking sites and our lives. Pew Internet & American Life Project, June 16.

HANDLER, J. 2009. I won't roll the biological dice. *Newsweek*, April 27, 16.

HANES, S. 2004. Mail-order bride wins damage award. *Baltimore Sun* (November 19): 1A, 4a.

HANES, S. 2010. In an affair's wake. *Christian Science Monitor*, February 14, 26–29.

HANES, S. 2011. Pretty in pink? *Christian Science Monitor*, September 26, 26–31.

HANES, S. 2012. Bikini onesie: Really? *Christian Science Monitor*, July 5.

HANNA, S. L. 2003. *Person to person: Positive relationships don't just happen*, 4th ed. Upper Saddle River, NJ: Prentice Hall.

HANS, J. D., M. GILLEN, AND K. AKANDE. 2010. Sex redefined: The reclassification of oral-genital contact. *Perspectives on Sexual and Reproductive Health* 42 (June): 74–78.

HANSEN, M. E., AND D. POLLACK. 2007. Transracial adoption of black children: An economic analysis. *Bepress Legal Series*, Working Paper 1942, January 17.

Happy Mother's Day from BLS: Working Mothers in 2012. Bureau of Labor Statistics, *The Editor's Desk*, May 10.

HAQ, H. 2011. How marriage is faring. *Christian Science Monitor*, February 14, 21.

HARARI, S. E., AND M. A. VINOVSKIS. 1993. Adolescent sexuality, pregnancy, and childbearing in the past. In *The politics of pregnancy: Adolescent sexuality and public policy*, eds. A. Lawson and D. I. Rhode, 23–45. New Haven, CT: Yale University Press.

HAREVEN, T. K. 1984. Themes in the historical development of the family. In *Review of child development research*, Vol. 7: The family, ed. R. D. Parke, 137–78. Chicago: University of Chicago Press.

HARGROVE, T. 2011. Disappearing jobs illustrate U.S. manufacturing revolution. Knox News, November 13.

HARLEY, W. F., JR. 2002. *Buyers, renters & freeloaders: Turning revolving-door romance into lasting love.* Grand Rapids, MI: Fleming H. Revell.

HARPER, S., D. RUSHANI, AND J. S. KAUFMAN. 2012. Trends in the black-white life expectancy gap, 2003–2008. *JAMA* 307 (June 6): 2257–59.

HARRIS, G. 2013. India's new focus on rape shows only the surface of women's perils. *New York Times*, January 12.

HARRIS, L. 1996. The hidden world of dating violence. *Parade Magazine*, September 22, 4–6.

HARRIS, M. 1994. *Down from the pedestal: Moving beyond idealized images of womanhood.* New York: Doubleday.

HARRIS, M. 2007. Families turn to Internet to grieve. *Baltimore Sun*, February 23, 1A, 6A.

HARRIS, T. 2003. Mind work: How a Ph.D. affects black women. *Chronicle of Higher Education*, April 11, B14–B15.

HARRISON, A. T., L. GAVIN, AND P. A. HASTINGS. 2012. Prepregnancy contraceptive use among teens with unintended pregnancies resulting in live births—Pregnancy risk assessment monitoring system (PRAMS), 2004–2008. *Morbidity and Mortality Weekly Report* 61 (January 20): 26–29.

HART, S. N., M. R. BRASSARD, N. J. BINGGELI, AND H. A. DAVIDSON. 2003. Psychological maltreatment. In *International encyclopedia of marriage and family*, 2nd ed., Vol. 1, ed. J. J. Ponzetti, Jr., 221–27. New York: Macmillan.

HARTILL, L. 2001. Vow or never. *Christian Science Monitor*, July 18, 15–17.

HARVEY, J. H., AND A. L. WEBER, 2002. *Odyssey of the heart: Close relationships in the 21st century*, 2nd ed. Mahwah, NJ: Erlbaum.

HARVEY, J. H., AND M. A. FINE. 2004. *Children of divorce: Stories of loss and growth.* Mahwah, NJ: Lawrence Erlbaum.

HARWOOD, R., B. LEYENDECKER, V. CARLSON, M. ASENCIO, AND A. MILLER. 2002. Parenting among Latino Families in the U.S. In *Handbook of parenting*, 2nd ed., Vol. 4: Social conditions and applied parenting, ed. M. H. Bornstein, 21–46. Mahwah, NJ: Erlbaum.

HASLETT, A. 2004. *George Washington's rules of civility.* New York: Akashic Books.

HATFIELD, E. 1983. What do women and men want from love and sex? In *Changing boundaries: Gender roles and sexual behavior*, eds. E. R. Allgeier and N. B. McCormick, 106–34. Mountain View, CA: Mayfield.

HAUB, C., AND T. KANEDA. 2012. 2012 world population data sheet. Washington, DC: Population Reference Bureau, wall poster.

HAUSMANN, R., L. D. TYSON, AND S. ZAHIDI. 2012. The global gender gap report 2012. World Economic Forum.

HAYANI, I. 1999. Arabs in Canada: Assimilation or integration? In *Arabs in America: Building a new future*, ed. M. W. Suleiman, 284–303. Philadelphia: Temple University Press.

HAYASHI, G. M., AND B. R. STRICKLAND. 1998. Longterm effects of parental divorce on love relationships: Divorce as attachment disruption. *Journal of Social & Personal Relationships* 15 (February): 23–38.

HAYFORD, S. R., AND K. B. GUZZO. 2013. Racial and ethnic variation in unmarried young adults' motivation to avoid pregnancy. *Perspectives on Sexual and Reproductive Health* 45 (March): 41–51.

HAYGHE, H. 1984. Working mothers reach record number in 1984. *Monthly Labor Review* 107 (December): 31–34.

HAYS, S. 1998. The fallacious assumptions and unrealistic prescriptions of attachment theory: A comment on parents' socioemotional investment in children. *Journal of Marriage and the Family* 60 (August): 782–95.

HAZAN, C., AND P. R. SHAVER. 1987. Conceptualizing romantic love as an attachment process. *Journal of Personality and Social Psychology* 52: 511–24.

HE, W., M. SENGUPIA, V. A. VELKOFF, AND K. A. DE BARROS. 2005. 65+ in the United States: 2005. U.S. Census Bureau, Current Population Reports, P23–209. Washington, DC: U.S. Government Printing Office.

HEALY, J. 2011. In Afghanistan, rage at young lovers. *New York Times*, July 31, A1.

HEALY, M. 2003. Fertility's new frontier. *Los Angeles Times*, July 21, F1.

HEALY, M., AND A. GORMAN. 2013. AMA votes to declare obesity now a disease. *Baltimore Sun*, June 19, 11.

HEBERT, L. E., J. WEUVE, P. A. SCHERR, AND D. A. EVANS. 2013. Alzheimer disease in the United States (2010–2050) estimated using the 2010 census. *Neurology* 80 (19): 1778–83.

HEGEWISCH, A., AND M. MATITE. 2013. The gender wage gap by occupation. Institute for Women's Policy Research, April.

HEIMAN, J. R., J. S. LONG, S. N. SMITH, W. A. FISHER, M. S. SAND, AND R. C. ROSEN. 2011. Sexual satisfaction and relationship happiness in midlife and older couples in five countries. *Archives of Sexual Behavior* 40 (4): 741–53.

HEISLER, C. 2012. Elder abuse. Office for Victims of Crime Training and Technical Assistance Center.

HELLIWELL, J. F., AND H. HUANG. 2013. Comparing the happiness effects of real and on-line friends. National Bureau of Economic Research, January.

HELM, B. 2008. Online polls: How good are they? *Business Week*, June 16, 86.

HELMAN, R., M. GREENWALD, N. ADAMS, C. COPELAND, AND J. VANDERHEI. 2013. The 2013 retirement confidence survey: Perceived savings needs outpace reality for many. Employee Benefit Research Institute, March, No. 384.

HELMS, H. M., A. J. SUPPLE, AND C. M. PROULX. 2011. Mexican-origin couples in the early years of parenthood: Marital well-being in ecological context. *Journal of Family Theory & Review* 3 (June): 67–95.

HENDRICK, C., AND S. HENDRICK. 1992a. *Liking, loving, and relating*, 2nd ed. Monterey, CA: Brooks/Cole.

HENDRICK, S., AND C. HENDRICK. 1992b. *Romantic love.* Thousand Oaks, CA: Sage.

HERBENICK, D., M. REECE, V. SCHICK, S. A. SANDERS, B. DODGE, AND J. D. FORTENBERRY. 2010a. An event-level analysis of the sexual characteristics and composition among adults ages 18 to 59: Results from a national probability sample in the United States. *Journal of Sexual Medicine* 7, Supplement 5 (October): 346–61.

HERBENICK, D., M. REECE, V. SCHICK, S. A. SANDERS, B. DODGE, AND J. D. FORTENBERRY. 2010b. Sexual behavior in the United States: Results from a national probability sample of men and women ages 14–94. *Journal of Sexual Medicine* 7, Supplement 5 (October): 255–265.

HERBENICK, D., M. REECE, V. SCHICK, S. A. SANDERS, B. DODGE, AND J. D. FORTENBERRY. 2010c. Sexual behaviors, relationships, and perceived health status among adult women in the United States: Results from a national probability sample. *Journal of Sexual Medicine* 7, Supplement 5 (October): 277–90.

HERMAN-GIDDENS, M. E., ET AL. 2012. Secondary sexual characteristics in boys: Data from the pediatric research in office settings network. *Pediatrics* 130 (November): e1058–e1068.

HERNANDEZ, D. J. 2011. Double jeopardy: How third-grade reading skills and poverty influence high school education. Annie E. Casey Foundation.

HERRENKOHL, T. I., R. KOSTERMAN, W. A. MASON, AND J. DAVID. 2007. Youth violence trajectories and proximal characteristics of intimate partner violence. *Violence and Victims* 22 (July): 259–74.

HERRING, D. J. 2007. The Multiethnic Placement Act: Threat to foster child safely and wellbeing. University of Pittsburgh School of Law Working Paper Series, Paper 51.

HERRMANN, A. 2003. Children of divorce in no rush to repeat error. Chicago Sun Times, June 10.

HERTZ, R. 2006. *Single by chance, mothers by choice: How women are choosing parenthood without marriage and creating the new American family.* New York: Oxford University Press.

HERVISH, A., AND C. FELDMAN-JACOBS. 2011. Who speaks for me? Ending child marriage. Population Reference Bureau.

HERZBERG, D. 2009. *Happy pills in America: From Miltown to Prozac.* Baltimore, MD: Johns Hopkins University Press.

HESKETH, T., L. LU, AND Z. W. XING. 2011. The consequences of son preference and sex-selective abortion in China and other Asian countries. *Canadian Medical Association Journal* 183 (12): 1374–77.

HETHERINGTON, E. M., AND J. KELLY. 2002. *For better or for worse: Divorce reconsidered.* New York: W. W. Norton.

HETHERINGTON, E. M., AND M. M. STANLEY-HAGAN. 2000. Diversity among stepfamilies. In *Handbook of family diversity*, eds. D. H. Demo, K. R. Allen, and M. A. Fine, 173–96. New York: Oxford University Press.

HETHERINGTON, E. M., AND M. M. STANLEY-HAGAN. 2002. Parenting in divorced and remarried families. In *Handbook of parenting*, 2nd ed., Vol. 3: Being and becoming a parent, ed. M. H. Bornstein, 287–315. Mahwah, NJ: Erlbaum.

HETHERINGTON, E. M., R. D. PARKE, AND V. O. LOCKE. 2006. *Child psychology: A contemporary viewpoint*, 6th ed. Boston: McGraw-Hill.

HEWITT, B. 2009. Which spouse initiates marital separation when there are children involved? *Journal of Marriage and Family* 71 (May): 362–72.

HIBBARD, R., J. BARLOW, AND H. MACMILLAN. 2012. Psychological maltreatment. American Academy of Pediatrics.

HIGGINS, J. A., R. A. POPKIN, AND J. S. SANTELLI. 2012. Pregnancy ambivalence and contraceptive use among young adults in the United States. *Perspectives on Sexual and Reproductive Health* 44 (December): 236–43.

High-tech gadgets help parents keep track of what their kids are doing. 2005. *Baltimore Sun*, September 5, B2.

HILL, C., C. CORBETT, AND A. ST. ROSE. 2010. Why so few? Women in science, technology, engineering, and mathematics. American Association of University Women.

HILL, E. J., J. J. ERICKSON, AND E. K. HOLMES. 2010. Workplace flexibility, work hours, and work-life conflict: Finding an extra day or two. *Journal of Family Psychology* 24 (3): 349–58.

HILL, S. A. 2005. *Black intimacies: A gender perspective on families and relationships.* Walnut Creek, CA: AltaMira Press.

HILLAKER, B. D., H. E. BROPHY-HERB, F. A. VILLARRUEL, AND B. E. HH0. 2008. The contributions of parenting to social competencies and positive values in middle school youth: Positive family communication, maintaining standards, and supportive family relationships. *Family Relations* 57 (December): 591–601.

HIMMELSTEIN, K. E. W., AND H. BRÜCKNER. 2011. Criminal-justice and school sanctions against nonheterosexual youth: A national longitudinal study. *Pediatrics* 127 (January): 49–57.

HINES, D. A., AND K. MALLEY-MORRISON. 2005. *Family violence in the United States: Defining, understanding, and combating abuse.* Thousand Oaks, CA: Sage.

HING, J. 2011. 5 ways Alabama's new anti-immigrant law is even worse than Arizona's SB 1070. AlterNet, June 24.

HISPANIC HERITAGE MONTH 2012: Sept. 15–Oct. 15. 2012. U.S. Census Bureau News, CB12-FF.19, August 6.

HOBBS, F., AND N. STOOPS 2002. Demographic trends in the 20th century. U.S. Census Bureau, 2000 Special Reports, Series CENSR-4.

HOBSON, K. 2004. The biological clock on ice. U.S. News & World Report, September 27, 62-63.

HOBSON, K. 2010. Sailing past 90 with lots left to do. U.S. News & World Report, February 10, 32–37.

HOEFER, M., N. RYTINA, AND B. C. BAKER. 2011. Estimates of the unauthorized immigrant population residing in the United States: January 2010. Office of Immigration Statistics, Homeland Security, Population Estimates, February.

HOEFFEL, E. M., S. RASTOGI, M. O. KIM, AND H. SHAHID. 2012. The Asian population: 2010. 2010 Census Briefs, U.S. Census Bureau, March.

HOEKSTRA, M. L. 2006. "Just kidding, dear": Using dismissed divorce cases to identify the effect of parental divorce on student performance. University of Pittsburgh, Department of Economics. Unpublished paper.

HOFFERTH, S. L. 2005. Secondary data analysis in family research. Journal of Marriage and Family 67 (November): 891–907.

HOJAT, M., M. SHAPURIAN, D. FOROUGHI, H. NAYERAHMADI, M. FARZANEH, M. SHAFIEYAN, AND M. PARSI. 2000. Gender differences in traditional attitudes toward marriage and the family: An empirical study of Iranian immigrants in the United States. Journal of Family Issues 21 (May): 419–34.

HOLDEN, G. W. 2011. Stress, not race. New York Times, August 14.

HOLLIST, C. S., AND R. B. MILLER. 2005. Perceptions of attachment style and marital quality in midlife marriage. Family Relations 54 (January): 46–57.

HOLMAN, T. B., AND W. R. BURR. 1980. Beyond the beyond: The growth of family theories in the 1970s. Journal of Marriage and the Family 42 (November): 729–41.

HOLMAN, T. B., J. H. LARSON, AND S. L. HARMER. 1994. The development and predictive validity of a new premarital assessment instrument: The preparation for marriage questionnaire. Family Relations 43 (January): 46–52.

HOLSON, L. M. 2011. Who's on the family tree? Now it's complicated. New York Times, July 5, A1.

HOLSON, L. M. 2012. "What were you thinking?" For couples, new source of online friction. New York Times, April 26, E1.

HOLT, T., L. GREENE, AND J. DAVIS. 2003. National survey of adolescents and young adults: Sexual health knowledge, attitudes and experiences. The Henry Kaiser Family Foundation.

HOMANS, G. 1974. Social behavior: Its elementary forms, rev. ed. New York: Harcourt Brace Jovanovich.

HONEY, M. 1984. Creating Rosie the Riveter: Class, gender, and propaganda. Amherst: University of Massachusetts Press.

HOOYMAN, N. R., AND H. A. KIYAK. 2002. Social gerontology: A multidisciplinary perspective, 6th ed. Boston, MA: Allyn & Bacon.

HOPPER, J. 2001. The symbolic origins of conflict in divorce. Journal of Marriage and Family 63 (May): 430–45.

HOPPMANN, C. A., D. GERSTORF, AND A. HIBBERT. 2011. Spousal associations between functional limitation and depressive symptom trajectories: Longitudinal findings from the study of asset and health dynamics among the oldest old (AHEAD). Health Psychology 30 (2): 153–62.

HORWITZ, A. V., AND J. C. WAKEFIELD. 2006. The epidemic in mental illness: Clinical fact or survey artifact? Contexts 5 (Winter): 19–23.

HORWITZ, A. V., H. R. WHITE, AND S. HOWELL-WHITE. 1996. Becoming married and mental health: A longitudinal study of a cohort of young adults. Journal of Marriage and the Family 58 (November): 895–907.

HOSSAIN, Z. 2001. Division of household labor and family functioning in off-reservation Navajo Indian families. Family Relations 50 (July), 255–61.

HOUSEKNECHT, S. K., AND S. K. LEWIS. 2005. Explaining teen childbearing and cohabitation: Community embeddedness and primary ties. Family Relations 54 (December): 607–20.

HOUSER, L., AND T. P. VARTANIAN. 2012. Pay matters: The positive economic impacts of paid family leave for families, businesses and the public. Rutgers Center for Women and Work, January.

How queer is that? 2010. Newsweek, June 7, 56.

HOYERT, D. L., AND J. XU. 2012. Deaths: Preliminary data for 2011. National Vital Statistics Reports 61 (6), October 10.

HUANG, C-C. 2009. Mothers' reports of nonresident fathers' involvement with their children: Revisiting the relationship between child support payment and visitation. Family Relations 58 (February): 54–64.

HUBER, R. 2012/2013. Are kids too close to their parents? AARP Magazine, December/January, 62–65.

HUDAK, M. A. 1993. Gender schema theory revisited: Men's stereotypes of American women. Sex Roles 28 (5/6): 279–92.

HUDSON, J. I., E. HIRIPI, H. G. POPE JR., AND R. C. KESSLER. 2007. The prevalence and correlates of eating disorders in the national comorbidity survey replication. Biological Psychiatry 61 (February): 348–58.

HUGHES, M. E., AND L. J. WAITE. 2009. Marital biography and health at mid-life. Journal of Health and Social Behavior 50 (September): 344–58.

HULL, K. E., A. MEIER, AND T. ORTYL. 2010. The changing landscape of love and marriage. Contexts 9 (Spring): 32–37.

HUMAN RIGHTS CAMPAIGN. 2012. Growing up LGBT in America.

HUMBAD, M. N., M. B. DONNELLAN, W. G. IACONO, M. MCGUE, AND S. A. BURT. 2010. Is spousal similarity for personality a matter of convergence or selection? Personality and Individual Differences 49 (November): 827–30.

HUNT, J. 1991. Ten reasons not to hit your kids. In Breaking down the wall of silence: The liberating experience of facing painful trust, ed. A. Miller, 168–71. Meridian, NY: Dutton.

HUNT, J. 2010. Why do women leave science and engineering? National Bureau of Economic Research, March.

HUPKA, R. B. 1991. The motive for the arousal of romantic jealousy: Its cultural origin. In The psychology of jealousy and envy, ed. P. Salovey, 252–70. New York: Guilford.

HUPPKE, R. W. 2012. Working women learn to swim with sharks. Baltimore Sun, September 20, 2.

HURD, M. D., P. MARTORELL, A. DELAVANDE, K. J. MULLEN, AND K. M. LANGA. 2013. Monetary costs of dementia in the United States. New England Journal of Medicine 368 (April 14): 1326–34.

HURH, W. M. 1998. The Korean Americans. Westport, CT: Greenwood.

HUTTER, M. 1998. The changing family, 3rd ed. Boston: Allyn & Bacon.

HWANG, A. C., A. KOYAMA, D. TAYLOR, J. T. HENDERSON, AND S. MILLER. 2005. Advanced practice clinicians' interest in providing medical abortion: Results of a California survey. Perspectives on Sexual and Reproductive Health 37 (June): 92–97.

HWANG, S.-S., R. SAENZ, AND B. F. AGUIRRE. 1994. Structural and individual determinants of outmarriage among Chinese-, Filipino-, and Japanese-Americans in California. Sociological Inquiry 64 (November): 396–414.

HYDE, J. S. 2005. The gender similarities hypothesis. American Psychologist 60 (September): 581–92.

HYDE, J. S. 2006. Gender similarities still rule. American Psychologist 61 (September): 641–42.

HYMOWITZ, C. 2012. The rise of the CEO mom has created a new kind of trophy husband. Bloomberg Businessweek, January 9–January 15, 54–59.

I

IDAHO Committee. 2012. The international day against homophobia and transphobia: Annual report 2012.

I-Fairy robot weds Tokyo couple in tinny voice. USA Today, May 17.

IGNATIUS, D. 2013. Newfound status for Saudi women. Washington Post, January 18.

IKRAMULLAH, E., M. BARRY, J. MANLOVE, AND K. A. MOORE. 2011. Facts at a glance: A fact sheet reporting national, state, and city trends in teen childbearing. Child Trends, April.

ILKKARACAN, P., AND S. JOLLY. 2007. Gender and sexuality: Overview report. BRIDGE, January.

IMBER-BLACK, E., AND J. ROBERTS. 1993. Family change: Don't cancel holidays! Psychology Today 26 (March/April): 62, 64, 92–93.

IMMEL, M. B. 2008. I'm old—and I'm just fine with that. Newsweek, July 31, 18.

India explores ways to curb prodigious food waste and extravagant wedding parties. 2011. Washington Post, July 21.

INDIAN HEALTH SERVICE. 2006. Facts on Indian health disparities. January.

INGERSOLL-DAYTON, B., M. B. NEAL, J.-H. HA, AND L. B. HAMMER. 2003. Redressing inequity in parent care among siblings. Journal of Marriage and Family 65 (February): 201–12.

INGOLDSBY, B. B., S. R. SMITH, AND J. E. MILLER. 2004. Exploring family theories. Los Angeles, CA: Roxbury Publishing.

INSTITUTE FOR WOMEN'S LEADERSHIP. 2011. Women heads of state. Women's Leadership fact sheet, May.

INSTITUTE OF MEDICINE. 2013. U.S. health in international perspective: Shorter lives, poorer health. Report Brief, January.

INSURANCE INSTITUTE FOR HIGHWAY SAFETY. 2013. Fatality facts 2011: Teenagers.

INTERNATIONAL ASSOCIATION OF CHIEFS OF POLICE. 2012. Law enforcement and cyberbullying fact sheet. Bureau of Justice Assistance, November.

INTERNICOLA, D. 2010. Nearly-weds part on, and on. Baltimore Sun, July 26, 15.

INTER-PARLIAMENTARY UNION. 2011. Women in parliaments: World classification.

IRAQ BODY COUNT. 2013. Documented civilian deaths from violence.

ISAACS, J., K. TORAN, H. HAHN, K. FORTUNY, AND C. E. STEUERLE. 2012. Kids' share 2012:

Report on federal expenditures on children through 2011. Urban Institute.

ISEN, A., AND B. STEVENSON. 2010. Women's education and family behavior: Trends in marriage, divorce, and fertility. National Bureau of Economic Research, February.

ISHII-KUNTZ, M., 2004. Asian American families: Diverse history, contemporary trends, and the future. In *Handbook of contemporary families: Considering the past, contemplating the future*, eds. M. Coleman and L. H. Ganong, 369–84. Thousand Oaks, CA: Sage.

IT'S JUST LUNCH. 2006. January 5.

ITO, A., AND M. YUI. 2010. Bureaucrats play matchmaker in Japan. *Bloomburg Businessweek*, August 30–September 5, 11–12.

J

JACKSON, S. L., AND T. L. HAFEMEISTER. 2011. Financial abuse of elderly people vs. other forms of elder abuse: Assessing their dynamics, risk factors, and society's response. National Criminal Justice Reference Service, February.

JACKSON, S. L., AND T. L. HAFEMEISTER. 2013. Understanding elder abuse: New directions for developing theories of elder abuse occurring in domestic settings. National Institute of Justice, June.

JACKSON, S., L. FEDER, D. R. FORDE, R. C. DAVIS, C. D. MAXWELL, AND B. G. TAYLOR. 2003. *Batterer intervention programs: Where do we go from here?* Washington, DC: U.S. Department of Justice.

JACOBE, D. 2012. Federal government jobs disappearing at a rapid pace. Gallup, January 14.

JACOBE, D. 2013. U.S. small businesses struggle to find qualified employees. Gallup, February 15.

JACOBS, C. 2012. My life in a binder. Women's Media Center, October 24.

JACOBS, K., D. GRAHAM-SQUIRE, AND S. LUCE. 2011. Living wage policies and big-box retail: How a higher wage standard would impact Walmart workers and shoppers. Center for Labor Research and Education, April.

JACOBSEN, L. A., M. KENT, M. LEE, AND M. MATHER. 2011. America's aging population. *Population Bulletin* 66 (February): 1–16.

JACOBSEN, L. A., M. MATHER, AND G. DUPUIS. 2012. Household change in the United States. *Population Bulletin* 67 (September): 1–12.

JACOBY, S. 2005. Sex in America. *AARP* (July/August): 57–62, 114.

JAIMES, M. A., WITH T. HALSEY. 1992. American Indian women: At the center of indigenous resistance in contemporary North America. In *The state of Native America: Genocide, colonization, and resistance*, ed. M. A. Jaimes, 311–44. Boston: South End.

JAKUBOWSKI, S. F., E. P. MILNE, H. BRUNNER, AND R. B. MILLER. 2004. A review of empirically supported marital enrichment programs. *Family Relations* 53 (October): 528–36.

JAMES, S. 2012. How I escaped. *Newsweek*, March 12, 19.

JAMES, S. D. 2013. Why men don't teach elementary school. March 25.

JAMISON, T. B., AND L. GANONG. 2011. "We're not living together:" Stayover relationships among college-educated emerging adults. *Journal of Social and Personal Relationships* 28 (November): 536–57.

JANG, S. J., A. ZIPPAY, AND R. PARK. 2012. Family roles as moderators of the relationship between schedule flexibility and stress. *Journal of Marriage and Family* 74 (August): 897–912.

JANKOWIAK, W. R., AND E. P. FISCHER. 1992. A cross-cultural perspective on romantic love. *Ethnology* 31 (April): 149–55.

JANMOHAMED, S. Z. 2010. *Love in a headscarf*. Boston: Beacon Press.

JANOFSKY, M. 2003. Young brides stir new outcry on Utah polygamy. *New York Times*, February 28, 1.

JAYAKODY, R., AND A. KALIL. 2002. Social fathering in low-income, African American families with preschool children. *Journal of Marriage and Family* 64 (May): 504–16.

JAYAKODY, R., AND N. CABRERA. 2002. What are the choices for low-income families? Cohabitation, marriage, and remaining single. In *Just living together: Implications of cohabitation on families, children, and social policy*, eds. A. Booth and A. C. Crouter, 85–96. Mahwah, NJ: Erlbaum.

JAYAKUMAR, A. 2012. Mobile dating apps grow in popularity. *Washington Post*, August 18.

JAYSON, S. 2009. I want you to get married. *Chicago Sun-Times*, February 24.

JAYSON, S. 2010. The Gores put focus on late-stage divorces. *USA Today*, June 3, 7D.

JAYSON, S. 2012. Dating sites—for all ages—focus on keeping it real. *USA Today*, December 3.

JEFFRIES, W. L. IV. 2011. The number of recent sex partners among bisexual men in the United States. *Perspectives on Sexual and Reproductive Health* 43 (September): 151–57.

JELLESMA, F. C., AND A. J. J. M. VINGERHOETS. 2012. Crying in middle childhood: A report on gender differences. *Sex Roles* 67 (October): 412–21.

JENA, A. B., AND D. P. GOLDMAN. 2011. Growing Internet use may help explain the rise in prescription drug abuse in the United States. *Health Affairs* 6 (June): 1192–99.

JENDREK, M. P. 1994. Grandparents who parent their grandchildren: Circumstances and decisions. *The Gerontologist* 34 (2): 206–16.

JENKINS TUCKER, C., D. FINKELHOR, H. TURNER, AND A. SHATTUCK. 2013. Association of sibling aggression with child and adolescent mental health. *Pediatrics* 132 (July 1): 79–84.

JERNIGAN, D. 2010. Alcohol marketing and youth: Why it's a problem and what you can do. Center for Alcohol Marketing and Youth, December 14.

JIAN, M. 2013. China's brutal one-child policy. *New York Times*, May 22, A27.

JIANG, C. 2011. Why more Chinese singles are looking for love online. *Time*, April 25.

JIANG, J. 2009. Postcard: Beijing. *Time*, March 2, 7.

JOHN, D., AND B. A. SHELTON. 1997. The production of gender among black and white women and men: The case of household labor. *Sex Roles* 36 (February): 171–93.

JOHN, R. 1988. The Native American family. In *Ethnic families in America: Patterns and variations*, 3rd ed., eds. C. H. Mindel, R. W. Habenstein, and R. Wright, Jr., 325–66. New York: Elsevier.

JOHNSON, C. Y. 2010. Author on leave after Harvard inquiry. *Boston Globe*, August 10.

JOHNSON, E. M., AND T. L. HUSTON. 1998. The perils of love, or why wives adapt to husbands during the transition to parenthood. *Journal of Marriage and the Family* 60 (February): 195–204.

JOHNSON, K. 2011. Between young and old, a political collision. *New York Times*, June 4, A10.

JOHNSON, K. M., AND D. R. JOHNSON. 2009. Partnered decisions? U.S. couples and

medical help-seeking for infertility. *Family Relations* 58 (October): 431–44.

JOHNSON, L., AND J. LLOYD. 2004. *Sentenced to everyday life: Feminism and the housewife*. New York: Berg.

JOHNSON, M. P. 2005. Domestic violence: It's not about gender—or is it? *Journal of Marriage and Family* 67 (December): 1126–30.

JOHNSON, M. P. 2008. *A typology of domestic violence: Intimate terrorism, violent resistance, and situational couple violence*. Boston, MA: Northeastern University Press.

JOHNSON, M. P. 2011. Gender and types of intimate partner violence: A response to an anti-feminist literature review. *Aggression and Violent Behavior* 16 (July–August): 289–86.

JOHNSON, R. 1985. Stirring the oatmeal. In *Challenge of the heart: Love, sex, and intimacy in changing times*, ed. J. Welwood. Boston: Shambhala.

JOHNSON, R. W. AND J. M. WIENER. 2006. A profile of frail older Americans and their caregivers. The Urban Institute, February.

JOHNSON, S. 2011. Study details causes of high maternal death rates. Women's e-news, April 26.

JOHNSON, T. D. 2008. *Maternity leave employment patterns of first-time mothers: 1961–2003*. Current Population Report, P70-113. Washington, DC: U.S. Census Bureau.

JONES, A., AND S. SCHECHTER. 1992. *When love goes wrong: What to do when you can't do anything right*. New York: HarperCollins.

JONES, H. W., JR. 2007. Iatrogenic multiple births: A 2003 checkup. *Fertility and Sterility* 87 (March): 453–55.

JONES, J. 1985. *Labor of love, labor of sorrow: Black women, work and the family from slavery to the present*. New York: Basic Books.

JONES, J. 2011. Approval of labor unions holds near its low, at 52%. Gallup, August 31.

JONES, J. 2013. Same-sex marriage support solidifies above 50% in U.S. Gallup, May 13.

JONES, J. M. 2006. Ideal age for marriage: 25 for women and 27 for men. Gallup News Service, June 22.

JONES, J. M. 2012. In U.S., labor union approval steady at 52%. Gallup, August 31.

JONES, J. M. 2012. Most in U.S. say gay/lesbian bias is a serious problem. Gallup, December 6.

JONES, J. M. 2013. Fewer mention economic issues as top problem. Gallup, March 14.

JONES, J. M. 2013. Pensions are top income source for wealthier U.S. retirees. Gallup, May 21.

JONES, J. T. JR. 2010. Driving away dads. *Baltimore Sun*, June 17, 19.

JONES, M. 2003. The mystery of my eggs. *New York Times*, March 16, 44.

JONES, N. A., AND J. BULLOCK. 2012. The two or more races population: 2010. 2010 Census Briefs, September.

JONES, R. K. 1993. Female victim perceptions of the causes of male spouse abuse. *Sociological Inquiry* 63 (August): 351–61.

JONES, R. K., A. M. MOORE, AND L. F. FROHWIRTH. 2011. Perceptions of male knowledge and support among U.S. women obtaining abortions. *Women's Health Issues* 21 (March–April): 117–23.

JONES, R. K., AND A. E. BIDDLECOM. 2011a. Exposure to and views of information about sexual abstinence among older teens. *American Journal of Sexuality Education* 6 (4): 381–95.

JONES, R. K., AND A. E. BIDDLECOM. 2011b. Is the Internet filling the sexual health information gap for teens? An exploratory study. *Journal of Health Communication* 16 (January): 112–23.

JONES, R. K., AND A. E. BIDDLECOM. 2011c. The more things change . . . : The relative importance of the Internet as a source of contraceptive information for teens. *Sexuality Research and Social Policy* 8 (March): 27–37.

JONES, R. K., AND J. DREWEKE. 2011. Countering conventional wisdom: New evidence on religion and contraceptive use. Guttmacher Institute, April.

JONES, R. K., AND K. KOOISTRA. 2011. Abortion incidence and access to services in the United States, 2008. *Perspectives on Sexual and Reproductive Health* 43 (1): 41–50.

JONES, R. K., AND M. L. KAVANAUGH. 2011. Changes in abortion rates between 2000 and 2008 and lifetime incidence of abortion. *Obstetrics & Gynecology* 117 (June): 1358–66.

JONES, R. K., L. B. FINER, AND S. SINGH. 2010. Characteristics of U.S. abortion patients, 2008. Guttmacher Institute.

JONES, R. K., L. FROHWIRTH, AND A. M. MOORE. 2013. More than poverty: Disruptive events among women having abortions in the USA. *Journal of Family Planning and Reproductive Health Care* 39 (January): 36–43.

JONES, R. K., M. R. S. ZOLNA, S. K. HENSHAW, AND L. B. FINER. 2008. Abortion in the United States: Incidence and access to services, 2005. *Perspectives on Sexual and Reproductive Health* 40 (March): 6–16.

JONES, W. H., AND M. P. BURDETTE. 1994. Betrayal in relationships. In *Perspectives on close relationships*, eds. A. L. Weber and J. H. Harvey, 243–62. Boston: Allyn & Bacon.

JORDAN, M. 2012. Heartland draws Hispanics to help revive small towns. *Wall Street Journal*, November 9, A1, A10.

JORDAN, M. 2012. Recession big factor as birthrate falls. *Wall Street Journal*, November 30, A2.

JORDAN, M., AND M. PETERS. 2013. Tight market for farmhands. *Wall Street Journal*, February 20, A3.

JOSEPH, S. ED. 1999. *Intimate selving in Arab families: Gender, self, and identity.* New York: Syracuse University Press.

JOSSELSON, R. 1992. *The space between us: Exploring the dimensions of human relationships.* San Francisco: Jossey-Bass.

JUSTICE, G. 1999. We're happily married and living apart. *Newsweek*, October 18, 12.

K

KAHN, J. R., B. S. MCGILL, AND S. M. BIANCHI. 2011. Help to family and friends: Are there gender differences at older ages? *Journal of Marriage and Family* 73 (February): 77–92.

KAISER FAMILY FOUNDATION. 2008. Sexual health of adolescents and young adults in the United States. September.

KAISER FAMILY FOUNDATION. 2011. Health care spending in the United States and selected OECD countries. April.

KALATA, J. 2006. *Looking at act II of women's lives: Thriving & striving from 45 on.* AARP Foundation, April.

KALIL, A., K. M. ZIOL-GUEST, AND J. L. EPSTEIN. 2010. Nonstandard work and marital instability: Evidence from the National Longitudinal Survey of Youth. *Journal of Marriage and Family* 72 (October): 1289–1300.

KÄLLÉN, B., O. FINNSTRÖM, A. LINDAM, E. NILSSON, K-G. NYGREN, AND P. O. OLAUSSON. 2010. Cancer risk in children and young adults conceived by in vitro fertilization. *Pediatrics* 126 (August 1): 270–76.

KALMIJN, M. 1998. Intermarriage and homogamy: Causes, patterns, trends. *Annual Review of Sociology* 24: 395–421.

KALMIJN, M., AND C. W. S. MONDEN. 2006. Are the negative effects of divorce on well-being dependent on marital quality? *Journal of Marriage and Family* 68 (December): 1197–213.

KALMIJN, M., AND P. M. DE GRAAF. 2012. Life course changes of children and well-being of parents. *Journal of Marriage and Family*, 74 (April): 269–80.

KAMBAYASHI, T. 2008. Japanese men shout the oft-unsaid: "I love you." *Christian Science Monitor*, February 13, 1, 11.

KAMINSKI, J. W., AND X. FANG. 2009. Victimization by peers and adolescent suicide in three US samples. *Journal of Pediatrics* 155 (November): 683–88.

KAMP DUSH, C. M., M. G. TAYLOR, AND R. A. KROEGER. 2008. Marital happiness and psychological well-being across the life course. *Family Relations* 57 (April): 211–26.

KAN. Case highlights legal issues for sperm donors. 2013. *USA Today*, January 4.

KANG, C., AND H. TSUKAYAMA. 2012. Toys R Us markets a tablet for the youngest users. *Washington Post*, September 10.

KANNY, D., Y. LIU, AND R. D. BREWER. 2011. Binge drinking—United States, 2009. *MMWR* 60 (Suppl, January 14): 101–04.

KANNY, D., Y. LIU, R. D. BREWER, W. S. GARVIN, AND L. BALLUZ. 2012. Vital signs: Binge drinking prevalence, frequency, and intensity among adults—United States, 2010. *MMWR* 61 (January 13): 14–19.

KANTROWITZ, M. 2011. The distribution of grants and scholarships by race. September 2.

KAPP, D. 2013. Can new building toys for girls improve math and science skills? *Wall Street Journal*, April 17, D1, D3.

KARRAKER, A., AND J. DELAMATER. 2013. Past-year sexual inactivity among older married persons and their partners. *Journal of Marriage and Family* 75 (February): 142–63.

KARRAKER, M. W. 2008. *Global families.* Boston: Pearson Education.

KASHEF, Z. 2003. The fetal position. *Mother Jones* (January/February): 18–19.

KASS, L. R. 1997. The end of courtship. *The Public Interest* 126 (Winter): 39–63.

KAUFMAN, G., AND E. BERNHARDT. 2012. His and her job: What matters most for fertility plans and actual childbearing? *Family Relations* 61 (October): 686–97.

KAUFMANN, J-C. 2008. *The single woman and the fairytale prince.* Malden, MA: Polity Press.

KAVANAUGH, M. L., J. JERMAN, K. ETHIER, AND S. MOSKOSKY. 2013. Meeting the contraceptive needs of teens and young adults: Youth-friendly and long-acting reversible contraceptive services in U.S. family planning facilities. *Journal of Adolescent Health* 52 (March): 284–92.

KAWAMOTO, W. T., AND R. P. VIRAMONTEZ ANGUINO. 2006. Asian and Latino immigrant families. In *Families in global and multicultural perspective*, 2nd ed., eds. B. B. Ingoldsby and S. D. Smith, 209–30. Thousand Oaks, CA: Sage.

KAWAMOTO, W. T., AND T. C. CHESHIRE. 2004. A "seven-generation" approach to American Indian families. In *Handbook of contemporary families: Considering the past, contemplating the future*, eds. M. Coleman and L. H. Ganong, 385–93. Thousand Oaks, CA: Sage.

KAY, B. 2011. Wedding prep 101. *Christian Science Monitor*, October 17, 7.

KAYE, K., K. SUELLENTROP, AND C. SLOUP. 2009. The fog zone: How misperceptions, magical thinking, and ambivalence put young adults at risk for unplanned pregnancy. The National Campaign to Prevent Teen and Unplanned Pregnancy.

KAYSER, K. 1993. *When love dies: The process of marital dissatisfaction.* New York: Guilford.

KEENAN, N. L., AND K. A. ROSENDORF. 2011. Prevalence of hypertension and controlled hypertension—United States, 2005–2008. *MMWR* 60 (Suppl, January 14): 94–97.

KEETER, S. 2009. New tricks for old—and new—dogs: Challenges and opportunities facing communications research. Pew Research Center Publications, March 3.

KEETER, S. 2010. Ask the expert. Pew Research Center, December 29.

KEIZER, R., P. A. DYKSTRA, AND A. R. POORTMAN. 2010. Life outcomes of childless men and fathers. *European Sociological Review* 26 (1): 1–15.

KELLY, G. F. 1994. *Sexuality today: The human perspective*, 4th ed. Guilford, CT: Dushkin.

KELLY, J. B., AND R. E. EMERY. 2003. Children's adjustment following divorce: Risk and resilience perspectives. *Family Relations* 52 (October): 352–62.

KEMPE, C. H., F. N. SILVERMAN, B. F. STEELE, W. DROEGMULLER, AND H. K. SILVER. 1962. The battered-child syndrome. *Journal of the American Medical Association* 181 (July): 17–24.

KEMPNER, J., C. S. PERLIS, AND J. F. MERZ. 2005. Ethics: Forbidden knowledge. *Science* 307 (February 11): 854.

KENDALL, B., AND J. A. FAVOLE. 2013. Social Security rules defy same-sex verdict. *Wall Street Journal*, June 28, A7.

KENDALL, D. 2002. *The power of good deeds: Privileged women and the social reproduction of the upper class.* Lanham, MD: Rowman & Littlefield.

KENEN, R. H. 1993. *Reproductive hazards in the workplace: Mending jobs, managing pregnancies.* New York: Haworth.

KENNEDY, A., K. LAVAIL, G. NOWAK, M. BASKET, AND S. LANDRY. 2011. Confidence about vaccines in the United States: Understanding parents' perceptions. *Health Affairs* 30 (June): 1151–59.

KENNEDY, D. E., AND L. KRAMER. 2008. Improving emotion regulation and sibling relationship quality: The More Fun with Sisters and Brothers program. *Family Relations* 57 (December): 567–78.

KENNEDY, R. 2002. *Nigger: The strange career of a troublesome word.* New York: Pantheon.

KENNEDY, T. L. M., A. SMITH, A. T. WELLS, AND B. WELLMAN. 2008. Networked families. Pew Internet & American Life Project, October 19.

KENRICK, D. 2013. I love being a guy. *Psychology Today*, January/February, 45–48.

KENRICK, D. T., G. E. GROTH, M. R. TROST, AND E. K. SADALLA. 1993. Integrating evolutionary and social exchange perspectives on relationships: Effects of gender, self-appraisal, and involvement level on mate selection criteria. *Journal of Personality and Social Psychology* 64 (6): 951–69.

KENT, M. M., AND M. MATHER. 2002. What drives U.S. population growth? *Population Bulletin* 57 (December): 1–40. Washington, DC: Population Reference Bureau.

KERCKHOFF, A. C., AND K. E. DAVIS. 1962. Value consensus and need complementarity in mate selection. *American Sociological Review* 27 (June): 295–303.

KERN, S. 1992. *The culture of love: Victorians to moderns.* Cambridge, MA: Harvard University Press.

KERSHAW, S. 2003. Saudi Arabia awakes to the perils of inbreeding. *New York Times*, May 1, A3.

KERSTEN, K. K. 1990. The process of marital disaffection: Interventions at various stages. *Family Relations* 39 (July): 257–65.

KETTNER, P. M., R. M. MORONEY, AND L. L. MARTIN. 1999. *Designing and managing programs: An effectiveness-based approach*, 2nd ed. Thousand Oaks, CA: Sage.

KHAW, L. B. L., AND J. L. HARDESTY. 2009. Leaving an abusive partner: Exploring boundary ambiguity using the stages of change model. *Journal of Family Theory & Review* 1(March): 38–53.

KHAZAN, O. 2012. Russia has company in limiting foreign adoptions. *Baltimore Sun*, December 20, 18.

KHESHGI-GENOVESE, Z., AND T. A. GENOVESE. 1997. Developing the spousal relationship within stepfamilies. *Families in Society: The Journal of Contemporary Human Services* 78 (May/June): 255–64.

KIECOLT-GLASER, J. K., AND T. L. NEWTON. 2001. Marriage and health: His and hers. *Psychological Bulletin* 127 (July): 472–503.

KIECOLT-GLASER, J. K., T. J. LOVING, J. R. STOWELL, W. B. MALARKEY, S. LEMESHOW, S. L. DICKINSON, AND R. GLASER. 2005. Hostile marital interactions, proinflammatory cytokine production, and wound healing. *Archives of General Psychiatry* 62 (December): 1377–84.

KIEFER, H. M. 2005. U.S. weddings: "Something borrowed" usually money. Gallup Organization, June 28.

KILBURN, J. C., JR. 1996. Network effects in care-giver to care-recipient violence: A study of care-givers to those diagnosed with Alzheimer's disease. *Journal of Elder Abuse & Neglect* 8 (1): 69–80.

KILLOREN, S. E., K. A. UPDEGRAFF, F. S. CHRISTOPHER, AND A. J. UMAÑA-TAYLOR. 2011. Mothers, fathers, peers, and adolescents' sexual intentions. *Journal of Marriage and Family* 73 (February): 209–20.

KILPATRICK, D. G., B. E. SAUNDERS, AND D. W. SMITH. 2003. *Youth victimization: Prevalence and implications*. Washington, DC: U.S. Department of Justice.

KIM, H. S. 2011. Consequences of parental divorce for child development. *American Sociological Review* 76 (June): 487–511.

KIM, J. 2012. Educational differences in marital dissolution: Comparison of white and African American women. *Family Relations* 61 (December): 811–24.

KIM, J. E., E. M. HETHERINGTON, AND D. ROSS. 1999. Associations among family relationships, antisocial peers, and adolescents' externalizing behaviors. *Child Development* 70 (September/October): 1209–30.

KIM, J., S. K. IRVING, AND T. A. LOVELESS. 2012. Dynamics of economic well-being: Participation in government programs, 2004 to 2007 and 2009. Who gets assistance? U.S. Census Bureau. Current Population Reports, July.

KIM, Y. M. 2011. Minorities in higher education. American Council on Education.

KIMPORT, K., K. FOSTER, AND T. A.WEITZ. 2011. Social sources of women's emotional difficulty after abortion: Lessons from women's abortion narratives. *Perspectives on Sexual and Reproductive Health* 43 (June): 103–09.

KING, M., AND A. BARTLETT. 2006. What same sex civil partnerships may mean for health. *Journal of Epidemiology and Community Health* 60 (March): 188–91.

KING, V. 2006. The antecedents and consequences of adolescents' relationships with stepfathers and nonresident fathers. *Journal of Marriage and Family* 68 (November): 910–28.

KING, V. 2007. When children have two mothers: Relationships with nonresident mothers, stepmothers, and fathers. *Journal of Marriage and Family* 69 (December): 1178–93.

KING, V. 2009. Stepfamily formation: Implications for adolescent ties to mothers, nonresident fathers, and stepfathers. *Journal of Marriage and Family* 71 (November): 954–68.

KING, V., AND M. E. SCOTT. 2005. A comparison of cohabiting relationships among older and younger adults. *Journal of Marriage and Family* 67 (May): 271–85.

KING, W. 1996. "Suffer with them till death": Slave women and their children in nineteenth-century America. In *More than chattel: Black women and slavery in the Americas*, eds. D. B. Caspar and D. C. Hine, 147–68. Bloomington: Indiana University Press.

KINSELLA, K., AND W. He. 2009. *An aging world: 2008*. Washington, DC: U.S. Government Printing Office.

KINSEY INSTITUTE. 2011. Continuum of human sexuality.

KINSEY, A. C., W. B. POMEROY, AND C. E. MARTIN. 1948. *Sexual behavior in the human male*. Philadelphia: Saunders.

KINSEY, A. C., W. B. POMEROY, C. E. MARTIN, AND P. H. GEBHARD. 1953. *Sexual behavior in the human female*. Philadelphia: Saunders.

KIRBY, D. B. 2008. The impact of abstinence and comprehensive sex and STD/HIV education programs on adolescent sexual behavior. *Sexuality Research & Social Policy* 5 (September): 18–27.

KIRK, D. 2013. An adoption spat widens: Behind South Korea's dispute with US couple. *Christian Science Monitor*, February 4, 16–17.

KISSMAN, K., AND J. A. ALLEN. 1993. *Single-parent families*. Beverly Hills, CA: Sage.

KIVISTO, P., AND W. NG. 2004. *Americans all: Race and ethnic relations in historical, structural, and comparative perspectives*, 2nd ed. Los Angeles, CA: Roxbury.

KLEIN, A. R. 2009. Practical implications of current domestic violence research: For law enforcement, prosecutors, and judges. NIJ Special Report, June.

KLEIN, E. 2011. Do we still need unions? Yes: Why they're worth fighting for. *Newsweek*, March 7, 18.

KLEIN, K. 2006. Parents, wake up! Your kid is annoying. *Los Angeles Times*, January 3, B11.

KLEIN, K. E., AND N. LEIBER. 2013. $9 an hour doesn't sound so bad. *Bloomberg Businessweek*, February 25–March 3, 46–48.

KLEIN, M. 2012. 8 paranoid sex myths spread by America's anti-sex crusaders (debunked by science). *Huffington Post*, April 30.

KLINENBERG, E. 2012. *Going solo: The extraordinary rise and surprising appeal of living alone*. New York: Penguin Books.

KLINGAMAN, M. 2008. His brother's keeper. *Baltimore Sun*, March 9, 1, 8.

KLOFSTAD, C. A., R. McDERMOTT, AND P. K. HATEMI. 2012. Do bedroom eyes wear political glasses? The role of politics in human mate attraction. *Evolution and Human Behavior* 33 (March): 100–08.

KLUGER, J. 2013. Too old to be a dad? *Time*, April 22, 36–43.

KNAPP, M. L., AND J. A. HALL. 1992. *Nonverbal communication in human interaction*, 3rd ed. New York: Holt, Rinehard & Winston.

KNEEBONE, E., AND A. BERUBE. 2013. Cul-de-sac poverty. *New York Times*, May 20.

KNICKMEYER, E. 2007. For young Libyans, old-style marriage is a dream too far. *Washington Post*, November 14, A13.

KNIGHT, G. P., C. BERKEL, A. J. UMAÑA-TAYLOR, N. A. GONZALES, I. ETTEKAL, M. JACONIS, AND B. M. BOYD. 2011. The familial socialization of culturally related values in Mexican American families. *Journal of Marriage and Family* 73 (October): 913–25.

KNOX, D., WITH K. LEGGETT. 1998. *The divorced dad's survival book: How to stay connected with your kids*. New York: Insight.

KNOX, N. 2006. Dream house, sans spouse: More women buy homes. *USA Today*, February 14.

KNUDSON-MARTIN, C. 2012. Attachment in adult relationships: A feminist perspective. *Journal of Family Theory & Review* 4 (December): 299–305.

KOCHHAR, R. 2005. Survey of Mexican migrants: The economic transition to America. Pew Hispanic Center, December 6.

KOCHHAR, R. 2007. 1995–2005: Foreign-born Latinos make progress on wages. Pew Hispanic Center, August 21.

KOCIENIEWSKI, D. 2011. G.E.'s strategies let it avoid taxes altogether. *New York Times*, March 24, A1.

KOHLBERG, L. 1969. Stage and sequence: The cognitive-developmental approach to socialization. In *Handbook of socialization theory and research*, ed. D. A. Goslin, 347–480. Chicago: Rand McNally.

KOHLER, P. K., L. E. MANHART, AND W. E. LAFFERTY. 2008. Abstinence-only and comprehensive sex education and the initiation of sexual activity and teen pregnancy. *Journal of Adolescent Health* 42 (April): 344–51.

KOHUT, A. 2011. Labor unions seen as good for workers, not U.S. competitiveness. Pew Research Center, February 17.

KOHUT, A., C. DOHERTY, M. DIMOCK, AND S. KEETER. 2011. Beyond red vs. blue political typology. Pew Research Center, May 4.

KOHUT, A., R. WIKE, J. M. HOROWITZ, AND E. CARRIERE-KRETSCHMER. 2010. Gender equality universally embraced, but inequalities acknowledged. Pew Research Center, July 1.

KOLATA, G. 2013. Dementia rate is found to drop sharply, as forecast. *New York Times*, July 17, A8.

KOLHATKAR, S. 2012. Emasculation nation. *Bloomberg Businessweek*, September 17–September 23, 102–03.

KOLHATKAR, S. 2012. The mother of all traps. *Bloomberg Businessweek*, April 30–May 6, 82–83.

KOMANDO, K. 2012. Preventing online infidelity. *USA Today*, March 29.

KONIGSBERG, R. D. 2011. Chore wars. *Time*, August 8, 45–49.

KOROPECKYJ-COX, T., AND G. PENDELL. 2007. The gender gap in attitudes about childlessness in the United States. *Journal of Marriage and Family* 69 (November): 899–915.

KOSMIN, B. A., AND A. KEYSAR. 2009. *American religious identification survey [ARIS 2008]*. Summary Report, March.

KOSOVA, W., AND P. WINGERT. 2009. Crazy talk. *Newsweek*, June 8, 54–62.

KOSS-FEDER, L. 2009. Bunking in with mom and dad. *Time*, March 2, 45–46.

KOWAL, A. K., AND L. BLINN-PIKE. 2004. Sibling influences on adolescents' attitudes toward safe sex practices. *Family Relations* 53 (July): 377–84.

KOWITT, B., AND R. ARORA. 2011. The 50 most powerful women. *Fortune*, October 17, 125–131.

KRACHE, D. 2008. How to ground a "helicopter parent." CNN, August 19.

KRAMAROW, E. A. 2013. QuickStats: Percentage of adults aged ≥ 65 years who reported excellent or very good health, by selected race/ethnicity and poverty status—National Health Interview Survey, 2009–2011. *Morbidity and Mortality Weekly Report* 62 (21): 431.

KRATCHICK, J. L., T. S. ZIMMERMAN, S. A. HADDOCK, AND J. H. BANNING. 2005. Best-selling books advising parents about gender: A feminist analysis. *Family Relations* 54 (January): 84–100.

KREAGER, D. A., AND J. STAFF. 2009. The sexual double standard and adolescent peer acceptance. *Social Psychology Quarterly* 72 (June): 143–164.

KREEGER, K. Y. 2002a. Sex-based differences continue to mount. *The Scientist* 16 (February 18).

KREEGER, K. Y. 2002b. X and Y chromosomes concern more than reproduction. *The Scientist* 16 (February 4).

KREIDER, R. 2010. Increase in opposite cohabiting couples from 2009 to 2010 in the Annual and Social Economic Supplement (ASEC) to the Current Population Survey.

KREIDER, R. M., AND D. B. ELLIOTT. 2009. America's families and living arrangements: 2007. U.S. Census Bureau, Current Population Reports, P20-561, September.

KREIDER, R. M., AND R. ELLIS. 2011a. Living arrangements of children: 2009. U.S. Census Bureau, Current Population Reports, June.

KREIDER, R. M., AND R. ELLIS. 2011b. Number, timing, and duration of marriages and divorces: 2009. U.S. Census Bureau, Current Population Reports, P70-125, May.

KRIDEL, K. 2009. Going the distance for love. *Los Angeles Times*, March 9.

KRIDEL, K. 2012. Infertility can be a man's issue, too. *Baltimore Sun*, May 24, 7.

KRISTOF, N. D. 2011. A rite of torture for girls. *New York Times*, May 12, A29.

KROKOFF, L. J. 1987. The correlates of negative affect in marriage: An exploratory study of gender differences. *Journal of Family Issues* 8 (March): 111–35.

KROLL, L., AND K. A. DOLAN. 2013. Forbes billionaires. *Forbes*, March 25, 85–90.

KROMER, B., AND D. HOWARD. 2013. Labor force participation and work status of people 65 years and older. U.S. Census Bureau, American Community Survey Briefs, January.

KUAI, A. 2011. Coming out in China: The true cost of being gay in Beijing. *Time*, July 13.

KÜBLER-ROSS, E. 1969. *On death and dying*. New York: Macmillan.

KULCZYCKI, A., AND A. P. LOBO. 2001. Deepening the melting pot: Arab-Americans at the turn of the century. *Middle East Journal* 3 (Summer): 459–73.

KULCZYCKI, A., AND A. P. LOBO. 2002. Patterns, determinants, and implications of intermarriage among Arab Americans. *Journal of Marriage and Family* 64 (February): 202–10.

KUNKEL, D., K. EYAL, K. FINNERTY, E. BIELY, AND E. DONNERSTEIN. 2005. Sex on TV. Kaiser Family Foundation.

KURDEK, L. A. 1993. Predicting marital dissolution: A 5-year prospective longitudinal study of newlywed couples. *Journal of Personality and Social Psychology* 64 (2): 221–42.

KURDEK, L. A. 1994. Areas of conflict for gay, lesbian, and heterosexual couples: What couples argue about influences relationship satisfaction. *Journal of Marriage and the Family* 56 (November): 923–24.

KURDEK, L. A. 1998. Relationship outcomes and their predictors: Longitudinal evidence from heterosexual married, gay cohabiting, and lesbian cohabiting couples. *Journal of Marriage and the Family* 60 (August): 553–68.

KURDEK, L. A. 2006. Differences between partners from heterosexual, gay, and lesbian cohabiting couples. *Journal of Marriage and Family* 68 (May): 509–28.

KURDEK, L. A. 2007. The allocation of household labor by partners in gay and lesbian couples. *Journal of Family Issues* 28 (January): 132–48.

KURDEK, L. A., AND M. A. FINE. 1993. The relation between family structure and young adolescents' appraisals of family climate and parenting behavior. *Journal of Family Issues* 14: 279–90.

KURLAND, S. P. 2004. *Everlasting love*. Baltimore, MD: Noble House.

KUTNER, L., AND C. OLSON. 2008. *Grand theft childhood*. New York: Simon & Schuster.

KWOK, A. C., ET AL. 2011. The intensity and variation of surgical care at the end of life: A retrospective cohort study. *The Lancet*, October 6.

KWONG SEE, S. T., AND C. RASMUSSEN. 2003. An early start to age stereotyping: Children's beliefs about an older experimenter. Cited in *University of Alberta News*.

L

Lab42. 2011. The relationship status update. November 4.

Labor Day 2013: Sept. 2. 2013. U.S. Census Bureau News, CB13-FF.20, July 23.

LADLY, M. D. 2012. Defying parents, some Pakistani women risk all to marry whom they choose. *New York Times*, September 9, A6.

LAFRANCE, M., M. A. HECHT, AND E. L. PALUCK. 2003. The contingent smile: A meta analysis of sex differences in smiling. *Psychological Bulletin* 129 (March): 305–35.

LAFRANIERE, S., AND L. GOODSTEIN. 2007. Anglicans rebuke U.S. branch on blessing same-sex unions. *New York Times*, February 20, A1, A11.

LAIRD, J. 1993. Lesbian and gay families. In *Normal family processes*, 2nd ed., ed. F. Walsh, 282–330. New York: Guilford.

LAKOFF, R. T. 1990. *Talking power: The politics of language*. New York: Basic Books.

LAKSHMANAN, I. A. R. 1997. Marriage? Think logic, not love. *Baltimore Sun*, September 22, 2A.

LAM, C. B., S. M. MCHALE, AND A. C. CROUTER. 2012. The division of household labor: Longitudinal changes and within-couple variation. *Journal of Marriage and Family* 74 (October): 944–52.

LANDALE, N. S., AND S. E. TOLNAY. 1991. Group differences in economic opportunity and the timing of marriage. *American Sociological Review* 56 (February): 33–45.

LANDRY, D. J., L. D. LINDBERG, A. GEMMILL, H. BOONSTRA, and L. B. FINER. 2011. Review of the role of faith- and community-based organizations in providing comprehensive sexuality education. *American Journal of Sexuality Education* 6 (1): 75–103.

LANGER, G., C. ARNEDT, AND D. SUSSMAN. 2004. Primetime Live poll: American sex survey. ABC News.

LANSFORD, J. E. 2009. Parental divorce and children's adjustment. *Perspectives on Psychological Science* 4 (2): 140–52.

LANSFORD, J. E., L. B. WAGER, J. E. BATES, G. S. PETTIT, AND K. A. DODGE. 2012. Forms of spanking and children's externalizing behaviors. *Family Relations* 61 (April): 224–36.

LANTZ, H. R. 1976. *Marital incompatibility and social change in early America*. Beverly Hills, CA: Sage.

LAPIERRE, M. A., J. T. PIOTROWSKI, AND D. L. LINEBARGER. 2012. Background television in the homes of US children. *Pediatrics* 130 (Supplement, June 1): e1373–e1630.

LAPLANTE, M. D. 2007. Military divorce rates on the rise. Scripps News, December 24.

LARIMER, M. E., A. R. LYDUM, AND A. P. TURNER. 1999. Male and female recipients of unwanted sexual contact in a college student sample: Prevalence rates, alcohol use, and depression symptoms. *Sex Roles* 40 (February): 295–308.

LARMER, B. 2013. The price of marriage in China. *New York Times*, March 3, BU1ff.

LAROSSA, R. ED. 1984. *Family case studies: A sociological perspective*. New York: Free Press.

LAROSSA, R., AND D. C. RETIZES. 1993. Symbolic interactionism and family studies. In *Sourcebook of family theories and methods: A contextual approach*, eds. P. G. Boss, W. J. Doherty, R. LaRossa, W. R. Schumm, and S. K. Steinmetz, 135–63. New York: Plenum.

LARSEN, C. D., J. G. SANDBERG, J. M. HARPER, AND R. BEAN. 2011. The effects of childhood abuse on relationship quality: Gender differences and clinical implications. *Family Relations* 60 (October): 435–45.

LARZELERE, R. E., AND D. BAUMRIND. 2010. Are spanking injunctions scientifically supported? *Law and Contemporary Problems* 73 (Spring): 57–87.

LASCH, C. 1977. *Haven in a heartless world: The family besieged*. New York: Basic Books.

LASLETT, P. 1971. *The world we have lost*, 2nd ed. Reading, MA: Addison-Wesley.

LASSWELL, T. E., AND M. E. LASSWELL. 1976. I love you but I'm not in love with you. *Journal of Marriage and Family Counseling* 2 (July): 211–24.

LAST, J. V. 2013. America's baby bust. *Wall Street Journal*, February 2–3, C1–C2.

LATESSA, D. 2005. From financial aid to fatherhood. *Chronicle of Higher Education*, October 21, C3.

LAU, C. Q. 2012. The stability of same-sex cohabitation, different-sex cohabitation, and marriage. *Journal of Marriage and Family* 74 (October): 973–88.

LAUDADIO, M. 2013. Elton John's family album. *People*, February 11, 110–12.

LAUERMAN, J. 2013. Colleges slow to investigate assaults. *Baltimore Sun*, June 20, 10.

LAUGHLIN, L. 2011. Maternity leave and employment patterns of first-time mothers: 1961–2008. U.S. Census Bureau, Current Population Reports, October.

LAUGHLIN, L. 2013. Who's minding the kids? Child care arrangements: Spring 2011. U.S. Census Bureau, Household Economic Studies, P70-135, April.

LAUMANN, E. O., S. A. LEITSCH, AND L. J. WAITE. 2008. Elder mistreatment in the United States: Prevalence estimates from a nationally representative study. *Journal of Gerontology: Social Sciences* 63B (4): S248–S254.

LAVNER, J. A., AND T. N. BRADBURY. 2012. Why do even satisfied newlyweds eventually go on to divorce? *Journal of Family Psychology* 26 (1): 1–10.

LAVNER, J. A., B. R. KARNEY, AND T. N. BRADBURY. 2012. Do cold feet warn of trouble ahead? Premarital uncertainty and four-year marital outcomes. *Journal of Family Psychology* 46 (December): 1012–17.

LAWLESS, J. L., AND R. L. FOX. 2005. *It takes a candidate: Why women don't run for office.* New York: Cambridge University Press.

LAWRANCE, K., AND E. S. BYERS. 1995. Sexual satisfaction in long-term heterosexual relationships: The interpersonal exchange model of social satisfaction. *Personal Relationships* 2: 267–85.

Laws affecting reproductive health and rights: 2012 state policy review. 2012. Guttmacher Institute.

LAYTON, L., AND D. EGGEN. 2011. Industries lobby against voluntary nutrition guidelines for food marketed to kids. *Washington Post*, July 9.

LEAPER, C. 2002. Parenting girls and boys. In *Handbook of parenting*, 2nd ed., Vol. 1, ed. M. H. Bornstein, 189–215. Mahwah, NJ: Erlbaum.

LEAPER, C., AND M. M. AYRES. 2007. A meta-analytic review of gender variations in adults' language use: Talkativeness, affiliative speech, and assertive speech. *Personality and Social Psychology Review* 11 (November): 328–63.

LEDERER, W. J., AND D. D. JACKSON. 1968. *The mirages of marriage.* New York: Norton.

LEDGER, K. 2009. Sociology and the gene. *Contexts* 8 (Summer): 16–20.

LEE, J. A. 1973. *The colors of love.* Upper Saddle River, NJ: Prentice Hall.

LEE, J. A. 1974. The styles of loving. *Psychology Today* (October): 46–51.

LEE, M. A., AND M. MATHER. 2008. U.S. labor force trends. *Population Bulletin* 63 (June): 1–17.

LEE, S. M., AND B. EDMONSTON. 2005. New marriages, new families: U.S. racial and Hispanic intermarriage. *Population Bulletin* 60 (June): 1–40.

LEEB, R. T., L. PAULOZZI, C. MELANSON, T. SIMON, AND I. ARIAS. 2008. Child maltreatment surveillance: Uniform definitions for public health and recommended data elements, Version 1.0. Centers for Disease Control and Prevention, National Center for Injury Prevention and Control, January.

LEGER, D. L. 2013. OxyContin a gateway to heroin for upper-income addicts. *USA Today*, April 25.

LEGO FRIENDS. 2012. Building playsets for girls. Squidoo.

LEHAVOT, K., Y. MOLINA, AND J. M. SIMONI. 2012. Childhood trauma, adult sexual assault, and adult gender expressions among lesbian and bisexual women. *Sex Roles* 67 (September): 272–84.

LEHMILLER, J. J., AND C. R. AGNEW. 2007. Perceived marginalization and the prediction of romantic relationship stability. *Journal of Marriage and Family* 69 (November): 1036–49.

LEI, S. 2009. It's not easy being gray: The new rules of retirement. Urban Institute, February, no. 25.

LEITENBERG, H., M. J. DETZER, AND D. SREBNIK. 1993. Gender differences in masturbation and the relation of masturbation experience in preadolescence and/or early adolescence to sexual behavior and sexual adjustment in young adulthood. *Journal of Social Behavior* 22 (April): 87–98.

LELAND, J. 2008. In "sweetie" and "dear," a hurt for the elderly. *New York Times*, October 7, A1.

LEMIEUX, R., AND J. L. HALE. 2002. Cross-sectional analysis of intimacy, passion, and commitment: Testing the assumptions of the triangular theory of love. *Psychological Reports* 90 (June): 1009–14.

LEONARD, K. I. 1997. *The South Asian Americans.* Westport, CT: Greenwood.

LEOPOLD, T. 2012. The legacy of leaving home: Long-term effects of coresidence on parent–child relationships. *Journal of Marriage and Family* 74 (June): 399–412.

LESLIE, L. A., J. R. SMITH, AND K. M. HRAPCZYNSKI. 2013. Racial socialization in transracial adoptive families: Does it help adolescents deal with discrimination stress? *Family Relations* 62 (February): 72–81.

LEVARO, L. G. 2009. Living together or living apart together: New choices for old lovers. National Council on Family Relations newsletter, *Family Focus* (Summer): F9.

LEVAY, S. 2011. *Gay, straight, and the reason why: The science of sexual orientation.* New York: Oxford University Press.

LEVESQUE, R. J. R. 1993. The romantic experience of adolescents in satisfying love relationships. *Journal of Youth and Adolescence* 11 (3): 219–50.

LEVIN, D. E., AND J. KILBOURNE. 2009. *So sexy so soon: The new sexualized childhood and what parents can do to protect their kids.* New York: Ballantine Books.

LEVINE, M. V. 1994. A nation of hamburger flippers? *Baltimore Sun*, July 31, 1E, 4E.

LEVY, J. A. 1994. Sex and sexuality in later life stages. In *Sexuality across the life course*, ed. A. S. Rossi, 287–309. Chicago: University of Chicago Press.

LEWIS, M. 1997. *Altering fate: Why the past does not predict the future.* New York: Guilford.

LEWIS, O. 1966. The culture of poverty. *Scientific American* 115 (October): 19–25.

LI, D-K. ET AL. 2011. Urine bisphenol-A (BPA) level in relation to semen quality. *Fertility and Sterility* 95 (February): 625–30.

LI, J-C. A., AND L. L. WU. 2008. No trend in the intergenerational transmission of divorce. *Demography* 45 (November): 875–83.

LI, Y.-F., B. LANGHOLZ, M. T. SALAM, AND F. D. GILLILAND. 2005. Maternal and grandmaternal smoking patterns are associated with early childhood asthma. *Chest* 127 (April): 1232–41.

LICHTER, D. T., AND Z. QIAN. 2008. Serial cohabitation and the marital life course. *Journal of Marriage and Family* 70 (November): 861–78.

LICHTER, D. T., D. R. GRAEFE, AND J. B. BROWN. 2003. Is marriage a panacea? Union formation among economically disadvantaged unwed mothers. *Social Problems* 50 (February): 60–86.

LICK, S. F. 2013. I'm childless—But I have something many women don't. *Huffington Post*, February 26.

LIEBER, R. 2010. What love joins together, debt can put asunder. *New York Times*, September 7.

LIEBER, R. 2011. When love outgrows gifts on Valentine's day. *New York Times*, February 12, B1.

LIKE A VIRGIN? 2006. *Today Online*, January 11.

LIN, I-F., AND S. L. BROWN. 2012. Unmarried boomers confront old age: A national portrait. *The Gerontologist* 52 (2): 153–65.

LIN, I-F., H. R. FEE, AND H-S. WU. 2012. Negative and positive caregiving experiences: A closer look at the intersection of gender and relationship. *Family Relations* 61 (April): 343–58.

LIN, M. H., V. S. Y. KWAN, A. CHEUNG, AND S. T. FISKE. 2005. Stereotype content model explains prejudice for an envied outgroup: Scale of anti-Asian American stereotypes. *Personality and Social Psychology Bulletin* 31 (January): 34–47.

LINCOLN, K. D., L. M. CHATTERS, AND R. J. TAYLOR. 2005. Social support, traumatic events, and depressive symptoms among African Americans. *Journal of Marriage and Family* 67 (August): 754–66.

LINDAU, S. T., L. P. SCHUMM, E. O. LAUMANN, W. LEVINSON, C. A. O'MUIRCHEARTAIGH, AND L. J. WAITE. 2007. A study of sexuality and health among older adults in the United States. *New England Journal of Medicine* 357 (August 23): 762–74.

LINDBERG, L. D., R. JONES, AND J. S. SANTELLI. 2008. Non-coital sexual activities among adolescents. *Journal of Adolescent Health* 42 (February): 44–45.

LINDO, J. M., J. SCHALLER, AND B. HANSEN. 2013. Economic conditions and child abuse. National Bureau of Economic Research, April.

LINDSEY, E. W., P. R. CREMEENS, AND Y. M. CALDERA. 2010. Gender differences in mother-toddler and father-toddler verbal initiations and responses during a caregiving and play context. *Sex Roles* 63 (September): 399–411.

LINDSEY, L. L. 2005. *Gender roles: A sociological perspective*, 4th ed. Upper Saddle River, NJ: Prentice Hall.

LINN, A. 2013. Plan on working past age 65? You'll have company. January 31.

LINO, M. 2013. Expenditures on children by families, 2012. U.S. Department of Agriculture, Center for Nutrition Policy and Promotion.

LIPKA, M., AND S. STENCEL. 2013. Racial and ethnic groups view "radical life extension" differently. Pew Research Center, August 8.

LIPKA, S. 2008. The case for Mr. Not-Quite-Right. *The Atlantic Journal*, February 19.

LIPKA, S. 2011. Colleges court gay students with e-mail and dance parties. *Chronicle of Higher Education*, May 6, A11–A12.

LIPS, H. M. 2013. Acknowledging discrimination as a key to the gender pay gap. *Sex Roles* 68 (February): 223–30.

LIU, H., AND D. J. UMBERSON. 2008. The times they are a changin': Marital status and health differentials from 1972 to 2003. *Journal of Health and Social Behavior* 49 (September): 239–53.

LIVINGSTON, G. 2011. In a down economy, fewer births. Pew Research Center, October 12.

LIVINGSTON, G., AND D. COHN. 2010. Childlessness up among all women: Down among women with advanced degrees. Pew Research Center, June 25.

LIVINGSTON, G., AND D. COHN. 2010. The new demography of American motherhood. Pew Research Center, August 19.

LIVINGSTON, G., AND D. COHN. 2012. U.S. birth rate falls to a record low; decline is greatest among immigrants. Pew Research Center, November 29.

LIVINGSTON, G., AND D. COHN. 2013. Record share of new mothers are college educated. Pew Research Center, May 10.

LIVINGSTON, G., AND K. PARKER. 2011. A tale of two fathers: More are active, but more are absent. Pew Social & Demographic Trends, June 15.

LIVINGSTON, J. N., AND J. L. McADOO. 2007. The roles of African American fathers in the socialization of their children. In *Black families*, 4th ed., ed. H. P. McAdoo, 219–37. Thousand Oaks, CA: Sage.

LIZ CLAIBORNE INC. 2008. Tween and teen dating violence and abuse study. February.

LLANA, S. M. 2007. Why Guatemala is roiling over its adoption boom. *Christian Science Monitor*, September 12, 1, 4.

Llana, S. M. 2012. Home again in Mexico. *Christian Science Monitor*, April 9, 26–28, 30–31.

LLOYD, E. A. 2005. *The case of the female orgasm: Bias in the science of evolution.* Cambridge, MA: Harvard University Press.

LLOYD, S. A. 1991. The dark side of courtship: Violence and sexual exploitation. *Family Relations* 40 (January): 14–20.

LODGE, A. C., AND D. UMBERSON. 2012. All shook up: Sexuality of mid- to later life married couples. *Journal of Marriage and Family* 74 (June): 428–443.

LOEB, S., M. BRIDGE, D. BASSOK, B. FULLER, AND R. RUMBERGER. 2005. How much is too much? The influence of preschool centers on children's social and cognitive development. December, NBER Working paper No. W11812.

LOFQUIST, D. 2012. Multigenerational households: 2009–2011. U.S. Census Bureau, American Community Survey Briefs, October.

LOFQUIST, D. 2012. Same-sex couples' consistency in reports of marital status. U.S. Census Bureau.

LOFQUIST, D., T. LUGAILA, M. O'CONNELL, AND S. FELIZ. 2012. Households and families: 2010. April.

LOGAN, J. E., S. G. SMITH, AND M. R. STEVENS. 2011. Homicides—United States, 1999–2007. *MMWR* 60 (Suppl, January 14): 67–70.

LOIKO, S. L. 2012. Putin makes U.S. adoptions of Russian orphans unlawful. *Baltimore Sun*, December 29, 10.

Long Distance Relationships. 2013. FAQs about long distance relationships.

LONGMORE, M. A., A. L. ENG, P. C. GIORDANO, AND W. D. MANNING. 2009. Parenting and adolescents' sexual initiation. *Journal of Marriage and Family* 71 (November): 969–82.

LOPEZ, M. H., AND G. VELASCO. 2011. Childhood poverty among Hispanics sets record, leads nation: The toll of the Great Recession. Pew Hispanic Center, September 28.

LÓPEZ, R. A. 1999. Las comadres as a social support system. *Affilia* 14 (Spring): 24–41.

LORBER, J. 2005. *Gender inequality: Feminist theories and politics*, 3rd ed. Los Angeles, CA: Roxbury.

LORBER, J., AND L. J. MOORE. 2007. *Gendered bodies: Feminist perspectives*. Los Angeles: Roxbury.

LOWRY, S. M., AND O. TRUJILLO. 2008. Cross-system dialogue: An effective strategy to promote communication between the domestic violence community, child welfare system, and the courts. National Council of Juvenile and Family Court Judges.

LUBLIN, J. S. 2011. CEO pay in 2010 jumped 11%. *Wall Street Journal*, May 6.

LUCAS, R. E., A. E. CLARK, Y. GEORGELLIS, AND E. DIENER. 2003. Reexamining adaptation and the set point model of happiness: Reactions to changes in marital status. *Journal of Personality and Social Psychology* 84 (March): 527–39.

LUCAS, S. R. 2008. *Theorizing discrimination in an era of contested prejudice*. Philadelphia, PA: Temple University Press.

LUGO, L., A. COOPERMAN, AND C. FUNK. 2013. Living to 120 and beyond: Americans' views on aging, medical advances and radical life extension. Pew Research Center, August 6.

LUHAR, M. 2013. Being a daughter of an arranged marriage. *AlterNet*, May 13.

LUKEMEYER, A., M. K. MEYERS, AND T. SMEEDING. 2000. Expensive children in poor families: Out-of-pocket expenditures for the care of disabled and chronically ill children in welfare families. *Journal of Marriage and the Family* 62 (May): 399–415.

LUNDQUIST, J. 2006. The black-white gap in marital dissolution among young adults: What can a counterfactual scenario tell us? *Social Problems* 3 (August): 421–41.

LUO, M. 2009. Forced from executive pay to hourly wage. *New York Times*, March 1, 1.

LUO, S., AND E. C. KLOHNEN. 2005. Assortative mating and marital quality in newlyweds: A couple-centered approach. *Journal of Personality and Social Psychology* 88 (February): 304–26.

LUSCOMBE, B. 2010. Finding Mom on Facebook. *Time*, August 16, 45–46.

Luscombe, B. 2013. Confidence woman. *Time*, March 18, 34–42.

Luscombe, B. 2013. The end of alimony. *Time*, May 27, 44–49.

LYNCH, F. R. 2007. Saving my cat: Why no price was too high. *Newsweek*, July 30, 14.

LYNN, D. B. 1969. *Parental and sex role identification: A theoretical formulation*. Berkeley, CA: McCutchen.

LYON, L. 2009. Helping teens steer clear of trouble. *U.S. News & World Report*, February, 40–43.

LYONS, L. 2004. How many teens are cool with cohabitation? The Gallup Organization, April 13.

LYTTON, H., AND L. GALLAGHER. 2002. Parenting twins and the genetics of parenting. In *Handbook of parenting*, 2nd ed., Vol. 1: Children and parenting, ed. M. H. Bornstein, 227–53. Mahwah, NJ: Erlbaum.

M

MAC, R. 2013. The trillionaire. *Forbes*, March 25, 69–76.

MACARTNEY, S., A. BISHAW, AND K. FONTENOT. 2013. Poverty rates for selected detailed race and Hispanic groups by state and place: 2007–2011. U.S. Census Bureau, American Community Survey Briefs, February.

MACCOBY, E. E. 1990. Gender and relationships: A developmental account. *American Psychologist* 45 (4): 513–20.

MACDONALD, L. J. 2010. *How to help your spouse heal from your affair: A compact manual for the unfaithful*. Gig Harbor, WA: Healing Counsel Press.

MACHAMER, A. M., AND E. GRUBER. 1998. Secondary school, family, and educational risk: Comparing American Indian adolescents and their peers. *Journal of Educational Research* 91 (July/August): 357–69.

MACOMBER, J. 2006. An overview of selected data on children in vulnerable families. Urban Institute and Child Trends, August 10.

MACUNOVICH, D. J. 2002. Using economics to explain U.S. fertility trends. *Population Bulletin* 57 (December): 8–9. Washington, DC: Population Reference Bureau.

MADDEN, M., A. LENHART, M. DUGGAN, S. CORTESI, AND U. GASSER. 2013. Teens and technology 2013. Pew Internet & American Life Project, March 13.

MADDEN, M., S. CORTESI, U. GASSER, A. LENHART, AND M. DUGGAN. 2012. Parents, teens, and online privacy. Pew Internet & American Life Project, November 14.

MADERA, J. H., M. R. HEBL, AND R. C. MARTIN. 2009. Gender and letters of recommendation for academia: Agentic and communal differences. *Journal of Applied Psychology* 94 (November): 1591–99.

MADIGAN, N. 2003. Suspect's wife is said to cite polygamy plan. *New York Times*.

MADIGAN, N. 2009. Couple guilty in tot's death. *Baltimore Sun*, February 22, 1, 8.

MADKOUR, A. S., T. FARHAT, C. T. HALPERN, S. N. GABHAINN, AND E. GODEAU. 2012. Parents' support and knowledge of their daughters' lives, and females' early sexual initiation in nine European countries. *Perspectives on Sexual and Reproductive Health* 44 (September): 167–75.

MAGNIER, M. 2006. Sri Lanka still wed to system. *Los Angeles Times* (January 23): A1.

MAGNIER, M., AND P. RAMASWAMY. 2009. Indian extremist group targets Valentine's Day. *Los Angeles Times*, February 14.

MAHER, K. 2013. Unions target home workers. *Wall Street Journal*, June 20, A3.

MAHONEY, J. L., A. L. HARRIS, AND J. S. ECCLES. 2006. Organized activity participation, positive youth development, and the over-scheduling hypothesis. *Social Policy Report* 20 (4): 3–32.

MAHONEY, M. 2002. The economic rights and responsibilities of unmarried cohabitants. In *Just living together: Implications of cohabitation on families, children, and social policy*, eds. A. Booth and A. C. Crouter, 247–54. Mahwah, NJ: Erlbaum.

MAIER, T. 1998. *Dr. Spock: An American life*. New York: Harcourt Brace.

MAITRA, P. 2004. Effect of socioeconomic characteristics on age at marriage and total fertility in Nepal. *Journal of Health, Population, and Nutrition* 22 (March): 84–96.

MAJOR, B., M. APPELBAUM, L. BECKMAN, M. A. DUTTON, N. F. RUSSO, AND C. WEST. 2008. Report of the APA task force on mental health and abortion. August 13, American Psychological Association.

MANCINI, A. D., D. L. PRESSMAN, AND G. A. BONANNO. 2006. Clinical interventions with the bereaved: What clinicians and counselors can learn from the changing lives of older couples study. In *Spousal bereavement in late life*, eds. D. Carr, R. M. Nesse, and C. B. Wortman, 255–78. New York: Springer.

MANDARA, J., AND C. L. PIKES. 2008. Guilt trips and love withdrawal: Does mothers' use of psychological control predict depressive symptoms among African American adolescents? *Family Relations* 57 (December): 602–12.

MANINI, T. M., ET AL. 2006. Daily activity energy expenditure and mortality among older adults. *Journal of the American Medical Association* 296 (July 12): 171–79.

MANLOVE, J., C. LOGAN, K. A. MOORE, AND E. IKRAMULLAH. 2008. Pathways from family religiosity to adolescent sexual activity and contraceptive use. *Perspectives on Sexual and Reproductive Health* 40 (June): 105–17.

MANLOVE, J., N. STEWART-STRENG, K. PETERSON, M. SCOTT, AND E. WILDSMITH. 2013. Racial and ethnic differences in the transition to a teenage birth in the United States. *Perspectives on Sexual and Reproductive Health* 45 (June): 89–100.

MANNING, C. 1970. *The immigrant woman and her job*. New York: Ayer.

MANNING, W. D., AND J. A. COHEN. 2012. Premarital cohabitation and marital dissolution: An examination of recent marriages. *Journal of Marriage and Family* 74 (April): 377–87.

MANNING, W. D., AND K. A. LAMB. 2003. Adolescent well-being in cohabiting, married, and single-parent families. *Journal of Marriage and Family* 65 (December): 876–93.

MANNING, W. D., AND P. J. SMOCK. 2005. Measuring and modeling cohabitation: New perspectives from qualitative data. *Journal of Marriage and Family* 67 (November): 989–1002.

MANNING, W. D., J. A. COHEN, AND P. J. SMOCK. 2011. The role of romantic partners, family, and peer networks in dating couples' views about cohabitation. *Journal of Adolescent Research* 26 (January): 115–49.

MANSFIELD, H. C. 2004. On the consensual campus. *Doublethink* (Winter): 24.

MARANO, H. E. 2012. From promise to promiscuity. *Psychology Today*, July/August, 61–69.

MARCELL, A. V., E. ALLAN, E. A. CLAY, C. WATSON, AND F. L. SONENSTEIN. 2013. Effectiveness of a brief curriculum to promote condom and health care use among out-of-school young adult males. *Perspectives on Sexual and Reproductive Health* 45 (1): 33–40.

MARCUS, A. D. 2003. Guys, your clock is ticking, too: Doctors now say male fertility falls as early as age 35; the case for banking your sperm. *Wall Street Journal*, April 1, D1.

MARDER, D. 2002. For $9,600, women taught how to find a mate. *Knight Ridder News Service*, January 13.

MARIN, P., AND B. BROWN. 2008. The school environment and adolescent well-being: Beyond academics. Child Trends Research Brief, November.

MARKETDATA ENTERPRISES. 2004. Self-improvement market grows 50% since 2000: Personal coaching and infomercials soar.

MARKHAM, M. S., AND M. COLEMAN. 2012. The good, the bad, and the ugly: Divorced mothers' experiences with coparenting. *Family Relations* 61 (October): 586–600.

MARKHAM, M. S., L. H. GANONG, AND M. COLEMAN. 2007. Coparental identity and mothers' cooperation in coparental relationships. *Family Relations* 56 (October): 369–77.

MARLAR, J. 2010. The emotional cost of underemployment. Gallup, March 9.

MARLAR, J. 2011. World's women less likely to have good jobs. Gallup, June 23.

MARQUARDT, E., D. BLANKENHORN, R. I. LERMAN, L. MALONE-COLÓN, AND W. B. WILCOX. 2012. The President's marriage agenda for the forgotten sixty percent. *The state of our unions.* Charlottesville, VA: National Marriage Project and Institute for American Values.

MARSHALL, M. J. 2002. *Why spanking doesn't work: Stopping this bad habit and getting the upper hand on effective discipline.* Springville, Utah: Bonneville Books.

MARSIGLIO, W., AND R. HINOJOSA. 2006. Stepfathers and the family dance. In *Couples, kids, and family life*, eds. J. F. Gubrium and J. A. Holstein, 178–96. New York: Oxford University Press.

MARSIGLIO, W., AND R. HINOJOSA. 2007. Managing the multifather family: Stepfathers as father allies. *Journal of Marriage and Family* 69 (August): 845–62.

MARTIN, A. 1993. *The lesbian and gay parenting handbook: Creating and raising our families.* New York: HarperPerennial.

MARTIN, B. A., M. CUI, K. UENO, AND F. D. FINCHAM. 2013. Intimate partner violence in interracial and monoracial couples. *Family Relations* 62 (February): 202–11.

MARTIN, J. A., B. E. HAMILTON, S. J. VENTURA, M. J. K. OSTERMAN, AND T. J. MATHEWS. 2013. Births: Final data for 2011. *National Vital Statistics Reports* 62 (1), June 28.

MARTIN, J. A., B. E. HAMILTON, S. J. VENTURA, M. J. K. OSTERMAN, E. C. WILSON, AND T. J. MATHEWS. 2012. Births: Final data for 2010. *National Vital Statistics Reports* 61 (1), August 28.

MARTIN, J. D. 2010. Sexual harassment in Egypt: Why men blame women. *Christian Science Monitor*, August 18.

MARTIN, K. A., AND K. LUKE. 2010. Gender differences in the ABC's of the birds and the bees: What mothers teach young children about sexuality and reproduction. *Sex Roles* 62 (February): 278–91.

MARTIN, M. A. 2008. The intergenerational correlation in weight: How genetic resemblance reveals the social role of families.

American Journal of Sociology 114 (Suppl.): S67–S105.

MARTIN, P., AND E. MIDGLEY. 2010. Immigration in America 2010. *Population Bulletin Update*, June, pp. 1–6.

MARTIN, T. W. 2013. New Georgia law aims to control "pill mills." *Wall Street Journal*, May 3, A6.

MARTINEZ, E. A. 2001. Death: A family event for Mexican Americans. *Family Focus*, National Council on Family Relations, December, F4.

MARTINEZ G., C. E. COPEN, AND J. C. ABMA. 2011. Teenagers in the United States: Sexual activity, contraceptive use, and childbearing, 2006–2010 National Survey of Family Growth. *Vital and Health Statistics*, 2011, Series 23, No. 31. October.

MARTINEZ, G., J. ABMA, AND C. COPEN. 2010. Educating teenagers about sex in the United States. Centers for Disease Control and Prevention, NCHS Data Brief, No. 44, September.

MARTINEZ, G., K. DANIELS, AND A. CHANDRA. 2012. Fertility of men and women aged 15–44 years in the United States: National Survey of Family Growth, 2006–2010. *National Health Statistics Reports*, Number 51, April 12.

MARTINEZ, R. O. 2011. *Latinos in the Midwest.* East Lansing: Michigan State University Press.

MARTINS, N., D. C. WILLIAMS, K. HARRISON, AND R. A. RATAN. 2009. A content analysis of female body imagery in video games. *Sex Roles* 61 (December): 824–36.

MARTINSON, K., AND D. NIGHTINGALE. 2008. Ten key findings from responsible fatherhood initiatives. Urban Institute, February.

MARTY, R. 2012. Brownback signs law that allows pharmacists to guess if women are having an abortion, refuse them service. AlterNet, May 15.

MASCI, D. 2008a. Two perspectives on gay marriage. The Pew Forum on Religion & Public Life, April 24.

MASCI, D. 2008b. A stable majority: Most Americans still oppose same-sex marriage. Pew Forum on Religion and Public Life, April 1.

MASCI, D. 2013. The new legal battlefield over abortion. Pew Research Center, July 31.

MASCI, D., E. SCIUPAC, AND M. LIPKA. 2013. Gay marriage around the world. Pew Forum on Religion & Public Life, February 8.

MASIS, J. 2011. A wife is not a free maid. *Christian Science Monitor*, April 11, 6.

MASS LAYOFFS—FEBRUARY 2013. 2013. Bureau of Labor Statistics, February.

MASTERS, N. T., B. A. BEADNELL, D. M. MORRISON, M. J. HOPPE, AND M. R. GILLMORE. 2008. The opposite of sex? Adolescents' thoughts about abstinence and sex, and their sexual behavior. *Perspectives on Sexual and Reproductive Health* 40 (June): 87–93.

MASTERS, W. H., V. E. JOHNSON, AND R. C. KOLODNY. 1992. *Human sexuality*, 4th ed. New York: HarperCollins.

MATEYKA, P. J., M. A. RAPINO, AND L. C. LANDIVAR. 2012. Home-based workers in the United States: 2010. U.S. Census Bureau, Current Population Reports, October.

MATHER, M. 2012. Fact sheet: The decline in U.S. fertility. Population Reference Bureau, July.

MATHER, M. 2012. Income inequality rises across the United States. Population Reference Bureau. September.

MATHER, M., AND D. LAVERY. 2010. In U.S. proportion married at lowest recorded levels. Population Reference Bureau.

MATHES, V. S. 1981. A new look at the role of women in Indian society. In *The American*

Indian: Past and present, 2nd ed., ed. R. L. Nichols, 27–33. New York: Wiley.

MATHIAS, B. 1992. Yes, Va. (Md. & D.C.), there are happy marriages. *Washington Post*, September 22, B5.

MATOS, K., AND E. GALINSKY. 2011. Workplace flexibility in the United States: A status report. Families and Work Institute.

MATTES, J. 1994. *Single mothers by choice.* New York: Times Books.

MATTHAEI, J. A. 1982. *An economic history of women in America: Women's work, the sexual division of labor, and the development of capitalism.* New York: Schocken.

MATTHEWS, S. H., AND T. T. ROSNER. 1988. Shared filial responsibility: The family as the primary caregiver. *Journal of Marriage and the Family* 50 (February): 185–95.

MATTINGLY, M. J., AND K. E. SMITH. 2010. Changes in wives' employment when husbands stop working: A recession-prosperity comparison. *Family Relations* 59 (October): 343–57.

MAUME, DAVID J. 2006. Gender differences in restricting work efforts because of family responsibilities. *Journal of Marriage and Family* 68 (November): 859–69.

MAUSHART, S. 2002. *Wifework: What marriage really means for women.* New York: Bloomsbury.

MAY, E. T. 1995. *Barren in the promised land: Childless Americans and the pursuit of happiness.* New York: Basic Books.

MAY, P. A. 1999. The epidemiology of alcohol abuse among American Indians: The mythical and real properties. In *Contemporary Native American cultural issues*, ed. D. Champagne, 227–44. Walnut Creek, CA: AltaMira.

MAYER, C. E. 1999. For a generation in denial, a fountain of youth products. *Washington Post*, May 6, A1, A16.

MAYO, Y. 1997. Machismo, fatherhood, and the Latino family: Understanding the concept. *Journal of Multicultural Social Work* 5 (1/2): 49–61.

MCADOO, H. P. 2002. African American parenting. In *Handbook of parenting*, 2nd ed., Vol. 4: Social conditions and applied parenting, ed. M. H. Bornstein, 47–58. Mahwah, NJ: Erlbaum.

MCADOO, J. L. 1986. Black fathers' relationships with their preschool children and the children's development of ethnic identity. In *Men in families*, eds. R. A. Lewis and R. E. Salt, 159–68. Thousand Oaks, CA: Sage.

MCCABE, J., K. L. BREWSTER, AND K. H. TILLMAN. 2011. Patterns and correlates of same-sex sexual activity among U.S. teenagers and young adults. *Perspectives on Sexual and Reproductive Health* 43 (September): 15–21.

MCCANN, A. 2013. Etc. Romance. *Bloomberg Businessweek*, March 4–10, 72–73.

MCCARTHY, B., AND T. CASEY. 2008. Love, sex, and crime: Adolescent romantic relationships and offending. *American Sociological Review* 73 (December): 944–69.

MCCARTHY, E. 2009. Small lies about height or weight are frequently on online dating site profiles. *Washington Post*, December 20, E10.

MCCAULEY, M., AND P. CHENOWITH. 2011. Measles—United States, January–May 20, 2011. *Morbidity and Mortality Weekly*, May 27.

MCCLAIN, L. R. 2011. Better parents, more stable partners: Union transitions among cohabiting parents. *Journal of Marriage and Family* 73 (October): 889–901.

MCCORMACK, K. 2011. The feminization of the college degree? Women's Media Center, May 31.

MᴄDᴇʀᴍᴏᴛᴛ, T. 2007. Scientists can't get their minds around Alzheimer's. *Los Angeles Times*, December 27.

MᴄDᴏɴᴀʟᴅ, K. A. 1999. Studies of women's health produce a wealth of knowledge on the biology of gender differences. *Chronicle of Higher Education*, June 25, A19, A22.

MᴄEʟʜᴀɴᴇʏ, K. B., J. Aɴᴛᴏɴɪsʜᴀᴋ, ᴀɴᴅ J. P. Aʟʟᴇɴ. 2008. "They like me, they like me not": Popularity and adolescents' perceptions of acceptance predicting social functioning over time. *Child Development* 79 (May/June): 720–31.

MᴄEʟᴠᴀɪɴᴇ, R. S. 1993. *The great depression: America, 1929–1941.* New York: Times Books.

MᴄFᴀᴅʏᴇɴ, J. M., J. L. Kᴇʀᴘᴇʟᴍᴀɴ, ᴀɴᴅ F. Aᴅʟᴇʀ- Bᴀᴇᴅᴇʀ. 2005. Examining the impact of workplace supports: Work-family fit and satisfaction in the U.S. military. *Family Relations* 54 (January): 131–44.

MᴄGɪʀᴋ, T. 2011. Big love in Abbottabad: How Osama bin Laden kept three wives under one roof. *Time*, May 12.

MᴄGᴏʟᴅʀɪᴄᴋ, M., M. Hᴇɪᴍᴀɴ, ᴀɴᴅ B. Cᴀʀᴛᴇʀ. 1993. The changing family life cycle: A perspective on normalcy. In *Normal family processes*, 2nd ed., ed. F. Walsh, 405–43. New York: Guilford.

MᴄGᴏɴᴀɢʟᴇ, K. A., R. C. Kᴇssʟᴇʀ, ᴀɴᴅ I. H. Gᴏᴛʟɪʙ. 1993. The effects of marital disagreement style, frequency, and outcome on marital disruption. *Journal of Social and Personal Relationships*, 10 (August): 385–404.

MᴄGʀᴀᴛʜ, E. 2002. The power of love. *Psychology Today*, December 1.

MᴄGʀᴇɢᴏʀ, J. 2011. Anne Mulcahy on women in the boardroom. *Washington Post*, October 6.

MᴄGᴜɪʀᴇ, K. 2011. Grandparents come to rescue. *Baltimore Sun*, June 11, 8.

MᴄHᴀʟᴇ, S. M., K. A. Uᴘᴅᴇɢʀᴀғғ, ᴀɴᴅ S. D. Wʜɪᴛᴇᴍᴀɴ. 2012. Sibling relationships and influences in childhood and adolescence. *Journal of Marriage and Family* 74 (October): 913–30.

MᴄIɴᴛᴏsʜ, P. 1995. White privilege and male privilege: A personal account of coming to see correspondences through work in women's studies. In *Race, class, and gender: An anthology*, 2nd ed., eds. M. L. Andersen and P. H. Collins, 76–87. Belmont, CA: Wadsworth.

MᴄKᴇʀɴᴀɴ, S-M., C. Rᴀᴛᴄʟɪғғᴇ, M. Sɪᴍᴍs, ᴀɴᴅ S. Zʜᴀɴɢ. 2012. Do financial support and inheritance contribute to the racial wealth gap? Urban Institute, September.

MᴄKɪɴɴᴏɴ, M. 2011. Do we still need unions? No: Let's end a privileged class. *Newsweek*, March 7, 19.

MᴄLᴇᴏᴅ, J. D., ᴀɴᴅ S. Kɴɪɢʜᴛ. 2010. The association of socioemotional problems with early sexual initiation. *Perspectives on Sexual and Reproductive Health* 42 (June): 93–101.

MᴄMᴇɴᴀᴍɪɴ, T. M. 2007. A time to work: Recent trends in shift work and flexible schedules. *Monthly Labor Review* 130 (December): 3–14.

MᴄNᴇᴇʟᴇʏ, C., ᴀɴᴅ R. Cʀᴏsɴᴏᴇ. 2008. Social status, peer influence, and weight gain in adolescence. *Archives of Pediatrics & Adolescent Medicine* 162 (January): 91–92.

MᴄNᴜʟᴛʏ, J. K., L. A. Nᴇғғ, ᴀɴᴅ B. R. Kᴀʀɴᴇʏ. 2008. Beyond initial attraction: Physical attractiveness in newlywed marriage. *Journal of Family Psychology* 22 (February): 135–43.

MᴄPʜᴀʀʟɪɴ, P. 1946. *Love and courtship in America.* New York: Hastings House.

MᴄPʜᴇʀsᴏɴ, M., L. Sᴍɪᴛʜ-Lᴏᴠɪɴ, ᴀɴᴅ M. Bʀᴀsʜᴇᴀʀs. 2008. The ties that bind are fraying. *Contexts* 7 (Summer): 32–36.

MᴄQᴜɪʟʟᴀɴ, J., A. L. Gʀᴇɪʟ, K. M. Sʜʀᴇғғʟᴇʀ, P. A. Wɪɴᴄʜ-Hɪʟʟ, K. C. Gᴇɴᴛᴢʟᴇʀ, ᴀɴᴅ J. D. Hᴀᴛʜᴄᴏᴀᴛ. 2012. Does the reason matter? Variations in childlessness concerns among U.S. women. *Journal of Marriage and Family* 74 (October): 1166–81.

MᴄQᴜɪʟʟᴀɴ, J.A. L. Gʀᴇɪ ʟ, L. Wʜɪᴛᴇ, ᴀɴᴅ M. Cᴀsᴇʏ Jᴀᴄᴏʙ. 2003. Frustrated fertility: Infertility and psychological distress among women. *Journal of Marriage and Family* 65 (November): 1007–18.

MᴄRᴀᴇ, S. 1999. Cohabitation or marriage? Cohabitation. In *The sociology of the family*, ed. G. Allan, 172–90. Malden, MA: Blackwell.

MᴄWᴀᴅᴇ, M. 2013. Insurmountable marital problems that lead to divorce. *Huffington Post*, February 20.

MᴄWʜɪʀᴛᴇʀ, C., ᴀɴᴅ G. Fɪᴇʟᴅs. 2012. Communities struggle to break a grim cycle of killing. *Wall Street Journal*, August 18.

Mᴇᴀᴅ, G. H. 1934. *Mind, self, and society.* Chicago: University of Chicago Press.

Mᴇᴀᴅ, G. H. 1938. *The philosophy of the act.* Chicago: University of Chicago Press.

Mᴇᴀᴅ, G. H. 1964. *On social psychology.* Chicago: University of Chicago Press.

Mᴇᴀᴅ, M. 1935. *Sex and temperament in three primitive societies.* New York: Morrow.

Mᴇʜʟ, M. R., S. Vᴀᴢɪʀᴇ, N. Rᴀᴍíʀᴇᴢ-Esᴘᴀʀᴢᴀ, R. B. Sʟᴀᴛᴄʜᴇʀ, ᴀɴᴅ J. W. Pᴇɴɴᴇʙᴀᴋᴇʀ. 2007. Are women really more talkative than men? *Science* 317 (July): 82.

Mᴇʟʟᴏᴛᴛ, L. M., Z. Qɪᴀɴ, ᴀɴᴅ D. T. Lɪᴄʜᴛᴇʀ. 2005. Like mother, like daughter? The international transmission of union formation patterns. Paper presented at the annual meeting of the American Sociological Association, Philadelphia, August.

Mᴇʟᴛᴢᴇʀ, H., L. Dᴏᴏs, P. Vᴏsᴛᴀɴɪs, T. Fᴏʀᴅ, ᴀɴᴅ R. Gᴏᴏᴅᴍᴀɴ. 2009. The mental health of children who witness domestic violence. *Child and Family Social Work* 14 (November): 491–501.

Mᴇʟᴛᴢᴇʀ, N., Eᴅ. 1964. *In their own words: A history of the American Negro, 1619–1865.* New York: Crowell.

Mᴇɴᴅᴇs, E. 2011. Most caregivers look after elderly parent; invest a lot of time. Gallup, July 28.

Mᴇɴᴅᴇs, E. 2013. Americans favor giving illegal immigrants a chance to stay. Gallup, April 12.

Mᴇɴᴅᴇs, E. 2013. Preventable chronic conditions plague Medicaid population. Gallup, April 4.

Mᴇɴᴅᴇs, E., L. Sᴀᴀᴅ, ᴀɴᴅ K. MᴄGᴇᴇɴᴇʏ. 2012. Stay-at-home moms report more depression, sadness, anger. Gallup, May 18.

Mᴇɴɴɪɴɢ, C., M. Hᴏʟᴛᴢᴍᴀɴ, ᴀɴᴅ C. Kᴀᴘɪɴᴜs. 2007. Stepfather involvement and adolescents' disposition toward having sex. *Perspectives on Sexual and Reproductive Health* 39 (June): 82–89.

Mᴇʀᴍɪɴ, G. B. T., R. W. Jᴏʜɴsᴏɴ, ᴀɴᴅ E. J. Tᴏᴅᴇʀ. 2008a. Will employers want aging boomers? The Urban Institute, July.

Mᴇʀᴍɪɴ, G. B. T., S. R. Zᴇᴅʟᴇᴡsᴋɪ, ᴀɴᴅ D. J. Tᴏᴏʜᴇʏ. 2008b. Diversity in retirement wealth accumulation. The Urban Institute, December.

Mᴇssᴍᴇʀ, R., L. D. Mɪʟʟᴇʀ, ᴀɴᴅ C. M. Yᴜ. 2012. The relationship between parent–infant bed sharing and marital satisfaction for mothers of infants. *Family Relations* 61 (December): 798–810.

Mᴇsᴛᴏɴ, C. M., ᴀɴᴅ D. M. Bᴜss. 2007. Why humans have sex. *Archives of Sexual Behavior* 36 (August): 477–507.

Mᴇᴛᴇʏᴇʀ, K. B., ᴀɴᴅ M. Pᴇʀʀʏ-Jᴇɴᴋɪɴs. 2009. Dyadic parenting and children's externalizing symptoms. *Family Relations* 58 (July): 289–302.

MᴇᴛLɪfe Foundation and the Partnership at Drugfree.org. 2013. 2012 partnership attitude tracking study. April.

Mᴇᴛᴛs, S. 1994. Relational transgressions. In *The dark side of interpersonal communication*, eds. W. R. Cupach and B. H. Spitzberg, 217–39 Hillsdale, NJ: Erlbaum.

Mᴇʏᴇʀ, C. L., ᴀɴᴅ M. Oʙᴇʀᴍᴀɴ. 2001. *Mothers who kill their children: Understanding the acts of moms from Susan Smith to the "prom mom."* New York: New York University Press.

Mᴇʏᴇʀ, D. R., ᴀɴᴅ M. Cᴀɴᴄɪᴀɴ. 2012. "I'm not supporting his kids": Nonresident fathers' contributions given mothers' new fertility. *Journal of Marriage and Family* 74 (February): 132–51.

Mᴇʏᴇʀ, J. 2012. Centenarians: 2010. U.S. Census Bureau, 2010 Census Special Reports, December.

Mɪᴀʟʟ, C. 1986. The stigma of involuntary childlessness. *Social Problems* 33 (April): 268–82.

Mɪᴄʜᴀᴇʟ, R. T., J. H. Gᴀɢɴᴏɴ, E. O. Lᴀᴜᴍᴀɴɴ, ᴀɴᴅ G. Kᴏʟᴀᴛᴀ. 1994. *Sex in America: A definitive study.* Boston: Little, Brown.

Mɪᴅᴅʟᴇᴍɪss, W., ᴀɴᴅ W. MᴄGᴜɪɢᴀɴ. 2005. Ethnicity and adolescent mothers' benefit from participation in home-visitation services. *Family Relations* 54 (April): 212–24.

Mɪᴅᴇʀ, Z. R., ᴀɴᴅ J. Gʀᴇᴇɴ. 2012. Heads or tails, some CEOs win the pay game. *Bloomberg Businessweek*, October 8–14, 23–24.

Mɪᴇᴄʜ, R., F. Pᴀᴍᴘᴇʟ, J. Kɪᴍ, ᴀɴᴅ R. G. Rᴏɢᴇʀs. 2011. The enduring association between education and mortality: The role of widening and narrowing disparities. *American Sociological Review* 76 (December): 913–34.

Mɪᴇʟʟ, D., ᴀɴᴅ R. Cʀᴏɢʜᴀɴ. 1996. Examining the wider context of social relationships. In *Social interaction and personal relationships*, eds. D. Miell and R. Dallos, 267–318. Thousand Oaks, CA: Sage.

Mɪᴋᴜʟɪɴᴄᴇʀ, M., ᴀɴᴅ P. R. Sʜᴀᴠᴇʀ. 2012. Adult attachment orientations and relationship processes. *Journal of Family Theory & Review* 4 (December): 259–74.

Mɪʟᴀɴ, L. 2012. Characteristics of doctoral scientists and engineers in the United States: 2008. National Science Foundation, December.

Mɪʟʙᴏᴜʀɴ, T. 2006. Taking refuge. January 2.

Mɪʟᴇs, I. J., B. C. Lᴇ, C. Wᴇᴊɴᴇʀᴛ, A. Osᴛᴇʀ, E. DɪNᴇɴɴᴏ, ᴀɴᴅ G. Pᴀᴢ-Bᴀɪʟᴇʏ. 2013. HIV infection among heterosexuals at increased risk—United States, 2010. *Morbidity and Mortality Weekly Report*, 62 (10): 183–87.

Mɪʟᴋᴍᴀɴ, R. 1976. Women's work and the economic crisis: Some lessons from the Great Depression. *Review of Radical Political Economics* 8 (Spring): 73–97.

Mɪʟʟᴇʀ, B. C. 1986. *Family research methods.* Beverly Hills, CA: Sage.

Mɪʟʟᴇʀ, C. 2011. Mobile social media: Networking, dating & virtual goods 2011–2016. Juniper Research, November.

Mɪʟʟᴇʀ, D. P., J. Wᴀʟᴅfᴏɢᴇʟ, ᴀɴᴅ W-J. Hᴀɴ. 2012. Family meals and child academic and behavioral outcomes. *Child Development*, early online version, August 7.

Mɪʟʟᴇʀ, D. W. 2001. DARE Reinvents itself—With help from its social-scientist critics. *Chronicle of Higher Education*, October 16, A12–A14.

Mɪʟʟᴇʀ, K. 2005. *Communication theories.* New York: McGraw Hill.

MILLMAN, J. 2012a. Many apples, few pickers. *Wall Street Journal*, October 10, A3.

MILLMAN, J. 2012b. Tribes clash over gambling. *Wall Street Journal*, November 10–11, A3.

MILLNER, D., AND N. CHILES. 1999. *What brothers think, what sistahs know: The real deal on love and relationships*. New York: Morrow.

MIN, P. G. 2002. Korean American families. In *Minority families in the United States: A multicultural perspective*, 3rd ed., ed. R. L. Taylor, 193–211. Upper Saddle River, NJ: Prentice Hall.

MIN, P. G., AND C. KIM. 2009. Patterns of intermarriages and cross-generational in-marriages among native-born Asian Americans. *International Migration Review* 43 (Fall): 447–70.

MINIÑO, A. M. 2011. Death in the United States, 2009. NCHS Data Brief, July.

MINTZ, S., AND S. KELLOGG. 1988. *Domestic revolution: A social history of American family life*. New York: Free Press.

MIRABELLA, L. 2011. Hiring inequity. *Baltimore Sun*, March 20, 1, 18.

MIRANDE, A. 1985. *The Chicano experience: An alternative perspective*. Notre Dame, IN: University of Notre Dame Press.

MIROWSKY, J. 2005. Age at first birth, health, and mortality. *Journal of Health and Social Behavior* 46 (March): 32–50.

MIROWSKY, J., AND C. E. ROSS. 2007. Creative work and health. *Journal of Health and Social Behavior* 48 (December): 385–403.

MISHEL, L., J. BIVENS, E. GOULD, AND H. SHIERHOLZ. 2012. *The state of working America*, 12th ed. Ithaca, NY: Cornell University Press.

MITCHELL, B. A., AND E. M. GEE. 1996. "Boomerang kids" and midlife parental marital satisfaction. *Family Relations* 45 (October): 442–48.

MITCHELL, A. A. 2002. Infertility treatment: More risks and challenges. *New England Journal of Medicine* 346 (March 7): 769–70.

MODO, I. V. O. 2005. Nigerian families. In *Handbook of world families*, eds. B. N. Adams and J. Trost, 25–46. Thousand Oaks, CA: Sage.

MOEN, P. 1992. *Women's two roles: A contemporary dilemma*. Westport, CT: Auburn House.

MOHR, J. 1981. The great upsurge of abortion, 1840–1880. In *Family life in America: 1620–2000*, eds. M. Albin and D. Cavallo, 119–30. St. James, NY: Revisionary Press.

MOLIN, A. 2012. In Sweden, playtime goes gender-neutral for holidays. *Wall Street Journal*, November 29, D1–D2.

MOLINARI, L. S. 2010. True marital romance is a gas. *Washington Post*, January 24, C3.

MOLLBORN, S., AND C. BLALOCK. 2012. Consequences of teen parents' child-care arrangements for mothers and children. *Journal of Marriage and Family* 74 (August): 846–65.

MONASTERSKY, R. 2007. Who's minding the teenage brain? *Chronicle of Higher Education*, January 12, A14–A17.

MONEA, E., AND A. THOMAS. 2011. Unintended pregnancy and taxpayer spending. *Perspectives on Sexual and Reproductive Health* 43 (June): 88–93.

MONEY, J., AND A. A. EHRHARDT. 1972. *Man & woman, boy & girl*. Baltimore: Johns Hopkins University Press.

MONIN, J. K., AND M. S. CLARK. 2011. Why do men *benefit* more from marriage than do women? Thinking more broadly about interpersonal processes that occur within *and* outside of marriage. *Sex Roles* 65 (5/6): 320–26.

MONSERUD, M. A. 2008. Intergenerational relationships and affectual solidarity between grandparents and young adults. *Journal of Marriage and Family* 70 (February): 182–95.

MONSERUD, M. A., AND G. H. ELDER, JR. 2011. Household structure and children's educational attainment: A perspective on coresidence with grandparents. *Journal of Marriage and Family* 73 (October): 981–1000.

MONTENEGRO, X. P. 2004. *Divorce experience: A study of divorce at midlife and beyond*. Washington, DC: AARP.

MONTEZ, J. K., AND A. ZAJACOVA. 2013. Explaining the widening education gap in mortality among U.S. white women. *Journal of Health and Social Behavior* 54 (June): 165–81.

MONTGOMERY, M. J., AND G. T. SORELL. 1997. Differences in love attitudes across family life stages. *Family Relations* 46 (January): 55–61.

MOORE, A. M., L. FROHWIRTH, AND E. MILLER. 2010. Male reproductive control of women who have experienced intimate partner violence in the United States. *Social Science & Medicine* 70 (June): 1737–44.

MOORE, D. M. 2005. Lobster and love? Think again. Gallup poll, February 1.

MOORE, J. 2013. AIDS: How South Africa is beating the epidemic. *Christian Science Monitor Weekly*, June 24, 26–32.

MOORE, J., AND H. PACHON. 1985. *Hispanics in the United States*. Upper Saddle River, NJ: Prentice Hall.

MOORE, K. A., A. KINGHORN, AND T. BANDY. 2011. Parental relationship quality and child outcomes across subgroups. Child Trends Research Brief, April.

MOORE, K. A., ET AL. 2006. Depression among moms: Prevalence, predictors, and acting out among third grade children. Child Trends Research Brief, March.

MOORE, M. R., AND P. L. CHASE-LANSDALE. 2001. Sexual intercourse and pregnancy among African American girls in high-poverty neighborhoods: The role of family and perceived community environment. *Journal of Marriage and Family* 63 (November): 1146–57.

MOORE, R. L. 1998. Love and limerence with Chinese characteristics: Student romance in the PRC. In *Romantic love and sexual behavior: Perspectives from the social sciences*, ed. V. C. deMunck. 251–88. Westport, CT: Praeger.

MOORMAN, S. M., AND M. INOUE. 2013. Predicting a partner's end-of-life preferences, or substituting one's own. *Journal of Marriage and Family* 75 (June): 734–45.

MORALES, L. 2009. Nearly half of Americans are frequent Internet users. Gallup News Service, January 2.

MORALES, L. 2011. U.S. adults estimate that 25% of Americans are gay or lesbian. Gallup, May 27.

More young adults are living in their parents' home, Census Bureau reports. 2011. U.S. Census Bureau Newsroom, November 3.

MORELLO, C. 2010. An unexpected result for some census takers: The wrath of irate Americans. *Washington Post*, June 20, A4.

MORGAN, C. 2012. Top 5 plastic surgeries men get: The pressure to be physically perfect now for men, too. AlterNet, May 10.

MORGAN, P. D. 1998. *Slave counterpoint: Black culture in the eighteenth-century Chesapeake & lowcountry*. Chapel Hill: University of North Carolina Press.

MORGAN, W. L. 1939. *The family meets the depression: A study of a group of highly selected families*. Westport, CT: Greenwood.

MORIN, M., AND G. MOHAN. 2013. Judge ends age limit on Plan B. *Baltimore Sun*, April 6, 6.

MORIN, R. 2011. The public renders a split verdict on changes in family structure. Pew Research Center, February 16.

MORIN, R., AND S. MOTEL. 2012. A third of Americans now say they are in the lower classes. Pew Research Center, September 10.

MORR SEREWICZ, M. C. 2008. Toward a triangular theory of the communication and relationships of in-laws: Theoretical proposal and social relations analysis of relational satisfaction and private disclosure in in-law triads. *Journal of Family Communication* 8 (October): 264–92.

MORRIS, M. 2003. Love in a hurry. *Baltimore Sun*, January 12, 1N, 4N.

MOSHER, W. D., AND W. F. PRATT. 1991. Fecundity and infertility in the United States: Incidence and trends. *Fertility and Sterility* 56 (August): 192–93.

MOSS-RACUSIN, C. A., J. F. DOVIDIO, V. L. BRESCOLL, M. J. GRAHAM, AND J. HANDELSMAN. 2012. Science faculty's subtle gender biases favor male students. *Proceedings of the National Academy of Science* 109 (October 9): 16474–79.

MOSTAGHIM, R., AND E. ALPERT. 2012. Iran mulls websites to fix "marriage crisis." *Baltimore Sun*, September 30, 22.

Mother's day: May 12, 2013. 2013. U.S. Census Bureau News, CB13-FF.11, April 3.

Movement Advancement Project, Family Equality Council, and Center for American Progress. 2012. Finding children forever homes: LGBT foster and adoptive families. June.

MOWRER, E. R. 1972. War and family solidarity and stability. In *The American family in World War II*, ed. R. A. Abrams, 100–106. New York: Arno and New York Times.

MOYNIHAN, D. P., ED. 1970. *Toward a national urban policy*. New York: Basic Books.

MUEHLENHARD, C. L., AND Z. D. PETERSON. 2011. Distinguishing between *sex* and *gender*: History, current conceptualizations, and implications. *Sex Roles* 64 (June): 791–803.

MUELLER, M. M., AND G. H. ELDER, JR. 2003. Family contingencies across the generations: Grandparent–grandchild relationships in holistic perspective. *Journal of Marriage and Family* 65 (May): 404–17.

MUELLER, T. E., L. E. GAVIN, AND A. KULKARNI. 2008. The association between sex education and youth's engagement in sexual intercourse, age at first intercourse, and birth control use at first sex. *Journal of Adolescent Health* 42 (January): 89–96.

MUKHOPADHYAY, S. 2011. *Outdated: Why dating is ruining your life*. Berkeley, CA: Seal Press.

MULAC, A. 1998. The gender-linked language effect: Do language differences really make a difference? In *Sex differences and similarities in communication: Critical essays and empirical investigations of sex and gender in interaction*, eds. D. J. Canary and K. Dindia, 127–53. Mahwah, NJ: Lawrence Erlbaum Associates.

MULFORD, C., AND P. C. GIORDANO. 2008. Teen dating violence: A closer look at adolescent romantic relationships. *NIJ Journal*, No. 261 (October): 34–40.

MULLEN, N. 2009. Problem of female genital mutilation growing in the EU. *Irish Medical Times*, April 3.

MUMME, D. L., AND A. FERNALD. 2003. The infant as onlooker: Learning from emotional reactions observed in a television scenario. *Child Development* 74 (January/February): 221–37.

MUNDY, L. 2012. Women, money and power. *Time*, March 26, 30–34.

MUNK-OLSEN, T., T. M. LAURSEN, C. B. PEDERSEN, Ø. LIDEGAARD, AND P. B. MORTENSEN. 2011. Induced first-trimester abortion and risk of mental disorder. *New England Journal of Medicine* 364 (January 27): 332–39.

MUNK-OLSEN, T., T. M. LAURSEN, C. B. PEDERSON, O. MORS, AND P. B. MORTENSEN. 2006. New parents and mental disorders: A population-based register study. *JAMA* 296 (December 6): 2582–89.

MUNNELL, A. H., AND M. SOTO. 2005. How much pre-retirement income does Social Security replace? Center for Retirement Research, Boston College, November, no. 36.

MURPHEY, D., M. BARRY, AND B. VAUGHN. 2013. Mental health disorders. Child Trends, January.

MURPHY, D. 2011. Global trends you may have missed. *Christian Science Monitor*, January 3, 12.

MURPHY, E., AND E. J. GRAFF. 2005. *Getting even: Why women don't get paid like men—and what to do about it.* New York: Simon & Schuster.

MURRAY, C. I. 2000. Coping with death, dying, and grief in families. In *Families & change: Coping with stressful events and transitions*, 2nd ed., eds. P. C. McKenry and S. J. Price, 120–53. Thousand Oaks, CA: Sage.

MURRAY, C. J. ET AL., 2013. The state of US health, 1990–2010: Burden of diseases, injuries, and risk factors. *JAMA* 310 (July 10): E1–E18.

MURRAY, J. E. 2000. Marital protection and marital selection: Evidence from a historical-prospective sample of American men. *Demography* 37 (November): 511–21.

MURRAY, S. L., D. W. GRIFFIN, J. L. DERRICK, B. HARRIS, M. ALONI, AND S. LEDER. 2011. Tempting fate or inviting happiness? Unrealistic idealization prevents the decline of marital satisfaction. *Psychological Science* 22 (May): 619–26.

MURSTEIN, B. I. 1974. *Love, sex, and marriage through the ages.* New York: Springer.

MUSICK, K., AND L. BUMPASS. 2012. Reexamining the case for marriage: Union formation and changes in well-being. *Journal of Marriage and Family* 74 (February): 1–18.

MUTZABAUGH, B. 2011. Reports: Thai airline recruits "third-sex" attendants. *USA Today*, January 29.

MYKYTA, L., AND S. MACARTNEY. 2012. Sharing a household: Household composition and economic well-being: 2007–2010. U.S. Census Bureau, Current Population Reports, June.

N

NAIMI, T. S., ET AL. 2008. Alcohol-attributable deaths and years of potential life lost among American Indians and Alaska Natives—United States, 2001–2005. *MMWR Weekly* 57 (August 29): 938–41.

NAJIB, A., J. P. LORBERBAUM, S. KOSE, D. E. BOHNING, AND M. S. GEORGE. 2004. Regional brain activity in women grieving a romantic relationship breakup. *American Journal of Psychiatry* 161 (December): 2245–56.

NALAVANY, B. A., L. M. GLIDDEN, AND S. D. RYAN. 2009. Parental satisfaction in the adoption of children with learning disorders: The role of behavior problems. *Family Relations* 58 (December): 621–33.

NARAYAN, A. 2013. In India, arranged marriages hit the Web. *Bloomberg Businessweek*, April 8–14, 18–19.

NASS, G. D., R. W. LIBBY, AND M. P. FISHER. 1981. *Sexual choices: An introduction to human sexuality.* Belmont, CA: Wadsworth.

NATHAN, R. 2005. *My freshman year: What a professor learned by becoming a student.* Ithaca, NY: Cornell University Press.

NATIONAL ABORTION FEDERATION. 2006. Crisis pregnancy centers: An affront to choice. Washington, DC.

NATIONAL ADOPTION INFORMATION CLEARING-HOUSE. 2002. Pros and cons of each type of adoption for the involved parties. U.S. Department of Health & Human Services.

NATIONAL ADOPTION INFORMATION CLEARING-HOUSE. 2006. Openness in adoption: A bulletin for professionals. U.S. Department of Health and Human Services.

NATIONAL ALLIANCE FOR CAREGIVING/AARP. 2009. Caregiving in the U.S.: A focused look at those caring for someone age 50 or older. November.

NATIONAL CAMPAIGN TO PREVENT TEEN AND UNPLANNED PREGNANCY, THE. 2010. 88% of unmarried young adults have had sex.

NATIONAL CENTER FOR HEALTH STATISTICS. 2011. *Health, United States, 2010: With special feature on death and dying.* Hyattsville, MD.

NATIONAL CENTER FOR HEALTH STATISTICS. 2012. *Health, United States, 2011: With special feature on socioeconomic status and health.* Hyattsville, MD.

NATIONAL CENTER FOR HEALTH STATISTICS. 2013. *Health, United States, 2012: With special feature on emergency care.*

NATIONAL CENTER FOR WOMEN AND POLICING. 2009. Police family violence fact sheet.

NATIONAL CENTER ON ADDICTION AND SUBSTANCE ABUSE. 2008. National survey of American attitudes on substance abuse XIII: Teens and parents. August.

NATIONAL CENTER ON ADDICTION AND SUBSTANCE ABUSE AT COLUMBIA UNIVERSITY. 2008. "You've got drugs!" V: Prescription drug pushers on the Internet. A CASA White Paper, July.

NATIONAL CENTER ON ELDER ABUSE. 2012. Statistics/Data. February.

NATIONAL CONFERENCE OF STATE LEGISLATURES. 2012. State laws regarding marriages between first cousins.

NATIONAL CONFERENCE OF STATE LEGISLATURES. 2013. Common-law marriage. State laws limiting marriage to opposite-sex couples. June 26.

NATIONAL ENDOWMENT FOR FINANCIAL EDUCATION. 2011. Three in 10 Americans admit to financial deception with partners. January 13.

National Grandparents Day 2013: Sept. 8. 2013. U.S. Census Bureau Newsroom, Facts for Features, July 8, 2013.

NATIONAL INSTITUTE OF MENTAL HEALTH. 2011. The teen brain: Still under construction.

NATIONAL INSTITUTE ON ALCOHOL ABUSE AND ALCOHOLISM. 2012. National Institutes of Health, March.

NATIONAL INSTITUTE ON DRUG ABUSE. 2011. Club drugs (GHB, Ketamine, and Rohypnol). June.

NATIONAL INSTITUTES OF HEALTH. 2006. *Women of color health data book: Adolescents to seniors.*

National marriage and divorce rate trends. 2013. Centers for Disease Control and Prevention.

NATIONAL MENTAL HEALTH ASSOCIATION. 2006. Eating disorders.

NATIONAL ORGANIZATION ON FETAL ALCOHOL SYNDROME. 2012. FASD: What everyone should know.

NATIONAL RETAIL FEDERATION. 2013. Cautious consumers keep cupid at bay this year, according to NRF. January 31.

NATIONAL SCIENCE BOARD. 2012. *Science and engineering indicators 2012.* Arlington, VA: National Science Foundation.

NAUCK, B., AND D. KLAUS. 2005. Families in Turkey. In *Handbook of world families*, eds. B. N. Adams AND J. Trost, 364–388. Thousand Oaks, CA: Sage.

NEAL, M. B., AND L. B. HAMMER. 2007. *Working couples caring for children and aging parents.* Mahwah, NJ: Lawrence Erlbaum.

NELSON, C. M. 2013. Poll finds broad immigration support. *Wall Street Journal.* April 11, A4.

NELSON, M. K. 2011. *Parenting out of control: Anxious parents in uncertain times.* New York: New York University Press.

NELSON, S. K., K. KUSHLEV, T. ENGLISH, E. W. DUNN, AND S. LYUBOMIRSKY. 2013. In defense of parenthood: Children are associated with more joy than misery. *Psychological Science* 24 (1): 3–10.

NESTERUK, O., AND A. GRAMESCU. 2012. Dating and mate selection among young adults from immigrant families. *Marriage & Family Review* 48 (January): 40–58.

NEUGARTEN, B. L., AND K. K. WEINSTEIN. 1964. The changing American grandparents. *Journal of Marriage and the Family* 26 (May): 199–204.

NEUMANN, M. G. 2013. The long way home for adults who were children of divorce. *Huffington Post*, March 25.

NEWARK-FRENCH, C. 2011. Mobile dating apps: The second (lady) killer app category. The Flurry Blog, August 2.

NEWPORT, F. 2009. Extramarital affairs, like Sanford's, morally taboo. Gallup, June 25.

NEWPORT, F. 2011. Americans prefer boys to girls, just as they did in 1941. Gallup, June 23.

NEWPORT, F. 2011. Americans still prefer male bosses; many have no preference. Gallup, September 8.

NEWPORT, F. 2012. Americans like having a rich class, as they did 22 years ago. Gallup, May 11.

NEWPORT, F. 2012. Religion big factor for Americans against same-sex marriage. Gallup, December 5.

NEWPORT, F. 2013. In U.S., 87% approve of black-white marriage, vs. 4% in 1958. Gallup, July 25.

NEWPORT, F., AND I. HIMELFARB. 2013. In U.S., record-high say gay, lesbian relations morally OK. Gallup, May 20.

NEWTON-SMALL, J. 2012. Frozen assets. *Time*, April 16, 49–52.

NICHD EARLY CHILD CARE RESEARCH NETWORK. 2003. Does amount of time in child care predict socioemotional adjustment? *Child Development* 74 (July/August): 976–1005.

NICHOLS, A., AND M. SIMMS. 2012. Racial and ethnic differences in receipt of unemployment insurance benefits during the great recession. Urban Institute Unemployment and Recovery Project, June.

NIQUETTE, M. 2011. State vs. state in the war for jobs. *Bloomberg Businessweek*, May 9–May 15, 29–30.

NISSINEN, S. 2000. *The conscious bride: Women unveil their true feelings about getting hitched.* Oakland, CA: New Harbinger.

NOËL-MILLER, C. M. 2013. Repartnering following divorce: Implications for older fathers' relations with their adult children. *Journal of Marriage and Family* 75 (June): 697–712.

NOGUCHI, Y. 2005. Life and romance in 160 characters or less. *Washington Post* (December 29): A1.

NOLAN, K. 2011. Gold losing shine in wedding rings. *Christian Science Monitor*, April 25, 22.

NOLLER, P. 1984. *Nonverbal communication and marital interaction.* New York: Pergamon.

NOLLER, P., AND M. A. FITZPATRICK. 1993. *Communication in family relationships.* Upper Saddle River, NJ: Prentice Hall.

NOMAGUCHI, K. M., P. C. GIORDANO, W. D. MANNING, AND M. A. LONGMORE. 2011. Adolescents' gender mistrust: Variations and implications for the quality of romantic relationships. *Journal of Marriage and Family* 73 (October): 1032–47.

NORDLAND, R. 2010. In bold display, Taliban order stoning deaths. *New York Times,* August 16, A1.

NORRIS, T., P. L. VINES, AND E. M. HOEFFEL. 2012. The American Indian and Alaska Native Population: 2010. 2010 Census Briefs, January.

NORTON, M. I., AND D. ARIELY. 2011. Building a better America—One wealth quintile at a time. *Perspectives on Psychological Science* 6 (1): 9–12.

NORTON, M. I., AND S. R. SOMMERS. 2011. Whites see racism as a zero-sum game that they are now losing. *Perspectives on Psychological Science* 6 (3): 215–18.

NOSSITER, A. 2011. Hinting at an end to a curb on polygamy, interim Libyan leader stirs anger. *New York Times,* October 30, A6.

NOWINSKI, J. 1993. *Hungry hearts: On men, intimacy, self-esteem, and addiction.* New York: Lexington.

NUTA, V. R. 1986. Emotional aspects of child support enforcement. *Family Relations* 35 (January): 177–82.

NYE, F. I., AND F. M. BERARDO, EDS. 1981. *Emerging conceptual frameworks in family analysis.* New York: Praeger.

NYHOLT, D. R., ET AL. 2012. Genome-wide association meta-analysis identifies new endometriosis risk loci. *Nature Genetics* 44 (December): 1355–59.

O

O'SULLIVAN, L. F., M. M. CHENG, K. M. HARRIS, AND J. BROOKS-GUNN. 2007. I wanna hold your hand: The progression of social, romantic and sexual events in adolescent relationships. *Perspectives on Sexual and Reproductive Health* 39 (November/December): 100–107.

OAKLEY, D., AND K. KENNEALLY. 2013. Pensions and retirement security 2013: A roadmap for policy makers. National Institute on Retirement Security, February.

OBER, A. J., ET AL. 2011. The relative role of perceived partner risks in promoting condom use in a three-city sample of high-risk, low-income women. *AIDS Behavior* 15 (7): 1347–58.

OBERMAN, M., AND C. L. MEYER. 2008. *When mothers kill: Interviews from prison.* New York: New York University Press.

OCAMPO, V. W., G. A. SHELLEY, AND L. H. JAYCOX. 2007. Latino teens talk about help seeking and help giving in relation to dating violence. *Violence Against Women* 13 (February): 172–89.

OCOBOCK, A. 2013. The power and limits of marriage: Married gay men's family relationships. *Journal of Marriage and Family* 75 (February): 191–205.

ODEN, T. J. 2008. The first gentleman. *Chronicle of Higher Education,* March 21, C2–C3.

OFFICE OF MINORITY HEALTH. 2012. Asian American/Pacific Islander profile. U.S. Department of Health & Human Services, September 17.

OFFICE OF THE DEPUTY CHIEF OF STAFF FOR INTELLIGENCE. 2006. Arab cultural awareness: 58 factsheets. January.

OFFICE ON WOMEN'S HEALTH. 2011. Emergency contraception (emergency birth control).

U.S. Department of Health and Human Services, November 21.

OGDEN, C. L., AND M. D. CARROLL. 2010a. Prevalence of obesity among children and adolescents: United States, trends 1963–1965 through 2007–2008. National Center for Health Statistics, June.

OGDEN, C. L., AND M. D. CARROLL. 2010b. Prevalence of overweight, obesity, and extreme obesity among adults: United States, trends 1960–1962 through 2007–2008. National Center for Health Statistics, June.

OGDEN, C. L., M. D. CARROLL, B. K. KIT, AND K. M. FLEGAL. 2012. Prevalence of obesity in the United States, 2009–2010. NCHS Data Brief No. 82, January.

OGILVIE, J. P. 2012. Is sharing a bed with baby healthful or risky? *Baltimore Sun,* April 5, 3.

OJEDA, L., R. ROSALES, AND G. E. GOOD. 2008. Socioeconomic status and cultural predictors of male role attitudes among Mexican American men: ¿Son más machos? *Psychology of Men & Masculinity* 9 (no. 3): 133–38.

OJITO, M. 2009. Doctors in Cuba start over in the U.S. *New York Times,* August 4, D1.

OLDER Americans month: May 2013. 2013. U.S. Census Bureau News, March 7.

OLEN, H., AND K. BLAKELEY. 2009. My turn, your turn. *Forbes Woman,* April 22, 55–57.

OLFSON, M., C. BLANCO, L. LIU, C. MORENO, AND G. LAJE. 2006. *Archives of General Psychiatry* 63 (June): 679–85.

OLIVER, M. L., AND T. M. SHAPIRO. 2001. Wealth and racial stratification. In *America becoming: Racial trends and their consequences,* Vol. 2, eds. N. J. Smelser, W. J. Wilson, and F. Mitchell, 222–51. Washington, DC: National Academy Press.

OLSHANSKY, S. J., ET AL. 2012. Differences in life expectancy due to race and educational differences are widening, and many may not catch up. *Health Affairs* 31 (August): 1803–13.

OLSHANSKY, S. J., L. HAYFLICK, AND T. T. PERLS. 2004a. Anti-aging medicine: the hype and the reality—part I. *Journal of Gerontology: Biological Sciences* 59A (6): 513–14.

OLSHANSKY, S. J., L. HAYFLICK, AND T. T. PERLS. 2004b. Anti-aging medicine: the hype and the reality—part II. *Journal of Gerontology: Biological Sciences* 59A (7): 649–51.

OLSHEN, E., K. H. MCVEIGH, R. A. WUNSCH-HITZIG, AND V. I. RICKERT. 2007. Dating violence, sexual assault, and suicide attempts among urban teenagers. *Archives of Pediatrics & Adolescent Medicine* 161 (June): 539–45.

OLSON, D. H., AND A. K. OLSON. 2000. *Empowering couples: Building on your strengths.* Minneapolis: Life Innovations.

OLSON, D. H., AND A. OLSON-SIGG. 2002. Overview of cohabitation research: For use with PREPARECC. Life Innovations.

OLSON, I. R., AND C. MARSHUETZ. 2005. Facial attractiveness is appraised in a glance. *Emotion* 5 (December): 498–502.

OLSON, J. R. 2010. Choosing effective youth-focused prevention strategies: A practical guide for applied family professionals. *Family Relations* 59 (April): 207–20.

OLSON, T. B. 2010. The conservative case for gay marriage. *Newsweek,* January 18, 48–53.

OLVER, K. 2013. Divorce causes: 5 marriage mistakes that lead to divorce. *Huffington Post,* March 7.

ONISHI, N. 2007. Betrothed at first sight: A Korean-Vietnamese courtship. *New York Times,* February 22, A1, A12.

OOMS, T. 2002. Strengthening couples and marriage in low-income communities. In *Revitalizing the institution of marriage for the twenty-first century,* eds. A. J. Hawkins, L. D. Wardle, and D. O. Coolidge, 79–100. Westport, CT: Praeger.

OOMS, T., S. BOUCHET, AND M. PARKE. 2004. Beyond marriage licenses: Efforts in states to strengthen marriage and two-parent families. Center for Law and Social Policy.

OPDYKE, J. D. 2010. Questions to ask after "I will" but before "I do." *Wall Street Journal,* February 14.

OPPENHEIMER, M. 2012. "Purity balls" get attention, but might not be all they claim. *New York Times,* July 2, A7.

ORBUCH, T., J. BAUERMEISTER, E. BROWN, AND B. MCKINLEY. 2013. Early family ties and marital stability over 16 years: The context of race and gender. *Family Relations* 62 (April): 255–68.

ORDOÑEZ, J. 2007. Tying the financial knot. *Newsweek,* April 9, 46–48.

ORENSTEIN, P. 2000. *Flux: Women on sex, work, kids, love, and life in a half-changed world.* New York: Doubleday.

ORENSTEIN, P. 2011. Should the world of toys be gender-free? *New York Times,* December 30, A23.

ORMAN, S. 2008. *Suze Orman's 2009 action plan.* New York: Spiegel & Grau.

ORNISH, D. 2005. Love is real medicine. *Newsweek,* October 3, 56.

ORNSTEIN, C., AND T. WEBER. 2011. Medical schools plug holes in conflict-of-interest policies. ProPublica, May 19.

OROPESA, R. S., AND N. S. LANDALE. 2004. The future of marriage and Hispanics. *Journal of Marriage and Family* 66 (November): 901–20.

ORR, K., AND M. STOUT. 2007. Harlequin romance report 2007: The romance revolution.

ORRENIUS, P. M., and M. ZAVODNY. 2009. Do immigrants work in riskier jobs? *Demography* 46 (August): 535–51.

ORTHNER, D. K., AND R. ROSE. 2009. Work separation demands and spouse psychological well-being. *Family Relations* 58 (October): 392–403.

OSBORNE, C., AND S. MCLANAHAN. 2007. Partnership instability and child well-being. *Journal of Marriage and Family* 69 (November): 1065–83.

OSBORNE, C., W. D. MANNING, AND P. J. SMOCK. 2007. Married and cohabiting parents' relationship stability: A focus on race and ethnicity. *Journal of Marriage and Family* 69 (December): 1345–66.

OUTCALT, T. 1998. *Before you say "I do:" Important questions for couples to ask before marriage.* New York: Perigee.

OWEN, D. J., A. M. S. SLEP, AND R. E. HEYMAN. 2012. The effect of praise, positive nonverbal response, reprimand, and negative nonverbal response on child compliance: A systematic review. *Clinical Child and Family Psychology Review* 15 (December): 364–85.

P

PAGE, C. 2008. Another alpha male caught behaving badly: Why do they do it? *Baltimore Sun,* March 18, 15A.

PAGE, M. E., AND A. H. STEVENS. 2005. Understanding racial differences in the economic costs of growing up in a single-parent family. *Demography* 42 (February): 75–90.

PAI, M., AND J-H. HA. 2012. Impact of widowhood on parent–child relations: Does parents' personality matter? *Journal of Marriage and Family* 74 (June): 494–509.

PAIK, I. 2007. Getting a job: Is there a motherhood penalty? *American Journal of Sociology* 112 (March): 1297–338.

PAIK, A. 2010. The contexts of sexual involvement and concurrent sexual partnerships. *Perspectives on Sexual and Reproductive Health* 42 (March): 33–42.

PAINTER, J. N., ET AL. 2011. Genome-wide association study identifies a locus at 7p15.2 associated with endometriosis. *Nature Genetics* 43 (January): 51–54.

Pakistan Taliban shoot girl activist. 2012. *Wall Street Journal*, October 10, A13.

PALETTA, D., AND C. PORTER. 2013. Use of food stamps swells even as economy improves. *Wall Street Journal*, March 28, 1, A12.

PALEY, A. R. 2008. For Kurdish girls, a painful ancient ritual. *Washington Post*, December 29, A9.

PALMER, K. 2007. Accountability: His and hers. *U.S. News & World Report*, October 8, 51–53.

PALMER, K. 2008. Keeping money unmarried. *U.S. News & World Report*, April 16, 58–59.

PALMORE, E. B. 1999. *Ageism: Negative and positive*. New York: Springer.

PAPERNOW, P. L. 1993. *Becoming a step family: Patterns of development in remarried families*. San Francisco: Jossey-Bass.

PAPP, L. M., E. M. CUMMINGS, AND M. C. GOEKE-MOREY. 2009. For richer, for poorer: Money as a topic of marital conflict in the home. *Family Relations* 58 (February): 91–103.

PARAMESWARAN, L. 2003. Battered wives often recant or assume blame. Women's E-News, August 2.

PARCEL, T. L., L. A. CAMPBELL, AND W. ZHONG. 2012. Children's behavior problems in the United States and Great Britain. *Journal of Health and Social Behavior* 53 (June): 165–82.

PARIS, R., AND N. DUBUS. 2005. Staying connected while nurturing an infant: A challenge of new motherhood. *Family Relations* 54 (January): 72–83.

PARK, A. 2010. Alzheimer's unlocked. *Time*, October 25, 53–59.

PARK, R. L. 2003. The seven warning signs of bogus science. *Chronicle of Higher Education*, January 31, B20.

PARK, S. 2011. Korean multiculturalism and the marriage squeeze. *Contexts* 10 (Summer): 64–65.

PARKE, R. D. 1996. *Fatherhood*. Cambridge, MA: Harvard University Press.

PARKER, K. 2009. Coping with end-of-life decisions. Pew Research Center, August 20.

PARKER, K. 2012. The boomerang generation: Feeling OK about living with mom and dad. Pew Social & Demographic Trends, March 15.

PARKER, K. 2012. Yes, the rich are different. Pew Research Center, August 27.

PARKER, K., AND E. PATTEN. 2013. The sandwich generation: Rising financial burdens for middle-aged Americans. Pew Research Center, January 30.

PARKER, K., AND W. WANG. 2013. Modern parenthood: Roles of moms and dads converge as they balance work and family. Pew Social & Demographic Trends, March 14.

PARKER, S. 1996. Full brother-sister marriage in Roman Egypt: Another look. *Cultural Anthropology* 11 (August): 362–76.

PARKER-POPE, T. 2009. What are friends for? A longer life. *New York Times*, April 21, 1.

PARKER-POPE, T. 2013. Suicide rates rise sharply in U.S. *New York Times*, May 2, A1.

PARRAMORE, L. 2012. How job insecurity if messing up your love life. AlterNet, July 31.

PARSONS, T., AND R. F. BALES. 1955. *Family, socialization and interaction process*. Glencoe, IL: Free Press.

PARTINGTON, S. N., D. L. STEBER, K. A. BLAIR, AND R. A. CISLER. 2009. Second births to teenage mothers: Risk factors for low birth weight and preterm birth. *Perspectives on Sexual and Reproductive Health* 41 (June): 101–9.

Partnership at Drugfree.org. 2013. Parents have more influence over their child than friends, music, TV, the Internet and celebrities.

PASCOE, C. J. 2007. *Dude, you're a fag: Masculinity and sexuality in high school*. Berkeley: University of California Press.

PASSEL, J. S., AND D. COHN. 2011. Unauthorized immigrant population: National and state trends, 2010. Pew Hispanic Center, February 1.

PASSEL, J. S., D. COHN, AND M. H. LOPEZ. 2011. Census 2010: 50 million Latinos; Hispanics account for more than half of nation's growth in past decade. Pew Hispanic Center, March 24.

PASSEL, J. S., G. LIVINGSTON, AND D. COHN. 2012. Explaining why minority births now outnumber white births. Pew Research Center, May 17.

PASSEL, J. S., W. WANG, AND P. TAYLOR. 2010. Marrying out: One-in-seven new U.S. marriages is interracial or interethnic. Pew Research Center, June 15.

PASTOR, M., J. SCOGGINS, J. TRAN, AND R. ORTIZ. 2010. The economic benefits of immigrant authorization in California. Center for the Study of Immigrant Integration, January.

PATNER, M. M. 1990. Between mothers and daughters: Pain and difficulty go with the territory. *Washington Post*, November 8, C5.

PATTEN, E., AND K. PARKER. 2012. A gender reversal on career aspirations. Pew Research Center, March 19.

PATTERSON, C. J. 2002. Lesbian and gay parenthood. In *Handbook of parenting*, 2nd ed., Vol. 3: Being and becoming a parent, ed. M. H. Bornstein, 317–38. Mahwah, NJ: Erlbaum.

PATTERSON, J., AND P. KIM. 1991. *The day America told the truth: What people really believe about everything that really matters*. Upper Saddle River, NJ: Prentice Hall.

PATZ, A. 2000. Will your marriage last? *Psychology Today* 33 (January/February): 58–63.

PAUL, P. 2001. Childless by choice. *American Demographics* 23 (November): 45–50.

PAUL, P. 2002. Make room for granddaddy. *American Demographics* 24 (April): 41–45.

PAUL, P. 2010. By her support, does she earn his infidelity? *New York Times*, September 24, ST8.

PAULOZZI, L. J. 2011. Drug-induced deaths—United States, 2003–2007. *MMWR* 60 (Suppl, January 14): 60–61.

PAULSON, J. F., AND S. D. BAZEMORE. 2010. Prenatal and postpartum depression in fathers and its association with maternal depression. *JAMA* 303 (19): 1961–69.

PAYNE, B. M. 2012. Occupy Valentine's day: Celebrate love, not commerce. AlterNet, February 13.

PAYNE, C. 2013. Moms are primary breadwinners in 40% of U.S. households. *USA Today*, May 29.

PAYNE, K. K., AND J. COPP. 2013. Young adults in the parental home and the Great Recession. National Center for Family & Marriage Research.

PAYNE, K. K., AND L. GIBBS. 2011. Marital duration at divorce, 2010. (FP-11-13). National Center for Family & Marriage Research.

PAZOL, K., A. A. CREANGA, S. B. ZANE, K. D. BURLEY, AND D. J. JAMIESON. 2012. Abortion surveillance—United States, 2009. *MMWR* 61 (8): 1–44.

PEARCE, D. 1978. The feminization of poverty: Women, work, and welfare. *Urban and Social Change Review* 11: 28–36.

PEARSON, A. 2013. Waiting for superwoman. *Bloomberg Businessweek*, March 11–March 17, 6–7.

PEAVY, L., AND U. SMITH. 1994. *Women in waiting in the westward movement: Life on the home frontier*. Norman: University of Oklahoma Press.

PEELE, S., WITH A. BRODSKY. 1976. *Love and addiction*. New York: New American Library.

PEIPERT, J. F., T. MADDEN, J. E. ALLSWORTH, AND G. M. SECURA. 2012. Preventing unintended pregnancies by providing no-cost contraception. *Obstetrics & Gynecology* 120 (December): 1291–97.

PELLERIN, L. A. 2005. Applying Baumrind's parenting typology to high schools: Toward a middle-range theory of authoritative socialization. *Social Science Research* 34 (June): 282–303.

PENHA-LOPES, V. 1995. "Make room for daddy": Patterns of family involvement among contemporary African American men. In *American families: Issues in race and ethnicity*, ed. C. K. Jacobson, 179–99. New York: Garland.

PEPLAU, L. A., R. C. VENIEGAS, AND S. M. CAMPBELL. 1996. Gay and lesbian relationships. In *The lives of lesbians, gays, AND bisexuals: Children to adults*, eds. R. C. Savin-Williams and K. M. Cohen, 250–73. New York: Harcourt Brace.

PERCHESKI, C. 2008. Opting out? Cohort differences in professional women's employment rates from 1960 to 2005. *American Sociological Review* 73 (November): 497–517.

PÉREZ, L. 2002. Cuban American families. *In Minority families in the United States: A multicultural perspective*, 3rd ed., ed. R. L. Taylor, 114–30. Upper Saddle River, NJ: Prentice Hall.

PEREZ-ROSSELLO, J. M., S. A. CONNOLLY, A. W. NEWTON, K. H. ZOU, AND P. K. KLEINMAN. 2010. Whole-body MRI in suspected infant abuse. *American Journal of Roentgenology* 195 (September): 744–50.

PERGAMIT, M. R., AND M. ERNST. 2011. Running away from foster care: Youths' knowledge and access of services. April 9.

PERLS, T. T. 2004. Anti-aging quackery: Human growth hormone and tricks of the trade—more dangerous than ever. *Journals of Gerontology: Biological and Medical Sciences* 59 (July): B682–B691.

PERLSTEIN, L. 2005. A user's guide to middle school romance. *Washington Post Magazine*, February 13, 20–23, 33.

PERRIN, E. C. 2002. Technical report: Coparent or second-parent adoption by same-sex parents. *Pediatrics* 109 (February): 341–44.

PERRIN, E. C., AND B. S. SIEGEL. 2013. Promoting the well-being of children whose parents are gay or lesbian. *Pediatrics* 131 (4): e1374–e1383.

PERRIN, P. B., ET AL. 2011. Aligning Mars and Venus: The social construction and instability of gender differences in romantic relationships. *Sex Roles* 64 (May): 613–28.

PERRY, S. W. 2004. American Indians and crime. U.S. Department of Justice, Bureau of Justice Statistics, December.

PERRY-JENKINS, M., A. E. GOLDBERG, C. P. PIERCE, AND A. G. SAYER. 2007. Shift work, role overload, and the transition to parenthood. *Journal of Marriage and Family* 69 (February): 123–38.

PERRY-JENKINS, M., AND A. CLAXTON. 2011. The transition to parenthood and the reasons "Momma ain't happy." *Journal of Marriage and Family* 73 (February): 23–28.

PESCOSOLIDO, A. 2013. 5 tips for co-parenting after divorce. *Huffington Post*, May 16.

PESSAR, P. R. 1995. *A visa for a dream: Dominicans in the United States.* Boston: Allyn & Bacon.

PETER, T. A. 2012. Mistreatment of Afghan women caused by far more than Taliban. *Christian Science Monitor*, January 31.

PETERMAN, A., T. PALERMO, AND C. BREDENKAMP. 2011. Estimates and determinants of sexual violence against women in the Democratic Republic of Congo. *American Journal of Public Health* 101 (June): 1060–67.

PETERSEN, A. 2012. Smarter ways to discipline kids. *Wall Street Journal*, December 26, D1, D3.

PETERSON, B. D., C. R. NEWTON, K. H. ROSEN, AND R. S. SCHULMAN. 2006. Coping processes of couples experiencing infertility. *Family Relations* 55 (April): 227–39.

PETERSON, J. L., J. J. CARD, M. B. EISEN, AND B. SHERMAN-WILLIAMS. 1994. Evaluating teenage pregnancy prevention and other social programs: Ten stages of program assessment. *Family Planning Perspectives* 26 (May): 116–20, 131.

PETERSON, K. S. 2002. Having it all, except children. *USA Today*, April 7, 2D.

PETSIDE. 2010. Who's the better listener, your husband or your dog? April 27.

PEW CENTER ON THE STATES. 2009. One in 31: The long reach of American corrections. March.

PEW FORUM ON RELIGION & PUBLIC LIFE. 2008. U.S. religious landscape survey: Religious beliefs and practices: Diverse and politically relevant. June.

PEW FORUM ON RELIGION & PUBLIC LIFE. 2008a. An overview of the same-sex marriage debate. April 1.

PEW FORUM ON RELIGION & PUBLIC LIFE. 2008b. *U.S. religious landscape survey.* February.

PEW HISPANIC CENTER. 2004. Assimilation and language. March.

PEW HISPANIC CENTER. 2013. A nation of immigrants: A portrait of the 40 million, including 11 million unauthorized. January 29.

PEW RESEARCH CENTER FOR THE PEOPLE & THE PRESS. 2012. Assessing the representativeness of public opinion surveys. Pew Research Center, May 15.

PEW RESEARCH CENTER. 2010. The decline of marriage and rise of new families. November 18.

PEW RESEARCH CENTER. 2012a. Gay marriage.

PEW RESEARCH CENTER. 2012b. Only one true love.

PEW RESEARCH SOCIAL & DEMOGRAPHIC TRENDS. 2011. A portrait of stepfamilies. January 13.

PEWEWARDY, C. 1998. Fluff and feathers: Treatment of American Indians in the literature and the classroom. *Equity & Excellence in Education* 31 (April): 69–76.

PHILIPS, M. 2012. Manufacturing: A rebound, not a renaissance. *Bloomberg Businessweek*, December 17–December 23, 9–10.

PHILLIPS, J. A., AND M. M. SWEENEY. 2005. Premarital cohabitation and marital disruption among white, black, and Mexican American women. *Journal of Marriage and Family* 67 (May): 296–314.

PHILLIPS, K. R. 2004. Getting time off: Access to leave among working parents. The Urban Institute, April 22.

PHINNEY, J. S., B. HORENCZYK, K. LIEBKIND, AND P. VEDDER. 2001. Ethnic identity, immigration, and well-being: An interactional perspective. *Journal of Social Issues* 57: 493–510.

PIAGET, J. 1932. *The moral judgment of the child.* New York: Harcourt, Brace.

PIAGET, J. 1954. *The construction of reality in the child.* New York: Basic Books.

PIAGET, J. 1960. *The child's conception of the world.* London: Routledge.

PICKERT, K. 2010. When the adopted can't adapt. *Time*, June 28, 34–39.

PICKERT, K. 2013. What choice? *Time*, January 14, 38–46.

PIENTA, A. M., AND M. M. FRANKS. 2006. A closer look at health and widowhood: Do health behaviors change after loss of a spouse? In *Spousal bereavement in late life*, eds. D. Carr, R. M. Nesse, and C. B. Wortman, 117–142. New York: Springer.

PILKAUSKAS, N. V. 2012. Three-generation family households: Differences by family structure at birth. *Journal of Marriage and Family* 74 (October): 931–43.

PIORE, A. 2007. The dog wears Prada. *Christian Science Monitor*, February 21, 20.

PIORKOWSKI, G. K. 1994. *Too close for comfort: Exploring the risks of intimacy.* New York: Plenum.

PITTMAN, F. 1990. *Private lies: Infidelity and the betrayal of intimacy.* New York: W.W. Norton.

PITTMAN, F. 1999. *Grow up! How taking responsibility can make you a happy adult.* New York: Golden Books.

PITTZ, W. 2005. Closing the gap: Solutions to race-based health disparities. Applied Research Center & Northwest Federation of Community Organizations, June.

Plan B contraceptive approved for all ages. 2013. *Baltimore Sun*, June 21, 10.

PLANNED PARENTHOOD FEDERATION OF AMERICA INC. 2013. What is the abortion pill?

PLATERIS, A. A. 1973. *100 years of marriage and divorce statistics: 1867–1967.* Rockville, MD: National Center for Health Statistics.

PLATT, S. F. 2006. *Letters from the front lines: Iraq and Afghanistan.* Point Roberts, WA: Granville Island Publishing.

POLGREEN, L. 2010. One bride for 2 brothers: A custom fades in India. *New York Times*, July 16, A4.

POLIS, C. B., AND L. S. ZABIN. 2012. Missed conceptions or misconceptions: Perceived infertility among unmarried young adults in the United States. *Perspectives on Sexual and Reproductive Health* 44 (March): 30–38.

POLISI, C. J. 2009. Spousal rape laws continue to evolve. Women's eNews, July 1.

POLLACK, E. 2012. Households making between $250K and $1M a year are not "middle class." Economic Policy Institute, June 13.

POLLARD, K. 2011. The gender gap in college enrollment and graduation. Population Reference Bureau, April.

POLLARD, K., AND P. SCOMMEGNA. 2013. The health and life expectancy of older blacks and Hispanics in the United States. *Today's Research on Aging*, No. 28, June, 1–8.

PONG, S.-L. 1997. Family structure, school context, and eighth grade math and reading achievement. *Journal of Marriage and the Family* 59 (August): 734–46.

PONG, S.-L. HAO, AND E. GARDNER. 2005. The roles of parenting styles and social capital in the school performance of immigrant Asian and Hispanic adolescents. *Social Science Quarterly* 86 (December): 928–50.

POOL, B., AND C. BOUSADA. 2007. Fooling nature, and the fertility doctor. *Los Angeles Times*, January 30.

POPENOE, D. 1996. *Life without father: Compelling new evidence that fatherhood and marriage are indispensable for the good of children and society.* New York: Free Press.

POPENOE, D., AND B. D. WHITEHEAD. 2002. *Should we live together? What young adults need to know about cohabitation before marriage: A comprehensive review of recent research*, 2nd ed. New Brunswick, NJ: The National Marriage Project, Rutgers University.

POPENOE, D., AND B. D. WHITEHEAD. 2006. The state of our unions 2006: The social health of marriage in America. The National Marriage Project.

POPENOE, D., AND B. D. WHITEHEAD. 2009. The state of our unions 2008: The social health of marriage in America. The National Marriage Project, Rutgers University.

POPULATION REFERENCE BUREAU. 2008. Interview with Ron Lee on what are the financial implications of aging in the United States. November 6.

PORTER, N., AND Y. SANO. 2009. Father involvement in Japanese families. *Family Focus* 54 (Spring): F13, F15.

PORTES, A. 2012. Stalled immigration reform. *Contexts* 11 (Summer): 16–18.

POSTON, D. L. JR., E. CONDE, AND B. DESALVO. 2011. China's unbalanced sex ratio at birth, millions of excess bachelors and societal implications. *Vulnerable Children and Youth Studies* 6 (December): 314–20.

POTTER, D. 2010. Psychological well-being and the relationship between divorce and children's academic achievement. *Journal of Marriage and Family* 72 (August): 933–46.

POWELL, B., C. BOLZENDAHL, C. GEIST, AND L. C. STEELMAN. 2010. *Counted out: Same-sex relations and Americans' definitions of family.* New York: Russell Sage Foundation.

POWELL, E. 1991. *Talking back to sexual pressure.* Minneapolis: CompCare.

POWERS, C. H. 2004. *Making sense of social theory: A practical introduction.* Lanham, MD: Rowman & Littlefield.

PR NEWSWIRE. 2013. Single baby boomers hip to the dating scene. February 13.

Prescription painkiller overdoses. 2013. CDC *Vital Signs*, July.

PRESSER, H. B., AND B. W. WARD. 2011. Nonstandard work schedules over the life course: A first look. *Monthly Labor Review* 134 (July): 3–16.

PRICE, J. A. 1981. North American Indian families. In *Ethnic families in America: Patterns and variations*, 2nd ed., eds. C. H. Mindel and R. W. Habenstein, 245–68. New York: Elsevier.

PRICE, M. 2011. Take a pay cut to telecommute? *Christian Science Monitor*, July 25, 22.

PRIOR, M. 2009. The immensely inflated news audience: Assessing bias in self-reported news exposure. *Public Opinion Quarterly* 73 (Spring): 130–43.

PROJECT ON GOVERNMENT OVERSIGHT. 2010. Letter to NIH on ghostwriting academics. November 29.

PROTHROW-STITH, D., AND H. R. SPIVAK. 2005. *Sugar and spice and no longer nice: How can we stop girls' violence?* San Francisco, CA: Jossey-Bass.

PROULX, C. M., C. BUEHLER, AND H. HELMS. 2009. Moderators of the link between marital hostility and change in spouses' depressive symptoms. *Journal of Family Psychology* 23 (4): 540–50.

PRYOR, J. H., S. HURTADO, L. DEANGELO, L. P. BLAKE, AND S. TRAN. 2010. *The American freshman: National norms fall 2010.* Los Angeles: Higher Education Research Institute, UCLA.

PRYOR, J. H., S. HURTADO, V. B. SAENZ, J. L. SANTOS, AND W. S. KORN. 2007. *The American freshman: Forty year trends.* Los

Angeles: Higher Education Research Institute, UCLA.

PULITZER CENTER. 2012. China's bachelor village.

PURCELL, P., AND D. B. WHITMAN. 2006. Topics in aging: Income of Americans age 65 and older, 1969 to 2004. CRS Report for Congress.

PUTNAM, F. W. 2006. The impact of trauma on child development. *Juvenile and Family Court Journal* 57 (Winter): 1–11.

PYKE, K. D. 1994. Women's employment as a gift or burden? Marital power across marriage, divorce, and remarriage. *Gender and Society* 8 (March): 73–91.

Q

QIAN, Z. 2012. During the Great Recession, more young adults lived with parents. Census Brief prepared for Project US2010, August.

QIAN, Z., AND D. T. LICHTER. 2011. Changing patterns of interracial marriage in a multicultural society. *Journal of Marriage and Family* 73 (October): 1054–84.

QIAN, Z., D. T. LICHTER, L. M. MELLOTT. 2005. Out-of-wedlock childbearing, marital prospects and mate selection. *Social Forces* 84 (September): 473–91.

QUEEN, S. A., R. W. HABENSTEIN, AND J. S. QUADAGNO. 1985. *The family in various cultures*, 5th ed. New York: Harper & Row.

R

RACKIN, H., AND C. M. GIBSON-DAVIS. 2012. The role of pre- and postconception relationships for first-time parents. *Journal of Marriage and Family* 74 (June): 389–98.

RADNOFSKY, L., AND A. JONES. 2013. Support grows for *Roe v. Wade*. *Wall Street Journal*, January 22, A2.

RADWIN, D. 2009. High response rates don't ensure survey accuracy. *Chronicle Review*, October 9, B8–B9.

RALEY, R. K., AND E. WILDSMITH. 2004. Cohabitation and children's family instability. *Journal of Marriage and Family* 66 (February): 210–19.

RAMACHANDRAN, N. 2005. The parent trap: Boomerang kids. *U.S. News & World Report*, December 12, 64.

RAMCHANDANI, P., A. STEIN, J. EVANS, AND T. G. O'CONNOR. 2005. Paternal depression in the postnatal period and child development: A prospective population study. *The Lancet*, 365 (9478): 2201–05.

RAMPELL, C. 2011. Companies spend on equipment, not workers. *New York Times*, June 10, A1.

RANDLES, J. 2009. Parenting in poverty and the politics of commitment: Promoting marriage for poor families through relationship education. Institute for the Study of Social Change, December 2.

RANK, M. R. 2011. Rethinking American poverty. *Contexts* 10 (Spring): 16–21.

RASHAD, M. 2012. Saudi women take over lingerie shops. *Baltimore Sun*, January 12, 12.

RATHUS, J. H., AND K. D. O'LEARY. 1997. Spouse-specific dependency scale: Scale development. *Journal of Family Violence* 12 (June): 159–68.

RATTRAY, S. 2010. 2010 toy sales. June 23.

READ, J. G. 2004. Family, religion, and work among Arab American women. *Journal of Marriage and Family* 66 (November): 1042–50.

READING, R. 2006. Child deaths resulting from inflicted injuries: Household risk factors and perpetrator characteristics. *Child: Care, Health & Development* 32 (March): 253.

REANEY, P. 2012. Lawyers say more women are on hook for alimony, child support. *Baltimore Sun*, May 13, 14.

REARDON-ANDERSON, J., M. STAGNER, J. E. MACOMBER, AND J. MURRAY. 2005. Systematic review of the impact of marriage and relationship programs. Urban Institute, February 11.

REAY, A. M., AND K. D. BROWNE. 2001. Risk factors for caregivers who physically abuse or neglect their elderly dependents. *Aging and Mental Health* 5 (1): 56–62.

REDD, Z., T. S. KARVER, D. MURPHEY, K. A. MOORE, AND D. KNEWSTUB. 2011. Two generations in poverty: Status and trends among parents and children in the United States, 2000–2010. Child Trends Research Brief, November.

REDDY, S. 2013. When computer games may keep the brain nimble. *Wall Street Journal*, May 14, D1, D2.

REECE, M., D. HERBENICK, V. SCHICK, S. A. SANDERS, B. DODGE, AND J. D. FORTENBERRY. 2010. Sexual behaviors, relationships, and perceived health among adult men in the United States: Results from a national probability sample. *Journal of Sexual Medicine* 7, Supplement 5 (October): 291–304.

REEFHUIS, J., M. A. HONEIN, L. A. SCHIEVE, A. CORREA, C. A. HOBBS, AND S. A. RASMUSSEN. 2009. Assisted reproductive technology and major structural birth defects in the United States. *Human Reproduction* 24 (February): 360–66.

REFKI, D., A. ESHETE, AND S. HAJIANI. 2012. Women in federal and state-level judgeships. Center for Women in Government & Civil Society, Summer.

REGAN, P. 2003. *The mating game: A primer on love, sex, and marriage*. Thousand Oaks, CA: Sage.

REGAN, P. C., AND E. BERSCHEID. 1999. *Lust; What we know about human sexual desire*. Thousand Oaks, CA: Sage.

REGNERUS, M. D. 2007. *Forbidden fruit: Sex & religion in the lives of American teenagers*. New York: Oxford University Press.

REGNERUS, M., AND J. UECKER. 2011. *Premarital sex in America: How young Americans meet, mate, and think about marrying*. New York: Oxford University Press.

REICH, D., ET AL. 2012. Reconstructing Native American population history. *Nature* 488 (August 16): 370–74.

REID, J. 1993. Those fabulous '50s. *Utne Reader* 55 (January): 18–19.

REILLY, P. R. 2000. *Abraham Lincoln's DNA and other adventures in genetics*. New York: Cold Spring Harbor Laboratory.

REINER, W. G., AND J. P. GEARHART. 2004. Discordant sexual identity in some genetic males with cloacal exstrophy assigned to female sex at birth. *New England Journal of Medicine* 350 (January 22): 333–41.

REINHOLD, S. 2010. Reassessing the link between premarital cohabitation and marital instability. *Demography* 47 (August): 719–33.

REISS, I. 1960. Toward a sociology of the heterosexual love relationship. *Marriage and Family Living* 22 (May): 139–45.

REISS, I. L. 1971. *The family system in America*. New York: Holt, Rinehart & Winston.

REISS, I. L., AND G. R. LEE. 1988. *Family systems in America*, 4th ed. New York: Holt, Rinehart & Winston.

RENN, J. A., AND S. L. CALVERT. 1993. The relation between gender schemas and adults' recall of stereotyped and counterstereotyped televised information. *Sex Roles* 28 (7/8): 449–59.

REPAK, T. A. 1995. *Waiting on Washington: Central American workers in the nation's capital*. Philadelphia: Temple University Press.

RETHERFORD, D., AND N. OGAWA. 2006. Japan's baby bust: Causes, implications, and policy responses. In *The baby bust: Who will do the work? Who will pay the taxes?* ed. F. R. Harris, 5–47. Lanham, MD: Rowman & Littlefield.

RETSINAS, J. 1988. A theoretical reassessment of the applicability of Kübler-Ross's stages of dying. *Death Studies* 12 (3): 207–16.

RETTNER, R. 2011. 6 ways sexual harassment damages women's health. Live Science, November 9.

REVELL, J. 2011. Getting married? Get a prenup. *Fortune*, July 4, 42.

REYNOLDS, S. S. 2007. Book review: *Leap! What will we do with the rest of our lives? Los Angeles Times*, April 6.

RHATIGAN, D. L., C. STEWART, AND T. M. MOORE. 2011. Effects of gender and confrontation on attributions of female-perpetrated intimate partner violence. *Sex Roles* 64 (June): 875–87.

RHEINGOLD, H. L. 1969. The social and socializing infant. In *Handbook of socialization theory and research*, ed. D. A. Goslin, 779–90. Chicago: Rand McNally.

RICCIARDELLI, R., K. A. CLOW, AND P. WHITE. 2010. Investigating hegemonic masculinity: Portrayals of masculinity in men's lifestyle magazines. *Sex Roles* 63 (March): 64–78.

RICHARDS, S. E. 2012. We need to talk about our eggs. *New York Times*, October 23, A23.

RICHARDSON, J. 2012. Deporting the hand that feeds us: How anti-immigrant laws are causing a farm labor shortage. Alternet, July 12.

RICHARDSON-BOUIE, D. 2003. Ethnic variation/ethnicity. In *International encyclopedia of marriage and family*, 2nd ed., Vol. 2, ed. J. J. Ponzetti, Jr., 525–30. New York: Macmillan.

RICHMOND, M., AND F. KRAUSE-JACKSON. 2011. In South Sudan, brides cost plenty—in cows. *Bloomburg Businessweek*, August 8–14, 13–14.

RICHTER, G. 2013. Former, current NFL players speak out against domestic violence. March 23, Newsmax, March 23.

RICK, S. I., D. A. SMALL, AND E. J. FINKEL. 2011. Fatal (fiscal) attraction: Spendthrifts and tightwads in marriage. *Journal of Marketing Research* 48 (April): 228–37.

RIDEOUT, V. J., U. G. FOEHR, AND D. F. ROBERTS. 2010. Generation M²: Media in the lives of 8- to 18-year-olds. Kaiser Family Foundation, January.

RIEGER, G., M. CHIVERS, AND M. J. BAILEY. 2005. Sexual arousal patterns of bisexual men. *Psychological Science* 16 (August): 579–84.

RIINA, E. M., AND M. E. FEINBERG. 2012. Involvement in childrearing and mothers' and fathers' adjustment. *Family Relations* 61 (December): 836–50.

RIVERS, C. 2001. Study: Young people seeking soul mates to marry. Women's E-News, June 20.

RIVERS, C. 2010. "Marry him?" More bad advice for the lovelorn. Women's eNews, February 26.

RIX, S. 2013. More and more it's an older woman's world—of work. *Huffington Post*, February 11.

RIZOS, E. C., E. E. NTZANI, E. BIKA, M. S. KOSTAPANOS, AND M. S. ELISAF. 2012. Association between Omega-e fatty acid supplementation and risk of major cardiovascular disease events: A systematic review and meta-analysis. *JAMA* 308 (September 12): 1024–33.

ROAN, S. 2005. Breasts, redefined. *Los Angeles Times*, June 13, F1.

ROBERTS, D. 2012. China's cutest, scarcest resource. *Bloomberg Businessweek*, April 23–29, 11–12.

ROBERTS, D. F., L. HENRIKSEN, AND U. G. FOEHR. 2009. Adolescence, adolescents, and media. In *Handbook of adolescent psychology*, 3rd ed., eds. R. M. Lerner and L. Steinberg, 314–44. New York: Wiley.

ROBEY, E. B., D. J. CANARY, AND C. S. BURG-GRAF. 1998. Conversational maintenance behaviors of husbands and wives: An observational analysis. In *Sex differences and similarities in communication: Critical essays and empirical investigations of sex and gender in interaction*, eds. D. J. Canary and K. Dindia, 373–92. Mahwah, NJ: Lawrence Erlbaum Associates.

ROBINSON, B. 2008. The disruption of marital e-harmony: Distinguishing mail-order brides from online dating in evaluating "good faith marriage." *Loyola Public Interest Law Reporter* 13 (Summer): 252–70.

ROBNETT, B., AND C. FELICIANO. 2011. Patterns of racial-ethnic exclusion by Internet daters. *Social Forces* 89 (March): 807–28.

ROCCA, C. H., AND C. C. HARPER. 2012. Do racial and ethnic differences in contraceptive attitudes and knowledge explain disparities in method use? *Perspectives on Sexual and Reproductive Health* 44 (September): 150–58.

ROCCA, C. H., C. C. HARPER, AND T. R. RAINE-BENNETT. 2013. Young women's perceptions of the benefits of childbearing: Associations with contraceptive use and pregnancy. *Perspectives on Sexual and Reproductive Health* 45 (March): 23–32.

ROCHMAN, B. 2009. The ethics of octuplets. *Time*, February 16, 43–44.

ROCHMAN, B. 2012. The end of an epidemic? *Time*, February 6, 16.

ROCHMAN, B. 2013. Hover no more: Helicopter parents may breed depression and incompetence in children. *Time*, February 22.

RODBERG, G. 1999. Woman and man at Yale.

RODGERS, K. B., AND H. A. ROSE. 2002. Risk and resiliency factors among adolescents who experience marital transitions. *Journal of Marriage and Family* 64 (November): 1024–37.

Roe v. Wade at 40: Most oppose overturning abortion decision; Millennials far less aware of historic ruling. 2013. Pew Research Center, January 16.

ROE, C. M., ET AL. 2013. Amyloid imaging and CSF biomarkers in predicting cognitive impairment up to 7.5 years later. *Neurology* 80 (19): 1784–91.

ROHNER, R. P., AND R. A. VENEZIANO. 2001. The importance of father love: History and contemporary evidence. *Review of General Psychology* 5 (4): 382–405.

ROLLINS, A., AND A. G. HUNTER. 2013. Racial socialization of biracial youth: Maternal messages and approaches to address discrimination. *Family Relations* 62 (February): 140–53.

ROMANCE WRITERS AMERICA. 2012. Romance literature statistics.

ROMANO, A., AND A. SAMUELS. 2012. Is Obama making it worse? *Newsweek*, April 6, 40–45.

RONEN, S. 2010. Grinding on the dance floor: Gendered scripts and sexualized dancing at college parties. *Gender & Society* 24 (June): 355–77.

ROSCHELLE, A. R., M. I. TORO -MORN, AND E. FACIO. 2005. Families in Cuba: From colonialism to revolution. In *Handbook of world families*, eds. B. N. Adams and J. Trost, 414–39. Thousand Oaks, CA: Sage.

ROSE, S., AND I. H. FRIEZE. 1993. Young singles' contemporary dating scripts. *Sex Roles* 28 (May): 499–509.

ROSEMOND, J. 2000. *Raising a nonviolent child*. Kansas City, MI: Andrews McMeel Publishing.

ROSEN, B. C. 1982. *The industrial connection: Achievement and the family in developing societies*. New York: Aldine.

ROSEN, K. H., AND S. M. STITH. 1993. Intervention strategies for treating women in violent dating relationships. *Family Relations* 42 (October): 427–33.

ROSENBAUM, J. E. 2009. Patient teenagers? A comparison of the sexual behavior of virginity pledgers and matched nonpledgers. *Pediatrics* 123 (May): e110–e120.

ROSENBERG, A. 2011. Marriage with a twist. *Psychology Today*, July/August, 65–71.

ROSENBERG, J. 1993. Just the two of us. In *Reinventing love: Six women talk about lust, sex, and romance*, eds. L. Abraham, L. Green, M. Krance, J. Rosenberg, J. Somerville, and C. Stoner, 301–7. New York: Plume.

ROSENBLATT, P. C. 1994. *Metaphors of family systems theory: Toward new constructions*. New York: Guilford.

ROSENBLOOM S. 2010. New online-date detectives can unmask Mr. or Ms. Wrong. *New York Times*, December 18, A1.

ROSENBLOOM, S. 2011. Second love at first click. *New York Times*, October 6, E1.

ROSENFELD, J. 2010. Little labor: How union decline is changing the American landscape. *Pathways*, Summer, 3–6.

ROSENFELD, M. J. 2002. Measures of assimilation in the marriage market: Mexican Americans 1970–1990. *Journal of Marriage and Family* 64 (February): 152–62.

ROSENZWEIG, P. M. 1992. *Married and alone: The way back*. New York: Plenum.

ROSIN, H. 2010. The end of men. *The Atlantic*, July/August.

ROSIN, H. 2012. Boys on the side. *The Atlantic*, September.

ROSS, T. 2011. Fewer couples think an affair is a reason to divorce. *Telegraph*, August 31.

ROTHENBERG, P. S. 2008. *White privilege: Essential readings on the other side of racism*. New York: Worth.

ROTHMAN, B. K. 1984. *Hands and hearts: A history of courtship in America*. New York: Basic Books.

ROTHMAN, E. K. 1983. Sex and self-control: Middle-class courtship in America, 1770–1870. In *The American family in social-historical perspective*, 3rd ed. ed. M. Gordon, 393–410. New York: St. Martin's.

ROTHMAN, S. M. 1978. *Women's proper place: A history of changing ideals and practices, 1870 to the present*. New York: Basic Books.

ROUG, L. 2005. The time seems ripe to tie the knot in Iraq. *Los Angeles Times*, June 12, A1.

ROWE, M. L., AND S. GOLDIN-MEADOW. 2009. Differences in early gesture explain SES disparities in child vocabulary size at school entry. *Science* 323 (February 13): 951–953.

ROWE-FINKBEINER, K. 2004. *The f-word: Feminism in jeopardy, women, politics, and the future*. Emeryville, CA: Seal Press.

ROWE-FINKBEINER, K. 2012. It's not a "mommy war," it's a war on moms. MomsRising, April 14.

ROWLAND, L. 2011. Top 20 toys for Christmas 2011. Kidspot.

RUBIN, A. J. 2012. For punishment of elder's misdeeds, Afghan girl pays the price. *New York Times*, February 17, A1.

RUBIN, L. B. 1985. *Just friends: The role of friendship in our lives*. New York: Harper & Row.

RUBIN, R. M., AND S. I. WHITE-MEANS. 2009. Informal caregiving: Dilemmas of sandwiched caregivers. *Journal of Family and Economic Issues* 30 (September): 252–67.

RUBIN, S. 2013. Gain weight or get off runway. *Christian Science Monitor Weekly*, January 21, 16.

RUGGIERO, J. A. 2010. When adoption isn't easy. *Newsweek*, April 26, 14.

RUSSELL, D. E. H. 2011. "Femicide"—The power of a name. Women's Media Center, October 5.

RUSSO, F. 2002. That old feeling. *Time*, February 13, G1–G3.

RUSSO, F. 2010. Who takes care of mom? *Time*, February 1, 43–44

RUSSO, F. 2013. The science of siblings. *Parade Magazine*. June 23, 9–16.

RUTHERFORD, M. B. 2009. Children's autonomy and responsibility: An analysis of childrearing advice. *Qualitative Sociology* 32 (December): 337–53.

RUTTER, V., AND P. SCHWARTZ. 2012. *The gender of sexuality: Exploring sexual possibilities*, 2nd ed. Lanham, MD: Rowman & Littlefield.

RYAN, M. P. 1983. *Womanhood in America: From colonial times to the present*, 3rd ed. New York: Franklin Watts.

S

S. Korea orders lights out to boost birthrate. 2010. *The Independent*, January 24.

SAAD, L. 2004. Romance to break out nationwide this weekend. Gallup Organization, February 13.

SAAD, L. 2008. Americans evenly divided on morality of homosexuality. Gallup, June 18.

SAAD, L. 2011. Americans' preference for smaller families edges higher. Gallup, June 30.

SAAD, L. 2012. In U.S., half of women prefer a job outside the home. Gallup, September 7.

SAAD, L. 2012. Stay-at-home moms in U.S. lean independent, lower-income. Gallup, April 19.

SAAD, L. 2012. U.S. workers least happy with their work stress and pay. Gallup, November 12.

SAAD, L. 2013. Americans say family of four needs nearly $60K to "get by." Gallup, May 17.

SAAD, L. 2013. Gov't budget, healthcare join economy as top U.S. concerns. Gallup, March 26.

SAAD, L. 2013. Majority of Americans still support *Roe v. Wade* decision. Gallup, January 22.

SAAD, L. 2013. U.S. support for euthanasia hinges on how it's described. Gallup, May 29.

SABATELLI, R. M., AND S. BARTLE -HARING. 2003. Family-of-origin experiences and adjustment in married couples. *Journal of Marriage and Family* 65 (February): 159–69.

SACK, D. 2013. 5 things parents do that may encourage teen substance abuse. *Huffington Post*, March 4.

SAFILIOS-ROTHSCHILD, C. 1977. *Love, sex, and sex roles*. Upper Saddle River, NJ: Prentice Hall.

SAGIRI, Y. 2001. *United National Indian Tribal Youth, Inc.* Washington, DC: U.S. Department of Justice.

SAINT-JACQUES, M-J, C. ROBITAILLE, E. GODBOUT, C. PARENT, S. DRAPEAU, AND M-H GAGNE. 2011. The processes distinguishing stable from unstable stepfamily couples: A qualitative analysis. *Family Relations* 60 (December): 545–61.

SALDANA, D. H., AND A. M. DASSORI. 1999. When is caregiving a burden? Listening to Mexican American women. *Hispanic Journal of Behavioral Sciences* 21 (August): 283–301.

SALUTER, A. F. 1994. Marital status and living arrangements: March 1993. U.S. Census

Bureau, *Current Population Reports*, Series P20–478. Washington, DC: U.S. Government Printing Office.

SALVY, S-J., K. DE LA HAYE, J. C. BOWKER, and R. C. J. HERMANS. 2012. Influence of peers and friends on children's and adolescents' eating and activity behaviors. *Physiology & Behavior* 106 (June): 369–78.

SAMEK, D. R., AND M. A. RUETER. 2011. Associations between family communication patterns, sibling closeness, and adoptive status. *Journal of Marriage and Family* 73 (October): 1015–31.

SAMPSON, R. 2002. Acquaintance rape of college students. U.S. Department of Justice, Office of Community Oriented Policing Services, Guide No. 17.

SAMUELS, G. M. 2009. "Being raised by white people": Navigating racial difference among adopted multiracial adults. *Journal of Marriage and Family* 71 (February): 80–94.

SAMUELS, L. 2008. Stay in the closet, or else. *Newsweek*, September 8, 8.

SANCHEZ-WAY, R., AND S. JOHNSON. 2000. Cultural practices in American Indian prevention programs. *Juvenile Justice* 7 (December): 20–30.

SANDBERG, S. 2013. Why I want women to lean in. *Time*, March 18, 44–45.

SANDERS, S. A., M. REECE, D. HERBENICK, V. SCHICK, B. DODGE, AND J. D. FORTENBERRY. 2010. Condom use during most recent vaginal intercourse event among a probability sample of adults in the United States. *Journal of Sexual Medicine* 7, Supplement 5 (October): 266–76.

SANDLER, L. 2013. None is enough. *Time*, August 12, 38–45.

SANG-HUN, C. 2007a. Traditional Korean marriage meets match on the Internet. *New York Times*, June 6, 13.

SANG-HUN, C. 2007b. Where boys were kings, a shift toward baby girls. *New York Times*, December 23, 1.

SANTANA, W. 2008. Vietnam women marry foreigners to escape poverty. *Los Angeles Times*, August 23.

SAPPENFIELD, M. 2007. In India, a public kiss is *not* just a kiss. *Christian Science Monitor*, April 30, 1, 10.

SARCH, A. 1993. Making the connection: Single women's use of the telephone in dating relationships with men. *Journal of Communications* 43 (Spring): 128–44.

SARKISIAN, N., AND N. GERSTEL. 2004. Explaining the gender gap in help to parents: The importance of employment. *Journal of Marriage and Family* 66 (May): 431–51.

SARKISIAN, N., M. GERENA, AND N. GERSTEL. 2007. Extended family integration among Euro and Mexican Americans: Ethnicity, gender, and class. *Journal of Marriage and Family* 68 (February): 40–54.

SARMIENTO, S. T. 2002. *Making ends meet: Income-generating strategies among Mexican immigrants*. New York: LFB Scholarly Publishing.

SASSLER, S. 2004. The process of entering into cohabiting unions. *Journal of Marriage and Family* 66 (May): 491–505.

SASSLER, S., AND A. J. MILLER. 2011. Class differences in cohabitation processes. *Family Relations* 60 (April): 163–177.

SASSLER, S., F. R. ADDO, AND D. T. LICHTER. 2012. The tempo of sexual activity and later relationship quality. *Journal of Marriage and Family* 74 (August): 708–25.

Saudi Arabia and its women. 2011. *New York Times*, September 27.

Saudi king announces new rights for women. 2011. *Baltimore Sun*, September 26, 8.

SAUL, S. 2009. 21st century babies—Building a baby, with few ground rules. *New York Times*, December 13, A1.

SAUL, S. 2009. Birth of octuplets puts focus on fertility clinics. *New York Times*, February 11, 1.

SAULNY, S. 2011. Counting by race can throw off some numbers. *New York Times*, February 10, A1.

SAVE THE CHILDREN. 2013. State of the world's mothers—Surviving the first day. May.

SAYER, L. C. 2006. Economic aspects of divorce and relationship dissolution. In *Handbook of divorce and relationship dissolution*, eds. M. A. Fine and J. H. Harvey, 385–406. Mahwah, NJ: Lawrence Erlbaum.

SCELFO, J. 2007. Come back, Mr. Chips. *Newsweek*, September 17, 44.

SCHECTER, S., AND A. GANELY. 1995. *Domestic violence: A national curriculum for family preservation practitioners*. San Francisco: Family Violence Prevention Fund.

SCHEFFT, J. 2007. *Better single than sorry: A no-regrets guide to loving yourself and never settling*. New York: HarperCollins.

SCHICK, V., D. HERBENICK, M. REECE, S. A. SANDERS, B. DODGE, AND J. D. FORTENBERRY. 2010. Sexual behaviors, condom use, and sexual health of Americans over 50: Implications for sexual health promotion for older adults. *Journal of Sexual Medicine* 7, Supplement 5 (October): 315–29.

SCHIEBINGER, L., A. D. HENDERSON, AND S. K. GILMARTIN. 2008. Dual-career academic couples: What universities need to know. Michelle R. Clayman Institute for Gender Research.

SCHIESEL, S. 2011. Supreme Court has ruled; now games have a duty. *New York Times*, July 29, C1.

SCHIFFRIN, H. H., M. LISS, H. MILES-MCLEAN, K. A. GEARY, M. J. ERCHULL, AND T. TASHNER. 2013. Helping or hovering? The effects of helicopter parenting on college students' well-being. *Journal of Child and Family Studies*, published online, February 9, Springer, DOI 10.1007/s10826-013-9716-322.

SCHINDLER, M. 2009. Failed relationships attributed to 60 percent of Army-wide suicides. The Military Wire, March 6, blog.seattlepi.com/militarywire (accessed April 26, 2009).

SCHLESINGER, R. 2011. Two takes: Collective bargaining rights for public sector unions? *U.S. News Weekly*, February 25, 15–16.

SCHMEECKLE, M. 2007. Gender dynamics in stepfamilies: Adult stepchildren's views. *Journal of Marriage and Family* 69 (February): 174–89.

SCHMEER, K. K. 2011. The child health disadvantage of parental cohabitation. *Journal of Marriage and Family* 73 (February): 181–193.

SCHMITT, D. P., AND D. M. BUSS. 2001. Interpersonal relations and group processes: Human mate poaching—tactics and temptations for infiltrating existing mateships. *Journal of Personality and Social Psychology* 80 (June): 894–917.

SCHNALL, M. 2012. Exclusive: Letting girls be girls—A global campaign. Women's Media Center, January 24.

SCHNARCH, D. 2011. "Mind-mapping:" How we manipulate the people we love. AlterNet, December 7.

SCHNEIDER, D. 2011. Market earnings and household work: New tests of gender performance theory. *Journal of Marriage and Family* 73 (August): 845–60.

SCHNEIDER, J. 2002. 100 and counting. *U.S. News & World Report*, June 3, 86.

SCHNEIDERMAN, I., O. ZAGOORY-SHARON, J. F. LECKMAN, AND R. FELDMAN. 2012.

Oxytocin during the initial stages of romantic attachment: Relations to couples' interactive reciprocity. *Psychoneuroendocrinology* 37 (August): 1277–85.

SCHNITTKER, J. 2008. Happiness and success: Genes, families, and the psychological effects of socioeconomic position and social support. *American Journal of Sociology* 114 (Suppl.): S233–S259.

SCHOEN, R., AND V. CANUDAS-ROMO. 2006. Timing effects on divorce: 20th century experience in the United States. *Journal of Marriage and Family* 68 (August): 749–58.

SCHOENBORN, C. A. 2004. *Marital status and health: United States, 1999–2002. Advance data from vital and health statistics*. Hyatsville, MD: National Center for Health Statistics.

SCHOENMAN, J. A., AND N. CHOCKLEY. 2011. Understanding U.S. health care spending. NIHCM Foundation Data Brief, July.

SCHOPPE-SULLIVAN, S. 2010. Maternal gatekeeping: Listening for the "creeaak." National Council on Family Relations Report, Winter, F24–F26.

SCHRAMM, D. G., AND F. ADLER-BAEDER. 2012. Marital quality for men and women in stepfamilies: Examining the role of economic pressure, common stressors, and stepfamily-specific stressors. *Journal of Family Issues* 33 (10): 1373–97.

SCHULTE, F., J. EATON, AND D. DONALD. 2012. Doctors, others billing Medicare at higher rates. *Washington Post*, September 15.

SCHWARTZ, D. J., V. PHARES, S. TANTLEFF-DUNN, AND J. K. THOMPSON. 1999. Devin body image, psychological functioning, and parental feedback regarding physical appearance. *International Journal of Eating Disorders* 25: 339–43.

SCHWARTZ, E. 2007. A host of trouble. *U.S. News & World Report*, October 8, 47–49.

SCHWARTZ, M. J. 2000. *Born in bondage: Growing up enslaved in the antebellum South*. Cambridge, MA: Harvard University Press.

SCHWARTZ, P. 2006. *Finding your perfect match*. New York: Penguin.

SCHWARTZ, P. 2010. Love American style. *AARP Magazine*, January/February, 40–41.

SCHWARTZBERG, J. 2009. Slouching toward fatherhood. *Newsweek*, April 15, 17.

SCHWEIGER, W. K., AND M. O'BRIEN. 2005. Special needs adoption: An ecological systems approach. *Family Relations* 54 (October): 512–22.

SCHWYZER, H. 2011. How our sick culture makes girls think they have to be gorgeous to be loved. AlterNet, April 12.

SCOMMEGNA, P. 2012. More U.S. children raised by grandparents. Population Reference Bureau, March.

SCOMMEGNA, P. 2012. The pill, sterilization, and condoms top list of U.S. birth control choices. Population Reference Bureau, March.

SCOMMEGNA, P. 2013. Aging U.S. baby boomers face more disability. Population Reference Bureau, March.

SCOMMEGNA, P., AND N. MOSSAAD. 2011. The health and well-being of grandparents caring for grandchildren. Population Reference Bureau, December.

SCOTT, B. 2011. Dinner dates: The top 10 dos and don'ts. *Huffington Post*, February 21.

SCOTT, D., AND B. WISHY, EDS. 1982. *America's families: A documentary history*. New York: Harper & Row.

SCOTT, M. E., A. BOOTH, V. KING, AND D. R. JOHNSON. 2007. Postdivorce father-adolescent closeness. *Journal of Marriage and Family* 69 (August): 1194–209.

SCOTT, M. E., E. WILDSMITH, K. WELTI, S. RYAN, E. SCHELAR, AND N. R. STEWARD-STRENG. 2011. Risky adolescent sexual behaviors and reproductive health in young adulthood. *Perspectives on Sexual and Reproductive Health* 43 (June): 110–18.

SCOTT, M. E., N. R. STEWARD-STRENG, J. MANLOVE, AND K. A. MOORE. 2012. The characteristics and circumstances of teen fathers: At the birth of their first child and beyond. Child Trends Research Brief, June.

SCOTT, R. E. 2012. The China toll: Growing U.S. trade deficit with China cost more than 2.7 million jobs between 2001 and 2011, with job losses in every state. Economic Policy Institute Briefing Paper, August 23.

SEARS, W., M. SEARS, R. SEARS, AND J. SEARS. 2005. *The baby sleep book: The complete guide to a good night's rest for the whole family.* New York: Little, Brown.

SECOR-TURNER, M., B. MCMORRIS, R. SIEVING, AND L. H. BEARINGER. 2013. Life experiences of instability and sexual risk behaviors among high-risk adolescent females. *Perspectives on Sexual and Reproductive Health* 45 (June): 101–07.

SECRET TO WEDDED BLISS. 2005.

SEEMAN, T. E., B. H. SINGER, C. D. RYFF, G. D. LOVE, AND L. LEVY-STORMS. 2002. Social relationships, gender, and allostatic load across two age cohorts. *Psychosomatic Medicine* 64 (May/June) 395–406.

SEGAL, J. 1989. 10 myths about child development. *Parents* (July): 81–84, 87.

SEGAL, J., G. KEMP, J. JAFFE, AND D. RUSSELL. 2009. Raising kids with your ex: Co-parenting after a separation or divorce.

SEGRIN, C., A. WOSZIDLO, M. GIVERTZ, A. BAUER, AND M. T. MURPHY. 2012. The association between overparenting, parent-child communication, and entitlement and adaptive traits in adult children. *Family Relations* 61 (April): 237–52.

SELIGSON, H. 2010. Think women are naturally bad with finances? Maybe this will change your mind. *Washington Post,* November 14, 2010.

SELIGSON, H. 2011. Jilted in the U.S., a new site finds love in India. *New York Times,* February 20, BU1.

SELTZER, J. A. 2004. Cohabitation and family change. In *Handbook of contemporary families: Considering the past contemplating the future,* eds. M. Coleman and L. H. Ganong, 57–78. Thousand Oaks, CA: Sage.

SELTZER, S. 2012. Skinny Minnie? Our culture's bizarre obsession with stick-thin women. AlterNet, October 16.

SELTZER, S. 2012. The 5 most offensive sexist and homophobic moves by conservatives: This month alone! AlterNet, May 17.

SEMUELS, A. 2006. You can date now, meet later. *Los Angeles Times,* October 12.

SEMUELS, A. 2008a. Gay marriage may be a gift to California's economy. *Los Angeles Times,* June 2.

SEMUELS, A. 2008b. R U ready to txt for D8s? Don't LOL. *Los Angeles Times,* October 31.

SHACKELFORD, T. K., A. T. GOETZ, D. M. BUSS, H. A. EULER, AND S. HOIER. 2005. When we hurt the ones we love: Predicting violence against women from men's mate retention. *Personal Relationships* 12 (December): 447–63.

SHADEL, W. G., S. MARTINO, C. M. SETODJI, A. M. HAVILAND, B. A. PRIMACK, AND D. M. SCHARF. 2012. Motives for smoking in movies affect future smoking risk in middle school students. *Drug and Alcohol Dependence* 123 (June): 66–71.

SHAEFER, H. L., AND K. EDIN. 2012. Extreme poverty in the United States, 1996 to 2011. National Poverty Center, February.

SHAFER, E. F. 2011. Wives' relative wages, husbands' paid work hours, and wives' labor-force exit. *Journal of Marriage and Family* 73 (February): 250–63.

SHAFER, K., AND S. L. JAMES. 2013. Gender and socioeconomic status differences in first and second marriage formation. *Journal of Marriage and Family* 75 (June): 544–64.

SHAH, N., AND B. CASSELMAN. 2012. "Right-to-work" economics. *Wall Street Journal,* December 15–16, A3.

SHAKIR, E. 1997. *Bint Arab: Arab and Arab American women in the United States.* Westport, CT: Praeger.

SHAMOO, A. E., AND B. BRICKER. 2011. The threat of bad science. *Baltimore Sun,* January 11, 13.

SHANAHAN, M. J., S. BAULDRY, AND J. FREEMAN. 2010. Beyond Mendel's ghost. *Contexts* 3 (Fall): 34–39.

SHAPIRA, I. 2010. For infertile couples, Facebook is a minefield. *Washington Post,* October 25, B1.

SHAPIRA, I. 2012. Gen. Petraeus's affair tarnishes seemingly idyllic marriage. *Washington Post,* September 10.

SHAPIRO, D. N., AND A. J. STEWART. 2011. Parenting stress, perceived child regard, and depressive symptoms among stepmothers and biological mothers. *Family Relations* 60 (December): 533–44.

SHAPIRO, J. R., AND A. M. WILLIAMS. 2012. The role of stereotype threats in undermining girls' and women's performance and interest in STEM fields. *Sex Roles* 66 (February): 175–83.

SHAPIRO, L. 1990. Guns and dolls. *Newsweek,* May 28, 57–65.

SHARIFZADEH, V.-S. 1997. Families with Middle Eastern roots. In *Developing cross-cultural competence: A guide for working with children and families,* eds. E. W. Lynch and M. J. Hanson, 441–82. Baltimore: Paul H. Brookes.

SHARP, E. A., D. SORELLE-MINER, J. M. BERMUDEZ, AND M. WALKER. 2008. "The glass ceiling is kind of a bummer": Women's reflections on a gender development course. *Family Relations* 57 (October): 530–41.

SHARPE, D. L. 2008. Economic status of older Asians in the United States. *Journal of Family and Economic Issues* 29 (December): 570–83.

SHATIL, B. 2010. Fathering in Japan: Men risk it all by going home. *Baltimore Sun,* July 3, 6.

SHATTUCK, R. M., AND R. M. KREIDER. 2013. Social and economic characteristics of currently unmarried women with a recent birth: 2011. United States Census Bureau, American Community Survey Reports, May.

SHATZKIN, K. 2004. Meeting of the minds. *Baltimore Sun,* June 6, 1N, 4N.

SHATZKIN, K. 2005. A twist in healthful benefits of marriage. *Baltimore Sun,* November 4, 1D-2D.

SHAVER, P., C. HAZAN, AND D. BRADSHAW. 1988. Love as attachment. In *The psychology of love,* eds. R. J. Sternberg and M. L. Barnes, 68–99. New Haven, CT: Yale University Press.

SHEA, J. A., AND G. R. ADAMS. 1984. Correlates of romantic attachment: A path analysis study. *Journal of Youth and Adolescence* 13 (1): 27–44.

SHELL, A. 2011. Legal gay marriage doesn't end money headaches. *USA Today,* July 21.

SHELLENBARGER, S. 2008. When 20-somethings move back home, it isn't all bad. *Wall Street Journal,* May 21, D1.

SHELLENBARGER, S. 2009. Housework pays off between the sheets. *Wall Street Journal,* October 21.

SHELLENBARGER, S. 2013. At-home dads make parenting more of a "guy" thing. *Wall Street Journal,* January 23, D1.

SHENG, X. 2005. Chinese families. In *Handbook of world families,* eds. B. N. Adams and Jan Trost, 99–128. Thousand Oaks, CA: Sage.

SHEPHERD, J. E. 2011. Alabama Latinos flee immigration law, leaving insufficient workforce for Tuscaloosa tornado cleanup. AlterNet, June 30.

SHEPPARD, K. 2013a. Keeping choice alive. *Mother Jones,* January/February, 42–45.

SHEPPARD, K. 2013b. Scientific misconceptions: The junk science behind anti-abortion advocates' wildest claims. *Mother Jones,* January/February, 14.

SHERMAN, L. 1992. *Policing domestic violence: Experiment and dilemmas.* New York: Free Press.

SHEVELL, T., ET AL. 2005. Assisted reproductive technology and pregnancy outcome. *Obstetrics & Gynecology* 106 (November): 1039–45.

SHIERHOLZ, H. 2009. Nine years of job growth wiped out. Economic Policy Institute, July 2.

SHIERHOLZ, H. 2010. The effects of citizenship on family income and poverty. Economic Policy Institute, February 24.

SHIERHOLZ, H. 2013. Workers don't lack skills, they lack work. Economic Policy Institute, January 16.

SHIH, R., J. MILES, J. TUCKER, A. ZHOU, AND E. D'AMICO. 2010. Racial/ethnic differences in adolescent substance use: Mediation by individual, family and school factors. *Journal on Alcohol and Drugs* 71 (September): 640–51.

SHILO, G., AND R. SAVAYA. 2011. Effects of family and friend support on LGB youths' mental health and sexual orientation milestones. *Family Relations* 60 (July): 318–30.

SHORT, K. 2012. The research supplemental poverty measure: 2011. U.S. Census Bureau, Current Population Reports, November.

SHUTE, N. 2011. Parents, not kids, are the biggest abusers of technology. *U.S. News & World Report,* February 9.

SIECUS. 2011. A portrait of sexuality education and abstinence-only-until-marriage programs in the states: An overview fiscal year 2010 edition.

SIEGEL, A. F. 2012. Same-sex divorce a legal tangle. *Baltimore Sun,* March 18, 1, 13.

SIEGEL, D. H. 2012. Growing up in open adoption: Young adults' perspectives. *Families in Society* 93 (2): 133–40.

SIEGEL, L. 2012. The kids aren't alright: The perils of parenting in the digital age. *Newsweek,* October 15, 18–20.

SIEGEL, R., D. NAISHADHAM, AND A. JEMAL. 2012. Cancer statistics for Hispanics/Latinos, 2012. *CA: A Cancer Journal for Clinicians* 62 (September/October): 283–98.

SIGNORELLA, M. L., AND J. E. COOPER. 2011. Relationship suggestions from self-help books: Gender stereotyping, preferences, and context effects. *Sex Roles* 65 (September): 371–82.

Silver-Greenberg, J. 2012. Perfect 10? Never mind that. Ask her for her credit score. *New York Times,* December 25, A1.

SILVERMAN, I. 2006. *I married my mother-in-law.* New York: Riverland.

SILVERMAN, J. G., A. RAJ, L. A. MUCCI, AND J. E. HATHAWAY. 2001. Dating violence against adolescent girls and associated substance use, unhealthy weight control, sexual risk behavior, pregnancy, and suicidality. *JAMA* 286 (August 1): 572–79.

SILVERMAN, J. G., H. L. McCAULEY, M. R. DECKER, E. MILLER, E. REED, AND A. RAJ. 2011. Coercive forms of sexual risk and associated violence perpetrated by male partners of female adolescents. *Perspectives on Sexual and Reproductive Health* 43 (March): 60–65.

SILVERMAN, P. R. 2000. *Never too young to know: Death in children's lives.* New York: Oxford University Press.

SILVERMAN, R. E. 2003. Provisions boost rights of couples living together. *Wall Street Journal,* March 5, D1.

SILVERSTEIN, M., AND S. RUIZ. 2006. Breaking the chain: How grandparents moderate the transmission of maternal depression to their grandchildren. *Family Relations* 55 (December): 601–12.

SIMON, G. E., ET AL. 2006. Association between obesity and psychiatric disorders in the U.S. adult population. *Archives of General Psychiatry* 63 (July): 824–30.

SIMON, J. P. 1996. Lebanese families. In *Ethnicity and family therapy,* 2nd ed., eds. M. McGoldrick, J. Giordano, and J. K. Pearce, 364–75. New York: Guilford.

SIMON, R. W. 2008. The joys of parenthood, reconsidered. *Contexts* 7 (Spring): 40–45.

SIMON, R. W., AND A. E. BARRETT. 2010. Nonmarital romantic relationships and mental health in early adulthood: Does the association differ for women and men? *Journal of Health and Social Behavior* 51 (June): 168–82.

SIMON, R. W., AND L. E. NATH. 2004. Gender and emotion in the United States: Do men and women differ in self-reports of feelings and expressive behavior? *American Journal of Sociology* 109 (March): 1137–76.

SIMON, S. 2005. Parents cast fight as sexual vs. religious tolerance. *Los Angeles Times,* October 20, A14.

SIMONELLI, C. J., T. MULLIS, A. N. ELLIOTT, AND T. W. PIERCE. 2002. Abuse by siblings and subsequent experiences of violence within the dating relationship. *Journal of Interpersonal Violence* 17 (February): 103–21.

SIMPSON, J. A., W. A. COLLINS, S. TRAN, AND K. C. HAYDON. 2007. Attachment and the experience and expression of emotions in romantic relationships: A developmental perspective. *Journal of Personality and Social Psychology* 92 (February): 355–67.

SINGH, J. P. 2005. The contemporary Indian family. In *Handbook of world families,* eds. B. N. Adams and J. Trost, 129–66. Thousand Oaks, CA: Sage.

SITTENFELD, C. 2011. Foster care: Extreme edition. *Time,* January 10, 50–54.

SIWOLOP, S. 2002. In Web's divorce industry, bad (and good) advice. *New York Times.*

SKOLNICK, A. 1991. *Embattled paradise: The American family in an age of uncertainty.* New York: Basic Books.

SLACKMAN, M. 2008. Generation faithful. *New York Times,* May 12, A1.

SLACKMAN, M. 2008. Stifled, Egypt's young turn to Islamic fervor. *New York Times,* Feb. 17, 1.

SLADE, E. P., AND L. S. WISSOW. 2004. Spanking in early childhood and later behavior problems: A prospective study of infants and toddlers. *Pediatrics* 113 (May): 1321–30.

SLATER, D. 2013. Darwin was wrong about dating. *New York Times,* January 13, SR1.

SLEVIN, P. 2009. Antiabortion efforts move to the state level. *Washington Post,* June 8, A1.

Slowing giant: U.S. loses some of its lead. 2011. *Forbes,* March 28, 108–09.

SMILER, A. P., AND R. F. PLANTE. 2013. Let's talk about sex on campus. *Chronicle of Higher Education,* May 24, A33–A34.

SMITH, A. 2011. 35% of American adults own a smartphone. Pew Research Center, August 11.

SMITH, A. A. 2010. Standing in the "GAP": The kinship care role of the invisible black grandfather. In *The myth of the missing black father,* eds., R. L. Coles and C. Green, 170–91. New York: Columbia University Press.

SMITH, A. S., C. HOLMBERG, AND M. JONES-PUTHOFF. 2012. The emergency and transitional shelter population: 2012. U.S. Census Bureau. 2010 Census Special Reports, September.

SMITH, G. C., AND G. R. HANCOCK. 2010. Custodial grandmother–grandfather dyads: Pathways among marital distress, grandparent dysphoria, parenting practice, and grandchild adjustment. *Family Relations* 59 (February): 45–59.

SMITH, J., AND H. ROSS. 2007. Training parents to mediate sibling disputes affects children's negotiation and conflict understanding. *Child Development* 78 (May): 790–805.

SMITH, K. 2009. Nohabitation: A less than ideal situation. National Council on Family Relations newsletter, *Family Focus* (Summer): F15–F16.

SMITH, L. H., AND J. FORD. 2010. History of forced sex and recent sexual risk indicators among young adult males. *Perspectives on Sexual and Reproductive Health* 42 (June): 87–92.

SMITH, P. K., AND L. M. DREW. 2002. Grandparenthood. In *Handbook of parenting,* 2nd ed., Vol. 3: Being and becoming a parent, ed. M. H. Bornstein, 141–72. Mahwah, NJ: Erlbaum.

SMITH, S. L., AND M. CHOUEITI. 2011. Gender inequality in cinematic content? A look at females on screen and behind the camera in top-grossing 2008 films. Annenberg School for Communication & Journalism, University of Southern California. April 22.

SMITH, S. L., K. M. PIEPER, A. GRANADOS, AND M. CHOUEITI. 2010. Assessing gender-related portrayals in top-grossing G-rated films. *Sex Roles* 62 (June): 774–86.

SMITH, T. W. 1994. Can money buy you love? *Public Perspective* 5 (January/February): 33–34.

SMOCK, P. J., AND F. R. GREENLAND. 2010. Diversity in pathways to parenthood: Patterns, implications, and emerging research directions. *Journal of Marriage and Family* 72 (June): 576–93.

SMOCK, P. J., W. D. MANNING, AND M. PORTER. 2005. "Everything's there except money": How money shapes decisions to marry among cohabitors. *Journal of Marriage and Family* 67 (August): 680–96.

Smoking and tobacco use. 2012. Centers for Disease Control and Prevention, January 24.

SMOLAK, L., M. P. LEVINE, AND F SCHERMER. 1999. Parental input and weight concerns among elementary school children. *International Journal of Eating Disorders* 25: 263–71.

SNIPP, C. M. 1996. A demographic comeback for American Indians. *Population Today* 24 (November): 4–5.

SNIPP, C. M. 2002. American Indians: Clues to the future of other racial groups. In *The new race question: How the census counts multiracial individuals,* eds. J. Perlmann and M. C. Waters, 189–214. New York: Russell Sage Foundation.

SNYDER, T. D., AND S. A. DILLOW. 2012. *Digest of education statistics 2011.* National Center for Education Statistics, June.

SOGUEL, D. 2009. Wage gap study arrives in time for Equal Pay Day. Women's eNews, April 28.

SOLLISCH, J. 2012. Boomerang parenting. *Christian Science Monitor,* May 14, 35–36.

SOLOMON, R. C. 2002. Reasons for love. *Journal for the Theory of Social Behaviour* 32 (March): 1–28.

SOLOT, D., AND M. MILLER. 2002. *Unmarried to each other: The essential guide to living together as an unmarried couple.* New York: Marlowe & Company.

SOMMERS, D., AND J. C. FRANKLIN. 2012. Overview of projections to 2020. *Monthly Labor Review* 135 (January): 3–20.

SONFIELD, A., K. KOST, R. B. GOLD, AND L. B. FINER. 2011. The public costs of births resulting from unintended pregnancies: National and state-level estimates. *Perspectives on Sexual and Reproductive Health* 43 (June): 94–102.

SONTAG, D. 2002. Fierce entanglements. *New York Times Magazine,* November 17, 52.

SORENSEN, E. 2010. Child support plays an increasingly important role for poor custodial families. Urban Institute, December.

SORIANO, C. G. 2006. "Bored" by her kids, she's getting it full-bore. *USA Today,* July 31, www.usatoday.com(accessed August 3, 2006).

SOUTER, E. 2013. Marriage problems: Real women share their relationship issues. *Huffington Post,* August 5.

SOUTH, S. C., AND R. F. KRUEGER. 2013. Marital satisfaction and physical health: Evidence for an orchid effect. *Psychological Science* 24 (January): 1–6.

SPARSHOTT, J. 2013. TARP firms' pay unchecked. *Wall Street Journal,* January 29, C3.

SPENCER, R. F., AND J. D. JENNINGS. 1977. *The Native Americans: Ethnology and backgrounds of the North American Indians.* New York: Harper & Row.

SPIEKER, S. J., N. C. LARSON, AND L. GILCHRIST. 1999. Developmental trajectories of disruptive behavior problems in preschool children of adolescent mothers. *Child Development* 70 (March): 443–58.

SPITZE, G., J. R. LOGAN, G. DEANE, AND S. ZERGER. 1994. Adult children's divorce and intergenerational relationships. *Journal of Marriage and the Family* 56 (May): 279–93.

SPRECHER, S. 1999. "I love you more today than yesterday": Romantic partners' perceptions of changes in love and related affect over time. *Journal of Personality and Social Psychology* 76 (January): 46–53.

SPRECHER, S. 2001. Equity and social exchange in dating couples: Associations with satisfaction, commitment, and stability. *Journal of Marriage and Family* 63 (August): 509–613.

SPRECHER, S., AND K. MC KINNEY. 1993. *Sexuality.* Thousand Oaks, CA: Sage.

SPRIGG, P. 2011. Marriage's public purpose. *Baltimore Sun,* February 2, 27.

Spurious science triumphs as U.S. court upholds South Dakota "suicide advisory" law. 2012. Guttmacher Institute, July 27.

SQUIER, D. A., AND J. S. QUADAGNO. 1988. The Italian American family. In *Ethnic families in America: Patterns and variations,* 3rd ed., eds. C. J. Mindel, R. W. Habenstein, and R. Wright, Jr., 109–37. New York: Elsevier.

SRABSTEIN, J., B. L. LEVENTHAL, AND J. MERRICK. 2008. Bullying: A global public health risk. *International Journal of Adolescent Medicine and Health* 20 (2): 99–100.

SRINIVASAN, P., AND G. R. LEE. 2004. The dowry system in northern India: Women's attitudes and social change. *Journal of Marriage and Family* 66 (December): 1108–17.

ST. GEORGE, D. 2010. Text messages become a growing weapon in dating violence. *Washington Post,* June 21, B2.

St. George, D., and P. Dvorak. 2008. Child neglect cases multiply as economic woes spread. *Washington Post*, December 29, B1.

Stacey, J. 2003. Gay and lesbian families: Queer like us. In *All our families: New policies for a new century*, 2nd ed., eds. M. A. Mason, A. Skolnick, and S. D. Sugarman, 144–69. New York: Oxford University Press.

Stanik, C., R. Kurzban, and P. Ellsworth. 2010. Rejection hurts: The effect of being dumped on subsequent mating efforts. *Evolutionary Psychology* 8 (4): 682–94.

Stanley, A. 2012. On Indian TV, "I do" means to honor and obey the mother-in-law. *New York Times*, December 26, A1.

Stanley, S. M. 2007. Assessing couple and marital relationships: Beyond form and toward a deeper knowledge of function. In *Handbook of measurement issues in family research*, eds. L. M. Casper and S. L. Hoffereth, 85–100. Mahwah, NJ: Lawrence Erlbaum & Associates.

Stanley, S. M., and G. K. Rhoades. 2009. "Sliding vs. deciding": Understanding a mystery. National Council on Family Relations newsletter, *Family Focus* (Summer): F1–F4.

Stanley, S. M., and G. Smalley. 2005. *The power of commitment: A guide to active, lifelong love.* San Francisco, CA: Jossey-Bass.

Stanley, S. M., G. A. Rhoades, P. R. Amato, H. J. Markman, and C. A. Johnson. 2010. The timing of cohabitation and engagement: Impact on first and second marriages. *Journal of Marriage and Family* 72 (August): 906–18.

Stannard, D. E. 1979. Changes in the American family: Fiction and reality. In *Changing images of the family*, eds. V. Tufte and B. Myerhoff, 83–98. New Haven, CT: Yale University Press.

Staples, R. 1988. The black American family. In *Ethnic families in America: Patterns and variations*, 3rd ed., eds. C. H. Mindel, R. W. Habenstein, and R. Wright, Jr., 303–24. New York: Elsevier.

Starr, A. 2001. Shotgun weddings by Uncle Sam? *Business Week*, June 4, 68.

Starr, A., and G. M. Ferguson. 2012. Sexy dolls, sexy grade-schoolers? Media & maternal influences on young girls' self-sexualization. *Sex Roles* 67 (October): 463–76.

State-level assault on abortion rights continues in first half of 2013. Guttmacher Institute, July 8.

Statistic Brain. 2012. Online dating statistics. June 20.

Statistic Brain. 2012. Television watching statistics. February 7.

Steil, J. M. 1997. *Marital equality: Its relationship to the well-being of husbands and wives.* Thousand Oaks, CA: Sage.

Stein, P. J., ed. 1981. *Single life: Unmarried adults in social context.* New York: St. Martin's.

Steinberg, J. R., and L. B. Finer. 2011. Examining the association of abortion history and current mental health: A reanalysis of the National Comorbidity Survey using a common-risk-factors model. *Social Science & Medicine* 72 (1): 72–82.

Sternberg, R. J. 1986. A triangular theory of love. *Psychological Review* 93 (2): 119–35.

Sternberg, R. J. 1988. *The triangle of love.* New York: Basic Books.

Stetka, B. S. 2013. Disruptive Mood Dysregulation Disorder (DMDD). Medscape Psychiatry, May 21.

Steve Jobs: Adopted child who never met his biological father. *Telegraph*, October 6.

Stevens, A. 2012. Join me: Get mad about Mom-Dad pay gap. *Women's e-News*, May 1.

Stevens, H. 2012. Love lessons from the boomers. *Chicago Tribune*, October 3.

Stevenson, B., and J. Wolfers. 2013. Subjective well-being and income: Is there any evidence of satiation? *American Economic Review, Papers and Proceedings* 103 (May): 598–604.

Stewart, S. D. 2005. How the birth of a child affects involvement with stepchildren. *Journal of Marriage and Family* 67 (May): 461–73.

Stewart, S. D. 2007. *Brave new stepfamilies: Diverse paths toward stepfamily living.* Thousand Oaks, CA: Sage.

Stewart. S. D. 2010. Children with nonresident parents: Living arrangements, visitation, and child support. *Journal of Marriage and Family* 72 (October): 1078–91.

Stillars, A. L. 1991. Behavioral observation. In *Studying interpersonal interaction*, eds. B. M. Montgomery and S. Duck, 197–218. New York: Guilford.

Stinnett, N., and J. De Frain. 1985. *Secrets of strong families.* Boston: Little, Brown.

Stockel, H. H. 1991. *Women of the Apache nation.* Reno: University of Nevada Press.

Stokes, B. 2013. U.S. stands out as a rich country where a growing minority say they can't afford food. Pew Research Center, May 24.

Stombler, M. 2009. In the hot seat. *Chronicle of Higher Education*, May 1, A31, A33.

Stout, H. 2005. Family matters: Singles therapy. *Wall Street Journal* (April 28): D1.

Stout, H. 2010. Toddlers' favorite toy: The iPhone. *New York Times*, October 15, ST1.

Strasburger, v. C., et al. 2006. Children, adolescents, and advertising. *Pediatrics* 118 (December): 2563–69.

Strasser, J. 2004. *Black eye: Escaping a marriage, writing a life.* Madison: University of Wisconsin Press.

Stratton, J. L. 1981. *Pioneer women: Voices from the Kansas frontier.* New York: Simon & Schuster.

Straus, M. 2007. Do we need a law to prohibit spanking? *Family Focus* 52 (June): F7, F19.

Straus, M. 2008. Ending spanking can make a major contribution to preventing physical abuse. *Family Focus* 53 (December): F14–F16.

Straus, M. A. 2009. Gender symmetry in partner violence: Evidence and implications for prevention and treatment. In *Preventing partner violence: Research and evidence-based intervention strategies.* Eds. D. J. Whitaker and J. R. Lutzker, 245–71. Washington, DC: American Psychological Association.

Straus, M. A. 2010. Ending spanking can make a major contribution to preventing physical abuse. *Family Focus* 55.3 (Winter): F35–F36, F40.

Straus, M. A. 2011. Gender symmetry and mutuality in preparation of clinical-level partner violence: Empirical evidence and implications for prevention and treatment. *Aggression and Violent Behavior*, 16 (July–August): 279–88.

Straus, M. A. 2013. Addressing violence by female partners is vital to prevent or stop violence against women: Evidence from the multisite batterer intervention evaluation. *Violence Against Women* (in press).

Straus, M. A., and C. J. Field. 2003. Psychological aggression by American parents: National data on prevalence, chronicity, and severity. *Journal of Marriage and Family* 65 (November): 795–808.

Straus, M. A., and J. H. Stewart. 1999. Corporal punishment by American parents: National data on prevalence, chronicity, severity, and duration, in relation to child and family characteristics. *Clinical Child and Family Psychology Review* 2 (June): 55–70.

Strock, M. 2002. Depression. National Institutes of Mental Health.

Stroebe, M., M. van Son, W. Stroebe, R. Kleber, H. Schut, and J. van den Bout. 2000. On the classification and diagnosis of pathological grief. *Clinical Psychology Review* 20 (January): 57–75.

Strohschein, L. 2005. Parental divorce and child mental health trajectories. *Journal of Marriage and Family* 67 (December): 1286–1300.

Stutzer, A., and B. S. Frey. 2006. Does marriage make people happy, or do happy people get married? *Journal of Socio-Economics* 35 (April): 326–47.

Su, J. H. 2012. Pregnancy intentions and parents' psychological well-being. *Journal of Marriage and Family* 74 (October): 1182–96.

Substance Abuse and Mental Health Services Administration. 2006. *Results from the 2005 national survey on drug use and health: National findings.* Rockville, MD: Office of Applied Studies, NSDUH Series H-30, DHHS Publication No. SMA 06-4194.

Substance Abuse and Mental Health Services Administration. 2012. Results from the 2011 national survey on drug use and health: Summary of national findings. NSDUH Series H-44, HHS Publication (SMA) 12-4713.

Sudarkasa, N. 2007. African American female-headed households: Some neglected dimensions. In *Black families*, 4th ed., ed. H. P. McAdoo, 172–83. Thousand Oaks, CA: Sage.

Suddath, C. 2013. Navigating love at the office. *Bloomberg Businessweek*, March 18–24, 70.

Suddath, C. 2013. Work-from-home truths, half-truths, and myths. *Bloomberg Businessweek*, March 4–March 10, 75.

Sugg, D. K. 2000. Subtle signs of heart disease in women are often missed. *Baltimore Sun*, January 25, 1A, 13A.

Suicide. 2010. Centers for Disease Control, Summer.

Suicide. 2012. National Center for Injury Prevention and Control.

Sullivan, A., ed. 1997. *Same-sex marriage, pro and con: A reader.* New York: Vintage.

Sullivan, E. M., J. L. Annest, F. Luo, T. R. Simon, and L. L. Dahlberg. 2013. Suicide among adults aged 35–64 years—United States, 1999–2010. *Morbidity and Mortality Weekly Report* 62 (17): 321–24.

Sullivan, J. 2006. The Cupid index. *Christian Science Monitor* (February 14): 20.

Sullivan, M. 2009. How to end the war over sex ed. *Time*, March 30, 40–43.

Sulzberger, A. G. 2011. Hispanics reviving faded towns on the Plains. *New York Times*, November 13, A1.

Sulzberger, A. G. 2011. Wichita doctor takes up fight for abortions. *New York Times*, July 10, A1.

Sun, Y. 2001. Family environment and adolescents' well-being before and after parents' marital disruption: A longitudinal analysis. *Journal of Marriage and Family* 63 (August): 697–713.

Sun, Y., and Y. Li. 2002. Children's well-being during parents' marital disruption process: A pooled time-series analysis. *Journal of Marriage and Family* 64 (May): 472–88.

Sun, Y., and Y. Li. 2008. Stable postdivorce family structures during late adolescence and socioeconomic consequences in adulthood. *Journal of Marriage and Family* 70 (February): 129–43.

Sunderam, S., et al. 2009. Assisted reproductive technology surveillance—United States, 2006. *MMWR* 58 (June 12): 1–25.

Sundie, J. M., D. T. Kenrick, V. Griskevicius, J. M. Tybur, K. D. Vohs, and D. J. Beal. 2011. Peacocks, Porsches, and Thorstein

Veblen: Conspicuous consumption as a sexual signaling system. *Journal of Personality and Social Psychology* 100 (April): 664–80.

SUTPHIN, S. T. 2010. Social exchange theory and the division of household labor in same-sex couples. *Marriage and Family Review* 46 (3): 191–206.

SUTTON, C. T., AND M. A. Broken Nose. 1996. American Indian families: An overview. In *Ethnicity and family therapy*, 2nd ed., eds. M. McGoldrick, J. Giordano, and J. K. Pearce, 31–54. New York: Guilford.

SUTTON, P. D., B. E. HAMILTON, and T. J. MATHEWS. 2011. Recent decline in births in the United States, 2007–2009. NCHS Data Brief, No. 60, March.

SVOBODA, E. 2011. The thoroughly modern guide to breakups. *Psychology Today*, January/February, 64–69.

SWANBROW, D. 2007. Time, money, and who does the laundry. University of Michigan, Institute for Social Research, January.

SWARNS, R. L. 2012. Male couples face pressure to fill cradles. *New York Times*, September 10, A1.

SWEENEY, M. M. 2010. Remarriage and stepfamilies: Strategic sites for family scholarship in the 21st century. *Journal of Marriage and Family* 72 (June): 667–84.

SWEET, E. 2012. Date rape revisited. Women's Media Center, February 12.

SZINOVACZ, M. E., ED. 1998. *Handbook on grandparenthood*. Westport, CT: Greenwood.

SZUCHMAN, P., AND J. ANDERSON. 2012. It's not you, it's the dishes (originally published as *Spousonomics): How to minimize conflict and maximize happiness in your relationship*. New York: Random House.

T

TACH, L., AND S. HALPERN-MEEKIN. 2009. How does premarital cohabitation affect trajectories of marital quality? *Journal of Marriage and Family* 71 (May): 298–317.

TACH, M., AND S. HALPERN-MEEKIN. 2012. Marital quality and divorce decisions: How do premarital cohabitation and nonmarital childbearing matter? *Family Relations* 61 (October): 571–85.

TAFFEL, R. 2012. The decline and fall of parental authority. AlterNet, February 22.

TAIT, R. 2012. Alarm as hundreds of children under age of 10 married in Iran. *Telegraph*, August 26.

TALBOT, L. 2007. *Singular existence: Because it's better to be alone than wish you were!* New York: Citadel Press.

TAM, V. C.-W., AND D. F. DETZNER. 1998. Grandparents as a family resource in Chinese-American families: Perceptions of the middle generation. In *Resiliency in Native American and immigrant families*, eds. H. I. McCubbin, E. A. Thompson, A. I. Thompson, and J. E. Fromer, 243–64. Thousand Oaks, CA: Sage.

TANNEN, D. 1990. *You just don't understand: Women and men in conversation*. New York: Ballantine.

TANUR, J. M. 1994. The trustworthiness of survey research. *Chronicle of Higher Education*, May 25, B1–B3.

TAVERNISE, S. 2011. Married couples are no longer a majority, census finds. *New York Times*, May 26, A22.

TAVERNISE, S. 2013. The health toll of immigration. *New York Times*, May 19, A1.

TAVRIS, C. 1992. *The mismeasure of woman*. New York: Simon & Schuster.

TAYLOR, C. 2012. Divorces double the trouble. *Baltimore Sun*, November 25, 3.

TAYLOR, C. A., J. A. MANGANELLO, S. J. LEE, AND J. C. RICE. 2010. Mothers' spanking of 3-year-old children and subsequent risk of children's aggressive behavior. *Pediatrics* 125 (5): 1057–65.

TAYLOR, K. H. 2011. Stayover relationships redefine young adult commitment. MSNBC, July 29.

TAYLOR, P., AND M. H. LOPEZ. 2011. The Mexican-American boom: Births overtake immigration. Pew Hispanic Center, July 14.

TAYLOR, P., C. FUNK, AND A. CLARK. 2007. As marriage and parenthood drift apart, public is concerned about social impact. Pew Research Center, July 1.

TAYLOR, P., C. FUNK, AND P. CRAIGHILL. 2006. A barometer of modern morals: Sex, drugs, and the 1040. Pew Research Center, March 28, http://pewresearch.org (accessed May 20, 2009).

TAYLOR, P., ET AL. 2012. The lost decade of the middle class: Fewer, poorer, gloomier. Pew Research Center, August 22.

TAYLOR, P., ET AL. 2012. The rise of Asian Americans. Pew Research Center, July 12.

TAYLOR, P., ET AL. 2013. A survey of LGBT Americans: Attitudes, experiences and values in changing times. Pew Research Center, June 13.

TAYLOR, P., K. PARKER, R. KOCHHAR, R. FRY, AND C. FUNK. 2012. Young, underemployed and optimistic: Coming of age, slowly, in a tough economy. Pew Research Center, February 9.

TAYLOR, P., M. H. LOPEZ, J. H. MARTINEZ, AND G. VELASCO. 2012. When labels don't fit: Hispanics and their views of identity. Pew Hispanic Center, April 4.

TAYLOR, P., R. MORIN, K. PARKER, AND D. COHN. 2009. Growing old in America: Expectations vs. reality. Pew Research Center, June 29.

TAYLOR, P., R. MORIN, K. PARKER, D. COHN, AND W. WANG. 2009. Growing old in America: Expectations vs. reality. Pew Research Center, June 29.

TAYLOR, S. C. 2003. *Brown skin: Dr. Susan Taylor's prescription for flawless skin, hair, and nails*. New York: HarperCollins.

TAYLOR, Z. E., D. LARSEN-RIFE, R. D. CONGER, AND K. F. WIDAMAN. 2012. Familism, interparental conflict, and parenting in Mexican-origin families: A cultural-contextual framework. *Journal of Marriage and Family* 74 (April): 312–27.

TEACHMAN, J. D. 2002. Childhood living arrangements and the intergenerational transmission of divorce. *Journal of Marriage and Family* 64 (August): 717–29.

TEACHMAN, J. D. 2003. Premarital sex, premarital cohabitation, and the risk of subsequent marital dissolution among women. *Journal of Marriage and Family* 65 (May): 444–55.

TEACHMAN, J. D., AND L. TEDROW. 2008. Divorce, race, and military service: More than equal pay and equal opportunity. *Journal of Marriage and Family* 70 (November): 1030–44.

TEITLER, J. O., D. DAS, L. KRUSE, AND N. E. REICHMAN. 2012. Prenatal care and subsequent birth intervals. *Perspectives on Sexual and Reproductive Health* 44 (March): 13–21.

TELLEEN, S., S. MAHER, AND R. C. PESCE. 2003. Building community connections for youth to reduce violence. *Psychology in the Schools* 40 (September): 549–63.

TERANISHI, R. 2011. Asian Americans and Pacific Islanders: Facts, not fiction—Setting the record straight. CARE and College Board.

TERZIEFF, J. 2006. New law puts brakes on international bride brokers. Women's e-news, March 8.

THARENOU, P. 2013. The work of feminists is not yet done: The gender pay gap—A stubborn anachronism. *Sex Roles* 68 (February): 198–206.

THEE, M. 2007. Cellphones challenge poll sampling. *New York Times*, December 7, 29.

THERNSTROM, M. 2005. The new arranged marriage. *New York Times Magazine*, February 13, 35–41, 72–78.

THOMAS, J. 2009. Virginity pledgers are just as likely as matched nonpledgers to report premarital intercourse. *Perspectives on Sexual and Reproductive Health* 41 (March): 63.

THOMAS, W. I., AND F. ZNANIECKI. 1927. *The Polish peasant in Europe and America*, vol. 2. New York: Knopf. (Originally published 1918 by the University of Chicago Press.)

THOMPSON, A. 2010. 16, Pregnant . . . and famous: Teen moms are newest stars. *USA Today*, November 23.

THOMPSON, A. E., AND L. F. O'SULLIVAN. 2012. Gender differences in associations of sexual and romantic stimuli: Do young men really prefer sex over romance? *Archives of Sexual Behavior* 41 (August): 949–57.

THOMPSON, A., AND O. BARKER. 2010. For Mel Gibson, scandal puts him in a harsh light again. *USA Today*, July 13.

THOMPSON, K. M., AND F. YOKOTA. 2004. Violence, sex, and profanity in films: Correlation of movie ratings with content. *Medscape General Medicine* 6 (3): 1–19.

THOMPSON, L., AND A. J. WALKER. 1991. Gender in families. In *Contemporary families: Looking forward, looking back*, ed. A. Booth, 76–102. Minneapolis: National Council on Family Relations.

THOMPSON, M. 2012. The insidious enemy. *Time*, July 23, 22–31.

THOMPSON, P. M., ET AL. 2003. Dynamics of gray matter loss in Alzheimer's disease. *Journal of Neuroscience* 23 (February 1): 994–1005.

THOMPSON, R. S., ET AL. 2006. Intimate partner violence: Prevalence, types, and chronicity in adult women. *American Journal of Preventive Medicine* 30 (June): 447–57.

THORNTON, A. 2001. The developmental paradigm, reading history sideways, and family change. *Demography* 38 (November): 449–65.

TICHENOR, V. J. 2005. *Earning more and getting less: Why successful wives can't buy equality*. New Brunswick, NJ: Rutgers University Press.

TILLMAN, K. H. 2007. Family structure pathways and academic disadvantage among adolescents in stepfamilies. *Sociological Inquiry* 77 (August): 383–424.

TILSLEY, A. 2010. New policies accommodate transgender students. *Chronicle of Higher Education*, July 2, A19–A20.

Time. 2009. Verbatim. November 2, 8.

TIMMER, S. G., AND T. L. ORBUCH. 2001. The links between premarital parenthood, meanings of marriage, and marital outcomes. *Family Relations* 50 (April): 178–85.

TJADEN, P., AND N. THOENNES. 2006. *Extent, nature, and consequences of rape victimization: Findings from the National Violence against Women Survey*. Washington, DC: U.S. Department of Justice, Office of Justice Programs.

TOHID, O. 2003. Pakistanis abroad trick daughters into marriage. *Christian Science Monitor*, May 15, 1, 7.

TOPPING, A. 2011. "Slutwalking" phenomenon comes to UK with demonstrations in four cities. *The Guardian*, May 9.

TOPPO, G. 2008. In-laws in White House may add new meaning to domestic policy. *USA Today*, December 4.

Toro-Morn, M. I. 1998. The family and work experiences of Puerto Rican women migrants in Chicago. In *Resiliency in Native American and immigrant families*, eds. H. I. McCubbin, E. A. Thompson, A. I. Thompson, and J. E. Fromer, 277–94. Thousand Oaks, CA: Sage.

Toth, J. F., and X. Xu. 2002, Fathers' child-rearing involvement in African American, Latino, and white families. In *Contemporary ethnic families in the United States: Characteristics, variations, and dynamics*, ed. N. V. Benokraitis, 130–40. Upper Saddle River, NJ: Prentice Hall.

Towner, B. 2009. 50 and still a doll. *AARP Bulletin* (March): 35.

Trail, T. E., and B. R. Karney. 2012. What's (not) wrong with low-income marriages. *Journal of Marriage and Family* 74 (June): 413–27.

Trenholm, C., B. Devaney, K. Fortson, M. Clark, L. Quay, and J. Wheeler. 2008. Impacts of abstinence education on teen sexual activity, risk of pregnancy, and risk of sexually transmitted diseases. *Journal of Policy Analysis and Management* 27 (March): 255–76.

Tresniowski, A., H. Breuer, C. Free, and A. J. Vicens. 2011. A family shattered. *People*, March 21, 74–78.

Trost, J., and I. Levin. 2005. Scandinavian families. In *Handbook of world families*, eds. Bert N. Adams and Jan Trost, 347–63. Thousand Oaks, CA: Sage.

Trotter, R. J. 1986. Failing to find the father-infant bond. *Psychology Today* (February): 18.

Truman, J. L., and M. Planty. 2012. Criminal victimization, 2011. Bureau of Justice Statistics, October.

Trumbull, D. A., and D. Ravenel. 1999. Spare the rod? New research challenges spanking critic. Family Policy, Family Research Council, January 22.

Trumbull, M. 2012. What the wealth gap means. *Christian Science Monitor*, February 20, 16–18.

Trumbull, M. 2013. Can Medicare costs be tamed? *Christian Science Monitor*, April 8, 21–23.

Truong, L. 2010. 5 reasons to skip the diamond engagement ring. *U.S. News & World Report*, August 10.

Trustlaw. 2011. The world's five most dangerous countries for women. Women's Rights Homepage, June 17.

Tsai, J. L., D. E. Przymus, and J. L. Best. 2002. Toward an understanding of Asian American interracial marriage and dating. In *Inside the American couple: New thinking/new challenges*, eds. M. Yalom and L. L. Carstensen, 189–210. Berkeley: University of California Press.

Tsapelas, I., A. Aron, and T. Orbuch. 2009. Marital boredom now predicts less satisfaction 9 years later. *Psychological Science* 20 (5): 543–45.

Tucker, C. 2007. Lingering sexism impedes women's path to highest level of power. *Baltimore Sun*, January 8, A9.

Tucker, K. L., J. Hallfrisch, N. Qiao, D. Muller, R. Andres, and J. L. Fleg. 2005. The combination of high fruit and vegetable and low saturated fat intakes is more protective against mortality in aging men than is either alone: The Baltimore longitudinal study of aging. *Journal of Nutrition* 135 (March): 556–61.

Tucker, R. K. 1992. Men's and women's ranking of thirteen acts of romance. *Psychological Reports* 71: 640–42.

Tulumello, J. S. 2012. Behind those polls: A peek inside the machinery of polling.

Christian Science Monitor, July 9 & 16, 27–32.

Turkle, S. 2011. *Alone together: Why we expect more from technology and less from each other*. New York: Basic Books.

Tuttle, W. M., Jr. 1993. *Daddy's gone to war: The Second World War in the lives of America's children*. New York: Oxford University Press.

Twenge, J. M., and W. K. Campbell. 2009. *The narcissism epidemic: Living in an age of entitlement*. New York: Free Press.

Twenge, J., and W. Campbell. 2003. "Isn't it fun to get the respect that we're going to deserve?" Narcissism, social rejection, and aggression. *Personality and Social Psychology Bulletin* 29 (2): 261–72.

Two-thirds of democrats now support gay marriage: Obama endorsement has limited impact. 2012. Pew Research Center, July 31.

Tyszkowa, M. 1993. Adolescents' relationships with grandparents: Characteristics and developmental transformations. In *Adolescence and its social worlds*, eds. S. Jackson and H. Rodriguez-Tomé, 121–43. East Sussex, UK: Erlbaum.

Tzeng, O. C. S. 1993. *Measurement of love and intimate relations: Theories, scales, and applications for love development, maintenance, and dissolution*. Westport, CT: Praeger.

U

U.S. House of Representatives. 2006. False and misleading health information provided by federally funded pregnancy resource centers. Committee on Government Reform—Minority Staff, Special Investigations Division, July.

U.S. Bureau of Labor Statistics News. 2005. Time-use survey—First results announced by BLS. Bureau of Labor Statistics, January 12.

U.S. Bureau of Labor Statistics, American Time Use Survey. 2012. Charts by topic: Household activities, care of household children. November 16.

U.S. Bureau of Labor Statistics, American Time Use Survey. 2013. American Time Use Survey—2012 results. USDL-13-1178, June 20.

U.S. Census Bureau News. 2008. Unmarried and single Americans week Sept. 21–27, 2008. U.S. Census Bureau.

U.S. Census Bureau News. 2012. Unmarried and single Americans week Sept. 16–22, July 31.

U.S. Census Bureau Newsroom. 2012. Most children younger than age 1 are minorities, Census Bureau reports. May 17.

U.S. Census Bureau Newsroom. 2012. U.S. Census Bureau projections show a slower growing, older, more diverse nation a half century from now. December 12.

U.S. Census Bureau Public Information Office. 2013. Census Bureau reports "delayer boom" as more educated women have children later. January 24.

U.S. Census Bureau, Current Population Survey. 2009. March and Annual Social and Economic Supplements, 2008 and earlier, January, Table MS-2.

U.S. Census Bureau, Current Population Survey, 2012 Annual Social and Economic Supplement. 2012. Families and Living Arrangements, Tables A1 and C3, November.

U.S. Census Bureau, Current Population Survey, 2012 Annual Social and Economic Supplement. 2012. Family status and household relationship of people 15 years and

over, by marital status, age, and sex: 2012, Table A2.

U.S. Census Bureau, Current Population Survey. 2012. 2012 Annual Social and Economic Supplement. November.

U.S. Census Bureau. 2002. *Statistical abstract of the United States: 2002*. Washington, DC: U.S. Government Printing Office.

U.S. Census Bureau. 2008. *Statistical abstract of the United States 2009* (128th edition). Washington, DC: U.S. Government Printing Office.

U.S. Census Bureau. 2011. Same-sex couple households: American community survey brief.

U.S. Census Bureau. 2012. *Statistical Abstract of the United States: 2012*, 131st ed. Washington, DC: Government Printing Office.

U.S. Census Bureau. 2013. America's foreign-born in the last 50 years. March 4.

U.S. Congress Joint Economic Committee. 2012. Mother's day report: Paycheck fairness helps families, not just women. Joint Economic Committee, May 9.

U.S. Department of Commerce. 1993. We the American foreign born. U.S. Bureau of the Census. Washington, DC: U.S. Government Printing Office.

U.S. Department of Commerce. 2010. Middle class in America. Economics and Statistics Administration, January.

U.S. Department of Health and Human Services. 2009. *Protecting children in families affected by substance use disorders*. Washington, DC: U.S. Government Printing Office.

U.S. Department of Health and Human Services. 2012a. Child maltreatment 2011. Administration for Children and Families, December.

U.S. Department of Health and Human Services. 2012b. *Preventing tobacco use among youth and young adults: A report of the Surgeon General*. Atlanta, GA: National Center for Chronic Disease Prevention and Health promotion, Office on Smoking and Health.

U.S. Department of Housing and Urban Development. 2011. The 2010 annual homeless assessment report to Congress. Office of Community Planning and Development, June 14.

U.S. Department of Justice. 2011. U.S. attorney announces drug endangered children task force. May 31.

U.S. Department of Justice. 2012. Report of the attorney general's national task force on children exposed to violence. December.

U.S. Department of Labor. 2008. *Women in the labor force: A databook*. Washington, DC: U.S. Government Printing Office.

U.S. Department of State. 2013. Intercountry adoption. Bureau of Consular Affairs,

U.S. Equal Employment Opportunity Commission. 2011a. Pregnancy discrimination charges, EEOC & FEPAs combined: FY 1997–FY 2011.

U.S. Equal Employment Opportunity Commission. 2011b. Sexual harassment charges, EEOC & FEPAs combined: FY 1997–FY2011.

U.S. Senate Special Committee on Aging, American Association of Retired Persons, Federal Council on the Aging, and U.S. Administration on Aging. 1991. Aging America: Trends and projections, 1991. Washington, DC: Department of Health and Human Services.

Umberson, D., K. Williams, D. A. Powers, H. Liu, and B. Needham. 2005. Stress in childhood and adulthood: Effects on marital quality over time. *Journal of Marriage and Family* 67 (December): 1332–47.

UMBERSON, D., T. PUDROVSKA, AND C. RECZEK. 2010. Parenthood, childlessness, and well-being: A life course perspective. *Journal of Marriage and Family* 72 (June): 612–29.

UNION MEMBERS—2012. 2013. Bureau of Labor Statistics, January 23.

UNITED NATIONS CHILDREN'S FUND. 2011. The state of the world's children 2011.

UNITED NATIONS POPULATION FUND. 2012. Sex imbalances at birth: Current trends, consequences and policy implications.

UNITED STATES CONFERENCE OF MAYORS. 2012. Hunger and homelessness survey. December.

Unmarried and single Americans week: Sept. 15–21, 2013. 2013. U.S. Census Bureau News, July 30.

Unmarried and single Americans week: Sept. 16–22, 2012. 2012. U.S. Census Bureau News, July 31.

UPCHURCH, D. M., L. A. LILLARD, AND C. W. A. PANIS. 2001. The impact of non-marital child-bearing on subsequent marital formation and dissolution. In *Out of wedlock: Causes and consequences of nonmarital fertility*, eds. L. L. Wu and B. Wolfe, 344–80. New York: Russell Sage Foundation.

UPDEGRAFF, K. A., S. M. THAYER, S. D. WHITEMAN, D. J. DENNING, AND S. M. MCHALE. 2005. Relational aggression in adolescents' sibling relationships: Links to sibling and parent–adolescent relationship quality. *Family Relations* 54 (July): 373–85.

URBAN INSTITUTE. 2008. Child care. June 4.

Usual weekly earnings of wage and salary workers, fourth quarter 2012. 2013. Bureau of Labor Statistics, January 18.

UTZ, R. L. 2006. Economic and practical adjustments to late life spousal loss. In *Spousal bereavement in late life*, eds. D. Carr, R. M. Nesse, and C. B. Wortman, 167–92. New York: Springer.

V

VAALER, M. L., C. G. ELLISON, AND D. A. POWERS. 2009. Religious influences on the risk of marital dissolution. *Journal of Marriage and Family* 71 (November): 917–34.

VACCARINO, V., ET AL. 2002. Sex differences in hospital mortality after coronary artery bypass surgery: Evidence for a higher mortality in younger women. *Circulation* 105 (February 18): 1176–81.

VAKILI, B., ET AL. 2002. Sex-based differences in early mortality of patients undergoing angioplasty for first acute myocardial infarction. *Circulation* 104 (December 18): 3034–38.

VALENTI, J. 2012. *Why have kids? A new mom explores the truth about parenting and happiness*. New York: Houghton Mifflin Harcourt.

VALLOTTON, C., AND C. AYOUB. 2011. Use your words: The role of language in the development of toddlers' self-regulation. *Early Childhood Research Quarterly* 26 (2): 169–81.

VAN CAMPEN, K. S., AND A. J. ROMERO. 2012. How are self-efficacy and family involvement associated with less sexual risk taking among ethnic minority adolescents? *Family Relations* 61 (October): 548–58.

VAN DYK, D. 2005. Parlez-vous twixter? *Time*, January 24, 49.

VAN EEDEN-MOOREFIELD, B., C. R. MARTELL, M. WILLIAMS, AND M. PRESTON. 2011. Same-sex relationships and dissolution: The connection between heteronormativity and homonormativity. *Family Relations* 60 (December): 562–71.

VAN GELDER, M. M. H. J., J. REEFHUIS, A. M. HERRON, M. L. WILLIAMS, AND N. ROELEVELD. 2011. Reproductive health characteristics of marijuana and cocaine users: Results from the 2002 National Survey of Family Growth. *Perspectives on Sexual and Reproductive Health* 43 (September): 164–72.

VAN GELDEREN, L., H. M. W. BOS, N. GARTRELL, J. M. A. HERMANNS, AND E. C. PERRIN. 2012a. Quality of life of adolescents raised from birth by lesbian mothers: The U.S. National Longitudinal Lesbian Family Study. *Journal of Developmental & Behavioral Pediatrics* 33 (January): 17–23.

VAN GELDEREN, L., N. GARTRELL, H. M. W. BOS, F. B. VAN ROOIJ, AND J. M. A. HERMANNS. 2012b. Stigmatization associated with growing up in a lesbian-parented family: What do adolescents experience and how do they deal with it? *Children and Youth Services Review* 34 (May): 999–1006.

VAN GUNDY, K., AND C. J. REBELLON. 2010. A life-course perspective on the "gateway hypothesis." *Journal of Health and Social Behavior* 51 (September): 244–59.

VAN HOOF, H. B., AND M. J. VERBEETEN. 2005. Wine is for drinking, water is for washing: Student opinions about international exchange programs. *Journal of Studies in International Education* 9 (Spring): 42–61.

VAN HOOK, J., AND C. E. ALTMAN. 2012. Competitive food sales in schools and childhood obesity: A longitudinal study *Sociology of Education* 85 (January): 23–39.

VANAUSDALE, D., AND J. R. FEAGIN. 2001. *The first R: How children learn race and racism*. Lanham, MD: Rowman & Littlefield.

VANDERKAM, L. 2010. What else could that ring buy? *USA Today*, February 10, 13A.

VANDEWATER, E. A., V. J. RIDEOUT. A. WARTELLA, X. HUANG, J. H. LEE, AND M. SHIM. 2007. Digital childhood: Electronic media and technology use among infants, toddlers, and preschoolers. *Pediatrics* 119 (May): e1006–e1015.

VANDIVERE, S., K. MALM, AND L. RADEL. 2009. *Adoption USA: A chartbook based on the 2007 national survey of adoptive parents*. Washington, DC: U.S. Department of Health and Human Services, Office of the Assistant Secretary for Planning and Evaluation.

VANDIVERE, S., K. TOUT, J. CAPIZZANO, AND M. ZASLOW. 2003. Left unsupervised: A look at the most vulnerable children. Washington, DC: Child Trends.

VARADARAJAN, T. 2012. China wants land: Russia needs babies. *Newsweek*, December 24, 9.

VARGA, C. M., C. B. GEE, AND G. MUNRO. 2011. The effects of sample characteristics and experience with infidelity on romantic jealousy. *Sex Roles* 65 (December): 854–66.

VENKATESH, S. 2008. *Gang leader for a day: A rogue sociologist takes to the streets*. New York: Penguin Press.

VENTURA, S. J., J. A. MARTIN, S. C. CURTIN, T. J. MATHEWS, AND M. M. PARK. 2000. Births: final data for 1998. *National Vital Statistics Reports* 48, March 28, Centers for Disease Control and Prevention.

VENTURA, S. J., S. C. CURTIN, J. C. ABMA, AND S. K. HENSHAW. 2012. Estimated pregnancy rates and rates of pregnancy outcomes for the United States, 1990–2008. *National Vital Statistics Reports* 60 (7), June 20.

VEROFF, J., E. DOUVAN, AND S. HATCHETT. 1995. *Marital instability: A social and behavioral study of the early years*. Westport, CT: Praeger.

VESELY, R. 2005. Hospital program identifies more domestic violence. Women's e-news, June 13.

VINCENT, G. K., AND V. A. VELKOFF. 2010. The next four decades: The older population in the United States: 2010 to 2050. Current Population Reports, Population estimates and projections, May.

VIORST, J. 2003. *Grown-up marriage*. New York: Free Press.

VISHER, E. B., AND J. S. VISHER. 1993. Remarriage families and stepparenting. In *Normal family processes*, 2nd ed., ed. F. Walsh, 235–53. New York: Guilford.

VISSING, Y. 2002. *Women without children: Nurturing lives*. New Brunswick, NJ: Rutgers University Press.

VITELLO, P. 2006. The trouble when Jane becomes Jack. *New York Times* (August 20): H1, H6.

VOLZ, M. 2012. $3.4 billion Indian land royalty settlement upheld. *Salon*, May 22.

VOSS, K. W. 2003. New anti-violence campaigns aim at boys, young men. Women's E-News, February 28.

VOTRUBA-DRZAL, E. 2003. Income changes and cognitive stimulation in young children's home learning environments. *Journal of Marriage and Family* 65 (May): 341–55.

VUCHINICH, S. 1987. Starting and stopping spontaneous family conflicts. *Journal of Marriage and the Family* 49 (August): 591–601.

W

WADE, C., AND S. CIRESE. 1991. *Human sexuality*, 2nd ed. New York: Harcourt Brace Jovanovich.

WAITE, L. J., AND K. JOYNER. 2001. Emotional satisfaction and physical pleasure in sexual unions: Time horizon, sexual behavior, and sexual exclusivity. *Journal of Marriage and Family* 63 (February): 247–64.

WAITE, L. J., D. BROWNING, W. J. DOHERTY, M. GALLAGHER, Y. LUO, AND S. M. STANLEY. 2002. Does divorce make people happy? Findings from a study of unhappy marriages. Institute for American Values.

WAKSCHLAG, L. S., B. L. LEVENTHAL, D. S. PINE, K. E. PICKETT, AND A. S. CARTER. 2006. Elucidating early mechanisms of developmental psychopathology: The case of prenatal smoking and disruptive behavior. *Child Development* 77 (July/August): 893–906.

WALD, M. L. 2012. Woman becomes first openly gay general. *New York Times*, August 13, A8.

WALKER, A. K. 2012. For infertility, frozen eggs. *Baltimore Sun*, December 9, 1, 21.

WALKER, L. 1978. Treatment alternatives for battered women. In *The victimization of women*, eds. J. R. Chapman and M. Gates, 143–74. Beverly Hills, CA: Sage.

WALKER, L. E. A. 2000. *The battered woman syndrome*, 2nd ed. New York: Springer.

WALLER, W. 1937. The rating and dating complex. *American Sociological Review* 2 (October): 727–34.

WALLIS, C. 2011. Performing gender: A content analysis of gender display in music videos. *Sex Roles* 64 (February): 160–72.

WALLS, M. 2011. High court strikes down Calif. law on violent video games. *Education Week*, June 27.

WALSH, A. 1991. *The science of love: Understanding love and its effects on mind and body*. Buffalo, NY: Prometheus.

WALSH, F., ED. 1993. *Normal family processes*, 2nd ed. New York: Guilford.

WALSH, J. 2011. Failing its families: Lack of paid leave and work-family supports in the US. Human Rights Watch.

WALSTER, E., E. BERSCHEID, AND G. W. WALSTER. 1973. New directions in equity research.

Journal of Personality and Social Psychology 25 (2): 151–76.

WALTERS, M. L., J. CHEN, AND M. J. BREIDING. 2013. The national intimate partner and sexual violence survey (NISVS): 2010 findings on victimization by sexual orientation. National Center for Injury Prevention and Control, Centers for Disease Control and Prevention, Atlanta (GA), January.

WALTHER, A. N. 1991. Divorce hangover. New York: Pocket Books.

WANG, L., E. B. LARSON, J. D. BOWEN, AND G. VAN BELLE. 2006. Performance-based physical function and future dementia in older people. Archives of Internal Medicine 166 (May 22): 1115–20.

WANG, S. S. 2013. The decline in male fertility. Wall Street Journal, July 16, D1, D3.

WANG, W. 2012. The rise of intermarriage: Rates, characteristics vary by race and gender. Pew Research Center, February 16.

WANG, W., AND P. TAYLOR. 2011. For millennials, parenthood trumps marriage. Pew Research Center, March 9.

WANG, W., K. PARKER, AND P. TAYLOR. 2013. Breadwinner moms. Pew Research Center, May 29.

WANIC, R., AND J. KULIK. 2011. Toward an understanding of gender differences in the impact of marital conflict on health. Sex Roles 65 (5/6): 297–312.

Want ad proves a woman's work is never done. 1997. Ann Landers column. Baltimore Sun, September 20, 3D.

WARNER, J. 2005. Perfect madness: Motherhood in the age of anxiety. New York: Riverhead Books.

WARNER, W. L., AND P. S. LUNT. 1941. The social life of a modern community. New Haven, CT: Yale University Press.

WARREN, E., AND A. W. TYAGI. 2003. The two income trap: Why middle-class mothers & fathers are going broke. New York: Basic Books.

WARREN, J. T., S. M. HARVEY, AND J. T. HENDERSON. 2010. Do depression and low self-esteem follow abortion among adolescents? Evidence from a national study. Perspectives on Sexual and Reproductive Health 42 (December): 230–35.

WARREN, J. T., S. M. HARVEY, AND M. L. BOVBJERG. 2011. Characteristics related to effective contraceptive use among a sample of nonurban Latinos. Perspectives on Sexual and Reproductive Health 43 (December): 255–62.

WARREN, K. R. 2012. NIH statement on international FASD awareness day. National Institutes of Health, September 5.

WARSHAK, R. A. 2003. Payoffs and pitfalls of listening to children. Family Relations 52 (October): 373–84.

Washington Post. 2012. Washington Post-Kaiser Family Foundation poll. January 22.

WASSERMAN, G. A., ET AL. 2003. Risk and protective factors of child delinquency. Washington, DC: U.S. Department of Justice.

WATERS, R. 2011. Are psychiatrists inventing mental illness to feed Americans more pills? AlterNet, December 27.

WATKINS, M. L., S. A. RASMUSSEN, M. A. HONEIN, L. D. BOTTO, AND C. A. MOORE. 2003. Maternal obesity and risk for birth defects. Pediatrics 111 (May): 1152–58.

WATKINS, T. H. 1993. The great depression: America in the 1930s. New York: Little, Brown.

WATSON INSTITUTE FOR INTERNATIONAL STUDIES. 2013. The costs of war since 2001: Iraq, Afghanistan, and Pakistan. March.

WATTERS, E. 2003. Urban tribes: A generation redefines friendship, family and commitment. New York: Bloomsbury.

WAX, E. 2008a. Can love conquer caste? Washington Post, November 22, A1.

WAX, E. 2008b. In thriving India, wedding sleuths find their niche. Washington Post, Feb. 23, A1.

WAYNE, T. 2011. Matchmaker, catch me a Czech. Bloomburg Businessweek, January 10–11, 69–71.

WEATHERFORD, D. 1986. Foreign and female: Immigrant women in America, 1840–1930. New York: Schocken.

WEAVER, J. 2007. Lust, love & loyalty. msnbc.com, April 16.

WEBBER, R. 2012. Are you with the right mate? Psychology Today, January/February, 58–65.

WEBER, L. 2013. Americans rip up retirement plans. Wall Street Journal, February 1, B1.

WEBER, L. 2013. Why dads don't take paternity leave. Wall Street Journal, June 13, B1, B7.

WEBLEY, K. 2013. The baby deficit. Time, January 21, 32–39.

Wedding report. 2013. Cost of wedding.

WEDEN, M. M., AND J. N. V. MILES. 2012. Intergenerational relationships between the smoking patterns of a population-representative sample of US mothers and the smoking trajectories of their children. American Journal of Public Health 102 (April): 723–31.

WEINHOLD, B. 2012. A steep learning curve: Decoding epigenetic influences on behavior and mental health. Environmental Health Perspectives 120 (October): A396–A401.

WEINSTOCK, C. P. 2010. Depression at midlife. Woman's Day, November 1, 111–114, 119–121.

WEINTRAUB, A. 2010. Break that hovering habit early. U.S. News & World Report, September, 42–43.

WEINTRAUB, A. 2010. Selling the fountain of youth: How the anti-aging industry made a disease out of getting old—And made billions. New York: Basic Books.

WEIR, F. 2002. East meets West on love's risky cyberhighway. Christian Science Monitor, June 11, 1, 7.

WEISE, E. 2012. Fish oil supplements don't prevent heart attacks, study says. USA Today, September 11.

WEISS, C. H. 1998. Evaluation research: Methods for assessing program effectiveness, 2nd ed. Upper Saddle River, NJ: Prentice Hall.

WEISS, L. P. 2013. When retirement calls you to be a parent—Again. Wall Street Journal, May 20, R6.

WELCH, D. 2011. For the UAW, a bargaining dilemma. Bloomberg Businessweek, September 19–25, 23–24.

WELTER, B. 1966. The cult of true womanhood: 1820–1860. American Quarterly 18 (2): 151–74.

WELTI, K., E. WILDSMITH, AND J. MANLOVE. 2011. Trends and recent estimates: Contraceptive use among U.S. teens and young adults. Child Trends Research Brief, August.

WENNBERG, J. E., E. S. FISHER, D. C. GOODMAN, AND J. S. SKINNER. 2008. Tracing the care of patients with severe chronic illness/The Dartmouth Institute for Health Policy and Clinical Practice.

WEST, B. A., AND R. B. NAUMANN. 2011. Motor vehicle-related deaths—United States, 2003–2007. MMWR 60 (Suppl, January 14): 52–55.

WHEELER, L. 1998. Excavation reveals slaves as entrepreneurs. Washington Post, October 13, B3.

WHEELER, L. A., K. A. UPDEGRAFF, AND S. M. THAYER. 2010. Conflict resolution in Mexican-origin couples: Culture, gender, and marital quality. Journal of Marriage and Family 72 (August): 991–1005.

WHELAN, D. 2011. In one pocket, out the other. Forbes, June 6, 30, 32.

WHISMAN, M. A., AND D. K. SNYDER. 2007. Sexual infidelity in a national survey of American women: Differences in prevalence and correlates as a function of method of assessment. Journal of Family Psychology 21 (June): 147–54.

WHISMAN, M. A., K. C. GORDON, AND Y. CHATAV. 2007. Predicting sexual infidelity in a population-based sample of married individuals. Journal of Family Psychology 21 (June): 320–24.

WHITE, J. 2005. Four-star general relieved of duty. Washington Post (August 10), A1.

WHITE, J. W., AND D. M. KLEIN. 2002. Family theories, 2nd ed. Thousand Oaks, CA: Sage.

WHITE, L., AND J. G. GILBRETH. 2001. When children have two fathers: Effects of relationships with stepfathers and noncustodial fathers on adolescent outcomes. Journal of Marriage and Family 63 (February): 155–67.

WHITE, M. P., AND P. DOLAN. 2009. Accounting for the richness of daily activities. Psychological Science 20 (August): 1000–08.

WHITE, N., AND J. L. LAURITSEN. 2012. Violent crime against youth: 1994–2010. Bureau of Justice Statistics, December.

WHITE, R. R. 2011. Measuring up: How our culture's obsession with porn-sized penises hurts men. AlterNet, June 22.

WHITE, T. 2008. Seniors reach digital age. Baltimore Sun, March 14, 1B, 10B.

WHITEFORD, L. M., AND L. GONZALEZ. 1995. Stigma: The hidden burden of infertility. Social Science and Medicine 40 (January): 27–36.

WHITEHEAD, B. D. 1996. The decline of marriage as the social basis of childrearing. In Promises to keep: Decline and renewal of marriage in America, eds. D. Popenoe, J. B. Elshtain, and D. Blankenhorn, 3–14. Lanham, MD: Rowman & Littlefield.

WHITEHEAD, B. D., AND D. POPENOE. 2008. Life without children: The social retreat from children and how it is changing America. The National Marriage Project, Rutgers University.

WHITEMAN, S. D., S. M. MCHALE, and A. C. CROUTER. 2007. Longitudinal changes in marital relationships: The role of offspring's pubertal development. Journal of Marriage and Family 69 (November): 1005–20.

WHITEMAN, S. D., S. M. MCHALE, AND A. SOLI. 2011. Theoretical perspectives on sibling relationships. Journal of Family Theory & Review 3 (June): 124–39.

WHITMAN, S., J. ORSI, AND M. HURLBERT. 2012. The racial disparity in breast cancer mortality in the 25 largest cities in the United States. Cancer Epidemiology 36 (April): e147–e141.

WHITMER, R. A., ERICA P. GUNDERSON, E. BARRETT-CONNOR, C. P. QUESENBERRY, JR., AND K. YAFFE. 2005. Obesity in middle age and future risk of dementia: A 27 year longitudinal population based study. British Medical Journal 330 (June 11): 1360–65.

WHITMORE, S. K., ET AL. 2012. Vital signs: HIV infection, testing, and risk behaviors among youths—United States. Morbidity and Mortality Weekly Report 61 (November 30): 971–76.

WHITSETT, D., AND H. LAND, 1992. The development of a role strain index for stepparents. Families in Society: The Journal of *Contemporary Human Services* 73 (January): 14–22.

WHITTON, S. W., S. M. STANLEY, H. J. MARKMAN, AND C. A. JOHNSON. 2013. Attitudes toward divorce, commitment, and divorce proneness in first marriages and remarriages. *Journal of Marriage and Family* 75 (April): 276–87.

Who pays the bill? 2013. *The Economist*, July 27, 24–26.

WHYTE, M. K. 1990. *Dating, mating, and marriage*. New York: Aldine de Gruyter.

WICKRAMA, K. A. S., C. W. O'NEAL, AND F. O. LORENZ. 2013. Marital functioning from middle to later years: A life course-stress process framework. *Journal of Family Theory & Review* 5 (March): 15–34.

WICKRAMA, K. A. S., F. O. LORENZ, R. D. CONGER, AND G. H. ELDER, JR. 1997. Marital quality and physical illness: A latent growth curve analysis. *Journal of Marriage and the Family* 59 (February): 143–55.

WIDOM, C. S., AND M. G. MAXFIELD. 2001. *An update on the "cycle of violence."* Washington, DC: U.S. Department of Justice.

WIEHE, V. R. 1997. *Sibling abuse: Hidden physical, emotional, and sexual trauma*, 2nd ed. Thousand Oaks, CA: Sage.

WIEHE, V. R., WITH T. HERRING. 1991. *Perilous rivalry: When siblings become abusive*. Lexington, MA: Lexington.

WIERSMA, J. D., H. H. CLEVELAND, V. HERRERA, AND J. L. FISCHER. 2010. Intimate partner violence in adult dating, cohabitating, and married drinking partnerships. *Journal of Marriage and Family* 72 (April): 360–74.

WIGHTMAN, P., R. SCHOENI, AND K. ROBINSON. 2012. Familial financial assistance to young adults. Paper prepared for the annual meetings of the Population Association of America, May 3.

WIIK, K. A., R. KEIZER, AND T. LAPPEGÅRD. 2012. Relationship quality in marital and cohabiting unions across Europe. *Journal of Marriage and Family* 74 (June): 389–98.

WILCOX, W. B. 2002. Sacred vows, public purposes: Religion, the marriage movement and marriage policy. The Pew Forum on Religion and Public Life.

WILCOX, W. B., AND E. MARQUARDT. 2010. The state of our unions, marriage in America 2010: When marriage disappears—The new middle America. Institute for American Values.

WILCOX, W. B., AND E. MARQUARDT. 2011. The state of our unions, marriage in America 2011: When baby makes three. Institute for American Values.

WILDSMITH, E., E. SCHELAR, K. PETERSON, AND J. MANLOVE. 2010. Sexually transmitted diseases among young adults: Prevalence, perceived risk, and risk-taking behaviors. Child Trends Research Brief, May.

WILDSMITH, E., K. B. GUZZO, AND S. R. HAYFORD. 2010. Repeat unintended, unwanted and seriously mistimed childbearing in the United States. *Perspectives on Sexual and Reproductive Health* 42 (March): 14–22.

WILLIAMS, G. 2013. For gay couples, divorce equality needed. *Baltimore Sun*, July 14, 3.

WILLIAMS, J. 2013. Alternate unemployment charts. Shadow Government Statistics, March 8.

WILLIAMS, K., A. FRECH, AND D. L. CARLSON. 2010. Marital status and mental health. In *A handbook for the study of mental health*, T. L. Scheid and T. N. Brown, eds., 306–20. Cambridge, UK: Cambridge University Press.

WILLIAMS, K., AND A. DUNNE-BRYANT. 2006. Divorce and adult psychological well-being: Clarifying the role of gender and child age. *Journal of Marriage and Family* 68 (December): 1178–96.

WILLIAMS, N. 1990. *The Mexican American family: Tradition and change*. New York: General Hall.

WILLIAMS, R. A. ED. 2007. *Eliminating healthcare disparities in America: Beyond the IOM report*. Totowa, NJ: Humana.

WILLIAMS, T. 2011. Tackling infant mortality rates among blacks. *New York Times*, October 14, A10.

WILLIAMS, T. 2012. For Native American women, scourge of rape, rare justice. *New York Times*, May 23, A1.

WILLIAMS, T., AND T. MAHER. 2009. Iraq's newly open gays face scorn and murder. *New York Times*, April 8.

WILLIAMS, W. H., AND S. T. CECI. 2012. When scientists choose motherhood. *American Scientist* 100 (March/April).

WILLIE, C. V., AND R. J. REDDICK. 2003. *A new look at black families*, 5th ed. Walnut Creek, CA: AltaMira.

WILLIS, S. L., AND J. D. REID, EDS. 1999. *Life in the middle: Psychological and social development in middle age*. San Diego, CA: Academic Press.

WILLIS, W. 1997. Families with African American roots. In *Developing cross-cultural competence: A guide for working with children and families*, eds. E. W. Lynch and M. J. Hanson, 165–202. Baltimore: Paul H. Brookes.

WILLSON, A. E., K. M. SHUEY, AND G. H. ELDER, JR. 2003. Ambivalence in the relationship of adult children to aging parents and in-laws. *Journal of Marriage and Family* 65 (November): 1055–1072.

WILMOT, W. W., AND J. L. HOCKER. 2007. *Interpersonal conflict*, 7th ed. Boston: McGraw-Hill.

WILSON, A. 2012. Suggs' girlfriend claimed abuse. *Baltimore Sun*, December 8, 2.

WILSON, B. F., AND S. C. CLARKE. 1992. Remarriages: A demographic profile. *Journal of Family Issues* 13 (June): 123–41.

WILSON, E. K., B. T. DALBERTH, AND H. P. KOO. 2010b. "We're the heroes!": Fathers' perspectives on their role in protecting their preteenage children from sexual risk. *Perspectives on Sexual and Reproductive Health* 42 (June): 117–24.

WILSON, C. 2010. Parents worry about toddlers' tiny fingers itching for iPhones. *USA Today*, November 8.

WILSON, E. K., B. T. DALBERTH, H. P. KOO, AND J. C. GARD. 2010a. Parents' perspectives on talking to preteenage children about sex. *Perspectives on Sexual and Reproductive Health* 42 (March): 56–63.

WILSON, J. Q. 2002. *The marriage problem: How our culture has weakened families*. New York: HarperCollins.

WILSON, M. 2012. CEO and pregnant; Yahoo! But wait a minute. . . . WeNews, July 19.

WILSON, R. 2008. 2 colleges, 2 presidents, one marriage. *Chronicle of Higher Education*, February 22, A1, A8.

WILSON, R. F. 2006. Sexually predatory parents and the children in their care: Remove the threat, not the child. In *Handbook on children, culture, and violence*, eds. N. E. Dowd, D. G. Singer, and R. F. Wilson, 39–58. Thousand Oaks, CA: Sage.

WILSON, S. 2002. The health capital of families: An investigation of the inter-spousal correlation in health status. *Social Science & Medicine* 55 (October): 1157–72.

WILSON, S. M., L. W. NGIGE, AND L. J. TROLLINGER. 2003. Connecting generations: Kamba and Maasai paths to marriage in Kenya. In *Mate selection across cultures*, eds. R. R. Hamon and B. B. Ingoldsby, 95–118. Thousand Oaks, CA: Sage.

WINCH, G. 2011. The antidote to anger and frustration: The power of emotional validation. *Psychology Today*, June 18.

WINCH, R. F. 1958. *Mate selection: A study of complementary needs*. New York: Harper & Row.

WINEBERG, H. 1991. Intermarital fertility and dissolution of the second marriage. *Social Science Quarterly* 75 (January): 62–65.

WINEBERG, H. 1996. The prevalence and characteristics of blacks having a successful marital reconciliation. *Journal of Divorce & Remarriage* 25 (1/2): 75–86.

WINEBERG, H., AND J. MC CARTHY. 1993. Separation and reconciliation in American marriages. *Journal of Divorce & Remarriage* 20: 21–42.

WINGERT, P. 2008. Wanted: A bundle of joy. *Newsweek*, October 13, 12.

WINSEMAN, A. L. 2004. Women in the clergy: Perception and reality. Gallup, March 30.

WINSTOK, Z. 2011. The paradigmatic cleavage on gender differences in partner violence perpetration and victimization. *Aggression and Violent Behavior* 16 (July–August): 303–11.

WINTON, C. A. 1995. *Frameworks for studying families*. Guilford, CT: Dushkin.

WITT, G. E. 1998. Vote early and often. *American Demographics* 20 (December): 23.

WITT, M. G., AND W. WOOD. 2010. Self-regulation of gendered behavior in everyday life. *Sex Roles* 62 (May): 635–46.

WITTE, S. S., N. EL-BASSEL, L. GILBERT, E. WU, AND M. CHANG. 2010. Lack of awareness of partner STD risk among heterosexual couples. *Perspectives on Sexual and Reproductive Health* 42 (March): 49–55.

WITTERS, D. 2011. Caregiving costs U.S. economy $25.2 billion in lost productivity. Gallup, July 27.

WITTERS, D., AND S. AGRAWAL. 2011. Unhealthy U.S. workers' absenteeism costs $153 billion. Gallup, October 17.

WITTERS, D., S. AGRAWAL, AND D. LIU. 2013. Depression costs U.S. workplaces $23 billion in absenteeism. Gallup, July 24.

WITTSTEIN, I. S. ET AL. 2005. Neurohumoral features of myocardial stunning due to sudden emotional stress. *New England Journal of Medicine* 352 (February 10): 539–48.

WIZEMANN, T. M., AND M. L. PARDUE, EDS. 2001. *Exploring the biological contributions to human health: Does sex matter?* Washington, DC: National Academy Press.

WOLCOTT, J. 2000. Finding Mrs. Right (and all the little Rights). *Christian Science Monitor*, February 23, 15–17.

WOLCOTT, J. 2004. Is dating dated on college campuses? *Christian Science Monitor* (March 2): 11, 14.

WOLFF, E. N. 2012. The asset price meltdown and the wealth of the middle class. National Bureau of Economic Research, Working Paper 18559, November.

WOLFINGER, N. H. 2005. *Understanding the divorce cycle: The children of divorce in their own marriages*. New York: Cambridge University Press.

WOLFINGER, N. H. 2011. More evidence for trends in the intergenerational transmission of divorce: A completed cohort approach using data from the General Social Survey. *Demography* 48 (May): 581–92.

WOLFRADT, J. J., S. HEMPEL, AND J. N. V. MILES. 2003. Perceived parenting styles, depersonalization, anxiety and coping behavior in adolescents. *Personality and Individual Differences* 34 (February): 521–32.

WOLGIN, P. E., AND A. M. KELLEY. 2011. Your state can't afford it: The fiscal impact of states' anti-immigrant legislation. Center for American Progress, July.

Women in the labor force: A databook. 2013. February, Report 1040.

Women live longer but aren't saving enough for it. *Baltimore Sun*, July 10, 6C.

WONDERGEM, T. R., AND M. FRIEDLMEIER. 2012. Gender and ethnic differences in smiling: A yearbook photographs analysis from kindergarten through 12th grade. *Sex Roles* 67 (October): 403–11.

WOOD, H. M., B. J. TROCK, AND J. P. GEARHART. 2003. In vitro fertilization and the cloacal–bladder exstrophy–epispadias complex: Is there an association? *Journal of Urology* 169 (April): 1512–15.

WOOD, J. T. 2011. *Gendered lives: Communication, gender, and culture*, 9th ed. Boston: Wadsworth.

WOOD, J. V., W. Q. E. PERUNOVIC, AND J. W. LEE. 2009. Positive self-statements: Power for some, peril for others. *Psychological Science* 20 (July): 860–66.

WOOD, R. G., Q. MOORE, A. CLARKWEST, A. KILLEWALD, AND S. MONAHAN. 2012. The long-term effects of building strong families: A relationship skills education program for unmarried parents, executive summary. U.S. Department of Health and Human Services, November.

WOODS, R. D. 1996. Grandmother roles: A cross cultural view. *Journal of Instructional Psychology* 23 (December): 286–92.

Working at home is on the rise. 2013. U.S. Census Bureau, March 5.

WORLD HEALTH ORGANIZATION. 2005. WHO multi-country study on women's health and domestic violence against women: Summary report of initial results on prevalence, health outcomes and women's responses. Geneva: World Health Organization.

WORLD HEALTH ORGANIZATION. 2012. HIV/AIDS. Global Health Observatory.

WRIGHT, C. N., A. HOLLOWAY, AND M. E. ROLOFF. 2007. The dark side of self-monitoring: How high self-monitors view their romantic relationships. *Communication Reports* 20 (October): 101–14.

WRIGHT, D. B. 2009. Ten statisticians and their impacts for psychologists. *Perspectives on Psychological Science* 6 (November): 587–97.

WRIGHT, J. 1997. Motherhood's gray area. *Washington Post*, July 29, E5.

WRIGHT, J. M. 1998. *Lesbian step families: An ethnography of love.* New York: Haworth.

WRIGHT, M. O., D. L. NORTON, AND J. A. MATUSEK. 2010. Predicting verbal coercion following sexual refusal during a hookup: Diverging gender patterns. *Sex Roles* 62 (May): 647–60.

WRITER'S ALMANAC. 2010. Trends: A short history of dating services. September 29

WTULICH, J. 1986. *Writing home: Immigrants in Brazil and the United States, 1890–1891.* Boulder, CO: East European Monographs.

WU, L. L. 1996. Effects of family instability, income, and income instability on the risk of a premarital birth. *American Sociological Review* 61 (June): 386–406.

WU, L. L., AND E. THOMSON. 2001. Race difference in family experience and early sexual initiation: Dynamic models of family structure and family change. *Journal of Marriage and Family* 63 (August): 682–96.

WU, Z. 1994. Remarriage in Canada: A social exchange perspective. *Journal of Divorce & Remarriage* 21 (3/4): 191–224.

WU, Z., AND C. M. SCHIMMELE. 2005. Repartnering after first union disruption. *Journal of Marriage and Family* 67 (February): 27–36.

X

X Factor, The. 2011. *Fortune*, October 17, S1–S3.

XIE, Y., J. RAYMO, K. GOYETTE, AND A. THORNTON. 2003. Economic potential and entry into marriage and cohabitation. *Demography* 40 (May): 351–67.

XU, X., C. D. HUDSPETH, AND S. ESTES. 1997. The effects of husbands' involvement in child rearing activities and participation in household labor on marital quality: A racial comparison. *Journal of Gender, Culture, and Health* 2(3): 171–93.

XU, X., CLARK, D. HUDSPETH., AND J. P. BARTKOWSKI. 2006. The role of cohabitation in remarriage. *Journal of Marriage and Family* 68 (May): 261–74.

Y

YABIKU, S. T., AND C. T. GAGER. 2009. Sexual frequency and the stability of marital and cohabiting unions. *Journal of Marriage and Family* 71 (November): 983–1000.

YANCEY, K. 2011. Bad economy? A good time for a steamy affair. *USA Today*, September 10.

YATES, L. B., L. DJOUSSÉ, T. KURTH, J. E. BURING, AND M. GAZIANO. 2008. Exceptional longevity in men. *Archives of Internal Medicine* 168 (February 11): 284–90.

YEH, H., F. O. LORENZ, K. A. S. WICKRAMA, AND G. ELDER. 2006. Relationships among sexual satisfaction, marital quality, and marital instability at midlife. *Journal of Family Psychology* 20 (June): 329–43.

YELLOWBIRD, M., AND C. M. SNIPP. 2002. American Indian families. In *Minority families in the United States: A multicultural perspective*, 3rd ed., ed. R. L. Taylor, 227–49. Upper Saddle River, NJ: Prentice Hall.

YEMMA, J. 2010. What we see when we see race. *Christian Science Monitor*, September 20, 5–6.

YEOMAN, B. 2008. When wounded vets come home. *AARP Magazine*, July/August, 60–64, 82–83.

YIN, S. 2007. Gender disparities in health and mortality. Population Reference Bureau, November.

YIN, S. 2008. How older women can shield themselves from poverty. Population Reference Bureau, March.

YOON, I.-J. 1997. *On my own: Korean businesses and race relations in America.* Chicago: University of Chicago Press.

YOUNG, J. R. 2011. Programmed for love. *Chronicle of Higher Education*, January 21, B6–B11.

YOUNG, K. 2001. *Tangled in the Web: Understanding cybersex from fantasy to addiction.* Bloomington, IN: 1st Books Library.

YOUNG, L. 2009. Love: Neuroscience reveals all. *Nature* 457 (January 8): 148.

YOUNT, K., AND L. LI. 2010. Domestic violence against married women in Egypt. *Sex Roles* 63 (September): 332–37.

YU, R. 2007. Indian-Americans book years of success. *USA Today*, April 18, 1B–2B.

YU, T., G. S. PETTIT, J. E. LANSFORD, K. A. DODGE, AND J. E. BATES. 2010. The interactive effects of marital conflict and divorce on parent–adult children's relationships. *Journal of Marriage and Family* 72 (April): 282–92.

YUN, H., J. D. BALL, AND H. LIM. 2011. Disentangling the relationship between child maltreatment and violent delinquency: Using a nationally representative sample. *Journal of Interpersonal Violence* 26 (January): 88–110.

Z

ZAFIROVSKI, M. 2005. Social exchange theory under scrutiny: A positive critique of its economic-behaviorist formulations. *Electronic Journal of Sociology.*

ZAGORSKY, J. L. 2005. Marriage and divorce's impact on wealth. *Journal of Sociology* 41 (December): 406–24.

ZAIDI, A. U., AND M. SHURAYDI. 2002. Perceptions of arranged marriages by young Pakistani Muslim women living in a Western society. *Journal of Comparative Family Studies* 33 (Autumn): 495–514.

ZAREMBO, A. 2009. DNA can reveal ancestors' lies and secrets. *Los Angeles Times*, January 18.

ZASLOW, J. 2006. Mr. moms grow up: A new generation of granddads is helping raise the kids. *Wall Street Journal*, June 8, D1.

ZEZIMA, K. 2010. For many, "washroom" seems to be just a name. *New York Times*, September 13, A14.

ZHANG, S., AND T. FULLER. 2012. Neighborhood disorder and paternal involvement of nonresident and resident fathers. *Family Relations* 61 (July): 501–13.

ZHANG, Y., T. L. DIXON, AND K. CONRAD. 2010. Female body image as a function of themes in rap music videos: A content analysis. *Sex Roles* 62 (June): 787–97.

ZHANG, Z., AND M. HAYWARD. 2006. Gender, the marital life course, and cardiovascular diseases in late midlife. *Journal of Marriage and Family* 68 (August): 639–57.

ZHOU, H., Y. LI, B. ZHANG, AND M. ZENG. 2012. The relationship between narcissism and friendship qualities in adolescents: Gender as a moderator. *Sex Roles* 67 (October): 452–62.

ZHU, W. X., AND T. HESKETH. 2009. China's excess males, sex selective abortion, and one child polity: Analysis of data from 2005 national intercensus survey. *British Medical Journal* online, April 9.

ZICKUHR, K., AND M. MADDEN. 2012. Older adults and Internet use. Pew Internet & American Life Project, June 6.

ZIELINSKI, D. S. 2005. Long-term socioeconomic impact of child abuse and neglect: Implications for public policy. Center for Child and Family Policy.

ZIMMERMAN, E. 2013. Rise of the telecommuting class. *Christian Science Monitor Weekly*, April 22 & 29, 27–31.

ZIMMERMAN, F. J., D. A. CHRISTAKIS, AND A. N. MELTZOFF. 2007. Associations between media viewing and language development in children under age 2 years. *Journal of Pediatrics* 151 (October): 364–68.

ZIMMERMAN, G. M., AND G. POGARSKY. 2011. The consequences of parental underestimation and overestimation of youth exposure to violence. *Journal of Marriage and Family* 73 (February): 194–208.

ZITO, J. M. ET AL. 2003. Psychotropic practice patterns for youth. *Archives of Pediatrics & Adolescent Medicine* 157 (January): 17–25.

ZOLNA, M., AND L. LINDBERG. 2012. Unintended pregnancy: Incidence and outcomes among young adult unmarried women in the United States, 2001 and 2008. Guttmacher Institute, April.

ZOROYA, G. 2005. Letters home from Iraq. *USA Today*, October 25.

ZUEHLKE, E. 2009. Immigrants work in riskier and more dangerous jobs in the United States. Population Reference Bureau, November.

ZURBRIGGEN, E. L., AND A. M. SHERMAN. 2010. Race and gender in the 2008 U.S. presidential election: A content analysis of editorial cartoons. *Analyses of Social Issues and Public Policy* 10 (December): 223–247.

ZURBRIGGEN, E. L., ET AL. 2007. *Report of the APA task force on the sexualization of girls.* Washington, DC: American Psychological Association.

译后记

    本书是美国巴尔的摩大学社会学荣誉退休教授尼霍尔·本诺克拉蒂斯的力作。她教授"婚姻与家庭"课程已经将近 25 年，本书是目前美国大学校园最受欢迎的家庭社会学系列教材之一，迄今已更新至第 8 版。译者于 2017 年在美国俄亥俄大学进行访学期间，在导师——俄亥俄大学人类学与社会学系终身教授李捷理的推荐下，有幸拜读此书，并了解到它在许多美国大学生中的流行程度。

    趣味性是本书最吸引人的特点之一，大量趣闻逸事、案例，轻松地将社会学理论和知识与现实中的婚姻家庭问题结合起来进行分析，实现了理论与实践的完美结合。尤其是对美国大学生的婚恋问题的介绍，在全球化发展迅猛的今天的中国校园也会找到相通之处，这可以使学生们产生很大的共鸣。

    本书由译者花费近两年的时间独自翻译完成。在翻译过程中，译者得到了李捷理教授、俄亥俄大学历史学系副教授约书亚·本杰明·希尔等人的大力支持和帮助。本书的翻译也是在中国人民大学出版社盛杰、宋义平、龚洪训、罗俭等老师的鼓励和支持下完成的，在此一并表示深深的谢意。

    由于译者的专业水平和语言水平都有限，在翻译过程中一定有不少不妥甚至谬误之处，敬请读者不吝批评赐教。

严念慈

2020 年 8 月 10 日

于武汉藏龙岛

术语表及名词索引请至中国人民大学出版社官方网站（http://www.crup.com.cn/）下载，输入书名即可查询。

图书在版编目（CIP）数据

婚姻家庭社会学：第8版 /（美）尼霍尔·本诺克拉蒂斯著；严念慈译. —北京：中国人民大学出版社，2021.1
（社会学译丛）
ISBN 978-7-300-28789-8

Ⅰ.①婚… Ⅱ.①尼… ②严… Ⅲ.①家庭社会学 – 高等学校 – 教材 Ⅳ.①C913.11

中国版本图书馆CIP数据核字（2020）第249068号

社会学译丛
婚姻家庭社会学（第8版）
[美] 尼霍尔·本诺克拉蒂斯（Nijole V. Benokraitis）　著
严念慈　译
Hunyin Jiating Shehuixue

出版发行	中国人民大学出版社			
社　址	北京中关村大街31号		**邮政编码**	100080
电　话	010-62511242（总编室）		010-62511770（质管部）	
	010-82501766（邮购部）		010-62514148（门市部）	
	010-62515195（发行公司）		010-62515275（盗版举报）	
网　址	http:www.crup.com.cn			
经　销	新华书店			
印　刷	涿州市星河印刷有限公司			
规　格	215mm×275mm　16开本		**版　次**	2021年1月第1版
印　张	26.25插页2		**印　次**	2022年8月第2次印刷
字　数	701 000		**定　价**	89.00元

尊敬的老师：

　　您好!

　　为了确保您及时有效地申请培生整体教学资源，请您务必完整填写如下表格，加盖学院的公章后传真给我们，我们将会在 2 ～ 3 个工作日内为您处理。

请填写所需教辅的开课信息：

采用教材				□中文版　□英文版　□双语版
作　者			出版社	
版　次			ISBN	
课程时间	始于　　年　月　日		学生人数	
	止于　　年　月　日		学生年级	□专　科　□本科 1/2 年级 □研究生　□本科 3/4 年级

请填写您的个人信息：

学　校			
院系 / 专业			
姓　名		职　称	□助教 □讲师 □副教授 □教授
通信地址 / 邮编			
手　机		电　话	
传　真			
official email(必填) (eg：×××@ruc.edu.cn)		email (eg：×××@163.com)	
是否愿意接受我们定期的新书讯息通知：		□是　□否	

系 / 院主任：_____（签字）

（系 / 院办公室章）

__年__月__日

资源介绍：

——教材、常规教辅（PPT、教师手册、题库等）资源：请访问 www.pearsonhighered.com/educator；　（免费）

——MyLabs/Mastering 系列在线平台：适合老师和学生共同使用；访问需要 Access Code；　（付费）

100013　北京市东城区北三环东路 36 号环球贸易中心 D 座 1208 室

电话：（8610）57355003　　传真：（8610）58257961

Please send this form to：郭笑男（Amy）copub.hed@pearson.com/Tel:5735 5086